Wilhelm Wagner, Jakob Nover

Nordisch-germanische Götter und Helden

in Schilderungen für Jugend und Volk

Wilhelm Wagner, Jakob Nover

Nordisch-germanische Götter und Helden
in Schilderungen für Jugend und Volk

ISBN/EAN: 9783743404991

Hergestellt in Europa, USA, Kanada, Australien, Japan

Cover: Foto ©Lupo / pixelio.de

Weitere Bücher finden Sie auf **www.hansebooks.com**

Wagner: Nord.-germ. Vorzeit I.   Leipzig: Verlag von Otto Spamer.

Wodan's wilde Jagd.   Zeichnung von F. W. Heine.

Unsere Vorzeit.

Nordisch-germanische Götter und Helden.

In Schilderungen für Jugend und Volk.

Von

Dr. Wilhelm Wägner.

Herausgegeben in **dritter verbesserter Auflage** unter Mitwirkung

von

Dr. Jakob Nover.

Zwei Abteilungen.

I. Göttersagen. II. Nordische Heldensagen.

Mit 150 Text-Abbildungen und einem Titelbilde nach Zeichnungen von Prof. C. E. Doepler, Professor B. Engelhard, Karl Ehrenberg, F. W. Heine, Herm. Vogel u. A.

Leipzig und Berlin.

Verlag und Druck von Otto Spamer.

1882.

Vorwort zur dritten Auflage.

Dem Verfasser eines litterarischen Werkes muß es zu hoher Befriedigung
gereichen, wenn er wahrnimmt, daß seine langjährige, oft mühevolle Arbeit immer
mehr Anerkennung findet, daß sie dem Leserkreise, für welchen sie bestimmt ist,
nicht nur angenehme Unterhaltung gewährt, sondern auch Ideen von höherem,
von allgemein menschlichem Interesse darbietet. Dem Autor vorliegenden Buches
ist diese Befriedigung zu teil geworden. Schon bald nach dem Erscheinen des
ersten Bandes erhielt er beistimmende Zuschriften und zugleich wertvolle Mit=
teilungen, die er bei der zweiten Auflage berücksichtigen konnte. Ferner wurde
ihm im Hinblick auf die pädagogische Bedeutung des hochinteressanten Stoffes
von verschiedenen Seiten der Wunsch ausgedrückt, er möge einen Auszug aus
dem Buche für Institute und höhere Schulen herstellen, und er hat diesen in=
zwischen unter Mitwirkung des Herrn Dr. Nover in Mainz, hauptsächlich zum
Gebrauche für Schulen, zustande gebracht. Als ein weiterer Beleg dafür, daß
er bei Darstellung der Gegenstände den richtigen Weg eingehalten habe, dürfte
der rasche Absatz der ersten Auflage anzusehen sein, wodurch sich schon nach
wenigen Jahren eine zweite Auflage nötig machte.

Was die Entstehung des Werkes betrifft, so rührt die Anregung dazu
lediglich von dem Verleger, Herrn Otto Spamer, her. Es ist bekannt, wie
dieser strebsame Mann die Werke seines Verlags, der sich fast auf alle Zweige
des Wissens erstreckt, mit Kunstsinn und Sachkenntnis auszustatten weiß, und
wie er für diesen Zweck namhafte Mühen und Kosten nicht scheut. Schon lange
trug er sich mit dem Gedanken, ein Werk über das nordisch=germanische Alter=
tum erscheinen zu lassen, das in Wort und Bild den Glauben unserer Ahnen,
ihre Anschauungen von Göttern und Helden sowie die damit verwandten Sagen=
dichtungen des Mittelalters dem Leser vorführen sollte. Er besprach seine Ideen
darüber mit dem ihm befreundeten Verfasser. Obgleich derselbe seit Jahren mit
Studien über die nordischen und deutschen Sagen beschäftigt war, so hatte er
doch noch keineswegs an Veröffentlichung der ihm gewordenen Ergebnisse gedacht.
Da jedoch die auf Sachkenntnis beruhenden Absichten des Freundes die Durch=
führung eines Werkes in Aussicht stellten, welches in unserer nationalen Litteratur
eine namhafte Lücke ausfüllen konnte, so ging der Unterzeichnete bereitwillig auf
den Vorschlag ein, das beabsichtigte Buch zu schreiben.

Er ist in seinen mehrfach aufgelegten Schriften über das klassische Altertum,
„Hellas“ und „Rom“ bemüht gewesen, zur Erfüllung der Bürgerpflicht, zur Opfer=
willigkeit für das Vaterland, zur Strebsamkeit in jedem Beruf zu ermahnen, und er
konnte hoffen, auch durch das vorliegende Werk, im Hinweis auf die Vorfahren
Samenkörner zur Kräftigung des deutschen Nationalgefühls auszustreuen. Quillt
doch aus den Mythen und Sagen der ureigene Geist des Germanentums oft gar
wundersam hervor; erkennt man doch in dem Grauen einer wilden Zeit herrliche
Züge deutscher Liebe und Treue, deutscher Redlichkeit und deutschen Heldensinns.

Zweifellos stellen sich, was Tiefe des Inhalts und Schönheit der Form
angeht, die uns überlieferten nordisch=germanischen Mythen und Heldensagen

den Dichtungen des klassischen Altertums ebenbürtig zur Seite, und gar manche
dunkle Seite des Aberglaubens und der Volksüberlieferung wird erhellt, wenn
unser geistiges Auge in die Bedeutung altehrwürdiger Volkssitten eindringt und
wenn ihm dann das Wesen eigenartiger Gebräuche sowie der Ursprung der=
selben klar wird. — Es schien aber auch dem Verfasser als Pflicht, wie die
Anschauungen und Tugenden so nicht minder die Fehler der Ahnen unserm
Volke vor Augen zu stellen, nachdem dasselbe in der Gegenwart sowohl durch
wissenschaftliche Bildung als auch durch kriegerische Thaten und Siegesehren
in den ihm gebührenden Rang unter den Kulturstaaten eingetreten ist. Dabei
ist das Interesse an den aus ältester Zeit überkommenen Dichtungen neuer=
dings noch reger geworden, seit begabte Dichter, wie F. Dahn, Geibel,
Hebbel, Jordan, Julius Wolf u. a., die Nibelungen= und andere nordisch=
germanische Sagen mit Erfolg gleichsam wieder ins Leben gerufen haben, und
Richard Wagners Musikdramen in noch weiteren Kreisen die Aufmerksam=
keit darauf lenkten. Wir sind überzeugt, daß auch die Gestaltungskraft unserer
Maler und Bildhauer so nach dem Vorgange des Professor W. Engelhard u. a.,
in den so bildungsfähigen Stoffen der nordisch=germanischen Götter= und Helden=
sage Anregung zu neuen, höheren Schöpfungen gewinnen wird.

Diese und ähnliche Erwägungen bestimmten, wie gesagt, den Verfasser,
auf die Ideen des Herrn Otto Spamer einzugehen. Es kam indessen bei der
Bearbeitung des reichhaltigen Materials noch vieles in Betracht, was dem
Novellisten, der mit dem Zauberstabe der Phantasie seine Gebilde herauf=
beschwört, wenig Mühe macht; hier aber mußte man den Geist der Dichtung
klar und wahr hervortreten lassen und zugleich durch die Darstellung den Leser
ermuntern, willig in die Mythen= und Sagenwelt zu folgen. Daß die mittel=
alterlichen Poesien sowie die nordischen Skaldenlieder zu einem guten Teile ein=
tönig, dürftig, oft sogar unschön gehalten sind, daß sie daher der Laie gar bald
unbefriedigt aus der Hand legt, weil er die Edelsteine unter der rauhen Schale
nicht herausfinden kann, das dürfte nicht zu bezweifeln sein. Selbst den Wert
der Eddalieder hat Simrock mit Recht nicht so hoch angeschlagen wie andere
Mythologen. Es ergab sich daraus für uns die Anforderung, eine richtige
Auswahl zu treffen, Bedeutendes hervorzuheben, den oft fehlenden Zusammen=
hang herzustellen und das Ganze in gefällige Form zu bringen. Wir haben
diesen Anforderungen nach bestem Wissen und Vermögen zu entsprechen gesucht.

Gelehrte Abhandlungen lagen natürlich nicht in unserm Plan; dagegen
durften wir von wissenschaftlichen Erörterungen nicht ganz absehen. Wir be=
nutzten für diesen Zweck die nordischen und mittelalterlichen Quellen, zogen
aber auch die Untersuchungen gelehrter Altertumsforscher früherer und neuerer
Zeit zu Rate. Dann gingen wir auch selbst der Sage nach und fanden noch
manche ihrer Spuren im Vaterlande. — Interessant war uns eine geistreiche
Abhandlung von Fr. W. Noack im „Ausland" (1871, Nr. 1 u. 2), wo der
Verfasser auf naturhistorischem Wege zu erweisen sucht, daß die kosmogonischen
Ideen der Edda auf Island, wenn nicht entstanden, doch zu systematischer Aus=
bildung gelangt seien. Nicht weniger beachtenswert erschien uns A. Schieren=
bergs Schrift „Deutschlands Olympia".

Es ist darin die Ansicht begründet, daß der Osning oder das Eggegebirge (Teutoburger Wald) der Mittelpunkt der germanischen Götterverehrung gewesen sei. Wir haben selbst an der Seite des unermüdlichen Altertumsforschers jenes Waldgebirge durchwandert und uns überzeugt, daß wenigstens die Grundlage seiner Annahmen durch die Örtlichkeit und noch vielfach vorhandene Namen unterstützt wird. Indessen konnte man seinen Hypothesen nicht immer folgen.

Bei dieser neuen Auflage ist in Rücksicht auf Text und Illustrationen manches geändert und verbessert und dabei auf „Andersons Norse Mythology" Rücksicht genommen worden. Ferner sind die neuen Ideen von Sophus Bugge und Dr. Bang über die Entstehung der nordischen Götter= und Heldensagen in dieser neuen Auflage berücksichtigt. Danach liegen einem großen Teil der skandinavischen Mythen antik=klassische und andrerseits auch jüdisch=christliche Überlieferungen zu Grunde, welche die nordischen Wikinger auf ihren Fahrten nach Westen auf den britischen Inseln von Christen (Mönchen) vernommen haben mögen.

Was die Übersetzungen und Nachbildungen nordischer Poesien in unserm Buche betrifft, so haben wir teilweise den Stabreim angewendet, obwohl wir ihn für eine sehr unvollkommene poetische Form halten, die lediglich dem Ge= dächtnis zu Hülfe kommen sollte. Wir sind auch durch die entgegengesetzte Behauptung eines Kritikers nicht zu anderer Überzeugung gelangt. Wir haben indessen die Allitteration so gestaltet, daß sie stellenweise verschönernde Wirkung hervorbringen kann, nämlich durch rasch auf einander folgende völlig gleiche Laute, wie schwer und schwül, Helm und Haupt u. a.

Es traf sich, daß die zweite Auflage dieses Buches bis auf wenige Exemplare sich vergriffen zeigte, just zu einer Zeit, als die Nachwehen einer schweren Er= krankung uns die Pflicht körperlicher und geistiger Schonung auferlegten. Um so dankenswerter ist der Beistand zu rühmen, der uns zum Zwecke rascher Förderung dieser neuen Auflage seitens des Herrn Gymnasiallehrers Dr. Rover in Mainz zu teil wurde.

Nun noch einige Worte über den artistischen Schmuck unseres Buches. Der Verleger wünschte, den damit betrauten Künstlern möchte die Darstellung der Götter und Helden in so befriedigender Weise gelingen, daß diese Ge= stalten gewissermaßen typisch, also maßgebend für künftige Darstellungen der Bewohner von Asgard würden. Er besprach diese Ideen schon vor Jahren, noch ehe das Werk in Angriff genommen wurde, mit dem Autor und ließ sich nicht durch den Einwand abschrecken, daß hierzu nur eine Meisterhand befähigt wäre. Er entwarf die Illustrationen in seinem erfinderischen Geiste und wußte sich mit beredtem Munde darüber auszusprechen. Dann gewann er zur Ausführung seiner Idealgestalten einen jungen Künstler, Herrn Karl Ehrenberg. Derselbe lieferte auch mehrere Zeichnungen, entwarf eine Anzahl derselben in Rom, wohin er sich begeben hatte. Der Krieg von 1870 unterbrach seine Studien.

Mittlerweile war unserm Verleger der mit Recht gerühmte Fries „Nor= disches Heldenleben" des Professor W. Engelhard in Hannover zu Gesicht gekommen. Unter allen hierher bezüglichen Kunstwerken machte diese Schöpfung des genialen Bildhauers den tiefsten Eindruck auf unsern kunstsinnigen Verleger. Es war ihm, als sähe er hier seine Ideen verkörpert ans Licht getreten.

Diese markigen und lebensvollen Gestalten konnten, auch nach dem Urteile der Altmeister P. v. Cornelius und L. Schwanthaler, wohl mit maßgebend werden für künftige Darstellungen der Bewohner Walhallas und der in ihnen personifizirten Naturgewalten. Erfüllt von der Größe der zu lösenden Aufgabe, trat er persönlich mit dem Urheber des Kunstwerkes in Verbindung und wußte denselben für seine Ideen zu gewinnen.

Leider erlaubten es Meister Engelhards spärlich zugemessene Muße=stunden nicht, alle Zeichnungen selbst zu entwerfen, doch sind die hervorragendsten Gestalten teils nach dem Fries, teils nach Skizzen, teils nach Angaben des Meisters ausgeführt und von einem jüngern Illustrator, Herrn F. W. Heine, auf Holz gezeichnet worden. Derselbe strebsame Künstler hat auch eine An=zahl von Abbildungen im ersten und zweiten Bande selbständig entworfen.

Die genannten Männer waren freilich bei ihren Schöpfungen auf ihre Phantasie, beziehentlich auf die Ideen des Verlegers hingewiesen; sie entbehrten aller Vorlagen. Die von Worsaae u. a. veröffentlichten Altertümer lassen nur auf ein äußerst geringes Maß von künstlerischem Geschick schließen. Wie konnten auch in den Urwäldern Germaniens, in den Einöden des Nordens, unter den Schrecknissen der Völkerwanderung und der Wikingerzüge Bildwerke edler Kunst, überhaupt höhere Kultur entstehen! Selbst die gepriesenen Götter=bilder im Tempel zu Upsala waren kaum besser ausgearbeitet, als die Statue des Apollon von Amyklä, die aus einem behauenen Baumstamm mit sauber geschnitztem, später vergoldetem Kopfe bestand. Bilder unvergänglicher Schön=heit, wie sie einst in dem gottgeliebten Hellas aus den Werkstätten begabter Meister hervorgingen, standen also unseren Künstlern nicht vor Augen; aber sie schöpften aus dem Mimirsborn jener Poesie, die in Lebensfluten und Thatensturm unter rauhen, kriegerischen Natursöhnen aufgeblüht war.

Dem Zusammenwirken von Verleger und Künstlern ist also die Illustrirung unseres Buches zu danken. — Bei der Neuheit der hier verarbeiteten Stoffe darf es nicht Wunder nehmen, wenn eine Anzahl Illustrationen durch die Kritik Anfechtungen erfuhr. Bei einem Teil derselben wollte uns ein Tadel nicht ganz unberechtigt erscheinen; die am meisten angefochtenen sind in der nun vor=liegenden dritten Auflage durch neue Abbildungen ersetzt, entstammend der Hand des Herrn Professor C. E. Doepler, nach dessen Zeichnungen bekanntlich die Kostüme der vornehmsten Gestalten des R. Wagnerschen Nibelungen=Ringes entworfen und einem großen begeisterten Publikum auf der Bühne entgegen=getreten sind, Gestalten, die seitdem bis zu einem gewissen Grade typisch geworden.

Auch der Verfasser hat am Mimirsborn gesessen, und Götter und Heroen schritten an seinem Geiste vorüber, als er sich entschloß, das schwierige Werk in Angriff zu nehmen, das nun in zwei, bereits mehrmals gedruckten Bänden voll=endet vorliegt. Findest du nun, freundlicher Leser, einige Befriedigung, wenn du mit dem Unterzeichneten die Labyrinthe der Mythen= und Sagenwelt durch=wanderst, so gönnst du ihm wohl einen freundlichen Händedruck, und das ist nach Altmeister Goethes Ausspruch „Lohn, der reichlich lohnet".

Kettenheim, am 30. September 1881.

Der Verfasser.

Inhalt

von

W. Wägners Nordisch-germanischen Götter- und Heldensagen.

(Die hier nicht aufgeführten Namen und Gegenstände wolle man im Namen- und Sachregister am
Schlusse des Werkes aufsuchen.)

Erste Abteilung. Göttersagen.

Einführung.

Die Bewohner von Asgard.

Dritter Abschnitt.

Widersacher der Asen.

Vierter Abschnitt.

König Gylphi und die Asen.

Fünfter Abschnitt.

Odin, der Göttervater, und das Geschlecht der Asen.

Sechster Abschnitt.
Die Wanen.

Siebenter Abschnitt.
Die Schicksalsmächte: Regin, Nornen, Hel, Walküren.

Achter Abschnitt.
Ögir und sein Gefolge.

Neunter Abschnitt.
Loke und sein Geschlecht.

Zehnter Abschnitt.
Die übrigen Asen.

Elfter Abschnitt.
Vorzeichen des Weltuntergangs.

Vierter Abschnitt.
Andere Nachfolger Odins.

Fünfter Abschnitt.
Nordische Helden und Könige.

Sechster Abschnitt.
Die Brawallaschlacht.

Siebenter Abschnitt.
Frithiof, der Kühne, und die schöne Ingeborg.

Illustrationen-Verzeichnis.

Erste Abteilung. Göttersagen.

Landschaftsbilder, Altertümer, Denkmäler u. s. w.

Verschiedene andere Darstellungen.

Zweite Abteilung.   Nordische Heldensage.

    Die Illustrationen sind, bis auf einige sämtlich Originale und ausdrücklich für dieses Werk ge-
zeichnet worden. Die Zeichnungen von L. Pietsch — S. 9, 106, 123, 128, 145, 161, 302 — aus dem
ersten Bande von Mannhardts „Götterwelt" sind uns von dem Verleger freundlichst überlassen worden.

Erste Abteilung.

Göttersagen.

Die Bewohner von Asgard.

⚬

ie Odin, der sinnende Ase, vor unvordentlicher Zeit
den unweisen Riesen Mimir am Mimirsborn ansuchte
und sein Auge verpfandete, um einen Trunk urweltlicher Weisheit zu empfangen, so spähten wißbegierige
Männer, Freunde des germanischen Altertums, nach
der hohen Göttin Saga mit unermüdlichem Fleiß, bis
sie dieselbe fanden. Sie wohnte in krystallenem Hause
unter der kühl strömenden Flut. Die emsigen Forscher
traten bei ihr ein und begehrten Kunde von der alten
Zeit und den vergangenen Geschlechtern, die einst im
Norden von Europa gewaltet, geduldet, gekämpft und
gesiegt hatten. Da saß die sinnende Göttin im Traume
der Gedanken, umflattert von Odins Raben, die ihr
Vergangenes und Künftiges zuflüsterten. Sie erhob sich von ihrem Hochsitz, schier
verwundert über die mancherlei Fragen, die man an sie richtete. Sie deutete auf
zerstreut umherliegende Blätter, sprechend: „Kommt ihr endlich, Kunde zu erhalten von der Weisheit und den Thaten eurer Ahnen? Auf diese Blätter habe

1*

ich alles verzeichnet, was die Völker in ihrem fernen Vaterlande gedacht, ge=
glaubt und was sie als ewige Wahrheit aufgefunden haben. Ich habe die
starken Geschlechter in ihre neuen Wohnsitze begleitet, ihr Schaffen und Walten,
ihre Thaten, Leiden und Siege, ihre Götter und Helden treulich in die Ur=
kunden eingetragen. Lange Jahre hindurch hat aber niemand danach gefragt;
daher haben die Stürme der Zeit und Surturs lodernde Flammen vieles ent=
führt und zerstört. Sucht, sammelt, was übrig ist. Ihr werdet darin viele
Weisheit verborgen finden, wenn ihr die Schrift zu lesen, die Bilder zu
deuten versteht.“

Die wißbegierigen Männer suchten und sammelten der Blätter so viele,
als sie auffinden konnten. Sie brachten dieselben in Ordnung, aber sie ge=
wahrten, daß, wie Saga gesprochen, eine große Menge verloren, andere nur
in Bruchstücken vorhanden waren. Zudem war die Runenschrift, auf die sie
sich verwiesen sahen, schwer verständlich und die rechte Deutung der vergilbten
Bilder unsicher. Doch ließen sie sich durch keine Schwierigkeit abschrecken, sondern
setzten unverdrossen ihre Forschungen weiter fort. So entdeckten sie noch Ur=
kunden oder Bruchstücke, die man für verloren gehalten hatte. Was die Stürme
der Zeit da= und dorthin zerstreut, was der Unverstand verschleudert hatte, das
brachten sie oft aus bestäubten Winkeln, aus den Hütten der Armut ans Tageslicht.
Sie setzten das Gefundene zusammen, lernten die mystischen Zeichen verstehen,
und vor ihren geistigen Blicken schwand der verhüllende Schleier. Die alte ger=
manische Welt mit ihren Geheimnissen und Wundern, die Anschauungen der
Völker von ihren Göttern und Helden traten aus dem Dunkel hervor in das
Licht der Gegenwart. Das gerettete Gut haben wir auf den nachfolgenden Seiten
zusammengestellt, auch manches Blättchen aus dem Moder des Vergehens und
Vergessens selber hervorgeholt und dem Ganzen eingereiht. Wir suchten es in
ansprechende Form zu bringen, um die Jugend und das Alter zum Anschauen
dessen zu bewegen, was in grauer Vorzeit der germanische Genius geschaffen,
der in jüngster Zeit auf blutgetränkten Feldern den Lorbeer unvergänglichen
Ruhmes um sein Haupt geschlungen hat. Die religiösen Vorstellungen der
gebildetsten Völker des Altertums stehen in Beziehung zu den ersten Kultur=
anfängen der Germanen. Wenn man ihrem oft schwer erkennbaren und doch
gemeinsamen Ursprunge unverdrossen nachspürt, so erkennt man wohl, wie die
scheinbar ganz verschiedenen Gestalten und Sagen der heidnischen Götterwelt in
den Sitten und Anschauungen der gemeinschaftlichen Urheimat ihre Grundlage
haben und in ihren Anfängen mehr oder minder zusammenhängen. Verschieden
gestalteten sich die religiösen Vorstellungen in Vorderasien, am Indus, im Lande
der Pyramiden, auf der hellenischen und italischen Halbinsel, noch abweichender
im Norden, wohin Kelten, Germanen und Slaven wanderten; doch ist der gemein=
schaftliche Ursprung erkennbar. Diesen Zusammenhang, den tiefen Sinn, die Be=
deutung der Göttersagen haben wir in unserer Darstellung beigefügt, damit der
Leser erkenne, daß sich hier nicht eine Zauberwelt regelloser Phantasie vor seinen
Blicken aufthut, sondern daß das Leben der Natur nach germanischer Anschauung
den verehrten Wesen und ihrem Walten zu Grunde liegt. Ehe wir jedoch die
einzelnen Erscheinungen in ihrer Fülle und imposanten Größe ins Auge fassen.

lassen wir sie zur bessern Übersicht mit ihren Merkmalen und Abzeichen rasch an uns vorüber ziehen.

Die Mythen oder Göttersagen aus nordisch=germanischer Vorzeit eröffnen den Reihen. Man erfährt im weitern Verlaufe unseres Werkes, wie sie in der Urheimat, im fernen Osten, ihren Ursprung nahmen, als der Menschengeist in seiner Kindheit auf die Kniee sank vor Erscheinungen der ihn umgebenden Natur, die auf das menschliche Streben und Leben entscheidenden Einfluß übten. Der Glaube an das Belebtsein solcher Erscheinungen erfüllte, wie bei anderen Kultur= völkern, so auch bei unseren Urahnen das Gemüt. Die dem innern Wesen nach nicht begriffenen Vorgänge in der Außenwelt und die Thatsachen der innern Wahrnehmung gewannen allmählich im Bewußtsein des Volkes Form und Leben. Sie gestalteten sich auf der Wanderung zu noch unbestimmten Bildern, wurden in den neuen Wohnsitzen von weisen Sehern und Sängern zu typischen Formen weiter entwickelt und auch im Laufe der Zeiten vervielfältigt, bis sie endlich erblaßten, als der fromme Glaube schwand oder von einem andern Glauben verdrängt wurde. Ferner findet man ausgeführt, wie sich manche mythische Vor= stellungen aus der Berührung mit fremden Nationalitäten entwickelten, andere aber aus der Eigentümlichkeit, dem Charakter der germanischen Stämme und unter dem wechselnden Einflusse des Klimas und der Beschaffenheit der neuen Heimat entsprangen. — Zunächst folgen die Mythen über Entstehung der Welt, der Götter und ihrer Werke.

Die Götter, ihre Welten und Werke. In den Abgrund der Unermeßlichkeit wälzen die Eisströme Eliwagar ihre Schollen; die Glut aus dem Süden schafft darin Leben, und es entsteht der Riese Ymir, der Brausende, Tobende, die ungeregelte, ungebändigte Naturgewalt. Mit dem Lehmriesen zugleich ist die Kuh Audhumbla entstanden. Sie leckt an Salzfelsen, und da wird der göttliche Buri geboren. Seine Enkel Odin, Wili und We bezwingen und töten den tobenden Ymir und erschaffen aus seinem Leibe die Welt. In dem strömenden Blute des Riesen ertrinkt sein ganzes Geschlecht bis auf Bergelmir, der sich im Boote rettet und der Vater des Riesenvolkes wird. Es ist die Sündflut (Sintflut), die hier geschildert wird, und die Riesen sind nach nordischer Vor= stellung an die Stelle des Ahriman getreten, des bösen Prinzips der Iranier. Die göttlichen Mächte weisen der Sonne und dem Mond, dem Tag und der Nacht ihre Bahnen an. Aus Bäumen schufen die Himmlischen die ersten Menschen: Ask (Esche) und Embla (Erle).

In der dunkeln Tiefe der Erde schürfen die Zwerge und Schwarz= alfen und fertigen kunstvolle Geräte für die göttlichen Asen, die sie geschaffen haben. Die Lichtalfen dagegen wohnen in himmlischen Räumen. Diese sind rein und gut, jene oft falsch und tückisch, doch nicht Genossen der feindlichen Riesen, die wider Götter und Menschen in stetem Kampfe begriffen sind. Mit diesen, den Joten (Jötunen), stehen im Bunde, wie die nun folgenden Mythen lehren, die grauenvollen Ungeheuer, welche im letzten Kampfe zur Entscheidung beitragen, nämlich der Fenriswolf, die Midgardschlange (Jörmungander), auf dem Meeresgrunde ruhend, die Erde (den Sitz des Lebendigen) mit ihrem Ring umfassend, und die entsetzliche Hel, die Beherrscherin des Totenreichs.

In der Tiefe verborgen oder gefesselt, erwarten die Ungeheuer ihre Zeit. So lauern auch im heißen Südland der finstere Surtur mit dem Flammen= schwert und die feurigen Muspelsöhne. Sie rüsten sich zur Entscheidungs= schlacht, wenn Himmel und Erde, Götter und Menschen vergehen sollen.

Wodan, nordisch Odin. Die Scene wechselt; die einzelnen Göttergestalten treten hervor, wie sie die nordische Phantasie und die germanischen Dichter nach dem Bilde ihrer Helden geschaffen haben. Zuerst erscheint Wodan, nordisch Odin, der Schlachtengott, mit dem Todesspeer Gungnir, dem tötenden Blitz= strahl, und in seinem Gefolge die Walküren, die Totenwählerinnen, die mit einem Kusse die gefallenen Helden weihen und sie emportragen in die Götter= halle zum Mahle der Seligen. Er zieht im brausenden Sturm als Führer der Toten mit dem wütenden Heer oder der wilden Jagd durch die Luft. In Gunlöds Armen schlürft er Odrörir, den Trank der Begeisterung, und teilt ihn den Sehern und Sängern mit und dem Krieger, der für Freiheit und Vaterland in den seligen Schlachtentod stürzt. Seiner Weisheit vertrauend, zieht er dann zu Wafthrudnir in den Wettstreit, wo es gilt, Haupt um Haupt in rätselvoller Rede zu streiten, und er bleibt Sieger in dem gefährlichen Kampfe. Dann versenkt er sich in die Fülle der Natur, wie der Geist in die Körperwelt, und erfindet die Runen, durch die er Macht gewinnt, alle Dinge zu erkennen, zu durchdringen und zu beherrschen. So wird er der Geist der Natur, er wird Allvater.

Frigga oder Frea und ihr Gefolge. Neben Odin erscheint Frigga, die Götter= mutter, auf dem Hochsitz Hlidskialf, die bei den Germanen identisch war mit Frea, der nordischen Freya, und als allnährende Mutter Erde verehrt wurde. Drei göttliche Jungfrauen versehen den Dienst bei der Göttin; ihr Liebling Fulla, die Fülle Spendende, unterstützt die Herrin beim Ankleiden; die kühne Reiterin Gna durchfliegt mit Aufträgen von ihr die neun Welten, die zu= verlässige Hlin schirmt die Schützlinge Friggas. Sie selbst berät mit dem Gemahl die Geschicke der Welt, oder sie sitzt in ihrer Halle Fensal mit gött= lichen Jungfrauen ihres Gefolges und spinnt goldene Fäden, um den Fleiß der Menschen zu belohnen. Wenn sie in späteren Mythen auch als listige Haus= frau erscheint, die mit Schlauheit ihre Absichten zur Ausführung bringt, so tritt sie in Nachklängen älterer Sagen unter den Namen Holda und Berchta als Wohlthäterin der Menschen auf. Da fördert sie den Feldbau, die gesetzliche Ordnung, teilt die Äcker, weiht die Grenzsteine, bewahrt und pflegt in ihren lieblichen Gärten unter Brunnen und Seen die Seelen der ungeborenen Kinder und nimmt die der früh verstorbenen wieder darin auf, daß die Mütter nicht mehr weinen. Aber sie erinnert auch, als „Ahnfrau" in fürstlichen Schlössern, an Odins Totenwählerinnen. — In Gestalt der Holda oder Frau Gode er= scheint sie auch als gewaltige Jägerin, die bei Tag und Nacht mit ihren zahlreichen Töchtern dem edlen Weidwerk nachgeht. — Die Gehülfinnen der nordischen Freya hießen: Siöfen (Siofna), die Senftzende, Lofn (Löfna), welche alle der Vereinigung der Liebenden entgegenstehende Hindernisse über= windet, und die kluge Wara, welche jeden Herzenswunsch erhört und den Treubruch rächt.

Odins königliche Gestalt ist aus dem deutschen Heldengeist geboren, aus dem Geiste, der in unseren großen Feldherren, Staatsmännern, Philosophen und Dichtern lebte und wirkte. Frigg, die deutsche Frea, ist die deutsche Haus= frau, die beratend und helfend dem Gatten zur Seite steht.

Odin, der Göttervater. Zeichnung von Professor C. E. Doepler.

Thor oder Thunar dagegen, der nun in unserer Darstellung hervortritt, ist das Ideal des deutschen Bauers, unermüdlich, wie in der Arbeit, so auch im Essen und Trinken; treuherzig, daher oft überlistet, dann aber, wenn er es ge= wahr wird, furchtbar im Zorn, mit zerschmetternden Schlägen seine Gegner, und was ihm im Wege steht, niederwerfend. Er empfängt Miölnir, den Gewitter= hammer, den die Zwerge geschmiedet haben; er überwindet im Wortkampf den

überklugen Alwis. Der Riese Hrungnir, der ihn zum Zweikampf gefordert,
büßt mit zerschmettertem Haupte für seine Kühnheit. Wenn er von Utgardloki
durch Zauberei getäuscht wird, so fehlt ihm nur die Gelegenheit, nicht die Kraft,
Rache zu nehmen. Er fährt zu dem Eisriesen Hymir, den Braukessel für das
Bier zum Göttermahle zu holen, und erscheint hier in der Fülle seiner Asen=
kraft. Bei dem Bergriesen Thrym gewinnt er den entwendeten Hammer wieder.
Dasselbe thut er in Geirrödsgard, nachdem er den tückischen Geirröd nieder=
geworfen hat. Ist er unwiderstehlich in seinem Zorn, so erscheint er mild und
gnädig, wenn er mit seinem Hammer die Feldmarken feststellt, den Ehebund
heiligt und endlich den Leichenbrand weiht. Da ist er der segnende Gott
der gesetzlichen Ordnung und frommen Sitte. Deswegen war er hochverehrt
in allen germanischen und skandinavischen Ländern, und nur die späteren
Skalden setzten ihn, wie das Harbartslied zeigt, dem Heldengotte Odin gegen=
über in Schatten.

Tyr, Tius oder Zio. Da schreitet hoch und schlank, wie eine Tanne, der kühne
Tyr vorüber. Er hat nur eine Hand; denn als der grimmige Fenriswolf so
gewaltig heranwuchs, daß er die Asen selbst in Asgard bedrohte, wagte und ver=
lor er die Hand, um ihn mit unlösbarer Fessel zu bändigen. Er trägt das Schwert
als ihm gebührendes Abzeichen, denn er ist der Kriegs= und Schwertgott. Er
stand unter dem Namen Tius oder Zio bei den Germanen hoch in Ehren.

Heru, Cheru oder Saxnot. Ein anderes blankes Schwert blitzt dort im Lande
der Cherusker auf waldumsäumter Höhe; es ist die Waffe des Schwertgottes
Heru, Cheru oder Saxnot, der vielleicht von Tyr nicht verschieden ist. Von
dieser Waffe berichtet uns die Sage, daß sie dem Unwürdigen, der sie führe, den
Untergang bereite, in der Hand des Helden aber Sieg und Herrschaft erringe.

Heimdal oder Riger. Als ein dritter Schwertgott tritt endlich Heimdal oder
Riger auf, denn er erscheint allezeit mit der Wehr umgürtet, als Wächter von
Asgard an der Brücke Bifröst. Da wohnt er auf seiner Himmelsburg und
trinkt Tag für Tag selig den süßen Met. Er hört das leiseste Geräusch und
sein scharfer Blick dringt durch Felsen und Wälder in die weiteste Ferne. Dann
wieder zieht er hinaus in die Menschenwelt, Gesetze und Ordnungen aufzurichten.
Er kehrt in der Hütte des Knechtes und seiner Ehegenossin ein, dann in dem
Hause des freien Bauers und endlich im adligen Schlosse, wo der Jarl mit
seiner Gemahlin ihn zum Mahle ladet. Er segnet da wie dort die Nachkommen
und setzt den Unterschied der Stände fest. Auf seinem Hengste Gulltop (Gold=
zopf) reitet er zurück nach seiner Himmelsburg. Er wirft spähende Blicke nach
den vier Weltgegenden, um zu sehen, ob nicht ein gewaltthätiger Überfall irgendwo
vorbereitet werde. Es ist alles in tiefem Frieden; nur dort im Gebiete der hold=
seligen Freya schleicht der listige Loke umher, dem der Wächter nicht traut. Er
sieht auch bald, wie der falsche Ase unter allerlei Verwandlung in das Gemach
der schlummernden Göttin eindringt, ihren glänzenden Schmuck Brisingamen ent=
wendet und sich mit der Beute eilends zu flüchten sucht. Schneller als der Räuber
ist Heimdal. Er verlegt ihm den Weg, besiegt ihn nach schwerem Kampf, entreißt
ihm das Geschmeide und sendet es der Göttin zurück. Es ist der Sternenkranz des
Firmamentes, belehrt die Auslegung, den die himmlische Frea wieder empfängt.

Bragi und Iduna. Heimdal ist von neun Müttern, den Wellenmädchen, geboren; auf den Meereswellen fährt auch Bragi, der dichtende, singende Ase, aus der Tiefe herauf, und die Natur empfängt ihn jubelnd, und die blühende Iduna vermählt sich dem sangesreichen Gotte. Sie zieht mit ihm gen Asgard, wo sie den Asen an jedem Morgen die Äpfel unverwelklicher Jugend darreicht.

Frigga, als Frau Gode, dem Weidwerk obliegend. Von L. Pietsch. (Zu S. 6.)

Wohl ist der Riese Thiassi lüstern nach der köstlichen Frucht und entführt im Adlerkleid mit Lokes Hülfe die Göttin; aber der Helfer selbst muß sie, erschreckt durch die Drohungen der Asen, zurückbringen, und der Riese, der sie stürmisch verfolgt, findet in Asgard den Tod statt der gesuchten Beute. Den Vater zu rächen, erscheint seine Tochter Skadi in kriegerischer Rüstung. Sie empfängt als Vaterbuße das Recht, mit halbverbundenen Augen sich einen Gemahl zu wählen. Sie irrt sich in der Wahl; denn statt des lichten Balder, den sie wünscht, erfaßt sie den schönen Gott Niörder aus dem Geschlecht der Wanen. Mit ihm wohnt sie wechselnd bald in ihrem väterlichen Trymheim im Hochgebirge, bald zu Noatun am Meere, dem Wohnsitz des Gatten, bis sie sich ganz von ihm trennt und sich dem ihr gleich gearteten winterlichen Uller vermählt.

Die Wanen. Niörder, Freyer, Freya. Mit Niörder treten auf dem Schau=
platz der Mythen die weisen Wanen hervor, ein Göttergeschlecht, das wahr=
scheinlich von früheren Bewohnern Germaniens und Skandinaviens verehrt
wurde. Ihr Krieg mit den Asen bezieht sich wohl auf die Kämpfe dieser
Völker mit den eingedrungenen Germanen. Bei dem Friedensschlusse kommen
als Geiseln der Männerfürst Niörder, sein Sohn, der lichte Freyer, und seine
Tochter Freya zu den Asen, dagegen Mimir und Hönir zu den Wanen. Erstere
gelangen zu hohem Ansehen und weit verbreiteter Verehrung: denn Niörder, viel=
leicht die männliche Seite der schon den Römern bekannten Erdgöttin Nerthus,
ist der Beherrscher des ruhigen Meeres, der Beförderer der Schiffahrt und des
Handels; sein Sohn aber segnet die Felder, daß sie Saaten, Gras und Kraut
hervorbringen, daß Blumen und Früchte gedeihen. Darum wirbt er durch
seinen Diener Skirnir um die Hand der schönen Gerda, die in fester Burg
der Hrimthursen (Reif= und Frostriesen) wohnt. Sie ist die im Banne des
Winters gehaltene Erde, die erst durch zauberische Beschwörung gezwungen wird,
sich dem sommerlichen Gotte zu vermählen. Freyer giebt sein gutes Schwert,
den Sonnenstrahl, der den eisumstarrten Boden durchglüht, hin, um die Ver=
bindung herbeizuführen. Seine Schwester Freya — nach nordischer Dichtung
nicht mehr Frea, oder Nerthus, die Erdenmutter und Genossin Wodans — ist
die Göttin der Schönheit und Liebe. Vermählt mit Odhur, dem sommerlichen
Odin, und goldene Thränen weinend, wenn er im Herbste scheidet, fährt sie
unter die Völker, den Gemahl zu suchen, bis sie ihn findet. Der Mythus verrät
in dieser spätern Fassung den Zusammenhang mit der alten Sitte, daß die Göttin
den Priestern offenbarte, wenn sie begehrte unter die Völker zu fahren, um Frieden
und Freude zu bringen. Nicht immer schafft Freya den Frieden; auch in kriege=
rischem Schmucke, als Führerin der Walküren, tritt sie in unserer Darstellung
auf, wie sie waltet in der Schlacht, wie sie die Hälfte der gefallenen Helden in
ihrem Saale Folkwang versammelt, wo auch liebende Menschen die früh ver=
storbenen Geliebten wiederfinden.

Das Schicksal. Nornen, Hel, Walküren. Über Götter und Menschen waltet
unentrinnbar Orlog, das Schicksal, selbst unpersönlich, blindlings seine Gaben
verteilend. Es tritt aber auch aus dem geheimnisvollen Dunkel hervor und
erscheint sichtbar als die Regin (Mehrz.), die alles lenken und regieren und zu=
weilen in Gestalt der Asen das Leben und Thun der vergänglichen Kinder der
Erde bestimmen. Aus unbekannter Ferne schreiten, von dunklen Schleiern ver=
hüllt, die Nornen zum Weltbaum Yggdrasil. Sie begießen ihn täglich mit
dem heiligen Wasser des Urdborns, daß er nicht dorre, sondern frisch und fröhlich
fortgrüne. Urd, die älteste der drei Schwestern, blickt sinnend in die Vergangen=
heit, Werdandi auf die Gegenwart, Skuld in die hoffnungsreiche und viel=
leicht thränendüstere Zukunft. So verkündigen sie Orlog, das Schicksal, das
werden soll: denn aus Vergangenheit und Gegenwart werden die Geschicke und
Thaten der Zukunft geboren. In der Tiefe, in Helheim und Niflhel, herrscht
die dunkle, verborgene Hel, einst nach ältester Vorstellung die Erdenmutter,
die Leben und Wachstum förderte und auch die müden Erdenpilger im Tode
wieder zu sich berief.

In der Skaldendichtung ward sie zur finstern, schrecklichen Beherrscherin des Schattenreichs, die nicht das Leben schaffte, sondern den Tod. Sie hat aber keine Gewalt über die Geschicke der Schlacht, wo die Krieger um Siegesehre ringen. Da walten Odins Schlachtjungfrauen, die Walküren, und bestimmen das Loos der Streiter. Mit Helm und Schild gerüstet, jagen sie auf weißen Wolkenrossen daher, die Kämpfer zu küren, wie der Göttervater ihnen befohlen hat. Sie weihen die gefallenen Helden mit dem Todeskuß und tragen sie empor gen Walhalla, zum Mahle der Einherier.

Ögir und seine Genossen. In stürmischer Meerflut fährt Ögir oder Hler daher mit seiner Gattin Ran, der Rafferin, die von gescheiterten Fahrzeugen die Schiffer in die Tiefe zieht. Er ist vom Geschlechte der Riesen, steht aber mit den Asen in Bund und Freundschaft. Bei Schwertlicht hat er mit den Göttern in Odins Halle gezecht; zur Leinernte ladet er sie wieder zum Gelage in seiner goldhellen Behausung. Seine Genossen: der Mummelkönig, der wunderbare Spielmann, die Nixen, Necken und Meergeister, werden alle in unserer Darstellung aus dem Reiche der Sage heraufbeschworen, damit sie uns den Glauben und die Vorstellungen unserer Ahnen offenbaren. Sie greifen in die Saiten ihrer Harfen und singen dazu ihre Lieder, bald sinnverwirrend, wie der Wellenschlag der schäumenden Brandung, bald lieblich, wie die sanft= bewegte Flut in der tönenden Fingalsgrotte, bald voll Sehnsucht nach dem Besitz einer fühlenden, unsterblichen Seele, die den Menschen verliehen, ihnen aber versagt ist.

Loke, der Vater der schrecklichen Hel, des Fenriswolfes und der Midgardschlange, der lauernde, Arges sinnende Ase, schleicht jetzt hervor, daß wir sein verderbliches Thun und sein eigentliches Wesen betrachten. Denn er war in der Urzeit Odins Blutbruder, der wohlthätige Gott der Leben gebenden Wärme, insbesondere der unentbehrlichen Herdflamme. Wie die ver= heerende Feuersbrunst aus einem schwachen, im Verborgenen glimmenden Funken allmählich hervorschwillt, bis sie auflodernd Hof und Habe verzehrt, so erwächst auch Loke in der Anschauung der alten Völker zum Verderben der Asen, über= haupt zum bösen Prinzip.

Andere Asen. Nun zu den übrigen Asen; zuerst erscheint der schweigsame Widar, der Sohn Odins, gerüstet mit Schwert und Eisenschuh. Er empfängt freudig den Ausspruch der Nornen, daß er einst, als Rächer des Vaters, den Wolf der Vernichtung erlegen und in der erneuerten Welt in seligem Frieden ewig leben werde. Auch Hermoder, der schnelle Götterbote, wartet seines Amtes, wenn Walvater gebeut. Ein anderer Rächer, der blühende Wali, betritt, freudig begrüßt, Odins Halle; denn er ist Odins und der nordischen Rinda Sohn, berufen, den lichten Balder, den Allgeliebten, zu rächen und den finstern Höder mit tödlichem Geschoß in Hels Reich hinabzusenden. — So führt uns die Erzählung zu Balder, dem Spender alles Guten, und zu seinem Bruder Höder, der in der Finsternis gewaltig ist. Ferner berichtet hier die Mythe, wie beide um die schöne Nanna kämpfen und ersterer durch Zauberkünste zum Tode verwundet wird. Sein Sohn Forseti, an Heiligkeit und Gerechtigkeit dem Vater gleich, richtet ewige Satzungen auf. Die Mythe zeigt ihn uns auf dem

Hochsitz thronend, inmitten der zwölf Schöffen, wie er, an Gestalt und Antlitz allen gleich und doch wieder verschieden, die Nordfriesen die Gesetze lehrt.

Das Goldalter. Von der Betrachtung der einzelnen Götter geht die Darstellung zu den Ereignissen über, welche das Ganze betreffen und zum Schlusse der epischen Dichtung hinüberleiten. Zunächst wird das Goldalter, die Zeit der harmlosen Unschuld, geschildert, da man die Begierde nach Gold noch nicht kannte, bis Gullweig (Goldstufe) kam, die reizende, verlockende Zauberin, die, dreimal ins Feuer gestoßen, immer schöner wieder hervorstieg und die Seelen der Asen und Menschen mit unstillbarer Begierde erfüllte. Dann treten die Nornen der Vergangenheit, Gegenwart und Zukunft ins blühende Leben, und nun schwindet der selige Friede des Kindertraums und die Schuld ersteht mit allen ihren Folgen.

Die Schuld. Die Dichtung führt die Schuld noch in anderer Weise herbei. Die Asen wünschen, um ihr Asgard einen unersteiglichen Burgwall aufzuführen, der sie gegen Überfälle der Jötune sicher stelle. Sie versprechen auf Lokes Rat durch heilige Eide einem unbekannten Baumeister Sonne, Mond und selbst Freyja, die Göttin der Huld und Schönheit, wenn er in einem Winter den Bau zu Ende führe. Der Meister ist aber ein Hrimthurse (Frostriese), der mit Hülfe seines Hengstes die stahlglatte Mauer von Eis in der festgesetzten Zeit nahezu herstellt. Die Welt ist der Finsternis verfallen, Anmut und Liebe schwinden aus dem Leben, wenn der Vertrag Geltung hat; da muß Loke, der dazu geraten, Hülfe schaffen, wenn er sein Haupt bewahren will. Er thut es mit List und Zauberei; Thor aber zahlt dem Meister den Lohn mit Hammerschlägen. So werden die Eide gebrochen und unsühnbare Schuld belastet die Asen.

Idunas Scheiden. Unheilvolle Zeichen deuten auf kommende Schreckuisse. Iduna, die Spenderin der Äpfel unverwelklicher Jugend, sinkt von ihrer heitern Wohnung im Gezweige des Weltbaums Yggdrasil hinab in die finstere Tiefe. Sie hat nur Thränen statt Worte, als die Boten sie befragen, was ihr Niedersinken bedeute. Bei ihr bleibt Bragi zurück, denn mit der Jugend schwinden auch Spiel und Gesang aus dem Leben.

Balders Tod. Der Tag des Gerichts rückt näher, denn neue Erscheinungen deuten darauf hin. Balder, der Heilige, der allein ohne Schuld ist, hat schwere Träume. Hel ist ihm erschienen und hat ihm gewinkt, daß er zu ihr komme. Odin reitet durch dunkle Thäler hinunter in das Reich der Schatten, daß er bei den Toten Kunde von dem erlange, was bevorsteht. Seine Beschwörung ruft die längst verstorbene Wala aus ihrem Grabe, und sie verkündigt ihm, was er selbst geahnt, Balders Tod. Inzwischen beschickt die sorgenvolle Frigga alle Wesen und leblosen Dinge, daß sie geloben, den Allgeliebten nicht zu beschädigen. Nur den schwachen Mistelzweig hat sie übergangen. Das erspäht Loke in der Tücke seines Herzens. Wie nun die Götter in mutwilligem Spiele nach Balder ihre Geschosse schleudern, die alle den heiligen Leib vermeiden, reicht er dem blinden Höder den verhängnisvollen Zweig, dem er Speergestalt verliehen hat. Er lenkt des Wurfes Richtung und — der Mord ist vollbracht, Balder liegt durchbohrt auf der blutigen Erde. Mit ihm ist Friede und Freude, Gerechtigkeit und Heiligkeit geschwunden. Darum weinen die Asen und Menschen und selbst

die lichtscheuen Zwerge und Alfen in ihren Klüften und der Jötune böswilliges
Geschlecht. Sie alle sammeln sich zum Leichenbrand. Es sind aber zwei Leichen,
die auf den Scheitern ruhen; denn auch Nanna, Balders blühende Gattin, ist
gebrochenen Herzens gestorben. Wenn der sonnenhelle Lichtgott hinschwindet,
muß auch die Blüte verwelken. Auf Odins Befehl reitet Hermoder den Hel=
weg, von der schrecklichen Göttin die Rückkehr des Allgeliebten zu erflehen.

Odin sucht Wala im Reiche der Schatten auf.   Zeichnung von W. Heine.

Zwar findet er Balder und Nanna auf bestreuten Metbänken, aber der
schäumende Trunk vor ihnen steht unberührt; denn traurig und schweigend
sitzen sie da, wie die wesenlosen Schatten, die gleich Nebelbildern umherziehen.
Ernst und schweigend thront dort auf dem Hochsitz die furchtbare Herrscherin
im Reiche des Todes. Sie thut den Ausspruch: „Wenn alle Wesen um den
Geliebten weinen, so kehrt er zur Oberwelt zurück, sonst bleibt er an seinem
Ort." Wohl bringt der Bote den Asen diesen Spruch; wohl weinen, von Frigg
beschworen, alle Wesen; aber ein Riesenweib in einsamer Felsenkluft verweigert
die Thränen, und Balder bleibt der Hel verfallen. Nur die Rache an dem

Gotte, der im Finstern schleicht, ist noch zu vollziehen, und das thut Wali,
der mit seinen Geschossen den starken Höder fällt. Es ist der Frühlingsgott,
der den dunkeln, schauerlichen Winter erlegt, der auferstandene Balder.

Ögirs Trinkgelage. Die nordische Dichtung, scheinbar die tragischen Er=
eignisse unterbrechend, führt uns in Ögirs Halle, wo die Asen nach langer
Trauer ein frohes Fest zu feiern gedenken. Da glänzt der Saal im Goldlicht
von den Schätzen der Meerestiefe, da schäumen die Becher von Bier und Met;
doch tönt nicht mehr des Sängers Lied zum Klange der Saiten. An seiner
Statt drängt sich Loke in die Versammlung, nicht mehr heuchlerisch seine Bos=
heit verhüllend, sondern mit frecher Stirne seiner Thaten sich rühmend. Wie
der frevelnde Mensch nicht mit einem Male zum verhärteten Bösewicht, zum
scheußlichen Verbrecher heranwächst, wie er nur allmählich von einer Staffel
zur andern auf der Stufenleiter der Ruchlosigkeit zum Gipfel emporsteigt, so
erscheint in der Dichtung Loke: erst wohlthätig Heilsames fördernd, dann als
übler Ratgeber, als Friedestörer und Räuber köstlicher Schätze, als grauser
Mordstifter. Er zeigt endlich seine diabolische Natur unverhüllt, da er, die
Gleißnerlarve abwerfend, den Göttern Schmähungen ins Angesicht schleudert
und seine Greuelthaten offen mit teuflischem Hohne bekennt. Thors Erscheinung
zwingt ihn zur Flucht und kaum entrinnt er dem furchtbaren Hammer des Gottes.

Loke in Ketten. Der Mörder Balders, der Verlästerer der Asen, kann nicht
straflos bleiben. Vergebens birgt er sich im einsamen Hause auf entlegener Höhe,
vergebens in Lachsgestalt unter dem stürzenden Wasser; die Rächer fangen ihn
mit dem künstlich gefertigten Netze, das er selbst erfunden hat. Sie binden ihn
auf scharfe Felskanten mit den Eingeweiden seines Sohnes, die sich in Eisen=
ketten verwandeln. Eine Schlange tropft ihm Gift ins Angesicht, sodaß er gräß=
lich heult und die Erde von seinen Zuckungen bebt. Sigin, sein treues Weib,
fängt das Gift in einer Schale auf; doch tropft es auf ihn nieder, wenn die
Schale gefüllt ist.

RagnaröK. Der Verderber liegt mit Ketten gefesselt auf scharfkantigen
Felsen; aber er ist nicht auf ewig gebunden. Wenn die Bande heilsamer Ge=
setze zerrissen werden, wenn Zucht und Sitte, frommer Sinn und Gottesfurcht
schwinden, dann bricht über Völker und Staaten das Verderben herein. So
geschieht es in der Zeit, von welcher die Mythe berichtet. Kein Recht, kein
Heiligtum wird mehr geachtet; Wortbruch, Meineid, brudermörderische Kriege,
dazu Erdbeben, Fimbulwinter (Schreckenswinter) sind die Anzeichen des Welt=
untergangs. Sonne und Mond werden von ihren Verfolgern erwürgt, die
Sterne fallen vom Himmel, der Weltbaum zittert, alle Bande zerreißen, Loke
und seine entsetzliche Brut werden los, die feurigen Muspelsöhne, der dunkle
Surtur voran, kommen von Süden, die Riesen von Osten; auf dem Wigrid=
felde wird die letzte Schlacht geschlagen. Denn dahin sind hier die feindlichen
Mächte gezogen, dort Odin mit den Asen und den Scharen der Einherier.
Berge stürzen ein, der Abgrund gähnt bis hinunter zum Reiche der Hel, der
Himmel spaltet sich, klafft ins Unermeßliche; die Vorkämpfer, die Starken, alle
fallen in entsetzlichem Kampfe. Surtur erhebt sich furchtbar, himmelhoch; er
schleudert die Lohe über die Welt und das All geht in Flammen unter.

Erneuerung der Welt. Dem tragischen Ausgang des Götterdramas läßt die Mythe als versöhnenden Schluß die Erneuerung der Welt folgen. Die Erde erhebt sich aus der Zerstörung grün und blühend, denn der Weltbrand hat die Schuld getilgt und alles geläutert und versöhnt. Auf dem Idafelde sammeln sich die Asen: Widar, Wali, desgleichen Magni und Modi, Thors Söhne, mit dem väterlichen Miölnir, der nicht mehr zum Zerschmettern, sondern zum Weihen dessen gebraucht wird, was heilig und unverletzlich ist.

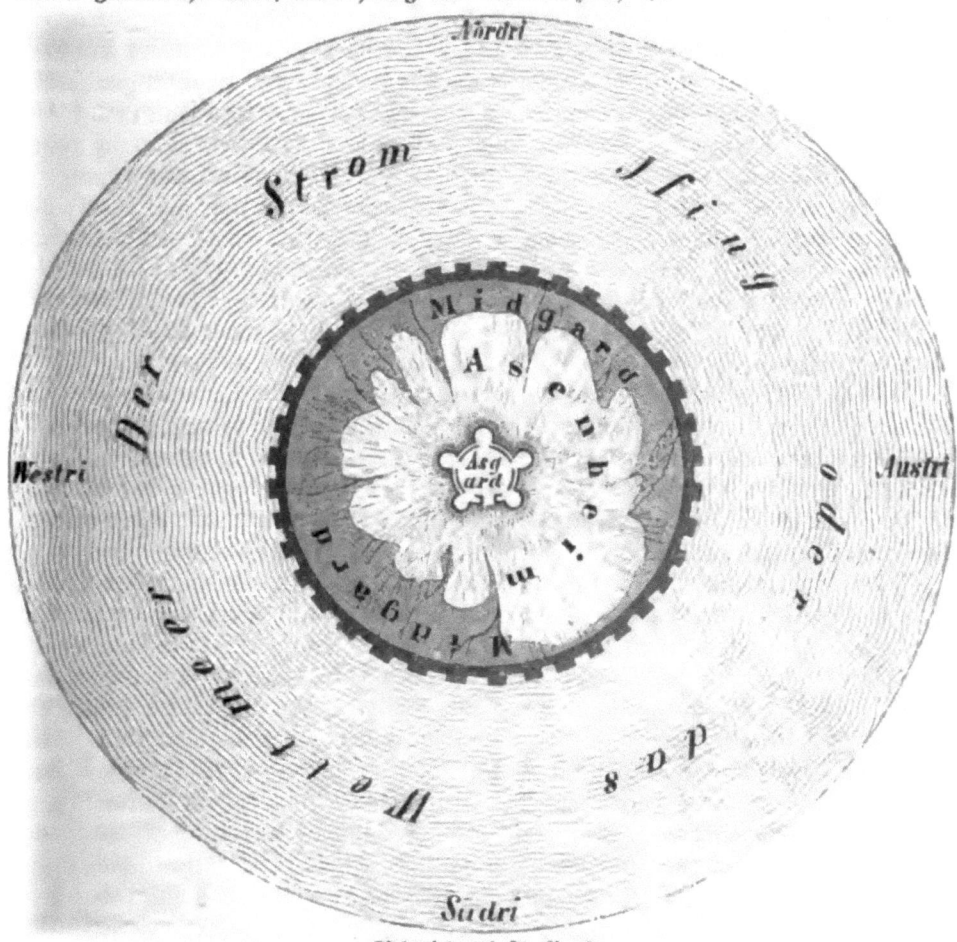

Welttafel nach Fr. Noack.

Zu ihnen gesellen sich Balder und Höder, versöhnt, in brüderlicher Eintracht. Auch Menschen finden sich ein, Lif und Lifthrasir, die, einst in Hoddmimirsholz verborgen, die Schrecknisse des Weltkampfes in Kindheitsträumen überdauert haben und nun rein und unschuldig, von sinnlichen Trieben frei, in die Welt des seligen Friedens eintreten.

Bei der von uns beigegebenen, von Fr. Noack auf Grund seiner Anschauung entworfenen Welttafel ist die Annahme festgehalten, daß das meerumflossene, glutreiche Island selbst der Mittelpunkt der religiösen Vorstellungen der nordisch-germanischen Völker gewesen sei, welche uns, wie auch aus dem Verlaufe unserer Darstellung erhellt, durch die Edda vorgeführt werden.

Im Mittelpunkt jener Insel stellt sich der Verfasser die Göttersitze vor, dort thront Odin und überschaut den Weltlauf; dort hausen die Asen; rund um Asenheim, im meerumspülten und von der Schlange umwundenen Midgard, siedeln sich die Erdensöhne an. Alles, was wir hier nur andeutungsweise anführen können, findet der Leser in unserem Werke ausführlicher dargestellt.

Wir haben zur leichteren Orientirung es nicht für überflüssig erachtet, unseren Ausführungen einen Überblick über das Ganze der großartigen Dichtung vorauszuschicken, welche vom Entstehen, Blühen, Fall und Untergang und von Erneuerung der Welt und der Asen berichtet. Die einzelnen Teile stehen allerdings nicht überall im Zusammenhang; sie sind erst im Verlaufe von Jahrhunderten entstanden, daher nicht einheitlich geordnet, zuweilen selbst unter sich im Widerspruch; doch erkennt man in allen Mythen die zu Grunde liegende Idee: wie aus der Schuld das allgemeine Verderben hervorgeht, und wie die Welt, geläutert durch die Flammen der Zerstörung, in schöner, verklärter Gestalt sich erneuert. Möglichst nach diesen Grundzügen haben wir die Mythen geordnet zusammengefaßt, auch die Deutung der Sagen beigefügt.

Nicht wenige Stellen der Edda mögen aus jenen Gesängen entstanden sein, die einst im Lande der Cherusker, in ihrem Osning oder Asening, zum Preise der Götter und Helden erklangen. Indessen ist es ebenso unzweifelhaft, daß nordische Skalden jene Lieder übersetzten, zum Teil umgestalteten, andere fremde Elemente bei ihren Wikingerfahrten im Westen aufnahmen und mit ihren eigenen Poesien verschmolzen, daß daher das Ganze in nordischer Färbung erscheint.

Es ist aber interessant, daß sich in jenem, an sich nicht bedeutenden Waldgebirg, das man nach Tacitus den Teutoburger Wald, im Volksmunde Osning oder auch Egge nennt, noch heutigen Tages wenigstens in vielen Benennungen unverkennbare Nachweise finden, daß daselbst meist der Mittelpunkt der germanischen Gottesverehrung war. Diese ihre Heiligtümer verteidigten daher die Germanen hartnäckig gegen die Römer und später gegen die Franken. Wir haben die Gegend selbst bereist und uns überzeugt, daß jene Ansicht in der That mehr ist als eine Hypothese, daß diese Annahmen vielmehr durch sichere Gründe unterstützt werden. Wir bitten die Leser, uns auf einer Wanderung durch das Heiligtum der alten Cherusker und Sachsen zu folgen, wozu die beigefügte Karte dienlich sein dürfte. Wir bemerken zuvor, daß sich das ganze Gebirge in einem sehr flachen Bogen von Nordwest nach Südost erstreckt, und zwar in drei Höhenzügen.

Von Paderborn zieht sich eine weite Ebene bis an den Fuß der Höhen, die nur als unbedeutende Hügel erscheinen und sich auch durchschnittlich nicht über 1000', im höchsten Punkt Völmerstod nicht über 1400' erheben. Man durchwandert in einigen Stunden Lippspringe, Schlangen, Kohlstädt, wo man die schön bewaldeten Hügel erreicht. Hier finden sich die ersten Spuren aus der alten Heidenzeit. Eine unbedeutende Ruine heißt noch jetzt die Hünenkirche und gegenüber liegt der Wineberg, von dem die Sage geht, daß hier die Mütter um ihre in der Hünenkirche geopferten Kinder geweint hätten. Ein schöner Wiesengrund, vom Knüllbach durchströmt, öffnet sich rechts zwischen Waldhöhen; die Straße aber zieht sich mehr links, immer aufwärts, und übersteigt dann eine Einsattelung des Gebirgs, die man die kleine Egge nennt. Die Höhe rechts heißt Breitepohl, was an Breidablick, den Saal Balders und den Lichtgott selbst erinnert, der bei den Germanen auch Phol oder Pol genannt wurde. Die Straße senkt sich jetzt abwärts und man gelangt am Ausgange des Waldes an die merkwürdigen Externsteine. Beim Anblick dieser Quadersandsteinfelsen, die das Waldgebirge von der offenen Ebene abschließen, denkt man an die nordischen Hrimthursen. Eine Kapelle ist in den größten Felsen eingehauen, worin in Relief St. Peter mit dem Schlüssel ausgemeißelt ist.

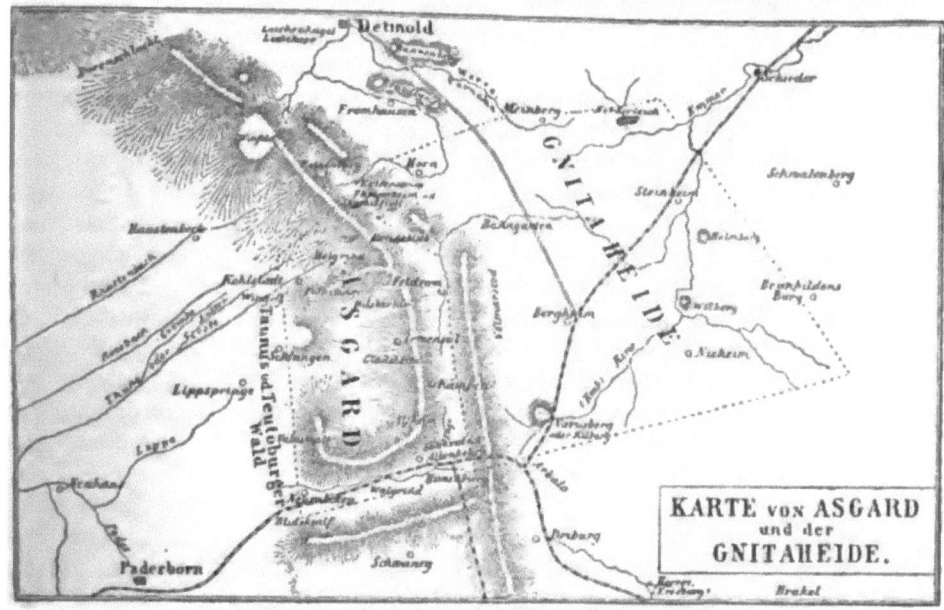

Nach G. A. B. Schierenbergs „Secretiora germanica".

Außerhalb befindet sich ein anderes Reliefbild, dessen obere Hälfte die Abnahme Christi vom Kreuze darstellt, während auf der unteren, sehr beschädigten Hälfte zwei menschliche Figuren, eine Schlange und ein Vogel zu sehen sind. Man glaubt darin Adam und Eva und den Sündenfall zu erkennen; allein die Schlange gleicht eher einem Lindwurm, und der Vogel scheint die Gruppe mit sich empor zu tragen. Dies bedeutet vielleicht die Erlösung eines heidnischen Menschenpaares aus der Umstrickung Satans durch die christliche Kirche.

Die Grotte ist sehr alt; sie war vielleicht schon in heidnischer Zeit dem Dienste der Ostara gewidmet, da nach Angabe einer Ortschronik das unwissende Volk an den Externsteinen Unfug mit dem Dienste der Göttin Ostara trieb. Extern bedeutet plattdeutsch Elstern; da nun Skadi, die schöne Götterbraut, in nordischer Sprache die gleiche Bedeutung hat, so wäre diese mit Ostara identisch und ihr Wohnsitz Thrymheim dürfte hierher zu verlegen sein.

Nachdem wir noch eine zweite eingehauene Kapelle späteren Ursprungs im oberen Teil eines andern Felsens in Augenschein genommen haben, verlassen wir die Landstraße nach Horn und Detmold und wenden uns rechts, also östlich, wobei die nördliche Ebene zur Linken, die Waldhöhe Breitepohl zur Rechten bleibt.

Wir biegen dann südlich in das Längenthal ein, welches den mittleren Höhen= zug von dem östlichen trennt. Jenseits dieser letzteren Kette breitet sich an= mutiges Hügelland bis zur Weser aus. Darin erheben sich die nicht bedeutenden Anhöhen Varusberg und Kilberg, die auf der Karte nicht getrennt sind. Am Fuße des letztern fließt der Bach Luna, mit dem sich ein anderer des= selben Namens vereinigt. Hier glaubten neuere Mythologen die Gnitaheide zu finden, wo Sigurd den Drachen Fafnir erschlug. Sie sind der Ansicht, daß in dieser Gegend Arminius, in der Dichtung Sigurd, den römischen Dränger Varus, nach der Dichtung den Drachen Fafnir erschlagen habe.

In seinem Reisebericht giebt nämlich der Abt Nikolaus, ein Isländer, (im 12. Jahrh.) an, Sigurd habe den Fafnir auf der Gnitaheide erschlagen, die auf dem Wege von Paderborn nach Mainz zwischen Kiliandur und Horus liege. Diese Angabe bezog man auf die Gegend zwischen dem Kilberg und dem Städtchen Horn. (Jakob Grimm erinnert an Horus bei Stadtbergen.) Indessen ist der Name Varusberg neuern Ursprungs und dürfte von einem Gelehrten herrühren. Es scheint sicherer, daß jener isländische Abt die Gnitaheide bei dem Dorfe Knetterheide südlich von Herford und nördlich vom Teutoburger Walde fand. Bezieht sich die Dichtung in Wirklichkeit auf die historische Be= gebenheit, so ist das Schlachtfeld, wo Varus mit seiner Legion fiel, bei Knetter= heide zu suchen. — Interessanter und wichtiger für unsere Mythologie ist der mittlere Höhenzug und zwar der Teil, welcher zwischen der Kohlstädt=Detmolder Landstraße und dem Thale von Altenbeken liegt, durch welches jetzt die Eisen= bahn von Paderborn nach Kassel zieht.

Hier befand sich der Sachsen Asgard, da waren ferner deren Irmensäule, ihre heiligen Haine und die Heimat der Götter. Zunächst nach dem Breite= pohl erblickt man das Dorf Feldrom, den Römerberg, Romwas, Rom= wasserschling, lauter Benennungen, welche darauf hindeuten, daß hier, in= mitten der germanischen Göttersitze, die Römer unter Varus längere Zeit lagerten und die Rache des für seine Heiligtümer aufstehenden Volkes heraufbeschwuren.

Etwas weiter zurück liegt der Fohlenkamp an der Kattenbeke, vielleicht Freyas „Folkwang", und der Katzenbach. Von drei nicht bedeutenden Höhlen erinnert das Lukeloch an Loke, der Bilstein an Thors Halle „Bilskirner", da das nordische Skjörn „Stein" bedeutet. Das Revier umher wird noch in einer alten Urkunde von 1160 Thruhem genannt, worin Thrudwanger, Thors Gebiet, zu erkennen wäre. — Ein waldiger Vorsprung heißt noch jetzt Urds Holz, also unzweifelhaft in heidnischer Zeit ein Heiligtum der Norne Urd. Indem man in südlicher Richtung fortschreitet, findet man den Asberg, Ossen= berg (Asenberg), Ossenstiege (Asenstiege), den Himmelberg oder das Himmel= reich, vielleicht nordisch Himinbiörg, wo Heimdal Wache hielt gegen die Berg= riesen, deren Wohnsitz jenseit des südlichen Thales durch die Anhöhe Hünenberg bezeichnet wird. In diesem Thale, welches die Eisenbahn von Paderborn in wei mächtigen Viadukten überbrückt, fließt nun ein sehr ansehnlicher Bach, dessen bedeutendste Quelle der Bullerborn heißt.

Wenn man dem Laufe des Baches westlich folgt, so ergießt sich von Norden her die Saga hinein. Die vereinigten Gewässer fließen unter dem Eisenbahn= viadukt durch und versinken jenseits in die Erde. Hier wäre „Sökwabek" (Sinke= bach), der Palast der Saga, zu finden, wovon wir oben geredet haben. Auf der andern Seite des Gebirgs, bei Lippspringe in der Ebene, treten die Gewässer wieder zu Tage.

Die Externsteine bei Horn in Westfalen.

Daselbst ist ein Weiher, fast wie das Oval eines Auges, und in der Mitte des klaren Wassers befindet sich eine dunkle, kreisrunde Stelle, die man der Pupille vergleichen kann. Hier wäre vielleicht der „Brunnen Mimirs" zu suchen, wo der urweise Riese aus Walvaters Pfand die heilige Flut getrunken hat.

Indessen sind es immerhin nur Hypothesen, die zuverlässiger begründet sein wollen. Zwischen der Kohlstädt=Detmolder Landstraße und dem Alten= bekener Thal, zwischen den Externsteinen und dem Himmelberg (Himmelreich) liegt der Osning, d. i. Asening oder Asenheim. Viele (hierher gehörige) Benennungen (s. oben) scheinen jedoch unzweifelhaft und berechtigen zu der

2*

Annahme, daß sich hier der bedeutendste Mittelpunkt der heidnischen Götter=
verehrung befand, daß hier vielleicht Lieder zum Preise der heimischen Götter
erklangen, daß damit die von Tacitus erwähnten Gesänge auf Arminius und
andere Helden zusammenflossen und später vielleicht von flüchtigen Sachsen nach
Skandinavien und auch nach Island übertragen wurden. Aber sie erhielten dort
nordische Färbung und nahmen vielfach fremdartige Bestandteile in sich auf, so daß
es doch gewagt erscheint, den weiteren Einzelheiten im Teutoburger Walde nach=
zuspüren. Nichtsdestoweniger haben wir kein Bedenken getragen, in dieser
unserer neuen Auflage uns abermals in jenes Gebiet zu versetzen, da es einen
gewissen Reiz bieten dürfte, in Deutschland die Parallelen jener nordischen
Mythen und Göttersitze aufzusuchen. Freilich sind diese von Schierenberg
stammenden Hypothesen und Etymologien mehr oder weniger kühn und zweifel=
haft und werden durch neuere, wissenschaftlich besser begründete in den Hinter=
grund gedrängt. So haben sich neuerdings besonders die Anschauungen zweier
skandinavischen Gelehrten, Sophus Bugge und Dr. Bang, Bahn gebrochen.

Diese Forscher haben gefunden, daß einem großen Teil der nordischen
Mythen antik=klassische Bestandteile, sowie jüdisch=christliche Traditionen zu
Grunde liegen. Sie nehmen an, daß die nordischen Wikinger bei ihren Fahrten
nach dem Westen im neunten Jahrhundert auf den britischen Inseln aus dem
Munde christlicher Mönche oder deren Schüler Sagen, Fabeln, Märchen und
Legenden vernahmen, die auf griechisch=römische Quellen zurückzuführen sind,
und zum Teil jüdisch=christliche Erzählungen von Christus, dem Satan und
den Engeln damit verschmolzen. Dies zeigen z. B. auffallend ähnliche Züge
der nordischen Thorsmythen mit den antiken Herkulessagen und des Balder=
mythus anderseits mit Legenden von Christi Tod.

Entstehung und Entwicklung der Mythen. Weder die eine noch die andere
Mythe ist gleich fertig und vollendet aus dem Bewußtsein der verwandten
Stämme so hervorgegangen, wie wir sie in den Urkunden lesen. Sie brauchten
eine lange Zeit, eine lange Entwicklungsperiode, um sich zum vollständigen
Mythus, das heißt zur mythischen Erzählung zu gestalten. Wir müssen uns
vorerst den Hergang bei Entstehung und Ausbildung der Mythen deutlich zu
machen suchen. Die Völker, wie der einzelne Mensch, haben ihr Kindesalter,
ihre Jugendblüte, ihr männliches Alter und ihr Greisenalter. In ihrer Kind=
heit vermögen sie das ihnen Unerklärliche der Zustände und Erscheinungen in
der Natur, wie in der eigenen Seele, nicht anders zu denken als in bekannten
Bildern. Die ganze Natur, von der sie sich abhängig fühlen, erscheint ihnen
als eine Persönlichkeit, welche denkt, will und empfindet. Sie ist ihre Gottheit,
der sie Verehrung erweisen; sie ist die in sich seiende Macht der indischen Arier,
der Eros der Hellenen in ihren frühesten Wohnsitzen am Acherusischen See, der
Allvater, der weniger klar im Bewußtsein der germanischen Völkerstämme ruhte.
Von dieser frühesten Vorstellung löste sich bei den Hellenen zuerst die Gaia, die
allnährende Erde, ab; bei den Indiern und Germanen war es der strahlende
Himmel mit seinen Sternen, seinem Monde, seiner belebenden Sonne und seinen
Wolken, die den befruchtenden Regen spenden. — Im Süden, am Indus, nannte

man ihn Indra, im Norden hieß er vielleicht Tyr, bei den Gothen Tius, bei anderen deutschen Stämmen Tiw, Zio; auch Eor, Erk oder Erich.

Der unbestimmte Begriff von einer alles erschaffenden und in sich fassenden Gottheit, welcher aus dem Gesamteindruck der Natur auf das menschliche Gemüt hervorging, trat frühzeitig hinter die Eindrücke zurück, welche durch die einzelnen Naturerscheinungen erzeugt wurden. Sonne, Mond und Sterne, Wolken und Nebel, Sturm und Gewitter erschienen als höhere Wesen und nahmen in der Phantasie bestimmte Gestalten an. Die Sonne ward bald als ein feuriger Vogel gedacht, der über den Himmel fliegt, bald als ein Roß, bald als ein mit Rossen bespannter Wagen; die Wolken waren Kühe, aus deren Eutern der befruchtende Regen strömt, oder nahrungspendende Frauen, oder himmlische Brunnen und Seen; der Sturmwind schien ein riesiger Adler, der mit mächtigem Flügelschlag die Luft bewegt. Da man die Naturerscheinungen teils wegen ihrer äußeren Formen, teils wegen ihrer Wirkungen mit Tieren verglich, so dachte man sich dieselben in tierischen Gestalten. Das Tier, das nicht denkt und doch aus unerklärbarem Triebe handelt, erschien als etwas Ungewöhnliches, als etwas Göttliches. Daher hielten die Ägypter manche Tiere, wie das Krokodil, den Stier Hapi oder Apis, für heilig, weil sie glaubten, die Gottheit habe in ihnen Wohnung genommen. Auch die Arier in Indien halten besonders die Kühe in hohen Ehren, so daß die Priesterkaste in alter Zeit das Schlachten derselben für Sünde hielt und zum Teil noch jetzt in dieser Meinung verharrt. Denselben Glauben scheinen auch germanische Stämme in frühester Zeit gehabt zu haben.

Man erkannte bei reiferem Nachdenken, daß nur der Mensch mit höheren Geisteskräften ausgerüstet sei. Daher hielt man die tierische Bildung zur Darstellung göttlicher Wesen für unangemessen. Man schuf Götter nach menschlichem Bilde, also in umgekehrtem Verhältnisse zu dem Ausspruche der heiligen Schrift: „Gott schuf den Menschen ihm zum Bilde, zum Bilde Gottes schuf er ihn." Man dachte sie aber größer, schöner, überhaupt idealer. In Griechenland, wo das Volk von dem Gefühl für plastische Schönheit durchdrungen war, entstanden dadurch, in Marmor oder Farbe ausgeführt, die herrlichsten Göttergestalten, die durch alle Zeiten als Muster idealer Schönheit bewundert werden. Man fügte zuweilen in Erinnerung an die zu Grunde liegenden Naturerscheinungen Tierbilder bei, z. B. einen Adler dem höchsten Gotte, Schlange und Eule (Symbole des nach Weisheit forschenden Geistes) der Pallas Athene u. a.

In Ägypten und Indien, wo der Tierkultus zu tief begründet und das Gefühl für wahre Schönheit weniger entwickelt war, verband man, häufig auf widerwärtige Art, menschliche und tierische Bildung. Die Germanen, in stetem Kampfe mit der rauhen nordischen Natur, konnten zu keiner plastischen Kunstfertigkeit gelangen. Sie hatten wohl nur Säulen, wie die Irminsul, wahrscheinlich zugehauene Baumstämme, die zugleich als Gerichtsbäume zur Bezeichnung der Gerichtsstätten betrachtet wurden. Auch die Attribute der Götter pflanzte man in heiligen Gehegen auf, z. B. einen Speer als Symbol des höchsten Gottes, der die Schlacht lenkt, ein Schwert, Symbol des kühnen Kampfgottes Tyr oder Zio, den man auch unter dem Namen Saxnot verehrte. Götterbilder aber kamen erst später vor und waren aus Holz oder Thon geformt,

vielleicht auch in Metall gegossen, doch ohne Kunstwert. Dagegen schuf die
Phantasie göttliche Wesen in menschlichen, möglichst ideal gedachten Formen.

Die zu Grunde liegende Einheit im Allvater trat im Volksbewußtsein
frühzeitig zurück, und wir finden vielmehr eine Dreiheit, nämlich zuerst Odin,
Wili und We, dann Odin, Hönir und Lodur. Aus diesen gingen die zwölf
Himmelsgötter hervor, von denen sich wieder andere verehrte Wesen ablösten.

Die Vervielfachung der Götter hatte in sehr verschiedenen Anschauungen
ihre Begründung. Die nächste Veranlassung gaben die verschiedenen Eigen=
schaften eines Gottes sowie die Gebiete seiner Wirksamkeit. Er erhielt davon
mancherlei Beinamen. Seine Naturbedeutung wurde im Laufe der Zeit ver=
gessen und man gewöhnte sich daran, mehrere ganz getrennte Persönlichkeiten
anzunehmen. So ward der gewaltige Sturmgott Wodan, nordisch Odin, auch
als Himmels=, als höchster Gott betrachtet. Er war zugleich der, welcher
kriegerische und dichterische Begeisterung verlieh. Man ließ aber den ver=
drängten Himmelsgott Tyr als Schwert= und Kriegsgott bestehen und stellte
die Dichtkunst unter die Obhut des Gottes Bragi, der in früher Zeit unbekannt
war. Frea oder Freyja, die Göttin der Schönheit und Liebe, war eigentlich die
Gottheit der mütterlichen Erde; aber man verehrte als solche die germanische
Nerthus, die nordischen Jörd und Rinda, während man von Freyja wieder die
Himmelskönigin Frigga oder Frigg ablöste und zur rechtmäßigen Gattin Odins
erhob. Eine andere Veranlassung zur Vermehrung der Götter war die Ausbrei=
tung der großen germanischen Nation über einen weiten Raum, nämlich über
Deutschland, Skandinavien und weit nach Osten, in die russischen Steppen. Auch
die Spaltung derselben in zahlreiche Stämme begünstigte die Vielgötterei. Diese
Stämme bewahrten im allgemeinen ihre Sprache und ihren Glauben, allein jeder
hatte wieder seine Eigentümlichkeiten und besonders verehrten Stammgötter.

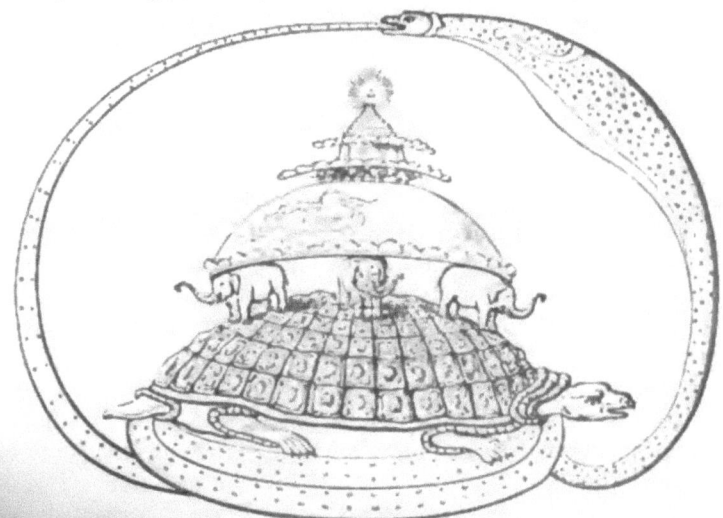

Berg Meru, Erde und Unterwelt, getragen von der Schildkröte. Altindische Vorstellung von der Welt.
Nach der Zeichnung eines Brahmanen.

Der Götterstaat nach der nordischen Götter- und Heldensage.

Im wechselseitigen Verkehr wurden die besonders verehrten Stammgötter ausgetauscht; in den fortdauernden inneren Kämpfen verdrängten die Götter der Sieger die der Besiegten, oder nahmen sie auch wohl in ihren Kreis auf. Es entstanden daraus viele Sagen von Götterkriegen, von Kämpfen mit Riesen und Drachen, welche der dichtende Volksgeist zu längeren mythischen Erzählungen verwob.

Nachdem die Götter, Riesen und Zwerge zu freien, handelnden Persönlichkeiten ausgebildet waren, wendete man bezügliche menschliche Verhältnisse auf sie an. Sie wurden in Familienverbindungen gebracht und endlich in einen Götterstaat vereinigt. Da man sich der Naturbedeutung nicht mehr erinnerte, so wurden andere Motive für ihre Schicksale und Handlungen in ihrem Wesen und in ihren Beziehungen aufgesucht und dadurch der Mythus ergänzt, erweitert und von der ursprünglichen Anschauung völlig abgelöst.

Während der Jahrhunderte, die zu dieser Entwicklung erforderlich waren, hatten sich im Leben der germanischen Völker große Veränderungen zugetragen. Sie hatten das römische Weltreich zertrümmert und sich in den Trümmern seßhaft gemacht. Aber die stolzen Sieger beugten ihre Häupter unter das Kreuz; sie nahmen den christlichen Glauben an. Auch in die Heimat dieser kriegerischen Völker, in unser deutsches Vaterland, drang siegreich das Wort vom Kreuze; die Boten, die es brachten, suchten alle heidnischen Erinnerungen auszutilgen, und wo die Predigt nicht ausreichte, da ward die Gewalt der schon bekehrten Herrscher zu Hülfe genommen. So gelang es, im eigentlichen Germanien den alten Glauben zu bewältigen. Doch sind Reste davon in Traditionen und Volksgebräuchen übrig geblieben, und es haben sich selbst einige schriftliche Bruchstücke erhalten, woraus sich der Zusammenhang der Religion unserer Väter mit der ausgebildeten nordischen Mythologie nachweisen läßt

Anders war es im Norden, in Skandinavien. Dahin drangen viel später die Prediger des Evangeliums. Da saßen auf Burgen und Hochsitzen kriegerische Häuptlinge mit ihren Gefolgschaften, schwelgend von ihrer Kriegsbeute, süßen Met und Bier und ausländischen Wein schlürfend. Da plauderten die sieghaften Recken von den Abenteuern auf ihren Meerfahrten und Wikingerzügen, von den Kämpfen mit Eisriesen, mit Sturm und Wellen und den Männern des Südens. Da sangen die Skalden ihre Lieder zum Preise der Götter und Helden und bildeten die Mythen zu einem kunstreichen Systeme aus, zu einem Weltdrama, das uns ein günstiges Geschick erhalten hat.

Skalden- und Heldenlieder der Edda.

Im zehnten Jahrhundert unterwarf sich der streitbare Häuptling Harald Harfager (Schönhaar) in Norwegen das ganze Reich. Viele der vorher unabhängigen Jarle und Fürsten, zu stolz, das Joch des Eroberers zu tragen, wanderten mit ihren Gefolgschaften aus. Der kühne Rollo mit seinen Verbündeten eroberte die Normandie und Bretagne in Frankreich, andere zogen nach den Shetlands-, nach den Faröer-Inseln, noch andere unter Ingulf und Hörleif landeten an der unwirtbaren Küste von Island, bauten sich an und bevölkerten das Land, soweit es das traurige Klima gestattete. Sie brachten aus ihrer Heimat alte Skaldenlieder mit, die der Vater dem Sohne, der Sohn dem Enkel sang und als teures Erbgut übergab. Zwar drang das Christentum gegen Ende des zehnten Jahrhunderts auch nach Island vor; allein schon hatte man anfangs mittels der sehr unvollkommenen Runen, dann durch die von außen überkommene Buchstabenschrift den Schatz der Väter geborgen, und die christlichen Priester, meist Isländer, waren weit entfernt, ihn zu zerstören. Manche von ihnen lauschten sogar den Volksgesängen, schrieben sie nieder und retteten auf Island, wie auf den Faröer-Inseln, wertvolles Gut.

Die ältere Edda. Man nimmt an, der gelehrte Isländer Sämund der Weise (von 1056—1133) habe die ältere Edda, d. h. die erste Sammlung jener Volkslieder, veranstaltet und teils aus mündlichen Überlieferungen, teils aus der unvollkommenen Runenschrift in die lateinische Buchstabenschrift übertragen. Sophus Bugge und N. M. Petersen haben es indessen wahrscheinlich gemacht, daß sie nicht vor 1240 niedergeschrieben ward. Diese Sammlung, nach ihrem mutmaßlichen Urheber „Sämunds-Edda" genannt, enthält zunächst in der „Wöluspa" die mythische Vorstellung der nordischen Völker von Entstehung der Welt, der Riesen, Götter, Zwerge und Menschen, ferner vom letzten Weltkampf, dem Vergehen und der Erneuerung der Welt. Dies Lied erinnert nach Bang an die sibyllinischen Orakel. Dann folgt das Hohelied Odins, das sog. „Havamal", das ein vollständiges Gesetz- und Moralbuch und Vorschriften göttlicher Weisheit enthält und den Irrtum widerlegt, als seien unsere nordischen Vorfahren halbe Wilde und Barbaren gewesen. Diese Sprüche erinnern an die Weisheitssprüche Salomos.

Das dritte Gedicht der ältern Edda heißt Wafthrudnismal, d. h. Wafthrudnirs Lied. Wafthrudnir, eigentlich der mächtige Weber, ist ein rätselkundiger Riese, welchen Odin im Wettkampf besiegt.

Das vierte Lied heißt Grimnismal, d. h. Gesang des Grimnir, unter welchem Namen Odin seinen Pflegesohn Geirröd besucht. Dieser hält ihn für einen Zauberer und setzt ihn acht Tage zwischen zwei Feuer, ohne Nahrung, bis ihm Agnar, des Königs Sohn, ein Trinkhorn reicht. Daraufhin stimmt der vermeintliche Grimnir ein Lied von den Göttersitzen und der Weltesche an, von den Walküren, Riesen und der Weltschöpfung.

Das fünfte Lied Skirnismal beschreibt die Fahrt des Sonnengottes Freier zu der Riesentochter Gerd in Begleitung seines treuen Dieners Skirnir.

Das sechste Lied, das sog. Harbardslied, schildert ein Zusammentreffen der beiden mächtigsten Götter Odin und Thor, wobei ersterer in der Verkleidung des Fährmanns Harbard über letztern, den ihm untergeordneten Bauerngott, siegt.

In dem siebenten Gesange werden sehr anschaulich die Abenteuer des Gewittergottes Thor bei dem Riesen Hymir beschrieben, dem er einen mächtigen Braukessel entführt für ein Trinkgelage bei dem Meergott Ögir.

Das achte Lied führt uns nach einer prosaischen Einleitung gleichfalls zu dem Meergott Ögir, zu dem sich Loke, der Dämon des Bösen, nachdem er den Tod des lichtreinen Sommersonnengottes Balder veranlaßt hat, hereinschleicht und alle Götter lästert.

Der neunte Gesang schildert sehr drastisch, wie Thor wieder zu seinem von dem Riesen Thrym entwendeten Hammer kommt.

Im zehnten Liede, genannt Alwislied, kommt der allweise Zwerg Alwis zu Thor und wirbt um dessen Tochter, doch dieser hält ihn die ganze Nacht mit allerlei Fragen über Götter und Welten hin, bis er mit Anbruch der Dämmerung erfolglos entweichen muß.

Das elfte Gedicht heißt Wegtamslied und handelt von Odins Fahrt gen Niselheim, wo er unter dem Namen Wegtam die Totengöttin Hel über das Schicksal Balders befragt.

Die anderen Götterlieder, wie das Rigsmal und Hyndtalied, sind weniger wichtig. — Von Heldenliedern verdienen das Wielandslied, die Helgilieder und die Gesänge der nordischen Niflungensage von Sigurd dem Drachentöter, von Sigurdrisa, der erlösten Walküre, von seiner Gattin Gudrun und von deren zweitem Gatten Atli erwähnt zu werden.

Es sind dann noch einige Ergänzungslieder zu der berühmten Niflungen- und Wölsungensage sowie einzelne Göttersagen, z. B. die Lieder von Swipdager und Menglada, Lieder, die zum Teil vom Göttervater Odin handeln, wie Odins Rabenzauber. Eine ähnliche Sammlung, die jüngere Edda, soll der Bischof Snorri Sturleson (von 1178—1241) veranstaltet haben, weshalb sie gewöhnlich Snorra-Edda genannt wird. Sie ist größtenteils in Prosa abgefaßt und dient der ältern zur Erläuterung, war aber ursprünglich mehr für den Unterricht isländischer Skalden bestimmt.

Die jüngere Edda enthält zuerst das sog. Gylfaginning, d. h. Täuschung des Gylphi, eines schwedischen Königs, der nach Asgard kommt und dort von Odin in dem alten Glauben unterrichtet wird. Dies Gedicht, das in seiner Anlage an die orientalischen Märchen von „Tausend und eine Nacht" erinnert, ist die klarste Erläuterung nordischer Mythologie, die wir besitzen.

Der zweite Teil der prosaischen Edda heißt Bragarödur oder Skaldskaparmal und enthält Unterweisungen des Dichtergottes Bragi über Inhalt und Form der Poesie.

Sprache und Schrift der Runen. Das Wort rûna bedeutet eigentlich Geheimnis; Runen sind daher „geheimnisvolle, einer Auslegung bedürftige Zeichen". Die Gestalt jener Schriftzeichen läßt annehmen, daß sie dem griechisch-phönizischen Alphabet nachgebildet sind. Daß ihnen auch im eigentlichen Deutschland eine geheimnisvolle Bedeutung, ja eine übernatürliche Kraft beigelegt wurde, erhellt aus verschiedenen Umständen.

Die Runenschrift entbehrte, wie wir aus nachstehendem bemerken werden, mehrere Lautzeichen. Indes erfuhr diese Zeichenschrift durch die Normannen, Angelsachsen und Gothen eine weitere Fortbildung. — Das älteste Runenalphabet der Germanen enthielt ursprünglich die auf Seite 26 angegebenen 16 Zeichen.

Seit Ulfilas im vierten Jahrhundert für die Gothen ein neues Alphabet schuf, indem er höchst sinnreich die Form der griechischen Buchstaben mit einem dem angelsächsischen nahe verwandten Runenalphabet von 25 Zeichen verschmolz, und sich das Christentum mehr ausbreitete und anstatt der germanischen Zeichen das lateinische Alphabet einführte, verschwanden die Runen nach und nach.

In der Hauptsache scheinen die Runen weniger zu einem wirklichen Schrift=
gebrauch als vielmehr zur Unterstützung des Gedächtnisses gedient zu haben;
vornehmlich aber verwendete man sie, wenn man Gedanken im Zusammenhang
ausdrückte, zu der Überlieferung und Erhaltung von Weissagungen und Ver=
kündigungen, sowie zur Erinnerung an einzelne Thaten und denkwürdige Vor=
gänge. Auch war es nach Tacitus üblich, in Stäbchen von Buchenzweigen
Runen zu schneiden, diese Stäbchen auf ein ausgebreitetes Tuch herunter zu
schütteln und aus den zufällig aneinander gereihten Zeichen die Zukunft zu deuten.
Dann galt es, für die aufgenommenen Runen einen Vers zu finden, in welchem
die Runenstäbe als Reimstäbe standen. Weiterhin bezeichnete jede Rune vermöge
ihres Namens ein bestimmtes, mit dem Laut derselben anhebendes Hauptwort.
Indem man damit viele Nebenbegriffe verband, konnte man mit Runenschrift
eine ziemliche Fülle von damals vorhandenen Ideen ausdrücken. So bedeutete
ᛏ bald Zio, den altdeutschen Gott, dem der nordische Tyr entspricht, bald
Eor, wonach noch der Ertag oder Erchtag = Ziustag, d. i. Dienstag, benannt ist.

Figur.	Benennung.	Bedeutung.	Zahlwert.	Figur.	Benennung.	Bedeutung.	Zahlwert.
ᚠ	Fé	f	1	ᛁ	Is	i	9
ᚢ	Ur	u	2	ᚪ	Ar	a	10
ᚦ	Thurs	th	3	ᛋ	Sol	s	11
ᚭ	Os	o	4	ᛏ	Tyr	t	12
ᚱ	Reid	r	5	ᛒ	Biörk	b	13
ᚴ	Kaun	k	6	ᛚ	Laugr	l	14
ᚼ	Hagl	h	7	ᛘ	Madr	m	15
ᚾ	Naud	n	8	ᛦ	Yr	y	16

Infolge dieser Auffassungsweise erweiterte sich die Bedeutung der Runen
dergestalt, daß man sie schließlich mit der Idee oder dem eigentlich Lebendigen
in den durch sie bezeichneten Dingen gewissermaßen gleichstellte, und darin liegt
auch der geheimnisvolle Sinn, den man ihnen beimaß. Deswegen erschienen
sie so oft als heilbringende mystische Zeichen auf allerlei Gegenständen, Waffen,
Steuerrudern, vornehmlich aber auf Denk= und Grabsteinen, wie uns einen
solchen der hierneben abgebildete upländische Runenstein darstellt, dem wir zum
Vergleiche die Abbildung des Grabsteines eines nordamerikanischen Indianer=
häuptlings gegenüberstellen.

Die meisten Denkmäler der Runenschrift sind uns überhaupt größtenteils
durch jene gewaltigen Steinblöcke erhalten worden, welche auf den Gräbern
germanischer Häuptlinge liegen oder die zu Opferstätten in einem Heiligtum,
aber auch zu anderen Zwecken gedient haben.

Mit Feder oder Tinte auf Pergament geschriebene Runen hat man nicht
aufgefunden; sie sind gewiß nur selten bei Abfassung von Schriften zur An=
wendung gelangt.

Unsere Leser finden ferner auf S. 37 die Figuren und Charaktere des höchst interessanten Ramsund=Denksteines sowie die Auslegung derselben nach der Heldensage (S. 32).

Die Heldenlieder der Vorzeit sind verklungen, und auch die Runen sind als Zauberei durch priesterlichen Eifer in unserm Vaterlande bis auf wenige Überreste vertilgt. Daher ist unsere Kenntnis von der volltönenden, kräftigen Sprache unserer Vorfahren sehr mangelhaft. Wir wissen aber, daß sie zu dem großen arischen Sprachstamm gehörte, also der edelsten Tochter desselben, der heiligen oder Sanskritsprache der alten Indier, verwandt und reich an Beugeformen war.

Ein upländischer Runenstein.

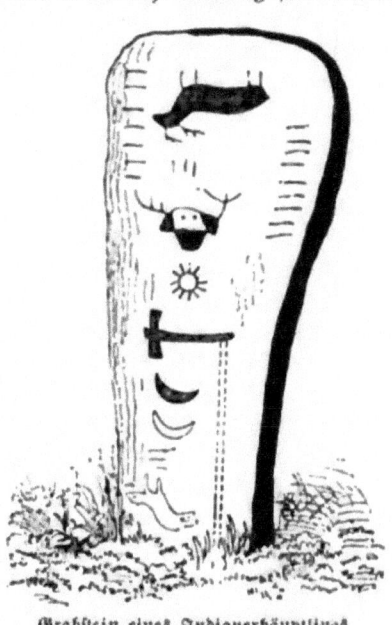

Grabstein eines Indianerhäuptlings.

Die chinesischen oder hinterindischen Sprachen, in ihrer Starrheit beharrend, stellen noch jetzt die einsilbigen Wurzelwörter fast unverbunden nebeneinander; die turanischen in Mittelasien suchen zwar durch angehängte Endungen die Verbindung zum Gedankenausdruck herzustellen; allein diese Endungen sind noch vollständige Begriffswörter, so daß man die trennenden Fugen erkennt, wie in einem schlechten Gemälde die einzelnen Pinselstriche. Die Sprache der Germanen hatte jenen Standpunkt schon überwunden, ehe die Stämme ihre Wanderung in die neue Heimat antraten. Die zusammengefügten Wörter waren miteinander verbunden und drückten die Gedanken in ununterbrochener Strömung aus. Sie entwickelte sich durch die im Volke sich vererbenden Sagen und Lieder.

Das Nibelungenlied. Lieder wie die in der Edda sind uns in Deutschland nicht aufbewahrt worden. Die Gesänge, welche einst nach dem Zeugnisse des Tacitus im Teutoburger Walde und durch alle Gaue zum Preise Armins klangen, die Lieder, welche die Wandervölker auf ihren Zügen über den Rhein und die Donau, über die Alpen, Pyrenäen und das Weltmeer sangen — alles hat blinder Eifer der Vernichtung übergeben. Doch blieben Erinnerungen im Volke zurück, und im Mittelalter holten begabte Dichter diese Überreste hervor, trugen die Thaten und Schicksale der Götter auf die alten Nationalhelden über und verarbeiteten sie zu großen epischen Dichtungen. Die bedeutendste derselben ist das zu Anfang des dreizehnten Jahrhunderts nach jenen alten Überlieferungen niedergeschriebene Nibelungenlied, in welchem sich zum Teil der Kreis der Himmelsgötter und in erschütternder Weise der Weltuntergang widerspiegeln.

Götter und Heroen. Übrigens standen die germanischen Götter nach den ausgebildeten Mythen nur um eine Stufe höher als die griechischen Heroen. Von ihnen verschieden waren die Riesen, die wahrscheinlich in frühester Zeit göttlich verehrt wurden. Dann entstanden die Götter aus dem salzigen Eis-felsen und zwar zuerst Buri, dessen Enkel Odin, Wili und We die erste Götter-dreiheit oder Trilogie bilden. Diese verschwindet wieder, und es treten, wie schon erwähnt, an ihre Stelle Odin, Hönir und Lodur, der nordische Loki. Eine weitere Trilogie giebt eine Abschwörungsformel germanischer Heiden, wodurch der Täufling entsagt dem Thunar (Thor), Wodan (Odin) und Saxnot (Tyr).

Außer den genannten nahm man noch neun andere Götter in den Asen-himmel auf, so daß die Zahl zwölf herauskam. Über die Namen derselben herrscht keine Übereinstimmung; doch werden allgemein dahin gerechnet: Heimdal, der himmlische Wächter, Bragi, Hermoder, Balder, ein Gott des Lichts und der Gnade, der blinde Höder, der Gott der Finsternis, sodann die Wanengötter Niörder, ein Meergott, der lichte Freyer und seine Schwester Freya. Die weisen, glänzenden Wanen scheinen Naturgötter gewesen zu sein, die von einzelnen Stämmen verehrt, aber von den vorherrschenden zurückgedrängt wurden.

Über alle Götter erhob sich im Verlauf der Mythenbildung der Sturm- und Kriegsgott Wodan oder Odin, auf den die Dichtung alle Macht, Weisheit und Herrlichkeit Allvaters übertrug. Er ließ durch die Walküren die sterbenden Helden vom Schlachtfelde zu sich in sein Walhalla entbieten. Doch geht auch er mit allen Einheriern (Heldengeistern) im letzten Weltkampf unter. Der Glaube an den Vater der Götter und Menschen, an seine strahlende Götterhalle, wohin er die Krieger aus dem blutigen Schlachtentod berufe, gab den Germanen jene Freudigkeit zu kriegerischen Thaten, die sie in allen Kämpfen bewiesen. Sie erschraken auch nicht vor dem endlichen Ausgang, vor der drohenden Vernich-tung, denn sie waren gewohnt, mit dem Tode, wie mit anderen irdischen Er-scheinungen, das grause Wagespiel zu versuchen.

Herkunft und Weiterverbreitung der Göttersagen. Welches waren nun diese Geschlechter, die solchen Glauben unter sich aufgerichtet hatten? Woher kamen sie und wie haben sie sich ausgebreitet? Diese Frage müssen wir vorerst zu beantworten suchen, ehe wir den interessanten Mythen nähertreten, um sie vor unseren Lesern in ihrer reichen Fülle und tiefsinnigen Bedeutung zu entfalten.

In den inneren Hochlanden Asiens war in vorgeschichtlicher Zeit eine große Völkerfamilie ansässig, die sich selbst Arier, d. h. die Edeln, nannte. Diese Arier trieben Viehzucht, auch wohl etwas Ackerbau, standen also nicht mehr auf der niedrigsten Stufe der Kultur. Durch Zunahme der Bevölkerung, vulkanische Erscheinungen, vielleicht auch durch den angeborenen Trieb nach einem Glück in weiter Ferne, wurden sie veranlaßt, sich neue Wohnsitze aufzusuchen. Ein Teil zog südwärts über eisumstarrte Gebirgsketten nach dem üppigen Tieflande am Indus, ein anderer westwärts nach den reichen Fluren von Iran, wo die Rose das ganze Jahr blüht, der Weinstock, die Olive und andere Bäume ihre Früchte darbieten. Ein dritter Zweig der großen Familie schlug zu verschiedenen Zeiten die beschwerliche Straße gegen Nordwesten ein und gelangte nach Europa. Die voranziehenden Stämme dieser dritten Abteilung kamen bis nach Italien und Griechenland, wo sie Wohnsitze nahmen und eine Kultur entfalteten, die durch alle Zeiten bewundert wird. Ihnen rückten im Laufe der Zeit die Kelten nach. Sie bevölkerten einen Teil von Deutschland, ganz Frankreich und Großbritannien und drangen bis nach Spanien vor. In diesen Ländern fanden sie schon ansässige Völker, die Iberer, die mit steinernen Geräten und Waffen versehen waren und sich von ihnen durch besondere Schädelbildung, durch krauses Haar und eine dunkle Hautfarbe unterschieden. Die Geologie hat neuerdings dargethan, daß Afrika in unvordenklicher Zeit mit Europa zusammenhing. Vielleicht waren die Iberer auf diesem Wege aus ihrer heißen Urheimat herübergekommen. Überall von den andringenden Kelten vertrieben, konnten sie sich nur in Spanien behaupten, wo sie noch jetzt im Volke der Basken fortbestehen.

Den Kelten folgten auf dem betretenen Wege die Germanen, die wiederum jene über die Donau und den Rhein drängten, dann auch nordwärts in Skandinavien vorrückten, wo sie die noch sehr rohen Finnen, ein eigentümliches Volk, zum Abzug zwangen. Hinter ihnen zogen die verwandten slavischen Stämme und rückten allmählich weiter vor, als jene nach Jahrhunderten siegreich in den römischen Provinzen ihre Wohnsitze aufschlugen. Alle diese Stämme und Nationalitäten standen fortwährend teils in freundlichem, teils in feindlichem Verkehr untereinander. Noch 100 Jahre v. Chr. saßen Kelten auf der Halbinsel Jütland und in Schleswig-Holstein. Denn um diese Zeit wanderten die Vorläufer der großen Völkerwanderung, die Kimbern und Teutonen, also verbündete Kelten und Germanen, nach Süden, wo sie nach großen Erfolgen der römischen Kriegskunst unterlagen. Diese bisher von fast allen hervorragenden Altertumsforschern angenommene Einwanderungstheorie von Ost nach West aus dem Innern Hochasiens wird neuerdings von Prof. L. Lindenschmit bestritten. Derselbe sucht in seiner „Deutschen Altertumskunde" namentlich zu beweisen, daß fast alles, was wir bisher als Überreste der Kelten betrachteten, im Grunde germanisch ist. Doch überlassen wir diese Streitfragen den Gelehrten.

Es finden sich nun deutliche Spuren, daß zu den einheimischen Nationen ein höher civilisirtes Volk vordrang, das ihnen die Erzeugnisse seiner Kunst und seines Fleißes, teilweise auch seinen religiösen Glauben überlieferte und dafür Landesprodukte, namentlich Bernstein, Pelzwerk, Fische und dergl., eintauschte. Die beglaubigte Geschichte enthält nur allgemeine Andeutungen von dieser Handelsthätigkeit; allein die Überreste, die man an vielen Stellen aus der Erde gegraben oder aus Seen und Morästen hervorgeholt hat, liefern deutliche Beweise. Man hat nicht ohne Grund die Hypothese aufgestellt, daß semitische Stämme, daß insbesondere die Phöniker an der asiatischen Küste es waren, die den großartigen Welthandel betrieben und zu Wasser wie zu Lande in die

entlegensten Gegenden vordrangen. Sie waren friedlicher Natur, wichen den
Hellenen in den griechischen Gewässern, schlossen mit den Städten kultivirter
Länder Verträge ab, gründeten Niederlassungen und waren nur auf Erwerb
eifrig bedacht. Mit ihnen wetteiferte ihre Tochterstadt Karthago in Afrika und
trat nach ihrem Verfall an ihre Stelle. Aber die Karthager begnügten sich
nicht mit friedlichem Verkehr; sie erschienen gerüstet und suchten den Gewinn
durch Unterjochung feindseliger Stämme zu sichern. Die Handelsnebenbuhler
dieser semitischen Völker waren frühzeitig die Etrusker in Italien und die
Massalioten (Marseille) in Gallien.

Der Handel dieser Völker eröffnete sich Straßen durch die von Barbaren
bewohnten Länder bis an die Nord= und Ostsee. Von den Phöniern und Kar=
thagern ist bekannt, daß sie durch die Meerenge von Gibraltar in den Atlantischen
Ozean fuhren, Spanien umschifften und bis an die Scilly=Inseln gelangten, wo
sie das vielbegehrte Zinn fanden. Die Fahrt dahin und noch weiter bis an die
Kimbrische Halbinsel war aber nach dem damaligen Stande der Schiffahrt sehr
mühevoll und gefährlich; daher wurden Straßen zu Lande eröffnet. Eine solche
ging vom Schwarzen Meere aus mit Benutzung des Dniepr und anderer Flüsse
bis an den Ladogasee; andere führten durch Oberitalien, die Schweiz und
Deutschland, noch andere durch Gallien an den Kanal und die Nordsee.

Die zuerst in den Schweizer Seen, sowie in denen von Steiermark, Öster=
reich, Mähren, Bayern, dann aber auch noch an vielen anderen Orten Deutsch=
lands entdeckten Pfahlbauten geben Zeugnis, daß die Handelsleute in großen
Gesellschaften (Karawanen) reisten, daß sie auch Handwerke und Gewerbe be=
trieben und sich oft für längere Zeit Wohnungen unter den Barbaren gründeten.
Man kann diese festen Handelsstationen bis Brandenburg und Mecklenburg
verfolgen, und man findet allenthalben noch Überreste der daselbst fabrizirten
Geräte. Man hat Schwerter, Lanzen= und Pfeilspitzen, Acker= und Weberei=
werkzeuge von Feuerstein und Nephrit ausgegraben. Letzteres Mineral findet
sich aber gar nicht in Europa, sondern mußte aus Asien eingeführt werden.
Die Etrusker, die schon früher mit den Phöniern in Verbindung standen und
von ihnen die Anfänge höherer Kultur empfingen, machten ihren Lehrmeistern
im Handel nach dem Norden Konkurrenz. Als ihr Staatenbund den Angriffen
der Kelten und Römer unterlag, traten die Einwohner der hellenischen Stadt
Massalia (Marseille) an ihre Stelle. Der Massaliote Pytheas, vorzüglicher
Geograph, Astronom und Mathematiker, unternahm sogar um 350 v. Chr.
eine kühne Entdeckungsfahrt in die nördlichen Gegenden. Er gelangte bis zum
Polarkreis, wo er von einem Berge herab das Nachtlager der Sonne sah, wie
sie um Mitternacht rotglühend auf dem Horizont ruhte. Er beobachtete das
Gefrieren des Meeres an der Küste, wie daselbst Eisnadeln aufschießen und
dann zu einer gallertartigen Masse gefrieren, die er mit der Meerlunge, der
Qualle oder Meduse verglich. Seine Landsleute hielten ihn für einen Lügen=
schmied, während er doch ganz der Wahrheit gemäß die nordischen Erscheinungen
beschrieb. Auch die Einwohner schilderte er nicht als Nomaden, sondern als an=
säßige Siedler, welche lauchartige Saftgewächse und allerlei Beeren zur Nahrung
in umfriedeten Gärten bauten, wie noch jetzt geschieht.

Von den Phönikern hätten wir genauere Nachrichten, wenn die schrift=
lichen Aufzeichnungen von ihren Land= und Seereisen erhalten geblieben wären.
Was aber die Zeit und ein ungünstiges Geschick zerstört haben, das ist teilweise
im Schoße der Erde bewahrt geblieben und durch neuere Forschungen ans Tages=
licht getreten. Daher wissen wir, daß jenes emsige Handelsvolk nicht nur an der
deutschen Ostseeküste, dem eigentlichen Bernsteinlande, sondern auch im südlichen
Schweden und weiter an der norwegischen Küste bis zu den Lofodischen Inseln
Niederlassungen gründete, Handels= und fabrikmäßige Geschäfte betrieb und
großen Einfluß auf die inneren Angelegenheiten und den religiösen Glauben
der einheimischen Völker übte. Man hat für diese Annahme sichere Beweise,
von denen wir die hauptsächlichsten hier anführen.

Steindenkmäler und andere Altertümer. In der Provinz Schonen befindet
sich das sog. „Kiwikmonument", das seinen Namen von einem nahegelegenen
Dorfe erhalten hat. Es besteht in einer 4 m langen und 1 m breiten Stein=
kammer, welche durch zehn aufrechtstehende, $1_{,2}$ m hohe Steine gebildet wurde
und mit zwei kolossalen Felsstücken bedeckt war. Eine große Menge Feldsteine
waren darüber geschichtet, die zum Teil weggeführt worden sind. Die inneren
Flächen der Wandsteine sind mit roh eingehauenen Figuren versehen, die den
phönikischen Ursprung des Denkmals beweisen. Außer phönikischen Ornamenten
von symbolischer Bedeutung sieht man auf einer Platte den Kegel, ein Sinnbild
des Sonnengottes Baal, auf beiden Seiten Streitärte und Lanzenspitzen gegen=
einander gerichtet, was mit Sicherheit auf ein Gefecht schließen läßt, in welchem
Baal seinem Volke den Sieg verliehen hat. Weiter folgen Pferdefiguren und
ein bemanntes Schiff, wahrscheinlich das des Siegers. Dieser selbst erscheint
auf der siebenten Platte zu Wagen, während ein Bewaffneter Gefangene vor
ihm herführt. Die achte Platte enthält in der obersten Reihe Männer, welche
auf gewundenen Heerhörnern blasen, einen vorantanzenden Priester u. a. In
dem mittlern Felde stehen seltsame Gestalten, die man für Priester mit spitzen,
vorn übergebogenen Mützen hält. Zwischen ihnen ist ein Becken, vielleicht der
Opferkessel, der zur Aufnahme des Blutes bestimmt war. In der untersten
Reihe werden von beiden Seiten Gefangene zum Opfer geführt. Das Monument
stellt demnach eine historische Begebenheit, einen Sieg und ein dem Baal dar=
gebrachtes Menschenopfer dar. Unter den Ornamenten und symbolischen Figuren
erkennt man den Sonnenring, den Halbmond, Räder mit vier Speichen, wie sich
solche auf Waffen, Gerätschaften und bildlichen Darstellungen der Phöniker
vorfinden. Wir möchten jedoch vielmehr auf Karthager schließen, welche sich
derselben Symbolik bedienten und gewohnt waren, sich mit den Waffen Ansehen
und Geltung zu verschaffen.

Mit Ausnahme der Figuren finden sich dieselben Ornamente und dieselbe
Bauweise auf Irland in den Denkmälern von Dowth und New=Grange.
Auch das merkwürdige Monument Stonehenge in England, das man den
Druiden zuschreibt, war jedenfalls dem Dienste des Sonnengottes geweiht. Es
besteht aus kolossalen Steinen, welche mehrere konzentrische, nicht ganz regel=
mäßige Kreise bilden und früher durch Decksteine verbunden waren. Wenn man
von dem mutmaßlichen Altar durch den Eingang nach einem entfernten ähnlichen

Steine sieht, so geht zur Zeit der Sommersonnenwende die Sonne genau hinter demselben auf, was auf Sonnendienst schließen läßt.

Ganz ähnliche Monumente, wie das schwedische von Kiwik, hat man auf den Inseln Malta und Gozzo sowie im eigentlichen Phönikien entdeckt. Hierzu kommen die mehrfach aufgefundenen Kesselwagen. Es sind Wagen von Erz mit vierspeichigen Rädern, welche eine halbkugelförmige Vase tragen. Solche hat man bei der Stadt Lund, ferner in Mecklenburg und anderwärts gefunden, und ein ganz ähnlicher wird im Alten Testament beschrieben, den ein phönikischer Meister für Salomos Tempel in Jerusalem verfertigte.

Einer späteren, wohl schon christlichen Zeit gehört der interessante Denk= stein von Ramsund an, dessen eingemeißelte Figuren und Inschrift wir auf S. 37 zur Darstellung bringen. Professor Säve hat sich der Beschreibung desselben

Kiwikmonument.

unterzogen, als er die bis dahin noch nicht besprochenen Altertümer von Ram= sund und Gök in Südermanland in Schweden am Südufer des Mälarsees untersuchte. Unfern des Schlosses Sund= byholm liegt jener mächtige Granitblock. Die hierauf eingegrabene Bildhauer= arbeit verrät eine geschickte Hand und hat Bezug auf die Sage von Sigurd. Die Länge der Skulptur beträgt 5 m bei $1{,}25$ bis $1{,}85$ m Breite. Unterhalb der großen Schlange sieht man, wie der Held knieend den Körper dieses Un= geheuers mit seinem Schwerte durch= bohrt. In der Mitte, zwischen dem größeren und dem kleineren Reptil weiter oben, steht das an einen Baum angebundene Pferd Grani, beladen mit dem Schatze Fafnirs. Auf den Zweigen des Baumes lassen sich zwei Vögel unter=

scheiden. Eine andere Scene linker Hand zeigt Sigurd sitzend, wie er am Ende eines Bratspießes das Herz Fafnirs röstet. Er bringt den bei Prüfung des Fleisches etwas verbrannten Finger in den Mund. Um das Feuer herum liegen Zangen, ein Amboß, ein Blasebalg und ein Hammer; in größerer Entfernung sieht man das Haupt des Schmiedes Regin, vom Rumpf getrennt. Endlich ist weiter oben ein Tier eingehauen, welches die Form eines Fuchses hat und wahr= scheinlich die Fischotter darstellt, deren Totschläger, gleichsam als Lösegeld, den reichen Schatz bezahlten, der so verhängnisvoll für Fafnir und alle die ge= worden ist, welche ihn nach demselben besaßen. Merkwürdig ist es, daß die Runeninschrift nicht den geringsten Bezug auf die Figuren in dieser Dar= stellung hat, nicht einmal auf Sigurd, den Überwinder Fafnirs. Sie sagt nur, daß „Sigrid", die Mutter Alriks und Tochter Orms, diese Brücke für die Seele Holmgers baute, der ihr Gatte und Vater Sigurds war. Zum besseren

Verständnis ist zu bemerken, daß in der Nähe dieses Runensteines eine alte Brücke über einen Meeresarm führt, der in alter Zeit den Namen Bro-Sund (d. h. „Meerenge der Brücke") hatte.

Nilsson, dem wir oben gefolgt sind, hat Folgerungen an das Vorkommen der Pfahlbauten im Norden von Europa geknüpft, die nicht immer stichhaltig sind. Man hat in vielen Gegenden Deutschlands und der Schweiz, neuerdings noch in den Torfmooren Darmstadts, solche Anlagen entdeckt, und es erweitert fast jeder Tag unsere Kenntnis in dieser Richtung. Diese Bauten reichen vom Norden bis zum Süden, ja man findet sie öfters an der Westküste von Afrika, und noch heute werden dergleichen von der einheimischen Bevölkerung der ost-asiatischen Inselwelt errichtet. — Es ist wenig glaubhaft, daß alle diese Pfahl-bauten im Norden von Niederlassungen der Phöniker herrühren.

Stonehenge (Steinhag).

Allerdings besaßen jene unternehmenden Handelsleute ein Quartier und einen Tempel in Massalia. Sie fuhren wohl auch die Rhone aufwärts, dann der Isère folgend gelangten sie nach den Schweizer Seen, oder auf einem Landweg nach dem Rhein. Sie eröffneten sich vielleicht selbst einen solchen nach dem Bernsteinland. Doch die große Menge der Pfahlbauten Skandinaviens und der Ostseeküstenländer, sowie die in der Schweiz, in Frankreich und Italien macht es wahrscheinlich, daß sie von Eingebornen herrühren. Möglicherweise hatten diese schon durch Berührung mit den Phönikern einen gewissen Grad von Kultur erreicht, als die streitbaren Germanen verwüstend einrückten. Wie die höher kultivirten Kananiter den Israeliten unterlagen, so auch die Eingebornen in dem später als Germanien bezeichneten Lande und in Skandinavien den neuen Ankömmlingen. Die, welche dem stürmischen Andrang entrannen, suchten sich durch Befestigung in Seen und Sümpfen zu schützen, traten später in Verkehr mit den Siegern, lernten bessere Werkzeuge und kunstreiche Geräte fertigen und

verschwanden durch Vermischung mit den Germanen, oder infolge anderweitiger
Niederlagen. Man ist geneigt, die Finnen für Überreste jener untergegangenen
Völker zu halten. Auch der Beweis, welchen Nilsson von aufgefundenen Opfer-
wagen herleitet, läßt sich bestreiten, indem dieselben für Trinkgefäße gehalten
werden, welche die Gäste bei Festmahlen hin- und herrollten. Es scheint, daß
in den Pfahldörfern Fabriken bestanden, wo Gerätschaften, Waffen und Schmuck-
sachen von Stein, Bronze und Eisen in Menge für den Handel angefertigt
wurden, wie die Massen von Fundgegenständen beweisen.

Dieser Vertrieb kam etwa 1500 oder 2000 Jahre vor unserer Zeit-
rechnung in Schwung; es kann also keine Rede sein von einer Steinperiode
vor 6000 und mehr Jahren, wenn auch täglich mehr Beweise dafür auftauchen, daß die Kulturanfänge unserer Altvordern weit in die Jahrtausende
zurückreichen. In den südlichen und westlichen Pfahlbauten findet man mehr
Metallgeräte, in den östlichen und nördlichen arbeitete man mehr in Stein; doch
keineswegs ausschließlich, sondern man richtete sich nach dem Bedürfnisse der
Käufer. In der That aber waren die Schwerter und Geräte von Feuerstein neben
den zierlicheren von Bronze (Kupfer- und Zinnmischung), die gegossen wurden,
eine Zeitlang im Gebrauch. Sehr lange ward auch die sogenannte Stockschleuder
angewandt, die noch in der Schlacht bei Hastings (1066) erwähnt wird.

Da man in den Pfahlbauten Acker- und Webereiwerkzeuge in Menge an-
getroffen hat, so darf man sich unsere germanischen Vorfahren nicht als Wilde
vorstellen, sondern als Völker, die, wenn auch den Römern nicht entfernt vergleichbar, doch schon die Anfänge einer höhern Kultur sich angeeignet hatten.
Zur Zeit der Völkerwanderung waren sie bedeutend vorgeschritten. Sie verstanden sich auf das Weben wollener und leinener Zeuge, auf das Schmieden
von Schwertern, Ringpanzern und anderen künstlichen Waffen.

Wenn Nilsson und die ihm beistimmten, in ihren Hypothesen und Folgerungen vielfach zu weit gingen, so hat man doch mit Unrecht die Richtigkeit
seiner Untersuchungen und die darauf gegründeten Schlüsse überhaupt in Frage
gestellt und sogar als phantastisch belächelt. Man sagt, es sei undenkbar, daß
in vorgeschichtlicher Zeit, in der Zeit, da man sich lediglich der Steinwerkzeuge
bediente, ein Volk Reisen in den entlegenen Norden unternommen, daß es auch
in der Schweiz keine wertvollen Produkte habe eintauschen können. Indessen
weiß man, daß schon zur Zeit, da die Israeliten in Kanaan einwanderten, die
Phöniker weit verbreiteten Handel trieben, daß sie etwas später als kunstfertige
Meister bekannt waren. Sie holten Gold und Diamanten aus Südafrika, Silber
aus Spanien; sie trieben endlich den Menschenhandel ins Große, wie europäische
Sklavenhändler vor noch nicht langer Zeit und wie der Khedive noch jetzt in
Ägypten. Solches Geschäft mit Menschenware, dann aber auch mit mancherlei
Pelzwerk, konnte die Handelsleute wohl nach der Schweiz, nach Gallien, Ger-
manien und Skandinavien locken. Es ist ferner bekannt, daß schon Homer
den Schmuck von Elektron (Bernstein) kannte. Dieses kostbare Material kam
aber sicher in Menge von den Ufern der Ostsee, obgleich auch in der Gegend
von Bologna Bernstein gefunden wurde, der jedoch für den Handel ohne
Bedeutung blieb.

Ein Pfahlbau.

Es ist ferner bekannt, daß das Symbol des phönikischen Baal ein Kegel war. Ein solcher befindet sich auch, wie schon bemerkt, im Inneren des Kiwik-Monumentes. Desgleichen deutet das Stonehenge auf Sonnendienst, und vielleicht hängt damit das merkwürdige Steindenkmal von Carnac zusammen. Es besteht aus elf parallelen Reihen kolossaler Steine, die symmetrisch geordnet waren, jetzt aber zum Teil umgestürzt wirr durcheinander liegen. Man soll in früherer Zeit 11 000 solcher Steinkolosse hier gezählt haben und das Ganze konnte auch wohl nur als ein Denkmal wegen eines merkwürdigen Ereignisses aufgestellt worden sein, oder den Druiden bei gottesdienstlichen Gebräuchen gedient haben. Gleich unsicher ist die Bedeutung und Bestimmung der Dolmen, die sich massenhaft im westlichen Frankreich vorfinden.

Es sind große, aufgerichtete Steine, zum Teil kreisrund zusammengestellt und mit einer mächtigen Steinplatte überdeckt, weshalb man sie auch Steintische nennt. Man hält sie für Altäre, auf welchen den Göttern Menschenopfer geschlachtet wurden. Andere wollen darin Siegesdenkmale irgend eines vorgeschichtlichen Volkes erkennen —, noch andere erklären sie für Grabdenkmäler —, weil man darunter menschliche Gebeine und auch mancherlei Steingeräte fand, die man auch anderwärts den Toten mit ins Grab gab. Merkwürdig, daß man solche Steintische auch im Peloponnes und im nördlichen Afrika, selbst in Indien findet, die alle viel Ähnlichkeit untereinander haben. Man wird deshalb versucht, an ein weitverbreitetes Volk oder an ein Wandervolk zu denken, das diese Spuren von seinem Thun und Schaffen hinterlassen habe.

In Skandinavien nennt man die Steinreihen auch Bautasteine, und es scheint, daß sie daselbst hauptsächlich Begräbnisse bezeichneten. Man findet solche auch in Westfalen und will sogar die Externsteine im Osning damit in Verbindung bringen. Indessen dürfte es schwer zu begreifen sein, wie man solche ungeheure Kolosse aus weiter Ferne und in uralter Zeit hätte herbeiführen können. Die Externsteine sind vielmehr eher Bestandteile eines Sandsteingebirgszugs. Im Norden hat man dagegen gemeinsame Gräber entdeckt, wo mehrere Leichen beigesetzt waren. Man nennt sie Ganggräber, in Dänemark auch Riesenkammern. Sie bestehen aus großen, dicht nebeneinander gestellten Granitplatten, 2—3 m hoch, die wahrscheinlich den Leichnam vor wilden Tieren bewahren sollten. Ein Gang war mittendurch angelegt und die Toten waren in sitzender Stellung an die inneren Wände angelehnt. Vielleicht dienten solche Kammern auch zu Wohnungen der Lebenden, die man nachher, wenn sie starben, darin beisetzte, während ihre Nachkommen sich andere Behausungen in ähnlicher Weise erbauten.

Diese Ansicht von den Ganggräbern bestätigt ihre Ähnlichkeit mit den Hütten der Eskimos. Die Form, die Höhe, auch die Einteilung des inneren Raumes ist dieselbe, und es wäre nicht unmöglich, daß Polarmenschen viel weiter nach Süden wohnten als gegenwärtig. Auch hat man in Grönland mehrere solcher Hütten entdeckt, welche man zur Bestattung von Leichen benutzt hatte. Verschieden von diesen Grabstätten sind die Hünengräber, welche man früher für Beerdigungsplätze von Riesen oder großen Helden hielt. Es sind aber vielmehr gemeinsame Gräber für ganze Generationen.

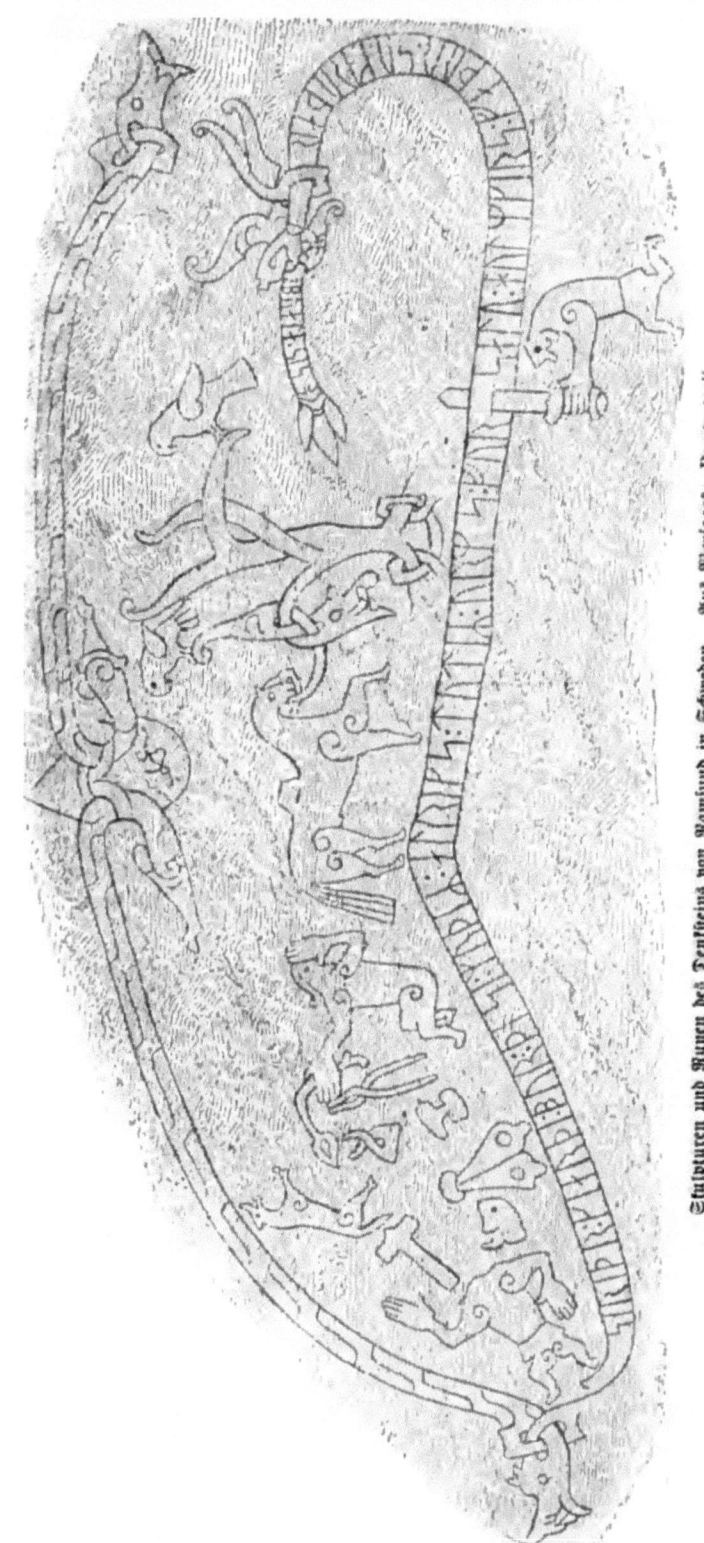

Sfulpturen und Runen des Denkfteins von Ramfund in Schweden. Aus Worsaaes „Bracteates".

Man legte die Leiche in eine von Steinen umgebene Grabkammer und führte darüber Erde bis zur Höhe eines mäßigen Hügels. Dann wurde diese Erhöhung wieder durch Zufuhr von Erde geebnet und eine zweite Schicht von Toten darauf gebettet. Man fuhr damit fort, oft, wie man glaubt, Jahrhunderte lang, so daß endlich ein ansehnlicher Berg entstand.

Die alten Geschlechter, welche in unvordenklicher Zeit diese Totenhügel, Stammgräber und Heiligtümer errichtet und zum Teil darin ihre letzte Ruhestätte gefunden haben, sind vergangen, ohne, wie oben bemerkt, schriftliche Urkunden von ihrem Denken und Glauben, von ihren Thaten und von ihrer Sprache zu hinterlassen. Auch unsere Vorfahren, die alten Germanen, waren des Schreibens unkundig, und die Römer haben zwar von ihren Thaten berichtet, aber sie hielten es nicht der Mühe wert, die Lieder und Sagen der Barbaren aufzuzeichnen. Dagegen hat das skandinavische Brudervolk den Hauptinhalt dieser Götter- und Heldensagen erhalten, weiter entwickelt, mit eigenem Gut vermehrt und auf dem entlegenen Island durch schriftliche Aufzeichnung vor gänzlicher Zerstörung bewahrt. Davon wollen wir nun ein möglichst lebendiges Bild entwerfen und zugleich den Überresten nachspüren, die unser Volk von dem Schatze der Vorfahren in Sagen, Sitten und Gebräuchen gerettet hat. Wir werden daraus erkennen, daß die germanische und nordische Mythologie aus derselben Wurzel erwachsen und in gleicher Weise ausgebaut worden ist.

Schwerter, Schmuck und andere Altertümer aus der Zeit der Völkerwanderung.

Nach Prof. W. Engelhards Statue.

Die nordisch-germanische Götter- und Heldensage.

Tritt aus dem Nebelschleier,
Der düster dich umwallt;
Tritt aus der Vorzeit Dunkel,
Du göttliche Gestalt!
Vorüber deinem Geiste
Zieht wohl der Asen Schar,
Die einst bei Bragis Liedern
In Asgard selig war.

Es rauscht ein Strom von Klängen
Aus deiner Harf' empor,
Gar wunderbar begeisternd
Für ein empfänglich Ohr.
Du warst es, die vom Norden
Die hehren Sagen trug,
Die kräftig in die Saiten
Der Skaldenharfen schlug;
Es wölbt die Bifröst-Brücke
Den Göttern sich zur Bahn; —
O nenne die Gewaltgen,
Die sich im Bilde nahn.

So folge uns denn der Leser in die Welt der germanischen Götter, Riesen,
Zwerge und Helden. Es sind nicht sinnlose Märchen, zur müßigen Unterhaltung
ersonnen, sondern es ist der tiefsinnige Glaube unserer Väter, der sie zu kühnen
Thaten begeisterte, der ihnen Mut und Kraft gab, das römische Reich in Trümmer
zu schlagen und eine neue Ordnung der Dinge zu begründen. Als sie aber 400
Jahre nach den schweren Kämpfen gegen Germanicus in die fremde Welt siegreich einzogen, da war der alte Glaube schon verblaßt und sie vertauschten unschwer ihren Heldengott mit dem heiligen Martin oder dem Erzengel Michael,
ihren Thunar mit St. Peter und St. Oswald. Nur die Sachsen, in deren Lande
die verehrten Heiligtümer waren, hielten fest an ihren Göttern, und als sie dem
Schwerte Karls des Großen unterlagen, trugen vielleicht Flüchtlinge von ihnen
den alten Glauben zu den nordischen Brüdern und bewahrten ihn, bis er in
Skandinavien während der Wikingszüge nach dem Westen auf den britischen
Inseln neue, teils antik-klassische, teils jüdisch-christliche Elemente in sich aufnahm.

Die erste Abteilung dieses Bandes schließt mit den Göttersagen der
nordisch-germanischen Vorzeit. Die nordische Heldensage bildet den Inhalt
der zweiten Abteilung des vorliegenden Buches.

Die deutsche Heldensage dagegen in ihrer gestalten- und ideenreichen
Fülle ist in dem folgenden Bande unseres Werkes zu ausführlicher Darstellung
gelangt.

Nordische Landschaft. Zeichnung von W. Heine.

Erster Abschnitt.

Die Götter, ihre Welten und Werke.

„Allen Edlen gebiet ich Andacht,
Hohen und Niedern von Heimdals Geschlecht.
Sie wollen, daß ich Walvaters Wirken künde,
Die ältesten Sagen, der ich mich entsinne.

Einst war das Alter, da Ymir lebte,
Da war nicht Sand, nicht See, nicht salzige Welle,
Nicht Erde fand sich noch Überhimmel,
Gähnender Abgrund und Gras nirgends.
        (Woluspa in der älteren Edda).

1.

Erschaffung der Welt.

Auf seinem Hochsitze saß der siegreiche König, heimgekehrt mit Ehren und
erbeutetem Gute vom Wikingerzug. Um ihn her waren die Jarle (Edlen) und
freigebornen Männer und viel Volks versammelt, und alle lauschten dem Skalden,
der in die Saiten der Harfe griff und von den Thaten der Helden und der ob-
waltenden Götter sang. Dann sprach er vom Anfang der Dinge, wie Tag und

Nacht wurden und Sonne und Mond und der Sterne Heer und wie der Lebens=
baum Yggdrasil in immergrünem Blätterschmuck fortbesteht.

Abgrund war, und war nicht Nacht und war nicht Tag, und der Abgrund
war Ginnungagap, gähnende Kluft, ohn' Anfang und ohn' Ende. Allvater,
der Ungeschaffene, Unangeschaute, wohnte in der Tiefe und sann, und was er
sann, das ward. Da entstand nordwärts im Unermeßlichen, wo Finsternis ist
und Eiseskälte, Nifelheim (Nebelheim), und südwärts Muspelheim (Glut=
heim), feurig, glühend von unendlichen Gluten. In Nifelheim that sich auf der
Brunnen Hwergelmir, der brausende Kessel, und daraus ergossen zwölf und
mehr Höllenflüsse (Eliwagar) ihre eiskalten Wogen. Aber die wilden Wasser
erstarrten bald in der grimmigen Kälte zu Eis, und die Schollen rollten über=
einander und hinunter in die unermeßliche Kluft und weiter südwärts gen
Muspelheim. Über ihnen brausten, die Eisberge aufwühlend, Sturmwetter
von Nifelheim her; doch strahlte wohlthätige Wärme von Glutheim herüber in
Ginnungagap, und wie die wallenden Schollen davon erweicht wurden und
Tropfen niederrannen, da belebte sich, was vorher ohne Leben war, und es
erstand ein Ungeheures, der Urriese Ymir oder Örgelmir (der gärende Lehm),
zweigeschlechtig, entsetzlich dem Anblick. Von ihm stammt der Hrimthursen oder
Frostriesen Geschlecht, wie die Edda erzählt:

> „Unter des Reifriesen Arm,
> Rühmt die Sage,
> Wuchsen Mann und Magd;
> Des Joten Fuß mit dem Fuß erzeugte
> Den sechshäuptigen Sohn."

Noch anderes Leben weckte die strahlende Glut in den Gewässern. Also
wuchs hervor die Kuh Audhumbla, die Ernährerin, aus deren Eutern vier
Milchströme rannen, Nahrung spendend dem schrecklichen Ymir und seinem
Geschlecht, den Hrimthursen. Sie aber fand nicht andere Weide, als an dem
Salze der Eisfelsen, die sie beleckte. Darauf erschien von ihrem Lecken am ersten
Tage Haupthaar, am zweiten das Haupt, am dritten das ganze Menschengebild,
angethan mit Schönheit und herrlichem Wesen. Es war Buri, der Gebärende;
denn aus sich selbst erzeugte er Bör, den Gebornen, und dieser gewann mit
der Hrimthursen=Tochter Bestla drei Söhne: Odin (Geist), Wili (Willen) und
We (Heiligtum).

Sofort entbrannte Kampf wider den tobenden Ymir, und die Söhne Börs
erschlugen ihn und wälzten den ungeheuern Leib in Ginnungagap, und der
Abgrund ward davon erfüllt. Aber das Blut des Ungetüms ergoß sich, alles
überdeckend, also daß eine Sintflut (Sündflut) entstand, in welcher das Hrim=
thursen=Geschlecht ertrank. Nur einer von ihnen, der kluge Bergelmir, entrann
wie Noah im Alten Testamente, mit seinem Weibe in kunstreich gezimmertem
Boot dem Untergang und ward der zweite Stammvater des Riesenvolkes.

Der Raum war wüst und öde, wie ein altes deutsches Lied uns lehrt:

> „Das vernahm ich unter Menschen als der Wunder größtes,
> Daß Erde nicht war, noch Überhimmel,
> Noch Baum, noch Berg war, noch Sonnenschein.
> Noch der leuchtende Mond, noch das mächtige Meer."

Das gefiel übel den neuen Herrschern, die sich Asen oder Ansen nannten, das ist Stützen und Pfeiler der Welt. Darum begannen sie zu schaffen, was nach Allvaters Willen werden sollte. Und sie schufen aus Ymirs Fleische die Erde, aus dem Schweiße die See, aus den Gebeinen die Berge, aus dem krausen Haare die Bäume. Die Hirnschale wölbten sie hoch empor zum Himmelsbogen, unter dem das Gehirn als Gewölke schwimmt. Dann bauten die Gütigen aus des Riesen Brauen Midgard (Mittelgarten, Mittelraum) zur Wohnung den Menschenkindern, die noch ungeboren im Schoße der Zeit schliefen.

> „Aus Ymirs Fleisch ward die Erde geschaffen,
> Aus dem Schweiße die See,
> Aus dem Gebein die Berge, die Bäume aus dem Haar,
> Aus der Hirnschale der Himmel.
> Aus den Augenbrauen schufen gute Asen
> Midgard den Menschensöhnen,
> Aber aus seinem Hirn sind alle hartgemute
> Wolken erschaffen worden",

heißt es im Grimnismal der älteren Edda.

Finsternis war im weiten Raume; nur sprühten flammende Funken von Muspelheim irr und wirr durcheinander; denn Sonne wußte nicht ihren Sitz noch Mond seinen Malweg, noch Sterne ihre Stätte.

Aber die Asen wandelten die Lichtfunken in Sterne und festigten sie am Himmelsbogen. Es herrschte die alte Mutter Nacht, eines Riesen Tochter und dunkel wie das Riesengeschlecht. Ihrem dritten Gatten Dellinger (Dämmerung), der von Asen stammte, gebar sie den glänzenden Tag. Allvater hob die beiden zum Himmel empor. Der Nacht gab er das Roß Hrimfaxi (Reifmähne), von dessen Gebiß reichlich Thau in die Thäler rinnt, daß es ihren dunkeln Wagen ziehe, der den duldenden Wesen Schlummer bringt. Dem Tage verlieh er den edlen Hengst Skinfaxi (Lichtmähne), dessen Mähne Erde und Luft erleuchtet, wenn er des Gebieters goldenen Wagen eilenden Fluges durch die Wogen des Himmels zieht.

Zu dieser Zeit wuchsen auf in der Halle des Vaters, der Mundilföri (Achsenschwinger) hieß, zwei liebliche Kinder, Sol (Sonne) und Mani (Mond). Als sie zur Jugendblüte heranreisten, wunderte sich alle Welt über ihre Schön=heit, und der Vater in seinem Stolze verglich sie mit den seligen Göttern. Aber die Asen, dem Übermute zürnend, nahmen die blühenden Geschwister von der Erde weg, damit sie am Himmel in schönerem Glanze leuchten möchten. Also fährt Sol im Sonnenwagen, der von Muspels sprühenden Funken erbaut ist, dem Tage nach, und zwei edle Hengste Arwaker (Frühwach) und Alswider (Allgeschwind) ziehen ihren feurigen Wagen, dessen Gluten der Schild Swalin (Kühlung) dämpft, damit nicht vor der Zeit Himmel und Erde in Flammen vergehen.

> „Frühwach und Allgeschwind führen bemüht
> Auf Wolkenwegen die Sonne;
> Von gütigen Asen ward Eisenkühl
> Unter ihren Bugen geborgen;
> Swalin heißt der schützende Schild

Vor der glühenden Gottheit der Sonne;
Berge und Brandung verbrannten gewiß,
Fiel er davor herunter",

singt das Grimnismal der Edda.

Der dunkeln Nacht folgt Mani mit dem Mondwagen. Als er nun einst=
mals über ein ödes Waldland hinfuhr, sah er zwei Kinder, Bil (die Schwindende,
der abnehmende Mond) und Hjuki (der Belebte, der zunehmende Mond). Sie
trugen schwere Wassereimer und schienen ganz erschöpft. Doch schleppten sie die
Last mühsam fort, weil ihr harter Vater sie noch in später Nacht zur Arbeit
zwang. Mitleidig umfing sie Mani mit seinen Strahlen und nahm sie zu sich
in seinen himmlischen Wagen, wo man sie noch von der Erde aus sehen kann.

Der Tag. Zeichnung von Karl Ehrenberg. (Vergl. S. 43.)

Sol und Mani dürfen in ihrem Fluge nicht weilen, denn der grimmige
Wolf Sköll verfolgt jene durch die Himmelsräume, bis sie sich am Abend in
die Fluten des Meeres birgt, und der entsetzliche Hati jagt dem Monde nach,
und wenn die Wölfe der ersehnten Beute nahe kommen, so erblassen die leuchten=
den Himmelsbewohner und verlieren ihren Schein, und das nennen unkundige
Menschen Sonnen= und Mondfinsternis. Den schrecklichen Hati gebar und mästete
mit andern Wölfen seiner Art ein Riesenweib, das weit östlich in Jarnwider sitzt
und Göttern und Menschen ein Grauen ist. Von ihrer Brut ist Managarm
(Mondhund) der furchtbarste, der einst am Ende der Tage den Mond würgt
und die Säle der Himmlischen mit Blut bespritzt.

„Östlich saß die Alte im Eisengebüsch
Und füttert dort Fenrirs Geschlecht,
Von ihnen allen wird eins das schlimmste:
Des Mondes Mörder übermenschlicher Gestalt.

Ihn mästet das Mark gefällter Männer,
Der Seligen Saal besudelt das Blut.
Der Sonne Schein dunkelt in kommendem Sommer,
Alle Wetter wüten: wißt ihr, was das bedeutet?"

heißt es in der dunkeln Orakelsprache der nordischen Sibylle, in der Völuspa.

Ehe wir den erzählenden Skalden weiter hören, müssen wir einige Bemerkungen einschalten.

Die Sagen von Sol und Mani sind späteren Ursprungs. In frühester Zeit verehrten die germanischen Völker die Gestirne, besonders die Sonne und den Mond, wie die Elemente. Als sie sich aber die Götter persönlich dachten, lösten sie diese von den Naturerscheinungen ab und machten sie zu deren Gebietern und Lenkern. In den Merseburger Heilssprüchen, einem Überreste aus der germanischen Heidenzeit, versuchen die Göttinnen Sindgund (ein nicht mehr zu deutendes Gestirn), Sunna (Sonne), Frea (Freya) und ihre Schwester Fulla das verrenkte oder gebrochene Bein des Pferdes Balders durch Besprechen zu heilen.

Die Nacht. Zeichnung von Karl Ehrenberg. (Vergl. S. 44.)

Ihr Zaubersegen ist umsonst; erst Wodan vollendet mit mächtigem Runenspruch das Werk. Hier erscheinen also Sunna und die drei anderen Göttinnen als persönlich gedachte Wesen. Übrigens wird auch in einer nordischen Sage Sol unter den weiblichen Asen aufgeführt. Ferner schrieb man dem gütigen Balder und dem hehren Fro oder Freyer Macht über das wohlthätige Sonnenlicht zu. Der Mythus endlich von den Kindern, die Mani zu sich erhebt, entsprang aus der Anschauung, die man sich von den Mondflecken machte. Eine andere Vorstellung ist die vom Mann im Monde, der nach einem deutschen Märchen ein Holzdieb war und wegen seines nächtlichen Frevels von den Mondstrahlen hinaufgezogen wurde. Nach einer andern Version sitzt ein Mädchen mit einer Spindel im Mond, weil es am Sonnabend im Mondschein gesponnen hat. Die Herbstfäden, der sog. Altweibersommer, sind ihr Gespinst.

Indessen kehren wir zu dem Skalden zurück. Er berichtet der lauschenden Versammlung mythische Geheimnisse, unter deren Hülle viel Wahrheit enthalten ist.

Linde Lüfte bringt säuselnd Swasuder (Sanft-Süd), holdselig von Ansehen; sein Sohn ist der blumenbekränzte Sommer. Doch folgt ihm bald der grimmige Riese Windswaler (Windkälte) mit dem Winter, seinem Erzeugten. Die ziehen fort und fort nacheinander durch alle Zeiten, bis die Götter vergehen.

> „Windswaler heißt des Winters Vater,
> Und Swasuder des Sommers.
> Durch alle Zeiten ziehn sie selbander,
> Bis die Götter vergehen",

singt das Vasthrudismal der Edda.

Auch sitzt am Ende des Himmels der ungeheure Riese Hräswelger (Leichenschwelger) im Adlerkleid und schlägt die Schwingen, davon der Sturmwind über die Völker der Erde weht.

> „Hräswelg heißt der an Himmels Ende sitzt
> Im Adlerkleid ein Jötun.
> Mit seinen Fittichen facht er den Wind
> Über alle Völker",

heißt es im Liede weiter.

Und Allvater wohnte in der Tiefe und sann, und was er sann, das ward. Da erstand die Esche Yggdrasil, der Baum der Welten, der Zeiten und des Lebens, unberührt von der Frostriesen Gewalt. Ihre Zweige breitet sie aus bis in den Himmel, ihr Wipfel Lärad (Friedespender) überschattet Walhalla, die Halle der seligen Helden. Drei mächtige Wurzeln nähren und tragen den Stamm; die eine reicht gen Nifelheim; unter ihr herrscht über das Reich der Schatten die bleiche, finstere Hel, und da sprudelt der urweltliche Brunnen Hwergelmir, in dessen Tiefen die Geheimnisse der vorweltlichen Dinge verborgen ruhen, die weder Menschen, noch Götter, noch Riesen zu ergründen vermögen. Die andere Wurzel zieht gen Jötunheim, wo Mimirs Born quillt, in dem die Kunde von der Urwelt, von der Entstehung, dem Werden der Dinge sich birgt. Da sitzt Mimir (Erinnerung), der weise Jote, und trinkt alle Tage von der Flut, die er mit Walvaters Pfande schöpft. Denn er selbst, der sinnende Odin, kam zu dem Wächter des Brunnens, einen Trunk begehrend, und Mimir verlangte und erhielt dafür ein Auge des nach urweltlicher Weisheit spähenden Gottes. Die dritte Wurzel breitet sich gen Midgard aus, die Stätte der sterblichen Menschen.

> „Drei Wurzeln strecken sich nach dreien Seiten
> Unter der Esche Yggdrasils,
> Hel wohnt unter einer, unter der andern Hrimthursen,
> Aber unter der dritten Menschen",

heißt es im Grimnismal.

Daselbst quillt und wallt das heilige Wasser des Urd-Borns, der die Geheimnisse des Entstehens und Vergehens der irdischen Dinge umschließt. So die Völker und ihre Herrscher die Tiefen ergründen und den plaudernden Fluten lauschen wollten, würden sie mit immer verjüngter Kraft zu Thaten schreiten. Auch ziehen in dem Brunnen zwei silberweiße Schwäne ihre Kreise; die sind still und stumm, wie die Vergangenheit, die nicht gehört, wie die Zukunft, die nicht beachtet wird. So ist die Weltesche Yggdrasil in Wahrheit ein erhabenes Bild des Lebens, ihre Wipfel streben himmelwärts, ihre Wurzel haftet im finsteren Reiche des Todes, und ihre Äste breiten sich über das ganze Weltall.

Dem Urd-Born entstiegen, sitzen am Ufer ernst und schweigend die drei Nornen Urd (Vergangenheit), Werdandi (Gegenwart) und Skuld (Zukunft).

Sie schaffen die Lose der vergänglichen Kinder des Staubes, sie richten und schlichten, sie lohnen und strafen. Sie spinnen und schürzen den Neugeborenen Fäden, härene und seidene und etliche von Gold und einen gen Norden, der unzerreißbar ist, des Lebens Leid bedeutet und den Niedergang zu Hel.

Die Esche Yggdrasil. Von J. W. Heine.

Ihr aber, der Todesgöttin, sind die Schicksalsschwestern verwandt. In grauer Urzeit geboren, wurden sie von Joten aufgepflegt, bis sie ans Licht des Tages traten und nun, am Urd-Born sitzend, den Wechsel der Zeit verkündigen. Sie begießen den Lebensbaum mit dem heiligen Wasser der Quelle, daß er nicht der Fäulnis erliege: aber sie wissen und verkündigen es auch, wie alles Leben dem Untergange sich zuneigt, dem auch die seligen Götter nicht entrinnen können. Das ahnen die Himmlischen; darum kommen sie täglich an dem Brunnen zusammen, erforschen die Lose der Schwestern und halten Gericht im Schatten des Baumes, der im Bilde die Welt mit ihren Wandlungen und das Menschengeschlecht und den Wechsel der rollenden Zeiten offenbart. Wie die Welt von zerstörenden Gewalten bedrängt und beschädigt wird und doch in ihrer Schönheit fortdauert, so besteht der heilige Baum, und sein Blätterschmuck welkt nicht, bleibt frisch und immergrün, obgleich er viel Schaden leidet.

> „Eine Esche weiß ich stehen, heißt Yggdrasil,
> Den hohen Baum netzt weißer Nebel,
> Davon kommt der Thau, der in die Thäler fällt,
> Immergrün steht er über Urds Brunnen.
> Davon kommen Frauen, vielwissende,
> Drei aus dem See dort bei dem Stamm:
> Urd heißt die eine, die andre Werdandi;
> Sie schnitten Stäbe, Skuld heißt die dritte.
> Sie legten Lose, das Leben bestimmten sie
> Den Menschengeschlechtern, das Schicksal verkündend",

singt die nordische Vala in der Völuspa.

Da weidet vor Heervaters Halle die Ziege Heidrun, die mit dem stärkenden Met aus ihren Eutern den Einheriern Kraft verleiht, am Laubwerk des Wipfels Lärad. Da zehrt an den Blättern der Esche der Hirsch Eikthyrner, gleichwie das umrollende Jahr an der Dauer der Welt und der endlosen Zeit, und vier andere Hirsche, Dain und Dwalin, Duneier und Durathror, nähren sich von Knospen und Sprossen, wie die Jahreszeiten Stunden und Tage verzehren und sie doch nicht mindern. Von Helheim herauf bäumt sich der Drache Niddhögg und unzähliges Gewürm, die Wurzel benagend. Ähnliches findet sich in den altiranischen Mythen, auch da sucht eine gefährliche Eidechse den Weltbaum zu schädigen. So zehrt der Tod am quellenden Leben, das er nimmer vertilgen oder mindern kann, weil es fort und fort junge Sprossen und Zweige treibt.

> „Heidrun heißt die Ziege vor Heervaters Saal,
> Die an Lärads Laube zehrt.
> Die Schale soll sie füllen mit schäumendem Met.
> Der Milch ermangelt es nie.
> Eikthyrner heißt der Hirsch vor Heervaters Saal,
> Der an Lärads Laube zehrt.
> Von seinem Horngeweih tropft es nach Hwergelmir,
> Davon stammen alle Ströme",

singt das Grimnismal der ältern Edda.

Von Eikthyrners zackigem Horngeweih rinnen Wasser in den Brunnen Hwergelmir und speisen die unterweltlichen Ströme, aus denen einst die Welt entstand. Denn alles Leben geht aus der Erde hervor und kehrt im Tode dahin zurück, wenn auch die Weltesche bestehen bleibt, welche die Nornen mit dem Lebenswasser begießen, deren Zweige und Krone der Nebel tränkt, der aus dem Urd-Brunnen aufsteigt. Aber von dem Baume selbst tropft reichlich Thau in die irdischen Thäler, davon die Pflanzen wachsen, Tiere und Menschen Nahrung finden. Hoch im Wipfel horstet der Aar und singt ein Lied vom Werden und Vergehen.

Zwischen ihm und dem Gewürm Nidhögg in der Tiefe klimmt auf und ab das Eichhorn Ratatösker und trägt Zankworte und üble Zeitung von einem zum andern; denn zwischen dem Sonnenaar des Lebens und dem Wurme des Todes kann nimmer Freundschaft und Friede bestehen.

> „Ratatösker heißt das Eichhorn, das auf und ab rennt
> An der Esche Yggdrasil:
> Des Adlers Worte oben vernimmt es
> Und bringt sie Nidhhöggern nieder",

heißt es weiter im Grimnismal.

In Ymirs Fleisch und Gebein kroch allerlei Getier, wie Maden. Da gingen die Asen zu' Rate, was zu thun sei, und es däuchte ihnen gut, daraus ein nützliches Volk zu schaffen. Danach wandelten sie das Getier in Zwerge oder Alfen, begabt mit trefflicher Kunde von Erz und Gestein und mit Geschick und wunderbarer Kunst, das Erz zu formen. Ein Teil der Alfen war dunkel von Angesicht, falsch und voll Tücke, ein anderer war licht und gut und nützlich Göttern und Menschen. Von dem Thing der Beratung schritten drei mächtige Asen, Odin, Hönir (der Helle) und Lodur, hinweg. Wie sie über die Erde wandelten, die grün von Gras und saftigem Lauche war, fanden sie am Gestade zwei Menschengebilde, Ask (Esche) und Embla (Erle), ohnmächtig, ohne Sinn, ohne Bewegung und blühende Farbe. Odin gab ihnen Seele, Hönir Bewegung und Sinne, Blut gab Lodur und blühendes Antlitz. Von ihnen stammen die zahlreichen Menschengeschlechter.

> „Gingen da Dreie aus dieser Versammlung,
> Mächtige, milde Asen zumal,
> Fanden am Ufer unmächtig
> Ask und Embla und ohne Besinnung.
> Besaßen nicht Seele und Sinn noch nicht,
> Nicht Blut noch Bewegung, noch blühende Farbe,
> Seele gab Odin, Hönir gab Sinn,
> Blut gab Lodur und blühende Farbe.

Damit schloß der Skalde seinen Vortrag, und der König erhob sich mit seinen Edeln, um in der Halle bei leckerem Schmause auf Freys Eber Gelübde für den nächsten Wikingerzug abzulegen. Es war nämlich bei jenen Nordlands= Recken Sitte, daß zum Abschluß des Mahles am Julfest ein gebratenes Schwein hereingebracht wurde. Ehe man es zerlegte, traten die Kämpfer nach der Reihe hinzu und gelobten irgend eine verwegene, schwer ausführbare That, die sie dann auf Tod und Leben wagen mußten. In der Rede des Sängers ist zugleich der den Mythen zu Grunde liegende Sinn angegeben; daher bedarf es keiner weiteren Erläuterung. Sie waren begründet im Glauben der nordisch=germanischen Völker über Entstehung der Welt, der Götter und Menschen, wie uns solcher in den Liedern der Edda erhalten ist. Zugleich ist am Schlusse auf die Katastrophe hingedeutet, die nach der Vorstellung jener Stämme das große Weltdrama enden wird. Freilich sind mitunter unschöne und selbst rohe Anschauungen eingemischt, die sich nicht mit der Schönheit hellenischer Dichtung vergleichen lassen; aber das Ganze ist großartig und tiefsinnig gedacht und hervorgegangen aus dem Helden= geiste, der einst die Germanen und die nordischen Wikinge in die Kämpfe auf

Leben und Tod trieb. Wir haben auch die Idee von Allvater, dem unerforschlichen Urgrund aller Dinge, hier eingeführt, obgleich sie in den Poesien nur kaum angedeutet ist. Sie trat erst in der letzten Zeit hervor und konnte sich nicht bestimmter ausprägen, weil die Predigt des Evangeliums bald nachher den alten Glauben überwältigte. Im Kampfe mit den Schrecknissen des Nordens, auf den Heereszügen in ferne Länder haftete der Blick des Germanen an den einzelnen Erscheinungen der Natur und erhob sich nicht zu dem Anschauen des Ewigen. Doch lag diese Idee ursprünglich dem nordischen Glauben zu Grunde, und der verwandte Stamm der Arier in Indien hat sie in eigentümlicher Weise entwickelt und poetisch dargestellt. Damit man diese Auffassung der Hindu mit der unserer Vorfahren vergleichen könne, fügen wir hier eine Stelle aus der indischen Glaubenslehre bei.

„Dunkel war und ununterscheidbar das Unermeßliche, alles in Schlaf versenkt. Da strahlte die durch sich selbst seiende Macht in verklärtem Glanze, verscheuchend die Finsternis. Vor ihr war kein Thun, kein Leiden; es regte sich aber in ihr der Gedanke, Welten zu schaffen, und es wurden Welten. Das Wasser und das Licht entstand und die Vergänglichkeit und die Fülle der Gewässer. Über dem Himmel ward das Wasser, welches die Feste trägt; das Licht schien durch den Himmel; die Erde ward Sitz der Vergänglichkeit und des Todes; in der Tiefe rauschten die Gewässer. Noch fehlten die Hüter der Welten; da entstand in dem ewigen Geiste der Gedanke, sie zu schaffen. Es bewegten sich die Gewässer der Tiefe, und daraus stieg Puruscha hervor. Angeschaut vom Ewigen, öffnete sich sein Mund, und daraus ging hervor das Wort und aus dem Worte das Feuer. Die geschaffenen göttlichen Mächte sanken in das Meer der Gewässer. Sie traten vor den Ewigen hin in Durst und Hunger und sprachen: „Verleihe uns Gestalt, daß wir Nahrung nehmen mögen." Er bot ihnen die Gestalt der Kuh; doch sie genügte ihnen nicht. Er zeigte das Roß; aber auch dieses gefiel nicht. Er offenbarte ihnen die Gestalt des Menschen; da riefen sie: „Wohlgethan, wie wundervoll!" Deshalb wird der Mensch allein wohlgestaltet genannt."

Wir ersehen aus diesen Bruchstücken, die den Veden, den ältesten Religionsbüchern der Indier, entnommen sind, daß bei diesen die Idee eines ewigen, durch sich selbst bestehenden Wesens deutlich ausgeprägt war; ferner, daß nach ihnen alles Leben aus dem Wasser hervorging. Aber Puruscha, der erstgeschaffene Geist, war ein vernünftiges, freundliches Wesen, während nach Ansicht der Germanen der Erstgeborene der Schöpfung der tobende ungeheure Ymir war, ein Sinnbild der kämpfenden ungefesselten Naturkräfte oder der gärenden Materie, was die Griechen durch die Titanen personificirten. Aus dem Salz des Felsens, dem geistigen Element, entstehen die Asen. Sie bewältigen den Riesen und erschaffen aus seinem Leibe die Welt, in welcher sie Regel und Ordnung aufrichten.

Sagen von Weltbäumen. Auch von einem urweltlichen Feigenbaum, der im dritten Himmel seine Zweige und Äste nach unten ausbreitet, während seine Wurzeln nach oben, im Unermeßlichen, ihren Grund haben, berichten indische Sagen. Er bringt fortwährend alle Früchte des Himmels und der Erde hervor, und Himmel und Erde haben die ewigen Götter aus ihm geschaffen. So mag die Vorstellung von dem Weltbaum schon in der Heimat der arischen Stämme vorhanden gewesen sein; doch hängt sie auch mit dem Thing= oder Gerichtsbaum zusammen, an welchem sich ein Geschlecht, eine Gemeinde oder ein ganzer Stamm zu ver= sammeln pflegte, um über wichtige Dinge Rat zu halten, Gerechtigkeit zu üben, Buße für Raub und Mord festzusetzen, oder Bluturteil zu erlassen. Da man sich nun den Götterstaat gleich einem menschlichen eingerichtet dachte, so erwuchs daraus der Begriff von dem Weltbaume, an welchem die Himmlischen zu Ge= richt sitzen. Der Birnbaum in deutschen Märchen, der Sommer und Winter Früchte trägt, welche selten den Menschen zu gute kommen, ist aus dem Mythus entstanden.

Ebenso war im Lande der Dithmarsen im Holsteinischen ein Wunderbaum berühmt, der in einem weiten, von einem Graben umschlossenen Tempelhof stand und nach der Sage Sommer und Winter grünte. Man glaubte, wenn er ver= dorre, gehe auch die lang behauptete Freiheit der Dithmarsen unter; einst aber werde eine Elster auf dem dürren Baume fünf schneeweiße Junge ausbrüten und alsdann derselbe von neuem grünen und die Volksfreiheit auf ewige Zeit wieder hergestellt werden. Dieser Baum ist offenbar ein Bild der Weltesche. Sein Grünen, Absterben und neues Aufleben bezeichnet Leben, Untergang und Auferstehen der Welt. Denn ein abgeschlossenes Volk sieht in sich selbst, in seiner Freiheit die Welt. In der Elster mit ihrem weißen und schwarzen Gefieder erkannte der Volksglaube den Wechsel der irdischen Dinge: die schnee= weißen Jungen, denen die finstere Farbe des Todes nicht mehr anklebt, sind das Sinnbild wechsellofer Freiheit und ewigen Lebens.

Die Weltesche heißt auch Mimameide, d. h. Mimirs=Baum, von dem weisen Joten Mimir am zweiten Brunnen so benannt. Daß aber diese Vor= stellung germanischen Ursprungs sei, davon haben wir einen merkwürdigen Be= weis in Händen. In einem hessischen Dorfe nämlich, wo wir einst in fröhlicher Jugendzeit mit anderen Studiengenossen Rasttag hielten, um die romantische Gegend zu durchstreifen, wurde uns auf waldumkränzter Kuppe ein Basaltfels gezeigt, der „graue Stein“, wo angeblich die Hexen in der ersten Mainacht tanzten. Ferner war am Fuße des Berges eine Höhle, die man das Hollen= loch nannte. Abends hörten wir von jungen Leute ein Lied, oder, wenn man will, einen Gassenhauer singen, dessen originelle Melodie uns so wohl gefiel, daß wir es damals und später nachsangen. Eine Strophe davon, die uns im Gedächtnis geblieben ist, fügen wir hier bei.

> „Mimameide steht auf der Heide,
> Hat ein grün Röckel an, sitzen drei Jungfern dran;
> Die eine guckt nach vorne, die andre in den Wind.
> Das Weibsbild an dem Borne hat viele, viele Kind.“

Hier haben wir Erinnerungen an alte heidnische Opferfeste auf der Höhe am grauen Steine, an die Göttin Hulda oder Holda, im Volksmund Holle, an die Weltesche Mimameide und an die Nornen, deren älteste, Urd, allerdings mit Hulda zusammengestellt wird, da die letztere eigentlich die ungeborenen Kinder wartet. Merkwürdig ist die Benennung „Mimameide“, die mit der nordischen übereinstimmt und sich gleich anderen Reminiscenzen in dem ein= samen Dörfchen erhalten hat.

Die drei Schicksalsschwestern kommen übrigens noch in vielen deutschen Sagen vor. Sie verweilen gern an Brunnen, erscheinen an der Wiege eines Königskindes, um es zu beschenken, und zwar zwei gewöhnlich freundlich, die dritte Unheil verkündend. Manchmal werden sie auch in der Einheit gedacht, und diese heißt Wurd; öfter noch wird von mehreren, besonders von zwölf Wurden geredet. In dem anmutigen Märchen vom Dornröschen, welches ein genialer Dichter auf die deutsche Poesie deutete, treten dreizehn Feen auf. Der König ladet zwölf derselben zum Geburtsfeste seines Töchterchens. Elf von ihnen begaben das Kind mit Verstand, Liebreiz, Reichtum und anderen köst= lichen Dingen; da tritt ungebeten die dreizehnte herein und verkündigt, das Kind werde frühzeitig an einem Spindelstich sterben. Die zwölfte Schwester aber entkräftet den grausamen Spruch, indem sie hinzufügt, nicht der Tod, sondern ein hundertjähriger Schlaf solle das Mägdlein umfangen, aus dem es wieder erwachen werde, wenn die Stunde der Erlösung gekommen sei. Diese Stunde erschien, als ein junger Held durch die umschließenden Dornhecken drang und mit dem Kusse der Liebe die Schlummernde weckte.

Urd oder Wurd steht auch mit der Todesgöttin Hel in Verbindung: denn das Vergangene ist tot, der Unterwelt verfallen. Hel selbst erscheint in der Sage als Norne, welche die unzerreißbaren Fäden des Verhängnisses spinnt, und in deutschen Märchen, in welchen die Schicksalsschwestern auftreten, ist sie die böse Fee und wird mit dem Namen Held bezeichnet, der ihre Identität mit der unterirdischen Göttin verrät.

Geheimnisvoll ist der Ursprung der Nornen; die Zwerge dagegen, die von den Alfen nicht leicht zu unterscheiden sind, wurden, wie oben bemerkt, von den Göttern geschaffen. Im Schoße der Erde sollten sie ihr Wesen treiben, das Gestein durchwühlen und das Metall zu kunstreichen Werken bearbeiten.

Merkwürdig ist, daß die mißgestalteten, rußigen Bergkobolde in den öster= reichischen Gebirgen Fänken, Fäniken, auch Fenesleute genannt werden. Es erinnert diese Benennung wieder an die Phöniker. In Tirol und in Grau= bünden heißen sie auch „Venedigermännlein" und es wird von ihnen erzählt, daß sie vermittels der sogenannten Metallspiegel verborgene Schätze entdecken können. Man schreibt ihnen auch sonst noch allerlei Zauberkünste, Spuk und Schabernack zu. Sie können Berge verschieben, die Menschen und das Vieh durch Blendwerk in Abgründe stürzen, plötzlichen Schrecken verursachen, Lichter ausblasen, Thüren zuschlagen und dergl. Andrerseits sind sie den Menschen, welchen sie wohlwollen, gern hülfreich zur Hand, erhalten ihnen und ihrem Viehstand Gesundheit und verhelfen besonders denen, welche ihnen ein Obdach und eine Stätte am Feuerherd gewähren, Reichtum und Segen. Dies sind die sogenannten Hausgeister, von denen unzählige Sagen und Volksmärchen handeln. Eine reichhaltige Sammlung solcher bietet Henne am Rhyn: „Deutsche Volkssage". Man rechnet diese Zauberwesen der Volkssage zu der großen Klasse von Zwergen und Elfen, von denen wir im folgenden Abschnitt noch ausführ= licher handeln werden.

Elfen. Nach W. Engelhard.
Gez. von F. W. Heine.

2.

Zwerge und Alfen. Elben.

Es werden in der nordischen Mythe drei Reihen von Zwergen aufgeführt: die von Modsognirs Volke, dann Turins Schar und zuletzt Dwalins Genossenschaft von Lofars Geschlecht. Letzterer ist vielleicht mit Loke oder Logi, dem Feuergotte, gleichbedeutend; denn seiner Hülfe bedurften sämtliche Zwerge bei ihrem unterirdischen Schaffen. In deutschen Dichtungen ist vielfach die Rede von Zwergkönigen, die unterirdische Reiche beherrschen, und auch bei den nordischen Germanen werden besonders die beiden zuerst genannten Geschlechter als Starke und Mächtige bezeichnet, was sich allerdings mehr auf ihre wunderbaren Kräfte und zauberischen Mittel bezog, als auf Herrschaft über bestimmte Territorien. Die Vorstellung von diesen spukhaften, mißgestalteten Wesen hängt, wie Nilsson meint, mit dem Erscheinen der Phöniker im Norden zusammen. Wo nämlich diese betriebsamen Handelsleute auftraten, suchten sie die Rohprodukte der Länder an sich zu bringen.

An den Küsten von Griechenland und Kleinasien fischten sie nach Purpur=
muscheln; auf Lemnos, wo ein feuerspeiender Berg als Werkstätte des Hephästos
galt, schürften sie nach edlen Metallen, ebenso auf der Insel Thasos und im
Pangäischen Gebirg, wo sie reiche Goldadern auffanden. Nach Silber gruben
sie in Spanien, und man hat dort wiederholt alte Stollen und Gänge mit
bergmännischem Gerät und sogar gewölbte unterirdische Kapellen entdeckt. In
Irland gruben sie nach Gold, in England nach dem geschätzten Zinn, und ohne
Zweifel arbeiteten sie auch im Norden unter der Erde in Minen und über der
Erde in Schmelzen und Schmieden. Wenn nun die Barbaren das Schaffen und
Hämmern hörten, und die rußigen Gesellen, die klein und schmächtig schienen,
aus der Unterwelt heraufsteigen sahen, so mochten sie wohl auf die Idee von
koboldartigen Wesen kommen. Diese schienen ihnen gewaltig und mächtig; denn
sie berückten ihre Sinne mit allerlei Blendwerk und schufen bei flammender
Lohe treffliche Waffen, glänzenden Schmuck und zierliche Kunstwerke. Die ver=
schmitzten Fremdlinge mochten aber oft auch die schlichten, einfachen Barbaren
durch Lug und Trug in Schaden bringen; daher schrieb man den Zwergen
Falschheit und Tücke zu und warnte vor ihrer Arglist. Alle diese Züge lassen
sich indessen mit größerer Wahrscheinlichkeit auf die zurückgedrängten alten Be=
wohner deuten. Sie waren schwächlicher als die germanischen Einwanderer,
suchten in Pfahlbauten oder in unterirdischen Schlupfwinkeln Zuflucht, ver=
bargen sich in den von ihnen angelegten Minen, schmiedeten Gerätschaften und
übervorteilten die Eindringlinge, indem sie der Gewalt ihre Schlauheit ent=
gegensetzten. Die dichterische Phantasie erschuf aus diesen Bewohnern der
Höhlen und Klüfte jene unheimlichen Wesen, die man Zwerge und Schwarz=
alfen nannte, weil sie schwarz und rußig waren, im Dunkel der Erde wühlten
und hämmerten und schwarze Kunst und Tücke trieben. Darum ward auch ihre
finstere Welt Schwarzalfenheim genannt.

In Deutschland waren sie unter dem verwandten Namen Elben bekannt.
Man gab ihnen im Mittelalter den König Goldemar zum Beherrscher, dessen
Brüder Alberich oder Elberich und der schlaue, diebische Elbegast durch die
Dichtung noch größere Berühmtheit erlangten. In England entstanden daraus
die leichten, duftigen Elfen, die in Bergen und Thälern, am liebsten in ein=
samen, grünen Hainen, ihr Wesen trieben. Da hatten König Oberon und seine
Eheliebste Titania ihre unsichtbaren Paläste und Gärten, wohin manchmal be=
gabte Menschen den Weg fanden, die alsdann nach ihrer Rückkehr den gläubigen
Zuhörern Wunderdinge zu berichten wußten. Wer aber ein poetisches Gemüt
hat und gewohnt ist, in stillen Nächten den Hain zu durchstreifen, der sieht
wohl noch heutigen Tages auf Waldblößen oder an rieselnden Quellen das
geisterhafte Völkchen in hin= und herwogenden Nebelgebilden luftige Tänze
aufführen. Ebenso bekannt durch Sagen und Märchen ist Rübezahl, der ge=
waltige König des Riesengebirges, von dessen Macht man einst viel zu erzählen
wußte, bis ihn die Aufklärung in sein unterirdisches Reich trieb.

Von den Schwarzalfen werden die Lichtalfen unterschieden. Sie
wohnen in Lichtalfenheim (Ljosalfaheim), sind licht und gut und den Elfen
einigermaßen verwandt, doch nicht so lustig und ätherisch, wie die Geister der

spätern Märchenwelt. Von diesen freundlichen Wesen sind keine Mythen vor=
handen, was ein deutlicher Beweis ist, daß man ursprünglich die Unterscheidung
zwischen Schwarz= und Lichtalfen nicht kannte. Alfen oder Elben waren nach
dem Volksglauben geisterhafte, zauberkundige Wesen, die das Wachstum der
Pflanzen förderten. Sie wohnten teils unter der Erde, teils im Wasser, und
traten öfters mit sterblichen Menschen in Verbindung, schlossen mit ihnen Ehe=
bündnisse und bedurften in vielen Stücken ihrer Hülfe, die sie reichlich belohnten.
Von Ansehen waren sie nicht immer häßlich, sondern oft von großer Schönheit
und, wenn sie unter den Menschen sich zeigten, reich mit Gold und Edelsteinen
geschmückt. Wenn sie um Mitternacht bei Vollmondschein ihre luftigen Reigen
aufführten und es war ein Menschenkind in der Nähe, so wurde es in den
Kreis gezogen und kehrte niemals wieder zu den Seinen zurück. Die Zwerge
und Elben besitzen Ringe, mittels deren sie Schätze auffinden und ausbeuten;
sie verschenken aber auch Zauberringe, die Glück bringen, so lange man sie be=
wahrt, deren Verlust dagegen unsägliches Unglück herbeiführt. Nach einer neueren
polnischen Sage erhielt ein polnischer Graf einen solchen Ring von einem winzigen
Männlein, dem er erlaubte, in den Prunkgemächern seines Schlosses Hochzeit
zu halten. Mit diesem Kleinod am Finger gelangen ihm alle Unternehmungen;
seine Güter vermehrten sich, sein Reichtum ward unermeßlich. Gleicher Gunst
des Glückes erfreute sich sein Sohn und nach diesem sein Enkel, auf welche der
Talisman sich vererbte. Der letzte Erbe erlangte den Fürstenhut und kämpfte
mit Auszeichnung in der polnischen Armee. Zufällig entfiel ihm das Kleinod
beim Spiel und wurde nicht wieder gefunden, obgleich er Hunderttausende bot.
Von diesem Augenblicke an ward ihm das Glück abhold; Heuschrecken verzehrten
seine Ernte, Erderschütterungen zerstörten seine Schlösser. Es war aber auch
als ob der Unstern zugleich über seinem Vaterlande aufgegangen sei, denn die
Russen drangen unaufhaltsam vor, und als endlich Suwarow Praga erstürmte,
erhielt der unglückliche Fürst einen Säbelhieb über das eine Auge. Notdürftig
geheilt, aber entstellt, fast wie ein Bettler elend, erreichte er sein Stammschloß
und starb daselbst in der ersten Nacht unter einstürzendem Gestein. Es waren
gerade hundert Jahre verflossen seit jener verhängnisvollen Stunde, da der
Ahnherr dem Unterirdischen seine Säle eingeräumt hatte. —
    Außer den Ringen haben die Zwerge und Wichte, wie die Elben auch
heißen, noch andere wertvolle Gerätschaften, namentlich die Tarn= oder Nebel=
kappe, die das Männlein völlig unsichtbar macht; ferner Gürtel, welche den
höchsten Liebreiz verleihen.
    Daher geschah es, daß edle Helden von unbezwinglicher Neigung zu schönen
Elbinnen erfaßt wurden; aber die Verbindungen, die daraus entstanden, hatten
stets einen traurigen Ausgang, weil die Naturen der Gatten verschieden waren,
weil das Irdische mit dem Unirdischen keinen Bund schließen kann. Denn die
Elben wurden auch als Seelen der Verstorbenen gedacht; deswegen konnte eine
Wiedervereinigung mit ihnen den Lebenden kein Heil bringen. Über das Wesen
der Zwerge, Elsen und Nixen besitzen wir unzählige Sagen, Märchen und Ge=
dichte auch in unserer Litteratur. Von ihrer Dienstfertigkeit, für die sie nicht
belohnt sein wollen, handelt u. a. das Volksmärchen „Die Wichtelmänner",

zwei kleine nackte Männlein, die einem verarmten Schuster heimlich so lange
helfen, bis sie sich beobachtet und beschenkt sehen. Wer kennt ferner nicht „Die
Heinzelmännchen" von Kopisch? Neckt man sie oder fügt ihnen Schaden zu,
so verschwinden sie auf Nimmerwiedersehen und mit ihnen Glück und Segen.
Sie feiern gern in verlassenen Schlössern ihre Feste, wie uns dies Goethe so
schön in seinem „Hochzeitslied" besingt. Als Kobolde, Poltergeister, Pucke,
Trolle u. s. w. sind sie oft neckisch, ja boshaft und fügen den Menschen allerlei
Schaden zu. Sie verfilzen Menschen und Pferden die Haare zu sog. Weichsel=
zöpfen, treiben nachts Unfug und verursachen das sog. Alpdrücken, Beklemmung
beim Atmen, den Elbschuß oder Hexenschuß, d. i. Steifheit im Rücken und dergl.;
daß sie gern schöne Kinder entführen und dafür ihre häßlichen, die sogenannten
Wechselbälge, unterschieben, ist ein bekannter Volksglaube. Darauf beruht Goethes
Ballade: „Der Erlkönig". Auch Herder beschreibt in einer Ballade nach dem
Dänischen, wie Erlkönigs Tochter den Ritter Oluf zum Tanze verlocken will
und ihn, weil er nicht folgt, tötet.

Von dem Erlkönig (Oberon, Laurin, Goldemar) handeln viele Sagen
und Märchen, ihr wohlthätiges, aber auch gefährliches Wirken in Natur= und
Pflanzenwelt besingen viele Dichter wie Roquette in „Waldmeisters Braut=
fahrt", Freiligrath in „Der Blumen Rache" und Sallet in „Elfenwirtschaft".
Eins der anmutigsten Märchen ist von Tieck „Die Elfen". Sie hassen jedes
Geräusch menschlicher Industrie, vornehmlich aber den Glockenklang als das
Zeichen eines mächtigeren Gottes.

Der schlafende Riese.

Riesen und Zwerge. Von Karl Ehrenberg.

Zweiter Abschnitt.

"Burg Nideck ist im Elsaß den Sage wohlbekannt,
Die Höhe, wo vor Zeiten die Burg der Riesen stand;
Sie selbst ist nun zerfallen, die Stätte wüst und leer,
Und fragst du nach den Riesen, du findest sie nicht mehr."
Chamisso.

I.

Riesen.

Schreitet der Wanderer in der Dämmerung oder im Nebel durch einsame Thäler,
so erscheinen ihm die seltsam geformten Felsen,
die seitwärts aus Wäldern und Schluchten
hervortreten, wie allerlei Wundergestalten.
Nicht weniger abenteuerlich erheben sich vor
ihm in ungewissen Umrissen die Bergkuppen,
besonders die nackten Basalt- und Granit-
hörner, von denen das Erdreich abgespült ist. In alter Zeit, da der Mensch noch
empfänglicher war für das geheimnisvolle Leben in der Natur, da er die Einöde
mit den Gebilden seiner Phantasie bevölkerte, schienen ihm die toten Steine be-
seelte Wesen; sie rührten und regten sich im grauen Nebel, sie gewannen im
Zwielicht zauberische Macht, traten ihm als Riesen und Ungeheuer entgegen
und erstarrten wieder zu Stein, wenn sie der Strahl des Tages berührte.

Noch ungeheuerlicher und gewaltiger erschienen diese Gestalten in den
Hochgebirgen der Alpen und in Skandinavien. Da sind die Kuppen, Grate und
Schluchten von Eis und ewigem Schnee überlagert, und der angeschwollene,

verheerende Bergstrom, die vorrückenden Gletscher, die Bergstürze, die donnern=
den Lawinen sind Ausflüsse jener dämonischen Wesen, die als Reif= und
Frostriesen in der nordischen Sage auftreten. Selbst minder hohe Berg=
ketten beherbergen solche ungeschlachte Gesellen. Das Riesengebirge hat von
ihnen den Namen und im Harze spukt der riesige Harzgeist mit anderen Un=
holden. Ihnen verwandt waren die Geister der Stürme und der Gewitter,
die aus den Bergklüften hervorbrechen, in der Wetterwolke daherziehen und
Verheerung über die Fluren verbreiten. Ferner stellte man sich das stürmische
Meer bald als einen Riesen vor, bald als eine Schlange, welche Midgard um=
spannt. In letzterer Gestalt dachte man sich die Gewässer, wenn sie, durch die
künstlichen Dämme der Menschen brechend, sich brausend und brüllend über
fruchtbeladene Gefilde ergossen und Städte und Dörfer mit ihren Bewohnern
verschlangen. Der Riese Logi (Lohe) mit seinen Kindern und Sippen erscheint
endlich in der Flamme, wenn sie als Feuersbrunst himmelan aufsteigt und sein
Haupt mit lodernden Gluten umspielt. Alle diese Dämonen sind dem Menschen
feindlich, trachten seine Thätigkeit zu lähmen und seine Werke zu zerstören.

Denn die Elemente hassen
Das Gebild von Menschenhand.

Daher suchte man sie in ältester Zeit durch Opfer zu versöhnen und weihte
ihnen Altäre und Heiligtümer, bis die sittlichen Mächte, die Götter, wider sie
auftraten, sie bekämpften und ihren Dienst, nicht aber sie selbst aus dem Bewußt=
sein des Volkes verdrängten. In der griechischen Mythe sind die rohen, zer=
störenden Naturgewalten, die Titanen und Giganten, völlig überwunden und
beseitigt; im Norden, wo diese Mächte furchtbarer, ungebändigter auftreten,
dauert der Kampf fort, bis der Feuerriese Surtur mit den Söhnen Muspels
zur letzten Schlacht zieht, um Götter, Menschen und Welten zu verzehren und
einer schönern Ordnung der Dinge Raum zu geben.

Die Sagen von den Riesen und Drachen entwickelten sich stufenweise, wie
alle Mythen. Anfangs galten die Naturgegenstände selbst als solche Wunder=
geschöpfe, dann waren Felsen und Klüfte nur die Wohnungen der Ungeheuer;
zuletzt wurden sie mit freier Persönlichkeit ausgestattet und hatten ihr eigenes
Reich Jötunheim. Sie treten aber auch bald da, bald dort hervor und haben
Verkehr und Kämpfe mit Göttern und Helden. Vielleicht hielt man sie auch
ursprünglich nicht für böse und durchaus feindlich; denn aus dem Schoße der
Berge rinnen Quellen und Bäche, Menschen und Tieren zur Erquickung. Sie
bewässern die Fluren, daß sie reichlichen Ertrag liefern; der Sturmwind reinigt
die Luft; das Meer eröffnet den Schiffern freie Bahn und das Herdfeuer oder
der darin waltende Geist ist der wohlthätigste Gesellschafter des Normannen
in dem langen Winter. Aber die Götter des denkenden Geistes, der ordnenden
Sitte traten an ihre Stelle, und nun erschienen sie nur noch als wilde, regel=
lose Naturkräfte, mit denen der Mensch unter dem Schutze himmlischer Mächte
kämpfen muß.

Die Riesen hießen im Norden gewöhnlich Jötune oder Joten, was ge=
waltige Esser bezeichnet. Vielleicht hängt dieser Name mit Jüten zusammen,
einem deutschen Volksstamm, der die alten Einwohner von Jütland vertrieb.

Eine andere Benennung ist Thursen, die Durstigen, starke Trinker, nach einer abweichenden Auslegung die Kühnen oder Tolldreisten. In Deutschland nannte man die Riesen auch Hünen, was an die Hunnen erinnert. Mit Hünenbetten bezeichnet man in Westfalen, an der Weser und Elbe riesenhafte Grabhügel und Opferstätten aus der heidnischen Zeit; ebenso kennt man die Hünenringe. Es sind kreisförmige Steinwälle, womit man Heiligtümer und geweihte Stätten umschloß, wie denn auch in der Edda von dem um die Wohnungen der Himmlischen gelegten Gitter oder Zaun (Tune, Taun) geredet wird. In der Sage treten die Riesen meist als plumpe und dumme Gesellen auf, und man sagt nicht ohne Grund: „Er ist so dumm wie lang". Sie sind von übermenschlicher Größe und Stärke und haben oft mehrere Hände und Köpfe, die so hart wie Stein sind. Die Riesinnen sind entweder abschreckend häßlich oder ausnehmend liebreizend, wie z. B. Gerd, die Geliebte Freys, des Sonnengottes. Sie wohnen in großen Felsen, Höhlen und Bergen, mit denen sie gewissermaßen verwachsen sind. Ihre Waffen, wie Keule und Schild oder Wurfgeschosse, sind von Stein. In ihren Wohnungen besitzen sie viel Reichtum und Schätze, auch erfreuen sie sich an Haustieren, wie an Hunden, Pferden und Kühen. Von Charakter sind sie oft heimtückisch und prahlerisch. Trotz ihrer physischen Überlegenheit werden sie aber doch oft von den schwächeren Menschen überwunden. So der ungeschlachte Riese Kuperan in der Volkssage vom „hörnernen Siegfried" und der Riese in der reizenden Ballade Uhlands „Roland Schildträger". Derartige Sagen erinnern lebhaft an den biblischen Riesen Goliath und an den griechischen Kyklopen Polyphemos. Oft treiben sie aber auch nur ihr Spiel mit den Menschen, wie das bekannte Riesenfräulein in Chamissos anschaulichem Gedicht: „Das Riesenspielzeug". — Hier, zum Schlusse, einen aus zwei verwandten Erzählungen zusammengefügten Mythus. Man erkennt noch in den Namen die Naturerscheinungen.

Dem Urriesen Ymir entsprossen drei mächtige Söhne: Kari (Luft, Sturm), Hler (Meer) und Logi (Feuer). Kari war Stammvater eines weitverbreiteten Geschlechts, dessen gewaltigster Sprößling Frosti hoch im Norden ein großes Reich beherrschte. Derselbe that oft Raub= und Wanderzüge in Nachbarländer und kam auch einst nach Finnland, wo König Snär (Schnee) seinen Sitz hatte. Er erblickte daselbst die lichtstrahlende Miöll (glänzender Schnee), des Herrschers Tochter, und entbrannte in Liebe zu ihr. Der stolze König aber versagte ihm die Hand des Mägdleins. Da schickte er einen heimlichen Boten zu ihr und ließ ihr sagen: „Frosti liebt dich und will dich zu sich auf den Thron erheben." Sie antwortete verstohlen: „Ich liebe ihn wieder; am Seegestade will ich seiner warten." Alsbald erschien er zur festgesetzten Zeit und faßte die Braut in seine starken Arme. Indessen der Plan war verraten und ringsum lauerten die Kriegsscharen Snärs, die zahllose Pfeile auf die kühnen Recken abschossen. Doch Frosti lachte ihrer, denn von seiner Silberbrünne prallten die Geschosse wie stumpfe Nadeln ab, und sein Sturmroß durchbrach die feindlichen Reihen und trug die Liebenden über das Meer, über Berge und Thäler in ihr nordisches Reich.

2.
Welten und Himmelsburgen.

Neun Heime weiß ich, neun Äste kenn' ich
Am starken Stamm in Abgrunds Tiefe.

So verkündet der Sage nach die Seherin Vala (Wöla), die von der Schöpfung, den Asen und dem Weltuntergang berichtet. Sie faßt die Welt= esche so, als seien die Heime oder Welten wie Äste aus ihr hervorgewachsen. Doch sind diese neun Welten nirgends in ihrer Reihenfolge und in der an= gegebenen Zahl aufgeführt; sie lassen sich aber aus verschiedenen Angaben zusammenstellen.

Die Götter gründeten in der Mitte des mythischen Weltalls Midgard — oder Manaheim — die Menschenwelt und gossen das Meer umher wie eine Schlange. Sie befestigten Midgard gegen den Einbruch des Meeres und die Anfälle der Riesen durch einen rings umher geführten Wall. Weithin, längs dem Seegestade, wohnen die Riesen in Jötunheim oder Utgard, der Riesenwelt. Auf oder über der Erde ist Wanaheim, der Wohnplatz der weisen, glänzenden Wanen, von denen weiter oben die Rede war. Schwarzalfenheim, der Auf= enthalt der Schwarzalfen, ist wohl unter der Erde zu suchen, vielleicht in den finsteren Thälern, die man durchreiten muß, um an den Göllfluß zu gelangen, der das Totenreich vom Leben trennt. Dieses Totenreich Helheim umschließt die nordische Nebelwelt Nifelheim und die noch tiefere Nifelhel und ist nach anderen Angaben unter Midgard und Schwarzalfenheim zu suchen.

Südwärts erhebt sich Muspelheim, wo Surtur mit dem Flammen= schwerte herrscht und Muspels Söhne wohnen. Über Midgard, im sonnen= hellen Raume, ist Lichtalfenheim, das Reich der strahlenden Alfen, der Freunde der Götter und Menschen. Gleichfalls überirdisch, und noch höher als das Reich der lichten Alfen gründeten die Himmlischen sich selbst zum festen Wohnsitz Asgard oder Asenheim, glänzend von Gold und köstlichem Gestein und in ewigem Frühling grünend. Der breite Strom Ifing scheidet die Götterwelt von Jötunheim; doch ist er nicht eine sichere Wehre gegen die Einfälle der zauberkundigen Joten.

Die Asen erbauten sich auf Asgard Burgen, schöne, von Gold strahlende Wohnungen. Es werden zwölf solcher himmlischen Sitze angegeben, doch weichen die Dichtungen darüber von einander ab.

Hoch über Asgard ragt Hlidskialf (bebendes Thor), der Hochsitz Odins, wo der allwaltende Vater die Welten und das Thun der Menschen, Alfen und Riesen überschaut. Als Paläste der Asen sind folgende hier anzuführen: Bilskirnir, Thors Behausung, in 540 Stockwerken aufgetürmt und belegen in seinem Gebiet Thrudwanger oder Thrudheim, Ydalir (Eibenthal), wo Uller, der kühne Bogenschütze, wohnt, Walaskialf, des Asen Wali silber= gedeckte Halle, Sökwabek (Sinkebach), die Behausung Sagas (Göttin der Geschichte), von welcher die Edda berichtet: „Kühle Flut überströmt sie immer, und Odin und Saga trinken da Tag für Tag aus goldenen Schalen." In diesem Palaste saß einst die heilige Göttin Saga und sang die Thaten der

Götter und Helden. Vielleicht sang sie auch die Lieder auf den gefeierten Helden Arminius, der sein Volk in den verzweifelten Kampf gegen die Sieges= götter Roms führte und Freiheit und unsterblichen Ruhm erwarb. Sie sang die Lieder am tönenden Wasser, bis Surturs Brand die neun Heime und die Heiligtümer zerstörte. Da machte sie sich auf mit den Getreuen, die dem Schwert und Feuer entronnen waren, und zog gen Norden zu den Stämmen in Skandinavien. Dort sang sie in anderer Mundart die Thaten der germa= nischen Helden.

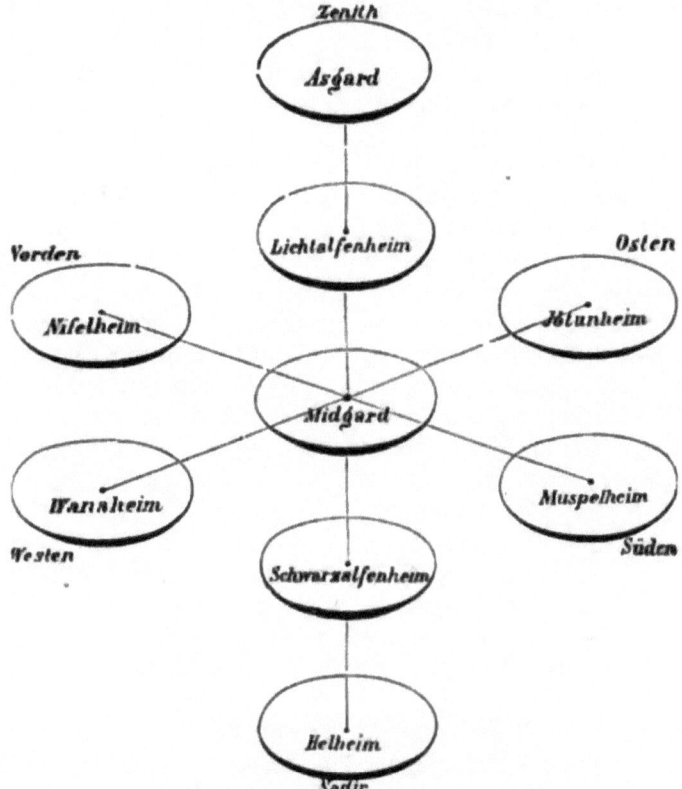

Die neun Welten. Nach Simrock.

Ihre Gesänge aber verklangen nicht spurlos; sie sind vielleicht zum Teil aufbewahrt in der Edda und bleiben ein Schatz germanischer Poesie, der nicht wieder verschwindet. Als fünfte Götterhalle wird Gladsheim (Glanzheim) genannt, der Hof des Göttervaters, der auch Walhalla, den Saal der seligen Helden, mit seinen 500 Thoren umschließt. Das ganze schimmernde Gehöft umzieht der Hain Glasir mit goldenem Laub. Thrymheim (Donnerheim), wo Skadi, Tochter des getöteten Riesen Thiassi, haust, war ursprünglich in Jötunheim gedacht, liegt aber nach der Dichtung in Asgard.

Breidablick (vielleicht verwandt mit dem engl. bright, hell, licht, also lichter Glanz) ist die Wohnung des herrlichen Balder, die kein Frevel entweihen

darf. Himmelsburg bewohnt Heimdal, der Götter Wächter; da trinkt der
hohe Ase selig den süßen Met. Folkwang, die neunte Burg, gehört der
mächtigen Freya. Sie führt dahin vom Schlachtfeld die Hälfte der gefallenen
Helden. In Glitnir (Glanz) thront Forseti, der Gerechte, der allen Streit
richtet und schlichtet; Noatun ist die Wohnung Njörders, des Männerfürsten,
der Reichtum und den Schiffern Schutz verleiht. Als zwölfte Himmelsburg
kennt die Sage Landwidi (Landweite), den Sitz des schweigsamen Widar, des
Sohnes Odins, der im letzten Kampfe den Vater rächt. Alle diese Göttersitze
werden uns in einem Eddaliede näher beschrieben.

Die mythologischen Beziehungen dieser Götterburgen werden weiter unten
besprochen; hier bemerken wir nur, daß nach einer sehr wahrscheinlichen Vermutung diese Himmelsfesten die zwölf Sternbilder des Tierkreises bedeuten.
Denn weder ist hier dem siegbringenden Tyr eine Wohnung eingeräumt, noch
sind Wingolf, der Saal der Göttinnen, und Fensal, der Palast der obersten
Göttin Frigg, aufgezählt. Die genannten Gottheiten, deren Wohnsitze angeführt
werden, sind nach dieser Annahme Monatsgötter.

So ist z. B. Uller, der Besitzer von Ydalir, der Gott der Bogenschützen-
kunst, der auf Schlittschuhen über die Silberbahn des Eises hingleitet. Er
herrscht als Beschützer der Jagd, wenn im Winter die Sonne in das Zeichen
des Schützen tritt. Nach ihm wird in der Mythe Frey oder Freyer genannt,
dem die Götter als Zahngebinde, d. i. als Geschenk beim Vortreten seines ersten
Zahns, das Reich Lichtalfenheim gaben, das in der Sonne zu suchen ist, nicht
unter den Burgen von Asgard. Er, der Sonnengott, wird gleichsam als Kind
in der Wintersonnenwende wiedergeboren, wie im Norden der junge Tag. Da
feierte man denn zur Begrüßung des aufsteigenden Lichtes das Julfest mit
Schmausen und Gelagen; da ward Freys Eber geopfert, und das Trinkhorn
ging fleißig durch die Reihen der schmausenden Gäste. Walis Palast ist mit
Silber gedeckt, wie die Mythe lehrt. Ist nun damit das Sternbild des Wasser-
mannes gemeint, so erglänzen im hohen Norden, wenn die Sonne in dieses
Zeichen tritt, Berge und Thäler vom Silber des Schnees, der darüber ausgebreitet ist.

Auch nach neueren Untersuchungen beziehen sich die zwölf Himmelsburgen
auf die Sternbilder im Tierkreise, da die Germanen schon in ihren Ursitzen
gleich den anderen arischen Stämmen dem Licht ihre Verehrung weihten. Sonne
und Mond gewannen daher in ihrer Anschauung göttliche Gestalt, und die Sterne
waren die Begleiter dieser Gottheiten. Es war aber natürlich, daß man die
Bilder des Tierkreises besonders hervorhob, da ihr Erscheinen den Wechsel
der Jahreszeiten bezeichnet.

Man könnte annehmen, die zwölf Asen der Edda, die zwölf Hauptgötter
der indischen Vedas, sowie der Griechen, Römer und Etrusker bezeichneten die
zwölf Umläufe des Mondes, die wieder den Zeichen des Tierkreises entsprechen.
Wir enthalten uns, weiter auf diese Erörterungen einzugehen, denn es
sind immerhin nur Hypothesen, und Mythen von tieferer Bedeutung treten
uns entgegen.

Surtur mit dem Flammenschwerte.
Nach dem Fries des Prof. W. Engelhard.

Dritter Abschnitt.

Widersacher der Asen.

Klein ist im Anfang des Abgrunds Brut,
Doch wächst sie jählings wie Feuersglut.

In goldnen Palästen thronten die heiligen Asen und freuten sich ihrer Macht in seligem Frieden. Walküren (Totenwählerinnen), die Botinnen Odins, schwebten, glänzend gerüstet, auf weißen Rossen daher. Sie trugen Einherier, die sie aus dem Bluttau der Schlachtfelder erhoben, gen Asgard. Im Haine Glasir stiegen sie von den Rossen und führten die Helden, von goldnem Laubwerk überschattet, nach Walhalla. Da schwand der Nebel des Todes von den Augen der Edlen; sie erkannten die für sie bestimmte Götterhalle an Odins Wappenschilde, dem Wolf und dem Aar. Sie sahen das Dach, von Speerschäften gefügt und mit Schilden gedeckt, die Sitze mit weichen Brünnen (Ringpanzern) belegt. Waffenglanz strahlte um sie,

da ſie in den Saal traten, und mit ſchäumenden Bechern begrüßten ſie die zahl=
reichen Kämpfer, die ſchon vor ihnen in die ſeligen Wohnungen eingegangen
waren. Sie trinken nun den ſüßen Met, den die Ziege Heidrun ſpendet; ſie
ſchmauſen gebratenes Fleiſch vom Eber Sährimnir, der am Abend wieder
heil iſt, um am nächſten Tage von neuem leckere Koſt zu gewähren.

Auf zwölf Stühlen ſitzen die waltenden Aſen, zu oberſt er ſelbſt, Odin, in
ſeiner Macht, den Speer Gungnir in der Rechten, den goldnen Helm auf dem
Haupt. Er iſt nicht furchtbar, wie ſonſt, wenn er die Scharen bändigt und den
Speer des Todes über ihre Reihen ſchleudert; ein mildes Lächeln verklärt ſein
Angeſicht, denn er freut ſich der Ankunft edler Streiter. Schmeichelnd ſpielen
um ihn ſeine Lieblinge, die Wölfe Geri und Freki, denen er das Fleiſch zu=
wirft, das ihm gereicht war. Denn er ſelbſt bedarf nicht der Speiſe; er trinkt
nur blutroten Wein, mit Geiſt den Geiſt ernährend. Jetzt erhebt ſich der
gewaltige Herrſcher von ſeinem Thron; er ſchreitet durch die Halle und hinauf
zu ſeinem Hochſitz Hlidſkialf, und Asgard erbebt unter ſeinen Tritten. Er läßt
ſich nieder und ſchaut ſinnend über die Welten. Weit jenſeits glüht Muſpel=
heim, wo der dunkle Surtur, flammenumgürtet, mit dem feurigen Schwerte
noch vergeblich dräut; auf Midgard walten die ſterblichen Menſchen; in der
Tiefe ſchaffen und ſchurfen die Alfen. Da kommen eiligen Fluges des
Herrſchers Raben Hugin (Gedanke) und Munin (Erinnerung); ſie ſetzen ſich
zur Rechten und Linken auf ſeine Schultern und raunen ihm Geheimniſſe zu,
die ſie auf ihrem Fluge über die Welten erlauſcht haben. Beſorgt wendet der
König den Blick auf Jötunheim; denn da iſt es, wo ſich bedrohliche, unheil=
volle Dinge zugetragen haben.

Loki und ſeine Sippe. In dem fahlen Dämmerſcheine, der die Rieſenwelt
umzieht, erkennt der König ſeinen alten Genoſſen Loki, mit dem er im Anfange
der Zeiten den Blutbund geſchloſſen. Derſelbe hat ſich dort eine Wohnung
aufgerichtet, wo er mit dem ſcheußlichen Jotenweib Angurboda (Angſtbringerin)
waltet. Drei grauenhafte Ungetüme hatte er mit ihr erzeugt: den Wolf Fenrir,
die Schlange Jörmungander und die ſchreckliche Hel, bei deren Anblick alles
Leben in Todeskälte erſtarrt. Leichenblaß erſchien ſie auf der einen Seite,
dunkel, wie Grabesnacht, auf der anderen. Nicht minder grauſig war der
junge Wolf zu ſchauen, wie er den blutroten Rachen aufriß, um von dem
Vater Fraß zu empfangen, und die Schlange, die ſich um Angurboda wand,
als wolle ſie dieſelbe in ihren Ringen zerdrücken.

Unmutig wendete Walvater den Blick von der ſchauerlichen Erſcheinung
weg; da ſah er ſeinen glänzenden Sohn Hermoder vor ſich ſtehen. Auf Jötun=
heim deutend, befahl er ihm, den Aſen zu verkündigen, daß ſie ſich ungeſäumt
aufmachen und die Rieſenbrut vor ihn bringen ſollten. Dem Könige gehorſam,
zogen alsbald ſtarke Aſen, den kühnen Tyr an der Spitze, über die Brücke Biſröſt
und den Strom Iſing in das unwirtliche Land der Hrimthurſen. Schön von
Leibe, wie Götter ſind, aber innen voll böſer Tücke, ſtand Loki vor ſeinem Gehöſt.
Er trieb Kurzweil mit ſeinen unheimlichen Sprößlingen und gewahrte daher
die Boten nicht, bis ſie zu ihm traten und den Befehl verkündigten. Gern
hätte er widerſprochen, allein der ſtarke Tyr erhob drohend die Rechte; da

ward er fügsam und folgte mit der ganzen Brut gen Asgard vor den Hochsitz des Herrschers. Wie derselbe sie prüfend anschaute, wuchs die entsetzliche Hel zusehends; aus ihren tiefen Augenhöhlen schossen Blitzfunken; sie reckte die Arme aus, als wolle sie den allwaltenden Vater zermalmen. Zugleich bäumte sich Jörmungander empor, daß sie anzusehen war wie eine gewundene Säule, und aus ihrem klaffenden Rachen flossen Gift und Geifer, davor die Asen zurückwichen. Aber der allwaltende König ergriff beide Scheusale mit den Händen und schleuderte sie weit über Asgard ins Unermeßliche. Neun Tag= rasten weit flog Hel über Schluchten und Schlünde und eisumstarrte Klippen in die Tiefen von Nifelheim und über den dunkeln Göllstrom in das ihr be= schiedene Reich Helheim, wo sie über die Heere der Toten Herrschaft übt.

Die Riesen beginnen den Kampf gegen die Bewohner von Asgard. Nach dem Fries von W. Engelhard.

Aber die Schlange sank in das Weltmeer nieder, das Midgard umfließt. Da sollte sie wachsen auf dem einsamen Grunde, ungesehen von Göttern und Menschen, bis ihr gräßliches Haupt im ungeheuren Ringe wieder den Schweif berühre. Und aus dem Abgrund wird sie einst, wenn die Götterdämmerung (das Göttergericht) anbricht, emporsteigen, um am Weltkampf zerstörend teil= zunehmen. Als der Wolf seine Spielgenossen plötzlich entrückt sah, heulte er laut, daß es drüben in Jötunheim wiederhallte. Doch wagte er keinen Wider= stand, und der starke Tyr führte ihn aus dem Angesicht des zürnenden Vaters weit jenseits der Himmelsburgen, wo sich die Götterhöhe gen Midgard senkt; dort reichte er ihm täglich Atzung.

Noch saß Odin auf Hlidskialf sinnend und sorgend. Die Asen standen schweigend umher; nur Loki war aus dem Kreise heimlich entwichen, um neuen Trug zu spinnen. Da deutete der König gen Mittag, wo im feurigen Gluthauch Muspels Söhne, gleich Blitzen, umherziehen, und der dunkle Riese Surtur sein Flammenschwert himmelan emporreckt. „Fest gürtet die Brünnen (Panzer)", sprach Allvater, „haltet die Schwerter bereit, ihr Getreuen; denn näher und näher rückt der Tag, da die Himmelsburgen sinken, und der Verderber aus Süden mit den feurigen Scharen über Bifröst heranzieht. Ahnenden Geistes sehe ich, wie einst die Scheusale, die wir jetzt noch gebändigt, dem Verderber zur Seite wider uns zum Kampfe gerüstet stehen. Auf, streitkundige Asen! wachet, daß kein Frevel die heiligen Burgen besudele, so wird der Tag ferne sein, der die letzte Entscheidung bringt." Also sprach der mächtige Herrscher und schritt den Getreuen voran gen Walhalla.

Indessen stand den Asen zunächst feindlich gegenüber das unholde Geschlecht der Riesen. Sie brüteten Rache wegen des an ihrem Stammvater Ymir begangenen Mordes. Da lauerten drüben in Jötunheim der streitbare Hrungnir, hart wie der Felsen seiner Behausung, der listige Thrym, Thiassi und Geirröd, auf stolzen Burgen seßhaft, und andere Jötune, alle zum Kampf gerüstet und oft anstürmend wider die verhaßten Asen. Aber Heimdal bewachte die Göttersitze, und der starke Thor war stets auf der Fahrt wider die Unholde.

Bedeutung der Mythe. Sie offenbart uns in ihrer tiefern Bedeutung die Vorstellungen der nordischen Völker von dem Kampfe des Guten und Bösen in der Welt, von dem immerdauernden Streite des Lichtreiches mit dem Reiche der Finsternis, der beglückenden und erhaltenden Gewalten mit den schädlichen und zerstörenden in der Natur. Die Schrecknisse der langen Winternacht, der fürchterlichen Schneestürme, der wilden, von Eis starrenden Gebirge, des unwirtbaren Meeres erschienen der Phantasie als verderbliche Ungeheuer, die bestimmt wären, den Weltuntergang herbeizuführen. So ward Hel, die hehlende, bergende Göttin, ursprünglich die mütterlich nährende Erde, zur Todesgöttin, zu einem Scheusal, bei dessen Anblick das Leben erstarrt; der stürmische Ozean, der nach nordischer Vorstellung die kreisrunde Erde umgiebt, ward zur Schlange Jörmungander oder Midgardschlange; das allgemeine Verderben, das am Ende der Tage eintritt, dachte man sich als den Allverschlinger, den Fenriswolf, der den Vater der Welt selbst verschlinge.

Auffallend ist, daß Loki, der in früheren Zeiten als ein wohlthätiges Wesen, als Gott des Feuers, der wärmenden Herdflamme gedacht wurde, in vorstehendem Mythus den Mächten des Bösen beigezählt wird und in den folgenden Dichtungen immer mehr diabolische Gestalt gewinnt, da doch das Feuer dem Nordländer so unentbehrlich und wohlthuend erscheinen mußte.

Als Götterdreiheit (Trilogie) lernten wir in erster Linie die Söhne Börs, nämlich Odin, Wili und We kennen, dann Odin, Hönir und Lodur, d. i. Loki, entsprechend den Elementen Luft, Wasser und Feuer. Letzterer verleiht den geschaffenen Menschen Blut und blühende Farbe; er ist ein wohlthätiger Gott. Indessen wird er auch unter den Riesen aufgeführt in der Dreiheit Kari, Oegir und Logi, wiederum Luft, Meer und Feuer. Daß er dem Riesengeschlecht angehört, bestätigen andere Angaben; denn da ist sein Vater der Riese Farbauti (Ruderer) und seine Mutter das Jotenweib Laufey (Laubeiland), jener vielleicht gleichbedeutend mit dem Riesen, der sich im Boot aus der Sintflut rettete, diese mit der Insel, der er zuruderte.

Loki war in der That ursprünglich ein hülfreicher und mächtiger Ase, wie ein schönes Faröer-Lied vom Bauer nnd Riesen ihn darstellt. Wir werden später darauf zurückkommen. Hier bemerken wir nur, daß man ihn erst in der Folgezeit als das böse Prinzip auffaßte, nachdem sein Wesen von dem ihm zukommenden Element abgelöst und zur selbständigen Persönlichkeit ausgebildet war. Gleichmäßig wurde die Idee von dem zerstörenden Feuer auf den Riesen Muspel übertragen, der aber nirgends handelnd hervortritt. Nur seine Söhne, die Flammen, drohen in Glutheim und Muspelheim und ziehen einst mit Heeresmacht zum letzten Streit auf dem Felde Wigrid. Ihr Führer ist aber nicht Muspel, sondern der dunkle Surtur, der schwarze Rauch, aus dem die Flamme wie ein blitzendes Schwert hervorlodert. Daß diese Vorstellungen den germanischen Stämmen gemein waren, beweisen bayrische und sächsische Handschriften aus dem achten und neunten Jahrhundert, die das rätselhafte Wort Muspel enthalten, wie folgende Stellen in Übersetzung zeigen: „Muspels (Weltfeuers) Macht fährt über die Menschen" — „Muspel kommt in düstrer Nacht heimlich und plötzlich, wie ein Dieb, geschlichen" — „Da kann der Freund dem Freunde nicht vor dem Muspel frommen, wenn selbst das breite Weltmeer gänzlich verbrennen wird", nämlich am jüngsten Tage. Man vermutet, daß Muspilli Holzverderber bedeute.

Daß die Riesen, besonders die Hrimthursen (Frostriesen), den Feinden der Götter beigezählt werden, haben wir oben bemerkt, und es geht auch aus dem Gegensatze hervor; denn jene sind Repräsentanten der rohen Naturkräfte, diese sind dagegen sittliche Mächte, berufen, die feindseligen finsteren Gewalten in der sichtbaren Welt zu bekämpfen.

Der Kampf ist ein äußerlicher; er dauert fort ohne Entscheidung. Aber wenn im Glauben der iranischen Arier der Lichtgott Ormuzd rein und sündlos ist, so sind es die Asen nicht; sie sind auch weder unantastbar noch unsterblich. Sie kämpfen gleich dem griechischen Herakles wider die schädlichen Ungeheuer, sie erscheinen siegreich, doch nicht vollständig; sie sündigen sogar und gehen endlich, wie der griechische Heros durch Selbstverbrennung, im allgemeinen Weltbrand unter. Diese Vorstellungen sind den germanischen Stämmen eigen; doch ist es möglich, daß sie die Keime zu der großartigen Dichtung aus der gemeinsamen arischen Heimat mitgebracht, dann aber in den neuen Wohnsitzen, umgeben von gewaltigen, teils heilsamen, teils schädlichen Erscheinungen, in ihrer besondern Weise entwickelt und fortgebildet haben.

Gefion pflügt mit ihren Stieren Seeland ab.
Nach K. Ehrenberg.

Vierter Abschnitt.

König Gylphi und die Afen.

Was fragst du forschend und ferne suchend,
Des Daseins Rätsel zu raten bemüht?
Woher die Welten, wohin sie wallen?
Täuschung und Trug dein Auge trübt!

1.

Gefion.

Es war eine Zeit, da Swithiod (Schweden) noch unter den Meereswellen verborgen lag, wie alte Sagen berichten. Aber in der Tiefe öffneten sich gähnende Spalten und verschlangen die Waſſer, ſo daß das Land daraus hervortrat. Als es nun trocken war, brachten die Vögel des Himmels allerlei Samen von Bäumen, Gras und Kraut. Da ward der Boden grün, und Blumen gingen auf und schmückten ihn, daß er anzusehen war wie ein Teppich in des Königs festlicher Halle. Auch Getier fand sich ein, nußbares, das den Menschen dienstbar und hülfreich ist, und anderes, das scheu in der Wildnis lebt, und Raubtiere, als Bären, Luchse und grimmige, mordgierige Wölfe. Darauf siedelten sich Menschen in dem Lande an, trieben Ackerbau und Gewerbe, breiteten sich aus, sowie sich die Zahl vermehrte, und bauten Dörfer, Städte und stolze Wohnsitze der Edeln. Sie waren auch wehrhaft, bekämpften die wilden Tiere, die in den Wäldern wohnten, und räuberische Joten und Trollen in den rauhen Bergen. Die kühnsten Helden wählte das freie Volk zu Vorstehern, Jarlen und Fürsten, und dieselben schirmten mit ihren Waffen das Land gegen die feindlichen Kriegsheere, welche es wagten, die fleißigen Ackerbauer in ihrer nutzbringenden Hantierung zu stören. Der mächtigste unter den Jarlen ward König genannt und wohnte in der Stadt Sigtuna.

Einst herrschte König Gylphi über das Land, groß durch Macht, Gerechtigkeit und Weisheit vor allen Völkern, die Midgard bewohnen. Feindselige Scharen und Räuber wagten nicht, des Reiches Marken anzutasten; man erzählt, selbst die reißenden Tiere hätten aus Ehrfurcht vor dem Häuptling keinen von seinen Unterthanen geschädigt. Deswegen regierte er in ungestörtem Frieden und hatte reichlich Muße, seinem Durst nach höherer Erkenntnis und Weisheit Genüge zu leisten. Er hatte Kunde von den Sternen des Himmels; er besuchte die Zwerge im Schoße der Berge, von denen er lernte, Goldadern zu erspähen und die Metalle zu Gerätschaften, Waffen und glänzendem Schmuck zu verarbeiten. Er verstand endlich die Kunst, durch Runenzauber Schlangen zu bannen, Geister aus den Gräbern zu beschwören und sich in andere Gestalt zu verwandeln. Oft saß er beim fröhlichen Mahle unter den Recken und trank mit ihnen Met und labendes Bier. Da mußten allezeit Skalden herzutreten, um mit Harfenschlag und Gesang ihn und seine Helden zu erfreuen; denn er liebte die herrliche Dichtkunst über alles und wollte lieber des Trankes und der Speise entbehren, als des Saitenspieles und der Lieder.

Einstmals stieß der König unmutig den schäumenden Becher von sich, weil die Skalden fehlten, die sonst mit ihrem Gesange die Freuden des Mahles erhöhten. Da hörte man draußen Saitengetöne, so lieblich, daß aller Herzen von Lust erfüllt wurden, und wieder so mächtig, als ob zwölf Skalden die Harfen rührten. Die Pforte ging auf, und herein trat ein hohes Frauenbild, von Anmut und Liebreiz umflossen, wie eine Göttererscheinung anzuschauen. Vor den König tretend, griff sie mächtig in die Saiten und sang:

> Aus Grabes Grüften Kunde nicht dringt;
> Dem Könige künd' ich, was künftig geschieht.
> Zu Himmelshöhen erhebe Gesang sich,
> Daß lauter und lauter das Lied erschalle.
>
> Walküren wallen mit Wonne, seh' ich;
> Ruhmvolle Recken richten sie auf
> Aus blut'gen Blumen, mit glüh'nden Küssen
> Die Nacht verscheuchend des nichtigen Todes.
>
> Der kühnen Kämpfer erkenn' ich hier viele
> In hoher Halle, die mit dem Herrscher
> Wallen gen Walhall, wenn gewonnen Sieg.
> Euch bringen Jungfrau'n jubelnde Grüße.
>
> Sie schweben schweigend auf beschwingten Rossen
> Zum Grabesgrunde, von Tannen umgrünt.
> Von Lieb' und Lust sie leise singen,
> Die ewig wohnet bei Walvater.

Dumpf und schauerlich, wie eine Stimme aus dem Grabe, hatte der Gesang begonnen; aber er schwoll an immer gewaltiger, wie er die Walküren und

die ruhmvollen Recken pries, und sank dann gedämpft herab, gleich dem Säuseln
der Frühlingsluft, welche die Auferstehung verkündigt. Noch einmal wiederholte
die Skaldin den Refrain: „Die ewig wohnet bei Walvater", und die Saiten
klangen dazu so lieblich und selig, daß die Herzen der umher gelagerten Helden
von Wonne erfüllt wurden, daß alle die Schildjungfrauen zu sehen vermeinten,
die sie zu Walvaters Halle trügen.

Tiefes Schweigen herrschte im Saale; es war, wie es der Dichter treff=
lich schildert:

> „Lautlos lagerten die Fürsten
> Umher auf Ruhebetten, und kein Ruf
> Des Beifalls floß von ihren Lippen, nur
> Ihr Schweigen zeugte von der Töne Macht."

Als der Rausch der Töne, der die Sinne umfangen hielt, allmählich
schwand, erhob sich der König auf dem Hochsitz und sprach: „Rede, edles
Frauenbild, wie dein Name ist, und was du für den Gesang begehrst, der
uns erfreut hat. Wäre es auch das Reich Swithiod, es soll dir werden, das
gelobe ich mit königlichem Worte.

„Gefion, die Geberin", sagte sie, „nannten mich Asen und Joten, als ich noch
jung war. Willst du mir Lohn gewähren, so begehre ich nur so viel des Landes,
als ich mit meinen vier Stieren in einem Tag und einer Nacht umpflügen kann."

Gylphi wunderte sich, daß die Frau nicht Größeres verlange, und ge=
währte ihre Bitte. Sie aber zog fort und kam nach kurzer Frist wieder und
führte mit sich vier Stiere, die waren so groß und wohlgestaltet, daß man in
ganz Swithiod dergleichen nicht finden mochte. Gleich wandelnden Bergen
schritten sie daher, und ihre weißen Stirnen glänzten wie der Schein des vollen
Mondes. Sie zogen einen Pflug mit hundert Pflugscharen, die bis in die
unterste Tiefe griffen und alles Land, das sie erfaßten, vom mütterlichen Boden
losrissen. Die Stiere zogen das Pflugland immer weiter; sie wateten damit
ins Meer, und Gefion, die sie antrieb, wuchs vor den Augen des staunenden
Königs und des Volkes mächtig empor, daß die ungestümen Fluten nur kosend
ihre Hüften umspielten. Sie fuhr nun fort Tag und Nacht, bis das Erdstück
auf einer Untiefe sitzen blieb. Daselbst befestigte sie es und nannte es Seeland.
Wie sie selbst hinauf stieg, folgten ihr die vier Stiere, richteten sich auf und
wurden, von ihren Zaubersprüchen berührt, kräftige Jünglinge; denn es waren
ihre Söhne, die sie einst mit einem Joten erzeugt hatte. Unter ihrem Schirme
kam das schöne Eiland bald in blühenden Zustand. Waldreiche Höhen, grüne
Triften, üppige Fruchtfelder gewährten der Bevölkerung, die sich zahlreich ein=
fand, nicht bloß reichliche Nahrung, sondern auch viele Freuden und Annehmlich=
keiten des Lebens. Es erhob sich der stolze Königssitz Hledra. Daselbst waltete
Gefion in ungestörter Herrschaft. Sie verband sich mit einem Manne, der hieß
Skiöld, und ward die Stammmutter eines ruhmvollen Geschlechtes von Königen.

So berichtet die jüngere Edda.

Gylphi schaut Asgard. Zeichnung v. F. W. Heine.

2.

Gylphi in Asgard.

Gylphi hörte in seiner Stadt Sig=
tuna von allen diesen Dingen, und es
nahm ihn Wunder, wie solches zuging.
Er sah auch den See Löger (jetzt Mälar),
der an derselben Stelle entstanden war,
wo die Stiere mit dem Pfluge das Land
losgerissen hatten. Er hörte ferner von Wanderern erzählen, daß die Vorgebirge
auf Seeland gerade so ins Meer vorsprangen, wie die Buchten des Sees in das
Userland. Er wußte, daß Gefion vom Geschlechte der Asen war, und er sann
Tag und Nacht, um zu ergründen, woher den Asen solche Macht gekommen sei.
Er befragte die Skalden und Weisen des Reiches, er las in seinen Runen=
schriften; aber er empfing keine Wissenschaft von dem, was er zu erfahren be=
gehrte. Da ihn nun die Begierde nach Weisheit nicht ruhen ließ, so beschloß
er kühn, wenn es ihn auch das Leben kosten sollte, eine Fahrt nach der Stätte
zu unternehmen, wo die Mächtigen wohnten. Er wollte in Asgard selbst ein=
dringen, um Kunde zu erhalten von dem Ursprung und Ende der Welt, von
der Asen Macht und Walten, von den Schicksalen der Menschen, um es den
Sterblichen wieder zu verkündigen.

König Gylphi war ein zauberkundiger Mann; er wandelte seine Gestalt in die eines unscheinbaren Wanderers und nannte sich Gangleri (der Wandermüde). Er zog weit umher durch Midgard, bis er an eine Burg kam, deren Höhe und Umfang er nicht ermessen konnte. Als er durch das Thor eingetreten war, sah er eine große Halle, deren Ende sein Auge nicht erreichte. Auch noch andere Wohnsitze erblickte er zur Rechten und zur Linken, alle mit stolzen Zinnen bekrönt, strahlend im Sonnenlicht, als seien sie aus lauterem Gold erbaut, und einen Baum, dessen Wipfel sich ins Unermeßliche erhob, während seine Zweige über die weite Welt sich auszubreiten schienen. Ein Mann, der mit sieben Messern spielte, stand am Eingang der Burg. Er warf sie und fing sie auf, daß sie einen glänzenden Ring zu bilden schienen. Derselbe fragte nach seinem Begehren. Er sagte, er heiße Gangleri, bitte um Herberge und wünsche den Herrn der Burg kennen zu lernen. „Er ist unser König", erwiderte der Thürhüter; „folge mir nach, so wirst du ihn drinnen von Angesicht sehen." Mit diesen Worten schritt er dem Wanderer voraus in die Halle. Daselbst war eine große Menge edler Recken versammelt, die sich mit Zechen, Spielen und Wettkämpfen unterhielten. Drei Männer ehrwürdigen Ansehens saßen, den Spielen zuschauend, auf Hochsitzen, einer erhabener als der andere. „Der erste von diesen Häuptlingen ist Har (der Hohe)", sprach der Führer, „der andere Jafenhar (der Ebenhohe), der letzte Thridi (der Dritte)." Als er noch redete, wandte sich Har nach dem Ankömmling um und sprach: „Begehrst du, Fremdling, Leibespflege, so findest du sie reichlich in Hars gastlicher Halle. Nimm Anteil an dem bereiteten Mahle." Gangleri antwortete sogleich: „Höher als Speise und schäumenden Becher erachte ich Weisheit, die den Geist über das Irdische erhebt. Darum möchte ich hier einen kundigen Mann finden, der mir auf meine Fragen Antwort gebe." — „Frage", versetzte Har, der Häuptling, „es soll dir Antwort werden. Aber wahre dein Haupt; denn es ist verfallen, so du dich thöricht bezeigst."

Gangleri trat furchtlos den Hochsitzen näher. „Wer ist der oberste und älteste aller Götter", begann er zu fragen, „und welches sind seine Werke und Thaten, die bewundert werden?" — Har antwortete: „Allvater heißt er in unserer Sprache, aber die Völker der Erde nennen ihn verschieden, jedes in seiner besondern Weise. Er ist der Höchste und Mächtigste durch alle Zeiten und waltet aller Dinge, der größten wie der kleinsten." — Darauf fuhr Jafenhar fort: „Er hat Himmel und Erde erschaffen, das Meer und die Luft, und alles, was darinnen lebt und webt. Er ist allein der höchste Herrscher." — „Die größte und herrlichste seiner Thaten", schloß Thridi, „ist, daß er den Menschen erschuf und ihm den Geist verlieh, der leben wird und nicht vergehen, wenn auch der Leib zu Asche wird. Leben sollen immerdar die Wohlgesinnten bei ihm selbst an dem Orte, der Gimil heißt, oder Wingolf. Leben sollen auch die Übelgesinnten, aber niederfahren zu Hel und weiter zu Nifelhel unten in der neunten Welt."

Noch that Gangleri viele Fragen über Entstehung und Ende der Welt, über die Götter und ihre Werke und über alle Rätsel des Lebens und erhielt Aufschluß und Deutung. Als er aber noch immer weiter forschte, da erbebte

die Halle unter entsetzlichem Krachen, und alles war in einem Nu ver=
schwunden. Gylphi befand sich auf einer weiten, öden Fläche, wo weder eine
Burg, noch Baum oder Strauch zu sehen war. Er schlug daher den Rückweg
ein und kam wieder in sein Reich. Daselbst erzählte er, was er gesehen und ge=
hört hatte, und kundige Skalden besangen die wunderbaren Dinge in Liedern
und breiteten sie weiter aus von Land zu Land, von Geschlecht zu Geschlecht,
daß sie nicht wieder aus dem Gedächtnis der Völker entschwanden.

Wir sehen hier, wie sich die nordischen Völker die Mitteilung der gött=
lichen Offenbarungen dachten. Als das Merkwürdigste erscheinen uns die Ideen
von Allvater und seinem Walten, die unsere obige Darstellung bestätigen, so=
wie eine Wiederholung der von uns auch im nordischen Glauben nachgewiesenen
Trinität in der Dreiheit der göttlichen Richter. — Unser Künstler hat ver=
sucht untenstehend das ehrfurchtgebietende Wesen im Antlitz des Göttervaters
wiederzugeben, wie es dem Geiste der Sänger und Seher vorschwebte.

Die Sage von der Gefion erinnert an die orientalische von der Dido und
Gründung Karthagos. Ja der Name Gefion selbst wird von dem griechischen
γῆ die Erde abgeleitet, andere finden darin den Begriff „Meer", wieder andere
die Wurzel unseres Zeitworts „geben." Jedenfalls bedeutet die pflügende Gefion
eine Göttin des Ackerbaues. Der gelehrte Forscher Grundtvig leitet es vom
angelsächsischen gefean („Heiterkeit") ab, vergleicht es mit kunan, das eben=
soviel bedeute, und legt die Verbindung der vier Stiere aus Jötunheim künst=
lich so aus, als ob Fünen und Jütland mit vereinigten Kräften Seeland von
Schweden losgerissen hätten. Dies wäre dann eine historische Auslegung.

Odin empfängt den durch Bragi eingeführten Einherier in Walhalla. Nach W. Engelhard.

Wöla. Nach Karl Ehrenberg.

Fünfter Abschnitt.

Odin, der Göttervater, und das Geschlecht der Asen.

Bald lispelt er leise, bald singt er ein Lied,
Gleich dem Sturmgeist, der über Meere zieht.
Bald weckt er Sehnsucht nach Lieb' und Lust,
Bald Kampfbegier in der Menschenbrust.

Sieg in der Schlacht gewinnt sein Speer;
Unter dem Breithut zieht er einher
Durch Midgard, die Geschlechter zu schau'n,
Und was sie schaffen und was sie bau'n.

1.
Wodan oder Odin.

Vor ihrer Grotte saß die Seherin Wöla (Wala) sinnend über die Geschicke der Welt. Ihr geistiges Auge durchdrang die Schranken, welche das leibliche Auge hemmen; sie sah, was in der Nähe und Ferne geschah. Sie erkannte das Schaffen und Kämpfen, das Dulden und auch das Siegen der Völker und ihrer Helden. Sie sah das Walten Allvaters, wie er die Riesen bändigte, wie er den Speer des Todes über die gerüsteten Heere warf und die siegreich gefallenen Könige durch seine Walküren in seine Halle entbieten ließ. Was sie aber im Geiste sah, dem wollen auch wir unsere Betrachtung zuwenden.

Altmutter Nacht fuhr auf ihrem dunkeln Wagen auf gewohnten Wegen über Midgard hin. Sie brachte den lebenden Wesen friedlichen Schlummer. Mani (Mond), der leuchtende Knabe, folgte ihr eilig, und das starre Gebirg glänzte von seinem erfreuenden Licht. Unten im Thale wandelte die Jungfrau

Selke am tönenden Wasser, das fröhlich plätschernd und plaudernd die Herrin umspielte und dann in munteren Sprüngen über das hemmende Gestein zur Tiefe niederrann. Sie aber achtete nicht des Spiels; sie blickte hinauf nach dem Born, woraus der Bach sich ergoß; denn da saß ein Frauenbild von wunderbarer Schönheit, strählend ihr langes, goldenes Haar und in den Wasser=spiegel blickend, der ihr Angesicht wiedergab. Sie erhob sich jetzt und wandelte weiter hinauf am steilen Berghang, wo heilkräftige Kräuter wuchsen, deren die wohlthätige Göttin zur Heilung von Wunden und Gebrechen bedurfte.

Während sie des friedlichen Geschäftes pflog, that sich das Felsenthor des Berges auf, und ein ungeschlachter Riese trat hervor. Wie der Unhold die himmlische Erscheinung erblickt, stürzt er mit wildem Geheul auf sie zu. Er verfolgt sie, da sie höher und höher klimmt, bis sie den äußersten Felsengrat erreicht, der über den jähen Abgrund emporragt. Wohl hört sie weit in der Ferne Hallohruf und Hundegekläff und ahnt, wer es sei; doch der Verfolger ist nahe; schon reckt er die Eisenkrallen nach ihr aus, da wagt sie den unge=heuren Sprung, und — er gelingt, sie erreicht den sichern Boden. Noch ist die Spur ihres Fußes in den Felsengrund eingedrückt, wie sich jeder über=zeugen kann, der den Mägdesprung im Sellethal aufsucht. Der Riese aber staunt und zaudert; doch bald faßt er Mut und stürmt vorwärts im jähen An=lauf. Da fliegt unter schmetterndem Donner, gleich dem flammenden Blitz, ein Speer durch die Luft, und das Ungetüm sinkt, zum Tode getroffen, in die Tiefe des Abgrunds. Der Sturm erhebt sich, er rast durch den Wald, und das wütende Heer, Wodans Heer, die wilde Jagd, zieht vorbei. Gerüstete Männer und Frauen und Kinder, Grauhunde, Raben und Adler sind im Nacht=geleite des mächtigen Gottes; und er selbst, der König, allen voraus, stürmt hoch zu Roß über die zitternde Erde durch den dunkeln Forst. Uralte Tannen krachen und brechen, Felsen stürzen, die Berge beben in ihren Grundfesten; denn Siegvater zieht hinaus in die blutige Schlacht.

Der Weg ist weit, den der König zu machen hat, und des Rosses Hufbe=schlag ist schadhaft, was zum Aufenthalt zwingt. Wir wollen die Scene mit den Worten des Dichters beschreiben.

Meister Oluf, der Schmied auf Helgoland,
Stand noch vor dem Amboß um Mitternacht.
Laut heulte der Wind am Meeresstrand,
Da klopft es an seine Thüre mit Macht.

„Mach' auf, mach' auf, beschlag' mir mein Roß!
Ich muß noch weit und der Tag ist nah."
Meister Oluf öffnet der Thüre Schloß;
Ein stattlicher Reiter steht vor ihm da.

Schwarz ist sein Panzer, sein Helm und Schild,
An der Hüfte hängt ihm ein breites Schwert;
Sein Rappe schüttelt die Mähne gar wild
Und stampft mit Ungeduld die Erd'.

„Woher so spät? Wohin so schnell?" —
„Auf Norderney kehrt' ich gestern ein. —
Mein Pferd ist rasch, und die Nacht ist hell, —
Vor der Sonne muß ich in Norwegen sein."

„Hättet Ihr Flügel, so glaubt' ich's gern." —
„Mein Rappe läuft wohl mit dem Wind.
Doch bleicht schon da und dort ein Stern;
Drum her mit dem Eisen und mach' geschwind!"

Meister Oluf nimmt das Eisen zur Hand.
Es ist zu klein, doch es dehnt sich aus,
Und wie es wächst um des Hufes Rand,
Da faßt den Meister Angst und Graus.

Der Reiter sitzt auf; es klirrt sein Schwert.
„Nun, Meister Oluf, gute Nacht!
Wohl hast du beschlagen Odins Pferd;
Ich eile hinüber zur blutigen Schlacht."

Der Rappe schießt fort über Land und Meer,
Um Odins Haupt erglänzt ein Licht;
Zwölf Adler fliegen hinter ihm her,
Sie fliegen schnell und erreichen ihn nicht.

Der Reiter singt eine Melodei,
Wie Zauberspruch, vom Strom der Zeit,
Vom Geiste, der da schaffet frei
Sein und Vergehen in Ewigkeit.

Der Sturmwind rast, laut braust das Meer,
Wie Harfenklingen zum Liede schallt;
Und wer es vernimmt, der Wiederkehr
Zur Heimat er vergißt alsbald.

Und wer es hört auf schäumender See
Und im Thalesgrund, im schattigen Hain,
Der fühlt ein Bangen von Lust und Weh,
Bei Odin am liebsten möcht' er sein.

Gerüstet stehen die Recken zum Reigen der Schlacht am grün belaubten Wald: hier die streitbaren Söhne des Königs Erich Blutaxt, der jüngst im Kampfe gefallen war; dort Hakon, dessen Bruder, Norwegs gewaltiger König. Da hören die Krieger sanfte, liebliche Weise, wie Säuseln des Windes und Gelispel grüner Lauben. Aber die Töne schwellen mächtiger an, und der Sturmwind braust durch den Hain und über die Heere mit großer Gewalt. „Odin ist nahe", rufen die Kämpfer; „er erwählt sich Einherier." Und er ist es selbst, Heervater mit seinem Nachtgeleite, im Sturme genaht, des Gefechtes zu walten. Hoch im grauen Meere der Wolken hält er zu Rosse. Er beruft zu sich die Walküren Gondul und Skogul und trägt ihnen auf, des Kampfes Wechsel also zu lenken, daß der Tapferste den Sieg gewinne und dann in der Einherier Versammlung eingehe. Den Speer schleudert er über die Heere, und alsbald ertönt der dumpfe Klang der Hörner und wilder Kriegesruf. Pfeilgewölk rasselt wie Schloßen, Schleuderäxte und schwere Streithämmer zerbrechen Helme und Schilde, Schwerter klirren im Nahgefecht; Blut, aus vielen Wunden strömend, rötet die Rüstungen und bald auch die Blumen, die den Boden lieblich bekleiden. Allen voran kämpft König Hakon mit Speer und Schwert. Über gefällte Männer schafft er sich einen Weg durch die feindlichen Reihen.

Da hört er in seiner Nähe die Walküren reden. Mitten im Kampfgewühle halten sie auf weißen Rossen, die blanken Schilde vorgestellt, gelehnt auf ihre Speere. „Nun wächst der Götter Heer", spricht Gondul, „da die Asen den Hakon mit großem Gefolge zur grünen Heimat entboten haben." — Der König vernimmt die Rede und fragt: „Ist es auch recht, daß ihr mir sendet den Tod statt des Sieges, um welchen ich unverzagt streite?" Darauf antwortete Skogul: „Wir haben gewaltet, daß deine Feinde weichen, du aber das Feld behältst und darauf an dem Gastmahle der Einherier Anteil nimmst. Und nun reiten wir dir voraus, zu verkündigen, daß du kommst, um ihn selbst, Siegvater, zu schauen." Als darauf Hakon vom Gefilde des Ruhmes emporsteigt zur Götterhöhe, kommen ihm Hermoder, der Schnelle, und Bragi, der göttliche Sänger, mit frohem Gruße entgegen. „Der Einherier Frieden sollst du haben; empfange den Trank der Helden von den Asen." Darauf läßt sich der König Helm und Brünne abnehmen, aber Speer und Schwert behält er, um wehrhaft vor Siegvaters Antlitz zu treten.

So besangen nordische Skalden den Gott der Schlachten, die Toten-wählerinnen und den Ausgang ihrer Helden. Ist es zu verwundern, wenn die Fürsten und Edlen jener Völker freudig auf kühnen Wikingszügen in den Kampf eilten und den Tod auf dem Schlachtfeld dem Strohtode vorzogen? Ähnliche Lieder mögen die Sänger der Germanen von ihren Helden gesungen haben, während des vierhundertjährigen Kampfes gegen Roms Macht, während der Züge der deutschen Stämme nach Britannien, Gallien, Italien, Hispanien und bis in das ferne Afrika, das heiße Muspelheim. Der Kriegsgott sang ihnen sein Sturmlied, sie vernahmen die Ansprachen der Walküren im Waffengeräusche, sie sahen vor sich Walhalla aufgethan und die winkenden Einherier; da ward ihnen der Tag der Schlacht ein Fest ruhmvollen Sieges oder der Einkehr in die Heimat der Helden.

In vorstehender Darstellung, die aus deutschen und nordischen Sagen und Liedern zusammengezogen ist, haben wir den obersten Gott des Nordens als den Führer der wilden Jagd, den Besieger eines erdgeborenen Riesen, als den Gott, der das gewaltige Sturmlied singt und die Schlacht lenkt, kennen gelernt; wir haben aber sein Wesen und Walten noch weiterhin aufzufassen.

Wodan, nordisch Odin, nach der ältesten Vorstellung.

Er ist der höchste und hehrste Gott der Germanen. Sein Name erinnert an das Wort Wut, wie er denn auch gewöhnlich Wuotan geschrieben und ausgesprochen wurde. Dieses Wort hatte aber nicht die gegenwärtige Bedeutung, sondern es kommt vom altdeutschen „watan", im Präsens „wuot", und bedeutet durchdringen, durchbrausen, allen Widerstand überwältigen, womit unser heutiges „waten" noch eine entfernte Ähnlichkeit hat. Wuotan war also der alles durchdringende und überwindende Geist der Natur. Bei den Langobarden hieß der Gott durch Lautverschiebung Gwodan, bei den Franken Godan oder Gudan, bei den Sachsen Wode, bei den Friesen Woda. Die nordischen Völker nannten ihn Odin, womit der Name Odo verwandt ist. Ferner kommt bei den südgermanischen Stämmen die Veränderung in Muot (Mut) und in Wold vor. Es ist immer derselbe mächtige Gott, dem Völker ihre Verehrung weihten.

Als man sich von der Gewalt des Eindrucks, den die Natur in ihrer Gesamtfülle auf den Menschen macht, losgerungen hatte, traten die einzelnen Erscheinungen desto bestimmter vor die Seele und wurden mit göttlichem Ansehen umgeben. Da erschien nun der Sturm, der mit unwiderstehlicher Gewalt durch die Wälder rast, die ärmlichen Hütten umstürzt, die Boote auf dem Meere zertrümmert, als der Gebieter aller Dinge, als der Gott, den man durch Gebete und Opfer zu versöhnen suchte. Er wurde anfänglich bald als Roß, bald als Adler gedacht, um seine Schnelligkeit und Stärke zu bezeichnen. Als man aber die Überlegenheit des Menschen über die Tierwelt erkannte, da verlieh man dem Gotte menschliches Wesen. Er erscheint nun in den aus mythischen Vorstellungen entstandenen Sagen und Märchen bald als rüstiger Wanderer, der die Menschen erforschen und prüfen will, bald als Greis, kahlköpfig, oder auch mit dichtem Haar und Bart, daher im Norden Großharsgrani (roßhaarbärtig) genannt. Gewöhnlich ist er einäugig; denn der Himmel hat nur eine Sonne, Wodans Auge. Er trägt einen Breithut tief in die Stirne gedrückt, das ist die Wolke, die des Gottes Haupt beschattet, ferner einen blauen Mantel mit goldenen Sternen, den gestirnten Himmel. An diesen Attributen ist wieder der Geist der Natur zu erkennen. In den ausgebildeten Mythen der Edda wird er als eine erhabene Heldengestalt dargestellt mit dem Goldhelm auf dem Haupt, die strahlende Brünne um die Brust, den Goldring Draupnir am Arm, den Speer Gungnir in der Rechten; so zieht er, wenn die Götterdämmerung anbricht, dem Fenriswolf entgegen, und so thront er, vom langen Mantel umwallt, auf Hlidskialf, über Göttern und Menschen.

Als Sturmgott in ursprünglicher Auffassung ist uns Wodan in vielen Sagen, Märchen und Volksbüchern erhalten. Man findet solche in Deutschland, England, Frankreich und Skandinavien, was die weite Verbreitung des Wodansdienstes bezeugt. Vorzüglich sind es die Sagen von der wilden Jagd und vom wütenden Heer, die auf den alten Nationalgott hinweisen.

Die Mythen von der wilden Jagd und dem wütenden Heer haben ihren Grund in der Vorstellung, daß der Gott die Seelen der Toten zu sich nehme und mit sich durch die Luft führe, daß er mit diesem Gefolge nächtlich seinen Umzug halte. Weil die Römer ihren Mercurius als Totenführer betrachteten, so glaubten sie, die Germanen verehrten diesen als obersten Gott. Die Seele dachte man sich überhaupt als etwas Luftiges, da sie unsichtbar ist, wie die Luft. Mit dem letzten Atemzuge des Sterbenden, meinte man, ziehe auch die Seele in das unsichtbare Element hinüber. Daher bezeichneten die alten Hebräer Seele und Hauch mit demselben Ausdruck, und die alten keltischen Kaledonier in Schottland hörten, wie Ossians Dichtungen bezeugen, die wehmütigen Klagen und Liebesworte ihrer gestorbenen Freunde im Lispeln des Windes, im sanften Rauschen der Wellen; sie fühlten die Nähe der Unsichtbaren, wenn ein einsamer Stern seine Strahlen durch die abendliche Dämmerung herübersandte. Die Gottesidee tritt in diesen Dichtungen nicht hervor. Bei den Germanen dagegen ist es der Gott selbst, der die Seele in sein luftiges Reich führt.

Wodan, der im Sturme sich kund that, hatte an und für sich schon etwas Schreckhaftes. Diese Eigenschaft trat unter dem Einflusse der christlichen Priester immer mehr hervor, da sie die Heidengötter für teuflische Wesen, für Mächte der Finsternis hielten. Daher ward der Seelenführer mit seinem Gefolge ein nächtlicher Spuk. Die Vorstellung von unheimlichen, gespensterhaften Wesen ging sogar auf die Göttinnen der Huld und Liebe über, auf Holda und Berchta, die man sich als Bewahrerinnen ungeborener Kinder, als Führerinnen der früh verstorbenen dachte. In sehr vielen deutschen Gauen hat man noch Sagen von Holda und Berchta, die in freundlichen unterirdischen Räumen, in Bergen, in der Tiefe von Brunnen und Quellen Scharen von kleinen Kindern sorgsam behüten, oder auch in spukhaftem Zuge mit ihnen nächtlich bald auf, bald über der Erde hinfahren. Man nannte diese Kinderseelen, die der Göttin folgten, an manchen Orten „Heimchen.“ Selbst im Rheinland, wo die Kultur, „die alle Welt beleckt“, alte Sitten und Gebräuche verwischt hat, kennt man noch den Ausdruck: „Er fährt mit der Holle.“ Man bezieht denselben auf Menschen, die nachtwandeln oder überhaupt tolle Streiche machen.

Die Sagen von dem Woensjäger, oder wilden Jagd, von dem Wuotans- oder wütenden Heer stammen, wie die Namen beweisen, aus der heidnischen Zeit, wenn sie auch später vielfach umgebildet wurden. Sie entstanden aber auch ursprünglich aus Erscheinungen, die man sich nicht zu erklären wußte und die man deswegen auf höhere Wesen bezog. In der stillen Nacht hat jedes Geräusch etwas Schauerliches. Der einsame Wanderer, der durch Wälder, über Heiden und Höhen zieht, dem das zerrissene Gewölk den Mondschein oder das Sternenlicht bald verdeckt, bald unverhüllt läßt, hört im Eulenruf, im Knarren der Äste, im Rauschen, Pfeifen und Heulen des Sturmes Geisterstimmen, und seine aufgeregte Phantasie gaukelt ihm Gestalten vor, die um so mehr Wesenheit gewinnen, je tiefer sie in seinem religiösen Glauben begründet sind.

Jäger in wälderreichen Gegenden, einsame Siedler, und unter diesen besonders Köhler, die oft lange Zeit in tiefer Abgeschlossenheit zubringen, wissen noch jetzt allerhand Wunderdinge zu erzählen. Solche Berichte lagen wohl den alten Sagen zu Grunde, wurden von Mund zu Mund weiter erzählt und haben noch immer im alten Volksglauben Geltung.

Der Wode jagt, sagt man, in Pommern, Mecklenburg und Holstein, wenn der Sturmwind durch die Wälder tobt. Im westlichen Hannover ist es der Woejäger, im Saterland der Woinjäger, anderwärts der wilde Jäger, der den Spuk treibt. Er reitet auf einem weißen Rosse, der Breithut bedeckt sein Haupt, der weite Mantel (der Sternenhimmel) umwallt seine Schultern. Von diesem Mantel heißt er in Westfalen Hakelbärend (manteltragend), und man hat die Sage euhemeristisch aufgefaßt, d. h. auf Menschen übertragen. Man erzählt nämlich, Hans von Hakelberg, Oberjägermeister des Herzogs von Braunschweig, ein gewaltiger Weidmann, habe zur Zeit des Gottesdienstes die Jagd betrieben und Sonntags wie Werkeltags diesem Lieblingsgeschäfte obgelegen; deswegen sei er verwünscht, immer und ewig im heulenden Sturmwind zu jagen. Im Kampf mit einem Eber, dem Sinnbild des Wirbelwindes, unterliegt er. Bei dem Klöpperkrug, einem Wirtshause unfern von Goslar, zeigte man sein Grab, worauf er selbst mit seinen Hunden in Stein ausgemeißelt war. Auch bei Uslar im Sollinger Walde wußte man seine Begräbnisstätte nachzuweisen.

Auf einer verwandten Sage beruht Bürgers bekannte Ballade: „Der wilde Jäger." Neuerdings hat auch Jul. Wolf diesen Stoff in einem Epos behandelt.

Der Wode jagt selten allein. Gewöhnlich ist er von zahlreichen Hunden, oft auch von vielen Weidgenossen umgeben, die alle im brausenden Sturme dahin fahren und unter Geheul und lautem Hallohruf einen gespenstischen Eber oder ein wildes Roß verfolgen. Er jagt aber auch ein geisterhaftes Weib mit schneeweißer Brust, das er erst in sieben Jahren erreicht und dann quer über sein Pferd gebunden fortträgt. Im südlichen Deutschland sind es die Moos=weibchen oder Holzfräulein, im Volksglauben eine Art Dryaden oder Wald=nymphen, denen der wilde Jäger nachsetzt, bis er sie ergreift und, wie jene erste Beute, auf sein Roß bindet. Vielleicht stellt diese Sage die Erscheinung dar, wie der herbstliche Sturm den Blätterschmuck der Bäume zerstört. Wenn die wilde Jagd heranzieht, muß man sich mit dem Gesicht auf die Erde werfen, sonst wird man mit in die Luft davongeführt, wie es nach der Sage einem Ackerknecht erging, den die Jagd mitnahm und in einem heißen Lande unter schwarzen Menschen absetzte. Er kam erst nach Jahren in die Heimat zurück.

Wer in das Halloh der Jagd einstimmt, dem wirft der Gott befriedigt eine Hirschkeule zu, die sich nachher in glänzendes Gold verwandelt. Wer da=gegen spottend den Ruf nachäfft, der empfängt eine Roßkeule, die verpestenden Geruch verbreitet und dem Spötter anklebt. Manchmal bleibt in dem Hause, durch welches der wilde Jäger zieht, ein Hündchen auf dem Feuerherd zurück, das erbärmlich winselt und heult und die Nachtruhe stört. Man muß Bier in Eierschalen brauen, dann ruft der Störenfried:

> „Bin ich doch schon so alt wie der Böhmerwald;
> Aber so etwas hab' ich mein Lebtag nicht gesehen."

Darauf erhebt es sich, springt herunter und verschwindet. — Wenn man diesen Bann nicht anwendet, so bleibt das Tier, das man zur Vermeidung größeren Unglücks füttern muß, ein Jahr lang auf dem Herde liegen, bis der Wode wiederkehrt und es mitnimmt. Unter der Gestalt von Hunden hat man sich aber die heulenden Winde vorzustellen, die so verkörpert den Menschen geradezu die Wäsche zerreißen. Zugleich ist der Wind ein Sinnbild der Seele und man dachte sich unter den Hunden des Gottes die Seelen von Bösewichtern.

Die wilde Jagd hält vornehmlich in der heiligen Zeit von Weihnacht bis Dreikönigstag ihren Umzug. Wenn sie dann recht laut braust und ihr Halloh, huhu hören läßt, so giebt es ein fruchtbares Jahr. Auch zur Zeit der Sommer=sonnenwende und der Tag= und Nachtgleichen geht sie um unter Sturm und Regen; denn der Gott war auch der Wetterherr, der das Wolkenroß jagt, daß der befruchtende Regen auf die Erde niederströmt.

Auf ähnlichen Vorstellungen beruht die Sage von dem wütenden Heer, das gleichfalls den Umzug der Toten unter Anführung des Gottes andeutete. Man glaubte in dem nächtlichen Zuge Männer, Weiber und Kinder zu sehen. Oft erkannte man Personen, die erst vor kurzer Zeit gestorben waren; zuweilen wurde der bevorstehende Tod anderer angezeigt: „Herr Walther von Milene!" riefen einst Stimmen aus der schrecklichen Heerschar, und dieser Walther, ein berühmter Krieger, fand bald in einem Gefecht seinen Tod. Hier nähert sich

die Sage der nordischen Anschauung von Walvater, dem Totenwähler, der die
Einherier in seine Walhalla beruft. Noch mehr ist dies der Fall, wenn das
Heer als eine Schar gerüsteter Krieger erscheint, wenn man Ritter, Knappen
und Knechte in glänzenden oder gar in feurigen Rüstungen auf schwarzen, Funken
sprühenden Rossen vorüberbrausen sieht. Dann glaubt man auch, hoch in der
Luft unter dem Toben des Gewittersturms den Schlachtruf kämpfender Heere,
das Klirren der Waffen und Stampfen der Pferde zu hören.

Der Gott ist längst aus dem Volksbewußtsein entschwunden, aber nicht
bloß sein Wesen und Walten ist in Sagen erkennbar, sondern auch sein Name
kommt noch in Sprüchen und Anrufungen vor. Im Mecklenburgischen gab der
Gutsherr noch vor etwa 70 Jahren nach der Ernte den Arbeitern das Wodel=
bier, einen Schmaus mit reichlichem Getränk. Die Leute gossen dann Bier auf
den Acker, tranken selbst und tanzten, die Hüte schwenkend, um eine stehen ge=
bliebene letzte Garbe, indem sie sangen:

> „Wold! Wold! Wold! (Wodan)
> Der Himmelsriese weiß, was geschieht;
> Vom Himmel er herunter sieht.
> Er hat volle Krüge und Büchsen.
> Auf dem Holze wächst mancherlei.
> Er war nicht Kind und war nicht alt,
> Wold! Wold! Wold!"

Im Hessischen und in Lippe=Schaumburg stecken die Schnitter einen Blumen=
stab in die letzte Garbe und rufen, an die Sensen schlagend, den Waul, ebenso
in Steinhude den Wauden, indem sie um ein auf dem Heidenhügel angezündetes
Feuer tanzen. An manchen Orten in Bayern tanzt man um eine Strohpuppe,
die Oanswald oder Aswald (Ase Wodan) heißt. Das Volk hat den Asen ver=
gessen und denkt sich darunter den heiligen Oswald. Hier erscheint der Gott
schon in höherer Bedeutung als Himmelsgott, als Geber gesegneter Ernten.
Als Herrn des Sternenhimmels, der die Toten zu seinen lichten Wohnungen
emporhebt, bezeichnet ihn auch das aargauische Rätsel:

> „Der Muot mit dem Breithuot
> Hat mehr Gäste, als der Wald Tannenäste."

An vielen Orten stellt man sich das wütende Heer als eine große schwarze
Kutsche vor, die, mit allerlei Volk angefüllt, unter gewaltigem Poltern hoch in
der Luft über den Häuptern der erschreckten Menschen hinfährt. Diese Kutsche
ist später an die Stelle des Irminwagens getreten, der den Himmelswagen,
das Sternbild des großen Bären, bezeichnete. Er fährt auf der Irminstraße,
d. h. der Milchstraße, der wieder auf Erden die durch England von Süd nach
Nord laufende Irmin=Straße und in Westfalen der Helweg entspricht. Irmin
oder Iring, auch Erich, ist gleichbedeutend mit Riger oder Heimdal, dem ge=
heimnisvollen Götterwächter, der nächtlich geheime Wege wandelt. Er ist aber
nur an die Stelle seines Vaters Odin getreten, denn dieser ist ursprünglich der
wilde Jäger und der Führer des wütenden Heeres und fährt stets dieselben
Helwege, d. h. Totenwege.

In England heißt die wilde Jagd Herlething, von einem mythischen
Könige Herla, der, von einem Zwerge zur Hochzeit geladen, in den Berg ging

und erst nach 300 Jahren mit seinem Jagdgefolge wieder herauskam. Der
Zwerg hatte ihm außer anderen Gaben einen prächtigen Hund verliehen, den
der Jägermeister vor sich auf sein Pferd nehmen mußte. Es war damit die
Weisung verbunden, keiner von der Genossenschaft solle absteigen, bis der Hund
heruntergesprungen sei. Als dennoch einige Jäger das Gebot nicht achteten,
zerfielen sie, wie sie die Erde berührten, zu Staub. Das Tier aber sitzt noch
immer felsenfest auf dem Sattel und die wilde Jagd dauert fort. Sie erschien
sogar, wie man erzählt, unter Heinrich II. am hellen Tage und ließ sich auf
einer Wiese nieder. Hörnerklang und Hallohruf lockte die Leute aus der Nachbarschaft herbei. Sie erkannten verstorbene Freunde unter dem Jagdgefolge; als
sie aber dieselben anredeten, erhob sich der Zug in die Luft und verschwand
im Flusse Wye. In Frankreich, Wales und Schottland ist der britische König
Artus Führer der wilden Jagd. In Frankreich heißt die wilde Jagd oder
das wütende Heer Mesnie Hellequin, welches letztere Wort wohl mit Hel
(Totenreich) zusammenhängt, indem auch der Führer der Jagd Heljäger heißt.
Nach anderen Sagen reitet Karl der Große, Charlemagne, dem Zuge voraus,
und der starke Roland trägt die Fahne. Ferner kennt man das wütende Heer,
l'armée furieuse, unter dem Namen chasse de Caïn (Kainsjagd), oder chasse
d'Hérode, von Herodias, die den Mord Johannis des Täufers veranlaßte,
vielleicht aber richtiger von Hrodso (Ruhmträger), einem Beinamen Odins.
Ebenso bekannt ist die Benennung le grand veneur de Fontainebleau, der
große Jäger von Fontainebleau. Sein Geheul erscholl vor dem königlichen
Schlosse einen Tag vor der Ermordung Heinrichs IV. durch Ravaillac. Ebenso
zog das Heer zweimal, die Sonne verfinsternd, vorüber, ehe die Revolution
ausbrach. Überhaupt glaubt das Volk, die Erscheinung bedeute ein bevor-
stehendes allgemeines Unglück.

Die schlafenden Helden. Die Sage vom wilden Jäger ist, wie man schon
aus Vorstehendem ersieht, vielfach auf menschliche Persönlichkeiten, Zustände
und Örtlichkeiten übertragen worden, und nicht immer klebt der Erscheinung
das höllische Gepräge an, sondern Kaiser, Könige, gefeierte Helden sind die
Repräsentanten des Göttervaters. In der Lausitz zieht Dieterbernt, im
Altenburgischen Berndietrich, der große Ostgothenkönig Theoderich von
Bern, unter lautem Hallohruf durch die Luft und verschwindet im Berge.
So wandelt auch nach nordischer Mythe der sommerliche Odin, der Blüten-
und Blätterschmuck bringt und das Ährengold zur Reise fördert, im Herbst
dunkle Wege, und ein falscher Odin nimmt seinen Hochsitz ein und sendet Schnee-
sturm über die erstarrten Fluren. Oder der segnende Gott weilt im Berge, in
Zauberschlaf versenkt, während sein Trugbild regiert. Aber wenn der Frühling
kommt, erhebt er sich in seiner Macht, stürzt den Eindringling von dem angemaßten Thron und verbreitet wieder seine Segnungen über Götter und Menschen.

Diese den Naturerscheinungen entlehnten Vorstellungen von Allvater waren
so tief in das Bewußtsein der germanischen Völker eingedrungen, daß sie dieselben vermenschlichend auch auf ihre Könige und Helden übertrugen. Im
Südmer Berg bei Goslar ruht im Zauberschlafe König Heinrich der Finkler,
der einst durch Siege über Slaven, Dänen und Ungarn des Reichs gesunkene

Macht wieder aufrichtete. Im Untersberg bei Salzburg träumt Karl V. seinem endlichen Erwachen und Auferstehen entgegen. Derselbe sitzt auch im Odenberg bei dem hessischen Gudensberg und hält alle sieben Jahre seinen Umzug. Karl der Große weilt im Desenberge bei Warburg oder in der Burg Herstall, Friedrich der Rotbart, dessen Tod im fernen Morgenlande keinen Glauben fand, im Kyffhäuser. Neuere Geschichtschreiber beziehen allerdings diesen Volks= glauben auf Friedrich II., den Enkel des Rotbart. Ein Kranz von Sagen schlingt sich um die Trümmer des Kyffhäusers und um den gefeierten Hohenstaufen, der noch immer im Andenken seines Volkes lebt.

Kyffhäuser.   Zeichnung von F. W. Heine.

Von Thüringen herüber tritt die mächtige, langgestreckte Burghöhe schroff abfallend in die blühenden Gefilde herein. Westlich ragt noch ein 80 Fuß hoher Turm mit geborstenen Mauern über Waldesdickicht und zerfallenes Gestein empor, der letzte Überrest von den gewaltigen Werken der umfangreichen kaiserlichen Burg. Von dieser Burg herab hält der Kaiser bei feierlichen Gelegenheiten seinen Umgang und tafelt alsdann mit seinen Gefährten; hier in unterirdischer Halle läßt die Sage den alten, müden Kaiser mit den Genossen seiner Fahrten, mit Christian von Mainz, Rainald von Köln, Otto von Wittelsbach, dem Ahn= herrn des bayrischen Königshauses, und vielen anderen seinen „langen Schlaf" thun. Sein Bart ist um oder durch den steinernen Tisch gewachsen, Fässer alten, edeln Weins, Schätze von Gold, Silber und Edelsteinen sind umher aufgehäuft.

Barbaroſſa und ſeine Tafelrunde im Kyffhäuſer.　Zeichnung von B. Mörlins.

Magisches Licht erhellt den hochgewölbten Saal, wie solches viele Glücks=
kinder mit eigenen Augen sahen, denen der Zutritt vergönnt war. Zu ihnen
gehörte ein Hirte, der seine Herde zwischen den Trümmern weiden ließ und
Blumen für seine Liebste pflückte. Er fand eine blaue Wunderblume, und als
er sie in den Strauß gesteckt hatte, wurden seine Augen aufgethan und er er=
blickte eine vorher nicht bemerkte eiserne Thür. Sie sprang bei der ersten Be=
rührung vor ihm auf; er stieg eine Treppe hinunter und trat in die erleuchtete
Ritterhalle. Hier sah er die Helden mit ihrem kaiserlichen Gebieter, um die
steinerne Tafel gereiht, auf ihren Sitzen schlummern. Vom Geräusch erwacht
der Rotbart aus seinen Träumen. „Fliegen die Raben noch um die Zinnen?"
fragt er aufblickend. Als der Hirte es bejaht, fährt er fort: „So muß ich noch
hundert Jahre schlafen." Dann hieß er den Jüngling von den vorhandenen
Schätzen so viel nehmen, als ihm beliebe; doch solle er das Beste nicht ver=
gessen. Der Hirte folgte der Weisung, indem er seine Taschen füllte. Als er
wieder ins Freie trat, schlug die Thür krachend hinter ihm zu, und er fand sie
niemals wieder, denn er hatte das Beste, die blaue Blume, vergessen. So
schläft denn der Kaiser mit seinen Helden noch immer in seiner Lieblingspfalz.
Aber einst wird die Zeit kommen, wenn das Reich in höchster Not ist, da fliegen
die Raben nicht mehr um die Zinne, da erhebt er sich, den Zauber brechend,
in seiner Macht, und mit des Kaiserschwertes Flammen zerschmettert er in
völkervertilgender Schlacht auf dem Walserfelde oder am Rhein die Feinde des
Reiches. Dann hängt er seinen Schild an einen verdorrten Birnbaum auf, und
der grünt von neuem und blüht und trägt Früchte, und die alte, ruhmvolle
Zeit der deutschen Nation kehrt zurück, die Herrlichkeit des Reiches, Eintracht
und Friede werden wieder hergestellt.

Die schöne, längst ersehnte Zeit ist endlich nach langen schweren Kämpfen
angebrochen. Die Raben der Zwietracht krächzen nicht mehr um den Kyff=
häuser; der alte Held erwachte und trat mit seinem Flammenschwert im ruhm=
vollen Jahre 1870 neben den greisen Heerführer, der die feindliche Macht
in Trümmer schlug, setzte ihm die Kaiserkrone aufs Haupt und richtete des
Reiches Herrlichkeit wieder auf. — Was die Sage hier meldet vom Erwachen
des alten Helden, seiner Hülfe in der höchsten Not und der Wiederkehr früherer
Herrlichkeit, ist aus dem Herzen der Nation hervorgegangen, aus der Sehn=
sucht, des Vaterlandes Ruhm und Glanz wiederhergestellt zu sehen. Es hat
aber doch seinen Ursprung in der nordisch=germanischen Mythe von der Götter=
dämmerung, von der Esche Yggdrasil, die verdorrt und wieder grünt, wenn ein
neuer Himmel und eine neue Erde entstehen und die Götter der Unschuld und
Gerechtigkeit in ungestörtem Frieden ewiglich herrschen.

Noch viele andere Sagen deuten auf die letzte Schlacht, den dürren und
wieder grünenden Baum und den rettenden König hin. Nach westfälischen Über=
lieferungen soll die allgemeine Schlacht am Birkenbaum bei Werl geschlagen
werden, andere reden von der Schilsche bei Bielefeld, d. i. die Schildesche, die
Esche, an welcher der Schild aufgehangen wird, also wohl die Weltesche. Im
Badischen soll einst die Stadt Kems mit christlichen Heerscharen versunken sein.
Letztere treten in der äußersten Not hervor und helfen den Sieg gewinnen.

Der Rodenſtein im Gewitter. Zeichnung von J. W. Heine.

Ähnliches erzählt man von zwölf Männern, den zwölf Asen, welche in unter=
irdischen Räumen des Schlosses Amberg mit goldenen Kegeln spielen. In der
Burg Gerolseck im Wasgau sitzen schlummernd die Helden Dietrich, Siegfried,
Rüdiger u. a., ihre Zeit erwartend. Auch Hakelbärend, von dem wir oben
geredet, weilt in seinem tiefen Grabe auf weißem Rosse bei seinen Schätzen,
die er sorgsam hütet. — In christlicher Anschauung ist der Mythus von Odins
Jagd, als Höllenstrafe, auf Herzog Abel von Schleswig übertragen worden.
Derselbe ließ seinen Bruder, den König Erich Pflugpfennig von Dänemark, 1250
ermorden. Als er darauf in einem Treffen von den Nordfriesen erschlagen wurde,
fand er im Dome von Schleswig, wo seine Leiche beigesetzt wurde, die Grabes=
ruhe nicht. Er wurde daher bei Gottorp im Pölderwalde tief in den Moorgrund
versenkt. Aber er steigt nachts hervor und jagt zu Rosse, von zehn Hunden begleitet,
unter schauerlichem Geheul und Rüdengebell über den Wald und Dom nach dem
Mövenberge und Mössund, wo sein Bruder starb, und zurück in sein Grab.

Die Sage vom Auszug des Rodensteiners, wie derselbe bei drohendem Kriege
aus dem Snellerts, einer alten Ruine, nach dem Rodenstein zieht, ist bekannter
und in den Ländern zwischen Rhein, Main und Neckar weit verbreitet. Er
läßt sein Pferd bei einem Schmied beschlagen, fährt mit seinem Gefolge unter
Halloh und Waffenklirren durch eine Scheuer in Ober=Kainsbach und kehrt bei
Annäherung des Friedens zurück. Nach patriotischer Deutung zieht er dem Feinde
entgegen, bis dieser über den Rhein zurückweicht. In den französischen Kriegen
und besonders vor dem deutschen Befreiungskriege wollen ihn namhafte Personen
gehört und gesehen haben, und es liegen darüber eidlich erhärtete, gerichtliche
Protokolle vor. Es scheint dabei eine Räuberbande im Spiele gewesen zu sein,
die sich damals im Odenwald herumtrieb und den Aberglauben sich zu nutze machte.

Sehr schwungvoll hat diese Sage Wolfgang Müller von Königswinter in
seiner Ballade „Deutschlands Wächter" behandelt. In seiner humoristischen
Weise hat auch Victor Scheffel einen Kranz von Balladen über den Rodensteiner
gedichtet. — Das Totenheer, das dem Gotte folgt, nimmt auch zuweilen lebende
Menschen mit, wie namentlich von Richard Ohnefurcht, Herzog der Normandie,
gemeldet wird. Er wartete auf die Mesnie Hellequin des Nachts unter einem
Baume, wo sie Rast hielt, sprang auf ein vielfarbiges Tuch, das sie ausbreitete,
und wurde weit fort ins Morgenland auf den Sinai geführt. Er fand dort
einen seiner Ritter, der schon sieben Jahre in Gefangenschaft schmachtete. Er
verkündigte ihm, daß seine Frau sich wieder zu verheiraten gedenke. Dieser gab
ihm die Hälfte seines Traurings, welchen er der Ungetreuen einhändigen solle.
Richard wurde von der wilden Jagd wieder zurückgeführt. Er bewog die
Frau durch Vorzeigen des Pfandes, ihre Wiedervermählung aufzugeben, und
sorgte dann für die Befreiung des Gefangenen. Auch Heinrich der Löwe, der
einen Kreuzzug unternommen hatte, wurde nach sieben Jahren von einem Geist
des wilden Heeres in die Heimat zurückgeführt, gerade als seine Gemahlin ihre
zweite Vermählung feiern wollte. Er war unter Mühsal so entstellt und ergraut,
daß er wie ein Wilder aussah. Die Herzogin erkannte ihn nicht; als er aber in den
dargereichten Becher einen halben Ring fallen ließ, dessen andere Hälfte er ihr zu=
rückgelassen, da fiel sie ihm um den Hals und wandte ihm wieder ihre Liebe zu.

Der Spielmann, die Mythe von Odin, der sein sinnverwirrendes Sturm= lied singt, und jene von der Aufnahme der Toten in sein Gefolge sind in die Sagen von einem wunderbaren Spielmann übergegangen, der durch sein Spiel Männer, Frauen und Kinder zum wütenden Tanzen aufregt. Er führt sie mit sich in den Rhein, in einen See oder Berg, wo sie verschwinden.

So zieht der Gott, der die Toten sich wählt, zauberhafte Weisen spielend, durch die Städte und Dörfer der Menschen.

Sie müssen ihm folgen, ob willig oder unwillig, in das dunkle Meer des Todes, das sich vor ihnen aufthut und hinter ihnen seine Wellen wieder ebnet, so daß man bald den Ort nicht mehr kennt, wo sie nun wohnen.

Der Rattenfänger von Hameln.

Die Sage vom Rattenfänger. Einstmals waren die ehrsamen Bürger der Stadt Hameln im lieblichen Wesergrund in großer Not, weil Ratten und Mäuse ihre Felder verwüsteten, selbst in der Stadt ihre Vorräte zernagten und ihnen bei Tage wie bei Nacht keine Ruhe ließen. Katzen, Fallen und Gift halfen nichts gegen die gefräßigen Unholde, die nach jeder Niederlage in stets wachsender Zahl aus allen Ecken und Winkeln hervorbrachen. Da trat ein schlichter Pfeifer, gekleidet wie die Spielleute auf Kirchweihen, vor den hoch= weisen Rat der Stadt und verhieß gegen hohen Lohn das Ungeziefer mit Stumpf und Stiel zu vertilgen. Die wohledlen Herren samt Bürgermeister rümpften freilich die Nasen über die Forderung; da sie aber keinen andern Rat wußten, so sagten sie zu, besiegelten und unterschrieben das Abkommen. Folgenden Tages zog der Pfeifer durch die Stadt und deren Weichbild, indem er seinem Instrumente ohrzerreißende Melodien entlockte. Die Ratten und

Mäuse schienen aber so großes Wohlgefallen daran zu haben, daß sie haufen=
weise hüpfend und springend ihm nachfolgten. Die Scharen wuchsen zu einem
zahllosen Heer, das der wunderthätige Mann in die Weser führte, wo es er=
trank. Groß war die Freude der von der Landplage befreiten Bürger. Als
aber der Spielmann nunmehr vor den Stadtrat trat und seinen Lohn forderte,
meinten die Herren, er habe so wenig Mühe gehabt, daß er wohl mit einer
geringeren Summe zufrieden sein könne. Sie führten ihm dabei zu Gemüt,
daß der magere Gemeindesäckel eine so bedeutende Ausgabe nicht vertrage. Sie
rieben sich vergnügt die Hände, als der Mann trotzig die angebotene Summe
verschmähte und seines Weges ging. Am folgenden Morgen erschien er wieder,
aber im grünen Kleide mit rotem Kragen, wie Jägersleute zu tragen pflegen.
Er blies auf einem Horn oder einer Trompete gar erfreuliche, anmutige
Melodien. Da erhoben sich die Kinder, auch die in den Wiegen lagen und
die an der Mutterbrust ruhten, und fingen an zu wandeln und zu tanzen.
Vergeblich suchten die Eltern abzuwehren; ihre Hände wurden durch Zauber
gehalten, ihre Augen verblendet, daß sie nur Mäuse erblickten. Die Thüren
sprangen auf; die Kinder zogen dem Spielmann nach bis an einen Berg, der
sich vor ihnen aufthat. Wohl stand vor dem offenen Schlunde der getreue
Eckart und warnte bald mit freundlichen Worten, bald mit Drohungen, bald
suchte er mit gezogenem Schwerte die verlorenen Kinder zurückzuweisen; es
war vergeblich, denn die Pfeife oder das Horn lockte mit Schmeicheltönen, und
im Berge standen Tafeln mit köstlichen Früchten, und eine schöne, königliche
Frau winkte gar freundlich den Kleinen zu. Er, der getreue Eckart, hatte einst
dem edeln Ritter Tannhäuser gedient und ihn von seinem ausschweifenden,
schwelgerischen Leben abzuhalten gesucht. Er hatte sich ihm gleichfalls wohl=
meinend entgegengestellt, als derselbe nach Verschwendung seiner Habe in den
Berg zu der verführerischen Frau Venus gehen wollte. Seine warnende
Stimme ward aber von seinem Herrn so wenig gehört, wie jetzt von den
Kindern; denn wenn der Mensch den Wonnebecher der Lust einmal gekostet
hat, so führt ihn der treue Eckart nicht zurück auf den Weg der Pflicht und
der Ehre. Die Kinder drängten sich in Scharen dem Spielmann nach und der
Berg schloß sich hinter ihnen krachend zu.

    Das ist die Sage von dem Rattenfänger von Hameln, die weit und breit
auch in entfernten Gegenden nacherzählt wurde und die von Julius Wolf sehr
schön in einem Epos behandelt worden ist, so daß sich die Bühne des wirksamen
Stoffes bemächtigt hat.

    Daß unter den Ratten und Mäusen Menschenseelen zu verstehen sind, lehren
viele Volkssagen z. B. die vom hartherzigen Bischof Hatto und dem Mäuseturm.
Nach einem Volksaberglauben muß man einem verstorbenen Kinde den Mund
schließen, damit nicht die Seele in Gestalt einer weißen Maus entrinne. Auch
der deutsche Dichter Rückert hat in seinen Gedichten eine Sage von einem
Spielmann, der mit seiner Geige alles hinter sich herzieht und zum Tanze
zwingt. Es liegt ihr unverkennbar die Mythe von dem gewaltigen Wodan,
dem Totenwähler, dem Sänger des Sturmliedes, zu Grunde, wozu vielleicht
nähere Veranlassung eine ansteckende tödliche Krankheit unter den Kindern gab.

In Schweden ist es der Nachtgeist und sein Heer, in Norwegen die Asgard=
reia, die bei ihrem Umzuge Taumellieder anstimmen, und wer solche Weisen ge=
lernt hat und singt, schafft, daß Menschen und Tiere, selbst Tische, Stühle, Häuser,
Kämme, ja sogar die Sterne, in den grausigen Reigen gezogen werden.

Wodan (Odin) nach höherer Auffassung.

Ambri und Assi, die Winiler, standen gerüstet den streitbaren Vandalen
gegenüber. Sieg oder Knechtschaft sollte die Schlacht entscheiden. „Gieb uns
den Sieg, Heervater" flehten, betend und opfernd, die Fürsten der Vandalen zu
Wodan. Ihnen ward der Götterspruch: „Das Feld werden die behaupten, welche
am frühen Morgen des Kampftages zuerst vor mein Angesicht treten." Ibor und
Ajo dagegen, die Herzoge der Winiler, gingen auf den Rat ihrer klugen Mutter
Gambara in das Heiligtum Freas, Wodans Ehegenossin, und baten um ihren
Beistand. „Wohlan", sprach die Himmelskönigin, „laßt eure Weiber, ehe der Tag
graut, in Rüstung, wie Männer, die Haare um Wangen und Kinn geschlungen,
morgenwärts als zweite Schlachtreihe sich aufstellen, so will ich euch Ruhm ver=
leihen." Die Herzoge thaten nach dieser Weisung. Als nun das erste Frührot am
Himmel sich erhob, weckte Frea den allwaltenden Herrscher und deutete ostwärts
nach der gerüsteten Schar. „Ha", sprach der Gott verwundert, „was sind das
für langbärtige Waffenleute?" — „Hast du ihnen den Namen verliehen", ver=
setzte die Königin, „so schaffe ihnen auch Sieg!" Da gewannen die Winiler herr=
lichen Ruhm und hießen forthin Langobarden (richtiger von den „Lanzen").

Wie die nordischen Mythen, so schildert hier die langobardische den mäch=
tigen Wodan als den Bringer des Sieges. Er erscheint aber überhaupt als
segnender, Glück und Heil verleihender Gott. Ihm zu Ehren wurden schon in
heidnischer Zeit festliche Spiele und Aufzüge gefeiert, wovon sich noch im Volks=
glauben und in Gebräuchen viele Spuren nachweisen lassen. In vielen Gegenden
stellte man nämlich den Kampf des falschen Odin, der in den sieben Winter=
monaten herrscht, mit dem heilbringenden sommerlichen Odin pantomimisch dar
und verband damit Opfer und fröhliche Schmausereien. Dies erhielt sich Jahr=
hunderte lang bis in die neuere Zeit in den Gebräuchen bei den Maifesten.
Da ward ein Maigraf oder Maikönig gewählt, gewöhnlich der beste Läufer
oder Reiter im Wettrennen, an manchen Orten auch derjenige, den man allge=
mein für den unbescholtensten Burschen hält. Er ist grün gekleidet, mit Maien und
Blumen geschmückt. Er versteckt sich im Walde; die Dorfjugend sucht und findet
ihn und führt ihn hoch zu Roß mit stattlichem Gefolge unter Musik und Jauchzen
durch das Weichbild der Gemeinde. Bei dem darauffolgenden Tanz und Schmaus
darf er sich eine Maikönigin wählen und wird fürstlich bedient. An anderen Orten
wird die sittsamste und fleißigste Jungfrau zur Maikönigin gewählt und fährt
mit dem Maikönig ins Dorf, wodurch die Vermählung des sommerlichen Odin
mit der im Frühling verjüngten Erde angedeutet werden soll.

Daher singt der alte Dichter Logau vom Mai:

> „Dieser Monat ist ein Kuß, den der Himmel giebt der Erde,
> Daß sie, jetzo eine Braut, künftig eine Mutter werde."

In Schweden war der Mairitt üblich, da stritt der mit Blumen und Blüten
geschmückte Blumengraf gegen den in Pelz gehüllten Winter und siegte nach
einem burlesken Handgemenge. Die Maifeste mit dem üblichen Mairitt und
den Maigrafen werden übrigens auch auf den Frühlingssonnengott Donar und
die ihm verwandte Frühlingsgöttin Oſtara bezogen.

Odin, der gütige, wohlthätige Gott, hieß auch nordisch Oſki, d. i. Wunsch,
ein Wort, das mit Wonne verwandt iſt. Er spendete alles, was Glück und
Wonne bringt. Darum sagte man von einem guten und wohlgebildeten Men=
schen: „Er iſt so wohlgethan, als hätte ihn der Wunsch gemacht.“ Odin gab
auch den Schiffern günstigen Fahrwind, er wandelte auf dem Meere, stieg zu
den Helden, seinen Schützlingen, an Bord und beschwichtigte den Sturm durch
sein mächtiges Wort. Seinen Günstlingen verlieh er oft Speer, Schwert und
Brünne, wofür sie ihm ihr Leben nach einer Reihe von Jahren verhießen.
Denn nicht umsonst gewährte er seine Gaben; er verlangte Opfer, gewöhnlich
Rosse, aber auch Menschen. Daher bluteten in seinem Heiligtume nach der
Niederlage des Varus die gefangenen römischen Tribunen und Centurionen, und
Germanicus fand, als er später bis zu dem Schlachtfeld vordrang, viele Pferde=
köpfe an Bäume geheftet. Gewöhnlich wurden aber die zum Opfer bestimmten
Menschen aufgehängt, weshalb Odin auch Hängegott (Hangatyr) hieß.

Odin bei Geirröd.

Edler erscheint das Wesen des Gottes in den späteren Mythen. Er ver=
leiht Glück, Ruhm und Herrschaft, er beruft die tapferen, sieghaften Kämpfer
gen Walhalla, verwaiste Königssöhne erzieht er selbst zu Helden. Eine schöne,
der langobardischen ähnliche Mythe erzählt die Edda. Wir geben sie hier mit
Übergehung entstellender Zusätze nach ihrem mutmaßlich ursprünglichen Inhalt.

König Hraudung hatte zwei wohlgestaltete Knaben, Geirröd und Agnar,
jener zehn, dieser acht Jahre alt. Dieselben fuhren in einem Boot hinaus auf
die hohe See, um Fische zu fangen. Aber der Wind schwoll zum Sturm und
trieb sie weit ab vom Festlande nach einer einsamen Insel, wo das Fahrzeug
scheiterte. Sie retteten sich glücklich auf den Strand und fanden einen Hütten=
bewohner mit seinem Weibe, die sie mitleidig in ihre Behausung aufnahmen.
Die Frau pflegte den Winter über den jüngern Agnar, der Mann unterwies
Geirröd in Waffenspiel und klugem Rat, und beide Kinder wurden während
der Winterzeit groß und stark, denn ihre Pfleger waren Odin selbst und seine
Ehegenossin Frigg. Von ihnen erhielten sie auch zur Frühlingszeit ein gutes
Fahrzeug und günstigen Wind, der sie wohlbehalten zur heimatlichen Küste
führte. Aber Geirröd sprang zuerst ans Land und rief, das Boot in die Flut
zurückstoßend: „Fahre hin, Agnar, in böser Geister Gewalt.“ Die aufgeregten
Wellen trugen, wie wenn sie dem falschen Knaben gehorchten, den anderen in
ferne Gegenden. Geirröd eilte fröhlich der Königsburg zu, wo er seinen Vater
auf dem Sterbebette fand. Er ward sein Erbe und herrschte mächtig durch
Waffen und Schätze über unterworfene Völker.

Odin und Frigg saßen einst auf Hlidskialf, die Länder der sterblichen
Menschen und ihre Thaten überschauend. „Siehst du,“ sagte der allwaltende

Herrscher, „wie Geirröd, mein Pflegling, königlicher Ehren sich erfreut? Agnar
aber hat sich in der Fremde mit einem Riesenweibe verbunden und lebt nun,
heimgekehrt, arm und wenig geachtet in der Königsburg seines Bruders." —
„Doch ist Geirröd nur ein Niedring (Niedrigdenkender), Schätze sammelnd
und den Gästen statt freundschaftlicher Gabe Pein bereitend", versetzte die sinnende Göttin. Da gedachte Allvater, den Sinn und das Thun seines Lieblings
zu prüfen, ihn zu erhöhen, wenn die Rede falsch, ihn zu strafen, wenn sie wahr-
haft wäre. Er zog daher als Wanderer aus fernem Lande nach Geirröds Burg.
Ein Breithut, tief in die Stirne gedrückt, beschattete sein Angesicht, ein blauer
Mantel umwallte seine Schultern. Der König aber, durch eine Botschaft von
Frigg vor einem schlimmen Zauberer gewarnt, ließ den Fremdling greifen und
vor seinen Richterstuhl führen.

Odin zwischen zwei Feuern bei Geirröd. Zeichnung von W. Heine.

Auf alle Fragen, die man an ihn richtete, sagte derselbe nur, er heiße
Grimnir, und verschmähte es, andere Auskunft zu geben. Deshalb geriet der
König in Zorn und hieß den trotzigen Mann auf einen Stuhl zwischen zwei
Feuer fesseln und ließ schüren die Glut und mehren die Pein, ihn zur Rede zu
zwingen. Also saß der Gast acht Nächte lang in bitterem Harm ohne Speise
und Trank, und die Lohe leckte schon am Saume seines Mantels. Doch reichte
ihm Agnar, der Ausgestoßene, insgeheim ein volles Horn, und er leerte begierig
den Labetrunk zur Neige. Darauf sang er ein Lied, erst leise und lieblich, dann
lauter und mächtiger, daß die Hallen der Burg ringsum ertönten, daß draußen
der Menschen Menge sich versammelte, den gewaltigen Klängen zu lauschen.

Er sang von den Sitzen der seligen Götter, von Walhallas Wonnen, von der Esche Yggdrasil, ihren Bewohnern und ihren Wurzeln in den Tiefen der Welten.

Die Halle bebte, die Festen wankten, als er wieder sang von Odins Thaten, daß Gunst den König erhoben, daß Mißgunst ihn, der im Wahnsinn trunken sei, dem Schwert preisgebe. „Schon seh' ich liegen", sprach er, „meines Lieblings Schwert, von Blut erblichen. Nun siehst du Odin selbst. Mache dich auf, wenn du magst!" Und Grimnir erhob sich, die Ketten fielen von seinen Händen, die Flammen umspielten schmeichelnd sein Gewand; er stand in seiner Asenkraft, das Haupt von himmlischem Glanze bestrahlt. Geirröd hatte anfangs das Schwert im Zorne halb gezückt; jetzt aber, wie er eilends vom Hochsitz niedersteigen wollte, den Gott zu versöhnen, entglitt es der Scheide, und er stürzte strauchelnd hinein, daß die Klinge sein Herzblut trank. Nach ihm herrschte Agnar, durch Odins Gunst ruhmvoll und mächtig, über die Völker des Reichs. Dies ist der Inhalt des Liedes Grimnismal in der älteren Edda.

Odin als Gott der Dichtkunst und Weisheit.

Von Odins Macht, Weisheit und Wissensdrang berichten die Edda und viele Skaldenlieder. Er zieht zu Mimir, dem weisen Joten, der, am Born urweltlicher Erkenntnis sitzend, täglich das heilige Wasser trinkt und seine Weisheit mehrt. Der Jote verweigert den Trunk, wenn ihm nicht der Gott das eine seiner Augen zum Pfande verleiht. Walvater überläßt ihm das Auge, um aus der Tiefe die Erkenntnis aller Dinge zu schöpfen, und Mimir trinkt hinfort aus Walvaters Pfand täglich die krystallene Flut. Nach anderen Andeutungen ist es Heimdals Giallarhorn, womit das Wasser geschöpft wird. Beide Bilder verwechselt die nordische Dichtung. Die Naturmythe, woraus sie geflossen sind, läßt uns den zu Grunde liegenden Sinn ahnen.

Mimir, verwandt mit dem lateinischen Memor, Memini, bedeutet Gedächtnis, Erinnerung, und war auch bei den Germanen bekannt, wie die anklingenden Namen Mümling, ein Flüßchen im Odenwald, und der Mummelsee im Schwarzwald, wo die Feenkinder weilen, zu beweisen scheinen. Mimir schöpft die höchste Erkenntnis aus dem Brunnen, denn aus dem Wasser ward die Welt geboren; daher ruht auch alle urweltliche Kunde in der geheimnisvollen Flut. Das Auge des Himmelsgottes ist die Sonne, welche alle Dinge erleuchtet und durchdringt; das andere ist der Mond, dessen Spiegelbild aus der Tiefe hervorblickt, der selbst untergehend ins Meer hinabsinkt. Er erscheint auch als sichelförmiges Horn, womit der Jote den Trunk der Weisheit schöpft.

Nach anderen Dichtungen ward Mimir getötet, aber sein Haupt, das noch am Brunnen weilt, verkündigt Weissagungen. Mit ihm murmelt Odin vor der Götterdämmerung geheimnisvoll über Untergang und Erneuerung der Welt.

Odin, Erfinder der Runen. Unter dem Goldhelm stand einst der Gott auf hohem Berge am heiligen Born und erlernte von Mimirs Haupt wahre Stäbe, als er die Hugrunen (Geistrunen) erfand. Wir haben von den Runen schon oben bemerkt, daß sie nicht eigentlich als Schrift gebraucht wurden, um die Gedanken im Zusammenhange niederzuschreiben. Sie waren nur die Stäbe in den nordischen und altgermanischen Dichtungen, d. h. die gleichanlautenden Buchstaben, welche die Alliteration oder den Stabreim bildeten, wie solches aus einigen Überresten, z. B. Stock und Stein, Mann und Maus, Kind und Kegel, ersichtlich ist. Sie sollten dem Gedächtnis zu Hülfe kommen, wenn die Lieder gelernt und gesungen wurden. Das Wort „Rune" bedeutet eigentlich Geheimnis und ist mit dem deutschen Worte raunen, ins Ohr flüstern, nahe verwandt. Man glaubte, diese Zeichen besäßen eine Zauberkraft, die aber erst durch das Absingen des Liedes entbunden und in Wirkung gesetzt werde. Man wollte damit unbewußt die zauberische Macht des Gesanges und der Poesie überhaupt auf das menschliche Gemüt bezeichnen, welche ja namentlich die nordischen Kämpfer zur wilden Kampfwut (Berserkerwut), zur Verachtung der Schmerzen und des Todes begeisterte. Durch Kenntnis der Runen und der sie belebenden Lieder war Odin im Besitze der höchsten Weisheit. Daher schrieb man ihm das Hawamal zu, eine Sammlung von Spruchgedichten, in welchen die nordischen Völker viele Lebenserfahrungen, Klugheitsregeln und mythologische Kenntnisse zusammengestellt hatten. Wir lassen hier einige Sprüche als Probe folgen:

> Des Ausgangs denke, bevor du einkehrst;
> Suche zu sichern den Weg;
> Unsicher ist, wo Widersacher
> Heimlich im Hause halten.

> Als beste Bürde bringe zur Reise
> Reichlich Wissen und Weisheit;
> Das Gold in der Fremde nicht allzeit frommt,
> In Nöten ist stets es nütze.

> Sei früh in Wehre, willst du erwerben
> Im stürmischen Streite dir Habe;
> Dem schläfrigen Wolf schlecht gelingt der Fang,
> Dem säumigen selten der Sieg.

> Du fährst viel um zum falschen Freund,
> Auch wenn er am Wege wohnet;
> Zum trauten Freund betritt den Steg,
> Ob er auch weitab weile.

> Ist klein das Haus, bist du Herr doch darin,
> Wenn es eigen dir angehört;
> Zwei Ziegen nur und ein Dach von Stroh
> Ist besser, als andern vertrau'n.

> Vieh stirbt und auch die Freunde zumal,
> Endlich stirbt man selbst;
> Eins aber weiß ich, das immer bleibt:
> Das Urteil über den Toten.

Durch Runen vermag Odin alle Dinge zu beherrschen, alles nach seinem Willen zu lenken, durch sie hat er Macht über die ganze Natur. Er weiß Runenlieder, die in Streit und Zwiespalt und in allen Sorgen helfen. Sie stumpfen die Waffen des Widersachers, sprengen die Fesseln des elenden Gefangenen, hemmen den tödlichen Pfeil im Flug, kehren des Feindes Waffen in sein eigenes Herz, schlichten alsbald den Hader zorniger Helden. Ist auf dem wilden Meere ein Fahrzeug in Not, so stillt der gewaltige Gott Sturm und Strömung durch seinen Gesang und lenkt das Schiff in sichern Port.

Singt er seine Zauber, so ziehen ihm befreundete Kämpfer zu Hülfe, und er kehrt heil und siegreich aus der blutigen Schlacht. Auf sein Gebot ersteht der vom Strang erstickte Mann und lebt und redet, wie sonst er pflegte. Er weiß ein Lied, das verleiht den Asen Kraft, den Alfen Gedeihen, ihm selbst immer höhere Weisheit; ein anderes gewinnt ihm holdselige Minne, daß die Herzen ihm in Liebe ergeben sind. Aber sein heiligstes, herrlichstes Lied singt er nicht vor Maid und Mannesweib, sondern allein vor der Himmelskönigin, wenn sie vertraut ihm gesellt ist. Hiervon handelt das berühmte „Runenlied Odins" in der ältern Edda. Man ritzte die Runen auf des Gottes Schild, auf seiner Rosse Hufe, auf des Dichtergottes Bragi Zunge, auf die Klauen des Wolfes, auf den Schnabel des Adlers, auf Glas, auf Gold, auf Wein, auf Gras, auf Odins Speer, auf Granis, seines Pferdes, Brust und auf die Nägel der Norne. Damit beherrscht Odin das All, Wind, See, Feuer, Herz und Geist.

Neben der Spruchweisheit war auch Odin durch seine Rätselweisheit berühmt. Wir führen davon ein Beispiel an:

> „Wer sind die zwei, die zum Thing fahren,
> Drei Augen haben sie zusammen,
> Zehn Füße und einen Schweif die beiden,
> Und reisen so über Land."

Antwort: Der einäugige Odin auf seinem achtfüßigen Roß Sleipnir.

Daß Wodan auch bei den Germanen als runenkundiger und dadurch heilkräftiger Gott gedacht wurde, beweist einer der „Merseburger Zaubersprüche", die ein glückliches Ohngefähr uns erhalten hat. Wir geben ihn in der ursprünglichen Fassung und in Übersetzung.

„Phol ende Wodan	Phol und Wodan
Vuorun zi holze;	Fuhren zu Walde;
Thu wart demo Balderes volon	Da ward dem Balders Fohlen
Sin vuoz birenkit.	Sein Fuß verrenket.
Thu biguol en Sintgunt,	Da besprach ihn Sintgunt
Sunna era suister,	Und Sonne, ihre Schwester,
Thu biguol en Freya,	Da besprach ihn Freya
Volla era suister,	Und Volla, ihre Schwester.
Thu biguol en Wodan,	Da besprach ihn Wodan,
So he wola conda:	Wie er wohl konnte:
Sose benrenki,	So die Beinrenkung,
Sose bluotrenki,	So die Blutrenkung,
Sose lidirenki:	So die Gliedrenkung:
Ben zi bena,	Bein zu Beine,
Bluot zi bluoda,	Blut zu Blute,
Lid zi geliden	Glied zu Gliedern,
Sose gelimida sin.	Als ob sie geleimt seien.

Phol, identisch mit Balder, und Wodan ritten in den Wald. Da verrenkte oder brach Balders Pferd ein Bein. Sintgunt, eine unbekannte Göttin, und ihre Schwester Sonne versuchten vergebens die Heilung durch Besprechen: ebenso Freja und ihre Schwester Fulla. Erst dem Besprechen und den Runen Wodans gelang die Heilung. Solche Formeln wurden bei verrenkten und gebrochenen Gliedern angewendet, und wenn erfolglos, so schob der Glaube die Schuld nicht auf den Spruch, sondern auf die unrichtige Anwendung.

Odins Besuch bei Gunlöd. Nach Prof. F. W. Engelhard, gez. v. F. W. Heine.

Odin bei Gunlöd. Fahrt zu Wasthrudnir.

Kwasir, ein Mann, den Asen und Wanen gemeinschaftlich erschaffen und mit ihrem Geiste beseelt hatten, war durch Weisheit und Güte bei Göttern und Menschen beliebt. Er zog, lehrend und Wohlthat spendend, durch alle Länder. So er hinkam, da wurden die wilden Leidenschaften gebändigt, die Sitten gebessert und veredelt. Nur der Zwerge mißgeschaffenes Geschlecht, in der Erde nach Schätzen wühlend, kannte die Liebe nicht, war aber nach Kwasirs Weisheit begierig. Fjalar und Galar, ein Bruderpaar dieses Volkes, luden ihn einstmals zum festlichen Mahle und ermordeten ihn heimlich mit vielen Wunden. Das strömende Blut faßten sie in drei Gefäße, den Kessel Odrörir oder Odreyrir (Geisterreger) und die Schalen Son (Sühne) und Boden (Anbietung). Sie mischten Honigseim dazu, wodurch ein Met entstand, der allen, die davon tranken, die Gabe des Gesanges und der herzgewinnenden Rede verlieh. Da die arge That den Zwergen so herrlichen Gewinn brachte,

so luden sie auch den reichen Riesen Gilling samt seinem Weibe zu sich ein
und führten erstern im Boot mit sich auf den Fischfang. Aber sie stürzten
das Fahrzeug in der Brandung an emporstarrenden Klippen um, daß er er=
trank, während sie selbst, des Schwimmens kundig, das Schifflein wieder auf=
richteten und ans Land ruderten. Als sie der Riesin das traurige Geschick
ihres Mannes berichteten, weinte und jammerte sie und wollte sich nicht trösten
lassen. Die Zwerge boten ihr an, sie an die unheilvolle Klippe zu fahren, wo
etwa der Leichnam angetrieben sei. Als sie aber aus dem Hause trat, stürzte
Galar von oben einen Mühlstein auf ihr Haupt, daß auch sie den Tod fand.
Von den Frevelthaten hörte Suttung, des Ermordeten Brudersohn, und
machte sich auf zur Rache. Er ergriff die mörderischen Zwerge und wollte sie
gebunden auf einem entlegenen Felsen im Meere dem Hungertode preisgeben.
Sie baten um Gnade, indem sie als Buße dem zornigen Manne jenen köstlichen
Met aus Kwasirs Blute verhießen. Solche Buße nahm Suttung an; er brachte
die drei Gefäße mit dem Trank in einen hohlen Berg, der ihm eigen war, und
bestellte seine Tochter Gunlöd als Hüterin des wunderbaren Mets.

Fahrt nach dem Begeisterungstrank. Odin, der Gott des Geistes, erhielt
durch seine Raben Hugin und Munin von allen diesen Dingen Kunde. Er be=
schloß, den Begeisterungstrank sich zu verschaffen, wenn auch mit eigener Mühe
und Not, damit er nicht im Schoße der Erde, nicht in der Gewalt der Riesen
nutzlos bleibe, sondern daß er Götter und edle Menschen labe, daß Weisheit
und Dichtung die Welt erfreue. Als schlichter Wanderer zog er gen Jötunheim.
Er gelangte auf ein Feld, wo neun ungeschlachte Gesellen Heu mähten. Er erbot
sich, ihre Sensen zu schärfen, daß sie schneiden sollten wie die besten Schwerter.
Die Leute waren das wohl zufrieden; er zog einen Schleifstein hervor und wetzte
und schliff, und als er die Sensen zurückgab, merkten die Burschen, daß die Arbeit
viel besser fördere als zuvor. Sie begehrten den trefflichen Stein selbst zu besitzen.
Aber der Wanderer warf ihn unter sie, und sie rauften darum und schlugen mit
den Sensen drein, bis sie alle tot am Boden lagen. Der Wanderer schritt weiter
zu dem Herrn des Gutes, dem Joten Baugi, einem Bruder Suttungs, wo er gast=
liche Aufnahme fand. Am Abend klagte der Wirt, daß seine Knechte erschlagen seien,
und daß nun seine reiche Ernte nicht eingethan werde. Da erbot sich Bölwerker
(Böswirker), wie sich der Gast nannte, Neunmännerarbeit zu verrichten, wenn
ihm jener einen Trunk von Suttungs Met verschaffe. „Willst du mir treulich
dienen", sagte der Jote, „so will ich versuchen, ob ich dein Gelüste befriedigen
kann; doch verhehle ich dir nicht, daß mein Bruder mit dem Getränke geizig ist."
Bölwerker begnügte sich mit dieser Zusage und that alle Werke den Sommer
hindurch, wie sonst die neun Knechte. Im Winter fuhr daher Baugi mit ihm
zu seinem Bruder und trug geziemend den Vertrag und die Bitte vor. Aber
Suttung versetzte, der verlaufene Geselle solle nicht einen Tropfen von dem
Getränk erhalten, und wies den Gästen kurzweg die Thüre.

„Wir müssen nun List versuchen", sagte der Wanderer, „denn ich will
und muß von dem Gebräu kosten und ich kenne der Künste mancherlei, die
mir etwa dazu verhelfen. Hier ist der Berg, in dessen Schoß der Met ver=
borgen ist, und hier ist mein guter Bohrer Rati, der leicht durch die härteste

Felsenwand dringt. Nimm ihn und schaffe damit eine Öffnung, sei sie auch noch so schmal." Der Jote bohrte rüstig darauf los. Bald meinte er, die Wand sei durchbrochen; allein Bölwerker blies hinein, und die Späne flogen nach außen; doch nach dem zweiten Versuch flogen sie nach innen, und Böl= werker schlüpfte in Wurmgestalt so eilends durch die Öffnung, daß ihn der tückische Baugi, der mit dem Bohrer nachstieß, nicht treffen konnte.

Drinnen stand nun der Ase, vom Sternenmantel umwallt, in göttlicher Schönheit vor Gunlöd, der blühenden Jungfrau. Und sie neigte sich ihm freund= lich zu, als er Herberge und drei Züge von dem begeisternden Trank begehrte. Also weilte er drei Tage in der krystallenen Behausung und that drei Züge von dem Met, womit er Odrörir, Son und Boden leerte. Trunken ward er und übertrunken von Liebe, Met und Poesie. Dann nahm er Adlergestalt an und flog mit tönenden Schwingen hinauf zu der Götterhöhe; gleichwie der Skalde, von Liebe, Wein und Begeisterung selig, im tönenden Liede zu den Wohnungen der Unsterblichen sich aufschwingt. — Im „Hawamal" der älteren Edda heißt es:

> „Der Vergessenheit Reiher überrauscht Gelage
> Und stiehlt die Besinnung.
> Des Vogels Gefieder besing auch mich
> In Gunlöds Haus und Gehege.
> Trunken ward ich und übertrunken
> In des schlauen Fialars Felsen.
> Trunk mag frommen, wenn man ungetrübt
> Sich den Sinn bewahrt."

Ähnlich raubt nach indischen Mythen der Gott Indra den im Wolken= berge gefesselten Met und bringt ihn in Falkengestalt zu den Sterblichen.

Aber Suttung hörte den Flügelschlag und erkannte den Räuber seines Gutes. Er hatte sein Adlerkleid zur Hand, warf es um die Schultern und schwang sich so kräftig dem Asen nach, daß er ihn fast erreichte. Die Götter blickten mit Sorgen auf die wilde Verfolgung. Sie stellten Schalen in den Burgring auf, um das köstliche Naß zu empfangen. Als aber Odin mit Mühe im heiligen Schirme von Asgard angelangt war, träufelte er den Met reichlich in die Gefäße.

Odrörir. Seitdem spendet Allvater den Himmlischen von dem Trank der Begeisterung und gönnt auch sterblichen Menschen Tropfen von Odrörir, wenn sie den Beruf in sich fühlen, von den Thaten der Götter und irdischen Helden zum Klange der Harfe zu singen. In Osning (Teutoburger Wald) strömt die Saga, vereinigt sich mit dem Bullerborn und versinkt dann in die Erde (Sökwabek, d. i. Sinkebach). Wie dort Wodan und Saga vielleicht schon im Glauben unserer Väter die krystallene Flut der Geschichte aus goldenen Bechern tranken, so quillt der Trank der Begeisterung den Dichtern, „die mit süßem Wohllaut bewegen die Brust und mit göttlich erhabenen Lehren."

Durch den Trunk aus Mimirs Born und Odrörir besaß Odin Wissenschaft von allen urweltlichen, gegenwärtigen und zukünftigen Dingen. Er beschloß daher, sich mit Wafthrudnir, dem weisesten Joten, im Wettkampfe zu ver= suchen, wenn auch das Haupt zum Pfande gesetzt werden sollte. Die besorgte Frigg widerriet den gefährlichen Gang; er machte sich aber kühnen Mutes auf den Weg.

Als armer, unscheinbarer Wanderer trat er unter dem Namen Gangrader (Gangwalter) in des Riesen Halle. Auf der Schwelle stehend sagte er: „Ich heiße Gangrader, bin gegangen weite Wege und nun der Bewirtung gewärtig und des Wettstreits in kluger Rede.". Ihm antwortete Wasthrudnir: „Was steigst du nicht von der Schwelle, Sitz zu nehmen im Saale? Du kehrst nimmer heim, so du nicht durch weise Rede mich überwindest. Es gilt zu werben Haupt um Haupt; versuche denn von der Schwelle her dein Glück."

Er fragt nun den Gast nach den Rossen, die den Tag und die Nacht am Himmel heraufführen, nach dem Flusse, der Asgard von Jötunheim trennt, und nach dem Felde, wo die letzte Schlacht einst geschlagen werden soll. Als Gang= rader seine Wissenschaft von allen diesen Dingen bewährt hat, bietet der Jote ihm einen Sitz neben sich an und beantwortet nun seinerseits des Gastes Fragen, von wannen Erde und Überhimmel ihren Ursprung nahmen, wie die Götter entstanden, wie Niörder von den weisen Wanen zu ihnen kam, was die Einherier schaffen in Odins Halle, woher die Nornen stammen, wer nach dem Weltbrand einst über das Erbe der Asen walten und wie das Ende des Göttervaters sein werde. Nach Beantwortung dieser Fragen stellte der Gast die letzte Aufgabe:

„Viel erfuhr ich, viel versucht' ich, befrug der Wesen viele;
Was sagte Odin dem Sohn ins Ohr, bevor er die Scheiter bestieg?"

Den Göttervater an dieser Frage erkennend, rief der überwundene Jote:

„Wer kann verkünden, was einst im Urbeginn
Du leise sagtest dem Sohn ins Ohr!
Das Schicksal hab' ich mir selbst beschworen,
Der Asen Ausgang meldend,
Da ich den Wettstreit mit Odin wagte.
Du bleibst, Allvater, der Weiseste immer."

Der Dichter schweigt darüber, ob der Sieger das Haupt des Überwundenen forderte. Auch das Wort, das Odin dem Sohne ins Ohr flüsterte, bevor er zu Hel fuhr, spricht er nicht aus; aber der Zusammenhang läßt erraten, daß es das Wort der Auferstehung, das Wort des höhern, seligen Lebens war, zu welchem Balder, der Gott des Guten, wiedergeboren werde, wenn aus der Asche der vergangenen sündigen Welt eine neue, geläuterte hervorgehe.

Odins Runenlied.

„Ich weiß", sagt Odin, „daß ich hing am Baume der Welt neun lange Nächte, vom Speer verwundet, dem Odin geweiht, ich selber mir selbst. Am Baume hing ich, des Wurzel keiner kennt. Man bot mir nicht Brot noch Trank. Da, in die Tiefe spähend, empfing ich Runen und sank vom Baume nieder. Vom Ahn, dem Urriesen, lernt' ich der Lieder neun und trinkend den Met aus Odrörirs Born gewann ich Gestalt und Bildung und begann zu denken. Wort aus dem Wort verlieh mir das Wort; Werk aus dem Werk verlieh mir das Werk. — Runen sollst du finden, o Menschenkind, Ratstäbe, mächtige Stäbe, die Götter schufen und die der allwaltende Herrscher eingeschnitten hat. Er schnitt sie ein zur Richtschnur den Völkern, dann entwich er dorthin, von wannen er wiederkehrt."

So lautet die rätselhafteste und tiefsinnigste Dichtung der Edda. Wir wollen die Auslegung nach Mannhardt und nordischer Forschung versuchen.

Der sinnende Gottesgeist — es ist Odin — schwebt am Weltbaum außerweltlich über der zeitlich-materiellen Welt. Er blickt nieder in die Tiefen der Schöpfung und sucht Runen, d. h. die Eigenart, die Wesenheit der Dinge zu erforschen. Er leidet Pein: vom Speer verwundet, ohne Brot und Trank neun lange Nächte. Denn jede Geburt bringt Schmerz und bedarf der Zeit, um zu reisen. Wie er die Runen erkennt und erfaßt, sinkt er herab, er sich selbst zum Opfer bringend. Der Geist taucht in die unbeseelte Materie, wird innerweltlich, wächst und gedeiht im endlosen Leben durch das Leben, Wort aus dem Wort und Werk aus dem Werk. Er durchdringt und beherrscht die Welt, da er aller Dinge eigenste Art erkannt hat. Er beherrscht sie durch Lieder, welche die Runen lebendig, zauberkräftig machen; denn neun Hauptlieder hat er von den urweltlichen Riesen erlernt und hat von Gunlöds Wundermet getrunken. Es ist wieder die Sprache des Gesanges, welche, wie in der hellenischen Dichtung von Orpheus, nicht bloß das menschliche Gemüt, sondern auch leblose, unbeseelte Dinge bewegt. Die Runen hat er, den Menschen zur Richtschnur, als gesetzliche Ordnung eingeschnitten; aber da der Geist vornehmlich im Menschen lebendig ist, so hat auch er Kenntnis von den Runen und nimmt, wenn auch beschränkt, an der Herrschaft teil. Wenn diese Deutung den Sinn der Mythe richtig erfaßt hat, so möchte man fast der alten Seherin eine Ahnung von der Entwicklung des Menschengeistes zuschreiben, die sich in der Gegenwart immer mehr erfüllt. Denn je mehr der Geist die Runen, die Wesenheit der Dinge erkennt, desto mehr durchdringt, lenkt und beherrscht er sie; nur wendet er, um ihre Kräfte zu entbinden und sich dienstbar zu machen, nicht Lieder an, sondern die Ratstäbe, die mächtigen Stäbe der Wissenschaft. Unwillkürlich wird man an Aussprüche der heiligen Schrift erinnert: „Im Anfang war das Wort, und das Wort war bei Gott, und Gott war das Wort. Das Wort ward Fleisch und wohnete unter uns, und wir sahen seine Herrlichkeit, eine Herrlichkeit als des eingeborenen Sohnes vom Vater, voller Gnad' und Wahrheit." Und wenn die nordische Mythe von Odin sagt: „Er entwich dorthin, von wannen er wiederkehrt", so gemahnt dieses rätselhafte Wort an die Rede des Menschensohnes: „Ich gehe zum Vater, aber ich komme wieder zu euch." — Es ist wahrscheinlich, daß die nordischen Skalden Kunde von christlichen Ideen erhielten und sie nach ihrer ureigenen Weise ausbildeten und auf Odin übertrugen. Auf ihren Wikingerzügen kamen die nordischen Kämpfer oft genug in christliche Länder, wo sie nicht bloß Beute holten, sondern vielleicht auch manche wertvolle geistige Güter einsammelten. Odin wurde nun Allvater in Wahrheit, begabt mit Weisheit und Allmacht über alle Dinge der materiellen Welt, der, sich selbst aufopfernd, sich in sie versenkt hat, um die geistige Schöpfung zu vollenden.

Odin, Vater der Asen. Odins Nachkommen.

Der höchste Gott erscheint nach den zuletzt angeführten Dichtungen nicht bloß als Beherrscher der Welt und Vater aller göttlichen Wesen, die vor seiner Erscheinung mehr und mehr in eine sehr untergeordnete Stellung zurückkehrten.

Auch Könige und Heldengeschlechter leiteten von ihm ihren Ursprung her, namentlich die Könige der Angelsachsen, der Franken, sowie die Beherrscher von Dänemark, Norwegen und Schweden. Nach der Edda hatte Odin drei Söhne: Wegdegg, der Ostsachsen, Beldegg (Balder oder Phol), der Westsachsen (Westfalen), Sigi, der Frankenland erhielt, und drei andere: Skiöld, Säming und Yngwi, denen er Dänemark, Norwegen und Schweden zuteilte. Von Sigi leiten andere Sagen den Wals, Siegmund und den Niflungenhelden Sigurd ab, von Beldegg den Brand und Heingest oder Hengist, Horsa und Swipdager. Die angelsächsischen Stammtafeln leiten von Woden (Wodan) und Frealaf (Freya) sieben Söhne her, die Stifter der angelsächsischen Königreiche. Andere nehmen auch hier nur drei Söhne an, die mit den nordischen annähernd übereinstimmen.

Die Auffassung von dem Göttervater, als dem die ganze Natur durchdringenden und beseelenden Geist, war nur das Eigentum tiefsinniger Denker; im Bewußtsein des Volkes lebte er fort als Sturm- und Schlachtengott, der die gefallenen Helden in seine Walhalla aufnahm. Indessen kam doch dieser Glaube unter dem Waffenklirren und bei dem wilden Kriegsleben überhaupt mehr und mehr in Verfall, wie auch im römischen Weltreich zur Zeit der Kaiser und schon früher die alten Götter ihre Geltung verloren. Man bezog die Mythen nach dem Vorgange des Griechen Euhemeros auf menschliche Thaten und Persönlichkeiten, oder man deutete sie allegorisch, oder man warf kühn allen Glauben über Bord, man stieß den Thron der Gottheit um, zu dem sonst der hülfsbedürftige Mensch Hand und Herz flehend emporhebt. „Ich glaube an mich und an mein gutes Schwert", sagte ein verwegener Wiking, als ihn der König nach seinem Glauben fragte. „Ich glaube auch an dich, König", fuhr er fort, „wenn du mir reichlich Sold zahlst."

Daß die Verehrung der alten Götter auch bei den Skalden nicht mehr fest stand, das beweisen viele mythische Dichtungen, in welchen sie keineswegs rühmliche Rollen spielen. So bewarb sich Odin um die Gunst einer schönen Maid. Sie versprach, seiner am Abend zu warten; als er aber sich einstellte, fand er das Haus voll rüstiger Gäste und entging mit Mühe den ihm zugedachten Prügeln und Wunden.

Nach der höhern Auffassung ist Odin Vater der Götter und Menschen; diese hat er geschaffen, jene sind seine mittelbaren und unmittelbaren Nachkommen. Er erzeugt mit Jörd (Erde) den starken Thor, den Vater des Magni und Modi (Kraft und Mut), mit Frigg den Balder und Höder, mit Rinda den Wali, der Balders Rächer ward, mit neun Müttern den geheimnisvollen Wächter Heimdal. Auch der Dichtergott Bragi, der Götterbote Hermoder, der kühne Bogenschütze Uller und selbst der Himmelsgott Thr, der sonst die höchste Verehrung genoß, werden als Söhne Allvaters angeführt. Endlich erscheinen ihm stammverwandt Forseti, der Sohn Balders, und Widar, der einst in der neuen Welt der Heiligkeit und Unschuld herrschen soll. So ist er der Vater der Asen. Dagegen sind Hönir, der den geschaffenen Menschen Sinn und Leben, und Loke, der ihnen Blut und blühendes Antlitz verlieh, Odins Brüder oder Genossen in urweltlicher Zeit und sie genossen gleich ihm göttlicher Verehrung.

Einem anderen Göttergeschlecht, dem der Wanen, gehören der mächtige Niörder, sein lichter Sohn Freyer und seine Tochter Freya an, die als Geisel nach Asgard kamen und unter die Asen aufgenommen wurden.

Der Schimmelreiter. Zeichnung von Conrad Ermisch.

Wodan, der allwaltende Götterkönig, lebte noch in der Erinnerung der germanischen und skandinavischen Völker fort, als schon lange sein Dienst durch die Predigt vom Kreuze verdrängt war. An die Legende vom Erzengel Michael knüpfte sich der alte Glaube. Der Engel, der mit dem flammenden Schwerte die Scharen des Abgrundes niederwarf, trat an die Stelle des siegreichen Gottes.

Ihm errichtete man an der Stelle der Heiligtümer Wodans Kirchen und Altäre, und tapfere Kämpfer verlangten ihn bei der Taufe zum Paten und Schutz=patron. Am Michaelstag, da man einst dem segnenden Gott Ernteopfer brachte, wurden und werden noch jetzt Schmausereien und Umzüge abgehalten. In ähn=licher Weise trat an Wodans Stelle der heilige Martin, ein Kriegsmann nach der Legende, der einst dem Heiland im Bettlergewande ein Stück von seinem Mantel verabreichte. In Paris wurde der Mantel (Cappa, d. h. Mantel mit Kapuze) in einem Bethause aufbewahrt, welches deshalb den Namen Kapelle erhielt. Er wehte den Merowingern, als siegverkündendes Zeichen, voraus in die Schlacht. Zu Ehren des Heiligen, oder eigentlich Wodans, speist man am Martinstag eine Gans, oder es zieht ein lustiger Bursche, auf einem Schimmel reitend, gefolgt von Jung und Alt, durch das Dorf und teilt Äpfel, Birnen und Nüsse, gelegentlich auch Schläge aus. Als Schimmelreiter hält auch der heilige Nikolas (Claesvaer) zur Weihnachtszeit seinen Umzug, wie in heidnischer Zeit der Gott zur Zeit der Wintersonnenwende. Bei manchen Volksfesten in England treten sogar Wodan und sein Weib Frigga unter diesen Namen auf, ein Beweis, wie tief der Glaube an den Gott im Volke begründet war.

Dasselbe bezeugt auch die Benennung des vierten Wochentags Wodanstag, im Niederdeutschen heute noch Gunstag aus Godansdag, im Englischen Wed=nesday, und ebenso beziehen sich darauf viele Ortsnamen, wie Godesberg, eine Burgruine auf dem linken Rheinufer, dem Siebengebirge gegenüber, ehemals Gudenesberg und Wodanesberg genannt, desgleichen Gudensberg in Hessen, nach alten Urkunden Wuodenesberg. In Schleswig findet sich Woenslag, d. i. Wodanshügel, und Wodenesbearg hießen im Angelsächsischen mehrere Berge, wo einst dem Gotte geopfert wurde.

In Friesland hat man gleichfalls noch viele Lokalitäten, die an den Wodansdienst erinnern; denn daselbst hielt das Volk beharrlich an dem alten Glauben fest. Der friesische Herzog Radbod hatte sich schon zur Annahme der Taufe bereitwillig gezeigt; da fragte er noch, wo seine Vorfahren seien, und als er erfuhr, sie seien in der Hölle, wollte er lieber mit ihnen bei Wodan versammelt sein, als mit dem gemeinen Christenvolk im Himmel. Nach der Legende aber erschien ihm, da er sich zur Taufe bereitete, ein Mann in krie=gerischer Rüstung, der ihm Wodans goldblinkende Säle und den für ihn ge=schmückten Sitz zeigte, und ihn warnte, von dem alten Gotte abzuweichen. Der Diakonus, der die Erscheinung gleichfalls erblickte, machte darüber das Zeichen des Kreuzes, und sogleich verwandelte sich alles in Moor und ekelhaften Sumpf. Indessen muß der Herzog dadurch nicht abgeschreckt worden sein, denn er blieb bis an seinen Tod 719 dem Glauben der Väter getreu und verfolgte die Christen. Auch in bayrischen Sagen tritt der alte Sturmgott bald in anmutiger, bald in schreckenerregender Gestalt auf. So weiß man an manchen Orten zu be=richten, wie er sich in Liebe einer holdseligen Köhlerstochter zugesellte.

Lili, so hieß die schöne Maid, las emsig Erdbeeren im Wald. Als die Abendglocken im Dorfe läuteten, setzte sie sich müde an eine Quelle unter einer hochstämmigen Buche. Sie blickte träumerisch in das verglühende Abendrot; da trabte ein stattlicher Reiter durch den Wald und hielt vor ihr an.

Ein glänzender Helm bedeckte sein Haupt, ein mit goldenen Sternen besäeter Mantel umwallte seine mächtigen Schultern. Er fragte sie nach Namen und Herkunft, und als er hörte, daß sie müde und die väterliche Hütte weit entfernt sei, hob er sie leicht, als ob sie ein Kind wäre, zu sich auf seinen kohlschwarzen Rappen, und fort ging der Ritt wie im Flug, sodaß sie im Nu an des Köhlers Behausung waren. Der nahm den späten Gast bieder und freundlich auf und teilte mit ihm sein Abendbrot und seinen Labetrunk. Das kräftige Bier in dem Kruge nahm aber kein Ende, wieviel die Zecher auch tranken, und dem Köhler ward es ganz fröhlich zu Mute; er fing an zu singen ernste und heitere Lieder; dann erhob auch der Gast seine Stimme und sang bald gewaltig von Kampf und Sieg, daß das Haus erdröhnte, bald sanft und lieblich von Liebesglut und Liebesglück, und schloß mit den Worten: „Ich kehre, Liebste, zu dir zurück." Mitternacht war herbeigekommen, und man begab sich zur Ruhe. Als Lili am Morgen erwachte, war der Gast schon aufgebrochen; aber sie hörte noch aus der Ferne die Worte „Ich kehre, Liebste, zu dir zurück" und sie gruben sich ihr ins Herz, daß sie den Fremdling nicht wieder vergessen konnte. Sie träumte an der Quelle, wo sie ihn zuerst erblickt hatte, den Traum von Liebesglück.

Tage und Monde vergingen; der Herbst kam herbei. Als sie einstmals wieder an der Quelle unter dem Buchbaum weilte, da hörte sie aus der Ferne sein Lied, und bald stand er vor ihr und geleitete sie zur väterlichen Behausung. Da ward wieder geplaudert, gesungen und auch gezecht, ohne daß der Krug leer wurde. Der Fremdling blieb mehrere Tage und hielt recht ehrbarlich bei dem Köhler um die Hand seiner Tochter an. Der sagte nicht nein, und ihr Herz sagte auch nicht nein; daher ward die Verlobung gefeiert. Doch wollte der Fremdling erst am Tage der Hochzeit seinen Namen nennen, und die sollte in den Zwölften (zwischen Weihnachten und dem Dreikönigstag) gefeiert werden. Er reiste abermals fort und ließ die einsame Braut sich sehnen und härmen. Endlich kam die festgesetzte Zeit und am Sylvesterabend auch der Gast mit zahlreichem Gefolge, und er war anzusehen wie ein König unter seinen Rittern und Edeln. Speisevorräte, Fässer köstlichen Weins wurden herbeigebracht; Köche, Speisemeister und Mundschenken fanden sich ein und selbst Schmuckmädchen, welche der Braut Gewänder von Silberstoff anlegten und sie mit goldenen Spangen, Ringen und funkelndem Geschmeide putzten. Die Ritter und Knappen hielten Waffenspiele, dann folgte am Abend das Bankett, bis sich das Brautpaar in die festlich hergerichtete Kammer zurückzog. Um Mitternacht aber brach ein entsetzliches Sturmwetter los; der Wind heulte, der Donner rollte, die Erde bebte, aus dem Köhlerhause schlugen Flammen, wie Blitze, und aus dem glühroten Schein erhob sich auf seinem Rappen der Bräutigam mit der Braut und jagte hoch über den Baumwipfeln des Waldes in die weite Ferne. Noch oft hat man seitdem die Köhlerstochter an der Quelle unter der Buche gesehen, da singt sie klagend das Lied von der Wiederkehr des Liebsten; oft auch geht sie im silberweißen Gewande bei Vollmondschein durch den Wald und trägt ein Körbchen mit Erdbeeren. Zur Zeit der Wintersonnenwende aber braust der wilde Jäger mit seinen Scharen durch die Luft, und dann hält er die schöne Braut vor sich auf dem Roß, und ihr weißes Gewand flattert im Winde.

Fulla, die Geschmeidebewahrerin von Frigg. Von L. Pietsch.

2.
Frigg und ihr Gefolge.

Wie der Himmel die mütterliche Erde umarmt und mit seinen Strahlen und seinem Regen befruchtet, daß sie Gras und Kraut, Blätter und Blüten und Früchte hervorbringt, so umarmte voreinst Odin die allnährende Jörd, der Riesin Fiörgyn Tochter, und zeugte mit ihr den gewaltigen Thor. Aber der lichte Himmelsgott schied sich wieder von der dunkeln Erdenmutter und vermählte sich der leuchtenden Frigg, Fiörgyns jüngerer Tochter, die forthin mit ihm den Hochsitz Hlidskialf und seine Götterweisheit und Macht teilt, die seines Herzens Freude und Wonne und der Asen Mutter ist. Sie waltet mit ihm über die Schicksale der Menschen und gewährt ihren Verehrern Glück und Sieg, nicht selten durch weibliche List. So verschaffte sie, wie wir bereits berichtet haben, den Winilern oder Langobarden den Sieg über die Vandalen und ihrem Zögling Agnar die Herrschaft über das väterliche Reich. In wichtigen Angelegenheiten fragt sie Odin um ihren Rat, wie bei der kühnen Fahrt zu dem Wettkampf mit Wafthrudnir, wo, um den Preis der Weisheit, Haupt um Haupt eingesetzt wurde. Auch den Menschen, die sie ehrten, erschien sie oft als Ratgeberin und Helferin in der Erdennot und vornehmlich als segnende Gottheit des Eheglücks. Oft flehte man sie an um Kindersegen, und sie erhörte die Gebete der Gläubigen und ließ Heldensöhne erwachsen und schöne Töchter aufblühen.

Wenn im Winter der segnende Himmelsgott, ihr Gemahl, in ferne Länder zieht, so sucht sie ihn weinend durch Feld und Wald, bis sie ihn wiederfindet. Wie man in Hellas die Vermählung des Zeus mit Hera alljährlich festlich beging, so feierten die alten Germanen die Verbindung Wodans mit Frija oder Frea. Sie ahmten bei Hochzeiten durch Umzüge und Wettlauf das Suchen und Finden nach, was noch in christlicher Zeit als heidnischer Gebrauch auf einer Synode verboten wurde. Doch hieß davon die Hochzeit Brautlauf. Die größte Sorge der Göttin war ihr Lieblingssohn Balder, dem die unerbittliche Norne den schwarzen Faden spann und gen Mitternacht nach dem Reiche der Hel warf.

Die Himmelsburg der Frigg. Ihr Palast heißt Fensal oder Fensalir, d. i. Meersaal, wahrscheinlich von Küstenbewohnern so benannt, welche die höchste Göttin zugleich als Meerbeherrscherin und Beschützerin der Schiffahrt betrachteten. Der Palast ist von einem herrlichen Dämmerlicht erleuchtet und glänzt von Perlen und edeln Metallen. Dahin beruft die Herrin Liebende und Ehegatten, die früh verstorben sind, und vereinigt sie wieder zum ewigen Bunde. Dieser freundliche Glaube der alten Germanen beweist, daß die Liebe in ihrer vollen Bedeutung, die reine, nicht von sinnlicher Begierde ausgehende Neigung des Herzens, unter ihnen bekannt und heimisch war, indem sie sich nach Wiedervereinigung sehnten und darauf ihre Hoffnung bauten. Schon römische Berichte von Armin und Thusnelda, von der Heiligkeit der Frauen, als Seherinnen der Zukunft, lassen uns die Verehrung erkennen, die man dem edeln Weibe auch unter den rauhen, kriegerischen Beschäftigungen weihte; noch deutlicher aber findet sich die Romantik der Liebe ausgeprägt in der nordischen Mythe von Brynhild, die in den Flammen des Holzstoßes die Vereinigung mit dem geliebten Sigurd sucht.

In ihrem Prunksaale spinnt Frigg am goldenen Rocken seideweiches Garn, das sie an fleißige Frauen verschenkt. Es nimmt kein Ende, wenn es die Weberin auf den Webstuhl bringt, und sie kann ihr Leben lang davon für ihren ganzen Haushalt Gewänder weben. Der Rocken der Göttin wird nächtlich den Erd=bewohnern sichtbar; denn er ist jener glänzende Sternenstreif, der im gläubigen Altertum Friggsrocken hieß, den aber die unkundigen Menschen unserer Zeit den Gürtel des Orion nennen. Bei der Göttin wohnen auch ihre Freundinnen und Dienerinnen, mit denen sie ihre Entschließungen und die Schicksale der Menschen unter dem Mondessaale berät.

Gefolge der Frigg. Fulla oder Volla, die Fülle, war die vornehmste Rat=geberin und Dienerin, nach germanischem Glauben eine Schwester der Himmels=königin. Sie trug ein Goldband um das lose herabfallende Haar und hatte die Schätze und das Geschmeide der Göttin in Verwahrung; auch war ihr das Amt übertragen, ihre Herrin zu schmücken. Oft brachte sie die Bitten hülfsbedürftiger Menschen vor ihr Ohr und gab milde Ratschläge, wie Hülfe zu gewähren sei. Einst kehrte Frigg sorgenvoll aus der Versammlung der Götter in ihre Be=hausung zurück; denn Odin hatte ihr auf Hlidskjalf seinen Schützling Geirröd gezeigt, wie er als Völkergebieter in seinem väterlichen Reiche waltete, und ihren Pflegesohn Agnar, der in Jötunheim bei einem Riesenweibe und dann in den Hallen seines Bruders ein armseliges Leben führte. Darum trug die

Göttin Leid und hielt mit der Vertrauten Rat, wie das Schicksal der beiden Brüder verändert werden könne. Sofort wurde der Beschluß gefaßt, die treue Fulla solle selbst zu Geirröd gehen und ihn vor einem fremden Wanderer warnen, den die Hunde nicht angreifen, sondern freundlich begrüßen würden. Solches geschah, und als Odin selbst im Gewande eines Wanderers bei dem Könige eintrat, ward er, wie wir oben ausführlich berichtet, ergriffen und mit Feuer gepeinigt, bis er seine Göttermacht offenbarte. Nach der Edda war Geirröd nicht ein ungastlicher Wüterich und Agnar, der den Fremdling erquickte, nicht der Bruder, sondern der Sohn des Königs, was aber Verwechslung scheint.

Hlin, eine andere Dienerin Friggs, ist zum Schutze derjenigen bestellt, welche in ihrer Erdennot die Göttin um Hülfe anrufen. Sie empfing die Bitten der Winiler (Langobarden), die in schwerer Sorge waren, daß sie durch Wodans Ungunst in der Feldschlacht überwunden und von den Vandalen zur Unterthänigkeit würden gezwungen werden. Die weise Gambara, der Winiler Fürstin, und ihre Söhne Ibor und Ajo wendeten sich für ihr Volk an die Himmelskönigin, und Hlin trug die Gebete vor die Herrin und brachte dann eiligen Fluges die siegverheißende Botschaft den Fürsten zu.

Die eigentliche Botin der Göttin war die windschnelle Gna, die auf gold= gezäumtem Rosse, auf den Wellen des Meeres wie auf den luftigen Wolken des Himmels dahin brauste und ihrer Gebieterin von den Schicksalen der sterblichen Menschen Nachricht brachte.

Friggs List. Sie schwebte einst über Hunaland dahin und sah, wie König Rerir, Sigis Erzeugter, vom Geschlechte Odins, auf einem Hügel saß, und hörte seine Gebete um Nachkommenschaft, damit sein Stamm nicht erlösche. Denn er und seine Ehegattin waren wiewohl schon bejahrt doch kinderlos. Sie brachte der Göttin die Gebete des Königs, der oft den himmlischen Mächten edele Früchte geopfert hatte. Frigg reichte ihr lächelnd einen Apfel; der werde, sagte sie, des Fürsten Wunsch erfüllen. Die Botin schwang sich auf ihr Roß Hufwerfer und eilte im Fluge über Erdenland und Meer und über das Gebiet der weisen Wanen, die staunend zu der kühnen Reiterin aufblickten und fragten:

> „Was fliegt dort, was lenkt durch die Luft?"
> Sie antwortete aus ferner Höhe:
> „Ich fliege nicht, ich fahre nicht, ich lenke durch die Luft
> Den schnellen Hufwerfer in Nebel und Duft."

Noch saß König Rerir auf dem Hügel, den eine Föhre beschattete, als die himmlische Botin am nahen Waldessaume sich niederließ. Sie nahm die Gestalt einer Nebelkrähe an und flog auf den Fichtenbaum. Sie hörte die Klagen des Fürsten über das traurige Geschick, daß sein Heldenstamm mit ihm aussterbe; da ließ sie den für ihn bestimmten Apfel in seinen Schoß fallen. Er betrachtete die Frucht anfangs mit Verwunderung, bald aber begriff er die Bedeutung der himmlischen Gabe, nahm sie mit in seinen Palast und gab sie als Zukost seiner Hausfrau. Aber die rasche Gna lenkte eilig ihr edles Pferd auf der luftigen, von Sternen erleuchteten Bahn gen Asgard, wo sie freudig der Gebieterin Be= richt erstattete. Die Königin in Hunaland aber genas zur bestimmten Zeit eines Sohnes, des edeln Wölsung, von dem das ganze Geschlecht den Namen empfing.

Frigg und ihre Dienerinnen. Zeichnung von Prof. C. E. Doepler.

Von Wölsung stammte der tapfere Siegmund, der Liebling Odins, und von diesem Sigurd, dessen Ruhm alle nordischen und germanischen Lande erfüllte.

Als die Himmelskönigin die Vollendung ihres Werkes vernahm, da wollte sie selbst in die Götterversammlung die Kunde bringen und dabei nicht bloß im Glanze ihrer natürlichen Schönheit, sondern auch im reichsten Gewandschmuck erscheinen. Wohl breitete Fulla die Kleinodien vor der Herrin aus, die wie Sterne leuchteten; aber sie genügten nicht. Da deutete die kluge Fulla auf Odins Bildsäule von lauterem Gold, die in der Halle eines Tempels aufgestellt war. Von diesem Golde, meinte sie, könnte ein der Göttin würdiges Geschmeide

gefertigt werden, wenn man die kunstreichen Männer gewänne, die den Götte
vater so herrlich im Bilde dargestellt hätten. Der Versuch wurde gemacht un
gelang. Durch reiche Geschenke verlockt, lösten die Künstler einen Teil des ede
Metalles an einer Stelle ab, die von den Falten des wallenden Mantels bede
war, so daß nicht leicht ein Auge den Raub wahrnehmen konnte. Sie verfertigte
davon einen Halsschmuck von unvergleichlichem Glanze. So erschien die Gött
in der Versammlung, und alle sahen staunend zu ihr empor, wie sie, auf de
Hochsitz neben Odin thronend, ihre folgenreiche That verkündigte, und er selbst, de
Göttervater, fühlte sich von neuer Liebe für sein herrliches Ehegemahl erfüll

Trug-Odin. Kurze Zeit nachher betrat Odin die Tempelhalle, wo seine Bild
säule stand. Wenn aber auch kein anderes Auge den Raub bemerkte, seinem durch
dringenden Blick entging er nicht. Da loderte die Glut seines verzehrenden Zorne
auf. Er ließ die Goldschmiede zur Stelle fordern und, als sie nicht gestande
zum Tode führen. Darauf befahl er, das Bild an der hohen Pforte des Tempel
aufzustellen, und bereitete Runenzauber, der ihm Verstand und Sprache verleihe
sollte, damit es selbst die Urheber des Raubes verklage. Die Göttin war i
unsäglicher Sorge. Sie fürchtete den Zorn des Gemahls und noch mehr di
Beschämung im Kreise der richtenden Asen. Da befand sich nun im himmlische
Haushalt ein dienender Dämon niederen Ranges, aber kühnen und trotzige
Sinnes, der schon oft begehrliche Blicke auf die Herrin gerichtet hatte. Dem
selben verhieß Fulla die Gunst ihrer Gebieterin. Für solchen Preis war de
Unhold zu jedem Wagstück bereit, und als er dessen versichert war, schläferte e
die Tempelwächter ein, riß das goldene Bild von dem Thorpfeiler herunter un
zertrümmerte es in viele Stücke, die nicht mehr reden, nicht mehr Klage erhebe
konnten. Odin sah den Frevel und erkannte den Zusammenhang. Er schwang
Gungnir, den Speer des Todes, willens, sie alle zu vertilgen, die an dem
Frevel Anteil hatten. Aber seine Liebe zu Frigg überwog; er beschloß ein
anderes in seinem erhabenen Geiste. Er entzog sich selbst den Göttern und
Menschen; er entwich in ferne Welten, und mit ihm schwanden alle Segnungen
vom Himmel und vom Erdenland. Ein falscher Odin (Mit= oder Trug=Odin)
drängte sich an seine Stelle, der den Winterstürmen und den Eisriesen Felder
und Fluren überließ. Alles Grün war vergangen, dichtes Gewölk verbarg da
Sonnengold, den Schein des Mondes und der Sterne: die Erde, die Seen und
Ströme erstarrten unter der Wucht des alles Leben vernichtenden Eises. Da
sehnten sich alle Wesen nach dem segenbringenden Gott, und endlich erschien er
wieder: der rollende Donner, die flammenden Blitze verkündigten seine Ankunft.
Der Eindringling floh entsetzt vor dem wahren Odin, und Kraut und Lauch
und Saaten sproßten neu hervor auf der von Frühlingswärme verjüngten Erde.

Wir haben in vorstehendem die zum Teil verworrenen und sich wider
sprechenden Mythen von Frigg und ihrer Gefolgschaft in möglichsten Zusammen
hang zu bringen gesucht, ihre Deutung uns gelegentlich vorbehaltend. Wir be
merken aber noch, daß die zuletzt erzählte Mythe aus einer Zeit herrührt, da
die Göttergestalten schon verblaßt waren. Sie kommt übrigens in veränderter
Form mehrfach vor und dient hier bei Saxo Grammaticus dazu, den Unter
schied zwischen dem sommerlichen und winterlichen Odin hervorzuheben.

Germanische, der Frigg verwandte Göttinnen.

Wir wenden zunächst unsere Betrachtung der hohen Göttin Frigg wieder zu. Erst die nordischen Skalden haben sie auf den Hochsitz erhoben und sie von Frea oder Freyha, der Wanengöttin, unterschieden. Ursprünglich war sie, dem Namen und der Persönlichkeit nach, ganz mit derselben identisch. Denn Frigg kommt von frigen, was im Niederdeutschen völlig das nämliche Wort ist, wie freien im Hochdeutschen, wie man in den niederdeutschen Dichtungen Fritz Reuters nachlesen kann. Die alten germanischen Völker kannten daher nur Frea als Himmelskönigin, die mit Wodan, ihrem Ehegemahl, die Herrschaft der Welt teilt. Indessen war auch der Name Frigga oder Frick üblich, denn im Hessischen, besonders in Darmstadt selbst, sagte man noch vor 50 Jahren von einer wohlbeleibten alten Frau: „Sie ist so dick wie die alte Frick." (Das Wort frigen hängt auch mit „sich freuen" zusammen, und Frigg bezeichnet daher die Freude spendende Gottheit.) Sie war an die Stelle der Erdgöttin Nerthus (irrtümlich Hertha) getreten; von der Tacitus berichtet, daß sie in einem heiligen Haine auf einem Eiland im Meere verehrt wurde. Ihr Priester, so erzählt der römische Schriftsteller, erkannte, wenn die Göttin gegenwärtig war und unter die Völker zu ziehen begehrte; dann wurde sie, d. h. vielleicht ein Idol oder nur irgend ein symbolisches Abzeichen von ihr, auf einen mit Gewand bedeckten und verhüllten Wagen gebracht und unter dem Geleite des Priesters und einer großen Volksmenge von Kühen durch das Land gezogen. Da war überall Freude und Lustbarkeit. Die Waffen ruhten, Friede und Eintracht beglückten die Völker, und die Hoffnung auf reiche Ernte erfüllte alle Herzen. Der Priester ahnte es auch, wenn die Göttin von dem Umgange mit den Sterblichen gesättigt war und in ihr Heiligtum zurückverlangte. Vielleicht rührt daher die Gewohnheit, daß an manchen katholischen Orten im Frühjahr die Äcker durch feierliche Prozession geweiht werden. War der Zug in dem Haine wieder angelangt, so wurden Bild, Wagen und Geschirre in einem See von bestellten Knechten rein gewaschen und letztere in die geheimnisvolle Flut versenkt; denn sie hatten die Mysterien gesehen und waren der dunklen Macht verfallen, der sie gedient hatten. Daß Nerthus die Mutter Erde war, unterliegt wohl keinem Zweifel. Den alten Völkern mußte die Geberin der Fülle und aller Lebensfreude ein besonderer Gegenstand der Verehrung sein, um ihrer Gunst teilhaftig zu werden. Wie hätten sich auch jene einfachen Menschen, die dem sinnlichen Naturzustande noch so wenig entwachsen waren, von dem Eindrucke losmachen können, den das Irdische auf sie machte!

Ist doch noch jetzt des Landmanns Dichten und Trachten hauptsächlich der Erde zugewendet, und nicht bloß in dieser, sondern in allen Schichten der Gesellschaft unserer Zeit dürften sich viele finden, die mit Goethes „Faust" sprechen:

„Aus dieser Erde quellen meine Freuden,
Und diese Sonne scheinet meinen Leiden.
Kann ich mich erst von ihnen scheiden,
Dann mag, was will und kann, geschehn."

Wahrscheinlich wurde Nerthus als die Genossin des Himmelsgottes gedacht, in welchem wir oben den Zio oder Tyr erkannten. Dieser war wohl jener verborgene Gott, den nach des Tacitus ausführlichen Berichte die Semnonen, der vornehmste Stamm des suevischen Volkes, in einem heiligen Haine so hoch verehrten, daß sie nur mit gefesselten Händen den geweihten Boden betraten. Die Erdgöttin kann aber auch dem Wanengotte Niörder als Gattin und Schwester verbunden gewesen sein, von welcher sich derselbe schied, als er unter die Asen aufgenommen wurde. In diesem Falle gehörte sie selbst dem früher verehrten Wanengeschlechte an, und ihr Gemahl hieß wohl gleichfalls Nerthus, was später auf Niörder überging. Die Erdgöttin erscheint auch unter dem Namen Fuld oder Fold, der Menschen Mutter, wie sie in einem angelsächsischen Heilsspruch genannt wurde, und in einer nordischen Dichtung heißt es: „Die alte Fuld erzitterte vor Schrecken, als Thor im Zorne herankam", und ebenso wird in einem andern Spruch gesagt: „Heil dir du vielnütze Fuld!" Offenbar war Fulla, die Schwester oder Dienerin der Frigg, ursprünglich mit ihr identisch.

„Erce, Erce, Erce, Erdenmutter, laß gedeihen des Feldes Früchte und bewahre sie vor Feindes Schädigung", heißt es weiter in jenem angelsächsischen Heilsspruch. Es gab demnach auch eine Erdgöttin Erce, und diese ist offenbar jene in späteren deutschen Sagen vorkommende Frau Erke, Herke oder Harke, wahrscheinlich auch Hera, von welcher im 16. Jahrhundert berichtet wird, daß sie zur Zeit der Wintersonnenwende durch die Luft fliege und reiche Jahresernte verkündige. Von Frau Harke wußte man in den Marken, besonders im Havellande, viel zu erzählen, wie sie eine schöne, aber riesenhafte Frau sei, im Harkenberg bei Havelberg wohne, wie sie oft am Harkengrund, einer tiefen Erdspalte, oder auf dem Harkenstein, einem isolirten Felsen sitze, wie sie endlich Eichbäume gleich Rohrstengeln mit der Wurzel ausreiße und damit nächtlich ihre Herde, das Wild des Waldes, zur Weide treibe. Sie soll in den Marken die Teltower Rübchen eingeführt haben, aber als die alten Eichen von Menschenhand gelichtet wurden, nach Thüringen ausgewandert sein. Ihr Dienst war weit verbreitet: denn in Westfalen findet man ein Herchenstein und in Oberhessen ein Herchenhain. Nach Angabe einer Chronik soll eine Frau Erka, auch Frau zur Linde genannt, den Ort Erkelenz im Jülichschen erbaut haben. Sie war von kriegerischem Charakter, wie auch Frea, und wurde mit Schwert und Schild dargestellt, und es ist vielleicht nicht zufällig, daß auf der bei Mainz gefundenen Silberscheibe eines Kaiserschwertes die Gestalt einer Amazone mit Wurfspieß und Doppelbeil ausgearbeitet ist. In der Heldensage erscheint Herla als die Hausfrau Etzels (Attilas), und ihre Schwester ist Berta, in der man die deutsche Göttin Berchta erkennt.

Frau Gaude oder Gode. Im Mecklenburgischen kommt dasselbe Wesen unter dem Namen Frau Gaude oder Gode vor, die weibliche Seite Wodans oder Godans. Sie bringt nach dem Glauben des Landvolks Glück. Nach einer Sage mußte ihr auf ihrem Umzuge ein Zimmermann das schadhafte Rad ihres Wagens ausbessern. Sie schenkte ihm zum Lohne die abgefallenen Späne. Ärgerlich über den kärglichen Lohn steckte der Handwerker nur wenige von den Abfällen ein; aber am Morgen sah er mit Erstaunen, daß sie lauteres Gold waren. Nach einer andern Sage war Frau Gaude eine gewaltige Jägerin, die Tag und Nacht, an Werk und Sonntagen mit ihren 24 Töchtern dem edeln

Weidwerk oblag. Sie muß daher mit den in Hunde verwandelten Jungfrauen in alle Ewigkeit jagen und gehört nun der wilden Jagd an. Dieser alte Glaube findet in einem Kinderspiel Wiederhall. Ein Mädchen, Frau Gode geheißen, lauert auf der Erde und nimmt ein Kind auf den Schoß; dieses ein zweites u. s. f. Ein anderes Mädchen kommt als hinkende Frau und holt die Kinder nacheinander weg. Wie die verarmte, kinderlose Gode ihre Lieblinge wieder aufsucht, fahren diese als Hunde auf sie los, das Gebell und die Geberde des Zerreißens nachahmend.

Hilde, eine der Walküren. Vom Fries von Prof. W. Engelhard.

Frau Hilde. In Frankreich hieß dasselbe Wesen auch Bensocia (gute Genossin, bonasocia), in den Niederlanden Pharaildis, d. i. Frau Hilde oder Brouelden, daher die Milchstraße Broueldenstraat.

Hilde (Held) bedeutet Krieg, und sie ist eine Walküre, welche mit ihren Schwestern in den Schlachten ihres Amtes waltet. Sie war nach späterer Dichtung König Högni's Tochter und ward von dem kühnen Hedin auf einer Raubfahrt entführt, während sie am Strande Zauberkräuter sammelte.

Ihr Vater verfolgte den Räuber mit seiner Flotte und erreichte ihn an einem Eiland. Vergeblich suchte Hilde den Streit zu vermitteln; schon hatte Högni sein furchtbares Schwert Dainsleif gezogen, das Wunden schlug, die nimmer heilten. Noch einmal bot Hedin dem Schwäher Sühne und als Buße viel rotes Gold. „Dainsleif“, rief ihm dieser höhnisch entgegen, „das von Zwergen geschmiedete Schwert, kehrt nicht in die Scheide zurück, ohne der Männer Blut getrunken zu haben.“ Der Kampf begann und wütete den ganzen Tag ohne Entscheidung. Am Abend kehrten beide Heere auf ihre Schiffe zurück, um sich für den folgenden Tag zu neuem Kampfe zu stärken. Aber Hilde schritt über die Walstatt, mit Runenkunst und Zauberkraft die gefallenen Streiter erweckend, die zerbrochenen Schwerter und Schilde festigend. Als der Tag anbrach, begann der heiße Kampf von neuem, bis die Dämmerung Einhalt gebot. Dann lagen die Toten starr, wie Leichensteine; aber vor Morgengrauen weckte sie die zauberkundige Jungfrau zu neuem Kampfe, und das dauert fort, bis die Götter vergehen. Hilde war auch in Deutschland bekannt und verehrt, wie die Sage von der Gründung der Stadt Hildesheim beweist. Soweit auf ihr Gebiet der Schnee gefallen war, ließ König Ludwig den Dom daselbst erbauen. Später setzte man an ihre Stelle die Jungfrau Maria, und man gründete zu Ehren der Maria am Schnee (Marie au neige) in Deutschland und Frankreich verschiedene Kirchen. Der Frau Hilde (Pharaildis) gehörte nach dem Volksglauben der dritte Teil der Welt und sie fährt mit großem Gefolge, also den erweckten Toten, durch die Luft. Dasselbe wurde in Frankreich von der dame Habonde (Abundia, Überfluß) erzählt, was sie mit Volla oder Fulla zusammenstellt. Ihr ähnlich wurde in den Niederlanden Wanne Thekla gedacht, die aber zugleich Beschützerin der Schiffahrt war.

Nehalennia (Isa), gleichfalls eine Beschützerin der Schiffahrt und des Handels, wurde von keltischen und germanischen Völkern auf der Insel Walchern in einem heiligen Hain verehrt, hatte aber auch zu Nivelles Altäre und Heiligtümer. Dem Namen nach ist sie keltischen Ursprungs; doch könnte die Benennung auch mit Nebel verwandt sein, sodaß sie als Beschützerin vor dem den Fahrzeugen gefährlichen Nebel zu denken wäre. Noch älter und weiter verbreitet war der Dienst der Isa oder Eisen in Deutschland, die der Nehalennia ganz identisch ist. An ihre Stelle trat in christlicher Zeit die heilige Gertrud, deren Name (Ger, d. i. Spieß, und Trude, Tochter des Thor) den heidnischen Ursprung verrät. Ihr oder vielmehr der Nehalennia, oder auch der Frau Eisen zu Ehren wurde noch im 12. Jahrhundert ein im Jülichschen gezimmertes und mit Rädern versehenes Schiff über Aachen und Mastricht nach der Schelde gefahren. Leinweber, die alte Priesterschaft der Göttin, mußten es ziehen; Männer und Frauen im wilden Gedränge umtanzten das Fahrzeug, das zugleich Wagen und Schiff war. In ganz ähnlichen Umzügen mochte man wohl in heidnischer Zeit das Fest der Göttin gefeiert haben. Aus den feierlichen Umzügen ihr zu Ehren, wobei das Volk in allerlei Vermummungen um ihren Schiffswagen, carnaval genannt, in ausgelassener Festfreude tanzte, leitet man den Ursprung unseres Karneval ab, wohl mit mehr Recht als aus dem italienischen carnevale „Fleisch leb wohl!“ — zu Beginn der Fastenzeit.

In anderen Gegenden wurde der Eisen zu Ehren ein Pflug oder ein Wagen herumgefahren, und eine spätere Sage berichtet von einer Frau Eisen, die zu dem deutschen König Schwab gekommen sei und sein Volk den Ackerbau, die Kunst zu nähen, zu weben und noch andere Künste gelehrt, auch besonders den Ehestand gefördert und gesegnet habe. Diese Gebräuche und Sagen beweisen den Glauben an eine mütterlich sorgende Göttin, welche der Schiffahrt, dem Handel und überhaupt den Künsten des Friedens vorstand, die also nur im Namen von der Erdgöttin Nerthus verschieden war. — Der Dienst der Frau Eisen war sehr alt; denn schon Tacitus berichtet, daß suevische Völker der Isis opferten, deren Zeichen ein Schiff sei. Er meint, dieser Kultus sei aus fremden Landen gekommen. Indessen findet man in verschiedenen alten Sagen einen Schiffer Eise oder Ise, der bedeutsam hervorgehoben wird, und Isenstein, Brunhildens Burg in den Nibelungen, Isenburg am Niederrhein, Eisleben, Eisenach beziehen sich ohne Zweifel auf die alte, einheimische Göttin.

3.
Holda. Ostara.

Im Lande Tirol, wo die schneegekrönten Firnen glänzen, wohnte vor Zeiten ein Senne mit Weib und Kindern im einsamen Thale. Er trieb täglich seine kleine Herde auf die Weide und erlegte auch gelegentlich ein Gemswild, da er ein guter Schütze war. Seine Armbrust diente ihm zugleich, das Raubgetier abzuwehren, das dem Vieh nachstellte; und manches Bären- und Wolfsfell, das den Boden seiner Hütte polsterte, gab Zeugnis von seiner Geschicklichkeit im Weidwerk. Einstmals hütete er seine Rinder und Ziegen hoch am Berghang auf duftigen Matten; da erblickte er ein stattliches Gemstier, dessen Gehörn wie Sonnenlicht glänzte. Schnell ergriff er sein Schießzeug und kroch auf Händen und Füßen, um in Schußweite zu kommen. Aber das Wild sprang von Fels zu Fels immer höher und schien oft auf ihn zu warten, gleich als spotte es der Verfolgung. Er setzte der Gemse eifrig nach bis an den Gletscher, der sich von der Firne niedergesenkt hatte. Hier verschwand sie hinter Steintrümmern; aber er sah in der Gletscherwand ein hochgewölbtes Portal und im Hintergrunde der Wölbung einen hellen Lichtschein. Er schritt kühn durch den dunkeln Gang und gelangte in einen prächtigen Saal, dessen Wände und Decke von blinkendem Krystall und mit eingefügten feurigen Granaten geschmückt waren. Durch die krystallenen Wände erblickte er blumenreiche Matten und schattige Haine; aber mitten in der Halle stand ein hohes Frauenbild, die schwellenden Glieder von silberglänzendem Gewand mit goldenem Gürtel umhüllt, das Haupt von blonden Locken umwallt und mit einer Krone von Karfunkeln geschmückt. In der Hand trug sie einen Strauß von Blumen, blau wie ihre Augen, die huldvoll auf den staunenden Sennhirten niederblickten. Schöne Jungfrauen, mit Alpenrosen bekränzt, umgaben die Gebieterin und ordneten sich wie zum Reigen. Der Hirte aber sah nur auf die Herrin und sank anbetend auf die Kniee. Da sprach sie mit einer in die Tiefe der Seele dringenden Stimme: „Wähle von meinen Schätzen, was dir das Köstlichste dünkt, Silber und Gold, oder edles Gestein, oder eine meiner Dienerinnen."

8*

— „Gieb mir, gütige Göttin“, antwortete er, „gieb mir den Blumenstrauß in deiner Hand; ich verlange kein anderes Gut der Erde.“ — Sie neigte gnädig ihr Haupt, indem sie die Blumen ihm darreichte, und sagte: „Du hast das Beste dir erkoren. Nimm und lebe, so lange die Blumen blühen. Und hier hast du Samen“ — sie deutete auf einen Scheffel — „deine Äcker zu besäen, daß sie der blauen Blumen viele tragen.“ — Er wollte ihre Knice umfassen, aber ein Donner=schlag erschütterte Halle und Berg, und die Erscheinung war verschwunden.

Als er aus der Betäubung erwachte, sah er nur die Felsen und den Gletscher vor sich, woraus der wilde Gießbach quoll, aber nicht mehr den Ein=gang in die Wohnung der Göttin. Er hielt noch den Strauß in der Hand, und neben ihm stand der hölzerne Scheffel, hoch mit Samenkörnern angefüllt. Das überzeugte ihn, daß ihn kein Traum getäuscht hatte. Er nahm die Gaben mit seinem Schießzeug auf und stieg sinnend von der Höhe hinab, um nach seiner Herde zu schauen. Er fand sie nirgends, soweit er auch umherspähte, und als er in seine Hütte trat, sah er viel Not und Jammer. Bären und Wölfe hatten die Kühe zerrissen und nur die flüchtigen Ziegen waren dem Raubgetier entronnen.

Ein ganzes Jahr war nämlich seitdem verflossen, und er hatte doch ge=glaubt, er habe nur wenige Stunden auf der Gemsjagd in dem Berge zuge=bracht. Als er nun der Frau den Strauß zeigte und sagte, er wolle den Samen säen, da zürnte und keifte sie über das nutzlose Werk, aber er ließ sich nicht irre machen, sondern ertrug geduldig alle Scheltworte und allen Mangel und be=harrte bei seinem Vorhaben. Er grub den Acker um und streute die Körner hinein: aber sie wollten kein Ende nehmen; ein zweites und drittes Gelände ward besamt, und immer blieb noch Vorrat. Bald wuchsen die Stengel in üppiger Fülle hervor, und die blauen Blumen entfalteten sich in Menge, daß auch die Frau ihre Freude daran hatte, weil das Feld gar lieblich anzusehen war. Der Mann dagegen hütete Tag und Nacht das Ackerland, und oft sah er im Mondschein die Herrin des Gebirges, wie sie mit ihren Jungfrauen das Feld umwandelte und segnend die Hände darüber ausbreitete. Als nun die Blumen verblüht und der Samen reif war, erschien sie wieder und lehrte die Behandlung des Leins; sie trat auch in die Hütte des Sennen und zeigte, wie man den Flachs spinnen und weben und darauf die Leinwand bleichen müsse, daß sie weiß werde, wie frisch gefallener Schnee. Der Senne ward ein ver=mögender Mann und ein Wohlthäter des Landes: denn er führte den Flachs=bau ein, der Tausenden Beschäftigung und Gewinn brachte. Er sah Kinder, Enkel und Urenkel um sich versammelt und wurde sehr alt, und der Blumen=strauß, den er von der Göttin erhalten, blühte immer fort, bis der damit Be=schenkte hundert Jahre alt geworden und lebensmüde war. Als er nun eines Morgen nach den lieben Blumen sah, senkten alle welk und krank ihre Köpfchen. Da erkannte er, daß es Zeit sei, vom irdischen Leben zu scheiden. Er stieg mühsam, auf den Stab gestützt, zur Alm empor. Es war schon Abend, als er am Gletscher anlangte, und ringsum glühten die schneeigen Firnen, als feierten sie den letzten Gang eines guten Menschen. Er erblickte wieder das gewölbte Portal und im Hintergrunde das dämmernde Licht.

Nun schritt er getrosten Mutes durch das Grauen der Finsternis dem strahlenden Morgen zu, der in Huldas Halle den müden Erdenpilger erwartete. Aber hinter ihm schloß sich die Pforte und er ward nicht mehr auf Erden gesehen.

Diese und ähnliche Sagen werden hin und wieder in Tirol von der alt= germanischen Göttin Hulda oder Holda erzählt. Schon ihr Name verrät, daß sie eine Gottheit der Huld und Gnade war, und ihr Dienst muß in Deutschland und auch in Schweden allgemein gewesen sein.

Holda, die gütige Beschützerin. Zeichnung von J. W. Heine.

Dennoch findet man weder im Osning oder Teutoburger Walde, wo noch viele Lokalitäten und Namen an den altgermanischen Kultus erinnern, Spuren von ihrer Verehrung, noch haben uns die nordischen Skalden davon Kunde gegeben. Desto mehr gedenken deutsche Märchen und Sagen der hohen Göttin, deren Wesen und Walten in der Erinnerung des Volkes fortlebt, und die nordische Huldra, die mit wunderbarem Gesang (Huldreslat) die Menschen zu sich lockt, ist ihr völlig identisch. Dieser verführerische Gesang wird übrigens auch den Elfen zugeschrieben, die im Nordischen den Namen Hulder oder Huldrefolk führen.

Es ist eine melancholische Weise, die man in Sommernächten aus den Elfen=
hügeln herauf vernimmt, auch „Elfenkönigs Lied" genannt.

In einem norwegischen Märchen wird Hulla oder Hulda Königin der
Kobolde genannt. Sie war eine Tochter der Königin der Huldemänner, die
ihrem treulosen Gemahl und dann sich selbst den Tod gab. Sie verlockte durch
einen Hirsch den weisen König Odin in ihre glänzende, tief im Walde gelegene
Behausung. Sie bewirthete ihn aufs beste und bat ihn dann, in einem Rechts=
streit, den sie wegen Ermordung ihres Gemahls mit den anderen Kobolden und
Thursen zu führen habe, das Urteil zu sprechen. Er willfahrte ihr, und seine
Entscheidung fiel dahin aus, daß sie Beherrscherin aller Kobolde und Thursen
im Nordland sein solle. Diese Sage ist der Fassung nach sehr neu, beruht aber
wohl auf älterem Glauben. Denn noch jetzt versichern Hirten und Jäger, sie
hätten auf ihren einsamen Wanderungen oft Gehöfte und schöne Gärten gesehen,
wo doch nur wüstes Feld sei, und ebenso wissen sie von der wunderbaren Musik
zu erzählen, die sich bald hoch in der Luft, bald unter der Erde hören lasse.

In Deutschland wird Hulda schon im 10. Jahrhundert genannt, und die
Phantasie des Volkes dachte sich dieselbe als eine hohe Frau von wunderbarer
Schönheit, in weißem, wallendem Gewand mit goldenem Gürtel. Ein mit silber=
nen Sternen gestickter Schleier umhüllt ihr goldenes Haar und fällt auf Schultern
und Rücken herab; doch ragt am Scheitel eine wirre Locke darüber hervor.
In dieser reizenden Gestalt erscheint sie durch alle Jahrhunderte, und manches
Sonntagskind erblickt sie vielleicht noch jetzt in den Nebelgebilden, die über
feuchte Wiesengründe hinziehen. Man erkennt unschwer in ihr die Himmels=
königin Frea oder die nordische Freya, die Göttin der Schönheit, während der
emporgesträubte Haarbüschel anzeigt, daß sie auch im Sturme dahinfahre.

Der Göttin waren die Mal= oder Gerichtsstätten heilig, und es wurden in
heidnischer Zeit daselbst Opfer gebracht, wodurch das Gericht religiöse Weihe
erhielt. Sie wohnte und hatte ihr Bett daselbst, daher das französische lit de
justice. Ferner hat sie acht auf die Freisteine, wo Verfolgte ein Asyl fanden,
ebenso auf die Spilsteine, deren spindelförmige Gestalt an die spinnende Göttin
erinnert. Ein solcher findet sich als Marke an der Grenze von Burgund, und
Frau Hela soll ihn unter dem Arme hergetragen und aufgerichtet haben. Oft
wandelt ihre leuchtende Gestalt mit einem Gefolge göttlicher Jungfrauen nachts
bei Vollmondschein oder auch am Tage durch die ländlichen Fluren, zieht Furchen
mit ihrer Spindel und bezeichnet und heiligt damit die Grenzen, die kein Frevel
zu verletzen wagt. Unter den Bäumen ist ihr besonders die Linde geweiht,
weshalb wohl im Mittelalter die Gerichte im Schatten dieses Baumes gehalten
wurden. Berühmt ist in dieser Hinsicht die Femlinde bei Dortmund in Westfalen,
die leider ein Orkan im Winter 1870 zum größten Teile niedergerissen hat.
Auch spielt die Linde im Volksliede eine große Rolle, wie in dem bekannten:

> „Am Brunnen vor dem Thore
> Da steht ein Lindenbaum."

Und noch heute gilt die Dorflinde als Vereinigungspunkt ländlichen Lebens.

Eine andere Gestalt nimmt die Göttin an, wenn sie als Erdenmutter, als
Spenderin des Werdens, des entstehenden Lebens gedacht wird. Da ist sie eine

würdige Matrone, bald sitzend auf reich geschmücktem Lehnstuhl, bald lustwan=
delnd in Haus und Garten und immer umgeben von Scharen ungeborner oder
früh verstorbener Kinder, die sie wartet und mütterlich pflegt. Sie wohnt in
der Tiefe, unter Brunnen, Teichen und Seen; denn das irdische Leben bedarf
zu seinem Entstehen und Blühen der Erde und des Wassers. In der Tiefe
hat sie Gärten und Wiesen, wo die Ungeborenen harmlos, ohne Verlangen nach
oben, fröhlich spielen und aus den Blumenkelchen Honigseim nippen. Sie
wohnt auch unter hohlen Bäumen oder im Berge; sie hat namentlich im Kuni=
berts=Brunnen bei Köln, im Harz unter der Teufelsbrücke an der Roßtrappe,
im Frau=Hollenteich am Meißner in Hessen und unter dem Brunnen der Spilla=
holle in Schlesien ihre hellerleuchtete, warme Behausung. Übrigens zeigt man
fast bei jeder Stadt einen Kinderbrunnen, aus welchem der Klapperstorch der
noch heute im Plattdeutschen adebar d. h. „der Kinderbringer" heißt, die Kinder=
seelen heraufholt, daß sie in die Körperwelt eingehen. Am bekanntesten ist in
dieser Beziehung der Quickbrunnen in Dresden, dessen Wasser Kindersegen ver=
leihen soll. Man hat sogar eine Kapelle mit einem Storch auf dem Giebel
darüber gebaut, die 1512 erneuert wurde. Es ist freilich die Jungfrau Maria
an die Stelle der alten Göttin getreten, wie der alte Kinderreim beweist:

> „Storch, Storch, Steinen
> Mit den langen Beinen,
> Mit dem kurzen Knie;
> Jungfrau Marie
> Hat ein Kind gefunden
> In dem gold'nen Brunnen,
> War in Gold gebunden."

Allein diese lebte doch hier, wie an anderen Orten, viele Jahrhunderte im Ge=
dächtnis des Volkes fort. So erzählt man von einer Frau, die ihr Kind früh
verloren hatte, sie sei, nächtlich umherirrend, in einen hell erleuchteten Saal
gekommen, wo Holda, von vielen Kindern umgeben, auf hohem Throne saß
und das verlorne Knäblein liebkosend auf dem Schoße hielt. Da sei denn die
Mutter, wie die Sage weiter berichtet, getröstet zurückgekehrt, weil sie ihr Kind
in so guter Pflege gesehen habe.

Man sieht, daß der Glaube unserer Vorfahren auch manche freundliche
und trostreiche Seite hatte. Daß dabei der Humor nicht fehlte, lehrt die Sage,
wonach Frau Holda mit Kaiser Friedrich in den Kyffhäuser ging und daselbst
fort und fort als seine Schaffnerin für Speise und Trank der Helden, für
Fütterung der Pferde, überhaupt für den ganzen Haushalt Sorge trägt. Da
ist sie wieder die Erdenmutter, die, wenn der segnende Sommergott Odin
während des Winters im Berge schläft, das Leben der Natur erhält. Im
Kyffhäuser sahen sie einst lustige Musikanten, die vorüberziehend dem alten Kaiser
ein Ständchen brachten. Als das Spiel zu Ende war, trat die Schaffnerin zu
ihnen und bot jedem Spielmann einen köstlichen Frühtrunk alten Weines und
als besondere Gabe einen leibhaftigen Pferdekopf. Die Gesellen ließen diese
seltsame Gebühr verächtlich liegen; aber einer holte sich die seinige wieder,
um seiner Frau einen Streich zu spielen. Er legte sie unter ihr Kopfkissen.

Aber wie freudig ward er überrascht, als die Liebste ihm am Morgen statt des Pferdekopfes einen Goldklumpen zeigte! Er ward dadurch ein reicher Mann und baute sich ein prächtiges Schloß, während seine Genossen ihr Leben lang Fiedeln und Pauken schleppen mußten.

Nach einer andern Version ist es die Prinzessin Ute, welche den Musikanten einen Laubzweig überreicht. Verdrießlich werfen sie denselben weg, nur Einer, der Jüngste steckt ihn auf den Hut. Bald wird ihm derselbe zu schwer und siehe da, als er ihn abnimmt, ist der Zweig von lauterem Gold. Da eilen die anderen zurück ihre Zweige zu suchen, doch vergebens.

Noch mehr als die thörichten Spielleute hatte, wie Mannhardt erzählt, der erste Napoleon die Geringschätzung der germanischen Göttin zu bereuen. Auf dem Zuge nach Rußland nahm nämlich einer seiner Marschälle Quartier im Kyffhäuser, weil er gehört hatte, daß es in dem verwünschten Schlosse spuke. Um Mitternacht aber stand Frau Holda vor seinem Lager und trug ihm auf, er solle seinen Gebieter vor dem Marsche nach Rußland warnen und ihn auffordern, eilends über den Rhein zurückzukehren, weil Kaiser Friedrich die Franzosenherrschaft in seinem deutschen Reiche nicht länger dulden und dem fremden Gewalthaber übel mitspielen werde, wenn er die Mahnung nicht beachte. Dem Marschall schien die Sache so bedenklich, daß er, wie man berichtet, den Auftrag seinem kaiserlichen Herrn treulich mitteilte. Dieser verlachte die Botschaft wie den Bringer derselben, hatte aber nachmals auf St. Helena hinlänglich Muße, darüber Betrachtungen anzustellen. Schade, daß die Göttin dem dritten Napoleon nicht erschien, ehe er die freche Kriegserklärung gegen Deutschland schleuderte. Er hätte vielleicht mehr auf ihre Warnung geachtet.

So zieht die Dichtung bis in die neuere Zeit die einst verehrte Göttin in ihr bilderreiches Spiel, läßt sie bald segnend die Fluren umwandeln, bald in Kinderstuben eintreten, um gute Kinder zu belohnen und übel geratene zu bestrafen, bald auch die Spinnstuben besuchen, wo sie des Nachts den faulen Mägden den Rocken zerreißt oder verwirrt, den fleißigen aber die Spule voll spinnt und um den Rocken goldglänzenden Flachs legt. Der priesterliche Eifer gegen das heidnische Wesen hat aber ihre freundliche Erscheinung in eine widerwärtige, abschreckende verwandelt. Da fährt sie mit gesträubtem Haar durch die Luft; Hexen umgeben sie, die auf Katzen reiten; denn die Tiere waren ihr, wie der Freya, heilig. So begegnet sie uns in der bekannten Ballade Goethes „Der getreue Eckart"; da sind es keine Holden, sondern Unholden, die den Kindern das Bier austrinken. Sie dringt des Nachts in die Wohnungen, wo sie ungeborene Kinder wittert, und vertauscht sie mit abscheulichen Wechselbälgen. Daher kommen die Ausdrücke „mit der Holle fahren", „einen Hollenkopf d. i. Wirrkopf haben", die noch an vielen Orten in Gebrauch sind. Der Name „Frau Holle" hat sich auch in deutschen Volksmärchen erhalten. Wer kennt nicht die Goldmarie und die Pechmarie nach dem Märchen von Gebrüder Grimm?

In furchtbarer Gestalt tritt sie auf, wenn sie mit dem Totenheer aus den Bergen zieht. Da ist sie die wilde Jägerin, die, gleich Odin, auf weißem Rosse über Wasser und Land jagt und auch Lebende, die sich nicht auf den Boden werfen, mit sich fortnimmt. Sie erscheint also in diesem Umzuge als

Führerin der wilden Jagd oder des wütenden Heeres. Es zieht ihr dann die Eule Tutursel („alte Ursel") voraus, die im Leben eine Nonne war und durch ihr Geplärr die heiligen Chöre störte. Holda ist also in dieser Gestalt wiederum die Erdenmutter, verwandt mit Nerthus und Hel. Sie nimmt das Leben, das sie als Kinderfrau giebt, wieder zu sich auf, denn Geburt und Grab, Entstehen und Vergehen, Aufblühen und Welken sind nach dem tiefen Sinn der Mythe nur durch eine Spanne Zeit getrennt. Da drängt sich immer wieder dem denkenden Menschen die alte Frage auf: Ist denn diese Spanne Zeit der Sorgen und Mühen und blutigen Kämpfe werth, die das Leben erfüllen? Und es giebt keine Antwort, als die: Thue redlich das Deine und überlasse alles Weitere dem, der das Leben schafft und wirket den Tod.

Die hehre Göttin wird auch in der germanischen Sage als Totenwählerin, als nordische Walküre, bezeichnet, wie aus folgender Erzählung erhellt.

Vor etwa sechzig Jahren lebte unfern von Battenberg ein Förster Namens Benner in einsamem Waldhaus. Er war alt geworden, und sein weißes Haar hing ihm auf die Schultern herab. Man hatte vor ihm eine gewisse Scheu, denn er stammte von einer Familie, die seit langer Zeit im Geruche der Zauberei stand, wie denn seine Muhme als Wahrsagerin bekannt war und von gläubigen Leuten aufgesucht wurde. Er selbst verstand allerlei geheime Künste.

Er konnte einen Weidmann setzen, Diebe bannen u. a.; doch am schauerlichsten war es, daß er das Sterben der Menschen aus der Nachbarschaft vorhersagte und daß seine Prophezeiung stets zutraf. Dies ging nun in folgender Weise zu. Er hörte des Nachts, wie er erzählte, seinen Namen rufen. Wenn er dann hinaustrat, sah er eine große Gesellschaft von totbleichen Gestalten und in ihrer Mitte eine Frau in wallendem Gewand auf einem milchweißen Pferde. Auf ihren Wink setzte sich die Genossenschaft in Bewegung, und er mußte wohl oder übel bis in ein benachbartes Dorf nachfolgen. Daselbst ward haltgemacht; die Führerin deutete mit dem Finger auf ein Haus, und alsbald kam ein Leichen= zug heraus, der die Richtung nach dem Friedhof nahm. Bald darauf ver= schwand die ganze Erscheinung und der Forstwart ging traurig nach seiner Be= hausung zurück, denn er wußte nun, daß binnen acht Tagen in dem bezeichneten Hause jemand sterben werde. Der Wundermann glaubte auch in der That, was er sagte, und vielleicht traf zufällig einigemal seine Prophezeiung ein. Mit dem Vorhersagen von Sterbefällen mag es also eine leicht erklärliche Bewandt= nis gehabt haben. Dagegen dürfte wohl die spukhafte Reiterin an die alte Göttin Holda erinnern, die man sich als Walküre oder Totenwählerin dachte.

Im Venusberg. Eine mittelalterliche Dichtung versetzte Holda in den Venus= berg, als welchen man gewöhnlich den Hörselberg in Thüringen annimmt. Sie wird hier Frau Venus genannt und hält ein prächtiges Hof= und Lustlager mit ihren Frauen. Edle Ritter, die sie zu sich lockt, führen bei ihr ein Wonneleben und können sich aus dem Freudentaumel nicht leicht wieder losreißen und den Ausgang finden, wenn auch dann und wann die Gedanken an Ehre und heilige Pflichten in ihnen aufsteigen. So wanderte auch der Ritter Tannhäuser, von dem schon oben die Rede war, nach dem Berge, nachdem er Hab und Gut verpraßt hatte. Vergebens warnte ihn der getreue Eckart. — Er trat ein,

und die verhängnisvolle Pforte schloß sich hinter ihm. Tage, Monate und
Jahre schwelgte er an der Freudentafel. Da kam die Reue über ihn, und
die Gedanken an das schmählich verbrachte Leben und die künftige Verdammnis
ließen ihn selbst in den Armen der Zauberin nicht mehr Ruhe finden. Er erbat
und erhielt Urlaub und pilgerte nach Rom, um von dem Papst Sühne und
Ablaß zu erhalten. Als aber der Oberpriester der Christenheit die Beichte des
argen Sünders vernahm, stieß er zornig seinen Krummstab in den Boden,
sprechend: „Wie dieser Stab niemals wieder Sprossen und grüne Blätter
treiben wird, so wirst auch du niemals Sühne und Gnade erhalten." Tannhäuser schied traurig und ohne zu wissen, wohin er seine Schritte lenken solle.
Nach drei Tagen aber sah der Papst mit Erstaunen, daß der dürre Stab sproßte
und grünte und Blätter und Blüten hervortrieb. Erschrocken sandte er dem
verlorenen Sohne Eilboten nach; allein der war wieder in den Berg zurückgekehrt und suchte im wilden Sinnenrausche Vergessenheit der Vergangenheit und
Zukunft und konnte doch der Seelenqual niemals los werden. — Wir finden
in der Dichtung Erinnerungen an die Göttin der Huld und Gnade, an Walhalla,
an das Freudenleben der Einherier; aber sie sind in christlichem Sinne umgedeutet, und wie ein Juwel strahlt die große Wahrheit daraus hervor, daß
Gottes Barmherzigkeit keine Grenzen hat.

Von Holda wird endlich noch erzählt, daß in dem von ihr bewohnten
Quickborn (Lebensbrunnen) verkrüppelte Menschen gesunde, kräftige Glieder,
Greise die entschwundene Jugend wiederfanden. Diese Sage bringt sie mit der
nordischen Iduna zusammen, der Hüterin jener Äpfel, durch deren Genuß die
Asen sich Jugend und blühendes Aussehen erhielten. Sie zeigt aber auch ihre Ver-
wandtschaft mit der von Sachsen, Franken und anderen Stämmen verehrten Ostara.

Ostara, die Göttin des Frühlings, der Auferstehung des Naturlebens
nach dem langen Wintertode, stand bei den Germanen hoch in Ehren. Christlicher Eifer konnte es nicht hindern, daß nach ihr Ostern und der April Oster-
monat benannt wurde. Die Sachsen trugen ihren Kultus nach England, wo
gleichfalls Easter und Easter-Month erhalten blieb. Längst sind die Erinnerungen an diese altgermanischen Feiertage verklungen, wiewohl der „Hase" noch
immer seine „Ostereier" legt. Uralt ist die Sitte, bei Eintritt der Tag- und
Nachtgleiche, wo die im Winter erstarrte Natur zu neuem Leben erwacht, sich
mit bunten Eiern zu beschenken, dem Sinnbild des keimenden Lebens, das im
Ei ruht. Das Christentum legt dem alten Brauche eine andere Bedeutung
unter, indem es damit das Fest der Auferstehung des Heilandes in Verbindung
brachte, der, gleich dem ruhenden Leben im Ei, nach seiner dreitägigen Grabes-
ruhe aus der Erstarrung des Todes zu neuem Leben erweckt ward. Von der
Frühlingsgöttin liegen keine Sagen vor. Nur eine bisher ganz unbekannte
Notiz spricht von ihrem Dienst. Im Teutoburger Walde nämlich, an der
nördlichen Grenze der Waldhöhen, ragen die schon früher besprochenen Externsteine hervor. Da findet sich nun, wie gleichfalls bemerkt, in der Ortschronik
eines benachbarten Dorfes die Notiz aus dem vorigen Jahrhundert, an diesen
Steinen werde von dem unwissenden Volke viel Unfug mit der heidnischen
Göttin Ostara getrieben.

Hätte der geistliche Herr, der die Chronik schrieb, noch ausgeführt, ob man Umzüge, Tänze, festliche Mahlzeiten gehalten, Blumenspenden oder andere Opfer dargebracht habe, so wäre uns ein helles Licht über die Verehrung dieser Göttin aufgegangen. Indessen ersieht man immerhin, daß nicht nur der Name, sondern auch der Kultus der Ostara Jahrhunderte, vielleicht Jahrtausende bei dem Volke sich erhalten, also tiefe Wurzel geschlagen hatte. Vielleicht hießen die Felsen Eastern- oder Eostern-Steine und waren der Ostara geweiht. Wahrscheinlich versammelten sich hier, wie an anderen Orten, die Priester und Priesterinnen der Göttin in heidnischer Zeit, spendeten ihr Maiblumen, zündeten Feuer an, schlachteten Opfertiere und hielten Umzüge und zwar in der ihr geweihten ersten Mainacht. Ähnliches geschah bei Gambach in Oberhessen, wo sich noch vor etwa 30 Jahren die Jugend alljährlich auf Ostern um die Ostersteine auf einer Anhöhe versammelte und Tänze und Spiele aufführte. Vergebens wurden schon im 8. Jahrhundert Verbote dagegen erlassen; das Volk ließ sich den alten Glauben und die Gebräuche nicht nehmen. Aber die Priesterinnen wurden als Hexen verschrieen; die weit leuchtenden Feuer für Teufelsspuk, die festliche Mainacht galt für Hexensabbath. Dennoch bringen am hessischen Meißnergebirg Bursche und Mädchen noch jetzt alljährlich Maiblumensträuße und senken sie in eine dort befindliche Höhle. Denn Ostara, die der Natur neues Leben giebt, ist auch die schützende Göttin der aufblühenden Jugend und fördert eheliches Glück. (Vergl. Abb. S. 124.)

Frau Gode, die wilde Jägerin.

Frigg als Oftara.
Zeichnung von Prof. C. E. Toepler.

Berchta oder Bertha.

Es ist Dämmerung. Durch die Linden bis zur Hauptwache und dem Königsschlosse zu Berlin wogt auf und ab eine große Volksmenge; aber man hört nur hin und wieder leises Flüstern und vernimmt die Worte: „Der König ist sehr krank." Noch stiller ist es im Schlosse. Die Wachen stehen regungslos, die Lakaien schreiten unhörbar auf den Fußteppichen durch die Korridore und Säle. Jetzt schlägt die Glocke auf dem Turme Mitternacht; da öffnet sich eine Thüre, und heraus tritt eine Frauengestalt von hohem Wuchs und fürstlicher Haltung.

Ein weißes, schleppendes Gewand umhüllt ihre Glieder, ein weißer Schleier fällt von ihrem Scheitel herab, und darunter quellen blonde, mit Perlenschnüren umwundene Locken hervor; aber ihr Angesicht ist bleich, wie das einer Toten. Sie trägt in der rechten Hand einen Schlüsselbund, in der linken einen Strauß Maiblumen. Sie wandelt feierlich durch den langen Korridor. Die riesigen Leibgardisten präsentiren, Pagen und Lakaien weichen seitwärts, die soeben anziehende Ablösung öffnet ihre Reihen; die Gestalt schreitet hindurch und tritt durch eine Flügelthüre in das königliche Vorzimmer. „Es ist die weiße Frau; der König stirbt", flüstert der Offizier und wischt sich eine Thräne aus den Augen. „Die weiße Frau hat sich gezeigt! man weiß gar wohl, was das zu bedeuten hat;" so hörte man bald da, bald dort in der Volksmenge; aber um die Mittagszeit ward das erfolgte Ableben des Königs allgemein bekannt.

„Ja", sagte Meister Schneckenburger, „er ist zu seinen Vätern versammelt worden. Das hat nun wieder Frau Bertha angezeigt; denn die weiß alles, Schlimmes und Gutes. Sie wurde vor dem Unheil Anno sechs und wieder vor der Schlacht bei Belle-Alliance gesehen. Sie hat einen Schlüssel, womit sie die Kammer des Lebens und des Glückes aufschließt. Wem sie eine Schlüsselblume reicht, dem gelingt alles, was er unternimmt."

Der Mann hatte recht; es war Bertha oder Berchta, die des Königs Ableben verkündigte, aber auch überhaupt die Prophetin großer Ereignisse ist. Ob sie wohl unserm Kaiser Wilhelm vor dem Kriege 1870 erschien? Und wenn sie erschien, so war es in jener Kapelle unter den immergrünen Fichten, wohin er beten ging, ehe er das Schwert entblößte. Da hörte er vielleicht in tiefer Seele die Worte der unvergeßlichen Mutter, wie einstmals jener spartanische Krieger die Mahnung der seinigen: „Entweder mit dem Schild, oder auf dem Schild." Nun, er brachte den Schild mit reichem Lorbeerschmucke zurück und hing ihn über dem herrlichen Kaiserthrone auf, wo er leuchtet, soweit die deutsche Zunge klingt.

Berchta (von percht, leuchtend), die Glänzende, ist fast identisch mit Holda; nur tritt letztere nicht als weiße Ahnfrau auf. In Berchta verehrten viele germanischen Stämme die Allmutter Erde; denn unzählige Sagen sowohl in Nord- wie in Süddeutschland, besonders im Breisgau, wo sie Schätze hütet, in Franken, in der Mark und im Österreichischen bezeugen, daß die Erinnerungen an die leuchtende, segnende Göttin noch nicht erloschen sind. Sie trägt die Schlüssel zu der Kammer des Todes und zu der des erwachenden Lebens, wie oben bemerkt wurde. Sie verleiht Acker- und Kindersegen, gebietet wie Frea über Sonnenschein und Regen, zeigt also eine Verwandtschaft mit Nerthus, der Erdenmutter, und mit der Himmelskönigin, und vielleicht war ihr Name nur ein schmückendes Beiwort zu dem Namen jener noch nicht vermenschlichten Naturgottheiten. In der Sage freilich hat sie menschliche Gestalt angenommen. Da erscheint sie bald als fleißige Spinnerin, die am Perchtenabend (30. Dez. oder 6. Jan.) die Spinnstube beaufsichtigt, bald, wie im Waadtland, als Jägerin mit dem Zauberstab in der Hand, oder an der Spitze des wütenden Heeres im wolkenscheuchenden Sturme.

Sie wohnt gewöhnlich in hohlen Bergen, wo sie, wie in den Waldgegenden Thüringens, die Heimchen oder Seelen ungeborener und frühverstorbener Kinder pflegt und wartet. Da lockert sie unter der Erde den Boden mit ihrem Pfluge, während die Heimchen die Bewässerung der Äcker besorgen. Wenn aber die Menschen, ihrer nicht nach Gebühr achtend, die Wohnung im Berge beunruhigen, so verläßt sie mit ihrem Gefolge das Land, und mit ihr entweicht Segen und Gedeihen des Feldes.

Berchta und der Fährmann. Das hat einst am Perchtenabend ein Fährmann im Dorfe Atar an der Saale selbst in Erfahrung gebracht. „Hol' über!" rief eine weitschallende Stimme, und als er mit Schiffsgeräte an das Ufer der Saale kam, wo sein Fahrzeug stand, erblickte er eine große, prächtige Frau mit vielen weinenden Kindern, welche die Überfahrt begehrte. Die Kleinen wehklagten sehr, daß sie die schöne Gegend verlassen müßten, und schleppten mühsam einen großen Pflug in das Boot. Der Fährmann mußte mehrmals fahren, um die ganze Gesellschaft überzusetzen. Als er mit dem letzten Rest landete, zimmerte die Frau an dem Pflug und hieß ihn die Späne sorgfältig als Fährlohn aufraffen. Ärgerlich über das kärgliche Fahrgeld und die nächtliche Störung nahm er nur drei Späne mit, sah aber am folgenden Morgen, daß sie sich in lauteres Gold verwandelt hatten. —

Das Thränenkrüglein. Ein andermal zog Berchta mit ihren Heimchen über einen Wiesengrund und überschritt einen Zaun, der das Gelände trennte. Die Kleinen kletterten eifrig hinüber; aber das letzte, das einen Krug schleppte, versuchte es vergeblich. Eine Frau, der kurz vorher ihr Kind gestorben war, befand sich in der Nähe und erkannte ihren verlorenen Liebling, um den sie Tag und Nacht weinte. Sie eilte hinzu, hob das Kind hinüber, schloß es in die Arme und wollte es gar nicht wieder von sich lassen. Da sagte das Kleine: „O wie warm ist Mutterarm, aber weine nur nicht mehr; denn mein Krüglein wird zu schwer. Sieh doch, Mutter, wie deine Thränen alle hineinrinnen, und wie ich mir damit das Hembchen benetzt habe. Aber Frau Berchta, die mich liebt und küßt, sagte mir, du kämest auch einmal zu ihr, und da seien wir wieder beisammen in dem schönen Garten unter dem Berge." Die Mutter weinte sich noch einmal recht satt und ließ dann das Kind von sich. Von der Stunde an vergoß sie nicht mehr Thränen, sondern fand Trost in dem Gedanken des Wiedersehns.

Berchta als „Ahnfrau." Berchta erscheint in manchen Sagen als Zauberin oder auch als verwünschte Jungfrau, welche dem, der sie erlöst, einen reichen Schatz aufschließt. Am häufigsten jedoch wandelt sie als Ahnfrau durch fürstliche Paläste, wo Familien ihren Sitz haben, die mit ihr verwandt sind. In dieser Anschauung sind die alten Mythen von der Naturgöttin kaum noch an einzelnen Zügen zu erkennen. Aber neue Mythen haben sich gebildet, die alten in sich aufgenommen und frische Ranken um die Erscheinung geschlungen. Man erzählt, eine verwitwete Gräfin Kunigunde von Orlamünde sei in Liebe zu dem Burggrafen Albrecht dem Schönen von Hohenzollern entbrannt, und als dieser geäußert, vier Augen seien der Verbindung im Wege, habe sie das auf ihre beiden Kinder gedeutet und dieselben heimlich ermorden lassen. Er aber hatte, wie die Sage will, von seinen Eltern geredet, die der Heirat entgegen waren. Er verabscheute die Mörderin, die nun voll Reue nach Rom pilgerte, schwere Buße that und das Kloster Himmelskron stiftete, wo sie als Äbtissin starb. Man zeigt daselbst noch ihre Grabstätte sowie die der Kinder und des Burggrafen Albrecht. Von der Zeit an erschien sie als Unglück verkündende Ahnfrau in Franken auf der Plassenburg bei Baireuth und zog dann mit dem burggräflichen Hause in die Mark nach Berlin, wo sie noch immer umgeht, wie die vorausgehende Erzählung lehrt. Die historische Unrichtigkeit der Sage sowie die falsche Deutung der Abbildungen auf den Grabsteinen ist erwiesen.

Man bezieht ferner die Erscheinung auf die Gräfin Beatrix von Cleve, die mit dem in der Heldensage berühmten Schwanenritter vermählt war. Das Haus Cleve aber stand mit dem der Hohenzollern in naher Verwandtschaft, und in der sagenhaften Gestalt des Schwanenritters erkennt man den Gott des Lichtes, das aus der Nacht hervorgeht und dahin wieder zurückkehrt. Eine einfachere Überlieferung führt auf eine böhmische Gräfin, Bertha von Rosenberg, zurück. Sie lebte mit dem wilden, zügellosen Johann von Lichtenberg in unglücklicher Ehe, war nach dessen Ableben eine Wohlthäterin ihrer Unterthanen, baute Schloß Neuhaus, ließ sich aber bis an ihren Tod niemals anders als im weißen Gewand einer Witwe sehen. In dieser Tracht erschien und erscheint sie nun in verwandten Häusern, auf Rosenberg, Neuhaus, besonders in Berlin, wo sie glückliche und unglückliche Ereignisse verkündigt.

Berchta in Italien und Frankreich. Die Verehrung der Erdenmutter Berchta trugen germanische Stämme nach Gallien und Italien, wo man noch in Erinnerung an das selige unterweltliche Reich der Göttin das Sprüchwort hat: „Zur Zeit, als Bertha spann" (du temps que Berthe filait). Man bezeichnet damit jene Zeit der Unschuld und Harmlosigkeit, von der fast alle Völker zu erzählen wissen, nach der sie sich zurücksehnen, und die doch nur im Tode zu finden ist. Auch diese Vorstellung hat man mit geschichtlichen Persönlichkeiten zusammengebracht. Pipin, der Vater Karls des Großen, freite, wie eine Tradition aus dem 12. Jahrhundert lautet, um Bertrada, eine ungarische Königstochter, die eine sehr fleißige und geschickte Spinnerin war. Die Werbung hatte den erwünschten Erfolg, und die Braut, deren wunderbare Schönheit nur durch einen großen Fuß verunstaltet war, reiste sogleich mit Gefolge ab. Aber ihre ränkevolle Hofmeisterin übergab das Königskind bestochenen Knechten, um es im Walde zu ermorden, und schob ihre häßliche Tochter an dessen Stelle. Pipin, obgleich unzufrieden mit der mißgestalteten Braut, muß doch die Verbindung abschließen, verstößt sie aber sehr bald, da der Betrug entdeckt wird. Einstmals gelangt er spät abends auf der Jagd in eine Mühle am Ufer des Mainflusses. Da fällt ihm eine emsige Spinnerin auf. Er erkennt sie als die echte Bertrada an ihrem großen Fuß, erfährt, wie sie, von den mitleidigen Schergen verschont, in die Mühle entkommen war, und bewegt sie, seinen königlichen Rang offenbarend, die Verbindung sogleich zu vollziehen. Die Frucht dieser Ehe war Karl der Große. Man erkennt den alten Mythus, wie die segnende Erdenmutter, die als Hüterin der Seelen auch Ahnfrau der Menschen, besonders der Fürsten und Heldengeschlechter ist, von der falschen, winterlichen Berchta verdrängt, aber von ihrem himmlischen Gatten wiedergefunden wird und nun den lichten Gott des Frühlings gebiert. Selbst der große Fuß erinnert an die verehrte Göttin, die man sich ursprünglich in Schwanengestalt dachte. Daher findet man in französischen Kirchen auch Abbildungen von Königinnen mit einem Schwan- oder Gänsefuß (reine pédauque).

Andere (fränkische) Sagen schildern Berchta als Holda: wie sie um den entflohenen Gemahl so bittere Thränen vergießt, daß der harte Stein davon ganz durchweicht wird. Beide Wesen sind demnach identisch mit dem nordischen Mythus von Freya, die goldene Thränen um den Gatten weint. Von dem lichten, seligen Reiche der Göttin redet ein Volkslied, das wir einst in der Gegend am Main singen hörten. Wir können hier nur den Inhalt davon angeben, der uns in Erinnerung geblieben ist: Ein Weidmann steht traurig am Wasser und denkt der verlorenen Lieben. Er hatte ein junges Weib, das ihm, wenn er vom Jagen heimkehrte, entgegen kam, ihm den Kuß der Liebe bot und ihn ganz glücklich machte, als sie ein liebliches Kind gewann. Der neidische Tod nahm beide von seiner Seite. Er wäre gern mit ihnen gestorben, aber man verwehrte es ihm; man zwang ihn, das Leben zu tragen. Drei Monde waren verflossen, und immer konnte er das Verlorene nicht vergessen. Sein Weg führt ihn einst nachts an den Strom; er bleibt stehen, blickt in die Tiefe und sinnt und fragt: „Wird wohl da unten das kranke Herz gesund?" Da hört er ein Klingen und Singen, und wie er aufblickt, sieht er im Vollmondscheine eine schöne, königliche Frau auf einem Steine jenseit des Wassers sitzen; die spinnt goldenen Flachs und singt ein wunderbares Lied: „Kehre ein in meine Halle, da wird dein Kummer gestillt. Feige Seelen nennen mein lichtes Reich das Grab, meine Küsse Sterben; aber der Mutige wagt den Sprung und findet bei mir alles, was er verloren hat. Darum komm nur herüber, ich helfe dir!" Der Jäger lauscht; ist es die Liebste, die vom Ufer drüben, oder aus der Tiefe ruft? Schon kämpft und ringt er mit der wilden Flut; da umfaßt ihn ein weißer Arm und trägt ihn aus Angst und Erdennot in der Göttin friedliches Reich. Und es begrüßt ihn die Liebste, blühend, wie einst am Altare die Braut, und das Kind jauchzt ihm entgegen: „Siehst du, Vater, wie die Lauben hier grünen und die Blumen blühen? Nun sollst du nicht mehr weinen und traurig sein." Die Grundlage dieser Dichtung ruht in dem germanischen Heidentum und lehrt uns den Glauben unserer Väter: Der Tod ist ein Übergang zu neuem Leben.

Frau Bertha und die Heimchen. Von L. Pietsch. (Aus dem „Festl. Jahr".)

Thor oder Thunar. Nach Prof. C. E. Doepler.

4.

Thor oder Thunar (Donar).

Noch schläft die Mutter Erde,
Träumend von Aufersteh'n;
Da ruft sein mächtig Werde
Der Gott; es muß gescheh'n.
Er spaltet mit dem Hammer
Des Eises starres Thor,
Da tritt sie aus der Kammer
Brautlich geschmückt hervor.

Arwaker (Frühwach) und Alswider (Allgeschwind), die Sonnenrosse, ziehen müde den feurigen Wagen zum Niedergang. Das Meer und die von Eis starrenden Berge glühen von den letzten Strahlen der sinkenden Sonne. Aufsteigende Wolken im Westen nehmen sie auf in ihren Schoß. Aber funkelnde Blitze brechen aus dem Gewölk hervor, der Donner rollt aus der Ferne, die Wellen schlagen in wilder Brandung an den Felswänden empor, die den Fiord umgeben.

„Buben, hängt die Schneeschuhe auf, thuts Pelzkäpple ab; Ökuthor
(Wagenthor) fährt herüber, die alte Mutter Jörd zu wecken. Frau, stelle den
Metkessel auf den Steintisch, daß er zu trinken findet; und ihr, faule Thräle
(Knechte), was lungert ihr um das Herdfeuer und schafft nicht die Pflugschar
blank? Es wird ein fruchtbares Jahr geben, denn Hlorridi (Glutumwallt)
kommt frühe. Heda, Thialf, ziehe mir die Pelzstiefel aus!“ Also ließ sich der
Freibauer auf Balshof, von der Steinbank her am Herdfeuer, vernehmen. Aber
der Mund blieb ihm offen stehen, dem Thialf fiel der Pelzstiefel aus der Hand,
der Hausfrau der Metkessel, den Knechten der Pflug. Wingthor fuhr von
Westen in seinem Asenzorn daher; er schlug das Haus mit dem Hammer Miölnir,
und der Strahl brach durch die Firste am Stützpfeiler nieder und in den Lehm=
boden, wohl hundert Rasten tief. Schwefeldampf erfüllte den Raum; aber der
Bauer, die Betäubung abschüttelnd, erhob sich von der Steinbank, und da er
keinen weitern Schaden wahrnahm, sagte er:

„Wingthor ist gnädig weiter gegangen, den Reif= und Bergriesen Schlacht
zu liefern. Hört ihr, wie seine Hammerschläge krachen, wie die Unholde in den
Klüften heulen, wie die Steinhäupter zerschellen, als wären es Haferklöße? Uns
aber hat er Regen beschieden, der schon in Strömen herunterrauscht, den Schnee
wegfegt und den Boden lockert, daß wir ihm die Saatfrucht übergeben können.
Bald werden die Halme hervorwachsen, und Gras und Kraut und grüner Lauch
zum Lohn für unsere Arbeit. Erhalte uns, Thor, das Ährengold des Feldes
zur Jahresernte.“

In solcher Weise rief man wohl in ältester Zeit zu dem starken Gewitter=
gotte Thunar, nordisch Thor. Er stand im höchsten Ansehen und wurde vielleicht
gleich dem Himmelsgotte verehrt. Spuren davon sind noch nachweisbar; denn
wo er mit anderen Göttern genannt wird, nimmt er den Ehrenplatz in der Mitte
ein. Die Sachsen mußten dem Wodan, Donar und Saxnot entsagen. So heißt
es auch in „Skirnirs Fahrt“, einer Dichtung der Edda: „Gram ist dir Odin,
gram dir der Asenfürst (Thor), Freyer verflucht dich.“ Diese hohe Stellung
blieb ihm in Norwegen bewahrt, wo er die Reif= und Bergriesen bekämpft,
die verderbliche Ostwinde über die Gelände versenden. Nicht mindere Ehrfurcht
bewies man ihm in Sachsen und Franken. Die Eiche war ihm geheiligt, und
unter weit schattenden Eichenbäumen feierte man seine Feste. Daher zerstörte
Bonifacius die Donnereiche bei Fritzlar, um die Ohnmacht des Heidengottes
zu beweisen, dem kein strafender Blitzstrahl zu Gebote stand. Ein solcher Baum
steht auch bei Warburg in Westfalen. Auch ein „Donnersberg“ (Thunaresberg)
ist in der Gegend befindlich, und in Müllenbach (Regierungsbezirk Köln) stand
oder steht noch ein „Donnereikelchen“, ein uralter, vom Blitz halbzerstörter Eich=
baum, dessen ausgehöhlter Stamm eine Breite von fast zwei Schritten hat.
Bekannter ist der Donnersberg in der Pfalz, der ohne Zweifel dem Gott einst
heilig war. Ferner waren der Hagedorn, noch mehr die Haselstaude, womit
man nach verborgenen Schätzen suchte, dem Gewittergotte geheiligt; denn er,
der den Segen der Erde förderte, der über Regen und Sonnenschein gebot,
schloß den Menschen auch die verborgenen Reichtümer auf. Er war die per=
sonifizierte Kraft, welche in der sichtbaren Natur waltet, während Odin im Leben

des Geistes seine Thätigkeit entfaltete und an göttlicher Hoheit gewann, je mehr die Völker für geistige Anschauung empfänglich wurden. Thor war und blieb der Förderer der Arbeit, des Landbaues, des Hausstandes. Sein Hammer bezeichnete die Landmarken; mit dem Hammerwurf wurden die Grenzen des Besitzstandes abgemessen, mit dem Hammerzeichen die Ehe und auch der Leichenbrand eingesegnet. Deshalb pflegte man die Hochzeiten auf den Donnerstag zu verlegen, der nach ihm genannt war und jahrhundertelang, trotz der priesterlichen Verbote, als der heiligste Tag in der Woche gefeiert wurde. Solenne Vermählungen werden sogar noch gegenwärtig häufig an diesem Tage geschlossen, eine Sitte, die auf den göttlichen Vorsteher des Familienlebens zurückzuführen ist. Die Römer lernten den germanischen Gott als den Hammerträger, den Schleuderer des Blitzes, kennen und nannten ihn daher Jupiter; allein Thor hat sich in der Vorstellung des Volkes niemals zu der Würde des Zeus erhoben, von welchem Homer sagt:

Bonifacius fällt die Donnereiche.

„Also sprach und winkte mit dunkeln Brauen Kronion,
Und die ambrosischen Locken des Königs wallten ihm vorwärts
Von dem unsterblichen Haupt; es erbebten die Höh'n des Olympos."

Weil er Unholde und Riesen bekämpfte und den Hammer oder die Keule führte, wurde er auch von den Römern Herkules genannt, und wie dieser seinem Vater Zeus nachstand, so trat er vor dem Wesen Odins zurück. In jeder äußersten Not riefen ihn zwar die Asen zu Hülfe, und er erschien augenblicklich, die Frevler

zu strafen; allein in den Dichtungen der Skalden ist er doch mehr Repräsentant
der furchtbaren, aber blind waltenden Naturkraft, als der vom Geiste durch-
drungenen und geleiteten göttlichen Macht, und manchmal wird er von zauberkundigen Riesen getäuscht und verwirrt. Er mag in ältester Zeit für Odins Vater
gegolten haben; in den vorhandenen Mythen erscheint er stets als dessen Sohn.

Thors Bedeutung und darauf bezügliche Volksgebräuche. Odin, nicht der auf
Hlidskialf die neun Heime überschaut, sondern der allumfassende Himmelsgott,
umarmt Jörd, die Mutter Erde, und die Frucht ihrer Verbindung ist der starke
Thor, der schon in der Wiege seine Asenstärke zeigt, indem er zehn Lasten Bärenfelle aufhebt. Die Mutter des Gottes wird auch Fiörgyn, d. i. Berghöhe, genannt. Fairguni bedeutet aber im Gothischen Berg. Das Erzgebirge nun hieß
ehemals Fergunna, und ein Höhenzug in Franken Virgunnia, was den Beweis liefert, daß diese Mutter Thors in Germanien ihren Ursprung hatte. Ein
männlicher „Fiörgyn" scheint identisch mit dem slavischen Gotte Perun und dem
Perkunas der Litauer. Ebenso stammt der Name Hlodyn, der gleichfalls
von nordischen Dichtungen der Mutter des starken Gottes beigelegt wurde, aus
Deutschland. Man hat nämlich zwei römische Grabsteine mit Votivtafeln gefunden, mit der Aufschrift: „Der Göttin Hludana (Hludena) gewidmet."
Diese Göttin war offenbar germanisch, gleichbedeutend mit der nordischen Hlodyn
und von den Römern in den Kreis ihrer verehrten Gottheiten aufgenommen.

Die alte, friedliche Mutter Jörd kann den gewaltigen Sprößling nicht
bändigen; zwei andere Wesen Wingnir (der Beschwingte) und Hlora (Glut)
nahmen sich als Pflegeeltern seiner an. Es sind Personifikationen der Eigenschaften des beflügelten Wetterstrahls. Der Gott hat davon die Namen Wingthor und Hlorridi. Er vermählt sich mit Sif (Sippe, Stammhalterin); denn
er, der Beschützer des Hausstandes, muß selbst einen geordneten Haushalt haben.
Die schöne Göttin hat goldenes Haar, was vielleicht auf das Ährengold hin-
deutet, das ihr Gemahl beschützt und fördert. Sie bringt einen Sohn in die
Ehe mit, den schnellen Bogenschützen Uller, der auf Schneeschuhen im Winter
der Jagd obliegt, auch anstatt des sommerlichen Odin während der kalten Jahreszeit in Asgard und Midgard die Herrschaft führt. Dagegen hat auch Thor von
der Jotin Jarnsaxa (Eisenstein) zwei Söhne, Magni (Stärke) und Modi
(Mut), und von der rechtmäßigen Gattin eine Tochter Thrud (Kraft), die
sämtlich an seine Eigenschaften erinnern.

In der äußern Erscheinung, wie man sich ihn vorstellte, verrät Thor seine
göttliche Natur; denn er ist schön, in Fülle und Kraft blühend, groß und gewaltig.
Ein roter Bart umwallt den untern Teil seines Angesichts, das Haar ist kraus
und langwallend, die Kleidung anschließend, die Arme entblößt, so daß man die
mächtigen Muskeln erkennt. In der Rechten führt er den zermalmenden Hammer
Miölnir, dessen Schläge den zerstörenden Blitz und den rollenden Donner verursachen. Diese Waffe ist das unschätzbarste Kleinod von allen Kunstwerken, die
aus der Esse der zauberkundigen Zwerge hervorgegangen sind, denn er kehrt nach
jedem Wurse in des Gottes Hand zurück. Ähnlich schleuderte der indische Wolken-
gott Indra sein ehernes oder goldenes Geschoß aus, das immer wieder in seine
Hand mitten unter die Sterne zurückkehrte. Streithämmer von Feuerstein, zum

Schleudern in die Ferne wie zum Schlag in der Nähe geeignet, werden in frühester Zeit und bis in das 11. Jahrhundert n. Chr. gebraucht; daher dachte man sich nach der Form dieser Nationalwaffe den Wetterstrahl in des Gottes Hand. Indessen wurde Thunar von germanischen Stämmen auch mit einer Keule gedacht, wie bereits oben bemerkt ist. Zuweilen findet man in alten Hünengräbern Streithämmer von Stein oder Bronze, und man bewahrt sie sorgfältig, weil sie gegen das Einschlagen des Blitzes Schutz gewähren sollen. Dieselbe Bewandtnis hat es mit den Belemniten, eigentümlichen Versteinerungen, die man für Donnerkeile hält, welche der Gewittergott auf die Erde schleudere. Um die glühende Waffe zu handhaben, gebraucht der Bekämpfer der Unholde eherne Handschuhe; desgleichen schnallt er den Stärkegürtel (Megingiard) um, wodurch seine Asenkraft verdoppelt wird.

Wie die Wetterwolke über die Erde zieht, so fährt Thor im Wagen einher, den zwei grimmige Böcke, Zahnknisterer und Zahnknirscher, über Land und Wasser ziehen. Ob man in diesem Gespann die furchtbare Kraft des Gewitters oder den Zickzack des zuckenden Strahls bezeichnen wollte, lassen wir auf sich beruhen. Wenn der Gott seine Ostfahrt vollendet hat und von den glücklich bestandenen Kämpfen heimkehrt, so tritt er zur harrenden Gattin in sein geräumiges Haus Bilskirnir, mitten in dem ihm gehörigen Gebiet Thrudwanger oder Thrudheim. Man versteht darunter den Gewitterhimmel, wo sich die dunkeln Wolken übereinander auftürmen. Im Teutoburgerwald erinnern die Namen der Höhe Bilstein und des Bezirks Thruheim an des Donnergottes Palast Bilskirnir in Thrudheim oder Thrudwanger.

Der Gott, der in der Wetterwolke daherzieht, stand, wie bemerkt, vor alter Zeit in höchstem Ansehen. Im Tempel zu Upsala war sein Bild aufgerichtet zwischen denen Odins und Freyers. Er trug einen Sternenkranz und Sternenmantel und in der Hand einen Herrscherstab. Er galt also für den Herrn des Firmaments. In Norwegen waren ihm viele prächtige Tempel geweiht, wo er auf dem Hochsitz thronte; denn man glaubte, daß er die warmen, fruchtbaren, tief ins rauhe Gebirg einschneidenden Thäler mit starker Hand gehauen habe. In dem Tempel zu Märö war er mit goldenem und silbernem Schmuck riesenhaft, den Hammer in der Hand, auf seinem Wagen stehend, dargestellt. Sein Gespann hatte man mit Bocksfellen überzogen, um die Natur nachzuahmen. Ein anderes Heiligtum war ihm zu Mostarö geweiht; der mächtige Jarl, dem es gehörte, nahm bei seiner Auswanderung nach Island die Pfeiler des Hochsitzes mit Thors geschnitztem Bilde und zugleich Erde aus den vier Winkeln des Tempels mit und legte sie einem ähnlichen Bau zu Grunde, den er auf einem heiligen Berge der neuen Heimat aufrichtete. Er nannte sein erworbenes Landgebiet Thorones und stiftete daselbst eine heilige Dingstätte. Ebenso hatte Leif, einer der ersten Auswanderer nach Island, sein altes Burgthor und die Pfeiler des Hochsitzes bei der Annäherung an die Insel ins Meer geworfen und da, wo sie ans Land getrieben wurden, seine Ansiedelung gegründet. Thor war und blieb der Landase von Norwegen und Island, bis die Predigt vom Kreuze seinen Thron umstürzte, und das Landvolk an seine Stelle den heiligen Olaf, Christoph und besonders den Petrus mit dem Himmelsschlüssel setzte und ganz in der

Weise verehrte, wie den alten Gewittergott, der ja auch mit seinem Hammer den Himmel aufschloß und den Bauern und vielgeplagten Thrälen (Knechten) Aufnahme in sein Thrudheim gewährte.

Nicht weniger in Ehren stand Thunar bei den germanischen Stämmen zur Zeit des Tacitus, während der Völkerwanderung und bis zur Einführung des Christentums. Die Sachsen waren die letzten, welche zu ihm um fruchtbare Zeit und um Sieg über ihre Feinde beteten. Als er ihnen aber in dem dreißig Jahre fortgesetzten Kriege gegen Karl den Großen keine Hülfe brachte, beugten auch sie die trotzigen Häupter unter das Kreuz. Wenn er später im Norden von den kriegerischen Jarlen und Seekönigen als Bauerngott betrachtet und dem Schlachtenlenker Odin weit nachgesetzt wurde, so scheinen ihn die Germanen, wie bemerkt, als den Heldengott, den Herkules der Römer, verehrt zu haben. Seine Symbole, Keule oder Hammer, wurden dem Heere als Standarten vorangetragen, man flehte zu ihm in feierlichen Chorreigen um Sieg, und also beteten auch Weiber und Kinder, auf der Wagenburg dem wechselnden Gange des Gefechts zuschauend, zu dem starken Gotte, daß er ihren Streitern Hülfe sende.

Viele Gebräuche, Sagen und Märchen erinnern noch jetzt nicht bloß in Deutschland, sondern auch in Frankreich, England und selbst bei den Slaven an den Gott mit dem Hammer. Außer der Eiche waren ihm die Haselstaude und der Vogelbeerbaum heilig. Man schnitt aus den Zweigen derselben Wünschelruten, die, auf den Zeigefinger gelegt, Erzadern oder Quellen anzeigten, indem sie sich, wie man glaubte, von selbst nach der Gegend wendeten, wo sich die gesuchten Schätze befanden. Wie anderen Göttern, so zündete man zu Ehren Thunars am 2. Mai, oder am Tage der Sonnenwende mächtige Feuer auf Bergen an und ließ Feuerräder ins Thal rollen. In Frankreich tanzte man um das Feuer mit einem Haselnußzweig in der Hand. In Augsburg setzte 1497 die schöne Susanne Neithard auf dem Markte den Holzstoß in Brand. Der Kaiser Maximilian und sein Sohn Philipp waren zugegen, und letzterer eröffnete mit der schönen Bürgerstochter den Reigen um das lodernde Feuer. In Schottland am Grenzflusse Tweed bestand noch im vorigen Jahrhundert eine Brüderschaft, deren Glieder jährlich zu Rosse durch die Stadt nach einer Wiese zogen. Sie waren alle festlich gekleidet und mit Bändern geschmückt und trugen teils Keulen teils Hämmer. Mit diesen Waffen schleuderten sie nach einem aufgehängten Faß, worin eine Katze eingesperrt war, bis dasselbe zerbarst.

Thorssagen. Man führt noch vielerlei Gebräuche und Sagen als Erinnerungen an Thor an, die jedoch von namhaften Gelehrten als solche verworfen werden. Dahin gehören u. a. die Notfeuer, die man bei Viehseuchen an manchen Orten nach ältester Art anzündet. Es wird ein Pfahl durch die Nabe eines Rades gesteckt und von rüstigen Leuten hin- und hergezogen, bis durch die starke Reibung Funken entstehen, die den eingelegten Zündstoff endlich in Flammen setzen. Bald lodert das fleißig genährte Feuer hoch auf. Wenn es niedergebrannt ist, treibt man das Vieh durch und glaubt nun, die verderbliche Seuche werde ein Ende nehmen. In anderer Form, fast schelmisch lächelnd, blickt der rotbärtige Thunar aus dem Märchen „Knüppelchen aus dem Sack" hervor, wenn man es anders auf denselben beziehen darf. Es lautet also:

„Ein Bauer hatte drei Söhne, von denen der erste Schreiner, der zweite Müller, der dritte sein Gehülfe anstatt eines Knechtes war. Die jungen Leute trieben allerlei Kurzweil und ärgerten den ehrsamen Mann, so daß er sie endlich vom Hofe jagte. Sie zogen auf verschiedenen Wegen, um ihr Glück zu versuchen, mußten aber Hunger und Kummer leiden und lernten den Wert der Arbeit kennen. Der erste kam endlich zu einem Meister Schreiner von stattlichem Ansehen mit feuerrotem Bart. Er arbeitete in dessen Werkstätte treu und ehrlich, und als er schied, gab ihm der Meister als Lohn ein unscheinbares Tischchen, das man zusammenschlagen und auf das Felleisen schnallen konnte. „Bewahre es gut, ein großer Schatz darin ruht", sagte der Rotbart beim Abschied. Mürrisch und ohne Dank für den kargen Sold zog der Bursche seines Wegs durch einen finstern Wald. Er fand keine Herberge und wollte müde und hungrig das lästige Geräte abwerfen. Er stellte es jedoch auf und sagte spottend: „Tischchen, deck' dich!" Aber siehe da, wie von unsichtbaren Händen servirt, ward das Geräte mit den köstlichsten Speisen und Getränken besetzt. Der Eigentümer griff munter zu und setzte dann erquickt seinen Marsch fort. Abends kam er in eine Kneipe, wo nichts Gutes zu finden war. Er aber pflanzte den Tisch auf, sagte die Losung und lud dann den Wirt und die Wirtin zu der leckern Mahlzeit. Die spitzbübischen Leute vertauschten jedoch des Nachts das Kleinod mit einem gewöhnlichen Tische, der ähnlich aussah, und als der Bursche wieder in das Vaterhaus kam und seine Kunst sehen lassen wollte, erntete er Spott und mußte wieder zum Hobel greifen.

„Der zweite Bursche kam zu einem Müller, der gleichfalls einen roten Bart hatte und kurz und barsch von Worten war. Er erhielt beim Abschied einen Esel und lernte, wie sein Bruder, die gute Eigenschaft des Geschenkes zufällig kennen. Denn wenn er zu dem Langohr sagte: „Esel, schlag' aus", so schleuderte das Tier mit den Hufen Goldstücke hinter sich. Auch er ward dessen durch die Wirtsleute beraubt, die ein ganz ähnliches Grautier unterschoben.

„Der dritte von den Brüdern gelangte zu einem rotbärtigen Bauer und erhielt nach jahrelanger Arbeit nur ein Säcklein, worin ein Knüppelchen steckte. Er war aber klug und verschmitzt und hatte das seltsame, oft wunderbare Gebaren seines Herrn wohl beobachtet. Er dachte, in dem Geschenke müsse eine besondere Kraft verborgen sein. Als ihn nun auf der Wanderung böse Buben neckten, rief er: „Knüppelchen aus dem Sack!" Sofort fuhr der Stock heraus und prügelte auf die Jungen los, bis er ihm befahl, in seinen Behälter zurückzukehren. Auch er kam zu den Herbergsleuten, die reich und angesehen geworden waren, aber ihr Diebsgelüste nicht abgelegt hatten. Er sagte ihnen, das Säcklein aufhängend, die Losung und warnte sie, dieselbe auszusprechen. Aber gerade diese Warnung machte sie begierig, die dritte Wundergabe kennen zu lernen. Sie sprachen die Worte, und sogleich prügelte der Schlägel auf ihrem Rücken herum, bis sie den Tisch und den Esel dem Eigentümer des furchtbaren Knüppelchens auslieferten. Mit den drei Kleinodien zog der Geselle in das Vaterhaus zurück, wo große Freude und hinfort Überfluß an Speise, Trank und Geld war. Er aber ließ noch manchmal den Stock auf Diebe, Betrüger und Müßiggänger losprügeln und ward der geachtetste Mann im Lande."

Man will in dem Tischchen die nährende Mutter Erde erkennen, die sich, wie von unsichtbaren Händen bedient, von selbst deckt, wenn man durch emsige Arbeit ihrer Gaben sich würdig gemacht hat. Ebenso glaubt man in dem Golde, das der Esel ausschlägt, die goldenen Strahlen der Frühlingssonne, oder den goldenen Erntesegen zu finden, in dem Säcklein mit dem Stöckchen die Gewitterwolke, die den Blitz in ihrem Schoße birgt und den Dämon der Winternacht aus dem Besitze der geraubten Kleinodien treibt. Will man diese Beziehung, die allerdings gewagt ist, gelten lassen, so kann man auch den rotbärtigen Schreiner, Müller und Bauer als Repräsentanten des alten Donnerers betrachten.

Andrerseits hat man dieses Märchen als Nachklang des Wodankultus gedeutet. Wodan gilt ja als Reichtumsspender und Wunscherfüller; sein Speer verwandelt sich zum Zauberstab oder zum prosaischen „Knüppel aus dem Sack!" Der Dukaten spendende Esel soll an die Roßkeulen Wodans erinnern, die sich in lauteres Gold verwandeln. Das „Tischchen deck dich" wird auf die stets reichlich gedeckte Heldentafel in Walhalla bezogen. Doch sind es immerhin nur Anklänge, und dem Märchen darf wohl ein freies Schaffen der Phantasie zuerkannt werden.

Aber auch in vielen Legenden besonders vom heiligen Petrus sind die Spuren des alten Gewittergottes zu erkennen. Ist es unbeständiges Wetter, so sagt das Volk heute noch: „Petrus ist am Regiment", und wenn es donnert, „so schiebt Petrus Kegel". An der Stätte früherer Donarsheiligtümer wurden Peterskapellen gegründet, wie an Stelle der von Bonifacius gefällten Donnerseiche bei Geismar.

Thor.

Thors und Lokes Fahrt in Weiberkleidern.

Thors Thaten und Fahrten.

Ich bin der Gott Thor,
Ich bin der Kriegsgott,
Ich bin der Donnerer;
Hier in dem Norden
Mein Bollwerk und Zwingburg;
Hier herrsch' ich für immer!

Hier unter Eisblöck'
Lenk ich die Völker;
Dies ist mein Hammer
Miölnir, den mächt'ge
Riesen und Zaub'rer
Nicht können besteh'n.

Dies sind die Handschuh,
Womit ich ihn schwinge
Und weithin entschleud're;
Dies ist mein Gürtel,
Womit ich mich gürte,
Die Stärke zu doppeln.

Das Licht, das du schauest
Hin flammen im Himmel
In zackigem Hochrot,
Mein Bart ist's, der leuchtet
Und flattert im Nachtwind,
Erschreckend die Völker.

Ist Woban mein Bruder;
Meine Augen sind Blitze,
Die Räder des Wagens,
Die rollen im Donner,
Die Schläge des Hammers
Erschüttern die Erde.

Kraft herrscht in der Welt noch,
So war es, so wird's sein;
Demut ist Schwachheit,
Die Stärke nur siegt;
Noch herrscht in dem Weltall
Verehrung des Thor!"

Übersetzt nach Longfellow.

Entstehung Miölnirs. Milde Lüfte wehten über Thrudheims segensreiche Fluren, und Bilskirnirs Hallen standen offen, daß der würzige Duft der Sommerblumen einziehen konnte. Thor schlief ruhig im großen Saale des Hauses, bis der Morgen heraufstieg und die mächtigen Schatten verscheuchte. Da erhob sich der Gott von seinem Lager, aber sein erster Blick fiel auf Sif, sein trautes Weib,

das überaus niedergeschlagen war. Ihr goldenes Haar war nämlich über Nacht
verschwunden, und mit kahlem Haupte stand sie vor ihm, wie die Erde, wenn
der Schnitter die Goldfrucht gemäht und eingeheimst hat. Er ahnte den Frevler
und stürmte zornig durch die Höhen und Haine von Asgard, bis er den Unheil-
stifter Loke fand. Er würgte ihn, daß ihm die Augen vor den Kopf traten;
er ließ ihn nicht eher los, bis er versprach, anderes, gleich schönes Haar von
den kunstreichen Zwergen zu beschaffen. Sobald sich der Frevler frei fühlte,
fuhr er gen Alfheim und erlangte für schweren Sold nicht nur den herrlichen
Hauptschmuck, sondern auch den nie fehlenden Speer Gungnir und das Schiff
Skidbladnir, das zum Segeln mit jedem Winde geeignet und so künstlich
eingerichtet war, daß man es, wenn man seiner nicht bedurfte, zusammenfalten
und in die Tasche stecken konnte. Diese Gaben verteilte er freigebig unter die
Asen. Thor erhielt die Locken für die Gattin und sah mit Freuden, wie sie
sogleich auf ihrem Haupte Wurzel schlugen und fortwuchsen; Odin empfing die
herrliche Waffe, die er fortan auf allen seinen Fahrten mit sich führte, Freyer
das Schiff, um mit den Handelsleuten zu fahren und die Schiffbrüchigen rettend
an Bord zu nehmen.

Stolz auf das Lob, das dem Geber gespendet wurde, rühmte derselbe,
daß seine Schmiede, die Söhne Iwaldis, die besten Erzarbeiter seien. Da
gerade der Zwerg Brok zugegen war, dessen Bruder Sindri für den besten
Schmied galt, so behauptete er dreist, letzterer könne nimmermehr solche künstliche Werke ausführen, und setzte sein Haupt gegen das des Zwerges zum Pfand.
Brok trat in des Bruders Esse und berichtete ihm von der gefährlichen Wette;
aber dieser hieß ihn gutes Mutes sein und das Feuer mit dem Blasebalg tüchtig
unterhalten, damit bei der zauberkräftigen Arbeit keine Unterbrechung eintrete,
die alle Kunst vereiteln werde. Er legte darauf ein Schweinsfell ins Feuer
und entfernte sich, um die geheimnisvollen Kreise zu ziehen und die verborgenen
Kräfte zu beschwören, die zur Vollendung des Werkes mitwirken sollten. Brok
handhabte den Blasebalg mit Macht, obgleich ihn eine Fliege unaufhörlich in
die Hand stach, daß Blut floß. Als der Bruder wieder eintrat, regte sich Leben
in der Essenglut, und er zog das riesige Wildschwein Gullinbursti mit goldenen
Borsten heraus, davon sich tagheller Glanz in der finstern Werkstätte verbreitete.
Nun galt es, das zweite Kunstwerk herzustellen, Sindri legte rotes Gold in die
Esse, und es entstand, während Brok ungeachtet der quälenden Stechfliege das
Feuer unterhielt, der Ring Draupnir, von dem in jeder neunten Nacht acht
gleiche Kleinodien herabtropfen. Zuletzt wälzte der Kunstschmied eine Eisenstufe
in die Glut und hieß den Bruder unausgesetzt arbeiten. Dieser befolgte das
Gebot und ertrug die Qual der Fliege, in der er Lokes Arglist wohl erkannte.
Als sie ihm aber in die Augenlider stach, und das tröpfelnde Blut ihm das
Gesicht blendete, fuhr er mit der Hand nach dem Dämon. Da loderte die
Flamme prasselnd hoch auf und erlosch.

Sindri trat erschrocken in die Halle; aber sein Gesicht verklärte sich, als
er in die Esse blickte. „Es ist gut", sagte er, „es ist fertig, nur der Stiel
etwas kurz." Und er zog einen gewichtigen Streithammer hervor und übergab
ihn samt den zwei anderen Kunstwerken dem Bruder, indem er hinzufügte:

„Ziehe hin; du hast die Wette und des Gegners Haupt gewonnen."

Brok trat in die Versammlung der Asen, die zu Rate saßen. Er gab Odin das Kleinod Draupnir, dem lichten Freyer den Eber Gullinbursti, der ihn, wie er sagte, windschnell durch Nebel und Wolken, über Berge und Thäler tragen werde. Als aber Thor den Hammer empfing und in der nervigen Rechten schwang, da wuchs er, der Asenfürst, riesengroß; dunkles Gewölk lagerte sich um seine Hüften; Lichtglanz brach daraus hervor, und rollender Donner erschütterte die Höhen von Asgard und Midgard und schreckte Asen und sterbliche Menschen. Nur Odin, dem Schrecken unzugänglich, saß unbewegt auf dem Hochsitz und sagte: „Miölnir ist das edelste Kleinod, denn in der Hand meines Sohnes wird es Asgard gegen alle Angriffe der Thursen und Jötune schützen."

Also hatte Brok die Wette und Lokes Haupt gewonnen und wollte die Buße dafür nehmen. Aber schon war der Sohn Laufeyas auf Wolkenschuhen in weite Ferne entwichen; doch Thor, der ihm nachfuhr, brachte ihn wieder zur Stelle: „Der Kopf ist dein, nicht der Hals", rief der Erzschelm, als der Zwerg das Schwert erhob. „So will ich dir das geifernde Maul zuschnüren", versetzte Brok und bemühte sich, des Gegners Lippen zu durchbohren. Vergebliche Mühe. Das Messer schnitt nicht. Sofort nahm er des Bruders Ahle zur Hand, die den Dienst nicht versagte. Er riß den Faden ab, und Loke stand unter dem Hohngelächter der Asen in der Versammlung, fand jedoch bald Mittel, das Band zu lösen.

Sifs, der Erdgöttin, Haar ist der Blüten= und Ährenschmuck der Erde; andere deuten es auf das Gras der Erde. Er wird abgemäht, fällt im Herbste ab, der winterliche Dämon hat ihn geraubt, und sie steht nackten Hauptes da. Aber die Zwerge, die unter der Erde walten, erschaffen ihn neu und strafen mit Hülfe des Gewittergottes den Frevler.

Alwismal, das Lied von Alwis. Den Mächten, die unter der Erde das Wachstum der Pflanzen schaffen, gehören die Saaten an; sie begehren dieselben, wie der Dichter in dem Liede sich ausdrückt, zur Ehe. Aber der Bringer des Frühlings, der Gewittergott, ist der rechte Vater, und wenn die warme Sonne hervortritt, so erstarrt der Zwerg zu Stein. Dies dürfte die Deutung der Dichtung sein, in welcher Thor nicht mit dem Hammer, sondern mit listiger Rede den Gegner überwindet.

Alwis, der Zwerg, ein Herrscher in Alfheim, der alle neun Heime durchwandert und die Sprachen und Weisheit der Bewohner erkundet hatte, kam nach Asgard. Er ward sehr freundlich aufgenommen; denn wohlbekannt war sein Palast, von Gold und Edelstein glänzend, und seine weitherrschende Macht über die Unterirdischen. Er sah die herrliche Thrud, Asathors kraftvolle Tochter, und, in Liebe entbrannt, begehrte er sie zur Ehe. Die Verbindung mit dem Könige der unterirdischen Schätze dünkte den Asen gut, und sie meinten, der Vater werde ihre Zustimmung wohl billigen. Darum ward der Tag der Vermählung alsbald festgesetzt. Aber Thor kam früher von seiner Fahrt zurück und zürnte heftig, als er die Kunde vernahm. „Wer bist du", fuhr er den Bräutigam an, „weißnasiger Geselle? Hast du bei Leichen gelegen? Steigst du aus tiefem Grabe herauf, Lebende mit dir in das lichtlose Reich zu nehmen?" Der Zwergenkönig fragt ihn darauf, wer er sei, daß er sich Gewalt über die

Braut und über die schon abgeschlossene Verbindung anmaße, und als er er=
fährt, es sei Wingthor, der Vater selbst, da bittet er, auf seine Reichtümer und
auf seine Weisheit sich berufend, um das Jawort. Nun fragt ihn Thor, ihn
zu erproben, wie man in den verschiedenen Sprachen bei Menschen, Asen, Wanen,
Joten, Alfen und in Helheim nenne die Erde, den Himmel, den Mond, die
Sonne, die Wolken, den Wind, die Luft, das Meer, das Feuer, den Wald, die
Saat und das Bier. Alles wußte der Zwerg; aber siehe, da brach der Tag
an; von dem leuchtenden Strahle der Sonne berührt, erstarrte er zu Stein,
ein Denkmal des siegreichen Thor auf Asgards Höhen.

      Thors Fahrt gen Utgard. Aus dem innern Jötunheim sandten die Hrim=
thursen kalte Winde über die Felder, daß die fröhlich aufgewachsenen Halme
vor Kälte sich schüttelten und das Landvolk Mißernte besorgte. Da hieß Thor
sein Gespann anschirren und bestieg den Wagen, um die falschen Neidharte zu
züchtigen. Ihm gesellte sich Loke zu mit schmeichelnder Rede, und es dünkte
dem Donnerer heilsam, den Gefährten bei sich zu haben, der in der Wildnis
guten Bescheid wußte. Die Böcke griffen mächtig aus, und die Genossen sahen
schon die starren Felsen des Riesenlandes, als der Abend anbrach. Da stand
noch ein einsamer Bauernhof, und der Besitzer bot gastliche Herberge; er konnte
aber nur magere Kost gewähren. Thor schlachtete daher seine Böcke und sott
das Fleisch im Handkessel. Er lud auch den Hausvater samt seinen Hausleuten
zur leckern Mahlzeit, befahl ihnen aber, die Knochen sorgfältig auf die unter=
breiteten Felle zu werfen und keinen zu brechen. Da raunte nun der falsche
Loke dem Bauernsohne Thialfi zu, er solle einen Schenkelknochen aufsprengen,
denn darin sei das schmackhafte Mark. Dieser folgte dem übeln Rat und fand
großes Behagen an der köstlichen Speise. Am Morgen weihete Thor mit dem
Hammer die Felle und Knochen, und sogleich erstanden die Böcke; aber dem
einen lahmte der Hinterschenkel. Alsbald entbrannte der Gott im Asenzorn;
seine Augen sprühten Blitze, seine Rechte umfaßte den Hammerschaft, dumpfer
Donner erschütterte die Grundfesten des Hauses. Der Bauer, niedergeworfen
auf sein Angesicht, jammerte mit Weib und Kindern um Gnade und bot als
Buße für den gebrochenen Schenkelknochen seinen Sohn Thialfi und seine Tochter
Röskwa. Das versöhnte den zürnenden Gott; er nahm die Buße an, ließ
Böcke und Wagen zurück und wanderte zu Fuß mit den Genossen und den
rüstigen Kindern des Bauers weiter gen Jötunheim.

      Die Reise ging über hohe Berge und durch tiefe Thäler bis an einen
breiten Sund. Sie fuhren hinüber und zogen weiter über unwirtbares Ge=
stein, durch einen dunklen Wald, der kein Ende zu nehmen schien. Grauer
Nebel umlagerte den Grund, aus dem nur da und dort ein Eisberg, wie ein
leichenblasses Gespenst, hervorstieg. Alles war unsicher, wie von Zauber um=
flossen. Die Reisenden zogen indessen den ganzen Tag fort, Thialfi, der beste
Läufer im Lande, immer voraus mit Thors Reisetasche. Am Abend fanden
sie eine wunderliche, doch geräumige Herberge, aber weder Bewohner noch
Speisewirtschaft. Sie legten sich hungrig zur Ruhe, aber um Mitternacht er=
schütterte heftiges Erdbeben das ganze Haus; doch fanden sie einen Nebenwinkel,
der fester schien; darin bargen sich die Genossen, während Thor, den Hammer=

 schaft in der Hand, am Eingange wachte. Ein grauenhaftes Brausen und
Schnauben störte die Ruhe. Der Asenfürst wartete den Morgen ab. Bei
seinem Lichte bemerkte er einen Mann, der eben nicht klein war und durch sein
Schnarchen den Lärm verursachte. Er hatte nicht übel Lust, dem Schnarcher
den Schlaf mit seinem Hammer zu segnen; allein derselbe wachte gerade auf
und nannte sich auf Befragen Skrymir, bemerkte auch, daß er in dem Fremdling den Asathor wohl erkenne. Zugleich suchte er nach seinem Handschuh.

Der schlafende Skrymir, von Thor angegriffen. Von J. W. Heine.

Aber wie groß war das Erstaunen des Asen, als er wahrnahm, daß er samt
seinen Genossen in dem Handschuh des gewaltigen Mannes und zuletzt in dem
Däumling desselben die Nacht zugebracht hatte. Skrymir bekümmerte sich nicht
weiter um die Verwunderung der fremden Wanderer, sondern kramte sein Frühstück aus und verzehrte es, während die Reisenden ebenfalls einige Vorräte aus
Thors Tasche hervorholten. Darauf schnürte der Riese sämtliches Gepäck in
ein Bündel, warf es auf seinen breiten Rücken und schritt der Gesellschaft voraus durch den Wald, daß sie kaum nachkommen konnte. Am Abend nahm sie

Quartier unter einer Eiche, deren mächtiger Wipfel bis in die Wolken reichte. Der Jöte überließ den Wanderern den Speisevorrat in seinem Bündel, weil er, wie er sagte, des Schlafens bedürftiger sei. Indessen der starke Donnerer versuchte vergeblich, den Riemen des Sackes zu lösen. Ergrimmt darüber, schnallte er den Stärkegürtel fester und führte, mit beiden Händen Miölnir fassend, einen furchtbaren Schlag auf das Haupt des schnarchenden Schläfers, der sich jedoch nur die Stelle mit der Hand rieb, indem er fragte, ob ihm ein Blatt auf den Kopf gefallen sei. Um Mitternacht hallte der Wald von seinem Schnarchen wieder. Jetzt führte Thor mit größerer Kraft seinen Streich gerade auf den Wirbel des Unholds. Der Hammer fuhr tief hinein; doch meinte Skrymir nur, es sei ihm eine Eichel auf den Kopf gefallen, und schnarchte bald weiter. Gegen Morgen führte der ergrimmte Ase mit furchtbarer Gewalt den dritten Streich auf den Jöten; die Erde bebte, Felsen stürzten ein unter entsetzlichem Krachen; der Hammer fuhr bis an den Schaft in den Schädel des Gegners. Doch dieser stand ganz ruhig auf, sprechend: „Du bist schon wach, Asathor? Sieh doch, da haben mir nistende Vögel ein Zweiglein auf die Schläfe geworfen; es hat etwa einen blauen Fleck gegeben. Indessen müssen wir hier scheiden; mein Weg geht gen Norden, der eurige nach Utgard gen Osten. Ihr werdet in kurzer Frist die Burg Utgard-Lokes vor Augen haben. Daselbst werdet ihr größere Männer finden, als ich bin. Thut gegen sie die Mäuler nicht zu weit auf mit prahlerischer Rede, sonst seid ihr übel beraten."

Skrymir schritt quer durch den Wald, die Wanderer aber in der angezeigten Richtung weiter. Um die Mittagszeit erblickten sie die Riesenburg, groß und glänzend wie ein Eisberg. Sie schlüpften durch die Stäbe des verschlossenen Gitterthors und traten in die Königshalle. Da saß Utgard-Loke, der Thursenfürst, auf dem Hochsitz und seine Kämpfer und Hofleute auf Bänken umher. Er sah schier verwundert auf die Wanderer. „Ich kenne euch wohl, ihr kleinen Wichte", rief er ihnen zu mit einer Stimme, die wie das Poltern eines niederkollernden Felsblocks klang; „ich kenne dich, Asathor, und vermeine, du wirst Größeres leisten, als dein Ansehen verrät. So sagt nun, welche Geschicklichkeiten ihr versteht, denn ohne Kunst findet hier niemand einen Sitz."

Zuerst rühmte Loke seine Fertigkeit, eine Mahlzeit zu verzehren. „Eine gute Kunst auf der Reise", versetzte der König; „da kann man sich mit einem Mahle für acht Tage den Bauch füllen. Logi, mein Koch, soll sich mit dir versuchen. Wir wollen zusehen, wer am hurtigsten schlingt. Ein mit Fleisch gefüllter Trog ward vorgestellt, und beide Helden der Tafelfreuden versuchten, an entgegengesetzten Enden stehend, ihre gerühmte Kunstfertigkeit. Die schlingenden Mäuler begegneten sich in der Mitte; Loke hatte die Hälfte des Fleisches verzehrt, Logi die andere, aber zugleich die Knochen und den Trog; daher schritt er stolz als Sieger vom Kampfplatze weg. Nun rühmte sich Thialfi seiner Fußfertigkeit und forderte alle Hofleute zum Wettlauf in die Schranken. Hugin, ein junger Geselle, nahm die Forderung an. Er wendete sich am Ziele schon wieder rückwärts, als der Bauernsohn erst anlangte. „Gut gelaufen für einen Fremdling, bei meinem Bart!" brummte der Thursenfürst; „aber nun spute dich besser." Indessen blieb Thialfi beim zweiten Laufe weiter zurück und hatte beim dritten kaum die Hälfte der Bahn durchmessen, als sich Hugin schon am Ziele umwandte.

Jetzt war es an Thor, seine Künste zu zeigen. Er rühmte sich zuerst seiner Fertigkeit im Trinken. Der Thurse befahl, das Horn zu bringen, das mancher mit einem Zug, viele mit zweien, die Schwächsten doch mit drei Zügen leerten. Der Ase beschaute sich das Instrument. Es war lang, aber dünn; er meinte, den Inhalt mit Leichtigkeit zu bezwingen. Indessen nach dem ersten Zuge war kaum der Rand entblößt, nach dem zweiten wenig mehr, nach dem dritten nur einige Zoll. Beschämt gab er das Horn zurück; er konnte nicht mehr. Dagegen sprach er von seiner Asenstärke. Da hieß ihn Utgard-Loke nur seine graue Katze vom Boden heben, die schnurrend um seine Beine strich. Der Hammerschwinger gedachte das Tier an die Decke zu schleudern, aber beim ersten Ruck machte es nur einen krummen Buckel, beim zweiten etwas mehr, beim dritten lüpfte es die eine Vorderpfote, weiter vermochte es der Ase nicht zu bringen; er hörte voll Unmut das Hohngelächter von den Bänken schallen. Seine Augen sprühten Blitze; er forderte die Hofleute Mann für Mann zum Ringkampf in die Schranken. — „Das würde dir übel ausgehen‟, sagte der König, sich den Bart streichend; „versuche vorerst deine Kunst hier an meiner steinalten Amme Elli; die hat schon stärkere Männer zu Falle gebracht, als einen Knirps wie du bist.‟ Schon stand die Alte bereit und faßte den starken Thor, der alle Kraft anstrengte, sie niederzuwerfen. Aber sie stand wie ein Felsgebirg unerschütterlich und drängte ihn selbst mit solcher Gewalt, daß er auf ein Knie sank. „Genug des Spiels!‟ rief der Jötun; „setzt euch, ihr Fremdlinge, auf die Bänke und erfreut euch meiner gastlichen Bewirtung.‟ Die Geschichte berichtet nicht, ob sie den Unmut im Metbecher des Riesen herunterschlürften.

Am folgenden Morgen gab ihnen der König selbst das Geleite bis in den Wald. „Hier‟, sagte er, „ist die Grenze meines Reiches, welches ihr niemals überschritten hättet, wenn mir bessere Kunde von euch zugekommen wäre. Vernehmt nun, mit welcher Sinnesblendung ich euch verwirrt habe. Ich selbst war Strymir, euer Geleitsmann. Drei Schläge führtest du, Asathor, auf mein Haupt; aber ich schob einen Berg vor, und da siehst du Miölnirs Wahrzeichen, drei Abgründe, von denen der dritte bis Schwarzalfenheim reicht. Der Koch Logi, der sich mit Loke maß, war das Wildfeuer, das Knochen und Trog verzehrte. Hugin war mein verkörperter Gedanke, den schwerlich weder Thialfi noch sonst ein Läufer überholt. Das Trinkhorn stand mit dem Weltmeer in Verbindung. Du trankst so mächtig, daß alle Küsten von Wasser bloß wurden und die Völker sprachen: „Das ist die Ebbe.‟ Deine Augen waren verblendet, als du die graue Katze aufhobst; denn du schwangst die Midgardschlange himmelhoch empor, daß sie zappelnd nahezu sich losgerissen und unermeßlichen Schaden angerichtet hätte. Elli, die Amme, dem Anscheine nach so schwach, war das schleichende Alter, dem keiner widersteht, wenn seine Zeit gekommen ist. Nun geht, denn hier ist mein Gebiet, wo ich Gewalt habe über die Hrimthursen und ihre Felsenburgen. Wo ich herrsche, da ist nicht Raum für menschlichen Anbau, noch vermag Asathor mit seinem Donnern die Berge zu spalten und das ewige Eis zu brechen.‟

Schon hatte Thor den Hammer erhoben, um dem Jötun die Blendwerke zu vergelten; aber er war vor seinen Augen verschwunden. Öde Wildnis, unwirtbares Gestein umgaben ihn und seine Gefährten. Nebelschichten zogen hin und her, und daraus blickten Gesichter hervor, bald höhnisch lachend, bald grimmig niederschauend, jetzt versinkend, jetzt wieder auftauchend, daß die Wanderer nicht wußten, was Wirklichkeit und was zauberisches Blendwerk war. Sie traten also den Rückweg gen Thrudheim an.

Die Naturmythe, aus welcher diese Dichtung der jüngern Edda erwachsen ist, dürfte sich aus unserer Darstellung leicht ergeben. Ausführlich und sinnreich hat sie Uhland in seinem „Mythus von Thor“ entwickelt. Im Urgebirg, wo Felsen auf Felsen getürmt und von Eis und Schnee überlagert sind, vermag auch der mächtige Ase dem menschlichen Anbau nicht Bahn zu brechen. Thialfi ist der menschliche Fleiß, den der Bauer anwenden muß und dem seine Schwester Röskwa, d. i. die Rasche, Rüstige, zur Seite steht. Er kommt auch unter dem Namen Thielwar als erster Kolonist auf Gutland, d. i. Gotland, vor. Er brachte nach dem alten Rechtsbuch dieser Insel zuerst das Herdfeuer dahin, wodurch sie, die vorher in der Meerestiefe finster war, erleuchtet und bewohnbar wurde. Vielleicht aber ist hier an eine Fahrt in die Unterwelt zu denken, wie Simrock durch Vergleichung mit Saxos Bericht über Thorkills Reise andeutet. Schließlich wollen wir nicht vergessen zu erwähnen, daß es ein herrliches dänisches Gedicht von Öhlenschläger giebt, betitelt: „Thors Reise nach Jötunheim.“

Holmgang mit Hrungnir. Schöne Tage verlebte Thor in Bilskirnirs Hallen. Sif, die fleißige Hausfrau, war schön wie der Maimond; ihr künstliches Goldhaar wuchs täglich und fiel ihr in Ringellocken über Hals und Schultern. Die größte Freude hatte der Gott an seinem Sohne Magni, der, erst drei Jahre alt, an Wuchs und Kraft einem Manne gleich kam. Mit den Jötunen der Nachbarschaft war Friede; denn sie wagten nicht mehr die Gelände der Ackerbauer zu schädigen. Dagegen riefen entferntere Pflugleute oftmals den hülfreichen Asen in ihre Thäler zwischen unwirtbaren Bergen, wenn Unholde mit Stürmen, Wasserfluten, Eis- und Bergstürzen ihre friedliche Arbeit störten. Dann fuhr Thor mit Miölnir gen Osten und züchtigte die Friedensbrecher.

Auch Allvater Odin war auf seinen Fahrten begriffen, bald die Schlachten der Männer lenkend, bald nach Weisheit forschend, bald in süßem Minnespiel um die Gunst der Frauen werbend. Einst kam er zur Burg des Bergriesen Hrungnir und fand gastliche Aufnahme. Im Wechselgespräch sprach der Jöte, Sleipnir sei ein gutes Pferd, aber sein eigenes, Gullfaxi (Goldmähne), sei edlern Blutes und mache mit seinen vier Hufen weitere Sprünge als der Achtfüßler. „Wohlauf“, rief Odin, „es gilt mein Haupt, hole mich ein, wenn du vermagst.“ Er sprang auf Sleipnirs Rücken und jagte dahin, der Riese im Jötenzorn ihm nach. Schnell, wie der Sturmwind, eilte der Göttervater weit voraus. Hrungnir in seiner Hast ward nicht gewahr, wie sein goldmähniger Hengst schon donnernd über Bifröst flog und erst an Walhallas Pforten anhielt. Da kam ihm der Asenkönig entgegen und geleitete ihn, die Gastfreundschaft erwidernd, in die Halle. Hrungnir empfing die mächtigen Pokale, aus welchen Thor zu trinken pflegte. In seinem Unmut leerte er sie hastig und begehrte immer mehr.

„Ha", rief er berauscht, „ihr kennt mich noch nicht. Ich nehme Walhall auf meinen Rücken und trage es nach Jötunheim. Ich stürze Asgard in den Abgrund von Nifelhel und erwürge euch alle, außer Freya und Sif, die führe ich in meine Behausung. Ich leere alle eure Biertonnen bis zur Neige. Schafft herbei, was vorrätig ist. Freya soll meine Mundschenkin sein!" Die zitternde Göttin kredenzte ihm das volle Trinkhorn; aber die anderen Asen riefen nach Thor.

Thors Zweikampf mit Hrungnir. Von L. Pietsch.

Dem Blitze gleich, der aus Himmelshöhen niederzuckt, erschien der Gott in der Halle. „Wer giebt dem Thursen Sitz im heiligen Asgard?" rief er mit Donnerstimme; „warum reicht ihm Freya das Trinkhorn? Aber sein zerschmetterter Schädel soll Buße sein." Seine Augen leuchteten wie Feuer, seine Hand umfaßte den Hammerschaft. Da ward Hrungnir plötzlich nüchtern. Er stammelte, Odin habe ihn zum Gelage geladen, und es sei für Thor Unehre, wenn er ihn,

den Wehrlosen, erschlage. Er wolle sich aber zum Holmgang auf Griottunagard
(Steingeröll oder auch Felsenmauer) an der Grenze von Jötunheim stellen.
Dieser Forderung konnte sich der Ase nicht entziehen, und der Jöte sputete sich,
mit heiler Haut wieder in seine Heimat zu kommen. Weithin, in allen Landen,
ward von dem bevorstehenden Kampfe gesprochen. Die Jötune erkannten, daß
ihr gewaltigster Streiter den gefährlichen Gang wage. Sie pflogen Rats, wie
sie ihm den Sieg verschaffen möchten. Sie schufen darum einen Mann von
Lehm neun Rasten hoch und drei um die Brust breit, Möckerkalfi (Nebelwater)
genannt, der ein Mitkämpfer ihres Helden sein sollte, aber ein furchtsames
Stutenherz in der Brust trug. Der Jöte selbst hatte ein dreikantiges Herz von
Stein, und von Stein waren sein Schädel, sein Schild und seine Keule.

Am bestimmten Tage standen Hrungnir und sein Lehmknappe auf Griottunagard, des Gegners wartend. Thor säumte nicht. Im Rollen des Donners,
unter dem Funkeln der Blitze fuhr er, von Gewölk umgeben, daher. Thialfi,
der fußrüstige Diener, lief voraus und rief dem Jöten zu, er sei übel beraten,
daß er den Schild vor sich trage; der Gott werde von unten, aus dem Boden,
an ihn kommen. Da warf Hrungnir den Schild unter seine Füße und faßte
die Keule, zum Wurf oder Schlag bereit, in beide Hände. Jetzt erblickte er den
Asen, wie er Miölnir schwang, und schleuderte ihm seine Waffe mit ungeheurer
Kraft entgegen. Beide Geschosse trafen in der Mitte der Bahn zusammen; aber
vor der Wucht des Hammers zersprang die Keule in Splitter, der Steinkopf
des Riesen in Scherben, und er selbst taumelte sterbend vorwärts zu Boden.
Indessen hatte ein Splitter von der Keule Thors Stirn getroffen, so daß auch
er stürzte und beim Überschlagen Hrungnirs unter dessen Bein zu liegen kam.
Der rüstige Thialfi hatte mittlerweile den Lehmriesen mit einem Grabscheit
niedergestreckt und zu Lehm zerhackt, wie er gewesen war. Er versuchte jetzt
seinem Gebieter aufzuhelfen, konnte aber das Riesenbein nicht von der Stelle
rücken. Auch andere Asen versuchten sich vergebens daran, bis der starke Knabe
Magni herzutrat. Derselbe schob wie spielend die Last weg, indem er sagte:
„Schade, Vater, daß ich nicht früher kam; ich hätte dem Gesellen mit der
Faust den steinernen Schädel eingeschlagen." — „Du wirst ein starker Mann
werden", sagte Thor, „und sollst dir für deine Hülfe das gute Roß Gullfaxi
nehmen." Darauf suchte er den Steinsplitter aus der Stirn zu ziehen; allein
der wich und wankte nicht, und mit schmerzendem Haupte fuhr Thor heim
nach Thrudwang.

Die liebende Sif und die sorglich waltende Thrud bemühten sich vergeblich,
dem Hausvater Linderung zu verschaffen. Da kam nun die Seherin Groa
(Grünende) in das Haus, die mit Zaubersprüchen Felsen bewegte und wilde
Fluten hemmte. Sie erbot sich den Freundinnen, die Heilung zu übernehmen.
Sie zog alsbald ihre Kreise und sang ihre mächtigen Lieder. Schon wankte
und rückte der Stein, und der Verwundete hoffte Genesung. Er erzählte ihr,
sie zu erfreuen, während sie ihre Sprüche murmelte, er habe ihren Gatten
Örwandil in einem Korbe watend über die Eisströme Eliwagar getragen und
eine erfrorne Zehe desselben abgebrochen und gen Himmel geschleudert, wo sie
forthin als heller Stern glänze. „Aber nun", schloß er die Rede, „kehrt er zu

dir heim." Kaum hatte er das Wort gesprochen, so sprang Groa freudig bewegt auf und vergaß alle ihre zauberkräftigen Weisen. Daher blieb der Splitter in Thors Stirn haften.

Nach Uhland ist hier die Sprengung des Felsgebirgs durch den zermalmenden Hammer des hülfreichen Gottes in dichterischer Weise geschildert. Den Lehmriesen, den zähen Lehmboden, überwindet Thialfi, der fleißige Ackerbauer, die Felsen muß Thor dem Anbau zugänglich machen. Er thut es, doch nimmt er selbst dabei Schaden, indem Bergstürze entstehen. Andere deuten Thialfi auf den dem Gewittergott helfenden Regen. Groa, die Grünende, die Triebkraft in den Pflanzen, ist dem Örwandil, dem aufsprießenden jungen Keim, vermählt, den Thor auf seinen göttlichen Schultern durch die winterlichen Eisströme Eliwagar trägt. Mannhardt erkennt in Örwandil den Blitzfunken.

Die Seherin Groa. Zeichnung von C. Ehrenberg.

Wir enthalten uns, auf Ausführung der verschiedenen Deutungen weiter einzugehen. Der Skalde fand den Naturmythus vor, griff in die Saiten seiner Harfe und sang sein Lied aus freier Brust, unbekümmert, ob er die alte Mythe in allen Einzelheiten wiedergebe oder nicht.

Der Braukessel. Fahrt zu Hymir. Ögir, auch Hler (Meer) genannt, der Beherrscher des Wellenreichs, stand mit den Asen in Gastfreundschaft. Während die Frühlingsstürme noch die Meerestiefen aufwühlten, hatte er beim flammenden Scheine der Schwerter und Schilde in Odins Halle am frohen Mahle teilgenommen und Bragis Gesprächen gelauscht, die von alten Zeiten Kunde gaben. Er sprach beim Scheiden: „Wenn der Lein eingeheimst wird, lade ich alle Asen und Asinnen ein, in meinem goldhellen Saale des nährenden Bieres Fülle zu trinken." Die Zeit kam heran, aber der Meerbeherrscher, jötunschen Geschlechts, gedachte nicht mehr seiner Verheißung. Da gemahnte ihn Thor mit barscher

Rede an sein verpfändetes Wort. Unmutig und falschen Sinnes versetzte der
Jöte: „Mir gebricht der Braukessel für die Menge der Gäste. Schaffe mir
einen solchen zur Stelle, so soll euch der fröhliche Trunk nicht mangeln." Als
Thor in die Asenversammlung mit dieser Botschaft trat, pflogen sie Rats, von
wannen der Kessel zu beschaffen sei. Sie schüttelten Runenstäbe, beschauten das
Opferblut, doch fanden sie keine Auskunft, bis der kühne Tyr, der Mutvolle,
sprach: „Einen Kessel weiß ich von geräumigem Umfang, eine Raste (Meile)
tief. Den hält der hundweise Hymir, mein Stiefvater, im fernen Osten, jenseit der Eisströme Eliwagar, in seiner Hut. Will Thor mich geleiten auf der
gefährlichen Fahrt, so mögen wir wohl mit Listen das Gefäß erlangen."
Hlorridi, allzeit zu Wagnis bereit, verhieß seinen Beistand.

Die Fahrt war eilends; mächtig griffen die Böcke aus über schimmernde
Schneefelder, über Gletscher und felsige Höhen bis zu des schlimmen Riesen
Behausung, wo Thor die Tiere einstallte und darauf mit Tyr zur Halle schritt.
Hymir war auswärts auf dem Weidwerk; doch seine Ahne saß im Saale, die
neunhunderthäuptige, und bei ihr die weißbrauige, allgoldene Frille (Kebsweib)
des Jöten, jene unwilligen Blickes die Gäste beschauend, diese freundlich dem
Sohne und seinem Gefährten zunickend. Letztere brachte stärkenden Trank den
Wegmüden und hieß sie hinter dem mit Kesseln behängten Pfeiler sich bergen,
weil der Jöte oft übel mit den Gästen fahre. Schon hörte man ihn kommen,
den Bösgelaunten, gewaltigen Schrittes; die Gletscher dröhnten, die Felsen
krachten, das Gehöfte erbebte in seinen Grundfesten, als er eintrat. Sein weißes
Haupthaar fiel wie Schnee auf seine Schultern, sein Kinnwald starrte von Eis;
sein Angesicht war nicht milde, denn er hatte den ganzen Tag gejagt und wenig
erbeutet. Ihn begrüßend sagte die Ahne, sein Stiefsohn sei gekommen von
langen Wegen mit Weor (Weiher), dem Freunde der Menschen, sie seien beide
hinter der Säule versteckt. Vor dem Zornblick des Jöten barst die Säule, daß
die Kessel rasselnd herunter fielen und bis auf einen zerbrachen. Die Asen
standen ungedeckt vor dem schrecklichen Manne; aber der Hammer flammte wie
ein Blitzstrahl in Hlorridis Hand; da ward er gefügig. Drei Ochsen wurden
geschlachtet; Thor verzehrte deren zwei, bevor er sich auf das Lager streckte.

Kein Morgenrot weckte die Schläfer, denn in der Winterzeit beleuchtete
die Erdebestrahlerin niemals dieses öde Land. Hymirs grunderschütternder
Schritt verscheuchte den Schlaf. Er wolle auf den Fischfang gehen, sagte er,
damit die Gäste nicht sein Hornvieh aufzehrten. Thor bot sich alsbald zum
Begleiter an und begehrte einen Köder für die Angelrute. „Suche dir einen
solchen", schnaubte der Jötun, „aber wie wirst du frieren auf der hohen See!"
Über die Schneefelder zogen gleich dunkeln Wolken die Stiere des Riesen. Der
Ase griff einen aus der Herde, riß ihm den Kopf ab und steckte denselben an
die Angel. Darauf folgte er dem Geleitsmann ins Boot und stieß mit dem
Ruder vom Land. Die Sterne glänzten am Himmel und spiegelten sich in der
Flut und in den Eisfeldern, die den Sund umgaben. Thor ruderte mit Macht,
daß das Fahrzeug, groß wie ein Eisberg, rasch die Wellen durchschnitt. Das
Meer schäumte, die Eisberge spalteten sich krachend, Ungeheuer der Tiefe tauchten
auf und versanken. Umsonst gebot der Hrimthurse Einhalt; sein Begleiter trieb

das Schiff bis weit ins offene Meer. Da warfen beide Fährleute die Angeln
aus, und bald zappelten an des Riesen Rute zwei Wale (Walfische) zugleich,
die er mit kräftigem Schwung an Bord riß. Auch die Schnur Weors zuckte,
und er wurde von der Gewalt auf die Schiffswand niedergerissen. Indessen
erhob er sich in seiner Asenstärke, zog und zog, trat den Boden durch, daß er
auf dem Meeresgrunde stand, und — eine Wassersäule stieg auf; es zischte,
wie wenn alles Gewürm der Erde versammelt wäre; die Sterne verloren ihren
Schein, und aus der Tiefe reckte sich mit geiferndem Rachen das Haupt der
Midgardschlange empor. Nun endlich stand der Donnerer dem Scheusal Aug'
in Auge gegenüber. Wie es ihn anstarrte, den Rachen weiter und weiter auf=
riß gleich dem Abgrund des Meeres, der vor dem scheiternden Fahrzeug sich
aufthut! Es war ein grauenhafter Anblick. Er aber schwang den Hammer,
und — nun wäre das Ungeheure geschehen gegen das Schicksal, gegen der
Nornen Ausspruch. — Da durchschnitt der Hrimthurse, voll Schrecken herzu=
springend, die Schnur, und der Wurm sank wieder in die Tiefe. Vergebens
flog ihm Miölnir nach in der hemmenden Strömung, er verwundete nur und
tötete nicht. Das Ungetüm war dem Gott entgangen, dafür stürzte er mit
einem Faustschlag den Riesen kopfüber vom Deck, daß dessen Fußsohlen wie Eis=
zapfen zu Tag kamen.

Indessen gelangten Fahrzeug, Ladung und Fährleute trotz Zwiespalt und
Sturmwetter glücklich ans Land. „Heda, Geselle", heulte der Jötun, „festige
die Ankerketten oder schaffe die Fische ins Trockene, wie du Lust und Vermögen
hast." Statt der Antwort nahm Thor Schiff und Wale auf seine breiten
Schultern und brachte alles am Strande in Sicherheit. Dann begaben sich
die Fischer in die Riesenburg, wo indessen Tyr leises Zwiegespräch mit der all=
goldenen Mutter gepflogen hatte. Thor ließ sich auf der Bank am Herdfeuer
nieder, das die glitzernden Eiswände beleuchtete. Er trug nun sein Begehren
vor. Hymir dagegen meinte, er solle erst seine Kraft an der vor ihm stehenden
Trinkschale versuchen; wenn er die zerbreche, so möge er auch wohl den Kessel
fortbringen können. Der Ase warf sitzend das Gefäß nach dem Stützpfeiler;
aber der Becher durchbrach Säule und Mauer und blieb unversehrt. „Des
Riesen Schädel ist härter als die Felswand", raunt die Allgoldene dem Don=
nerer zu. Dieser versteht den Wink und schleudert mit Macht das Gefäß dem
Jötun an die Stirne, daß es in Scherben zu Boden fällt. „Alle Lebenslust
ist mir dahin, da mein Trinkgeschirr mir vor den Knieen liegt", ruft der Hrim=
thurse, sich die schmerzende Stirn reibend. Die Asen dagegen versuchen ihre
Kraft an dem Kessel. Tyr bemüht sich umsonst, ihn zu lüpfen; aber Thor
hebt ihn leicht wie ein Trinkhorn empor, stülpt ihn über Kopf und Schultern
und wandelt seines Wegs, während ihm die Heberinge an die Fersen schlagen.
Wüstes, unheimliches Getöse erhob sich hinter seinem Rücken. Sofort setzte er
den Kessel nieder und hielt eine Umschau. Da zog Hymir mit großem Gefolge
vielhäuptiger Unholde heran, den Asen auf ihrem Rückzug Verderben zu bringen.
Und aus Bergspalten, Höhlen, Abgründen wälzen sich immer neue Scharen her=
vor, und wie ungeheure Lawinen stürzen sie von eisumstarrten Höhen nieder,
zahlloses Volk, grauenhaft dem Anblick. Hoch stand Thor, wolkenumgürtet, in

seiner Asenkraft inmitten des Getümmels. Seine Donner rollten, Eisberge brachen, Felsen spalteten sich, Miölnir blitzte, zerschmetterte, vernichtete die Scheusale und schleuderte sie gen Nifelhel, von wannen sie aufgestiegen waren. Das aufgehende Frührot zerstreute die nächtlichen Schatten, umstrahlte den sieg= reichen Gott und zeigte ihm die offene Straße nach Asgard zur Versammlung der Götter. Dahin trug er den Braukessel, auf daß in Ogirs Halle das große Trinkgelage gefeiert werde.

Auf diese Art schildert die Mythe die Schrecknisse der Polargegenden. Da herrscht der Frostriese Hymir (der Dämmerer); in seinem Hause wohnt die ent= führte allgoldene, weißbrauige Lichtgöttin und die neunhundertshäuptige Ahne, das Eis= und Schneegebirge. Hymir bewahrt den meilentiefen Braukessel, der die arktische See bedeuten mag, die der Sommergott Thor der Schiffahrt zu= gänglich macht. Derselbe überwindet die Schrecken der arktischen Natur, vor denen selbst die kühnen nordischen Wikinge zurückschauderten, während die mutigen Nordpolfahrer unserer Zeit ihnen Trotz bieten. Wir möchten dieser Auslegung Uhlands beistimmen; indessen wird von anderen diese Fahrt zu Hymir als ein Hinabsteigen in die Unterwelt gedeutet. Vielleicht sind beide Erklärungen zu= lässig, denn während der rauhen Jahreszeit ist die Natur tot, begraben unter der Leichendecke des Schnees, und die Begriffe von Winter und Tod gehen vielfach ineinander über. Der starke Thor steigt also in die Unterwelt, über= windet ihre Schrecknisse, wie die der Hrimthursen, und kehrt als Sieger zurück, wie auch die griechische Mythe dem Herakles eine gleiche Heldenthat zuschreibt.

Thors Fahrt zu Thrym zur Heimholung des Hammers.

Da sitzt uralt ein königlich Weib,
Die Herrscherin weiter Lande,
Sie hat umgürtet den züchtigen Leib
Mit weichem Samtgewande;
Ihr Haupt geschmückt mit dem Königsreif,
Von funkelnden Demantsternen ein Streif,
Erhebt sich schweigend und schreitet sacht,
Dem luftigen Thron entstiegen,
Die alte, träumende Königin Nacht,
Die Kinder in Schlaf zu wiegen.
Und leise lenkt die stille Frau

Gen Jötunheim die Schritte;
Da entschlummern die Riesen, alters=grau,
In rauher Felsen Mitte;
Hräswelger selbst im Adlerkleid
Nickt ein, mit ihm der Stürme Streit.
Und weiter, über die Menschenwelt
Spannt sie des Friedens leuchtendes Zelt,
Von Sternen leuchtend ein Baldachin,
Darunter sie selber mit frohem Sinn
Lächelnd beschaut, was sie vollbracht,
Die alte, träumende Königin Nacht.

Die alte Nacht mit dem Sternendiadem hat auch über Asgard ihren Mantel ausgebreitet. Alle Wesen sind entschlummert; die Asen in ihren goldenen Gemächern, die Einherier, gesättigt von Sährimnirs Fleisch und köstlichem Met, auf den Bänken Walhallas. Sie träumen selige Träume von Kampfesmut und Siegeslust. Nur Wingthor wälzt sich unruhig im Schlafe auf dem Dunenpfühl. Er hört im Traume üble Runensprüche murmeln und sieht eine Riesenfaust, die nach Miölnir reicht. Dumpfer, nachhallender Donner weckt ihn. Er greift nach dem Hammer an seiner Lagerstätte und findet ihn nicht. Zornig springt er empor und tastet umher; aber das Werkzeug seiner Asenmacht ist verschwunden; der auf= dämmernde Morgen zeigt ihm die Stätte leer, wo er es stets hinzulegen pflegte.

Thor bei Thrym.

Wild schüttelt er das Haupt und seine Augen sprühen Feuer. Sein Bart ist rot
wie Glut, und das Haus dröhnt von seinem Rufe: „Miölnir ist verschwunden,
durch Zauberkraft geraubt." Das vernimmt Loke und spricht zu dem zürnenden
Asen: „Wer es auch sei, der den Hammer entwendet hat, ich schaffe die Wehre
dir wieder zur Stelle, so mir Freya ihr Falkenkleid leiht." Darauf gehen die
beiden nach Folkwang hinüber und treten vor Freya hin. Sie bitten geziemend
um das Federkleid, damit sie den Räuber Miölnirs erspähen möchten. Ihnen
giebt Antwort die holdselige Göttin: „Ihr sollt es nehmen, und wär' es von
Silber, und wär' es von lauterem Golde gewoben." Und sie langt aus der
Truhe das Gewand hervor und reicht es willig den Asen dar. Hoch fliegt
Loke mit tönenden Schwingen über Asgards Gehege und den wallenden Jfing,
bis er Jötunheims starrende Höhen erreicht. Da sitzt auf dem Hügel Thrym,
der Thursenfürst. Er schmückt mit goldenen Bändern die windschnellen Hunde
und strählt den stürmischen Rossen die Mähnen. „Was bringst du für Märe
aus Asgard, daß du allein gen Thrymheim kommst?" ruft er dem Ankömmling
entgegen; „wie steht es um die Asen? wie um die Alfen?" — „Übel steht es
um Asen und Alfen", entgegnet Loke, „denn Miölnir ging verloren. Sprich,
hältst du ihn wo verborgen?" — Da lacht der Thurse: „Ich halte den Hammer
verwahrt und geborgen im Schachte der Erde acht Rasten tief; und keiner soll
ihn da nehmen, er bringe mir denn Freya als Braut in den Saal."

Unfroh der Botschaft fliegt Loke tönenden Flugs über den strömenden Jfing
und Asgards Gehege, bis er vor dem harrenden Thor steht und ihm Kunde
giebt von dem Verlangen des schlimmen Thursen. Wieder schreiten die beiden
nach Folkwang hinüber, wo die Göttin herrscht in glänzendem Saal. „Auf,
schmücke dich, Freya", so ist Thors Spruch; „leg' an das schneeige Brautlinnen,
ich geleite dich zu Thrym, dem Thursenfürsten." Da entbrennt der Göttin Zorn
ob der Rede, und sie fährt auf vom Thronsitz, und die Grundfesten des Palastes
beben. „Mannstoll sollt ihr mich schelten", ruft sie, „so ich dir folge im bräutlichen Linnen gen Thrymheim zum Thursenfürsten, dem Scheusal." Also spricht
sie ergrimmt und weist die Asen ungegrüßt vor die Pforte der Halle.

Auf ihren Richterstühlen saßen die Asen alle versammelt am Urdborn, zu
beraten, was geschehen solle, um den Hammer aus der Gewalt der Jötune zu
lösen. Da nahm zuerst Heimdal das Wort, er, an Weisheit den Wanen vergleichbar: „Thor selbst gürte sich mit dem bräutlichen Linnen, das Gebund der
Schlüssel klirre von seiner Hüfte, funkelndes Gestein schmücke seine Brust, weiblich Gewand umwalle ihm die Kniee und der Schleier das Haupt." — Dem
Rate des Weisen widersprach der Asenfürst. Man werde, meinte er, künftig
ihn ein Weib schelten, zög' er in weibischer Gewandung einher. Aber als Loke
ihm erwiderte, daß bald Jötune in Asenheim wohnen würden, wenn er den
Hammer nicht wieder gewänne, willigte er in den Beschluß der Asen. Bald
saß er bräutlich geschmückt im Wagen, und Loke, Laufeyas Sohn, neben ihm
in Gestalt seiner Magd. Die Böcke zogen an; sie stürmten in wilden Sprüngen
durch Asgard und Midgard; die Erde dampfte, Felsen und Berge spalteten sich
krachend, wo das Gefährt seinen Lauf hinrichtete, bis sie Thrymheim, des Thursenfürsten Behausung erreichten.

Thrym saß vergnügt auf der Schwelle des Saales. Er sah die heim=
kehrenden Kühe mit goldenen Hörnern und die schwarzen Rinder in Menge
und den Vorrat an Gold und edeln Steinen in eisernen Truhen. „Wohl bin
ich reich an köstlicher Habe", sprach er, „nur fehlt mir Freya als Ehegenossin.
Aber am morgenden Tage tritt sie in meine Halle; darum, ihr Knechte, bestreut
die Bänke, schafft Mastvieh herbei und Bier die Fülle; denn fröhliche Hochzeit
geziemt sich im reichen, geräumigen Hause."

Schon am frühen Morgen stellten Gäste sich ein, und bald saß auch die
Braut an Thryms Seite, nach Anstand und Sitte wohl verschleiert. Die Tische
waren mit köstlichen Speisen und Getränken beladen, ein Labsal zu schauen und
mehr noch zu schmausen; doch that es keiner der Braut zuvor. Sie speiste in
Eile einen fetten Ochsen, acht Lachse und alles süße Gebäck, für Frauen be=
stimmt, und trank dazu zwei Kufen Met. Staunend sah der Thurse das Wunder.
„Niemals", rief er, „sah ich Bräute so gierig schlingen, niemals ein Mägdlein
den Met in solcher Menge trinken." Aber die Magd versicherte ihn, aus Sehn=
sucht habe die Braut seit acht Nächten sich nicht an Speise und Trank gelabt.
Als darauf der Jötune, nach einem Kusse lüstern, den Schleier lüftete, schrak
er zurück bis an das Ende des Saales vor Freyas flammenden Augen, die ihm
wie rote Glut entgegenstarrten. Doch auch jetzt beruhigte ihn die kluge Magd.
„Acht Nächte", sagte sie, „hat die Herrin vor Sehnsucht nicht geschlafen; darum
sind ihre Augen so rot wie Glut." — Nun trat zu der Braut des Thursen
ärmliche Schwester, ein Brautgeschenk zu erflehen. „Reiche mir dar", bat sie,
„goldene Ringe und ein Spangenpaar, so du dich meiner Liebe erfreuen willst."
Unbewegt von der Bitte, verharrte schweigend die hohe Herrin im bräutlichen
Schmuck. Aber der Fürst, berauscht von Liebessehnsucht und schäumendem Trank,
befahl den Hammer aus der Tiefe zu holen und nach ehelicher Sitte den Bund
zu weihen. „Dann", sprach er, „legt ihn der Maid in den Schoß." Da war's,
als lache unter des Schleiers Verhüllung die Braut; ein grimmiges Lachen scholl
unter dem Linnen hervor, als geschah, was der Fürst geboten hatte.

Jetzt erhebt sich die Braut; die Hülle fällt von ihrem Haupte; es ist Asa=
thor, furchtbar dem Anblick, den nackten Arm erhoben, Miölnir in der nervigen
Faust. Des Saales Festen wanken und brechen, ein Donnerschlag erschüttert
das Haus; ein funkelnder Blitz flammt durch die Halle. Schon liegt Thrym
zerschmetterten Hauptes am Boden; es sinken Gäste und Knechte unter den
Hammerschlägen; auch die ärmliche Schwester bleibt nicht verschont. Die feurige
Lohe steigt aus dem Giebel empor, und Haus und Halle stürzen krachend zu=
sammen. Ein dampfender Trümmerhaufen zeigt die Stätte an, wo der mächtige
Thrym gewaltet hatte. Die Frühlingssonne geht auf; sie bestrahlt den Ort der
Verwüstung, die geborstenen Felsen, das zerklüftete Gestein, den zerwühlten und
aufgerissenen Boden und den siegreichen Gott, der die feindlichen Mächte be=
wältigt hat. Von seiner Stirn sind die Wetterwolken des Zorns verflogen.
Mild und freundlich steht er auf der Höhe und überschaut die Werke der Zer=
störung. Dann aber beruft er seine Menschenkinder, daß durch ihren Fleiß aus
der Zerstörung neues frisches Leben, Höfe und Wohnungen, Ackerbau und Ge=
werbe, bürgerliche Ordnung, Gesetz und löbliche Sitte entstehen und aufblühen

sollen. Da wandern in das gewonnene Land Acker= und Bauleute mit Hacken, Spaten und Pflug, Hirten mit ihren Herden von Horn= und Wollenvieh, auch starke Weidmänner, Bären und Wölfe zu erlegen. In ihrer Mitte erscheint der wohlthätige Gott, Marksteine aufrichtend, die Grenzen bezeichnend, mit dem Hammer das Gelände weihend; das dankbare Volk aber errichtet ihm einen Altar, feiert, ihn zu ehren, frohe Feste und gelobt ihm die Erstlinge der Früchte zum Opfer. Darauf besteigt er mit Loke den Wagen und fährt, seiner Thaten froh, gen Asgard.

Wir haben hier den Naturmythus angedeutet, welcher der Dichtung zu Grunde liegt. Die Mythe ist eine der schönsten der ältern Edda. Der Dichter hat frei über den vorhandenen Stoff gewaltet und ein Ganzes geschaffen, aus dem sich die Einzelheiten des Naturmythus nicht herausfinden lassen. Indessen dürfte sich das Folgende mit Sicherheit ergeben: Der wohlthätige Gewittergott, der den Sommer über waltet, hat während der Winterzeit seinen Hammer ein= gebüßt; Thrym (Donner) hält denselben acht Rasten tief, d. i. acht Monate lang, verborgen. Er verlangt Freya, die lichte Frühlingsgöttin, in seine Gewalt, um den Menschen die bessere Jahreszeit gänzlich zu entziehen. Aber der Gewitter= gott erhält seinen Hammer wieder, erschlägt ihn und sein Gesinde und selbst die ärmliche Schwester, nach Uhland die Not im rauhen Gebirgsland, und eröffnet dem menschlichen Anbau ein neues Feld.

Fahrt nach Geirröds-Gard.

„Die Sonne weicht, der Tag ist überlebt;
Dort eilt sie hin und fördert neues Leben.
Ach, daß kein Flügel mich vom Boden hebt,
Ihr nach und immer nach zu streben!
Ich säh' im ew'gen Abendstrahl
Die stille Welt zu meinen Füßen,
Entflammt die Höh'n, beruhigt jedes Thal,
Den Silberbach in goldnen Strömen fließen.

Ein schöner Traum! Indessen sie entweicht;
Ach, zu des Geistes Flügeln wird so leicht
Kein körperlicher Flügel sich gesellen!
Doch ist es jedem eingeboren,
Daß sein Gefühl hinauf und vorwärts dringt,
Wenn über ihm im blauen Raum verloren
Ihr schmetternd Lied die Lerche singt,
Wenn über schroffen Fichtenhöhen
Der Adler ausgebreitet schwebt,
Und über Flächen, über Seen
Der Kranich nach der Heimat strebt.‟

Wie unser großer Dichter seinen „Faust‟ den dem Menschen angebornen Trieb schildern läßt, die Welt mit ihren Wundern im Fluge zu beschauen, so fühlte auch der Erzschelm Loke diesen Drang, und er war in der Verfassung, ihn zu befriedigen. Er entlieh von der gütigen Frigg ihr Falkenhemd. In dieses Gewand fest eingehüllt, schaukelte er sich bald in der blauen Luft. Er schwebte über Abgründe und breite Ströme immer weiter in das von starrenden Felsen und Eis umlagerte Riesenland. Da sah er in weiter Ferne einen Schlot, woraus Feuer und Rauch mächtig hervorquollen. Wie er eiligen Fluges näher kam, erblickte er das weitläufige Gehöfte, zu welchem der Schlot gehörte. Es war Geirröds=Gard, wo der Hrimthursen Fürst Geirröd mit zahlreichem Ge= sinde hauste. Der Ase war neugierig, zu wissen, was in der geräumigen Halle geschafft werde, und ließ sich oben auf dem Fenstergesims nieder. Der Thurse aber bemerkte den schönen Edelfalken, der schon gezähmt schien, und winkte einem Diener, ihn zu greifen. Loke sah mit Lust, wie der Knecht mühsam an der

hohen Brüstung hinaufklomm. Er ließ ihn nahe herankommen; denn er ge=
dachte, mit einem Flügelschlag sich dem Verfolger zu entziehen. Als er aber
die Schwingen ausbreitete, fühlte er seine Füße festgebannt, wurde erhascht und
dem Riesen übergeben.

„Das ist ein Vogel seltner Art", sagte Geirröd, indem er ihm in die
Augen sah, als wolle er darin sein eigentliches Wesen erspähen. „Sage mir",
fuhr er fort, „von wannen du herstammst und welcherlei Natur du bist?"

Thor bei Geirröd. Nach Carl Ehrenberg.

Der Vogel indessen blieb stumm und rührte sich nicht. Da beschloß der Fürst, ihn
durch Hunger kirre zu machen, ließ ihn in eine Kiste einsperren und drei Monde
lang ohne Atzung darin verwahren. Als er ihn nach dieser Frist wieder heraus=
nahm, gestand Loke, wer er sei, und bat um Lösung. Der Thurse lachte laut
auf, daß die Halle und das Gehöfte zitterte. „Nun endlich hab' ich", rief er
aus, „was ich lange schon wünschte, ein Pfand von den Asen, und du sollst
nicht eher Lösung finden, bis du mit heiligen Eiden gelobst, den Thor selbst,

den Riesenvertilger, ohne Hammer und Stärkegürtel hierher zu schaffen, daß wir uns Faust gegen Faust miteinander versuchen. Ich gedenke, ihn niederzuwerfen wie ein Knäblein und zu Hels finsterer Behausung zu senden." Loke versprach es mit heiligem Eide und entwich eiligen Flugs aus der grausamen Haft.

Als sich der listenreiche Ase von seinen Drangsalen wieder erholt hatte, gedachte er seiner Eide. Er rühmte dem starken Thor seine Aufnahme bei dem gastlichen Geirröd, und wie derselbe Verlangen trage, den unbezwinglichen Schirmherrn Asgards von Angesicht zu schauen, aber ohne die furchtbaren Rüstzeuge seiner Macht, vor welchen er Grauen habe. Er versicherte, dort, in dem fernen Lande, seien Wunderwerke, dergleichen man an keinem andern Orte sehen könne. Thor folgte dem Versucher und machte sich mit ihm auf den Weg.

Die Wanderer kehrten nach beschwerlicher Tagfahrt bei dem Riesenweibe Grid ein, das einst, mit Odin verbunden, Widar, den Schweigsamen, geboren hatte. Thor gewann ihre Gunst und erfuhr, daß Geirröd, ein zauberkräftiger Jötun, Böses wider ihn im Schilde führte. Er erhielt aber auch ihren Stärkegürtel, ihren Stab und ihre Eisenhandschuhe, womit er, wie sie versicherte, den Unhold wohl bestehen werde. Er gelangte folgenden Tags mit seinem Genossen an den großen Strom Wimur, der sich unabsehbar, wie ein Meer, vor ihm ausbreitete. Als er, den Stab gegen die Strömung stemmend, hindurchwatete, schwoll das Wasser an, daß ihm die wilden Wellen an die Schultern schlugen. „Schwelle nicht, Wimur", rief er, „da ich waten muß zu des Jöten Hause. Wisse, wenn du anschwillst, wächst mir die Asenkraft hoch wie der Himmel." Er bemerkte aber zugleich, daß oberhalb in einer Bergkluft Geirröds Tochter Gialp quer über dem Strome stand und das Wasser schwellte. Er verscheuchte sie mit einem geschleuderten Felsblock und erreichte das jenseitige Ufer, wo er sich mit Hülfe eines Vogelbeerbaums hinaufschwang. Auch Loke, der sich an seinem Gürtel festhielt, kam endlich glücklich aufs Trockene.

Als die Wanderer den Schlot und die qualmende Lohe, die daraus hervorstieg, und das berghohe Gehöfte vor sich sahen, erkannten sie, daß sie am Ziele seien, und traten in die Vorhalle.

Müde setzte sich Thor auf den einzigen Stuhl, der sich vorfand. Er gewahrte aber bald, daß sich derselbe höher und höher hob, und daß er selbst in Gefahr kam, an der Decke zermalmt zu werden. Er stemmte sofort den Stab gegen die Wölbung und drückte den Stuhl mit Asenkraft nieder. Ein fürchterliches Krachen und zugleich ein Jammergeschrei verriet ihm, daß irgend etwas Lebendiges unter ihm Schaden genommen habe. In der That hatten auch Gialp und Greip, Geirröds Töchter, den Stuhl emporgehoben und lagen nun mit gebrochenem Rückgrat, als Opfer ihrer eigenen Arglist, unter demselben.

Ein riesiger Knecht entbot hierauf Thor in die große Halle zum Waffenspiel. Mit Erstaunen sah daselbst der Ase rings an den Wänden Feuer angezündet, von denen züngelnde Flammen und Rauch in den Schlot hinaufstiegen. Statt des gastlichen Grußes schleuderte ihm der Jötun einen glühenden Eisenteil entgegen, den er mittels einer Zange aus der Esse gezogen hatte; er aber fing ihn mit der vom Eisenhandschuh geschützten Hand auf und schleuderte ihn so gewaltig zurück, daß derselbe den ehernen Stützpfeiler und die Brust des

Riesen, der sich dahinter verbarg, und die Mauer durchbrach und sich noch
jenseits tief in den Boden wühlte. Siegreich stand Thor über dem zusammen=
gekauerten Riesen, der zu Stein geworden war. Er richtete ihn auf, als ein
Denkmal seines Sieges, und so stand er noch Jahrhunderte lang und verkün=
digte den Geschlechtern der Menschen die Thaten des verehrten Gottes.

Man bezieht diese Dichtung auf den Naturmythus, wie der wohlthätige
Sommergott den Dämon der zerstörenden Ungewitter mit seinen eigenen Waffen
besiegt, und erklärt dessen Töchter für Personifikationen von Gießbächen, die
den Strom anschwellen. Nach Simrock bezieht sich diese Sage wie die vorigen
auf eine Fahrt des Gottes in die Unterwelt, wie auch eine ähnliche Erzählung
Saxos von dem Helden Thorkill darauf hinweist. Wir möchten aber vielmehr
an die vulkanischen Feuer auf Island denken, wo der Gott mit seiner Asenkraft
den Dämon siegreich besteht. Die Insel war den Skalden lange vor der nor=
männischen Kolonisation durch Berichte kühner Seefahrer bekannt. Die Er=
zählungen von den vulkanischen Eruptionen und den springenden heißen Quellen
mußten die Phantasie der Dichter mächtig anregen. So entstand vielleicht die
Mythe von Thors Fahrt zu Geirröd. Der Gott erschien nun als Überwinder
des Dämons der unterirdischen Feuer. Was diese Annahme unterstützt, ist ein
Felsen in der Gegend des Hofes Haukadal, wo auf einem Umkreis von neun=
hundert Schritten die kochenden Geiser und Strocks springen. Der Felsen soll
Ähnlichkeit mit einem kauernden, riesenhaften Menschen haben, dessen Leib in
der Mitte durchbrochen ist.

Harbard.

Von der Ostfahrt heimkehrend, stand Thor müde von siegreichen Kämpfen
und langer Wanderung am breiten Sund, der den Weg versperrte. Er erblickte
drüben den Fergen, einen stattlichen Mann, im Fahrzeug und rief ihn an:
„Hol' über, Freund Fährmann, den Wanderer!" — „Bauerntölpel", entgegnete
der Mann, „was ist dein Begehr?" — „Die Überfahrt will ich und spende
dir dafür leckere Kost, Heringe und Hafermus. Die führ' ich im Korbe bei
mir und habe mich selbst damit gestärkt heute früh, daß ich noch satt bin." —
„Bauernkost rühmst du dem, der an den Mahlen der Helden teilnimmt?"
versetzte der Ferge; „aber freilich, du siehst nicht aus wie ein Bauer, der drei
Höfe sein eigen nennt. Bloßbeinig, ohne Hosen stehst du da, wie ein höriger
Knecht, der im Dienst ein kümmerliches Leben führt. Dir ist wohl das sor=
gende Mütterchen gestorben? Oder bist du der Strolche und Landstreicher einer,
die überzufahren Hildolph (Kriegsmann), der Eigner des Schiffes, verboten hat?"

Jetzt nannte Thor seinen Namen und rühmte sich seiner Abstammung von
Odin, seiner Thaten, wie er Hrungnir, den steinköpfigen Riesen, dann auch den
gewaltigen Thiassi erschlagen und dessen Augen an den Himmel geworfen habe,
wo sie als Sterne den Menschen leuchteten.

Im weitern Wechselgespräch nannte der Ferge seinen Namen Harbard
(Heerschild oder Haarbärtig) und meinte, er habe bessere Kurzweil getrieben im
Spiele mit schönen Frauen und auf rühmlichen Kriegsfahrten, als Thor bei
seinen Schlägereien mit dem Riesenvolk.

Als ihn darauf der Ase für seine Stachelreden mit dem Hammer bedrohte, meinte er, Thor habe zwar Kraft, aber nicht Mut; er habe sich einst in Skrymirs Handschuh verkrochen und aus Furcht vor dem Jötun nicht einmal gewagt zu niesen; er sei auch nur der Thräle (Knechte) Gott und versammle sie nach ihrem Strohtod in seiner Halle; Odin aber berufe die Helden zu den Göttermahlen. „Schändlicher Lästerer", rief ihm Thor hinüber, „wollte ich nur mein Gewand netzen und durch den Sund waten, so solltest du mir büßen. Aber wo hast du die giftigen Reden erlernt?" — „Von den alten Leuten", war die Antwort, „die in den Wäldern wohnen." — „Die Gräber nennst du Wälder und Wohnungen?" versetzte Thor; „komme ich zu dir, so wirst du lauter heulen als ein Wolf unter den Hammerschlägen." — „Komm' an, großprahlerischer Geselle", rief Harbard, trotzig auf sein Ruder gelehnt; „du würdest einen stärkern Gegner finden, als Hrungnir und Thiassi waren. Indessen spare deine Kraft für einen andern Mann, der jetzt Sif, dein Gemahl, mit Werbung bedrängt." — „Lügner, schamloser", entgegnete der Ase, „du weigerst die Überfahrt? So melde denn, welchen Weg ich einzuhalten habe."

Darauf beschrieb ihm Harbard die Richtung, eine Stunde zum Stock, eine zum Stein, dann links gen Werland, wo er seine Mutter Fiörgyn treffen werde, und schloß mit den Worten: „Fahre hin in böser Geister Gemeinschaft!"

Stolz, wie ein Sieger, stand der gewaltige Ferge an Bord seines Fahrzeugs und blickte dem Wanderer nach, der mühselig seines Weges zog. Er schien jetzt ein anderer; sein Haupt deckte der Goldhelm, seine Brust die blanke Brünne, sein Ruder war zum Speer geworden; denn Odin selbst hatte als Fährmann dem Bauerngott seine Macht und Hoheit fühlen lassen.

So das Harbardslied. In diesem Schlusse der Dichtung ist zugleich auf ihre Bedeutung hingewiesen. Odin ist der Gott des Geistes, des kriegerischen Mutes, der die Edeln und ihre Gefolgschaften auf den kühnen Fahrten zu Wasser und zu Land erfüllte. Die stolzen Krieger und mit ihnen die Skalden verachteten die friedlichen Ackerbauer, die daheim auf ihren Gehöften saßen, Heringe und Hafermus verzehrten und die Verheerungen des Krieges verabscheuten, während sie selbst in beständigen Kämpfen Beute und Ruhm erwarben und aus Blut und Wunden zu Odins Hallen emporzusteigen hofften. Diese Geringschätzung des Bauernstandes spricht sich in dem Liede aus, in dem der Beschützer ländlichen Fleißes eine klägliche Rolle spielt. Der Mythus stammt übrigens aus späterer Zeit, da schon der alte Glaube und die Ehrfurcht vor den Göttern in Verfall geraten war. Da scheuten sich die trotzigen Wikinge nicht, es auszusprechen, daß sie mehr an ihre scharfen Schwerter glaubten, als an Odins und Asathors Hülfe. In dieser Zeit mag das Lied gedichtet sein; doch lag ihm, wie man annimmt, ein älteres zu Grunde, worin der Mythus vom Ackerbau, vom scheinbaren Tode der Fiörgyn oder Jörd, der Mutter Thors, durch die Verheerungen des Krieges und vom Wiederaufleben derselben deutlicher ausgesprochen war.

Zerstörung der Irminsäule durch Karl den Großen. Zeichnung von H. Leutemann.

Irmin.

Bei den deutschen Stämmen blieb der Asenfürst, wie früher bemerkt, in Heiligkeit, und es ist wahrscheinlich, daß er auch unter dem Namen Irmin verehrt, daß also die verschiedenen Irminsäulen ihm geheiligt waren. Irmin aber bedeutet allgemein; es ist der allgemeine, allwaltende Gott, dem man die Säulen errichtete. Er half auch in den Schlachten gegen die Römer zum Sieg; darum ward ihm die berühmte Irminsäule im Osning (Teutoburger Wald) er= richtet, die fast 800 Jahre später Karl der Große zerstörte. Ein heiliger Hain und ein Zaun (Taunus oder Tune) umgab dieses Denkmal. Irmin wird auch als Beiname des Kriegsgottes Zio gedeutet. Es erinnerte zugleich an den ge= feierten Helden Armin, dessen Name und Wesen im Laufe der Zeit mit dem des Gottes zusammenfloß, und der vielleicht, wie wir in der Heldensage zeigen werden, in der Dichtung von Sigurd oder Siegfried wiedergeboren erscheint.

Im Westfälischen singt man heute noch einen bekannten Kinderreim, den man auf die Zerstörung der Irminsäule durch Karl den Großen oder auf die Varusschlacht bezieht. Er lautet also:

Hermen, sla dermen,	Hermen (Herman?) schlag die Därme (Saitenspiel),
sla pipen, sla trummen,	laß Pfeifen und Trommeln erschallen,
de kaiser wil kummen	der Kaiser (Germanicus?) will kommen
met hamer un stangen	mit Hammer und Stangen,
wil hermen uphangen.	den Herman aufzuhängen.

Wahrscheinlich bezieht sich aber der Vers auf die Zerstörung der Irminsäule.

Karl der Große rückte 772 mit großer Macht in das Herz des Sachsen= landes, also in das Heiligtum des Volkes ein. Bei der weiten Ausbreitung und dem losen Verband der Sachsen unter sich konnte ihm nicht sogleich ein allgemeines Aufgebot entgegengestellt werden. Er gewann daher die heilige Stätte nach kurzem Kampfe mit den wenigen Verteidigern. In drei Tagen zerstörte er nun die Burg und das Denkmal, wobei er auch die heiligen Haine fällen und verbrennen ließ. Es war aber große Trockenheit eingetreten, wie fränkische Annalisten selbst berichten, das ganze Heer dem Verschmachten nahe. Da brach plötzlich, nach christlicher Angabe auf das Gebet des Priesters, eine reiche Quelle mit lautem Brausen aus dem Boden und tränkte die lechzenden Krieger. Es ist möglich, daß diese Hülfe in der Not vom Bullerborn kam, der als intermittirende Quelle lange versiegt war und nun mit desto größerer Macht hervorsprudelte.

Irmin soll auch identisch mit dem mythischen Helden Iring sein, der in einem Kriege der Franken und Sachsen gegen die Thüringer verräterisch seinen Herrn Irminfried, dann aber auch den falschen Beherrscher der Franken erschlug. Er soll sich darauf mit dem Schwerte einen Weg durch die Feinde gebahnt und noch viele Heldenthaten verrichtet haben. Wenn dieser Heros mit Irmin gleichbedeutend ist, so scheint er von Thor sehr verschieden, da sich der= selbe in den ihn betreffenden Mythen stets treuherzig und niemals arglistig zeigt. Der Verräter ist aber auch in der Sage von dem Gotte verschieden gedacht, denn die Sachsen errichteten nach ihrem Siege auf ihrer Burg Scheidungen dem Irmin eine Säule, nicht aber dem Thüringer Iring.

Irmin war der allgemeine Gott mehrerer Volksstämme, und einige Sprach=
forscher leiten von ihm auch den Namen Germanen her. Nach Tacitus stammte
die Nation von Tuisto oder Tuisko, seinem Sohne Mannus und dessen
Söhnen Inguio, Irmino und Istio ab.

Irmino war der Urvater des zweiten Hauptstammes, nämlich der Her=
minonen, zu denen die Hermunduren (Thüringer), Chatten und Cherusker
gerechnet wurden. Er war ihr Schutzgott und blickte segnend auf sie herab,
wenn er auf dem Irminswagen (großer Bär oder Wagen) durch die Räume
des Himmels fuhr. Auch die Milchstraße, Iring= oder Irminstraße, der Weg
der Seelen, war ihm heilig, und so erscheint er als Beherrscher der Seelen und,
wie Mannhardt annimmt, mit Aryama, dem Nationalgott aller Arier in der
Urzeit (Ahuramazda oder Ormuzd bei den iranischen Ariern), identisch. Die
Kelten verehrten denselben Gott unter dem Namen Erimon, und Erin,
d. i. Irland; die Iren sind nach ihm benannt. Der Wagen, auf dem er durch
den Himmel fährt, zeigt seine Verwandtschaft mit Thor nach ältester Vor=
stellung; doch hat auch Odin, der Seelenführer, vieles mit ihm gemein.

In noch näherer Beziehung zu ihm dürfte der alte Himmelsgott Tyr,
der Gott des Schwertes, stehen, da er in kriegerischer Rüstung dargestellt und
da die Siegesdenkmäler, die Irminsäulen, nach ihm benannt wurden. Auch
verschiedene Ortsnamen werden von ihm hergeleitet.

Schwerter schmiedende Zwerge. Nach L. Pietsch.

Tyr, der Schwertgott.
Zeichnung von Prof. C. E. Doepler.

5.

Tyr oder Zio.

Nacht mit ihren Sternenringen
Will der Erde Frieden bringen;
Doch im Finstern schleicht der Mord
Heimlich hier und wieder dort.

Wer hat nicht schon nach mühevollem Tagwerk der stillen Mutter Nacht mit Freude ins Angesicht geblickt, wenn sie, vom Sternenmantel umwallt, der Welt den Frieden wiederbrachte, den der bewegte Tag geraubt? Manchmal aber wird die friedliche Stimmung durch einen Laut unterbrochen, der etwas Unheimliches, etwas Spukhaftes hat. Es ist nur das lang gezogene Heulen eines Hundes, das sich zumeist bei Vollmondschein hören läßt; aber es hat etwas Dämonisches, weshalb auch der Volksglaube besteht, es bedeute den Tod des Menschen, der es hört. Ähnliches geschah vor Zeiten in den himmlischen Räumen von Asgard. Mani (Mond) folgte freudig der voranziehenden Mutter Nacht in seinem glänzenden Wagen; aber er erschrak und sein lichtes Angesicht verfinsterte sich zusehends, denn aus schauerlichem Grunde tönte Geheul hervor und schwoll an zum entsetzlichen Brüllen, daß die Erde wie von rollendem Donner erzitterte.

Die Asen wachten auf und die Einherier und tasteten nach ihren Waffen; denn sie dachten, Ragnarök sei angebrochen. Unter ihnen stand Tyr, hoch und schlank wie eine Tanne, und unbewegt von den Schrecknissen, die man erwartete. „Fenrir“, sprach er, „vom Mond aufgeweckt, begehrt Fraß; ich gehe, ihm die Fütterung zu bringen.“ Und er schritt hin durch die Nacht, mit lebendem und totem Getier beladen, daß er die Raubgier des Unholds stille. Noch einmal vernahm man das entsetzliche Gebrüll, dann schien das Ungeheuer beruhigt; man hörte nur noch, wie es schmatzte und krachend die Knochen zermalmte.

Am Morgen hielten die Asen Rat, was zu thun sei; denn der Wolf schlich umher und warf gierige Blicke auf Asgard, als sinne er darauf, in die Burgen der Götter einzubrechen und sich selbst köstliche Beute zu holen. Sie sahen, wie er riesenhaft herangewachsen war, und wußten, daß er noch täglich an Größe und Stärke zunahm. Wohl deutete Heimdal auf Thors Hammer und auf Gungnir, den Speer des Todes, in Odins Hand; aber Allvater sprach voll Ernst: „Nicht besudeln darf des Untiers schwarzes Blut die geweihten Räume der Götter. Eine Fessel sollt ihr schmieden, stark und unzerreißbar, ihn zu binden und zu bändigen seine Wut.“

Das Wort war gesprochen, das Werk mußte geschehen. Die Asen schmiedeten die Fessel Leuthing mit emsigen Händen und fuhren damit hinüber auf die Insel Lyngwi, wohin der Wolf, von Tyr gelockt, ihnen willig folgte. Er ließ sich auch die Bande geduldig anlegen; denn er war sich seiner Kraft bewußt. Als nun alles wohlbefestigt war, streckte und reckte er sich, und die Kette zersprang, wie schwacher Bindfaden. Auch eine zweite Fessel, Droma genannt, die noch weit fester war, duldete er einen Augenblick; dann schüttelte er sich mit Macht, und klirrend flogen die Stücke der Kette umher auf den Boden. Ratlos, lautlos standen die Asen umher, während der Wolf die vorgeworfene Atzung verschlang und seine Stärke mehrte. Da sandte Walvater den Skirnir, einen noch gar jungen, aber klugen und vielgewandten Diener des Freyer, gen Schwarzalfen= heim zu den zauberkundigen Alfen im Schoße der Erde, daß sie eine Fessel schmieden sollten, die den Allverderber bändige. Und die Unterirdischen schufen ein Band, dünn und unscheinbar, wie Seidenfaden, das sie Gleipnir nannten. Sie sagten, es werde den Gebundenen immer fester zusammenschnüren, je mehr er seine Kraft anstrenge, es zu zerreißen. Dieses Band brachte Skirnir den Asen; aber der Allverschlinger (Wanargander) sträubte sich, und sein gähnen= der Rachen drohte dem den Untergang, der die Fesselung versuchen wollte. Er witterte Zauberkraft in dem schwachen Geräte. Da trat der kühne Tyr herzu, liebkoste das Untier und streckte seine rechte Hand in dessen Rachen. Das schien ihm ein Pfand, daß man nichts Schlimmes im Schilde führe, und es ließ sich die leichten Schlingen um Hals und Tatzen legen. Als es sich nun mächtig

ausstreckte und mit höchster Anstrengung die Schnüre zu zerreißen suchte, da wurden
sie immer fester und schnitten in Haut und Fleisch. Aber schon hatte es Tyrs
Hand zerrissen und riß den blutroten Rachen auf, um den Mann selbst und die
anderen Asen zu fassen. Indessen fürchteten diese das grimmige Tier nicht mehr;
sie schoben ihm ein scharfes Schwert in das klaffende Maul, daß die Spitze nach
oben in den Gaumen eindrang und das Beißen wehrte.

Fesselung des Fenriswolfes. Nach einer Vorlage des Prof. W. Engelhardt, gez. von J. W. Heine.

Sodann befestigten sie Gleipnir an zwei großen Felsen als Widerhalt.
Wohl heulte der Wolf bei Tag und Nacht, während aus seinem Rachen blutiger
Geifer niederrann und im Flusse Wan sich sammelte; doch vermochte er nicht die
Schnüre zu zerreißen. So wird das ruchlose Verbrechen, das die menschliche
Gesellschaft zu verderben droht, durch das scheinbar schwache Band des Gesetzes
gefesselt und, wie der Wolf durch das Schwert, so durch den Bannspruch der
Gerechtigkeit gebändigt. Wenn aber in der Volksgemeinde die Macht des Ge-
setzes, die bürgerliche Ordnung zerrissen wird, dann wird das Verbrechen von

Fesseln frei und der Untergang bricht herein, gleichwie Gleipnir in der Götterdämmerung zerbricht und der Allverschlinger von Banden und Schwert ledig wird.

So deutet Simrock die Mythe von der Fesselung des Wolfes und von seiner
Lösung, und diese Deutung hat sich in der Geschichte der Völker vielfach als
Wahrheit geoffenbart. Als in der römischen Republik die Bande der gesetzlichen
Ordnung zersprengt waren, da brach der Fenriswolf blutiger Entzweiung seine
Ketten, der Mord wütete und alle Schrecknisse waren los, bis der Mächtige kam,
der den Frieden wiederbrachte. Dieselbe Tragik wiederholte sich im römischen
Kaiserreich, wo die Hrimthursen von Norden und die riesigen Muspelsöhne,
nicht von Süden, sondern von Osten kommend, Ragnarök über die zertretenen
Länder herbeiführten. Ein ähnliches Schauspiel zeigte sich der Betrachtung in
dem zerrütteten Frankreich, wo die Bande der Gottesfurcht, der sittlichen und
gesetzlichen Ordnung gelöst waren und Fenrir und Jörmungander sich im Blute
sättigten, bis der Mächtige erschien und seinen Thron aufrichtete. Aber er
brachte nicht den Frieden, sondern fortwütenden Krieg. Da kam über ihn ein
Mächtigerer, der warf von der flammenden Zarenstadt herüber sein Feuer über
die Reiche des Eroberers, daß sie vergingen. Noch war der Streit nicht zu
Ende; die feindlichen Gewalten brachen immer wieder, wenn auch nach längeren
Zeiträumen, hervor. Sind sie aber jetzt, fragen wir, nach dem letzten blutigen
Kampfe gebändigt? Da tritt eine andere Wöla zu uns heran und verheißt eine
neue, grüne Erde und einen neuen Himmel, hervorgehend aus der Zerstörung,
wenn Balder und Höder einträchtig bei einander wohnen und der Verborgene,
der alle liebt, in den Herzen der Menschen regiert. Die Dichtung der nordischen Skalden ist eine Offenbarung, wenn die vergänglichen Kinder der Erde
sie beherzigen wollen.

Tyr, Namen und Wesen. Der Gott hieß bei den Goten Tius, bei den
Angelsachsen Tio oder Zio, ebenso bei den Sueven, von denen ein Stamm,
die Juthungen, am Bodensee wohnte. Man nannte sie Ziowari, d. i. Zio-
diener, weil sie diesen Gott als ihren obersten Schirmherrn verehrten, und
ihre Hauptstadt hieß Ziesburg (Augsburg). Die nach dem Gott benannte Rune
für das t, von der wir oben schon geredet haben, ist das Zeichen des Schwertes.
Sie führt die Benennungen Tius, Tio, im Althochdeutschen Zio, oder auch Eor,
Erch, Erich, im Altsächsischen Er, Eru, Heru oder Cheru. Diese verschiedenen
Namen kamen dem verehrten Wesen selbst zu, und der Dienst desselben war in
Germanien weit verbreitet, wie die Ortsnamen Tiesdorf in Schlesien, Ziesberg
in Thüringen, Zievel in der Eifel, Zisselheim, vielleicht auch Tirlemont beweisen.
Auch der Desenberg (Tisenberg) im Osning, wo sich die Sachsen ihr Asgard
dachten, erinnert an ihn, dann der Name der Cherusker (von Cheru, Schwert)
und der des Armin (von Er). Unser Dienstag, wenn auch sehr verderbt, ist
gleichfalls von ihm herzuleiten; denn er heißt in schwäbischen und bayerischen
Gegenden Ziestag, im Angelsächsischen Tiwesdag, englisch Tuesday, im Dänischen
Tirsdag, in Bayern auch Ertag, Erktag oder Erichtag. Es ist endlich wahrscheinlich, daß der Gott, den nach Tacitus die Semnonen in einem heiligen Haine
als den höchsten und als den Vater ihres Stammes verehrten, kein anderer
war als Tyr oder Zio.

Die Nacht kehrte in ihr stilles Reich zurück; da erhob sich von ihrem rosigen Lager Ostara, die blühende Göttin des Morgens und des Frühlings, und weckte mit ihrem Frührotschein die schlummernde Welt. Auch der strahlende Himmelsgott wachte auf und schirrte den Wagen, sein Werk zu beginnen. Er trieb das Gespann an, daß er die Völker berufe zur friedlichen Arbeit, oder zur männerehrenden Feldschlacht. Solche Vorstellungen hatten vielleicht die germanischen Sänger von Tyr in alter Zeit.

Indessen gab es auch nach dem Glauben suevischer Stämme eine Göttin Zisa, wie J. Grimm aus dem Bruchstück einer lateinischen Chronik nachweist. Sie hatte in Augsburg einen Tempel und war kriegerischer Natur, also wohl die weibliche Seite des Gottes Zio oder Tyr. Dieser Gott repräsentirte in ältester Zeit, wie bereits oben angemerkt, den Gesamteindruck, den die Natur auf das Gemüt des von ihr befangenen Menschen macht. Er war noch gestaltlos, ursprünglich auch wohl namenlos. Als die Römer mit den Deutschen bekannt wurden, hatte er bereits Persönlichkeit und Attribute erhalten; denn sie verglichen ihn mit ihrem Mars, erkannten also in ihm den Gott des Krieges. Er hatte demnach nicht mehr seine ursprüngliche Bedeutung. Wir müssen aber die verschiedenen Phasen seines Wesens zu ermitteln suchen.

Tyr oder Tius bedeutet Glanz, Ruhm, dann den leuchtenden Himmel, und ist aus derselben Wurzel entstanden wie das indische Djaus, griechisch Zeus, bei den Römern Jupiter (Diu-piter, Dies-pater). Vom Himmel kommen die Strahlen des Lichtes und die zuckenden Blitze, deren Abbild man in den Pfeilen, den tödlichen Geschossen, erblickte. Man nannte daher die Pfeile noch im Mittelalter Strahlen. Deswegen wird man als Attribut und auch als Symbol des allwaltenden Himmelsgottes einen Pfeil aufgestellt haben, später aber ein Schwert, als das stärkere Werkzeug im Kampfe. Dieses Symbol blieb ihm in der Rune und auch in den ihm geweihten Hainen. Als man später Wodan und Thor an seine Stelle als waltende Himmelsgötter setzte, erblickte man in Tyr den Kriegs- und Schlachtengott, der den Sieg verleiht, den man im Gefecht anrufen muß, dessen Siegrunen man unter Anrufen seines Namens auf die Klingen und Griffe der Schwerter ritzte. Von seiner Rune heißt es in angelsächsischen Gedichten: „Tyr ist der Wunderzeichen eins; wohl hält es Treue bei adeligen Männern, ist immer auf der Fahrt über der Nächte Wolken und trügt niemals." Ferner sagte man von diesem Zeichen, weil es beim Loswerfen der Kriegsgefangenen dem, den es traf, den Opfertod brachte: „Ear oder Eor ist ein Schrecken der Männer jeglichem, wenn unhaltsam das Fleisch beginnt als Leiche zu erkalten, die Erde zu erwählen, bleich, als Lagergenossin. Dann vergehen die Freuden, die Wonne schwindet, alle Bündnisse werden gelöst."

In Deutschland sind noch Spuren von der Verehrung des Gottes vorhanden. Man trägt in Friesland vor einem Brautpaar her sein Symbol, ein Schwert, anderwärts werden am Hochzeittage zwei Schwerter kreuzweise in die Diele gestoßen. — Bei den allemanischen Völkern war zur Römerzeit der Schwerttanz oder Schwertersprung noch üblich. Wer den mächtigsten Sprung über gezückte Schwerter fertig gebracht hatte, stand in Ehren bei den Knaben, Männern und Jungfrauen. Bis ins Mittelalter hinein war der Schwerttanz noch üblich, den die alten Germanen vor der Schlacht zu Ehren ihres Gottes aufführten. Noch bis in die neuere Zeit fand sich hin und wieder dieser Gebrauch. Die rüstigen Burschen, die als Tänzer auftraten, flochten am Schlusse ihre blanken Waffen wie zu einer Rose ineinander, und ein Tänzer sprang auch wohl darauf, wie solches der ritterliche Kaiser Maximilian seiner Zeit that. In Hessen bildeten die Tänzer nach oben einen Stern, und zwar über dem Haupte eines Mädchens, das besonders gefeiert war. Ob auch dieser Stern Bezug auf den alten Himmelsgott hatte, läßt sich nicht entscheiden.

Schwerttanz oder Schwertersprung.

Zur Zeit der Skalden war Tyr schon sehr zurückgetreten; er ist Odins Sohn und nur noch der Gott widernatürlicher Kämpfe, der keine Einigung kennt. Odin, der Gott des Geistes, des kriegerischen Mutes und der dichterischen Begeisterung, ist an seine Stelle getreten als Ideal der Könige und kühnen Jarle. Auch Thor, der Bauerngott, der Wohlthäter der Menschen, hat ihn zurückgedrängt und die Verehrung, die man sonst ihm darbrachte, in Anspruch genommen.

Heru oder Cheru, Sarnot.

Nahe verwandt mit dem kriegerischen Tyr, vielleicht identisch mit ihm, waren die eigentlichen Schwertgötter der Germanen Heru oder Cheru und Saxnot, von denen aber die nordischen Skalden nichts mehr wußten. Ihr Dienst war weit verbreitet; denn Alanen, Quaden, Geten und Markomannen erwiesen dem

Schwert göttliche Ehren, und selbst die Skythen pflanzten es nach Herodot auf
einem hoch getürmten, pyramidalen Reisighaufen auf und riefen es an als
Symbol der Gottheit. Mancherlei Sagen haben sich darüber erhalten.

In der Ebene, die östlich das Osninggebirge bogenförmig begrenzt, quillt
aus 12½ m tiefem Abgrund in einem ovalen Weiher ein starker Bach, die Lippe
hervor, wie wir bereits berichtet haben. Etwas weiter, bei dem heutigen Kohl=
städt, steigen die Vorhöhen ziemlich steil empor, deren eine noch die Ruinen der
sogenannten Hünenkirche trägt. Wahrscheinlich war dieser Hügel vor Zeiten ein
Heiligtum der Germanen, vielleicht dem Kriegsgott Heru (Cheru) selbst geweiht.

Cherus Schwert. Dies Schwert war in geheimnisvoller Werkstätte von
Zwergen geschmiedet, deren Kunst bei Asen und Menschen berühmt war. Iwaldis
Söhne, die den Speer Odins, und Sindri, der Miölnir gefertigt, hatten ihre
Kunst vereinigt, um die wunderbare Waffe zu schaffen, von welcher das Schicksal
der Könige und Völker abhängen sollte. In der Tiefe, da, wo Sökwabek unter
der strömenden Flut erbaut war, hämmerten die eifrigen Meister, bis die blanke
Klinge vollendet war, die Cheru, der mächtige Gott, empfing. Dieses Schwert
leuchtete auf der Höhe des Heiligtums weithin jeden Morgen, wenn das Frührot
aufstieg, wie eine Feuerflamme; aber eines Tages war die Stelle leer, und das
Morgenrot bestrahlte nur den Altar, von dem der Gott gewichen war. Priester
und Edle suchten Rat bei der Seherin. Ihnen ward die dunkle Antwort:

Es wandelten Nornen	Den schwarzen Faden
Die Wege der Nacht;	Gen Mitternacht.
Sein Antlitz hatte	Sie sprachen zu Cheru:
Der Mond verborgen;	„Sollst küren den Herrscher,
Sie schnürten die Fäden,	Den Herrn der Erde,
Starke, gewaltige,	Geh', reich ihm das Schwert,
Den Göttern und Menschen,	Das doppelschneidige,
Die keiner zerreißt;	Ihm selber zum Gram."
Den einen gen Morgen,	Er hat es, er hält es
Den andern gen Abend,	In seinen Händen:
Und einen gen Mittag;	Doch bringt es einst wieder

Cheru, der Herr.

Bestürzt über den dunklen Spruch, begehrten die Männer Auslegung; aber
die Jungfrau im Turm gab keine Antwort. Indessen erzählt uns die Sage den
Verlauf, der einiges Licht über das Rätselwort verbreitet.

Drüben in Köln saß noch in später Mitternacht Vitellius, der römische
Präfekt am Niederrhein, beim leckern Schmause; denn er liebte die Freuden der
Tafel mehr als allen Kriegsruhm und alle Diademe der Welt. Daher erhob
er sich mit Unwillen, als ihm ein Fremdling gemeldet wurde, der wichtige Nach=
richten aus Germanien bringe. Er wollte ihn kurz abfertigen, als er aber in
das Vorzimmer trat, sah er einen Mann vor sich, der ihm so würdevoll schien,
daß er die schnöde Abfertigung nicht aussprechen konnte. Er hätte ihn für
einen der Unsterblichen gehalten, wenn ihm nicht in seinem Schlemmerleben der
fromme Glaube der Altvordern längst abhanden gekommen wäre. Der Fremd=
ling überreichte ihm ein schön gearbeitetes Schwert, indem er sagte: „Nimm
diese Waffe; bewahre und führe sie gut, sie schafft dir Ruhm und Reich. Heil
dir, Cäsar Augustus!" — Der Präfekt betrachtete die Gabe; als er aber

aufblickte, war der Fremde verschwunden und die Wachen hatten ihn weder ein- noch ausgehen sehen. Er trat in den Speisesaal zurück und erzählte den Vor- gang. Er zog das Schwert heraus, und da war es, als ob ein Blitzstrahl den Raum erleuchte. Sofort rief eine Stimme, man wußte nicht, ob innerhalb oder außerhalb: „Das ist das Schwert des göttlichen Cäsar! Heil dir, Vitellius! Heil dir, Imperator!" Die Gäste stimmten jubelnd ein, verbreiteten die Kunde, und am Morgen begrüßten ihn auch die Legionen als Kaiser. Berittene Boten eilten in die anderen Provinzen, und das Glück schien ihn zu seinem Liebling auserwählt zu haben; von allen Seiten trafen Huldigungen und Versicherungen der Ergebenheit ein; sein Legat Cäcina schlug die Truppen des Gegenkaisers, der sich selbst den Tod gab; Rom, die Hauptstadt des Reiches, öffnete dem neuen Gebieter die Thore, das ganze Abendland bezeigte seine Unterthänigkeit. „Es ist das Schwert des göttlichen Cäsar, das mich zum Herrn der Welt macht", sagte der Kaiser, setzte sich an die vollen Tafeln und füllte seinen stets hungrigen Magen mit den Leckerbissen, die aus den entlegensten Regionen zu Wasser und zu Land herbeigeführt wurden. Auch des Schwertes achtete er nicht mehr; es lehnte in einem Winkel des Peristyliums, wo es ein germanischer Soldat der Leibwache fand und gegen seine alte, schartige Waffe vertauschte.

Der neue Besitzer des Schwertes sah mit Unwillen das Gebaren des Kaisers, der sich nur um die gefüllten Schüsseln, nicht um die Reichsgeschäfte, nicht um seine Krieger bekümmerte, der gar nicht Notiz davon nahm, daß im fernen Asien der tapfere Vespasian von seinen Legionen auf den Thron der Cäsaren erhoben worden war. Er verließ daher den Dienst und mischte sich unter die müßige Volksmenge. Indessen brach Schlag auf Schlag das Unglück über den schwelgen- den Kaiser herein. Die Provinzen, die Feldherren, die Heere fielen von ihm ab; die feindlichen Truppen näherten sich der Hauptstadt; da griff er nach dem sieg- bringenden Schwert; aber er fand an seiner Stelle nur die alte, unbrauchbare Waffe. Jetzt verlor er alle Besonnenheit; er wollte abdanken, er verkroch sich in einem Winkel des Palastes. Der Pöbel riß ihn heraus, schleppte ihn durch die Straßen, und am Fuße des Kapitols stieß ihm der oben bemerkte Germane das Schwert des Cheru oder des göttlichen Cäsar in die Eingeweide. So ward der Ausspruch der Seherin erfüllt:

„Ihm selber zum Gram."

Nach diesem Vorgang wanderte der Germane, ohne sich weiter um die folgenden Ereignisse zu bekümmern, nach Pannonien und trat wieder in römischen Kriegsdienst. Daselbst gab es viele Kämpfe, aber wo er stritt, war der Sieg, und er war bald so rühmlich bekannt, daß er viele Auszeichnungen erhielt, zum Centurio und endlich zum Tribun vorrückte. Als er alt und dienstunfähig war, machte er am Donauufer eine Grube, legte die treue Waffe hinein und deckte die Erde wieder darüber. Daselbst baute er sich eine Hütte und lebte darin bis an sein Ende. Auf dem Sterbebette erzählte er noch den Nachbarn, die sich um ihn versammelten, von seinen Kriegsthaten und wie er das Schwert Cherus ge- führt habe; aber den Ort, wo es verborgen lag, verriet er nicht. Doch ging die Sage um, wer die Waffe des Kriegsgottes finde, werde die Welt beherrschen.

Jahrhunderte vergingen; die Stürme der Völkerwanderung brachen über das römische Reich herein; die germanischen Stämme teilten unter sich den Raub aus; die Nomaden Asiens, die wilden Hunnen, drangen wie Meeresfluten von Osten herüber, um an der Beute Teil zu nehmen. Attila oder Etzel erhob sein bluttriefendes Panier, begierig nach Ländern und Kriegsruhm, aber lange vergeblich. Einst trabte er mit reisigem Geschwader der Donau entlang; da entwarf er in seiner Seele riesenhafte Pläne, die Reiche der Welt zu erobern. Zufällig blickte er auf und sah neben der Straße einen Bauer, der eine hinkende Kuh vor sich hertrieb und unter dem Arm ein schön gearbeitetes Schwert trug. Auf Befragen erklärte der Mann, seine Kuh habe sich an einer im Grase verborgenen Spitze den Fuß verwundet, und als er nachgesucht, habe er die prächtige Waffe aus der Erde gegraben. Der König ließ sich das Schwert reichen, zog es froh bewegt aus der Scheide, und die blanke Klinge flammte glührot im Abendschein, daß die Gefolgschaft staunend darauf blickte. Er aber, die leuchtende Waffe in der nervigen Faust, rief: „Es ist das Schwert des Kriegsgottes, damit werde ich die Welt erobern." Mit diesen Worten sprengte er fort nach dem Heerlager und bald weiter zu Schlachten und Siegen. So oft er forthin das Schwert des Kriegsgottes zog, zitterte das Abendland und das Morgenland.

Nach seinem letzten Feldzug in Italien feierte er Hochzeit mit der schönen Ildiko, der Tochter des von ihm erschlagenen burgundischen Königs. Ungern schmückte sich die junge Braut für das ihr verhaßte Fest. Da trat geheimnisvoll ein altes Weib zu ihr und überreichte ihr das Schwert zur Vaterrache. Als nun der König trunkenen Mutes in das Brautgemach und auf das Lager taumelte, zog sie die Waffe unter ihren Gewändern hervor und stieß ihm die scharfe Klinge ins Herz.

Mit dem Tode Attilas ging auch die Herrschaft der Hunnen zu Ende. Die germanischen Völker schlugen und scheuchten diese Horden in deren heimatliche Steppen; doch weiß die Sage nicht, ob die ferneren Kriegsthaten mit Hülfe des wunderbaren Schwertes geschahen. Dagegen berichtet sie davon noch manche seltsame Dinge aus dem Mittelalter und weiß sogar, daß es Herzog Alba vor der Schlacht bei Mühlberg aus der Erde gegraben habe. — Vielleicht hatten der alte Blücher und besonders unser Kaiser Wilhelm das Schwert gefunden und damit ihre Siege erfochten. —

Diener, Verehrer des Heru oder Cheru waren namentlich die Cherusker, die von ihm Namen und Abstammung herleiteten, und wir wissen, wie sie mit Erfolg für ihre Freiheit fochten. Den Dienst des Schwertgottes trugen auch die Franken nach Gallien hinüber; denn zu Valenciennes ward durch das ganze Mittelalter und später ein zweischneidiges Schwert aufbewahrt und jährlich unter kriegerischen Spielen umhergetragen.

Die Sachsen endlich, zu denen die Cherusker gerechnet werden müssen, wurden für eifrige Verehrer des Schwertgottes gehalten. Sie nannten ihn Saxnot nach ihrer Lieblingswaffe Sax, einem Schwertmesser. In dem mehr als 30jährigen Kriege für ihre Freiheit gegen Karl den Großen mußten die, welche sich unterwarfen und das Christentum annahmen, in der Abschwörungsformel dem Wodan, Thunar und Saxnot entsagen.

Heimdal durch die neun Wellenjungfrauen emporgehoben.
Nach E. Ehrenberg.

6.

Heimdal (Riger).

Geboren ward einer am Anfang
        der Zeiten,
Gewaltig durch Stärke, von gött-
        lichem Stamme:
Neun Riesentöchter gebaren ge-
        samt ihn,
Den Friedebringer, am Erdenrand.
Hehr ist und herrlich vor allen
        der Eine,
Dem Mutter Erde nährte die
        Macht.
Ihn rühmt man der Herrscher
        reichsten und größten,
Ihn, aller Völker Vater und Herr.

So schildert die Dichtung Heimdal, den Asen voll Weisheit und von großer Macht. Neun Riesenschwestern, die Mächte der schäumenden Wogen, hatten ihn wundersam geboren, die Erde, die windkalte See und der Glutstrom der Sonne ihn genährt und gekräftigt; dann stieg er hinan in den ihm bereiteten Palast Himmelberg (Himinbiörg), wo er weitum die Heime überschaut. Hundert Rasten weit reicht sein Blick bei Tag und bei Nacht; er hört die Wolle auf den Schafen und das Gras auf der Wiese wachsen, und darum ist er der Wächter an der Brücke Bifröst (dem Regenbogen), die Himmel und Erde verbindet, um den Hrimthursen zu wehren, wenn sie es wagen sollten, Asgard zu bedrohen.

Oft schlürft er den köstlichen Met aus goldenen Schalen, und läßt dabei seine goldenen Zähne blinken, davon er Gullintanni (Goldzahn) heißt; dann steht er wieder in glänzender Rüstung, mit blankem Schwert umgürtet, als treuer Wächter zur Wehre bereit. Und über ihm hängt das Giallarhorn, gleich der Mondessichel, in das er stößt, wenn Gefahr droht, das laut erschallen wird, wenn die zerstörenden Gewalten den letzten Kampf anheben werden.

Entstehung der Stände. Einstmals, da ringsum die Welten im Frieden ruhten, machte Heimdal sich auf, seine Menschenkinder zu besuchen, zu schauen, wie sie sich nährten und ihre Werke verrichteten. Er wandelte die grünen Wege. Er gelangte an ein Haus mit niederem Dach und schlecht unterhalten. Da saß am Herdfeuer auf der Holzbank ein Ehepaar, Ai und Edda (Urgroßvater und Urgroßmutter) in ärmlichem Gewande. Mit freundlicher Rede nahm er zwischen ihnen Platz und speiste mit ihnen rauhes Kleienbrot und Brühe aus irdener Schüssel. Drei Tage und drei Nächte verharrte der Ase in der armen Hütte, heilsamen Rat erteilend, dann wanderte er weiter, vom Seesand aufwärts in besseres Bauland. Aber den Eheleuten ward nach neun Monden ein Knäblein geboren, von dunkler Hautfarbe und niederer Stirn; das nannte sie Thräl (Knecht). Es wuchs und gedieh und lernte bald die Kräfte brauchen; es schnürte Bürden mit knotigen Händen und schleppte auf krummem Rücken schwere Lasten den langen Tag. Der Range freite, als er in die Jahre kam, die Dirne Thyr, die breitspurig einherging mit Plattfüßen und sonngebräunten Händen und die rüstig zur Arbeit war. Von ihnen entsproßte der Thräle Geschlecht.

Riger zog indes weiter seines Weges. Er kam an ein geräumiges, wohlbestelltes Haus inmitten bebauten Feldes. Darin fand er Afi und Amma (Großvater und Großmutter) in sauberm Gewande, die Haare gestrählt, emsig mit ihrem Werke beschäftigt. Der Mann schnitzte die Weberstange zum Webstuhl, die Frau wand um den Rocken schneeigen Lein. Am flackernden Herdfeuer brodelte im Kessel gute Hausmannskost. Die trug bald die Hausfrau auf, nebst schäumendem Bier, den Gast zu bewirten, wie es die Sitte des freigebornen Bauers war. Der Gast aber gab viel heilsamen Rat, das Haus und den Acker zu bestellen, und blieb drei Tage und Nächte daselbst, dann schritt er weiter die Straße durch schattige Haine, über grüne Wiesen. Neun Monde vergingen, dann kam fröhliche Zeit, weil ein Knäblein geboren war, den Eltern zur Lust. Es ward Karl (Bursche) geheißen und wuchs und gedieh, war frisch und hellen Auges. Bald konnte der Junge den Pflug führen, Rinder jochen und Wagen zimmern nach Art des Vaters. Als die Zeit kam, freite er Snör (Schnur), die Schlüsselreiche, in sauberem Gewande und führte sie ein in das neu gegründete Haus. Söhne und Töchter entsproßten dem Ehebund, die heranwuchsen frisch, fröhlich und frei und als Freibauern auf eigener Hufe wohnten.

Indessen schritt Riger durch schöne Fluren und blühende Gärten hinauf zum Herrenhaus auf sanfter Höhe. Das Thor mit glänzendem Ringe war nicht verschlossen; so trat er ein in die reich geschmückte Halle. Da war der Boden mit Teppichen belegt, und auf Polstern saßen Vater und Mutter in seidenen Gewändern, zierliche Spiele mit den Fingern spielend. Dann wieder probte der Hausherr den gewundenen Bogen und schäftete Pfeile und schliff das

Schwert, dieweil die Genossin in blauem Kleide mit wallender Schleppe, um den schneeigen Hals und Nacken ein Tuch gewunden, die Werke des Eheherrn beschaute.

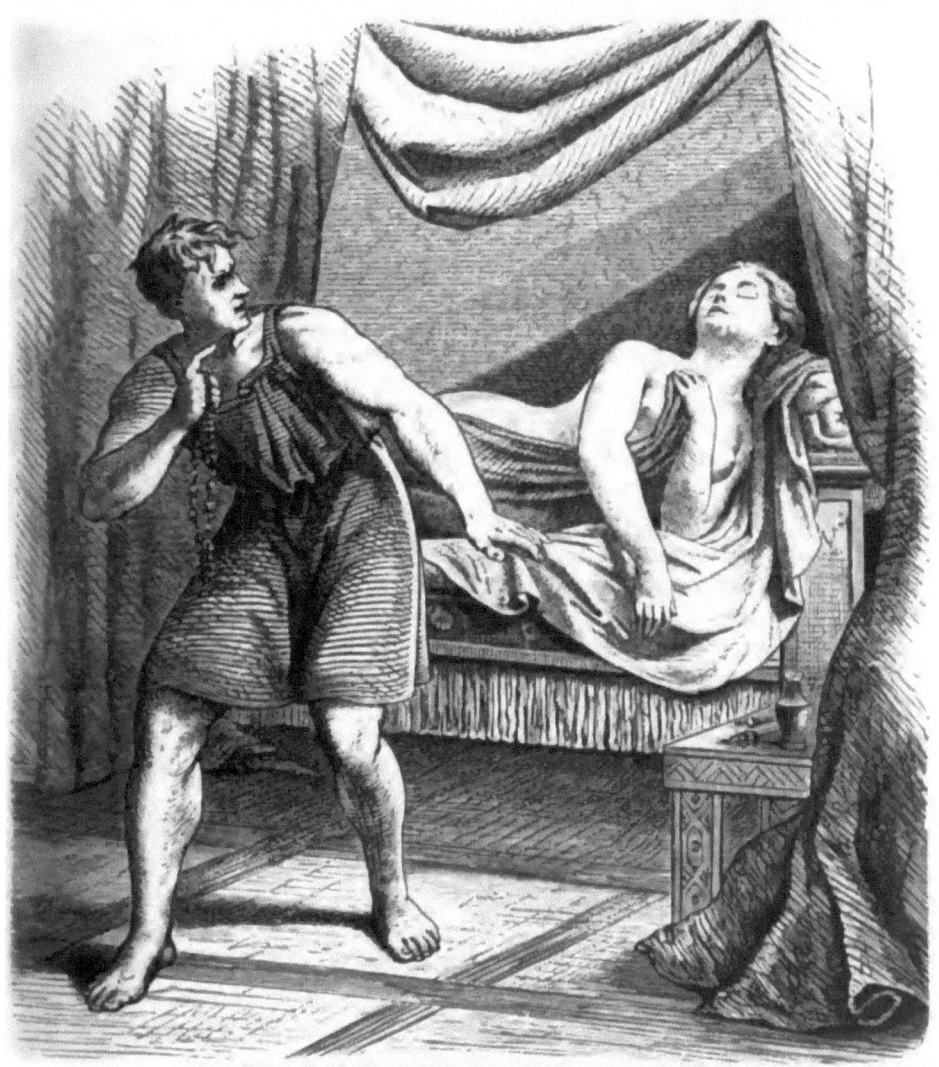

Loke stiehlt Freyas Halsband.   Zeichnung von J. W. Heine.

Riger setzte sich zwischen die beiden. Er wußte mit verständigem Rate ihnen zu dienen, daß des Hauses Glanz und Wohlfahrt gedeihe. Darauf deckte die Herrin den Tisch mit geblümtem Linnen. Sie setzte vor Wildbret und Geflügel, schmackhaft bereitet, und in goldenen Kelchen und Kannen des perlenden Weines Fülle. Sie tranken und redeten, bis die Nacht hereinbrach, da der Gast das gepolsterte Lager bestieg. Drei Tage und Nächte verweilte er bei den Eheleuten; dann zog er weiter des Weges zu anderem Werk. Neun Monde vergingen, da ward in dem reichen Hause ein Söhnlein geboren, blondlockig, die

Wangen schön rötlich, die Augen wie funkelnde Sterne. Sie nannten es Jarl, und es wuchs und gedieh, lernte Schwerter schwingen, Speere werfen, Bogen spannen, Schilde führen, Hengste reiten, den Sund durchschwimmen. Mehr noch lernte der Knabe, als er zum Jüngling erwuchs. Denn aus dunklem Haine kehrte Riger zu ihm zurück und verlieh dem Sohne Verständnis der Runen und berief ihn zu Thaten, die Ruhm verleihen. Da zog er hinaus in die Feldschlacht, fällte den Feind und gewann Siegesruhm und Beute, Burgen und Land. Reichlich beschenkte er darauf die Wehrgenossen mit Spangen und Goldringen. Er herrschte mächtig; doch dünkte es ihm in der prunkvollen Halle einsam und öde. Da entsandte er Boten, zu werben um die Hand der edeln Erna, der gürtelschlanken. Die Botschaft aber war nicht vergebens; denn willig folgte die hochherzige Maid in die glänzende Halle, wo sie der Jarl mit Freuden empfing. Sie waren sich hold und lebten froh zusammen bis ins hohe Alter.

Dem Ehebund entsproßten Söhne und Töchter, die das Geschlecht der Jarle vermehrten. Aber der jüngste war Konur, der verstand Runen, Zeitrunen und Zukunftrunen und wußte der Vögel Sprache zu deuten. Er zog hinaus in den grünen Wald, das Wild zu jagen und Vögel zu beizen. Da sang eine Krähe von kriegerischen Thaten und Siegesfreuden, die dem Fürsten besser ziemten als das eitle Weidwerk. Er verstand der Rede Bedeutung und rüstete eilends zur Heerfahrt. Mit Schwert und Speer fällte er im Schlachtgetümmel die stärksten Kämpfer, gewann Land und Leute und ward der erste König im Dänenreich. So berichtet die schöne Eddadichtung „Rigsmal" über die Entstehung der Stände durch Heimdal oder Riger. Darum redet auch die nordische Vala in ihrem prophetischen Liede ihre lauschenden Zuhörer an:

„Allen Edeln gebiet ich Andacht,
Hohen und Niedern aus Heimdals Geschlecht."

Heimdal und Loke. Als Heimdal sein Werk vollendet hatte, bestieg er sein edles Roß Gulltop (Goldmähne) und ritt wieder gen Himinbiörg (Himmelberg), um das Wächteramt zu verwalten. Er trank selig den süßen Met in später Nacht; denn alles in und außer Asgard war friedlich in tiefen Schlaf versenkt. Nur Heimdal schlief nicht, denn „er bedurfte weniger Schlaf als ein Vogel." Um Mitternacht vernahm er ein Geräusch, wie Fußtritte, aber so leise, daß es kein anderes Ohr auch in der Nähe gehört hätte. Es kam von Folkwang her, wo Freya, die Göttin der Liebe und Schönheit, ihren Sitz hatte. Er richtete den alles durchdringenden Blick dahin und erkannte die Herrin, wie sie auf dem schwellenden Lager schlummernd ruhte. Sie lag auf der Seite, den einen Arm über den schimmernden Halsschmuck Brisingamen gebreitet. An ihrem Lager aber stand Loke, mit gierigen Blicken nach dem Kleinod schielend. Er schien zweifelhaft, wie er sich desselben bemächtigen wolle. Er murmelte Zaubersprüche und schrumpfte sichtbar immer kleiner und kleiner zusammen. Er ward endlich ein Ungeheuer von winziger Gestalt mit Borsten und scharfem Gebiß, ein Ungeheuer, das nach Blut dürstet und Götter und Menschen angreift. Er ward ein leibhaftiger Floh, der mit mächtigen Sprüngen das Lager erreichte. Er schlüpfte geschickt unter die hüllende Decke und stach die Schlummernde in die Seite, daß sie sich herumwarf. Da ward der Halsschmuck frei und der verschmitzte Ase, wieder seine frühere Gestalt annehmend, löste die Bänder und entwich mit dem Geschmeide in die Ferne.

Der treue Wächter auf der Himmelswarte entbrannte in Zorn wider den Räuber. Er zog sein scharfes Schwert und erreichte den Dieb nach wenigen Schritten mit seinen Siebenmeilenstiefeln. Er führte einen gewaltigen Streich nach ihm, aber die Klinge fuhr durch eine himmelan lodernde Flamme, in der Lokes Gestalt verschwunden war. Im Nu stieg Heimdal als Wolke empor, und ein Regenguß, der daraus herunterströmte, drohte die Glut zu verlöschen. Aber nun erschien an ihrer Stelle ein Eisbär, der mit offenem Rachen das Wasser einschlürfte. Ehe das Untier entfliehen konnte, stand ihm ein größerer Eisbär gegenüber und faßte es mit Zähnen und Tatzen. Es entschlüpfte jedoch in Gestalt eines aalglatten Robben der tödlichen Umarmung. Indessen ward seine Flucht abermals vereitelt, indem ihn ein anderer Robbe beim Fell packte. Ein wütender Kampf entbrannte zwischen den beiden Wassertieren; sie zerrissen und zerkratzten sich, daß das Blut ringsum den Boden rötete. Nach langem Ringen blieb endlich Heimdal Sieger. Loke fuhr aus der zerschlitzten und zerrissenen Robbenhaut heraus, und da er das blitzende Schwert des gleichfalls entpuppten Gegners über seinem Haupte geschwungen sah, bat er um Gnade und überließ dem Sieger das Schlachtfeld und das geraubte Kleinod.

Auf sein Schwert gelehnt, Brisingamen in der Linken, stand der mächtige Gott, froh des Sieges, ob auch die Wunden ihn schmerzten. Da trat Iduna, Bragis blühende Gattin, zu ihm hin und reichte ihm den Apfel der nie welkenden Jugend. Wie er davon genoß, heilten die Wunden und er war von allen Schmerzen genesen. Er übergab der hülfreichen Freundin den Schmuck, daß sie ihn der Göttin wiederbringe. Dann stieg er empor zur Himmelsburg, schwang sich auf sein goldmähniges Roß Gulltop und fuhr auf der Iringstraße, welche die Menschen Milchstraße nennen, durch die Räume des Himmels; die schwarzen Wetterwolken verschwanden und die funkelnden Sterne leuchteten droben im unermeßlichen Raume, wie Brisingamen in Asgards Hallen, bis der Tag anbrach und Götter und Menschen zu ihren Werken berief. Denn Heimdal ist (nach Grimm) gleichbedeutend mit Heimdellinger für Heimdäglinger, der dem Heim, der Welt, den Tag bringt. Sein Name Riger zeigt ihn auch verwandt mit dem deutschen Erich, Erk, Heru oder Cheru, dem Schwertgott, folglich zugleich mit Tyr oder Zio. Er wird auch in der That der Schwert-Ase in der Edda genannt und wandelt die grünen Wege auf Erden, wie Iring die nach ihm benannte Milchstraße am Himmel. Irdische Straßen, besonders die durch England von Süden nach Norden zogen, und in Deutschland diejenigen, welche von der Irmensäule ausliefen, wurden Irmenstraßen genannt; daher ist Riger auch mit dem allgemeinen Gott, dem Sender des Sieges, zusammengehörig. Seine Wanderungen erinnern ferner an Örwandil, den Thor durch die Eisströme Elimagar trug. Er ist identisch mit dem sagenhaften Helden Orendel, einem Sohne des Königs Eigel von Trier, dessen Fahrten und Abenteuer auf allen Meeren viel Ähnlichkeit mit den Schicksalen des Odysseus haben. Ob diese Erzählungen schon zur Zeit des Tacitus den Germanen bekannt waren, da dieser Schriftsteller von der Anwesenheit des hellenischen Heros in Germanien, von der

Gründung der Stadt Asciburgum (Asenburg) durch denselben redet, ist sehr zweifelhaft. Vielmehr sind wohl dem mittelalterlichen Dichter dunkle Berichte von der Odyssee zu Ohren gekommen.

Heimdals Geburt. Der Gott war von neun Müttern geboren (den Wellenmädchen), deren Namen auf Wellen und Klippen Bezug haben; Mutter Erde, die windkalte See und die Strahlen der Sonne nährten und stärkten ihn; daher erscheint er als ein Himmelsgott, der die Meereswogen emporzieht und sie, wenn die Luft sich verkühlt, als Regen oder Tau befruchtend wieder zur Erde sendet. Wie er aber der himmlischen Gewässer wartet nach dem Naturmythus, so ist er bei den Skalden der Wächter von Asgard geworden, und Bifröst, die Regenbogenbrücke, war ihm gegen die Angriffe der Riesen anvertraut. Diese Vorstellung war auch schon den Germanen, namentlich dem sächsischen Stamme der Cherusker, nicht unbekannt. In den Osning, wo sie sich, wie schon bemerkt, ihr Asgard vorstellten, hatten sie nach unserer Schilderung Himinbiörg, jetzt Himmelberg oder Himmelreich, südlich vom Bahnhofe von Altenbeken verlegt, dem gegenüber noch jetzt die Hünenburg die Höhe bezeichnet, wo sie sich den Sitz der Bergriesen dachten, während seitwärts die Ossen- oder Asenstiege und der Ossen- oder Asenberg an die Asen erinnern, wenn sie sich nicht prosaischer auf die Ochsen, plattdeutsch „Ossen" beziehen.

Dort wohnte der mächtige Ase im heiligen Hain, und hoch über ihm, am Himmelsgewölbe, sah man oft in stiller Nacht sein Giallarhorn schweben; denn es war die Mondsichel, die man ihm zueignete. Vielleicht hörten die begeisterten Krieger den Ruf seines Hornes, als sie gegen Roms Sieggötter auszogen und ihr Heiligtum von Unterdrückung frei machten; vielleicht waren es dieselben Klänge, welche die Sachsen zu dem langen, verzweifelten Kampfe gegen die fränkische Übermacht aufriefen. Aber der Gott konnte das Vordringen des gewaltigen Königs nicht hemmen, sein Volk die alten Altäre nicht retten. Ragnaröl war angebrochen, die Tapfern sanken, flammende Lohe verzehrte die heiligen Haine; aber aus Blut und Flammen ging eine neue, grüne Erde und ein neuer Himmel auf. Das Kreuz erhob sich auf den Brandstätten und mit ihm Gesetz, Kultur und Sitte. Das waren bessere Wächter als Heimdal, dessen Wesen und Dienst allmählich in Vergessenheit geriet, während sein Andenken noch in Sage und Märchen fortlebte.

Es ist aber interessant, daß sich in anderen, weit entlegenen Gegenden Deutschlands das Andenken an Heimdal oder Riger, den treuen Wächter, erhalten hat.

Riger in Bayern. Im Bayerischen Walde, wo himmelhohe Berge emporragen, soll man hin und wieder noch jetzt den Erk (Erich oder Riger) als einen Schutzgeist verehren. Man stellt sich ihn in Gestalt eines Jägers oder auch als einen geharnischten Mann vor und identifiziert ihn zuweilen mit dem heiligen Hirmen (Irmin). Er beschützt vornehmlich fromme Hirten und ihre Herden. In einem einsamen Felsenthal jenes Gebirges erzählt man folgende Sage von diesem Erk. Daselbst wohnte ein Köhler, ein rechtschaffener und gottesfürchtiger Mann, der zwei Kinder hatte, eine zur lieblichen Jungfrau aufgewachsene Tochter und einen kleinen Knaben, bei dessen Geburt die Mutter gestorben war.

Heimdals Horn ruft die Helden zum Kampfe.   Nach W. Engelhard.

Das Mädchen hütete die Herde Wollenvieh und wartete auch des Brüder=
chens, das unter ihrer Pflege wohl gedieh und sie, als es laufen konnte, be=
gleitete, wenn sie die Herde zur Weide trieb.

Einstmals war große Trockenheit eingetreten, sodaß selbst die Bergwiesen
verdorrten. Gundel, so hieß das Mädchen, mußte die Tiere weiter ins Gebirg
treiben, als es gewöhnlich geschah. Da sah sie auf einem felsigen Vorsprung eine
wunderschöne Blume, blau wie der Himmel, und inwendig mit einem Kern,
der wie Gold glänzte. Ehe sie dieselbe erreichen konnte, hatte sie der Widder
der Herde abgerissen, fraß sie aber nicht, sondern hielt sie im Maul. Sie
wollte ihm die Beute abjagen; allein er trabte vor ihr her, und die Herde
folgte, und das Brüderchen lief mit, immer weiter und weiter durch den Wald
und jenseits über einen frischen, saftigen Wiesengrund und ein schroffes Felsen=
thal, das sie niemals gesehen hatte. Im Hintergrunde bemerkte sie ein prächtiges
Schloß, vor welchem ein stattlicher Jäger wie eine Schildwache auf und nieder
ging. Der Mann hatte die Büchse auf der linken Schulter, und ein Waldhorn
hing von der rechten herunter. Er nahm dem Widder, der immer geradeaus
rannte, die Blume aus dem Maul und überreichte sie dem fast erschrockenen
Mädchen, indem er sagte: „Gehe nur in das Haus; iß, trinke und ruhe
dich aus; ich will einstweilen die Schafe bewachen. Aber hab dabei wohl acht
auf die Blume.“

Sie folgte der Weisung; das Thor sprang krachend vor ihr auf, und sie
trat mit dem Kinde in eine geräumige, hochgewölbte Halle, wo gedeckte, mit
Speisen beladene Tische und Ruhebetten bereit standen. Als sie den Hunger
gestillt und auch den Kleinen befriedigt hatte, ließ sie sich auf den schwellenden
Polstern nieder, nahm das Kind in die Arme und schlummerte ein. Sie mußte
lange geschlafen haben; denn als sie erwachte, schien das Morgenrot durch die
gemalten Fenster. Erschrocken weckte sie den Knaben und eilte mit ihm hinaus,
um nach den Lämmern zu sehen. Sie fand dieselben frisch und fröhlich und den
Jägersmann auf seinem Posten, der ihr eine gute Reise wünschte. Sie fand
auch glücklich den Heimweg; doch schien ihr die Gegend verändert, das Laub
der Buchen so hellgrün und die Wiesen so saftig und voll Blumen, wie im
Frühling. Sie erreichte die väterliche Hütte; aber da saß der alte Köhler, den
Kopf auf den Arm gestützt, und sah recht traurig aus. Als er sie erblickte,
sprang er freudig auf, schloß sie und das Kind in die Arme und wollte sie
gar nicht wieder von sich lassen. Er sagte ihr, sie sei fast ein Jahr aus=
geblieben, und als sie ihm erzählte, was sich ereignet hatte, rief er: „Das war
der gütige Erk; du bist ein Glückskind, denn er wird dich in allen Gefahren
beschützen.“ —

Die Gundel aber fühlte zeitweilig rechte Sehnsucht, das Schloß und die
fetten Wiesen wieder zu besuchen und auch den Vater dahin zu führen. Indes
soviel sie sich abmühte, sie konnte den Weg nicht wieder finden. Und doch wäre
ein Versteckwinkel, wie das Mädchen jene Gegend beschrieb, dem Köhler und
den anderen Bewohnern des Thales gar lieb gewesen. Denn es war in der
Zeit der Kriegsnot, und man fürchtete, feindliches Kriegsvolk möchte einmal
bis in die bayerischen Gebirge vordringen.

Diese Furcht war nicht vergebens; eines Tages, da Gundel mit dem Knaben die Herde weidete, hörte man verworrenes Geschrei. Feindliches Gesindel war in die Hütten der Thalleute plündernd eingebrochen, und schon stürmte ein Haufen nach dem Wiesengrund, wo man die Herde und die Hirtin erblickte. Gundel nahm den Knaben in die Arme und folgte flüchtigen Fußes den Schafen, die, von dem Lärme erschreckt, sich in voller Flucht befanden. Hinter ihr her tobte der tolle Schwarm mit wütendem Geschrei. Einer der Unholde schoß nach ihr und verwundete sie am Arm, daß das Blut niederrann. Sie sank erschöpft zu Boden; da erblickte sie aber wieder vor sich die blaue Wunderblume, und wie sie dieselbe brach, fühlte sie neue, ungewöhnliche Kraft zur Fortsetzung der Flucht.

Die Sträucher, die Felsen öffneten sich vor ihr; sie erkannte den Weg, sie erblickte das Schloß und den Wächter; sie eilte durch die sich öffnende Halle und kniete betend nieder; ihre Thränen und Blutstropfen aus der Wunde benetzten den Marmorboden.

Draußen ging es inzwischen wild und stürmisch her. Der Jäger schoß den nächsten Verfolger nieder, dann den zweiten und dritten, während die auf ihn gerichteten Kugeln wie von unsichtbaren Händen abgewehrt wurden. „Der Kerl ist kugelfest; schlagt ihn mit Kolben tot!" rief einer aus dem Haufen; aber der Wächter stieß in sein Horn, daß der Schall, vom Echo hundertfach wiederholt, durch das ganze Gebirg tönte. Da brachen die Thalleute aus Wald und Schlucht von allen Seiten hervor und erschlugen die schlimme Rotte bis auf den letzten Mann.

Es war nach dem Kampfgetümmel still geworden; die Thalleute, welche das geheimnisvolle Schloß gar nicht wahrgenommen hatten, waren in ihre Wohnungen zurückgekehrt. Gundel trat, den Bruder an der Hand, ins Freie. Ihre Wunde schmerzte nicht mehr; sie war geheilt. Sie grüßte den Wächter, der ihr freundlich zunickte, und trieb dann die wohlerhaltene Herde auf dem bekannten Wege vor sich her.

Sie schauderte, als sie die Leichen erblickte. Sie schritt eilends weiter bis zu der Stelle, wo sie verwundet niedergesunken war. Da war ein Beet von Purpuranemonen aufgeblüht, Blumen, die sie noch niemals gesehen hatte. Es war, als sei aus jedem Blutstropfen eine Blume geworden. Etwas weiter sah sie einen feindlichen Krieger, am Kopfe schwer verletzt, ächzend und stöhnend liegen. Er war noch sehr jung und schön und gar nicht wie die schrecklichen Verfolger. Sie fühlte Barmherzigkeit, suchte ihn aufzurichten, aber vergeblich. Sie wand ein Tuch um seine Wunde und eilte dann fort nach dem Vaterhause, wo die Freude des Wiedersehens groß war. Als sie darauf dem Vater von ihrer Rettung berichtete, gedachte sie auch des Verwundeten und fand ihn sogleich zur Hülfe bereit.

Der Kriegsmann wurde ins Haus geschafft und sorgsam verpflegt. Er genas endlich und erzählte nun, wie er seine Kameraden vom Plündern habe abhalten wollen, und wie sie ihn deshalb arg zugerichtet hätten. Dabei zeigte er ein so gutartiges und fröhliches Wesen, daß ihn der Köhler und noch mehr die Tochter lieb gewannen. Er wußte auch viele Lieder, und sang sie mit wohltönender Stimme, davon die Berge wiederhallten. Entzückt lauschten ihm Vater und Tochter zu und gedachten nimmer der bevorstehenden Trennung.

Als er endlich Abschied nahm, um wieder in den Krieg zu ziehen, gab er dem Mädchen einen ausgegrabenen Anemonenstock und sagte: „Bewahre ihn gut; er ist aus deinem und meinem Blut erwachsen. Wenn er verwelkt, so bin ich tot; blüht er aber lustig fort, treibt er frische Keime, so geht es mir wohl und ich kehre, reich an Ehren, zu dir zurück."

Jahr um Jahr verging, mancher Freier warb um Gundels Hand; aber sie konnte den Soldaten nicht vergessen. Indessen welkte einst der Anemonen= stock, und zugleich hatte sie nachts schwere Träume. Bald sah sie den Liebsten, wie er ihr untreu ward und ein reiches Fräulein zum Altar führte, bald wie er leichenblaß auf dem Schlachtfelde lag. Sie sah nicht mehr nach dem Blumen= stock; sie weinte oft halbe Nächte durch.

Einstmals aber, wie sie gegen Morgen erst eingeschlummert war, hatte sie einen tröstlichen Traum. Es kam ihr vor, als trete der Jäger aus dem Waldschloß zu ihr und lege einen glänzenden Halsschmuck auf ihre Kissen. Sie hörte deutlich, wie er sagte: „Deine Thränen sind Perlen, die Blutstropfen deiner Wunde sind Karfunkel geworden. Diesen Schmuck sollst du zur Hochzeit tragen." Sie wachte auf und von draußen tönte ihr eine bekannte Stimme ins Ohr, daß die Berge wiederhallten.

Sie sprang vom Lager und kleidete sich an; da klopfte es ans Fenster, und wie sie die Thüre öffnete, umfing sie der alte, treue Freund. Aber er war männlicher geworden und sah gar vornehm aus. Ein Federhut schmückte sein Haupt; Diener zu Pferde hielten umher; denn er war hoch gestiegen an krie= gerischen Ehren und zu großen Reichtümern gekommen. Er ließ nun ein Haus bauen, so prächtig, wie das Waldschloß, das ihm Gundel beschrieb. Der Bau aber ging rasch von statten; denn nachts arbeiteten bei Mondenschein wunder= liche, zwerghafte Bauleute daran, die der Jäger aus dem Walde anwies, wie solches der Köhler manchmal beobachtete.

Als das Haus fertig und wohnlich eingerichtet war, wurde Hochzeit ge= halten. Die Gäste waren bei leckerem Mahle und perlendem Weine lustig und guter Dinge.

Da trat der Jäger herein und legte vor die junge Frau den Schmuck von Perlen und Karfunkeln, den sie im Traume gesehen hatte. Er blies dann, nachdem er den Saal verlassen hatte, auf seinem Horn die Melodie: „Ein Gruß der Allerliebsten", und man hörte die Klänge noch aus weiter Ferne.

Soweit der Bericht. Wir wollen nicht entscheiden, ob dieses Märchen aus alten Sagen von Riger oder Iring entstanden ist. Eine weitläufige Unter= suchung würde unsere Leser nur ermüden und dem Zweck unserer Darstellung nicht entsprechen. —

Doch ist der nordische Heimdal ein treuer Wächter. Einst, wenn Ragnarök anbricht, stößt er in sein Giallarhorn und zieht sein blankes Schwert, um mit Loke den Entscheidungskampf zu kämpfen.

Idun.
Zeichnung von Prof. E. E. Doepler.

7.

Bragi und Idun.

m Anfang der Zeiten lag Stille des Todes auf dem Ozean der Unendlichkeit ausgebreitet; kein Windhauch bewegte die Luft, keine Welle erhob sich aus der Tiefe; alles war starr, stumm, ohne Atem und Leben. Doch endlich zeigte sich auf den Wogen des Ozeans ein belebtes Wesen. Es fuhr ein Schiff, das Zwergenschiff, über die öde, starre Fläche. Auf dem Verdeck ruhte schlummernd, versunken in den Traum des Lebens, Bragi, der göttliche Liederschmied, ohne Makel und Mangel, und die Harfe mit goldenen Saiten lag neben ihm. Als das Fahrzeug vorüberglitt an der Schwelle des Todeszwerges Nain, da erwachte der herrliche Gott, griff mächtig in die Saiten und sang ein Lied, weit schallend durch die neun Welten, ein fröhliches Lied vom Wonnerausche des Daseins, von Kampfeswut und Siegesmut, von Liebeslust und Liebesglut.

Der Gesang weckte die stumme Natur aus ihrer Erstarrung.

Es war, wie eine Dichtung vom Frühling singt:

„Vor alten Zeiten ein Wort ging um,
Das Wort: im Tode sei Leben,
Das rasten nicht kann im Grabe stumm,
Ein heiliges Urevangelium,
Das hat sich nun wahrlich begeben.
Der Mai, der fröhliche, jauchzende Mai,
Aufdeckt er die Gräber, ruft Tote herbei
Zum Blühen, zum Leben und Weben.
Er rührt den alten, gestorbenen Hain;
Der reckt sich und streckt sich mit Lachen
Und kleidet in hellgrüne Seide sich ein,
Und Blumen und Gräser im sonnigen Schein,
Die schauen hervor mit Behagen.
Dann plaudern Drossel und Nachtigall
Von Auferstehung; der Wiederhall
Trägt weit durch die Welten die Sagen.“

War der Dichtergott von Odin erzeugt worden, als er in Suttungsberg den heiligen Trank Odrörir empfing? War er von Gunlöd geboren, der lieblichen Maid, die um den Geliebten sich grämte? Hatte endlich der grimmige Suttung den Enkel dem Meere übergeben, um den Sprößling des verhaßten Asenkönigs aus dem Leben zu tilgen? Darüber schweigt das dunkle Skaldenlied, dem wir vorstehendes nacherzählt haben. Aber die Poesie kann nicht ertötet werden; sie ersteht immer wieder aus dem Tode zu neuem Leben und beseligt Götter und Menschen.

Bragi stieg, singend sein hohes Lied vom Erwachen der Natur, vom Aufblühen des neuen Lebens, an das Land und wandelte durch das keimende, knospende, wonnige Grün; da erhob sich vor ihm aus Gräsern und Blumen und frischem Blätterschmuck Jdun, die Göttin unverwelklicher Jugend, die jüngste Tochter Jwaldis, des Zwergenvaters, der in der Tiefe das Leben birgt und es wieder zur Oberwelt entsendet, wenn die Zeit erfüllt ist. Sie war schön unter dem Kranze von Blumen und Blättern; sie strahlte im Glanze des jungen Tages. Wie sie der Gott erblickte, da tönte feuriger sein Lied von Liebesglut und Liebeslust. Er breitete die Arme nach dem Wunderbilde aus, und sie sank an seine Brust; denn dem Sänger gebührt es, daß sich Jugend und Schönheit ihm vermähle.

Vereinigt zogen die Gatten zu den seligen, immergrünen Höhen von Asgard, wo die Asen sie freudig begrüßten. Aber Jdun reichte ihnen die Äpfel immer erneuter Jugend, und Odin, der sonst nur am Weine sich labte, kostete von der leckeren Speise, ja selbst Thor, sein gerühmtes Hafermus und seine Heringe verschmähend, ließ sich zum Frühstück einen Apfelbiß behagen; denn er gewahrte bald, daß seine Asenkraft dadurch beträchtlich gestärkt werde. Wenn aber bei der großen Tafel Götter und Einherier an Sährimnirs Fleische sich gesättigt hatten, dann griff Bragi in die goldenen Saiten und sang Lieder zum Preise der Helden.

Das selige Leben in Asgard und das eheliche Glück des Dichtergottes ward aber einstmals durch schwere Prüfung unterbrochen, und das geschah durch folgende Begebenheit.

Iduns Raub. Odin, Hönir und Loke, die den Menschen Seele und Sinn, Blut und blühende Farbe verliehen hatten, zogen einst hinaus in die weite Welt, der Erdbewohner Lust und Leid und ihr Thun und Schaffen zu beschauen. Sie fuhren weit umher und kamen endlich in wüstes Waldgebirg, wo es um die Kost übel bestellt war. Sie fanden kein gastlich Haus zur Herberge; sie hörten keinen freundlichen Gruß, der sie zu bleiben eingeladen hätte. Nur der Herbststurm brauste durch die Wipfel der Eichen und Föhren.

Als sie aber niederstiegen in den Thalgrund, sahen sie eine Herde Rinder, die auf der Wiese zur Weide ging. Alsbald griffen sie eins der Tiere heraus, schlachteten und zerstückten es und wollten die leckere Speise sieden. Hoch loderte, von Loke entzündet, die Flamme empor, und sie dachten, daß der Sud bald fertig sein werde. Wie sie aber zusahen, war die Kost noch ungesotten. Solches geschah zum zweiten und zum dritten Mal; die Asen verwunderten sich darüber und berieten, was zu thun sei. Da hörten sie eine Stimme über sich, daß der, welcher im Baumgezweig sitze, den Sud verhindere. Als sie nun emporschauten, sahen sie im Laubwerk der Eiche einen riesigen Adler, der mit Flügelschlägen die Flamme verwehete. Er begehrte sich mit ihnen zu sättigen, dann versprach er, den Sud zu fördern. Wie sie solches zusagten, flog er herunter, fachte das Feuer an, und in kurzer Zeit war die Kost gesotten. Sofort setzten sie sich zum Mahle; allein der Adler verschlang gierig beide Lenden und Buge und schien das ganze Gericht allein verzehren zu wollen. Loke, den der Hunger arg plagte, ergriff im Zorn eine spitze Stange und stieß sie dem Riesenvogel in den Leib, daß er sogleich aufflog. Aber die Stange haftete im Gefieder und des Asen Hände waren an der Stange wie angekettet, und der Vogel flog so niedrig, daß Lokes Beine Boden und Sträucher und Gestein streiften, während seine Arme schier aus den Schultern gerissen wurden. Er schrie, er jammerte, er bat um Frieden den Sturmriesen, der, wie er erkannte, in dem Adlerkleid verborgen war.

„Wohlan", rief der Adler, „versprich mit heiligem Eid, daß du mir Idun mit den goldenen Äpfeln verschaffen willst, so sollst du Frieden haben." Loke leistete den Eid, und alsbald ward er ledig und hinkte mit fast gelähmten Beinen zu den Gefährten zurück.

Unter solchen Umständen sah sich die Gesellschaft nach einer Fahrgelegenheit um; aber in dem wilden Waldgebirge stieß kein Schwager lustig ins Horn, noch schrillte der Pfiff einer Lokomotive, noch waren Sleipnir oder Flügelschuhe zur Hand; man mußte den Heimweg zu Fuß antreten. Indessen hatten sich die Wanderer, wie es scheint, mit Siebenmeilenstiefeln versehen, denn sie gelangten schon folgenden Tages nach Asgard.

Schön war Idun im glänzend grünen Gewande, den Blätterschmuck im Haare, den Kranz unverwelklicher Jugend. Sie ordnete den Haushalt, denn Bragi war auswärts auf einer Sängerfahrt. Sie langte die Äpfel hervor, die sie nach Gewohnheit den Asen zum Frühmahl reichen wollte. Da trat Loke eilends zu ihr heran, sah sich um, ob kein Späher lausche, und flüsterte ihr schmeichelnd zu: „Holdselige, glückselige Göttin, folge mir eilends vor das Burgthor, denn draußen habe ich einen Wunderbaum entdeckt, der goldene Früchte, den deinen gleich, in großer Fülle trägt."

Das war die Lockung, der die Göttin nicht widerstand. Sie nahm einige ihrer Äpfel in krystallener Schale mit sich und folgte dem Verräter durch Asgard und weiter in den dunkeln Wald.

Da brauste plötzlich der ungestüme Sturmwind durch die Wipfel des Waldes, und Thiassi, der Riese im Adlerkleid, rauschte daher, nahm die erschrockene Göttin Idun in seine Fänge und flog mit ihr in sein ödes, winterliches Thrymheim, wo die bunten Blumen des Frühlings nicht blühen und die Wonne der Jugend nimmer gedeihen kann.

Die Asen merkten nicht den begangenen Raub; sie meinten, Idun sei auf einer Reise begriffen. Aber als Tage und Wochen vergingen, da wurden ihre Haare grau, da schwand die blühende Farbe des Angesichts, da stellten sich die Falten und Runzeln des Alters ein. Die Asinnen, selbst Freya, wenn sie sich im Spiegel der Quellen beschauten, entdeckten mit Schrecken die Spuren des nahenden Alters.

Man fragte, man forschte nach Idun. Man hatte sie zuletzt mit Loke wandeln sehen. Der falsche Ase ward vorgefordert; er leugnete vergebens; Thor drohte, ihm jedes Glied zu zermalmen, und als er den Hammer erhob, da gestand Loke und versprach, die Spenderin der Jugend wieder zur Stelle zu schaffen, wenn ihm Freya ihr Falkenhemd leihe.

Als die Bitte gewährt ward, eilte er tönenden Fluges fort gen Thrymheim (Donnerheim), der Behausung des Sturmriesen Thiassi. Derselbe war hinaus aufs Meer gefahren, und Idun saß einsam und kummervoll im unwirtlichen, aus rohen Balken gefügten Gemach. Loke hieß sie gutes Mutes ein und verwandelte sie in eine Nuß. Mit dieser leichten Bürde flog er über Felsen und Abgründe gen Asenheim. Indessen kam zur selben Zeit der Riese von der Seefahrt zurück. Er hatte bisher vergeblich versucht, von seiner Gefangenen eine Apfelscheibe zu erhalten, um dadurch seine greuliche Mißgestalt mit der Schönheit der Jugend zu vertauschen. Wie er nun die Flucht gewahr wurde, warf er sein Adlerkleid um und brauste mit dem Ungestüm des Sturmes den Flüchtlingen nach.

Die Asen sahen mit Sorge die wilde Jagd. Sie trugen Späne und Holzwerk vor der Burg zusammen, und als sich der Falke mit seiner Bürde hinter der Mauer niedergelassen hatte, warfen sie Feuer in das leicht entzündliche Material, daß die mächtig auflodernde Flamme dem verfolgenden Adler ins Gefieder schlug und ihn zu Falle brachte. Darauf ward der Unhold vollends totgeschlagen; seine Augen aber warf Thor an den Himmel, wo sie hinfort als Sterne allnächtlich glänzen.

Bragi fand bei seiner Rückkehr die Gattin wieder in seinem Heimwesen beschäftigt und erfuhr von ihr, wie sich alles zugetragen hatte. Er war auch Zeuge davon, wie Skadi, des Sturmriesen Tochter, mit Helm und Brünne erschien, den Vater zu rächen.

Er erzählte nachmals das alles und die Versöhnung der kriegerischen Jungfrau seinem Tischnachbar, dem Meergott Ögir, beim Gastmahl. Wir aber werden von dieser Begebenheit an gelegenerem Orte berichten.

Was die Deutung des Mythus betrifft, so müssen wir daran erinnern, daß der Mensch in der frühesten Entwicklung seines Bewußtseins gewohnt ist, den Erscheinungen in der Natur und in seinem Leben selbständige Persönlichkeit beizulegen. Besonders lebhaft mußte ihn der Wechsel der Jahreszeiten, das Keimen, Blühen, Welken und Absterben beschäftigen.

Bragi. Zeichnung von Prof. C. E. Toepler.

Die Phantasie gab den noch unbestimmten Ideen Form und Gestalt, und die Dichtung schuf daraus ein geordnetes Ganze, den Mythus. Da ist es nun interessant, wie der germanische Genius der Skalden Odin, den Gott des beseligenden Gesanges, mit der Triebkraft der Natur, der Spenderin immer wiederkehrender Jugend, vermählt und die Erscheinungen des Jahreswechsels in den Mythus verwebt. Bragi, aus unbekannter Ferne herüberkommend, weckt das geistige Leben und die Natur aus der Erstarrung; Idun, die Bringerin des Frühlings und der Jugend, verbindet sich mit ihm. Sie spendet den Asen ihre goldenen Äpfel, welche stets von neuem die Jugend verleihen.

Sie sind vielleicht ursprünglich identisch mit den Goldfrüchten, die der griechische Heros Herakles aus Hesperien holte. Wie der Herbststurm das Laub der Bäume herabstört, so raubt der Sturmriese Idun, und wie das Grün der Fluren, die erstorbene Erde, unter Eis und Schnee begraben trauert, also Idun im unwirtlichen Hause des Riesen. Die Götter selbst werden alt und grauhaarig. Da muß Loke, vielleicht der Südwind, sich aufmachen, Idun zu befreien. Der Sturmriese ist auf der Meerfahrt im Norden begriffen, wo seine Herrschaft bis in den Frühling fortdauert.

So gelangt die Erlösung der lange Zeit gefangenen Triebkraft, und wie der Riese sie bis in das heilige Gebiet der Asen verfolgt, wird er erschlagen; denn dem Wintersturm ist sein Ziel gesetzt. Als man später die jährlich wiederkehrenden Erscheinungen auf das große Weltenjahr übertrug, da entstand der tiefsinnige Mythus vom Niedersinken Iduns in die Tiefe, worauf sich eine Stelle in Odins Rabenzauber bezieht.

Wie im Herbst das Leben in der Natur welkt und erstirbt, wie der grüne Blätterschmuck herabsinkt und Gesang und heitere Lebenslust schwinden, so sinkt auch am Ende der Zeiten die Göttin der Leben schaffenden Natur in die Unterwelt. Dann lösen sich die Bande der gesetzlichen und sittlichen Ordnung, Verwilderung, Verwandtenmord, Bruderkriege treten ein, der heitere Gesang verstummt; die Göttin aber wird vergebens befragt, was das bedeute, sie schweigt und hat nur Thränen statt Antwort. So schweigt auch die Erde, wenn sie das unerfahrene Menschenkind fragen wollte: Warum hüllst du dich in das Leichengewand des Winters? Und so bleibt der Himmel stumm auf die Frage: Warum duldest du so viel Greuel unter dem sterblichen Geschlecht? Der Mythus wird später ausführlich behandelt, da er zu den Anzeichen des letzten Kampfes gehört.

Fast noch mehr, als Idun, ist dem Wesen nach die Göttin Saga mit Bragi zusammengehörig; denn sie giebt, gleich dem Dichtergott, Kunde von der Vergangenheit. Die Edda hat sie jedoch dem Odin, dem Gott des Geistes, beigeordnet. Von ihrer Wohnung heißt es im Liede von Grimnir:

> „Sökwabek (Sinkebach) heißt die vierte; kühle Flut
> Überströmt sie immer.
> Odin und Saga trinken Tag für Tag
> Da selig aus goldenen Schalen.

Dieses Sökwabek, der Palast der Göttin Saga, ist vielleicht im Osning zu finden, und zwar unmittelbar unterhalb des gegenwärtigen Eisenbahnviadukts, wo die mit dem Bullerborn vereinigte Saga in den Boden versinkt, aber jenseit des Höhenrückens als Lippequelle wieder hervortritt. Dagegen findet man von Bragi und Idun wenige Spuren in Deutschland. Vielleicht schwebte unserm Schiller bei seinem Gedichte „Das Mädchen aus der Fremde" eine hierher gehörige Sage vor. Auch erzählte vor vielen Jahren ein Förster, der den Wanderern im Schwarzwald zum Führer nach dem romantischen Mummelsee diente, eine Sage, die wahrscheinlich in Erinnerung an den ursprünglichen Mythus von Bragi und Idun entstanden ist. Wer eine Fußreise durch den Schwarzwald gemacht hat, der ist auch wohl über Gernsbach und Forbach durch das reizende Murgthal gewandert. Weiter aufwärts gelangt man durch dunkle Tannenwälder auf die sogenannte Herrenwiese, wo vor etwa fünfzig Jahren ein Förster wohnte, der die Reisenden für weniges Geld mit Speise und Trank erquickte und ihnen als kundiger Führer das Geleite nach dem durch viele Sagen verherrlichten Mummelsee gab. Der Weg führte über eine steil ansteigende Bergkuppe, wo man eine großartige Aussicht über das Rheinland bis zu den Vogesen hat. Daselbst verbreitete sich der Weidmann über die Fruchtbarkeit und den Anbau der Landschaft und begann eine Erzählung, die sich nach dem Volksglauben darauf bezog.

Bragi und Heimdal empfangen den Krieger in Walhalla. Nach W. Engelhards Fries.

Erk und Jdele. Vor Zeiten war das Murgthal und das ganze Rheinland eine Wüstenei. Es wohnten da nur Flößer, Holzhauer und Hirten zerstreut auf ihren Höfen, und es war ein armseliges Leben, wenn im Frühjahr der Schnee nicht schmelzen wollte und der Wintersturm durch die Tannen tobte. Manchmal aber hörte man hier am See in mondheller Mainacht lieblichen Gesang, als ob er aus der Tiefe käme; dann verging das Eis; es wuchsen Blumen und Gräser, und die Hirten konnten getrost das Vieh auf die Weide treiben, der Winter war vorbei.

Ein junger Bursche mit Namen Erk hätte für sein Leben gern gewußt, wer so schön singe. Er trieb am liebsten seine Herde hierher an das Wasser, und wenn er das Singen hörte, so blies er dazu wacker auf der Schalmei, worauf er sich gut verstand.

Einstmals war er über dem Spiel eingeschlafen, und wie er um Mitternacht aufwachte, stand vor ihm ein bildsauberes Weibsbild, so erzählte der
Förster, angethan mit einem grasgrünen Rock und Mieder und mit einem
silberglänzenden Schleier auf dem Kopfe. Sie sagte zu ihm, daß sie Idele
heiße und unter dem Wasser in einem krystallenen Hause wohne. Darauf gab
sie ihm eine prächtige Schalmei und hieß ihn darauf blasen. Er merkte gleich,
daß es ein absonderliches Instrument war, denn die Töne waren so rein, wie
Glockenklang, und er blies gar seltsame Weisen, die ihm sonst nicht in den Sinn
gekommen waren.

Als sie aber ihre Stimme erhob und dazu sang, erwachten in den Büschen
Drosseln, Finken und anderes Gevögel und stimmten mit ein und es war, als
ob auch die Engel vom Himmel dazu sängen und musizierten, daß man es bis
an den Rheinstrom hörte.

Vor Tagesanbruch nahm Idele von dem Burschen Abschied, indem sie
sagte, sie müsse jetzt in ihre Wohnung zurückkehren, weil ein böser Zauberer ihr
nachtrachte, aus dessen Gewalt sie nur durch den Kuß eines treuen Freundes
erlöst werden könne. Erk hätte ihr gern hundert Küsse gegeben, aber er wagte
es nicht, denn sie war anzusehen wie ein hehres Heiligenbild, vor dem man
Ehrfurcht hat.

Sie ging darauf in das Wasser, das sich vor ihr zerteilte und auf beiden
Seiten wie eine Mauer stand, dann aber, wie sie in die Mitte des Sees kam,
wieder zusammenfloß. Als Erk die Herde in die Thäler trieb, fand er alles
verändert. Wo sonst Wüstung war, breiteten sich Gärten und Ackerland aus
und Bäume blühten, Saaten grünten und alle Leute standen verwundert und
sprachen untereinander: „Das hat die Jungfer vom See mit ihrem Singen
heute Nacht gethan."

Nun kamen Siedler von nah und fern ins Land, die den Feldbau wohl
verstanden, und es war fruchtbare Zeit, denn jedes Jahr wandelten Erk und
Idele bei Vollmondschein im Mai singend und schalmeiend durch die Felder,
und wo man sie gesehen hatte, wuchsen Korn und Kraut in ungewöhnlicher
Fülle. Erk wurde seit jener Zeit beliebt bei allem Volk und berühmt, so daß
ihm der Kaiser eine Hofratsstelle anbot. Er schlug jedoch lieber die Ehre aus,
denn er war reich geworden, hatte seine Herde verkauft und hielt sich am
liebsten in der Nähe des Mummelsees auf. Im zehnten Jahre aber ließ sich
Idele weder hören noch sehen, und da verging der Winterschnee erst spät, und
kalte Winde wehten den ganzen Sommer, daß die Frucht mißriet und große
Teurung entstand.

Im folgenden Jahre fielen räuberische Feinde ins Land, welche Dörfer
und Felder verwüsteten. Erk schalmeite aus Leibeskräften jede mondhelle Nacht,
aber nur das Stöhnen der Unken im Wasser, nicht der Gesang der Seejungfer
gab ihm Antwort.

Indessen unterschied er bald unter den klagenden Unken eine Virtuosin,
deren Stimme wie Silber klang und seine Melodien ganz regelrecht begleitete.
Sie hüpfte auch aus ihrem feuchten Gebiet hervor und sah ihn mit ihren hellen
Augen so zutraulich an, daß er sie allmählich lieb gewann, und sie, den Ekel

vor der gräßlichen Krötengestalt überwindend, auf die Hand setzte. Er war der Welt fremd geworden und niemand beachtete ihn mehr in dem verwüsteten Lande, da war doch ein Geschöpf, das ihm zugethan schien — was Wunder, daß er es oft, wie ein treues Hündchen, liebkoste! Als nun einstmals ein Storch von ungewöhnlicher Größe auf dasselbe Jagd machte, traf er den Langbein mit einem Steine so kräftig, daß er, rauschend wie ein Sturmwind, über alle Berge flog. Die Unke hüpfte fröhlich um ihn her, als wolle sie ihm Dank abstatten; sie ließ dazu eine Weise ertönen, wie er sie oft von der Seejungfer gehört hatte. Da übermannte ihn die Sehnsucht, die Krötengestalt verschwand vor seinen Blicken, er hob das Tier auf und küßte es. Ein Donnerschlag rollte durch das Gebirg; statt der Unke stand Idele im Glanze ihrer Schönheit vor ihm. „Du hast den Zauber verscheucht, den Krötenkuß vollbracht, empfange von mir den Brautkuß."

Sie that nach ihren Worten. Sie führte ihn darauf in ihre unterseeische Wohnung, wo Blumen von Krystall und Edelsteinen durch die liebliche Dämmerung leuchteten, und beglückte ihn mit ihrer Liebe. Forthin wandelten die beiden Ehegatten wieder in jeder mondhellen Mainacht durch die Felder, das ganze Land rund herum erblühte von neuem zu großem Wohlstand. Noch jetzt giebt es Sonntagskinder, welche Erk und Idele musizierend wandeln sehen; „ich aber", schloß der Förster seine Erzählung, „bin niemals so glücklich oder so gläubig gewesen." —

Wir überlassen es unseren Lesern, ob sie in den sagenhaften, handelnden Personen Erinnerungen an Bragi und Idun und in dem riesigen Storch den Adlerriesen Thiassi finden wollen. Uns erschien diese vergleichende Annahme keine zu gewagte.

Hoch in Ehren stand die Poesie und der Gott, welcher die höchste dichterische Begeisterung verlieh, bei den nordischen Kämpfern. Bei allen festlichen Gelagen, wenn man in frohem Kreise auf Odins und Freyas Minne getrunken hatte, wurde ihm der Bragibecher geweiht. War ein Jarl im Kampfe gefallen oder im Frieden gestorben, so durfte der Nachfolger nicht eher den Hochsitz besteigen, bis der Bragibecher hereingetragen wurde. Hatte er den Stammesgenossen bei diesem Trunke Heldenmut und Heldenthat gelobt, dann erst erhob er sich unter dem Zuruf der Gäste auf den Thron seines Ahnherrn.

Auch wird berichtet, daß Idun außer den Goldäpfeln der Verjüngung zugleich Odrörir, den Trank poetischer Begeisterung, in ihrer Verwahrung hatte. An den Bragibecher erinnert auch der Becher, der an manchen Orten im Frühling und Herbst dem heiligen Urban geweiht wurde. Er hatte die Form eines Schiffes, und in einem Schiffe war der beseligende Gott in die Welt eingetreten.

Uller. Zeichnung von J. W. Heine.

8.

Uller.

„Der Winter ist ein rechter Mann,
Kernfest und auf die Dauer,
Sein Fleisch fühlt sich wie Eisen an,
Er scheut nicht Süß noch Sauer . . . .
Sein Schloß von Eis liegt weit hinaus
Beim Nordpol an dem Strande;
Doch hat er auch ein Sommerhaus
Im schönen Schweizerlande."

„Ydalir heißt es, wo Uller hat den Saal sich erbaut", sang Odin in Geirröds Halle, als ihn der ungastliche König zwischen zwei Feuer setzen ließ, und weiter: „Ullers Gunst hat und aller Götter, wer zuerst die Lohe löscht." So war er denn mindestens dem Oberhaupte der Asen gleich, wenn nicht von höherem Ansehen. Doch wird er nur als Sohn der goldlockigen Sif und Thors Stiefsohn bezeichnet, und kein Mythus, kein Skaldenlied singt von seinen Thaten.

Dagegen berichtet Saxo Grammaticus, wie einst Odin von den Asen verbannt wurde und wie sie darauf, eines mächtigen Oberhauptes bedürftig, den Ollerus dazu erwählten. Es trat aber nun eine schlimme Zeit ein; die ganze Natur schien um den Gott zu trauern, der in ferne Welten entwichen war. Die Erde war verödet, kalt und erstarrt, der Blätterschmuck der Bäume, Blumen, Gras und Kraut der Felder vergingen. Alle Wesen wünschten den Spender des Glückes zurück. Und er erhörte das Verlangen der Kreatur und erschien wieder in seiner Herrlichkeit, „die Wolken scheuchend vom Himmel weit, — die Erde schmückend mit grünem Kleid — und Blumenkränzen bei Vogelsang, — der fröhlich tönet den Wald entlang."

Dem siegreichen König mußte alsbald Ollerus weichen. Er floh vor jenem weit fort aus dem Südland in das nördliche Schweden, wo er seinen Herrschersitz auf dem Krystall der Eisberge aufschlug. Doch auch dorthin verfolgte ihn der unermüdliche Kämpfer und erschlug ihn, als er Widerstand leistete, in einer entscheidenden letzten Schlacht.

Der Mythus ist leichtverständlich. Der wahre, himmlische Odin, der die Natur belebt und beseelt, muß im Herbste dem winterlichen Odin, seinem Zwillingsbruder, weichen, und dieser herrscht nun in der kalten Jahreszeit, da die Erde erstarrt unter eisiger Decke, erstorben und begraben ist, da auch Götter und Helden nicht mehr hinausziehen können zu rühmlichen Thaten. Doch geht das Regiment des Winters zu Ende, der leuchtende Gott verscheucht den Bruder, dem nur die dunkle Hälfte des Jahres gehört. Er folgt ihm auch in sein nordisches Reich, wo er noch geraume Zeit Gewalt hat, und erschlägt ihn, als er mit seinem Heere von Eisriesen und finstern Unholden die Schlacht wagt. Nun herrscht der segnende Gott im Süden und Norden. Weil im Winter alles Leben erstorben scheint, so ist Uller auch Beherrscher des Totenreiches und nimmt die Seelen der Gestorbenen auf. In einem lateinischen Gedicht aus früher Zeit wird er auch Holler genannt, und so erinnert er zugleich an Frau Holle, die germanische Göttin Holda, als deren Gemahl er wohl von den Germanen verehrt wurde. Es geschah dies vielleicht zwischen Sieg und Ruhr, wo unzählige Grabhügel mit Aschenkrügen und Knochenresten noch jetzt gefunden werden. Da weiß die Sage viel von Umzügen der Toten, von dem gespenstischen Reiter auf kohlschwarzem Roß zu erzählen, dessen Begegnung dem Wanderer den nahen Tod verkündigt. Daselbst liegt auch die Idasfelder Haardt, welche an das Idafeld der Edda, das Feld der Auferstehung, erinnert, wo sich die Asen geläutert wiederfinden, nachdem Surturs Lohe erloschen ist.

Die furchtbare Macht, die im Verborgenen den Tod wirkt, stand bei den Germanen und Skandinaviern in hohem Ansehen; man fürchtete sich, sie zu beleidigen. Man schwur bei Ullers Ring den heiligen Ringeid, und wer falsch schwur, der fürchtete, der Ring werde, sich verengend, den Finger durchschneiden. Es scheint demnach, daß der Ring ein Symbol des Gottes war, das vielleicht unsichtbar machte, wie die Finsternis der Unterwelt. Er läßt sich dann vergleichen mit dem Helm des Hades und dem Ring des Gyges, die gleichfalls die Besitzer unsichtbar machten, oder mit dem Ögirshelm, dessen Anblick die Schrecken des Todes erregte.

In der Edda erscheint Uller nicht in so schauerlicher Gestalt; da ist er der frische, starke Wintergott, der, unbekümmert um Sturm und Schneegestöber, auf Schnee- oder Schlittschuhen einherfährt. Kommt er an einen See, oder Fiord, welcher nicht gefroren ist, so verwandelt er durch mächtigen Runenspruch den Schuh in ein Fahrzeug und setzt, Wind und Flut beherrschend, hinüber. Es ist nicht sicher, ob hier Schnee- oder Schlittschuhe gemeint sind, denn beide muß man unterscheiden.

Ersteres Gerät, wie es noch jetzt in Norwegen und auf Island im Gebrauch ist, wird von Knochen gemacht, ist sehr groß und ähnlich einem Schiff mit aufwärts gebogenem Schnabel. Man gleitet damit sehr schnell bergabwärts, und von ihm möchte wohl die Rede sein; doch hatte man auch schon in jener Zeit eigentliche Schlittschuhe zum fröhlichen Lauf auf blanker Eisfläche. Vielleicht kannte man auch schon damals die Kunst, mit schiffähnlichen Schuhen auf dem Wasser zu gehen, die jetzt manchmal geübt wird. Solche Fahrzeuge konnte man wohl mit ragenden Schilden vergleichen, weshalb an verschiedenen Stellen der Schild Ullers Schiff genannt wird. Wenn der Gott auf blanker Fläche dahin eilte, so trug er allezeit den Schild, die tödlichen Geschosse und den eibenen Bogen. Denn das zähe, elastische Holz des Eibenbaumes war das tauglichste Material, woraus das Schußgerät für die Jagd wie für den Krieg gefertigt wurde. Deswegen wohnte Uller auch im Palaste Ydalir, d. h. Eibenthäler.

Da er mit der Schneedecke die dem Boden anvertrauten Saaten gegen den grimmigen Frost des Nordens schützte, war er ein Wohlthäter der sterblichen Menschen und wurde ein Freund des segnenden und erfreuenden Balder genannt. Ebenso richtete er seine nie fehlenden Geschosse nicht sowohl auf das kleine, schwache Getier des Waldes, als vielmehr auf den gewaltigen Auerochsen und auf das gefährliche Raubzeug, auf Wölfe, Bären, Luchse, die den Menschen Schaden bringen.

Einstmals aber sah er beim fröhlichen Jagen die schöne Götterbraut Skadi, die kühne Jägerin, von welcher wir im nächsten Abschnitt noch ein weiteres vernehmen werden. Er entbrannte zu ihr in herzlicher Liebe, und da sie sich von ihrem ersten Manne Niörder geschieden hatte, so reichte sie freiwillig dem stattlichen Weidmann die Hand. Bei der Hochzeit spielten die Stürme in allen Tonarten zum Tanze auf, denn die Herbst-Tag- und Nachtgleiche war vorüber, und der Winter, die rechte Wonnezeit für die Brautleute, hatte seinen Anfang genommen. — Wir haben damit zugleich angegeben, wie der Mythus von der Vermählung des winterlichen Odin mit Skadi den Anfang des Winters poetisch bezeichnen soll.

Bei den Angelsachsen bedeutete Bulder göttliche Herrlichkeit, oder auch Gott selbst, und es scheint, daß damit in heidnischer Zeit der nordische Uller bezeichnet wurde. Vielleicht geschah dies mit Bezug auf den Glanz der nordischen Winternacht, die von dem Schnee, dem Eisblink, dem Nordlicht und den funkelnden Sternen oft herrlich erleuchtet wird.

Afen gegen die Wanen.   Nach C. Ehrenberg.

Sechster Abschnitt.

Die Wanen.

„Gebrochen ward der Burgwall der Afen,
Wehrhafte Wanen stampften das Feld,
Odin schleudert den Speer über Völker.
So wurde Mord in der Welt zuerst."

Um Gold und Übmacht war, wie auf
Erden unter den Menschen, so unter den Göttern verderbliche Zwietracht ausgebrochen.
Zahllos wie die Sterne am Himmel, erschienen die Wanen vor Asgard und
drangen über den gebrochenen Wall in den heiligen Raum. An der Seite der
Asen kämpften noch nicht die Einherier, denn es war der erste Krieg, und der sollte
entscheiden über die Herrschaft der Welt. Speere schwirrten hinüber und herüber, Schwerter klirrten auf Helm und Harnisch. Die gefällten Kämpfer fühlten

wohl die Schmerzen der Wunden, doch nicht die Wehen des Todes; denn die
Wunden schlossen sich bald wieder, und die Kämpfer standen von neuem im
Schlachtgetümmel. Daher genügten die Waffen nicht; die Streiter brachen Felsen
und Berghäupter los, rissen ragende Tannen und Eichen aus ihren Wurzeln und
schleuderten sie gegeneinander. Der Donner rollte, die Sonne verbarg ihr An=
gesicht; allgemeine Verwüstung drohte über die Welt herein zu brechen, und die
Jötune schauten frohlockend dem Streite zu, bereit, über Sieger und Besiegte
herzufallen und das Werk der Zerstörung zu vollenden.

Da erschien Allvater, hoch und herrlich unter dem Goldhelm, den Speer
des Todes schwingend, und gebot Waffenruhe. Seinem Gebot gehorchten die
entbrannten Kämpfer; sie beugten die trotzigen Häupter, sie senkten die er=
hobenen Waffen, den Worten lauschend, die der Herrscher sprach: „Friede sei
forthin im Himmel und auf Erden und Vertrag zwischen den göttlichen Mächten,
daß keine hinübergreife in das Gebiet der andern, sondern jegliche in ihrer
Weise Gutes schaffe zur Freude den sterblichen Menschen, die Opfer und Gaben
darbringen, wie sich gebührt."

In dieser Weise hätte vielleicht ein Milton den Götterkampf und seinen
Ausgang dargestellt; aber die Edda giebt uns nur die in der vorangestellten
Strophe enthaltene Auskunft und fügt an anderer Stelle hinzu, daß sich die
göttlichen Stämme gegenseitig Geiseln gaben, und zwar ging Hönir, Odins
Blutbruder, der einst den geschaffenen Menschen Sinn und Geist verlieh, zu
den Wanen, der untadelige Männerfürst Niörder mit seinen gleich hoch ver=
ehrten Kindern Freyer und Freya zu den Asen.

Nach der Heimskringla, einem Liede der Edda, begleitete letztere noch der
vielkundige Kwasir, der nach anderen Angaben bei Abschluß des Friedens von
beiden Parteien gemeinschaftlich erschaffen und mit den reichsten Gaben aus=
gerüstet worden war, wie bereits weiter oben berichtet wurde. Den Hönir soll
der urweise Mimir (Erinnerung) nach Wanaheim begleitet haben. Aber die
Wanen erschlugen ihn und sandten sein Haupt den Asen. Odin dagegen be=
lebte es mit seinen mächtigen Runen, daß er fort und fort mit ihm über die
Vergangenheit und die Rätsel der Zukunft reden konnte, wie vor einst mit
Mimir selbst gethan, als er für das Pfand seines Auges einen Trunk aus
dem heiligen Born der Weisheit erhielt. Er vergalt auch nicht Böses mit
Bösem, sondern nahm Niörder und dessen Kinder in die Reihen der Asen auf,
daß sie forthin hoch in Ehren standen, während ihre Stammesgenossen fast
gänzlich in Vergessenheit gerieten.

Die Wanen, deren Dienst wenige und unsichere Spuren in deutschen Sagen
hinterlassen hat, erklärt man für die Götter des Gemüts, der sinnlichen Triebe.
Sie stehen der heitern Jahrzeit vor und heißen daher auch die glänzenden, weil
sie den Schmuck der Natur, die Fruchtbarkeit der Erde befördern.

Professor Simrock hat es in seinem „Handbuch der deutschen Mythologie"
sehr wahrscheinlich gemacht, daß die Wanen von den Asen nicht wesentlich ver=
schieden sind, daß sie aber von anderen, mutmaßlich von suevischen Stämmen,
Anwohnern des Meeres, verehrt wurden, da die Ästyer und namentlich die
Snionen, suevischen Geschlechts, dem Dienste Freyers, Freyas und Niörders

vorzugsweise ergeben waren. Die meisten Mythologen halten die Wanen für Geister der Wasserwelt, unter deren Herrschaft das Meer und die Flüsse standen.

Wir möchten annehmen, daß sie die Götter zurückgedrängter, teilweise unterworfener Stämme waren, daß aber diese letzteren sich wieder von der Unterdrückung frei machten und im erneuerten Kampfe Asgards Burgwall brachen, jedoch endlich durch gütlichen, billigen Vergleich beruhigt wurden. Diese freilich unsichere Annahme würde also dem Wanenkriege zu Grunde liegen und ihn als einen Völkerkrieg erscheinen lassen.

9.

Niörder und Skadi.

Der Männerfürst, wie Niörder genannt wird, war nach der Mythe groß, stattlich und überhaupt von untadelhafter Schönheit. Ebenso rühmte man seine Weisheit und Güte, wie seinen Reichtum. Daher konnte er auch die erhören, die ihn um Segen für ihre Geschäfte, besonders für glückliche See= fahrt und Handelsgewinn anriefen. Er wohnte zu Noatun (Schiffstadt), wo ihn das Tönen der Meereswellen und der Gesang der Schwäne erfreute. Der Schwan singt aber nur sein Sterbelied und gilt daher auch für den Vogel der unterweltlichen Gottheiten. Deswegen scheint Niörder mit ihnen in Zusammen= hang zu stehen. Doch gilt er vorzugsweise als der Beherrscher der stillen, fried= lichen Meerflut. Wenn der wilde Ögir sie aufgewühlt hat, daß sie schäumend, brüllend den Schiffern den Untergang droht, so weiß er sie mit mächtigem Zauber zu beruhigen und sendet den Seeleuten günstigen Fahrwind. Er trägt nicht den Ögirshelm, vor dem sich alle lebenden Wesen entsetzen, sondern den mit Muscheln geschmückten Hut, von dem Reiherfedern herabnicken. Eine meer= grüne Tunika umwallt seine schlanke Gestalt und läßt den untern Teil seiner wohlgestalteten Beine unbedeckt.

Diesem Umstande verdankte er die Erwerbung seiner zweiten Gattin, der schönen Götterbraut Skadi. Denn von seiner ersten Ehewirtin Nerthus, der mütterlichen Erde, die seine Schwester war, hatte er sich in Asgard scheiden müssen. Er war daher unbeweibt im einsamen Noatun.

Da geschah es nun bei Gelegenheit des Raubes der holdseligen Idun und bei ihrer Befreiung durch Loke, wie wir oben berichtet, daß die Asen den Sturm= riesen Thiassi erschlugen. Skadi, seine kriegerische Tochter, rüstete sich auf dem väterlichen Wohnsitz Thrymheim mit Helm und Brünne, mit Speer und töd= lichem Geschoß und erschien, Rache fordernd, vor Asgard. Sie war herrlich anzuschauen im blanken Waffenschmuck, und die Asen wollten nicht Gewalt an= wenden gegen die edle Jungfrau, deren Zorn ein gerechter war. Sie boten ihr Vaterbuße an; aber die Maid hörte nicht auf die freundlichen Worte; sie erhob den Speer, um einen der Schuldigen zu treffen. Da trat ihr der schlaue Loke gegenüber, grüßte sie mit krummem Rücken, sprang bald zur Rechten, bald zur Linken, bald tanzend vor= und rückwärts, und ein Ziegenbock mit langen Hörnern und stattlichem Barte machte hinter ihm dieselben Bewegungen, denn er hatte

ihn mit unsichtbarem Bande an sich gefesselt. Als er endlich, wie ein Liebender,
vor ihr auf die Kniee fiel und der Bock kläglich meckernd das Gleiche that, da
brach Skadi in lautes Gelächter aus. Ihr Zorn war vergangen; sie ließ sich
Vergleichsvorschläge gefallen. Es war Nacht geworden, und Odin sprach gen
Himmel deutend:

„Sieh dort deines Vaters Augen, die ich an den Himmel versetzt habe,
daß sie forthin als freundliche Sterne auf dich herabschauen. Du aber sollst
eine der Unsern werden und dir hier im Kreise einen Gatten wählen,
doch mit halb verhülltem Angesicht, daß du nur die Füße der versammelten
Männer sehen wirst."

Erstaunt blickte sie umher; da fielen ihre Augen auf Balder, der in himmlischer Schönheit vor ihr stand, strahlend unter den Asen, wie der Morgenstern unter den erbleichenden Gestirnen der Nacht. Ihn hoffte sie zu erkennen,
wenn sie nur einen Zipfel von seinem leuchtenden Gewande erblickte. Sofort
ließ sie sich die halb verhüllende Binde umlegen und wartete nun, bis die
Götter im Ring um sie versammelt waren. Da sah sie eines Mannes Füße
von untadeliger Form. „Dich wähl' ich", sprach sie, „du bist Balder." Sie
riß das Band von den Augen, und — es war nicht Balder, es war Niörder,
den sie erkoren hatte; doch auch er war schlank, stattlich, mild und freundlich
von Angesicht.

Das Wort war gesprochen, die Wahl geschehen, die Vermählung wurde
mit großer Pracht gefeiert. Die rüstige Jägerin fand sich ganz behaglich an
der Seite ihres Eheherrn in den himmlischen Räumen von Asgard. Der Gold-
wald Glasir tönte melodisch, wenn sie hindurch schritt; die Einherier erhoben
sich bei ihrem Eintreten in Walhalla, die Asinnen beschenkten sie mit Geschmeide,
die Asen beeiferten sich, der jungen Frau ihre Ehrfurcht zu bezeigen. So vergingen die heiteren Flitterwochen, dann folgte sie dem Gemahl gen Noatun,
der ragenden Burg am Meeresstrande. Auch da gefiel es ihr anfangs wohl,
aber bald erwachte die Sehnsucht nach ihrer väterlichen Feste Thrymheim, nach
den hallenden Wäldern, wo sie gewohnt war, das Wild zu erjagen, oder auf
den Stahlschuhen über die Eisflächen hinzugleiten.

Widrig dünkte ihr das Tosen der Brandung, das Stöhnen und Kläffen der
Robben, das Schnalzen der Fische, und das heisere Geschrei der Möven weckte
sie oft aus ihren nächtlichen Träumen. Sie trug es nicht länger, sie erklärte
ihrem Eheherrn, entweder müsse sie nach Thrymheim zurückkehren oder sterben.

> „Nicht schlafen konnt' ich am Ufer der See
> Vor der Vögel Lärm,
> Da weckte mich vom Wasser kommend
> Jeden Morgen die Möve."

heißt es im Lied.

Niörder war aber sanft und nachgiebig und schlug ihr vor, er wolle neun
Nächte mit ihr auf ihrer väterlichen Burg zubringen, dann solle sie drei Nächte
bei ihm wohnen, und so fort und fort bis Ragnarök. Freudig willigte sie ein,
und das Abkommen ward eine Zeitlang zu beider Zufriedenheit eingehalten.

Indessen auch Niörder konnte sich auf die Dauer nicht daran gewöhnen. Das Wolfsgeheul, das Brüllen des Auers, das Brummen des Bären war ihm ebenso zuwider, wie der Gattin die Erscheinungen am Meeresstrande. Er klagte:

„Leid sind mir die Berge, nicht lang' war ich dort,
Nur neun Nächte,
Der Wölfe Heulen deuchte mich widrig
Gegen der Schwäne Singen."

Niörder und Skadi auf dem Wege nach Noatun.
Nach einer Vorlage des Prof. W. Engelhard von J. W. Heine.

Daher lösten sie den Ehebund auf und bezogen jegliches seine gewohnte Behausung. Niörder lag dem Fischfang ob und förderte Schiffahrt und Handel; Skadi trieb wie sonst das fröhliche Weidwerk und herrschte mit Bogen und Geschossen über das Getier des Waldes.

Was die Entstehung und die Deutung des Mythus betrifft, so bemerkt Simrock mit Recht, daß Niörder ein wohlthätiger, sommerlicher Gott ist, der die Ernte, überhaupt den Wohlstand fördert und die Menschen im Weinbau wie

in Aderbestellung unterrichtet hat. Er ist vielleicht die männliche Seite der
Erdgöttin Nerthus, die wahrscheinlich, wie bemerkt, im Wanenlande seine
Schwester und Gattin war.

Da er auch in Handelsgeschäften und bei Seefahrten angerufen wurde, so
erscheint er in der Edda vorzugsweise als Beherrscher und Besänftiger des
Meeres. Skadi ist gleichfalls mit der Erdgöttin verwandt, und zwar mit der
winterlichen.

Sie wird die schöne Götterbraut genannt, da ja auch der nordische
Winter seine eigenartigen Reize hat, wie sie folgende Stelle aus einer neueren
Dichtung schildert:

> „Im Norden die Fichte, vom Winterschnee
> Belastet, ich wahrlich mit Freuden seh',
> Wenn drüber der Himmel, ein heller Saphir,
> Hochwölbig bauet des Daches Zier.
> Wenn aus den Giebeln wirbelnder Rauch
> Aufsteigt, bewegt von dem frischen Hauch
> Der Abendluft, die den Nebel scheucht,
> Ein Wintermärchen erzählend, zeucht
> Mit rüstigen Wand'rern die Straß' entlang
> Und über die Wasser, von Eise blank."

Ein solcher Wintertag, eine sternfunkelnde Winternacht, die Winterzeit
überhaupt, von ihrer heiteren Seite gefaßt, gewann im Volksbewußtsein Gestalt
und Persönlichkeit, und so entstand unter den Händen der Skalden die schöne,
kraftvolle Skadi. Sie erwählt aus Irrtum statt des allgeliebten Balder den
Niörder, der die sommerlichen Geschäfte, Schiffahrt und Feldbau, fördert; aber
sie sagt sich bald von ihm los, begehrt neun Nächte, d. h. die neun nordischen
Wintermonate, auf dem väterlichen Trymheim das edle Weidwerk, den Eislauf
und andere Geschäfte zu betreiben. Sie sagt sich endlich ganz von ihm los und
findet den ihr gleichgearteten Uller.

Der Mythus ist eine Schöpfung des nordgermanischen Geistes, nicht eines
einzelnen Skalden. Er beweist aber auch, daß in der Dichtung Riesen, Asen
und Wanen nicht als feindliche Elemente scharf geschieden einander gegenüber-
stehen, sondern daß sie vielfach freundlich miteinander verkehren und ihre
Erscheinungen ineinander übergehen.

Gewiß gab es auch im Norden, nicht in den Polarländern bei den Eskimos, wohl aber im mittleren und südlichen Skandinavien, schöne Eisläuferinnen,
vielleicht auch Jägerinnen; denn die Nordlandssöhne und Nordlandstöchter wurden
selbst von den feindlichen Franken wegen ihres kraftvollen Gliederbaues und ihrer
Wohlgestalt gerühmt. Aus ihnen konnte sich wohl der Skalde ein Modell für
die Götterbraut gewählt haben.

Freyer mit Skirnir. Zeichnung von Prof. C. E. Doepler.

„Freyer ist der beste von allen, die Bifröst
Trägt zu der hohen Halle;
Keine Maid betrübt er, keines Mannes Weib,
Einen jeden nimmt er aus Nöten."

(Ögisdrela aus der älteren Edda.)

10.
Freyer oder Fro.

Am Roten Turm zu Wien standen einstmals viele Bürger der Stadt
versammelt und blickten sehnsuchtsvoll nach der Bekrönung des Portals; denn
da hing ein mächtiger Schinken, den man Backen nannte, und der Ausrufer
der Stadt verkündigte, derjenige solle sich das leckere Stück herunterholen,
der beweise, daß er Herr in seinem Hause sei und nicht unter dem weiblichen

Pantoffel stehe. Die versammelten Ehemänner sahen bald nach dem fetten Backen, bald nach dem Ausrufer, bald nach dem gestrengen Bürgermeister, der mit richterlicher Amtsmiene auf seinem Stuhle saß, um die Beweise der häus= lichen Herrschaft entgegen zu nehmen und zu prüfen. Da trat endlich um die Mittagszeit ein Bürger vor ihn hin, legte ein schriftliches Zeugnis seiner Frau vor, daß sie während ihrer zwölfjährigen Ehe dem Manne stets den schuldigen Gehorsam bewiesen und in glücklicher Harmonie mit ihm gelebt habe. Zugleich erschienen Nachbarn und Hausgenossen, die aussagten, wie sie in der Wohnung des Aspiranten niemals Zwiespalt wahrgenommen und ihn oft wegen seines ehelichen Glückes beneidet hätten. Da keine Einsprache laut wurde, so that des Bürgermeisters Magnifizenz den Ausspruch, das Schinkenstück gehöre von rechts= wegen dem Bewerber, er solle es sich herunterholen. Fröhlich stieg der Held des Tages die Leiter hinauf; als er aber bereits über die Hälfte derselben ge= kommen war, bemerkte er, wie unter dem Einflusse der glühenden Julisonne reichliche Tropfen von dem fetten Backen niederträufelten; eilends stieg er die Sprossen wieder herunter und zog seinen Rock aus, indem er bemerkte, seine Frau werde ein schlimmes Gesicht machen und ihn ausschelten, wenn er mit besalbtem Sonntagsrock heimkehre. Ein johlendes Gelächter begleitete diese Rede, und der Pantoffelheld mußte ohne Backen eilend den Rückweg antreten. Seit= dem hing der Schinken, wie Hans Sachs erzählt, über zweihundert Jahre, ohne daß sich ein neuer Kompetent dazu meldete.

Es bedarf nicht der Erwähnung, daß dieser Gebrauch längst abgekommen ist. Simrock bezieht ihn auf den Eber Freyers, der am Julfest verspeist wurde, und auf den Gott selbst, den Förderer und Segner glücklicher Ehen.

Ähnliche Possen waren noch bis in die neueren Zeiten an vielen Orten in England üblich, und da sie besonders in der Julzeit, d. h. zur Zeit der Wintersonnenwende, aufgeführt wurden, so hat man sie gleichfalls auf alt= heidnische Festfeier, namentlich auf den Sonnengott Freyer bezogen, was freilich schwer nachzuweisen ist.

Vielleicht nimmt man mit mehr Recht an, daß der Julkloben und das Weihnachtsscheit (Bûche de Noël), das im Kamin englischer und französischer Grundbesitzer zur Zeit der Sonnenwende flammt, von der ehemaligen Verehrung des Gottes herrührt.

Die Julzeit hat von dem Sonnenrad den Namen, denn Jul oder giuli == hveohl, englisch wheel, bedeutet Rad. Dieses Fest, da der Sonnengott erwacht, sein Rad sich wieder entzündet, wurde von allen germanischen Stämmen gefeiert. So ward in Konz an der Mosel ein mit Stroh umwundenes Rad angezündet und vermittelst einer hindurchgesteckten Stange einen Berg hinabgerollt. Unter Jubelgeschrei und Fackelschwingen folgt die Menge nach. Erlischt das Rad eher, als es in die Mosel rollt, so deutet man dies auf eine gute Weinerte. Ähnliche Gebräuche galten in Schwaben, Bayern und Tirol. Auch loderten zu Ehren der zur Zeit der Wintersonnenwende sich neubelebenden Sonne allüberall die Weihnachtsfeuer. Da war große Freude auf den Straßen und in den Woh= nungen; die Knechte hatten freie Zeit, jeder Fremdling war ein willkommener Gast, wo er einkehrte. Auf einer alten Abbildung sieht man den Hausherrn

mit mächtigem Trinkhorn in der Hand, rechts und links seine Söhne mit
Pokalen, den Schenken zur Seite, der ein Horn füllt, und vor dem Herrn den
Sänger, „den Bringer der Lust, der mit süßem Wohllaut beweget die Brust."
Auch einen Gast sieht man, der mit Speer und Schild soeben eintritt. Das
Festgericht bei solcher Gelegenheit war stets ein gebratener Eber, oder doch ein
Schweinskopf, und ein solcher wird noch gegenwärtig bei dem Weihnachtsschmaus
an der Universität Oxford aufgetragen. In der Uckermark verspeist man be-
sonders zur Weihnachtszeit heute noch mit Vorliebe Schweinskopf und grünen
Kohl. Und so haben wir in vielen Weihnachtsgebräuchen, in der Form des
Gebäcks und im Anzünden der Weihnachtsfeuer am Christbaum noch vielfach
Erinnerungen an das frühere heidnische Sonnenwendfest, aber jetzt mit christ-
licher Bedeutung, bewahrt.

Auf den Sühneber (vergl. II, 1) wurden am Julabend feierliche Gelübde
abgelegt, daß man ein verwegenes Abenteuer in dem begonnenen Jahre bestehen
wolle. Solche Gelübde mußte man halten und wenn es das Leben kostete. So
ward einst in einer königlichen Halle der Juleber hereingebracht, dessen Borsten
wie Gold glänzten. Der König legte die eine Hand auf dessen Rücken, die
andere auf den Kopf und verhieß eine kühne Heerfahrt; alle Kämpfer thaten
das Gleiche. Da vermaß sich im Übermute des Rausches der tapfere Hedin, er
wolle Swawa, die Braut seines Bruders Helge, für sich erwerben. Kaum hatte
er das frevelhafte Wort gesprochen, so gereute ihn der schreckliche Eid; er
stürmte vom Gelage fort durch Feld und Wald ohne Rast und Ruhe, bis er
den Bruder fand, welchem er sein Unglück berichtete. Helge blickte ihn sanft
und liebevoll an, indem er sagte: „Sei getrosten Mutes; die Walküren sind
mir erschienen, mir zu verkündigen, daß ich in drei Tagen zu Odin kommen
werde. Du wirst mein Erbe sein."

Die Weissagung ging in Erfüllung. Helge fiel in einer Schlacht zum
Tode verwundet und warb noch bei Swawa für seinen Bruder. Als er aber
zu Odin heimgegangen war, erklärte die Jungfrau, sie werde keinen andern
Mann in die Arme schließen: sie hoffe bald mit dem Geliebten bei Freya vereinigt zu sein. Wir werden diese Sage später ausführlich behandeln.

Ein schöner Gebrauch in einigen Bezirken von Ostgotland in Schweden
erinnert noch an die Gelübde auf den Sühneber. Daselbst versammelt sich nämlich
am Weihnachtsabend die ganze Familie in jedem Bauernhause. Alsdann wird
ein mit Schweinshaut überzogener Block auf den Tisch gebracht, und der Hausvater gelobt, die Finger darauflegend, ein treuer Verwalter, Gatte, Vater und
Herr zu sein. Nach ihm thun Hausfrau, Kinder und Gesinde in gleicher Weise
das Gelöbnis treuer Pflichterfüllung.

Freyer war der Sohn Niörders nach der Edda. Er war nebst seiner
Schwester Freya mit ihm aus dem Wanenlande gekommen und unter die Asen
aufgenommen worden. Es scheint aber, daß er ein älterer Gott war, der bei
den Skandinaviern und wahrscheinlich auch bei den südlichen Germanen als
Sonnengott im höchsten Ansehen stand. Er verlieh den Feldern Fruchtbarkeit,
dem Hause Wohlstand, er segnete die Ehen und überhaupt das Familienleben.
Nach der Edda erhielt er, wie oben bemerkt, bei der Wette Lokes mit dem

Zwerge Brok zuerst das Schiff Skidbladnir, das nach jeder Richtung stets günstigen Segelwind hatte und sich nach dem Gebrauch zusammenlegen und in die Tasche stecken ließ. Darauf wurde ihm von den drei Gaben des kunstverständigen Sindri der Eber Gullinbursti zu teil, der entweder seinen Wagen zog oder den Gott selbst, wenn er ihn bestieg, durch Wälder und Fluren trug und mit seinen strahlenden Goldborsten die Nacht erleuchtete. Man erkennt in dem Schiffe die Wolke, die stets mit günstigem Winde als eilender Segler durch alle Welten fährt, in dem Eber aber der Sonne goldnes Licht. Auch das windschnelle Roß Blodhughofi stand ihm zu Gebote, wenn er mit den Asen zur Beratung ritt.

Freyer gilt auch für den Gott der Ehe und in Hessen tragen heute noch die Brautleute seine Lieblingspflanze, den Rosmarin, zur Schau. Durch das Christentum wurden mehrere heidnische Gebräuche umgedeutet und teils auf den heiligen Stephanus (2. Weihnachtstag), teils auf den heiligen Andreas (30. Novbr.) übertragen. Dahin gehören namentlich unzählige abergläubische Gebräuche, wonach der Ehegott oder jetzt der stellvertretende Heilige von heiratslustigen Mädchen befragt wird.

Yngwi Freyer, d. h. Herr der Inguine, hieß der Gott im Norden, und er scheint daher identisch mit Ing oder Inguio, dem Stammvater der Inguionen oder Ingävonen, germanischer Völker, die nach Tacitus am Meere wohnten, während die Stämme der Herminonen von Irmino die mittleren Gegenden, die der Istävonen von Isto die südlichen Länder an der Donau inne hatten. Von Yngwi Freyer leitete das ruhmvolle Königsgeschlecht der Ynglinger in Schweden seinen Ursprung ab. Nach dem Geschlechtsregister dieses Königshauses war Yngwi oder Inguio der erste König der Schweden; ihm folgte Niörder, dann dessen Sohn Freyer. Ebenso nannten die Könige von Halogaland in Norwegen den Yngwi ihren Stammvater, desgleichen die fränkischen Wölsungen, deren sagenberühmter Held Sigurd als ein Abkömmling Yngwis gepriesen wurde. So scheint man denn diesen Yngwi für den Stammvater der Könige, vielleicht auch des ganzen Volkes, gehalten zu haben. Er stand, gleichwie Freyer, mit den Lichtalfen in Verbindung.

Die Sage berichtet von den Söhnen des Königs Alrek, dem kühnen Wiking Yngwi und dem friedlichen Alf; letzterer habe Bera, die schönste Frau, zur Gemahlin gehabt, und als diese einst noch spät abends den Erzählungen ihres Schwagers von seinen Kriegszügen gelauscht, habe ihr eifersüchtiger Gatte den Bruder mit dessen eigenem Schwerte durchbohrt, sei aber gleichfalls von dem Sterbenden mit letzter Kraft erschlagen worden.

Spuren von der Verehrung Freyers sind auch in Deutschland vorhanden. Der Name des sechsten Wochentags deutet auf ihn und Freya hin. So sind an der Kapelle zu Belsen in Schwaben mehrere Steine eingemauert, auf welchen in rohen Umrissen ein von Sonnenbildern und Tierhäuptern umgebener Mann ausgemeißelt ist. Man vermutet in diesen Symbolen den Fro oder Freyer. Dagegen hat die auf dem vielbesprochenem Portale der Kirche zu Großen-Linden bei Gießen in Oberhessen auf den Gott Fro gedeutete Figur nichts von einem Sonnengotte an sich und das charakteristische Fruchtbarkeitssymbol, woran man

ihn hat erkennen wollen, erweist sich bei näherer Betrachtung als der Schwanz
des Drachen der sein Bein umwindet. Alle die Steinbilder dieses Portals
scheinen vielmehr kirchlich-symbolische Darstellungen, zu sein. —

In dem durch ganz Skandinavien berühmten Tempel zu Upsala waren die
Bildsäulen Odins, Thors und Freyers aufgestellt, letzterer mit einer Strahlen-
glorie ums Haupt und drei Sonnenbildern. Den Tempel beschattete ein mächtiger
Baum und ein goldgewirktes, durch Metallstäbe getragenes Band schlang sich
um denselben, wie in früherer Zeit ein heiliger Zaun (Tune, Taunus) um die
Tempelhöfe.

Ob die Standbilder künstlerisch ausgeführt waren, läßt sich nicht beurteilen,
da weder Überreste noch ausführliche Schilderungen vorhanden sind; doch war
die Kunst damals noch in der Kindheit, man darf sich daher keine Meisterstücke
vorstellen. Wahrscheinlich waren nur Kopf, Hände und Füße sorgfältig ausgearbeitet, denn die übrigen Körperteile bedeckte die kostbare Kleidung, womit
man die Götter schmückte.

Freyer wurde vorzugsweise in Schweden verehrt, während man in dem
rauhen, steinigen Norwegen zu dem starken Thor betend die Hände erhob. Indessen hatte der lichte, freundliche Segner des Ackerbaues und des Familienlebens
auch hier eifrige Bekenner, und er bewies nach isländischen Sagen oft seine
Macht an denen, die ihn verachteten.

Hrafenkel, Thorkill und Thorgrim. Ein normännischer Grund-
besitzer, der sich dem siegreichen König Harald Harfager nicht unterwerfen wollte,
zog es vor, mit Habe und Gefolgschaft nach Island überzuschiffen. Er baute
sich daselbst in einem Thale an und errichtete ein Heiligtum, worin er nur das
Bild seines Schutzherrn Freyer aufstellte, den er sogleich durch ein großes Opfer
ehrte. Der Gott aber ließ alle seine Werke gedeihen, daß sich viele Siedler
einfanden, die er mit Land belehnte und in Abhängigkeit brachte. Er war
Godordsmann, d. h. Oberrichter über sie und über die Leute im Jökulthal.
Indessen machte ihn das Glück übermütig. Er erlaubte sich viele gewaltthätige
Handlungen und bezahlte niemals Mordbuße. Er erschlug auch einen Knecht,
der sein dem Freyer geweihtes Pferd bestieg. Der Vater desselben verlangte
Sohnesbuße; allein er wollte wohl einige Entschädigung entrichten, nicht aber
Buße. Der unglückliche Mann gewann seinen Anverwandten Sam und durch ihn
mehrere Häuptlinge, welche Hrafenkel vor das Allthing (die allgemeine Gerichts-
versammlung) luden. Dieser erschien mit bewaffneter Mannschaft, um die Thing-
männer zu verjagen, fand aber die Thingstätte zu stark von seinen Gegnern besetzt und wurde zu schwerer Buße verurteilt.

Ohne sich darum zu bekümmern, blieb er im Vertrauen auf die Huld
Freyers auf seinem Hofe. Allein Sam überfiel ihn mit 60 gerüsteten Kämpfern
bei Nacht und nahm ihn samt seinen Wehrmännern gefangen. Er mußte für
seine Lösung Hof und Habe verlassen und eine Wohnstätte in einem andern,
noch wüsten Thale aufsuchen. Der neue Besitzer ließ Freyers Heiligtum und
Bild verbrennen. Er war ein vermögender Mann, der, wie er glaubte, des
himmlischen Beschützers wohl entraten könne. Er dachte nicht, daß ihn die
Strafe des beleidigten Gottes noch erreichen werde.

Hrafenkel war indessen eifrig bemüht, wieder mächtiger zu werden. Er baute mit großem Fleiße das wüste Land, daß es Kraut und Gras trug und seine Herden sich vermehrten. Er wußte Siedler herbeizuziehen und sie durch Freundlichkeit und Hülfe sich zu eigen zu machen. Als nun nach mehreren Jahren Sams Bruder, der in Micklegard (Konstantinopel) unter den Wäringern des griechischen Kaisers gedient hatte, vorüberzog, erschlug er ihn mit seinen Begleitern und überfiel dann auch den sichern Sam, der ihm sofort all sein Besitztum überlassen mußte. Vergebens suchte der ausgetriebene Mann Hülfe bei seinen früheren Beschützern, sie scheuten sich, eine neue Fehde mit dem mächtigen Häuptling zu beginnen. Sam aber starb in trauriger Verlassenheit, denn Freyers Huld war von ihm gewichen.

Die Gnade des Gottes ruhte dagegen auf Thorkill, einem isländischen Grundbesitzer, der ihm ein schönes Haus auf seinem Gute Thwera gebaut hatte und häufige Opfer darbrachte. Derselbe erweiterte seine Ländereien und ließ seine Herden im Vertrauen auf den himmlischen Schutzherrn auch auf den Besitzungen seiner Nachbarn weiden. Namentlich litt dadurch die edle Astrild, eine Witwe, die mit ihrem jüngsten Sohne Glum ihr Feldgut bestellte. Der feurige Jüngling, der sich schon in manchem Holmgang versucht hatte, ertrug nicht das Unrecht. Er erschlug mehrere Knechte, dann auch den Sohn des gewaltthätigen Nachbars; er drängte ihn mit Hülfe gleich verwegener Genossen, daß er ihm endlich sein ganzes Gut um den halben Preis überlassen mußte. Ehe der bekümmerte Mann sein schönes Thwera verließ, führte er ein gemästetes Rind in den Tempelhof zum Opfer und sprach: „Freyer, der du bisher meine Gaben willig angenommen und belohnt hast, verschaffe, daß einst Glum nicht weniger betrübt von Thwera scheide als ich. Gieb mir ein Zeichen der Gewährung!" — Alsbald stieß das Rind ein dumpfes Gebrüll aus und fiel unberührt vom Opfermesser tot zu Boden. — Der neue Besitzer ward in der That seines Erwerbes wenig froh. Mit seiner Macht war auch sein Übermut gewachsen. Er hatte häufige Streitigkeiten, wurde vor Gericht gezogen, lieferte auf der entweihten Thingstätte den Gegnern selbst ein mörderisches Gefecht und mußte endlich um geringes Geld das schöne Gut Thwera an den mächtigeren Einar abtreten, ohne daß es ihm jemals gelang, Rache zu nehmen. In der Nacht, bevor er zum Thing ritt, wo seine Sache zur Entscheidung kam, soll er geträumt haben, er habe seine verstorbenen Verwandten um das Bild Freys versammelt gefunden, um den Gott in seiner Sache anzuflehen. Derselbe habe jedoch in Erinnerung an des Thorkills Opfer ihre Gebete nicht erhört.

Dem Schicksal können weder Menschen noch selbst Götter gebieten. So unterlag auch der edle Thorgrim, der dem lichten Gotte stets mit frommem Eifer gedient hatte, dem mörderischen Schwert; aber als er bestattet war, blieb kein Schnee auf der Stätte liegen, sondern der Hügel war ewig grün von frisch aufsprießendem Grase, denn Freyer liebt seine Verehrer auch im Tode. Dagegen verfolgte er mit seiner Rache die Brüder Helge und Grim, die ihn freventlich verachtet hatten. Sie waren einst bei schrecklichem Schneewetter an das Opferhaus ihres Pflegevaters gekommen, einen runden, von heiligen Schnüren ....nen Bau. Mit dem Schwerte hatten sie die Thüre erbrochen. Sie sahen darin auf dem Hochsitz Thor und Freyer, gegenüber Frigga und Freya und auf den Bänken die übrigen Asen, die sie mit stieren Blicken anstarrten. Voll jugendlichen Übermuts rief Helge: „Könnt ihr uns nicht von dem Unwetter befreien, so wollen wir euch auch nicht mehr achten." Darauf warf er die Bilder von ihren Sitzen, zog ihnen die kostbaren Gewänder ab und verließ mit seinem Bruder das Haus. Er blieb noch in demselben Jahre bei einem mörderischen Überfalle auf der Wahlstatt und Grim erlag nach Jahresfrist im Holmgang.

Die angeführten Sagen (nach P. E. Müller), welche den Glauben an die Macht des volkwaltenden Freyer beurkunden, geben zugleich ein Bild nicht nur von den Zuständen Islands und Skandinaviens überhaupt, sondern auch von denen bei den südgermanischen Stämmen in früherer Zeit. Es bestanden gesetzliche Einrichtungen, wie Thing, Allthing, Godord (Richteramt); aber die Gesetze waren den wilden Leidenschaften gegenüber oft genug machtlos, und die Blutrache wütete fort von Geschlecht zu Geschlecht. Ähnliche Zustände und bürgerliche Einrichtungen hatten auch bei den Griechen in der Homerischen Zeit Geltung, und namentlich begegnet man hier wie dort einer unwandelbaren Freundestreue, welche im Norden als Blutbrüderschaft bekannt war. Dagegen sucht man im heroischen Zeitalter und überhaupt im klassischen Altertum vergeblich die romantische Liebe zwischen Mann und Weib, die, unabhängig von sinnlichen Trieben, bis in den Tod, ja bis über das Grab hinaus dauerte. Wir haben bereits der treuen Swawa Erwähnung gethan; die Heldensage wird uns noch viele und ergreifende Beispiele vorführen.

Freyers Verehrung. Freyer erhielt von den Asen als Zahngebinde, d. h. als Gabe bei Hervortreten des ersten Zahns, das Reich Lichtalfenheim; denn der Gott, der Sonnenschein und Fruchtbarkeit fördert, muß im Reich der lichten Alfen herrschen. Die Germanen verehrten ihn, wie wir gesehen haben, als einen volkwaltenden Gott. Darum wurde sein Bild im Frühling in einem Wagen durch die umliegenden Gaue gefahren, wie das der allernährenden Nerthus. Die schönste Jungfrau des Volkes saß bei der Umfahrt als Priesterin neben Freyer und verhieß im Namen des Gottes ein gesegnetes Jahr. Wo der Wagen hinkam, wurden Opfermahlzeiten gehalten, da war Freude und Jubel, da brachte man reiche Gaben an Silber, Gold und kostbaren Gewändern. In der spätern ungläubigen Zeit geschah bei dieser mehrere Tage dauernden Umfahrt mancher Unfug, indem sich zuweilen junge Leute in das Gewand des Gottes hüllten und seine Stelle einnahmen. Indessen büßte die Priesterin nicht, wie Rhea Silvia in Albalonga, mit dem Tode, sondern sie blieb hoch in Ehren und das gläubige Volk hoffte von der Verbindung mit dem Gotte großen Segen.

Zuweilen wird der Gott auch auf seinem Eber reitend dargestellt, wie er die Fluren segnet und heute noch sagt man in der Wetterau, wenn die Ähren wallen, daß der Eber im Korn gehe.*) Auch das Pferd war dem Freyer geheiligt und wurde ihm vorzugsweise geopfert. Bei Einführung des Christentums erließ Bonifacius bei den Thüringern das Verbot, Pferdefleisch zu essen.

---

*) Mannhardt nimmt an, daß man sich unter der Gestalt des Ebers den Wind vorstellte. So nennt man in Schwaben den Wirbelwind geradezu „die Windsau".

Daher erklärt sich vielleicht unser heutiger Widerwille gegen dies von unseren Vorfahren gegessene Fleisch. Wie endlich fast bei allen anderen Völkern galt auch der Stier bei den alten Germanen für ein dem Sonnengott geheiligtes Tier. Aus dem Wiehern heiliger Rosse pflegte auch geweissagt zu werden, erzählt uns Tacitus in seiner Germania.

Freyer wandelte auch nach einer Sage in menschlicher Gestalt auf Erden und beherrschte unter dem Namen Fiölnir das Land Schweden. Er fuhr auf Einladung des Königs Frodi nach Hledra (Seeland) zum fröhlichen Gastgelage. Bei dieser Gelegenheit fiel er in ein ungeheures Metfaß, das unter dem Söller aufgestellt war, und ertrank in der süßen Flut, gleichwie der Sonnengott all-abendlich in den geröteten Wellen des Meeres versinkt. Unter den Dänen dagegen erschien er als Fridleif (Friedespender), Haddings Sohn oder Enkel, und herrschte gewaltig über die Völker. Er warb vergeblich durch Boten um die Hand der schönen Freygerda, König Amunds Tochter. Da der Vater einen schnöden Bescheid gab, so unternahm der liebende König eine Heerfahrt, um durch Gewalt zu erzwingen, was der Bitte verweigert wurde. Wie er eines Abends sinnend an einem stillen Waldweiher verweilte, sangen die Schwäne zum Spiele der plätschernden Wellen:

> „Der unholde Räuber geraubt hat die Liebste;
> Was säumst du noch sinnend, den Joten zu fällen,
> Den Klüftebewohner, den Hüter der Schätze?
> Es seufzet die liebliche Gerda nach Lösung."

Kaum war der Gesang verhallt, so erblickte Friedleif einen Riesen, der die höchsten Bäume überragte und seine Steinkeule gegen ihn schwang. Der Kampf entbrannte sogleich; allein Fridleif hieb dem Unhold erst ein Bein ab und, als er zu Falle gekommen war, auch seine drei Köpfe. In der Felskluft, wo der Jötun sein Lager hatte, fand der Sieger die holdselige Freygerda und große Schätze Goldes. Die Vermählung ward gefeiert, und auf der Heimfahrt erlegte der göttliche Held noch einen schrecklichen Drachen und erbeutete in dessen Höhle einen größeren Goldhort als zuvor.

Frodi.

Dem glücklichen Ehebund entsproßte ein Sohn, der den Namen Frodi erhielt und zur Freude der Eltern prächtig heranwuchs. Er folgte dem Vater in der Regierung und beglückte die Völker mit Segnungen, wie sie sonst nur ein Gott den sterblichen Menschen gewährt. Die Sicherheit des Eigentums war so groß, daß der König goldene Ketten und Kleinodien Tag und Nacht im Freien aufliegen ließ, ohne daß jemand sie antastete. Jeder Reisende fand überall gute und gastliche Aufnahme, denn es war nirgends Mangel, weil die Gelände doppelte Ernten trugen und der König willig der Not abhalf, wo man seiner Hülfe bedürftig war. Für die größte Segnung hielt man mit Recht den beglückenden Frieden, der in allen Ländern herrschte und den man den Frodi-frieden nannte.

Der König war sehr glücklich, mochte er nun in seiner heimischen Halle auf dem Hochsitz süßen Met schlürfen, oder mit seinem Gefolge unter die Völker fahren. Einstmals kam ein Fremdling zu ihm und übergab ihm zum Lohne für treffliche Bewirtung eine Wundermühle, die alles mahlte, was der Besitzer sich wünschte. Frodi war über die Gabe hoch erfreut, und da die gewaltigen Mühlsteine für Menschenhände zu schwer waren, kaufte er in Swithiod zwei Riesenmägde, die mit Leichtigkeit die Mühle umdrehten.

Versinken der Wikinger Schiffe im Malstrom.

Frodi gebot ihnen, Gold, Frieden und Glück zu mahlen. Sofort knarrte die Mühle unter den Händen der starken Frauen, und als er das glänzende Gold wie Sand am Meere herausrollen sah, da überkam ihn der Dämon, daß er mehr und immer mehr begehrte und den Mägden nicht länger Ruhe vergönnte, als der Hauskuckuck schläft oder ein Lied gesungen wird.

Da sprachen sie, mächtig die Mühle drehend: „Von Riesen erzeugt, wohnten wir einst in der Tiefe verborgen und spielten als Kinder neun Winter lang.

Wir rüttelten, brachen des Urgesteins Felsen, daß sie ächzten und stöhnten, und türmten sie auf zu Palästen der Väter. Jörd wankte bebend in ihren Festen.

Dann stiegen wir auf zur menschenbewohnten Erde. Kampfgerüstet zogen wir ins Schlachtgetümmel. Wir versandten Gere, röteten die Klingen, brachen Schilde und fällten starke Helden mit unserer Kraft.

Könige sanken vor uns in den Staub, andere erhoben wir auf den Heer= schild. Darauf wurden wir dienstbar, so fügte es die Norne. Wir mahlen, wir mahlen dem Könige Frobi, daß Glück ihn geleite auf seinen Wegen, der Baum des Friedens grüne im Lande und überschatte der Völker Schaffen, daß schimmerndes Gold entrolle der Mühle. Nun haben wir genug gemahlen, es ist Zeit zum Rasten."

„Nicht länger sollt ihr ruhen, nicht länger rasten, als der Hauskuckuck schläft und das Lied erschallt", sprach der König, zum Werke treibend.

Wie Frobi gebot, so schwangen die Frauen die mächtigen Schrotsteine der knarrenden Mühle und sangen im Unmute: „Wir mahlen ihm Gold, das lange Jahre im Schacht schlief. Nun erwacht es am Lichte und flammt glührot, wie loderndes Feuer, das Hof und Habe gierig frißt und Hütten und ragende Burgen. So schlief lange Jahre die maßlose Gier in des Königs Brust, wie Jörmun= gander in des Meeres Tiefe. Nun bäumt sie sich auf, vom Goldhort geweckt, und zehrt Gut, Blut und Leben. Warst übel beraten, Frobi, als du vorwissende Frauen kauftest. Sie mahlen ein Wikingsheer, das des Friedens nicht achtet. Es steigt herauf vom Strande, Mysinger führt es, der Wolf der Meere, mit Speer und Schwert und Schild bewehrt. Die Flammen lodern in Burgen und Städten, die Völker bluten, der König fällt. Genug gemahlen haben wir nun, es ist Zeit zu rasten. Mysinger, gieb die starken Mägde los!" Was Fenja und Menja, so hießen die Frauen, im Unmut gesungen, das war schon voll= bracht, der König gefallen, Mysinger Herr des Goldes und der Mägde.

Er sprach zu den Riesentöchtern: „Ihr sollt noch nicht ruhen, nicht rasten ihr sollt. Mahlt weiter des Salzes Fülle, das uns gebricht!" Und sie mahlten weiter im Jotenzorn und schwangen grimmig die Schrotsteine, daß sie eilig flogen, und mahlten des Salzes Fülle mehr und mehr, berghoch in Haufen. Es flogen die Splitter wie Schloßen umher, die Mahlstange brach, der Mahl= stein barst mitten entzwei, die Laugschiffe sanken von des Salzes Menge und mit ihnen der Wiking samt dem Heer. Die riesigen Jungfrauen aber schritten durch die wirbelnden Fluten, und wo die Mühle Grotti versunken war, sprang der Malstrom schäumend hervor, verderblich den Werken der Menschen.

Dies ist der Inhalt des Grottenliedes der Riesenjungfrauen Fenja und Menja, das der geneigte Leser in gelungener Übersetzung in Simrocks „Edda" (S. 348) nachlesen kann. Vielleicht sind die deutschen Sagen von Zauber= und Geistermühlen Anklänge an die uralte Sage. Frodis Gattin war Alfhilde, was seine Verbindung mit den Alsen oder Elfen bezeugt.

Skirnir beschwört Gerda, ihm zu folgen.
Nach C. Ehrenberg.

Freyer und Gerda.

Die Hrimthursen, die Reif- und
Frostriesen, hielten die Erde lange in Banden
unter der Decke von Eis und Schnee. Da
machte sich Freyer, der lichte Sommergott,
auf, zu sehen, warum die finsteren Mächte
noch immer nicht weichen wollten. Die Unholde zogen umher in sinnverwirrendem Ge-
tümmel, und voran ihr Führer, der schreckliche Beli (der Brüllende), auf den
Adlerflügeln des Sturmes, von dichten Schneewolken umgeben. Freyer trat
ihm mutig entgegen. Er hatte sein gutes Schwert nicht zur Hand, sondern
nur ein Hirschhorn mit scharfer Zacke. Er griff aber den Riesen mit dieser
Waffe an, schlug ihn zu Boden und zerstreute den wilden Schwarm seiner Gefährten. Dennoch wich die Eisdecke nicht von der festgebannten Erde. Freyer
bestieg nun Hlidskialf, Allvaters Hochsitz, wo er über alle Heime schauen konnte.
Er blickte gen Morgen, Abend und Mittag und endlich nordwärts, da haftete
sein Auge auf Riesenheim, wo Gymirs, des Mächtigen, geräumige Wohnung
stand. Da sah er eine Jungfrau, hoch und herrlich und mit Liebreiz geschmückt,

wie er noch keine jemals gesehen hatte. Ihre Arme leuchteten gleich dem lebenden
Strahle der Sonne, und von ihrer Schönheit glänzten Himmel und Erde. Aber
die Erscheinung war nur kurz, denn sie öffnete die Thür des Hauses und war
alsbald verschwunden. Umsonst hoffte er, sie werde wieder hervortreten; sie
kehrte nicht zurück, nur ihr Bild blieb in seiner Seele und der Stachel hoff-
nungsloser Liebe. Nun kam er nicht mehr zum frohen Gelage in Odins festlicher Halle, noch wechselte er, wie er sonst pflegte, im Zwiegespräch trauliche
Reden; er suchte die Einsamkeit und blieb düster und verschlossen gegen jedermann.

Vater Niörder war in Sorgen um den lieben Sohn. Er berief Skirnir,
dessen treuen Diener, zu sich und trug ihm auf, mit klugem Worte bei demselben nach der Quelle des herznagenden Harmes zu forschen. „Wohl gewärtige
ich mich übler Antwort", sprach der Diener; „doch will ich versuchen, ob er
mir, wie sonst, vertraut." Also trat er vor Freyer mit den Worten: „Sage
mir, vollwaltender Gott, was ich zu wissen wünsche: warum du, o Herr, im
weiten Saale einsam verweilst in Gram und Sorgen." — „Wie soll ich dir,
der jung an Jahren und an Erfahrung ist, der Seele banges Leid verkünden?"
antwortete der Gott, „die Sonne leuchtet alle Tage den Glücklichen, doch den
Bekümmerten bringt ihr Licht keinen Trost."

Der Diener ließ indessen nicht ab zu forschen. Er erinnerte Freyer an
die Tage der frohen Jugend, da sie heitere Spiele zusammen spielten, und wie
es wohlgethan sei, einem vertrauten Manne ein Geheimnis mitzuteilen, welches
die Seele beschwere. Sofort offenbarte ihm der Gott die unstillbare Liebesglut, die ihn verzehrte, und die Hoffnungslosigkeit, jemals das Ziel seiner
Wünsche zu erreichen.

> „In Gymirs Gärten sah ich gehen,
> Mir liebe Maid,
> Ihre Arme leuchteten, und Luft und Meer
> Schimmerten von dem Scheine.
> Mehr lieb' ich die Maid als ein Jüngling mag
> Im Lenz seines Lebens;
> Von Asen und Alfen will es nicht einer,
> Daß wir beisammen seien." —

sagt das Eddalied Skirnisför.

„Gieb mir", sprach Skirnir, „dein edles Roß, das mich durch Waferlohe
trägt; gieb mir dein starkes Schwert, das von selbst sich schwingt gegen des
Reifriesen Gewalt, so will ich bei der Maid dein Freiwerber sein, und ich ver-
sehe mich guten Erfolges auf der Fahrt." Das gute Schwert an der Hüfte,
saß Skirnir bald im Sattel. „Auf", rief er, „tummle dich, Rotroß, zur Fahrt
über die steilen Berge, weil bald Dunkelheit hereinbricht, der Trost und Beistand der Jötune. Aber wir werden die Fahrt wohl vollenden, wenn uns nicht
der kraftvolle Riese ergreift."

Skirnirs Fahrt. Im Flug eilte das edle Roß über Höhen und Tiefen,
wie der Adler fliegt über hohe Tannenwipfel, und bald erblickte Skirnir des
Reifriesen weites Gehege. Ein mächtiger Zaun, bewacht von wütigen Hunden,
umgab den Saal der blühenden Jungfrau, und innen schlang sich ein Ring
von lohenden Flammen um die Behausung. Seitwärts lehnte der Viehhirt,

der die stattliche Herde bewachte. An ihn wandte sich der Reiter, um die
Kunde zu empfangen, wie er vor den Hunden und den Flammen in die Halle
der edlen Maid gelange. „Bist du dem Tode schon verfallen“, sagte der Hirt,
„oder trägst du den Tod im Herzen? Keinem Lebenden ist es vergönnt, in
die Behausung einzutreten.“ — „Kühnheit ziemt besser als Zaghaftigkeit dem, der
zur Fahrt bereit ist. Die Tage meines Lebens sind alle gezählt, und niemand
vermag sie gegen der Nornen Willen zu kürzen.“ Mit diesen Worten gab
Skirnir dem Rosse die Sporen, und mit donnerndem Hufschlag setzte es über
die kläffenden Hunde, den ragenden Zaun und die lodernden Flammen, daß das
ganze Gehöft in seinen Grundfesten erbebte.

Drinnen im Saale saß Gerda mit den dienenden Mägden und fragte
schier erschrocken:

> „Welch tosend Getöse ertönen hör' ich
> Hier in unsern Hallen?
> Die Erde bebt davon und alle Wohnungen
> In Gymirsgard erzittern.“

Eine Dienerin verkündigte, ein Mann sei draußen von der Mähre ge=
stiegen und begehre Einlaß. Sie hieß ihn hereinführen, daß er nach gastlichem
Brauch milden Met empfange, obgleich ihr ahnte, er bringe unwillkommene
Botschaft oder sei gar der Mörder ihres Bruders Beli. Als der Fremdling
den gastlichen Trunk empfangen hatte, fragte sie: „Bist du der Alfen oder der
Asensöhne einer, oder der weisen Wanen, daß du, toller Reiter, es wagst, durch
Vaferlohe zu dringen, um unsere Säle zu schauen?“ — „Ich bin nicht der
Alfen noch der Asensöhne einer, noch der weisen Wanen“, versetzte der Gast,
„ich bringe dir elf allgoldene Äpfel als Brautgeschenk, daß du bekennest, es sei
dir kein anderer Mann so lieb wie Freyer, der deine Liebe begehrt.“ — Sie
aber sprach: „Deine allgoldenen Äpfel nehm' ich nicht an, noch Freyers Ge=
meinschaft; niemals werden wir uns zusammenfinden.“ — „So geb' ich dir noch
den Goldring“, fügte er hinzu, „den in der Glut die Zwerge schufen. Acht
gleiche Ringe entträufeln ihm in jeder neunten Nacht.“ — „Der goldenen Ringe
bedarf Gymirs Tochter nicht“, entgegnete sie, „reiche Schätze hat der Vater
aufbewahrt.“ — „Sieh hier, stolze Maid“, rief er im Zorn, „das blitzende
Schwert in meiner Rechten; damit treffe ich dein Haupt, so du dem Herrscher
dich weigerst!“ — „Nicht Zwang erduld ich“, sagte sie unverzagt, „noch Mannes=
minne; wohl aber weiß ich, daß Gymir zum Kampfe gerüstet ist, um zu strafen
den frechen Fremdling.“ —

Unmutig erhob sich Skirnir von seinem Sitze, indem er also die Gegen=
rede anhob: „Siehst du hier, unholde Maid, dieses Schwert in meiner Hand?
Damit erschlag' ich den alten Jöten, deinen Vater, wenn er den Kampf wagt.
Dich aber zwing' ich mit der Zauberrute Gewalt. Vernimm das Wort, das
ich in die Runen ritze: Einsam sollst du sitzen auf dem Felsen des Aars, ein
Abscheu der Menschen, der Hel zugewandt. Abscheu, Zwang und Ungeduld
mehren dir Trübsinn und Thränen. Mehr noch künd' ich dir von des Leides
schwellendem Strom, vom zweischneidigen Schmerz, der Tag und Nacht an
deinem Leben zehrt. Mit dreiköpfigen Thursen wirst du das Lager teilen, oder

14*

einsam verdorren, wie die Distel in des Ofens Rachen. Gram ist dir Odin, gram ist dir der Asenfürst, Freyer verflucht dich! Fleuch, unselige Dirne, aus dem Anblick der Menschen, ehe der Fluch dich ergreift! Hört es, Jöten; hört es, Hrimthursen; hört es, Asensöhne zumal, wie ich binde, wie ich banne, verbietend Mannesgemeinschaft der Maid. Hrimgrimnir (Eisgrimm) soll sie haben in der Tiefe hinter dem Totenthor unter verworfenen Knechten. Ein' Thurs schneid' ich dir und drei Stäbe (Runen): Ohnmacht, Unmut, Ungeduld. Nun hab' ich gethan, nun ist es geschehen; schneid' ich die eingeritzten Runen ab, so wird sich alles erfüllen." Also sprach Skirnir und erhob das Messer, um die eingeritzten Runen von der Zauberrute loszutrennen; aber Gerda rief schaudernd: "Hemme, starker Held, des Fluches Vollendung! Nimm von meiner Hand den Eiskelch, gefüllt mit Firnemet! Ahnte mir doch niemals, daß ich mich einem Manne vom Stamme der Asen verbinden werde. Merke nun auf das Wort, das ich ungern rede. Im Haine Barri (d. grünende), stiller Wege Wald, will ich nach neun Nächten Freyers harren." Froh des Bescheides, schwang sich Skirnir auf sein Roß und jagte zurück, um dem harrenden Herrn die Botschaft zu bringen. "Lang ist eine Nacht", sprach Freyer, "länger sind zwei, wie mag ich ihrer neun verbringen! Oft dünkte ein Mond mir minder lang als jetzt eine halbe Nacht des Harrens."

Zur bestimmten Zeit traf Freyer im Haine Barri mit Gerda zusammen und feierte die Vermählung, eine Vermählung der aus dem Winterschlaf erwachten, bräutlich geschmückten Erde mit dem blühenden Lenz.

Wie die Dichtung lehrt, so begiebt es sich alljährlich: der sonnenhelle Gott der schönen Jahreszeit erschlägt alljährlich Beli, den schneeumhüllten Riesen der Winterstürme, wirbt um die Gunst der holden Gerda, der bräutlichen Erde, die, selbst riesigen Geschlechtes, von ihrem Vater Gymir im eisstarrenden Banne gehalten wird. Gymir ist aber identisch mit dem Frostriesen Hymir, der von Thor bekämpft wird, und auch verwandt mit Ögir, dem Gotte des stürmischen, winterlichen Meeres. Freyer giebt sein gutes Schwert, den Sonnenstrahl, dem Diener Skirnir, daß er damit die widerstrebende Gerda zur Vermählung zwinge. Der Liebesbote — in ältester Fassung war es der Gott selbst — bietet der spröden Maid den Goldring, dem in neun Nächten acht gleiche Ringe entträufeln, wie aus dem im Herbste eingesenkten Saatkorn in neun Monden die volle Ähre hervorwächst. Er bedroht die Hartherzige durch Runen, die er in die Zauberrute schneidet und durch schauerliche Beschwörung wirksam macht. In der Formel spricht er den Fluch aus, sie werde Hrimgrimnir verfallen oder einsam unter dem Wintereis begraben bleiben. Als er die Drohung hinzufügt, er werde die Schrift mit den mächtigen Runenstäben abschneiden, wodurch alles zur Vollendung komme, da endlich beugt sich die schöne Braut unter der Notwendigkeit und verspricht, zur Vermählung sich einzufinden.

Skirnirs Fahrt ist eine der schönsten Dichtungen der Edda, und gewiß sind die Ideen, welche dem Dichter vorschwebten, nicht minder interessant. Sie kehren noch in anderen Mythen wieder und sind auch in vielen Märchen und Heldensagen erkennbar. Es ist dies auch der Fall in dem von uns früher mitgeteilten „Dornröschen" und in der dänischen Sage von „Jung-Swendal", die wir hier nach Simrocks deutscher Mythe beifügen.

Jung=Swendal spielte Ball, und der Ball flog ihm aus den Händen weit fort, bis in den Frauensaal im Schlosse. Er ging dahin, um ihn zurück zu holen, kam aber nicht wieder heraus ohne große Sorge im Herzen, denn er hatte im Saale ein wunderschönes Bild gesehen, das er nicht vergessen konnte. Da riefen ihm Stimmen zu — er meinte, es sei seine Schwester und seine Stiefmutter —: „Höre, Jung=Swendal, wirf deinen Ball nicht auf mich; wirf ihn auf die schöne Jungfrau, die du lieb hast. Du sollst nicht mehr Schlummer noch Ruhe finden, bis du die stolze Jungfrau erlösest, die lange schweres Leid erduldet." Er hüllte sich alsbald in sein Pelzgewand und trat in die Stube, wo die raschen Hofleute versammelt waren. Er sagte ihnen, er wolle in den Berg gehen und seine Mutter fragen, daß er von ihr erfahre, was er zu thun habe. Sie lobten den Vorsatz, und er ging fort, bis er an den Berg kam, wo seine Mutter schon lange im Frieden ruhte. Als er hineintrat, spalteten sich Mauer und Marmorstein, die Erde that sich auf, und eine Stimme rief: „Wer ist es, der die Müde weckt? Kann ich nicht im Frieden unter der dunklen Erde ruhen?" — „Mutter", antwortete er, „ich bin es, dein Sohn, der hieher gekommen ist, bei dir Rat zu holen, da sie mir sagten, ich werde nicht Schlummer noch Ruhe finden, bis ich die stolze Jungfrau erlöse, die schon lange Zwang erduldet." Darauf sagte die Stimme: „Nimm der Mutter letzte Gaben, Jung=Swendal, und ziehe hin, daß du findest, was dein Herz begehrt." Da lag vor ihm ein Schwert und draußen wieherte ein edles Roß; es war das Schwert, das stets den Sieg gewinnt, und der Hengst, der über Land und Meer rennt und nimmer müde wird. Jung=Swendal band das Schwert an die Hüfte, bestieg das Pferd und ritt über das breite Meer und durch grüne Wälder, bis er das Schloß erreichte, wo die Jungfrau im bittern Leid gefangen saß. Er bat den grämlichen Wächter, der außerhalb saß, um Einlaß und versprach ihm dafür ein gutes Hofamt, wenn er König werde. Der Mann versetzte mürrisch, das Thor sei von Stahl und die Mauer von Marmorstein, und drinnen hielten ein grimmiger Löwe und ein Bär Wache und würden jeden eindringenden Fremdling zerreißen, außer wenn Jung=Swendal käme. Als der Reiter das hörte, ward er froh, gab dem guten Hengste die Sporen und setzte mitten in den Burghof; da legte sich das wilde Getier zu seinen Füßen, und die Linde mit den goldenen Blättern neigte sich vor ihm zur Erde, denn er war der lang erwartete Retter der Jungfrau.

Die stolze Jungfrau hatte die Sporen des Reiters klirren hören und war davon aus dem Todesschlaf erwacht. Sie ahnte die Nähe ihres Erlösers, eilte an die Pforte und sank in die Arme Jung=Swendals.

Die Ähnlichkeit des Märchens mit Skirnirs Fahrt und der Bezug auf die Vermählung des Frühlingsgottes mit der aus dem Winterschlaf erwachten Erde ist so verständlich, daß wir uns weiterer Auslegung enthalten. Der Unterschied, daß Gerda sich gegen die Verbindung heftig sträubt und erst durch Skirnirs Beschwörung gezwungen einwilligt, ist in der Anschauung des Dichters begründet. Er hatte die nordische Erde im Auge, die nur zögernd und unwillig dem belebenden Sonnenstrahl ihren Schoß öffnet.

Freya. Zeichnung von Prof. E. E. Doepler.

11.

Freya, Frea oder Frouwa.

urch den schattigen Wald schritt ein junger
Weidmann, dessen Augen von dem Feuer
seiner Seele strahlten. Ein leichtes Jagd-
gewand umschloß seine kräftige Gestalt, Adler-
federn schmückten seine Kopfbedeckung, ein breites Schwert klirrte an seiner
Hüfte, in seiner Rechten trug er einen Wurfger. Ihm folgten mehrere Diener,
und zwei Grauhunde umkreisten ihn in mächtigen Sprüngen. Jetzt schlugen sie

an und stürzten in ein naheliegendes Dickicht. Ein lautes, furchtbares Brüllen scholl daraus hervor, das Gehölz rauschte und krachte, wie wenn es von den Fußtritten eines Riesen zerbrochen würde. Es war ein Ur von ungewöhnlicher Größe, der sich, die Rüden verfolgend, frei Bahn schaffte. Gerade wie er die offene Waldblöße erreichte, faßte er einen der Hunde mit den Hörnern und schleuderte ihn hoch in die Luft; aber gleich darauf fuhr ihm der Ger des Jägers in den fleischigen Hals. Er wendete sich sofort wider den neuen Gegner, der unbeweglich stehen blieb. Der kühne Jäger schien verloren; aber gerade als ihn der furchtbare Stoß niederzuwerfen drohte, ergriff er mit beiden Händen die Hörner des wütenden Tieres und drehte sie mit fast übermenschlicher Stärke um, daß es zappelnd auf den Rücken zu liegen kam. Ehe es wieder aufkommen konnte, hatte ihm sein Überwinder den Fuß auf die Kehle gesetzt und mit schnell gezücktem Schwerte dem Kampfe ein Ende gemacht. Ein dumpfes Brüllen verriet, daß der Stier im Verenden sei.

Die Knechte, welche ihren Herrn begleiteten, schienen an solche Thaten des Gebieters gewöhnt. Sie waren dem Jäger nicht zu Hülfe gekommen. Sie gingen auch jetzt ruhig an ihr Geschäft, weideten das Tier aus und schleppten es dann fort, wahrscheinlich nach dem Gehöft ihres Gebieters. Dieser aber lagerte sich unfern vom Kampfplatz in den Schatten einer Eiche und versank bald in tiefes Nachdenken, so daß er gar nicht mehr auf die Außenwelt achtete. Ein Geräusch weckte ihn aus dem träumerischen Sinnen, und als er aufblickte, stand vor ihm ein hohes Frauenbild, von überirdischem Lichtglanz umgeben. Ein weißes schleppendes Gewand, von einem goldnen Gürtel zusammengehalten, umschloß die wunderbare Gestalt; blonde Locken quollen unter dem durchsichtigen Gewebe hervor, das ihr Haupt bedeckte; reicher Goldschmuck zierte Hals und Brust. Der Edeling blickte staunend auf die Erscheinung. Er wußte nicht, ob er wache oder, noch in sein träumerisches Sinnen versunken, eine Truggestalt für Wirklichkeit halte. Aber sie verschwand nicht; sie stand lebensvoll vor ihm. So hatte er sich Frea, die Himmelskönigin, gedacht, wenn er ihr im heiligen Haine Opfer darbrachte; allein sie erschien als Walküre ja nur den sterbenden Helden auf der Walstatt im Traume des Todes, um sie aus den irdischen Schmerzen in Wodans Halle emporzutragen, oder in ihr seliges Folkwang, wo ihnen himmlische Jungfrauen den Metbecher der Erinnerung edler Thaten, nicht den Kelch des Vergessens darreichen.

„Wölsungenheld", begann sie, und ihre Stimme klang nicht wie die sterblicher Frauen — „Wölsungs Erzeugter, warum färbst du dein Schwert mit Stierblut, und es soll doch des Wurmes Blut trinken, der in Asgards heiligen Hainen gelagert ist und des Volkes Mut und Mark mit gierigem Rachen aufzehrt. Hörst du, wie seine Ringe rasseln? Siehst du die Schildburg, die er aufgerichtet hat, um das Band der Knechtschaft fester zu schlingen? Hat dich nicht Allvater mit Kraft und klugem Rate gerüstet, daß du des Drachen Hohngeschrei in seinem Blute rächen sollst? Wodans Raben, die leichengierigen Vögel, fordern von dir ein Mahl, und der wolkendüstre Adler, der über deinem Haupte seine Kreise zieht, bringt dir Heervaters Botschaft, daß du mit klugem Rat und starker That den Wurm fällen sollst, der die heiligen Götter verachtet. Wohlan,

junger Wölsung, der Ahnen wert, mache dich auf zum Streite! Wodan ver=
heißt dir Siegesruhm. Und ob du auch früh durch die Tücke der Verwandten
fallest, lang ist das Leben des Königs, wenn es rühmlich gewesen ist."

Der Edeling lauschte mit stillem Entzücken der Rede; denn sie sprach aus,
was er längst in der Seele beschlossen hatte. Er sah hinauf nach dem Adler,
der mit ausgebreiteten Flügeln über ihm schwebte; als er aber das Auge wieder
nach der Erscheinung wendete, war sie verschwunden. Er zweifelte nicht mehr:
Frea selbst oder eine von ihr gesandte Wöla hatte ihm Heervaters Willen hinter=
bracht. Der junge Held schritt eilends nach dem Thingplatz, wo die Krieger ver=
sammelt waren, und berichtete, was er gesehen und gehört habe und was geschehen
müsse. Da schlugen die Männer an ihre Schilde zum Zeichen des Beifalls, daß
ringsum der Wald wiederhallte.

Nach dem Thing ging jeder der Edelinge in seinen Gau und bot die waffen=
fähige Mannschaft auf. In der dritten Nacht war der Heerbann versammelt und
überfiel die Macht des Fremdlings unter des Häuptlings Führung und überwand
sie in einem dreitägigen Vernichtungskampfe. So war der Wurm gefällt und
das Volk von ihm befreit. —

Wir haben hier berichtet, wie sich unsere Vorfahren in der ältesten Zeit die
Göttin Frea, die Himmelskönigin und Ehegenossin Wodans, dachten, und wie
vielleicht der Held Armin sie im Traume der Gedanken sah, als er es erwog,
den Wurm der römischen Unterdrückung mit List und Gewalt zu fällen. Er hörte
ihren Aufruf zu dem kühnen Unternehmen; denn jeder edle Mensch, mag er
ein Lehrer der Weisheit oder ein Held der Schlachten sein, hört in seiner Seele
den Ruf der Gottheit, was in ihm lebt, zur Ausführung zu bringen. War
sein Streben rechter Art, so eröffnen sich ihm jenseit der durchmessenen Bahn
Walhallas Thore.

Frea war demnach im Glauben der Germanen die mächtige Göttin, die
an Wodans Seite auf dem Hochsitz der Welt saß, über Himmel und Erde ge=
bot, die Schicksale der Völker und vornehmlich den Ausgang der Schlachten
lenkte. Gleich den Walküren oder als ihre Führerin schwebte sie über dem
Kampfgetümmel und sandte den Helden Sieg oder ruhmvollen Tod. Dann
teilte sie sich mit dem Gemahl in die Gefallenen und nahm die, welche ihr an=
gehörten, in ihren Palast Folkwang (Volkanger) und in ihren glänzenden Saal
Sessrumnir (Sitzraum) auf, wo sie den Helden den beseligenden Met reichte.
Es scheint auch, daß sie vorzugsweise als Mutter Erde verehrt wurde, daß sie
also identisch war mit Nerthus, der skandinavischen Jörd, daß sie, wie diese,
im heiligen Wagen unter den Völkern fuhr. Sie schmückte dann die Erde mit
frischem Grün, mit Blumen und Gräsern, gab Gedeihen den ausgestreuten
Saaten und segnete die Feldfrüchte.

Wir haben schon ausführlich darüber gesprochen, wie Frigga und Freya
oder Frea ganz gleichbedeutende Namen sind, daß sie also gar nicht als ver=
schiedene Wesen betrachtet wurden. In der langobardischen Sage, wie Frea den
Winilern Sieg und den Namen Langobarden (Langbärte) verschaffte, ist sie schon
sehr menschlich gedacht; in den Merseburger Heilssprüchen ist sie den anderen
Göttinnen Sintgunt, Sunna und Fulla gleich geordnet.

Die skandinavischen Mythen unterscheiden Freya ganz bestimmt von Frigg, der sie den obersten Rang unter den Göttinnen einräumen, während jene sich mit der zweiten Stelle begnügen muß und nicht mehr mit Odin verbunden erscheint. Sie ist die Tochter des herrlichen Wanengottes Niörder, die Schwester des liebenden Freyer, der mit der strahlenden Gerda seine Vermählung feiert. Als Göttin der Schönheit und Liebe segnet sie den Bund liebender Menschen, die sich mit Opfern und Gebeten an sie wenden, während jedoch die Ehe selbst von der mächtigen Frigg gefördert und geschlossen wird. Die südgermanischen Stämme kannten die Unterscheidung der beiden Göttinnen nicht; daher wurden bei ihnen an dem der Freya geheiligten Freitag die Hochzeiten gefeiert, und erst christliche Priester stellten diesen Gebrauch ab, indem sie den sechsten Wochentag, an welchem der Herr gekreuzigt wurde, für einen Unglückstag erklärten; noch heute scheuen sich abergläubische Leute, Freitags eine Reise anzutreten, doch konnten sie den Namen Freitag nicht verdrängen, der an die germanische Göttin erinnert. Indessen war Freya auch im Norden hochverehrt; das Volk betrachtete sie noch als die oberste Herrin und rief sie in jeder Not des Lebens an. Unglücklich Liebende kamen nach ihrem Tode in Freyas Saal Folkwang zu dauernder Vereinigung. Die schönsten Blumen wurden nach Freyas Haar und Augen benannt, sowie die leuchtendsten Geschöpfe, z. B. der Schmetterling heißt im Nordischen „Freyas Hemen".

Rerir und Helga. Rerir, der Sohn Thorkills, des Roten, war ein starker Kämpfer zur Zeit des Königs Harald. Er stritt gegen ihn und mußte, als die Schlacht verloren ging, auf einem Felseneiland Zuflucht suchen. Er liebte Helga, die Tochter des Heermanns Olaf, der dem Könige sehr ergeben war und den armen, heimatlosen Flüchtling verachtete. In einem kleinen, doch wohl ausgerüsteten Fahrzeug wagte Rerir eines Tages wieder an der Küste zu landen und zwar in der Nähe des Hofes, wo Helga mit ihrem Vater sich aufhielt. Sie stand gerade am Ufer und erkannte den Freund. Sie weinte sehr, weil ihr Vater sie mit einem stolzen Hofmann des Königs verheiraten wolle, und versicherte, sie werde niemals einen andern lieben können als ihn.

Er schlug ihr vor, mit ihm nach dem neu entdeckten Island zu fliehen, wo er ein Gehöfte anlegen wolle und wo sie in glücklicher Vereinigung sicher leben könnten. Sie zauderte, einzuwilligen; da ergriff ihn das Weh der Trennung, daß er, wie sterbend, vor ihr niedersank. Sie widerstand nun nicht länger.

Nieder steigt sie mit dem Helden
Zu dem wog'umrauschten Strand.
„Wo du, mein Geliebter, weilest,
Ist allein mein Heimatland."
Und das buntbeflaggte Fahrzeug
Nimmt an sichern Bord sie auf;
Segel schwellen; hoch am Steuer
Lenkt der Kühne froh den Lauf.
Zwar des Vaters Schiffe folgen,
Doch beschwingt entflieht der Kahn,
Bis die Liebenden des Landes
Felsenhöhen nicht mehr sah'n.

Auf der weiten Meereswüste
Wehevoll ist ihr Geschick,
Und sie welken, gleich der Blume,
Wenn sie traf der böse Blick.
Endlich Himmelslichtglanz lodernd
Sich erhebt im Meeresgraus;
Aus dem Schaum der grauen Wogen
Steigt der Göttin selig Haus.
Ohne Wunden scheiden beide
Aus des Erdenleides Qual
Dorthin, wo die Lieb' und Treue
Ewig blüht in Freyas Saal.

Auch Thorgerd sagte zu ihrem Vater nach einer isländischen Sage, sie wolle nicht eher Speise nehmen, bis sie bei Freya Nachtmahl halte. Der Vater grämte sich nämlich um den Verlust seines blühenden Sohnes so sehr, daß er durch Hunger seinem Leben ein Ende machen wollte. Der Entschluß seiner Tochter, mit ihm zu sterben, bewog ihn, von seinem Vorhaben abzustehen. Man ersieht daraus, wie der schöne altgermanische Glaube an eine Einkehr in Freyas Palast, an eine Wiedervereinigung mit dem Geliebten bei der Göttin der Liebe auch in späterer Zeit unter den nordischen Stämmen Bestand hatte. Vielleicht war es dieser Glaube, der Thusnelda, die Gattin Armins, aufrecht erhielt, als ihr eigener Vater, der falsche Segest, sie und andere Frauen an die Römer verriet. Sie stand als Gefangene würdevoll vor dem Feldherrn nach dem Berichte des Tacitus, schweigend, ungebeugt von dem schweren Leid, denn sie hoffte den heldenmütigen, gefeierten Gemahl bei Freya wieder zu finden.

Die Göttin trug den strahlenden Halsschmuck Brisingamen, nach ältester Vorstellung der Sternenschmuck des Himmels oder der Frühlingsschmuck der Erde, je nachdem man sie als Göttin der Natur, Beherrscherin der Welt betrachtete, oder als Mutter Erde.

Als die Skaldenpoesie sie von ihrer Höhe herabzog, sie vermenschlichte, entstand der Mythus von Erwerbung des Geschmeides. Vier kunstreiche Zwerge schmiedeten dasselbe nach der Sage in ihren unterirdischen Werkstätten und fügten die kostbaren Edelsteine hinein, daß es wie Sonnenlicht glänzte. Als Freya es erblickte, ward sie von der wunderbaren Pracht geblendet und gewährte den Künstlern ihre Gunst, welche sie als einzigen Preis des unschätzbaren Kleinods begehrten. Wir wissen, daß auch Frigg auf durchaus nicht löbliche Weise ihren kostbaren Schmuck erwarb. Wie nun die beiden Göttinnen ursprünglich durchaus identisch waren, so hatten auch die ihnen zugeteilten Geschmeide dieselbe Bedeutung, mag man sie als Sternendiadem oder als die Frühlingsblüte betrachten.

Jakob Grimm ist geneigt, den Namen Brisingamen von den künstlerischen Zwergen abzuleiten, die vielleicht Brisingar hießen; Simrock dagegen leitet den Namen vom Brisgau (Breisgau) und der Stadt Brisach (Breisach) her. Daselbst wurde hauptsächlich Frea oder Fria verehrt, da ruhte auch der Amelungenhort (Schatz der gotischen Amelungen) im Burlenberge und er ist identisch mit dem Nibelungenhort im Lurlenberge. Als ein Schatz war aber das Kleinod auch den Sachsen und durch ihre Vermittlung den skandinavischen Stämmen bekannt, denn in dem angelsächsischen Epos Beowulf wird von dem Schatze Brosingamen geredet.

Nach einer Sage soll einst ein Köhler unter seinem Meiler geschmolzenes Gold und Silber gefunden und einen großen Schatz gesammelt haben. Er half damit dem Könige aus drückender Geldnot, wie weiter erzählt wird, und kaufte sich große Güter. Der dankbare Monarch aber verlieh ihm die herzogliche Würde und erhob ihn zum Herrn von Breisgau. Von diesem reichen Köhler leiteten die Herzoge von Zähringen ihr Geschlecht her. Indessen dürfte unter dem geschmolzenen Gold und Silber wohl das aus dem Rhein gewaschene Gold zu verstehen sein.

Die nordische Heldensage singt daher von dem versenkten Nibelungenhort:

> „Nur der Rhein soll schalten mit dem schädlichen Schatz;
> Er allein kennt das Erbe der Niflungen.
> In die Welle gewälzt glühn die Wahlringe mehr
> Denn hier in den Händen der Heunensöhne."

Die Göttin fährt auf einem mit Katzen bespannten Wagen, denn die Katze ist das Tier der Fruchtbarkeit. Als später durch die Einführung des Christentums die Göttin Freya ihres holdseligen Charakters entkleidet und in eine verführerische Sirene gleich der römischen Venus, ja in eine Teufelin verwandelt wurde, ward ihr Gefolge zu tanzenden Hexen auf dem Blocksberg, und das ihr geheiligte Tier, die Katze, galt für unheimlich und teuflisch. Früher war dem aber nicht so. Die Liebenden verehrten dies Tier, und hatte eine Braut am Hochzeitstage gutes Wetter, so sagte man: „Sie hat die Katze gut gefüttert." *) Auch der Kuckuck und die Schwalbe waren ihr geheiligt. Ersterer galt für einen pro-phetischen Vogel, was die heute noch gebräuchliche Redensart beweist: „Das weiß der Kuckuck!" Schon Tacitus berichtet uns in seiner Germania, daß man aus Vogelstimmen prophezeihe. Aber auch der Kuckuck entging seinem Schicksal nicht. Sagen wir doch heute geradezu, wenn wir einen zum Teufel wünschen: „Gehe zum Kuckuck!" Und in dem studentischen Philisterlied von Claudius heißt es im Refrain: „Hol' ihn der Kuckuck und sein Küster!" — Oft aber wird ihr Wagen von dem Sonneneber Gullinbursti gezogen, der sonst ihrem Bruder Freyer eigen ist, und noch öfter reitet sie auf demselben. In älterer Zeit, da sie noch als allwaltende Göttin der Natur betrachtet wurde, waren ihrem Dienste weiße Kühe oder Rosse geweiht, und ihre Altäre rauchten von reichlich gespendetem Opferblut.

Freya und Odur.

Die Göttin der Schönheit und Liebe wird in den nordischen Dichtungen als Jungfrau vorgestellt; indessen giebt es auch einen Mythus, nach welchem sie mit Odur, einem Abkömmling göttlicher Ahnen, vermählt war. Sie lebte mit ihm in glücklichem Ehebund und schenkte ihm mehrere liebliche Töchter, von denen später die Rede sein wird. Das Glück ist aber nicht von ewiger Dauer, das erfuhr auch Freya; denn Odur verließ sie, ohne daß sie die Ursache ergründen konnte, und mit ihm war alle Freude, alle Wonne des Lebens ent-schwunden. Die ganze Natur schien mit ihr zu trauern; alle Blumen welkten, von den Bäumen fiel der grüne Blätterschmuck, alles war öde und düster. Sie aber klagte laut und weinte Tag und Nacht, und ihre Thränen glänzten wie Gold, wie Tautropfen, in denen die Herbstsonne sich spiegelt. So verharrte sie gramvoll den langen Winter in ihrem veröderten Hauswesen. Da ertrug sie es nicht länger; sie machte sich auf, den Flüchtling zu suchen, sie fuhr hinaus in ferne Länder, unter unbekannte Völker. Sie spähte emsig umher und fand

---

*) Mannhardt nimmt an, daß sich unsere Vorfahren die Wolken auch in Gestalt von Katzen dachten und darauf die bezüglichen Redensarten von der Katze bei Wetter-erscheinungen beruhten. So sagen auch englische Schiffer von vergnügten Katzen an Bord. „The cat has a gale of wind in her tail".

ihn endlich auf immergrünen Matten, wo die Goldfrucht reift und die Myrte
blüht. Sie schloß ihn liebend in die Arme und goldene Thränen der Freude
entströmten ihren Augen, als er ihre Liebe erwiderte und mit ihr in die Heimat
zog. Als die vereinten Gatten die heimische Erde wieder betraten, empfing sie
Vogelgesang tausendstimmig, wunderherrlich, und vielfarbige Blumen und die
Bäume im grünen Blätterschmuck flüsterten viel vom Liebesleben in heiterer
Sommerzeit. Wie wünschte, wie hoffte die schöne Gattin, daß der Gemahl
nimmer wieder entweiche, aber vergeblich; wenn nach der herbstlichen Tag- und
Nachtgleiche das Sternbild der Jungfrau untergeht, verläßt er sie abermals und
zieht in die Ferne.

Dieses Entweichen, Suchen und Finden wiederholt sich alljährlich; denn
der Gemahl, den die Dichtung Odur nennt, ist der sommerliche Himmelsgott
Odin, und in Freya erkennt man noch in der nordischen Mythe die alte, heilige
Erdenmutter Fria, die sich ihm vermählt und ihm die Jahresfrucht gebiert.
Im Spätjahr verläßt er sie; da sitzt sie nun traurig, goldene Thränen des
Taues weinend, den langen Winter hindurch, oder sie sucht ihn in fremden,
vielleicht südlichen Ländern. Im Frühling hat sie ihn gefunden; da feiern die
Völker das Vermählungsfest des Himmelsgottes mit der allnährenden Erde.
Ein solches Fest zur Vermählungsfeier des Zeus und der Hera begingen auch
die alten Hellenen in jedem Frühling durch Umzüge, Chorreigen und Opfer.
Dasselbe thaten die Germanen. Daher wurden die Hochzeiten gewöhnlich auch
noch in christlicher Zeit zu Ehren der Göttin am Freitag gefeiert. Auf einer
Synode hielt man es für notwendig, ein Verbot gegen den bei solchen Gelegen=
heiten üblichen Lauf zu erlassen, den man den Lauf der Fria nannte. Wahr=
scheinlich rührt daher die noch jetzt übliche Benennung Brautlauf.

Fiölswinnsmal, eine andere Dichtung, drückt dieselben Ideen aus
und zwar in dialogischer Form und nicht minder poetisch. Menglada (die
Schmuckfrohe), wohnt, des Bräutigams harrend, in ihrem stillen Schlosse, das
von grimmigen Hunden bewacht, von Waferlohe umschlossen ist. Ein Wächter.
Fiölswider (Vielwisser), steht am Eingang und sieht einen Fremdling kommen,
der die Burg umschleicht und Einlaß begehrt. Er ruft ihm zu: „Auf feuchten
Wegen hebe dich fort, Bettler, hier ist nicht deines Bleibens!" — „Welch Un=
getüm steht am Eingang?" ruft der Fremdling entgegen, „welches Geschlechtes
ist, der dem Wegmüden gastliche Pflege versagt?" — „Fiölswider heiß ich,
weil ich klugen Rates kundig bin. Daher wirst du nicht in diese Burg eingehen;
ziehe weiter, rechtloser Fremdling." — Der Wanderer warf sehnsuchtsvolle
Blicke nach der Burg, indem er versetzte: „Ungern wendet sich ab, wer Gutes
und Liebes vor Augen hat. Hier, wo glühende Gürtung goldene Säle um=
schließt, möcht ich Frieden finden." Nun fragt der Wächter nach seinem Namen
und Geschlecht und erfährt, daß er Windkalter, Warkalters (Frühlingskalt) Sohn
sei. Der Wanderer forscht nun seinerseits nach der Herrin in der Burg und
vernimmt, daß Menglada hier gebiete. Er erkundigt sich weiter, was das für
ein Gitter und für eine Gürtung sei, welche die Burg umschlössen, und ob es
Mittel gäbe, die Hunde, die grimmigen Ungeheuer, kirre zu machen; er fragte
nach dem Berge, worauf der Bau errichtet sei, nach den neun Jungfrauen,

welche vor Mengladas Knieen einträchtig beisammen säßen, und endlich, ob
ein Mann in den goldnen Saal zu der Herrin eintreten könne. Er erhält
auf alle diese Fragen rätselhafte Antworten, auf die letzte aber den Bescheid,
kein Mann dürfe die Schwelle überschreiten als Swipdager, der erwartete
Bräutigam. Da ruft er freudig aus: „Auf reißt die Thür, schafft weiten
Raum! Hier magst du Swipdager schauen." Darauf tritt der Wächter in den
Saal zu Menglada und verkündigt ihr, ein Mann begehre Einlaß, der sich
Swipdager nenne, den die Hunde freudig begrüßten, vor dem sich das Haus
von selbst erschlossen habe.

Odur verläßt abermals die trauernde Gattin.

„Glänzende Raben hacken dir am Galgen die Augen aus, wenn du das
lügst, daß endlich der Erwartete zu meiner Halle heimkehrt", ruft die Jungfrau
jubelnd und eilt ihm entgegen, und als sie ihn erblickt und erkennt, umschließt
sie ihn mit beiden Armen, indem sie fragt: „Von wannen kommst du? wo
warst du bisher? wie hieß man dich daheim?" Er berichtet, daß er auf wind=
kalten Wegen hergekommen, daß der Nornen unabänderlicher Spruch ihn in
die Ferne und nun zurückgeführt habe.

Sie aber fährt fort: „Willkommen bist du, mein Wunsch ist erfüllt. Lange
saß ich auf hohem Berge, nach dir schauend Nacht und Tag. Nun geschieht, was
ich hoffte, da du hier bist, geliebter Freund, in meinem Saal." — „Nun ist
es gewiß", ruft er, „wir beide werden miteinander ewig leben."

Es dürfte unzweifelhaft sein, daß hier Menglada an die Stelle der Freya, der allverehrten Erdgöttin, getreten und mit ihr identisch ist. Wie diese den Odur, d. h. den sommerlichen Odin, sucht und findet, so empfängt sie den langersehnten Bräutigam Swipdager (Tagförderer), den Himmelsgott, mit freudigem Gruß. Er ist Selbiarts, d. h. des Sonnenglänzenden, Sohn und kommt auf windkalten Wegen, durch Eis und Schnee des Winters. Die Göttin ist aber auch während der strengen Jahreszeit in die Tiefe versunken; daher erinnern die Hunde und das Gitter um die Burg zugleich an Hel. Über die rätselhaften Antworten Fiölswiders, die wir unberührt gelassen haben, ist man überhaupt noch im Zweifel. Schierenberg in seiner Schrift bezieht sie auf die Varusschlacht und sucht diese Ansicht durch Gründe zu unterstützen. Weiter nimmt er an, die neun Jungfrauen bei Menglada seien die neun Monate vom Julfest bis zur herbstlichen Tag- und Nachtgleiche, also Monatsgottheiten, denen man, wie die Dichtung lehrt, opfern müsse, um von Krankheiten und anderen Übeln befreit zu werden.

Darin stimmen mit ihm die meisten Mythologen überein, da ja auch die neun Nächte, welche Freyer auf Gerda warten soll, und die neun Mütter Heimdals auf jene Monate sich beziehen. Wenn Freya den Odur und Menglada den Swipdager freudig empfangen und begrüßen, so könnte dies vielleicht aus Vorstellungen südgermanischer Völker geflossen sein, während, wie gesagt, das hartnäckige Widerstreben Gerdas gegen die Werbung des sommerlichen Gottes auf die nordische Natur hinweist.

Ein anderer Mythus berichtet von Ottar, einem eifrigen Verehrer Freyas, dessen Name wieder an Odin erinnert. Er war Insteins Sohn, ein Sprößling edlen Geschlechts. Er hatte mit Angantyr, einem andern Häuptling, einen Rechtsstreit, der sein väterliches Erbe betraf. Er mußte auf dem Thing die ganze Reihe seiner Ahnen aufzählen, wenn er gewinnen wollte; er betete daher zu seiner Schutzherrin, daß sie ihm ihren Beistand verleihe, und sie erhörte sein Gebet. Tief in der Wildnis wohnte in einsamer Höhle Hyndla (Wölfin oder Hündin), ein Riesenweib, die der Geheimnisse der Vergangenheit, Gegenwart und Zukunft kundig war. Auf dem leuchtenden Eber Gullinbursti sitzend fuhr Freya mit ihrem Schützling zu der vielwissenden Wöla. Es war finstere Wolkennacht; die Goldborsten bestrahlten glührot das nackte, zerklüftete Gestein und die alten Föhren, welche dazwischen aufgewachsen waren. Die Wöla schlief in ihrer dunklen Behausung, ungeweckt vom Pochen an ihrer Thür. Nur das Geheul der Wölfe beantwortete den Ruf der Göttin, die Einlaß begehrte. Doch ließ diese nicht nach, mit schmeichelnden Worten die Höhlenbewohnerin anzurufen. "Hyndla", sagte sie, "Freundin, Schwester, erwache, mache dich auf, mit mir gen Walhalla zu reiten. Dort will ich dir von Heervater, der Ringe und Schätze verleiht, reiche Gaben erflehen und auch Thors Gunst dir erwerben, der sonst den Riesenfrauen unhold ist."

Als die Göttin diese Worte gesprochen hatte, trat Hyndla aus der Höhle, unfrohen Angesichts und unwillig wegen der nächtlichen Störung. "Zäume deiner Wölfe einen mit dem Runenhalfter", rief sie der Göttin entgegen, "dein Eber ist träge, Götterwege zu traben. Ich aber will mein Pferd nicht satteln

um deinetwillen, da du mich versuchst; hast du doch selbst deinen Mann zur
Begleitung auf deiner nächtlichen Fahrt."

„Du träumst noch, Höhlenbewohnerin", erwiderte Freya, „daß du hier
den Gefährten meinen Mann nennst. Er, der mit frommen Opfern die Asinnen
alle, mich zumeist verehrt, begehrt von dir seine Abkunft und die Reihe seiner
Ahnen zu erfahren, damit er im Streite mit Angantyr sein väterliches Erbe
bewahre."

Als Hyndla diese Worte hörte und den jungen Helden vor sich sah, der
hoffend zu ihr aufblickte, bemeisterte sie ihren Unwillen und nannte ihm die
lange Reihe seiner väterlichen und mütterlichen Ahnen und zeigte ihm, wie alle
diese ruhmvollen Fürstengeschlechter, die Ynglinge in Schweden, die Stiöl-
dungen in Danland, die Wölsungen in Frankland u. a. von den Asen, namentlich von Heimdal, dem größten und hehrsten der Herrscher, abstammten. „Dies
all ist dein Geschlecht, Ottar, du Blöder", so schloß die Seherin jede von ihr
genannte Ahnenreihe. Nun verlangte Freya für ihren Gast noch das Öl der
Erinnerung, damit er die vernommene Rede im Gedächtnis bewahre und am
dritten Tage auf dem Thing Angantyr gegenüber hernenne. Über diese neue
Forderung geriet die Riesin wieder in heftigen Zorn. „Lauf in Liebesglut
Nächte lang", rief sie, „mich aber laß schlummern; denn nur Schlimmes er-
langst du von mir." Nun erhob sich Freya in ihrer Asenmacht und beschwur
die lodernde Glut, daß sie ringsum die Wohnung des Riesenweibes mit Flammen
umgebe. Als das Feuer höher und höher emporstieg, daß der Wöla kein Ausweg offen blieb, reichte sie das begehrte Öl, doch mit dem Fluche, der Met, der
giftgemischte, solle ihm den Tod bringen. Indessen die Göttin empfing es freudig
mit den Worten: „Wenig schaden soll dein Fluch, du Riesenweib. Schlürfen
soll er segnenden Trank, daß der Götter Gunst mit ihm sein möge."

Dies ist der Inhalt des Hyndlaliedes, das offenbar nur den Zweck hatte,
die göttliche Abkunft der Königsgeschlechter zu beweisen. Er wirft indessen
manches Licht auf den Glauben der Skandinavier und insbesondere auf ihre
Vorstellung von Freya:

Hnoß, der Schmuck, das Kleinod, hieß die Tochter der Göttin. Sie war
so lieblich, daß alles Schöne nach ihr benannt wurde. Noch eine andere Tochter
Gersemi wird ihr beigelegt, was wiederum kostbaren Schmuck bedeutet, wie
J. Grimm beweist. Derselbe Forscher zeigt auch sprachlich, daß sich die Be-
nennungen Hnoß, Gersemi sowie Rheda auf das deutsche Recht beziehen, daß
also die Rechte des Volks als kostbarer Schmuck betrachtet und als weibliche
Gottheiten personifiziert und verehrt wurden. Es giebt uns dies einen hohen
Begriff von dem Rechtsgefühl der germanischen Völker. Wenn auf der andern
Seite Freya als Hilde an der Spitze der Walküren den blutigen Kampf lenkt,
die gefallenen Helden gen Walhalla oder Folkwang trägt, oder wenn sie den
Kampf zwischen Högni und Hedin immer von neuem entzündet, indem sie
morgens die Gefallenen erweckt, so ist sie der germanische Heldengeist, der Geist
der Blutrache, der nicht ruht, bis das Unrecht gebüßt ist, wenn auch Geschlechter
und Völker darum in fortgesetztem Wechselmorde untergehen.

Walküren geleiten die gefallenen Helden gen Walhalla. Von J. W. Heine.

Walküren führen die Krieger zum Kampf.
Nach einer Vorlage des Prof. W. Engelhard
gez. von J. W. Heine.

Siebenter Abschnitt.

Die Schicksalsmächte: Regin, Nornen, Hel, Walküren.

1.

Die Regin.

„Dreifach ist der Schritt der Zeit", sagt Schiller, „zögernd kommt die Zukunft hergezogen, pfeilschnell ist das Jetzt entflogen, ewig still steht die Vergangenheit." Darum blickt der Mensch sinnend auf diesen Wechsel der Zeit. Die Vergangenheit liegt hinter ihm abgeschlossen, still und stumm. Sie ist anders geworden, als er einst erwartete, anders durch seine Irrtümer, Fehler oder Vergehungen, anders durch unberechenbare Verhältnisse, durch eine Macht, die unerreichbar, unbezwinglich waltete. Die Gegenwart, das Jetzt, die Thatenmutter, fordert zu mutigem Ringen und Streben auf; und der Mensch arbeitet und schafft mit Mühe und Not und denkt, es werde ihm nun besser gelingen als bisher; er werde, von Erfolg zu Erfolg fortschreitend, die Blüten und Früchte pflücken, die seinem mutigen und rastlosen Streben gebühren. Aber so denkt nur die hoffnungsreiche Jugend; das erfahrene Alter sieht, wie, gleich einer düstern Wolke, jenes unbekannte, unentrinnbare Etwas über seiner Zukunft schwebt und seine Schritte in andere Bahnen lenkt, als es gewünscht und gehofft hatte. Dieses Etwas, was man Schicksal, Verhängnis nennt, bezeichnet man mit Recht als Naturnotwendigkeit, insofern es nur der Zusammenhang, die natürliche Folgerung der Dinge ist, oder in höherer Auffassung als sittliche Weltordnung, da es von der göttlichen Intelligenz ausgeht und, wie geringfügig auch das Einzelne sei, doch zur Harmonie des Ganzen gehört.

Die alten Griechen nannten dieses Verhängnis, von dem des Menschen Thun, Dulden, Leben und Streben abhängt, Moira (lat. Fatum), und dachten auch die Götter, wenn nicht von ihm abhängig, doch ihm untergeordnet. Später nahmen sie drei Moiren (Parzen) an, des Werdens, Seins und Vergehens, und bezogen sie vorzugsweise auf das Entstehen, Leben und Sterben des Menschen. Ihre Namen und ihr Geschäft sind in dem bekannten Vers ausgedrückt: „Klotho beginnt, Lachesis spinnt, Atropos schneidet den Faden entzwei." Dazu kam die Nemesis, die Rächerin des menschlichen Übermutes und jeder bösen That. Als endlich der alte fromme Glaube erblaßte, weihte man der Tyche, dem blind waltenden Zufall oder dem guten Glück, Altäre und brachte ihr reichlich Opfer dar.

Die Vorstellungen der Germanen stimmen auf merkwürdige Weise mit dem Glauben der südlichen Völker überein. Orlog oder Urlak, das Schicksal, die ewige Weltordnung, waltet über Göttern und Menschen. Diese sind ihm willenlos unterworfen, daher der Held mit Resignation sein Geschick erträgt, nachdem er mit Heldenmut und Heldenkraft gekämpft und gestrebt hat; jene sehen das Kommende voraus, suchen aber vergeblich mit ihrer Göttermacht es abzuwenden. Orlog ist ungeboren, unpersönlich; es wurde besonders auf den Krieg gedeutet, daher noch jetzt Kriegsschiffe ersten Ranges Orlogschiffe heißen. Dieses Etwas, das im Verborgenen waltet, tritt in die Erscheinung und gewinnt Persönlichkeit in Allvater, dem Schöpfer, Allumfasser, Allerhalter und Regierer der Welt, der, wenn auch unbestimmt, im Bewußtsein ruhte. Er ist der unbekannte Gott, der nach dem letzten Kampf und Weltuntergang die neue bessere Welt ins Dasein ruft. Er ist Odin in höchster Auffassung, wie wir ihn bereits kennen gelernt haben. Orlog erscheint ferner in den Regin, den die Welt beherrschenden Mächten, die auf ihren Richterstühlen am Urdborn die Geschicke der Menschen bestimmen und Gericht halten über ihre Thaten. Wenn sie als individuelle Wesen hervortreten, so sind es die Asen, aber nicht jene, die nach menschlicher Weise essen, trinken, schlafen und Abenteuer bestehen, sondern mächtiger, von höherer Würde, doch in ihrem Walten von Leidenschaften und Affekten beherrscht.

Starkad-Sage. Am deutlichsten treten die Regin als Asen hervor in der Sage, wie sie das Schicksal des mythischen Helden Starkad bestimmt. Dieser Wiking läßt sich nach seinen Kämpfen und Abenteuern mit dem griechischen

Herakles vergleichen, und wie Zeus und Hera auf diesen, so üben Odin und Thor auf jenen entscheidenden Einfluß. Er war halbjötunscher Abkunft und schon als Kind, gleich den Jötunen, von übermenschlicher Größe und mit überzähligen Gliedern, namentlich mit acht Armen ausgestattet. Unter der Aufsicht und durch die Zauberkraft seines Erziehers Hroßharsgrani (Roßhaarbärtig) gewann er nicht nur großen Verstand und Heldenmut, sondern auch menschliche Gestalt und männliche Schönheit. Als er zum Jüngling heranreifte, nahm ihn einst sein Pfleger zu sich in ein Boot und führte ihn auf ein ihm unbekanntes Eiland. Da war eine große Volksmenge versammelt, und um den Thingbaum saßen elf ernste Männer von ehrwürdigem Aussehen auf Stühlen; ein zwölfter Hochsitz war leer. Hroßharsgrani bestieg ihn und wurde von allen als Odin feierlich begrüßt. Da erhob sich der Sprecher — es war Asathor — und sagte: „Alfhild, Starkads Mutter, erwählte dem Sohne nicht Asathor, sondern einen Jötun zum Vater; darum schaffe ich ihm, daß er kinderlos, der Letzte seines Stammes, sterben soll." — „Ich schaffe ihm", sprach Odin, „daß sein Leben drei Menschenalter überdauern soll." — „Wohl", versetzte der Sprecher, „er wird in jedem Menschenalter eine Reidingsthat verüben." — Dagegen sprach Odin: „Ich gewähre ihm das stärkste Rüstzeug und die köstlichsten Gewänder." — „Ich schaffe ihm", erwiderte Thor, „daß er weder Haus noch Hof noch Grundbesitz zu eigen habe." — „Dafür wird er des Goldes und der fahrenden Habe reichste Fülle besitzen", entgegnete Odin. — „So schaffe ich ihm", sagte der andere, „daß ihn die Gier nach mehr und immer mehr des Goldes nimmer ruhen lasse." — Darauf Odin: „Ich gewähre ihm Mut und Kraft und Siegesglück in jedem Kampfe." — „Doch trage er in jedem Kampfe eine Knochenwunde davon", war die Gegenrede. — „Er empfängt von mir edle Skaldenkunst", fuhr der Pfleger fort, „daß er singe und dichte, wie andere Menschen reden." — „Doch soll er niemals im Gedächtnis bewahren, was er gesungen und gedichtet hat", fügte der Gegner hinzu. — Odin sprach: „Die edelsten und besten unter den Männern sollen ihn wert und in Ehren halten." — „Aber dem gesamten Volke soll er verhaßt sein", schloß Thor die Rede. Da urteilten die Regin, das alles solle in Erfüllung gehen. Also endete das Gericht, und Hroßharsgrani stieg von dem Hochsitz herab und ging mit seinem Pflegling nach dem Boot.

Starkad ward in der That einer der berühmtesten mythischen Helden, dessen Name noch in der historischen Zeit durch viele Sagen in allen nordischen Landen genannt und gefeiert wurde. Auf einer Heerfahrt mit dem König Wikar von Noreg (Norwegen) wurde die Flotte von Stürmen überrascht und mußte Sicherheit in einer geschützten Bucht suchen. Man hoffte auf reiche Beute, aber der Orkan hielt viele Tage an und hinderte das Auslaufen. Vergebens waren alle Opfer; Odin forderte ein Menschenleben. Da beschloß man die verhängnisvollen Runenstäbe zu werfen, und das Los traf den König selbst. Niemand wagte die schreckliche Entscheidung auszusprechen, noch weniger sie zur Ausführung zu bringen. Da erschien nachts vor Starkad ein Mann unter dem Breithut, in welchem er alsbald Hroßharsgrani erkannte. Derselbe überreichte ihm einen dünnen Weidenzweig und einen Rohrstengel. Er begriff den Willen

des Gottes, trat folgenden Tages vor den König und zeigte ihm die ungefähr=
lichen Werkzeuge, indem er sagte, die Götter seien mit einem Scheinopfer zu=
frieden. Er solle sich den schwachen Zweig um den Hals legen lassen, man
werde ihn dann an einem dünnen Baumast befestigen und mit dem Rohr be=
rühren: dann sei die Opferung vollbracht und Odin werde günstigen Fahrwind
senden. Wikar nahm diesen Vorschlag an; aber der dünne Baumast schnellte
mächtig empor, die Weidenrute wandelte sich in einen Strick, der Rohrstengel,
welchen Starkad auf den König schleuderte, ward zum Speer, welcher das
Opfer durchbohrte. Also verrichtete der Wiking ein Neidingswerk, wie Thor
ihm geschafft hatte, freilich, was die Mythe nicht berücksichtigt, mit Hülfe Odins.
Der Held aber zog unbekümmert weiter auf Abenteuer und verrichtete unglaub=
liche Thaten in Schweden, Dänemark, Irland, bei den Esthen, Ruthenen und
anderen Völkern. Wenn er dann als Wintergast von seinen Heerzügen an den
Höfen der Könige sang, so lauschten die Fürsten und Jarle und bewunderten
den unbezwinglichen Kämpfer, während ihn das Volk wegen seiner Verheerungen
fürchtete und haßte. Er erhielt aber auch viele Wunden und focht sogar mit
gespaltenem Schädel, da nur der Helm noch das Haupt zusammenhielt. Ebenso
erlegte er als fast hundertjähriger Greis noch neun Kämpfer, obgleich ihm die
Eingeweide aus dem zerhauenen Leibe hervorhingen. In der denkwürdigen
Brawallaschlacht wurde er vom Hals bis in die Brusthöhle gespalten, sodaß
die Leber bloß lag. Alle diese Wunden heilten, denn er mußte nach Odins
Ausspruch drei Menschenalter durchleben.

So erscheinen die Asen als Regin, die das Schicksal des Menschen voraus
bestimmen, das in Erfüllung geht. Manchmal aber ist es Odin allein, der
durch seine Gunst oder Ungunst dem Helden sein Los bereitet.

Odins Schwert. Walvater trat einst in Wölsungs Halle, als derselbe das
Vermählungsfest seiner Tochter Signe feierte. Der Breithut, den er trug, war
tief in die Stirn gedrückt, ein grober, flockiger Mantel umwallte seine Schultern.
Er schritt ernst und ehrfurchtgebietend durch die Versammlung der Gäste, und
niemand wagte ihn anzureden; denn man erkannte in dem Greise den Gott.
Ein blankes Schwert trug er in der Rechten; er stieß es mit Macht in den
Kinderstamm, den Baum, der, in der Mitte des Saales gepflanzt, seine Äste
über das oben durchbrochene Dach erhob und das Haus beschattete. „Wer
dieses Schwert aus dem Stamme zu ziehen vermag", sagte er, „dem soll es
gehören, und es wird sich ihm als die beste von allen Waffen bewähren." Mit
diesen Worten verließ er den Saal; die Gäste aber versuchten vergeblich, die
Klinge aus dem Holze zu ziehen, bis endlich Siegmund, Wölsungs jugendlicher
Sohn, herzutrat: da war der Zauber gelöst, die Waffe glitt ihm willig in die
Hand. Er bestand damit viele Abenteuer und blieb in allen Kämpfen siegreich.
Im Alter wurde ihm Odin abhold. Als er gegen den König Lyngwi stritt,
trat ihm ein einäugiger Mann unter dem Breithut entgegen. An dessen Speer
zerbrach sein gutes Schwert in zwei Stücke und er fiel in der Schlacht. Sein
Sohn war der berühmte Sigurd, der wieder Odins Gunst gewann.

2.

Die Nornen.

Drei Schwestern wohnen am Weltenbaum,
Drei Riesenjungfrau'n, die alles wissen
Und täglich schöpfen im heil'gen Borne,
Den Baum zu nähren vom Quell der Zeit.

Urd heißt die eine, die Frühverblühte,
Die rückwärts schauend forscht neue Kunde,
Sie deutet sinnend und gräbt in Runen,
Was sich begeben — Vergangenheit.

Werdand', die zweite, die Thatenmutter,
Das blüh'nde Leben voll Jugendzauber.
Ihr Auge lächelt, ihr Blick ist helle,
Nach Augenblicken mißt sie die Zeit.

Skuld heißt die dritte der Zauberschwestern,
Ist ew'ges Rätsel, ist Gott und Schicksal.
Ach, alle Hoffnungen, alle Bitten
Und alle Wünsche sind ihr geweiht.

Vor alten Zeiten, als Adler saugen, heilige Wasser von Himmelsbergen rannen, da hatte Borghild Helgi, den Hochherzigen, in Bralunder geboren. Nacht war in der Burg, Nornen kamen, dem Edeling das Geschick zu bestimmen. Sie gaben dem Königskind, der Kühnste zu werden, von allen Fürsten der edelste zu heißen. Sie schnürten scharf die Schicksalsschnüre, daß Burgen brachen in Bralunder; goldene Fäden führten sie weit, inmitten sie festigend unter dem Mondessaal. Westlich und östlich bargen sie die Enden; dazwischen lag des Königs Land. Einen Faden aber warf Naris Schwester nordwärts und hieß festhalten dieses Band. Denn weit, wie die goldenen Fäden reichten, sollte der Neugeborene einst herrschen unter dem himmlischen Raume (Mondsaal), aber die dritte Norne, die Schwester Naris (Vaters der Nacht), beschied ihm mit dem nordwärts geschlungenen Faden frühen Tod. Wie das alles an dem herrlichen Könige Helgi in Erfüllung ging, wird die Heldensage lehren. —

König Fridleif, Frodis Sohn, von Danland, war reich an Schätzen, die er durch tapfern Kampf mit Riesen und Drachen erbeutet hatte. Er kehrte auf einem Kriegszug in dem Hause eines Bauern ein, der ihn gastlich bewirtete. Er gewann die schöne Juritha, die Tochter des biedern Landmannes, lieb und führte sie heim in sein Königreich. Sie gebar ihm nach Jahresfrist einen Sohn, den er Olaf nannte. In der neunten Nacht trug er das Kind nach dem Harug, dem Tempelhofe der Schicksalsschwestern, um sie über dessen Schicksal zu befragen. Ehe er den geweihten Faden löste, der das Heiligtum umschloß, richtete er Gebete an die Gottheit und that feierliche Gelübde. Darauf trat er ein und sah drei Jungfrauen auf Hochsitzen im heiligen Raume, die schweigend auf ihn niederblickten. Die erste war altersgrau, aber freundlich und heiter, wie die frohen Tage vergangener Jugend; die zweite erhob die Hand, wie eine Schild-jungfrau, die auf die feindliche Schlachtordnung deutend zum Kampfe auffordert; die dritte schaute düster unter dem Schleier hervor, der ihre Stirne umzog. „Schön wird der Edeling werden", sprach Urd milden Herzens, „und der

Menschen Gunst sich erwerben." — „Ich verleihe ihm unverzagten Mut im
Kampf und Freigebigkeit gegen Freunde", fuhr Werdanda fort.   Darauf schloß
die finstere Skuld die Begabung mit den Worten: „Unersättliche Habsucht soll
seine Seele erfüllen."

Wenn Friedleif die Schicksalsschwestern in ihrem Heiligtum aufsuchte, um
die Zukunft seines Sohnes von ihnen zu erfahren, so kamen sie, wie zu Helgi,
so auch zu Nornagest (Nornengast) in den väterlichen Hof, wo die beiden älteren
hochgeehrt, die jüngste aber mißachtet wurde. Als nun jene dem Knaben eine
Fülle von Glücksgütern verhießen, fügte diese hinzu, er solle nicht länger leben,
als die Kerze brenne. Sogleich ergriff Werdanda die Kerze, löschte sie aus
und befahl, sie nicht eher wieder anzuzünden, als bis einst das Kind als Greis
sein Lebensende herbeiwünsche. Nornagest wurde nach der Sage dreihundert
Jahre alt; da war er des Erdenlebens müde, zündete mit eigener Hand die
Kerze an und starb ruhig, als sie zu Ende gebrannt war. Es bedarf kaum der
Erwähnung, daß die nordische Mythe mit der griechischen von Meleager über-
raschende Ähnlichkeit hat, nur daß in dieser die Mutter selbst im Schmerz über
den Tod ihrer Brüder des Sohnes Lebensflamme anzündete, zu Ende brennen
ließ und also dem jungen Helden den Tod brachte.

Wir haben schon von den Nornen geredet und gezeigt, wie dieser Mythus,
die tiefsinnige Personifikation der Vergangenheit, Gegenwart und Zukunft, im
Bewußtsein aller germanischen Stämme fest begründet war, wie die Erinnerung
daran noch vielfach in deutschen Sagen und Märchen fortklingt. Die Nornen
sitzen am Fuße des Weltbaumes Yggdrasil, am Urdborn. Sie kennen das
Schicksal und verkündigen es durch den Mund der Seherinnen oder der Priester,
oder sie sprechen selbst aus, was geschehen wird. Indessen schaffen sie auch,
wie aus vorstehenden Mythen erhellt, das Geschick des Menschen. Sie schreiten
unsichtbar, manchmal auch sichtbar, in wichtigen Augenblicken des Lebens vorüber und zeigen dem ahnenden Geiste völkererschütternde Ereignisse an. Sie
schweben über den Heeren, die zur Schlacht gerüstet stehen, und werfen die
Todeslose. Den Blutspuren des Mörders folgen sie, wie die Erinnyen der
Griechen, und ergreifen den Verbrecher, wo und wie er sich auch bergen mag.
Sie zeichnen endlich auf die Nägel der Menschen ihre Runen, nämlich die
weißen Flecken, die teils Glück, teils Unglück bedeuten. Ehemals verstand man
ihre Bedeutung genau; aber in unserer Zeit ist diese Kunst verloren gegangen,
weil man mit dem Glauben auch die Furcht vor den Rächerinnen des Unrechts
aufgegeben hat, bis sie unter allerlei grauenhaften Gestalten ins Leben eintreten.

Die Benennung Norne ist in Deutschland gänzlich verschollen, oder war
vielleicht niemals bekannt. Vielleicht sind die feinen Gespinste des Spätsommers,
die man heute noch „Mädchensommer oder Altweibersommer" nennt, als Ab-
bilder der Nornengespinste angesehen worden. Die Sachsen in Holstein nannten
die Schicksalsschwestern Metten, die Angelsachsen Mettena, d. i. die Messenden,
Abwägenden. Im Osning, wo noch so viele Namen an das Asgard der Cherusker,
vielleicht der Germanen überhaupt erinnern, bezeichnete uns ein Schäfer einen
Waldvorsprung als das Urdsholz, und fügte hinzu, derselbe werde auch fälschlich
Hurts- oder Wurdsholz genannt.

Es ist dies ein Beweis, daß man sich in ältester Zeit die drei Schwestern in der Einheit, als Wurd oder Urd, angelsächsisch Wyrd, dachte. Indessen waren sie doch auch in der Dreiheit bekannt. An manchen Orten heißen sie auch Heilrätinnen, d. h. Wesen, welche das Glück der Menschen beraten, beherrschen.

Die Nornen Urd, Werdanda, Skuld unter der Weltesche Yggdrasil. Zeichnung von Ludwig Burger.

Zwei sind gutgesinnt, die eine aber böse und furchtbar; sie heißt Held, d. h. Umnachtung, offenbar verwandt mit der Totengöttin Hel; gleich ihr ist sie halb schwarz, halb weiß und hat feurige Augen. Die drei Jungfrauen sollen bei Unterigling in Niederbayern auf dem sogenannten Jungfernbühel ihr Schloß gehabt haben.

Daselbst zeigt man noch einen geheimnisvollen Weiher und den sogenannten Frauenwald. Das Gespinst der beiden guten Schwestern verlieh besonders Wöchnerinnen Heil und Segen und ihr Gesang soll für neugeborene Kinder und Bräute Glück bedeutet haben. Sie werden auch im Gegensatz zur dritten, bösen Schwester ihrer Erscheinung gemäß die „weißen Schwestern" genannt. Sie zogen ihre Gewebe von Berg zu Berg oder hoch in der Luft und wo dieselben hängen blieben, ohne herunterzufallen, bedeutete es gutes Wetter. Man opferte ihnen zur Erntezeit drei Kornähren. Die Erinnerung an sie klingt noch in alten Kinderreimen durch, wie z. B. in folgendem:

> „Sonne, Sonne schein', fahr' über den Rhein,
> Fahr über das goldene Haus, da schauen drei alte Jungfern heraus,
> Eine spinnt Seiden, die andre wickelt Weiden (d. h. Todesstricke),
> Die dritte geht an's Brünnchen, findet ein goldenes Kindchen."

Im Altsächsischen heißt die Schicksalsgöttin Wurth, angelsächsisch Wyrd, d. h. die Gewordene (Vergangenheit). Sie soll die Menschen mit ihren Krallen angefallen haben, weshalb ihr die Nägel der Menschen geweiht gewesen zu sein scheinen. Weiße Flecken auf den Nägeln bedeuteten Lebensdauer, gelbe dagegen Unglück und Tod. Die Vorstellung, daß die Schicksalsgöttin ihr Opfer mit einem spitzen Nagel töte, scheint auch das Märchen vom „Dornröschen" veranlaßt zu haben, wo die Stelle des tötenden Nagels ein Spindelstich vertritt. In dem verwandten Märchen vom „Schneewittchen" ist es ein giftiger Kamm, der den todähnlichen Schlaf bewirkt. Auch als Beisitzerinnen bei dem Göttergericht scheinen die drei Schicksalsgöttinnen fungirt zu haben, gewissermaßen als die ersten Schöffen (von schaffen, soviel wie urteilen). So hat sich der Glaube an die schrecklichen Nornen, die den Übelthäter verfolgen, den Menschen das unentrinnbare Geschick spinnen, über Leben und Tod die Lose werfen, im Laufe der Zeit freundlicher gestaltet; die Vorstellungen von der unterweltlichen Göttin Hel haben dagegen eine schreckhaftere Gestalt angenommen.

Die Mandragorawurzel (Alraunmännchen.)
Nach der Vorstellung im Mittelalter.

Hel. Zeichnung von K. Ehrenberg.

3.

Hel.

Wir haben bereits diese Göttin als ein Ungeheuer, ein furchtbares Scheusal, als eine Tochter Lokes kennen gelernt; allein diese schauerliche Vorstellung von ihr hatte man ursprünglich nicht. Der Tod war in ältester Zeit nicht schrecklich; die mütterliche Erde, die das Leben aus ihrem Schoße gebar und es wieder in ihre Tiefe aufnahm, erschien den alten Völkern keineswegs in abschreckender Gestalt. Die Stammväter Israels legten nach wohlvollbrachtem Leben friedlich ihr Haupt zum ewigen Schlummer nieder, nachdem sie ihren letzten Willen eröffnet und ihre Söhne gesegnet hatten. Ähnliche Vorstellungen mochten bei den arischen Stämmen in ihrer Heimat herrschen. Die Hirtenfürsten daselbst, welche ihre Herden weideten, blickten ruhig auf Leben und Sterben und verehrten die Mutter Erde als die Spenderin des Werdens und Vergehens, ohne das letztere zu fürchten. Als man aber das geistige Leben von dem leiblichen zu unterscheiden anfing, ward Hel Beherrscherin und Richterin der Seelen. Indessen waren diese Vorstellungen von dem Leben nach dem Tode zum Teil sehr unbefriedigend. Bei Homer schwebten die Geister der Verstorbenen ohne Bewußtsein, wie Nebelbilder, vom Lufthauch bewegt, umher; in den Gesängen Ossians flüstern sie mit den Lebenden im Rieseln des Schilfes, im Plätschern der Wellen, kommen und fliehen mit den Wolken, die ihr Aufenthalt zu sein scheinen. Indessen wußte doch schon Homer von den Strafen zu berichten, welche die Verdammten im Tartaros dulden, und auch die Germanen zur Zeit des Tacitus hatten, wie es scheint, schon Vorstellungen von Lohn und Strafen nach dem Tode. Sie kannten bereits Walhalla, wo der Sturm= und Schlachtengott Wodan die Geister der gefallenen Helden aufnahm. Aber Hel, bei den Gothen Halja, im Altdeutschen Hellia, war noch die in der Tiefe weilende Erdmutter, die gleich den Pflanzen wuchs, an das Licht des Tages heraufstieg und als Nerthus, unter dem Geleite der Priester, begrüßt von den Völkern, im Lande ihren Umzug hielt. Allmählich aber trat die dunkle Mutter Erde vor den leuchtenden Gestalten der Himmels= und Lichtgöttin Fria zurück und nahm im Bewußtsein der Völker eine finstere, abschreckende Gestalt an. Nur einzelne Hindeutungen in der Edda erinnern noch an die alte, mächtige Göttin, die mit Blüten und Früchten die Felder schmückt und Tieren und Menschen Leben und Gedeihen verleiht, aber auch sie, ihre Kinder, wieder in die Tiefe zurückruft. Es wird da gesagt, Odin habe ihr die Herrschaft über die neun Welten, nach anderer Lesart über die neunte Welt gegeben; Herrschaft über die neun Welten bezeichnet aber die mächtige Göttin des Lebens und des Todes. Ferner wird sie geschildert halb schwarz (oder leichenfarbig), halb menschenfarbig, was wiederum auf Tod und Leben sich bezog. Aehnlich stellen die bramanischen Indier ihre große Naturgöttin Bhawani dar. Sie nennen dieselbe, wenn sie ganz schwarz erscheint, Kali oder Mahakali, d. i. die große schwarze Göttin; Kali aber ist lateinisch caligo, Finsternis, was sie mit Halja auch dem Namen nach zusammenbringt. Sie hält, wie die nordische Hel, Gericht über die Toten; sie belohnt die Guten und straft die Bösen.

Die lichte Seite, die Seite des Lebens der großen Naturgöttin ist Holda, im Volksmund Holle, eine Benennung, aus welcher in späterer (christlicher) Zeit Helle oder Hölle geworden sein mag.

Ihr gegenüber wurde die dunkle, schwarze Seite der Hel immer mehr ausgemalt, je grauenhafter Tod und Grab den Menschen erschien. Neun Nächte muß man durch dunkle Thäler reiten, lehrt die Edda, bis man an den Giöll= fluß gelangt, über welchen eine goldgedeckte Brücke führt. Dann kommt man an den mächtigen Eisenzaun, der das Gehöfte der unterirdischen Göttin umgiebt. Kein Lebender, er sei denn ein Gott, vermag ihren schrecklichen Anblick zu er= tragen. Ihr Saal heißt Elend, ihre Schüssel Hunger, ihr Messer Gier; Faul= mann nennt sich ihr Knecht, Trägheit ihre Magd, Einsturz ist ihre Schwelle, Kümmernis ihr Bette, brennendes Unheil ihr Vorhang. Für Menchelmörder und Meineidige ist in ihrem Gebiete Nastrand (Leichenstrand) ein Saal, der Sonne fern, nach Norden gekehrt, der mit Schlangenrücken gedeckt ist, während die Schlangenköpfe, nach innen gewendet, Gifttropfen ausspeien, die den Boden überströmen, daß die Verbrecher, die darin stehen und waten, von unsäglichen Schmerzen gequält sind. Noch schrecklicher ist Hwergelmir, wo der Drache Nidhögg die Leichen der Übelthäter aussaugt. Vor Hels Behausung öffnet sich die Gnypahöhle. Darin liegt der gräßliche Hund Garm, der mit klaffendem, bluttriefendem Rachen den ankommenden Pilgern der Erde entgegenheult.

Diese und andere schreckhafte Bilder bezeichnen die nordische Hel, wie spätere Dichtungen sie schildern, die aber schwerlich in den Anschauungen der alten Germanen begründet waren. Dagegen finden sich wieder Stellen, die andeuten, daß Hel auch freundlich gesinnt war und gute Wesen, die zu ihr kamen, festlich aufnahm.

Durch das Christentum ward der Name der Totengöttin auf den Aufenthaltsort der Verdammten, die Hölle, übertragen. In vielen Gegenden Deutschlands trifft man noch Sümpfe und Moore, die den Namen „Helleboren, Helleput" führen. Ähnlich wie Holda wohnte die Totengöttin Hel in Brunnen und Bergen („Hellebergen"). Man glaubte, daß die Milchstraße, der sogenannte Nierenbergerpat d. h. Pfad zum Niedenberg, zu ihr führe, der auch besonders in Westfalen „Hellweg" genannt wird. Man versteht darunter große Heerstraßen, allgemein begangene Wege, denn den Weg des Todes müssen alle Menschen wandeln, ja in einigen Gegenden heißt der Weg zum Kirchhof geradezu „Hellweg". Man erzählt sich dort auch viel vom „Hellenwagen", in dem die Göttin nachts die Seelen holt, und dachte dabei an das Gestirn des großen Bären, der dort auch der Hellenwagen heißt.

Mythen von Hel. Als der herrliche Balder durch Lokes Tücke zu ihr gesandt wurde, fand er die Räume schön geschmückt, die Ruhesitze mit Goldstoff bedeckt, den köstlichen Metbecher gefüllt. Die Göttin hatte demnach auch Freudensäle, wo sie die Guten, die nicht in Walhalla Aufnahme fanden, nach überstandenem Erdenleid empfing und für ihre Tugend belohnte.

Im Wisperthale, wo lispelnde Elfenmädchen den Wanderer zu betrüglichen Freuden laden, befindet sich auf einem fast kegelförmigen Hügel eine Burgruine, etwa zwei Meilen von Lorch. In den unterirdischen Räumen dieser Ruine soll eine gebannte schwarzweiße Jungfrau verborgene Schätze hüten. Man erzählt, sie habe Kriegsscharen angeführt, aber sie habe auch dem Reichsfeind einst für vieles Geld die Schätze der Abtei Lorch überliefert, wofür sie der Bannfluch der Kirche getroffen habe. Sie soll Erlösung finden, wenn der Reichsfeind besiegt ist und die geraubten Schätze erstattet hat. In früherer Zeit hat man sie oft bei Vollmondschein weinend und wehklagend durch die Trümmer wandeln sehen; aber seit geraumer Zeit weiß man nichts mehr von dem Spuk. Vielleicht ist die arme Seele durch die Siege der deutschen Waffen erlöst, und die Milliarden, die der überwundene Reichsfeind zu zahlen hatte, haben ihr einen Ablaß von Rom erkauft.

Die Erscheinung dieser schwarzweißen Jungfrau erinnert an die böse Held, die noch hin und wieder in Süddeutschland genannt wird. Sie vergleicht sich mit Hilde, einer der Walküren, welche die Krieger Högnis und Hedins zu endlosem Kampfe weckt. Dieselbe ist aber identisch mit der kriegerischen Freya und zugleich mit der Naturgöttin Hel, nach älterer Anschauung der Germanen. Wo sie ganz schwarz erscheint, heißt sie auch Rachel, d. i. Rach-Hel, die rächende Hel, die Nemesis der Griechen.

4.

Die Walküren.

Zu Hledra, der stolzesten Burg in allen nordischen Landen, saß König Hrolf Kraki mit seinen zwölf Kämpfern zur Julzeit und leerte mit ihnen den Bragibecher. Sie thaten Gelübde, in jedem Kampfe treulich zusammen zu stehen und auch mit einander zu sterben. Darauf zogen sie aus, als der Sommer erschien, zum Kampf und Sieg, durch welchen viele Jarle und Könige dem Beherrscher von Danland zinsbar wurden. „Odin ist mit uns", sagte Bodwar Biarki, einer der Zwölfe. — „Seine Schildjungfrauen haben uns beschützt", sprach Hialti, ein anderer Kämpfer. „Mögen sie uns immer Sieg verleihen", setzte ein dritter hinzu, „und einst uns alle zugleich gen Walhall führen." Als sie so redeten, trat Wögg, ein junger Geselle, ein und begehrte Dienst bei dem Könige zu nehmen. Dieser reichte ihm einen Goldring; aber er sagte, indem er ihn an den linken Arm steckte, nun müsse sich der rechte schämen, da er des Schmuckes entbehre. Lächelnd übergab ihm Hrolf einen zweiten Ring. Da legte Wögg die Hand auf Freyers Eber und gelobte, er wolle einst des Königs Rächer werden, wenn ein Feind ihn fälle.

Hrolf Krakis Untergang. Dieser nordische Held fuhr einstmals mit seinen Kämpfern und großem Gefolge nach Upsala, wo sein Vater Helgi erschlagen worden war, um dessen Goldringe von dem geizigen Adils, dem Gemahle seiner Mutter Yrsa, zu fordern. Er kam nach der ersten Tagfahrt zu dem Bauer Hrany, der ihn wohl aufnahm, bewirtete und ihm riet, einen Teil seiner Leute zurückzusenden, weil sie bei den Kämpfen, die seiner warteten, hinderlich sein würden. Der Mann trug einen Breithut, der sein Gesicht beschattete, und hatte nur ein Auge; er sprach aber so verständig, daß ihm Folge geleistet wurde. Am Abend des andern Tages sah man dasselbe Gehöfte und denselben Mann vor sich und empfing die gleiche Bewirtung und den gleichen Rat. Hrolf sah wohl, daß er einen zauberkundigen Mann vor sich habe, und entließ außer seinen Kämpfern alles Gesinde. Der Bauer sah ihm sinnend nach; dann richtete er sich hoch auf und erschien größer und gewaltiger als zuvor, und sein Auge leuchtete wie die Sonne. Er winkte mit der Rechten, als ob er einen Diener berufe; da schwebten durch Wolken und Nebelnacht daher sieben Mädchen mit Schild und Brünne auf weißen Rossen und hielten vor ihm. „Hrist (Sturm) und Mist (Nebelgrau), Thrud (Gewalt) und Göll (Ruferin), Gondul (Wölfin) und Skogul (Vollstreckerin) und du, kühne Hilde (Krieg)! wartet eures Amtes bei König Hrolf, daß er siegreich wiederkehre;" so sprach der Mann unter dem Breithut, und die Walküren eilten fort, die Befehle zu vollbringen.

Wohl gab es durch die Hinterlist des falschen Adils heiße Kämpfe; doch trabten die Helden, unverletzt und durch die Niederlage der Feinde berühmt, der Heimat zu. Sie suchten wieder Herberge bei Hrany und fanden ihn freundlicher als zuvor. Er holte Schild, Schwert und Brünne herbei und sagte, indem er die Waffen dem Könige darreichte: „Nimm das Heergeräte; du wirst es brauchen." Aber Hrolf weigerte sich, diese Gaben von einem Bauer anzunehmen. Da drückte Hrany den Hut tiefer herab, sein Gesicht ward finster wie die Nacht, und aus seinem Auge funkelten Blitze wie aus einer dunkeln Wolke. „Räumt alsbald mein Haus, unweise Jötensöhne!" rief er, „die Norne hat euren Geist umnebelt, sie wirft den Faden nordwärts." Der Boden wankte, das Gebälk krachte, als ob das Haus einstürze. Unter solchen Umständen bestiegen die Helden ihre Hengste, ohne Bewirtung abzuwarten, und trabten weiter. Auf dem Wege unterbrach zuerst Biarki das Stillschweigen, indem er sagte: „Wenn der Schatz wieder versunken ist, gedenkt man der Bannformel, durch welche er gehoben wird. Ich fürchte, wir haben unklug gehandelt. Der Bauer ist mehr, als er uns scheint." — „Er ist Odin selbst, der Einäugige", versetzte Hrolf, „laßt uns ihn wieder aufsuchen." Sogleich kehrten die Helden wiederum; aber Hof und Bauer waren bereits verschwunden.

Der König blieb nun mit seinen Kämpfern zu Hledra, ohne weitere Wikingsfahrten zu unternehmen; denn er fürchtete, Siegvater sei von ihm gewichen. Die zinspflichtigen Fürsten und Jarle entrichteten ihre Steuern und wagten nicht, das Banner gegen den sieggewohnten Oberherrn aufzurichten. Endlich aber forderte Skuld, Hrolfs Schwester, ihren Gemahl Hiörward auf, das Glück der Waffen gegen den Herrscher zu versuchen. Sie bereitete Arglist und schädliche Zauberei, um ihren Zweck zu erreichen. Unter dem Vorwande, den schuldigen Zins zu entrichten, erschienen beide mit großem Gefolge in der Burg und hatten

Hrolf Kraki mit dem Trinkhorn.   Zeichnung von R. Ehrenberg.

noch viel reisiges Volk im Hinterhalt. Der König empfing sie mit großen Ehren und gab ein festliches Trinkgelage. Als aber er selbst und seine Mannen, von Wein und Schlaf übermannt, in den Sälen ruhten, brachen die Scharen der Verräter herein und erschlugen viele schlummernde Krieger. Hialti, der auswärts war, kam zurück, als das Morden schon begonnen hatte. Er weckte Bodwar Biarki. Beide legten das Heergewand an und schafften sich einen blutigen Weg durch die Mörderhaufen bis in den hinteren Saal, wo der Fürst mit seinen Kämpfern sich rüstete. Da sprach Hrolf: „Wohlan, treue Heergenossen, trinkt

mit mir den letzten Trunk, Odins Minne, den Bragibecher zum Todesgang!"
Sie tranken alle mit großer Freudigkeit, und Biarki rief: „Seht ihr die Wal=
küren über uns, wie sie lächeln unter den Helmen, wie sie uns winken? Wir
kommen, siegwaltende Jungfrauen; bald schließt ihr uns in die Arme und tragt
uns in Heervaters Halle, wo Freya selbst den Kämpfern schäumenden Met
entgegenbringt. So lange uns aber das Leben vergönnt ist, laßt uns treulich
schaffen, daß wir ehrenvoll sterben und uns des Nachruhmes würdig erweisen,
der im Liede der Sänger fortklingt!" Also sprach der unverzagte Held, und
die Kämpfer, geschart um den König, drangen vorwärts gegen die Feinde, und
ihre Schwerter klangen, als ob ein ganzes Heer den Streit erhebe. Unter ihren
Streichen fielen die Mordgesellen in Haufen und wichen aus den Sälen und aus
der Burg, und die Hledramänner, das Gesinde, folgten dem tapferen Herrscher
unverzagt, als zum Siege.

Indessen führte Hiörward frische Scharen herbei, und die verderbliche
Skuld stand im Kampfgetümmel und erweckte, Zauberlieder singend, die ge=
fällten Streiter, daß sie mit gespaltenen Häuptern und klaffenden Brustwunden
immer von neuem die Schlachtschwerter erhoben. Sie war gleich der Hilde,
die Högnis und Hedins Mannen neu belebte, oder wie die jüngste, Unheil ver=
kündende Norne, deren Namen sie trug.

Die Helden fielen einer nach dem andern um den streitbaren König, der
hoch aufgerichtet im schrecklichen Kampfe stand. Die Geschosse schwirrten um
ihn her, Schwertstreiche prasselten auf Helm und Schild; er aber fällte die
Männer, die ihn bedrängten, mit zermalmenden Schlägen. Doch endlich, als
sein Heergeräte zerstückt war, seine Heldenkraft erlahmte, fiel er, von Geschossen
durchbohrt, auf den blutigen Boden unter Leichen und Waffentrümmer. Hialti
lag sterbend zu seinen Füßen; noch stand Biarki aufrecht, aber seine Farbe war
erblichen, Helm und Schild zerhauen, Brünne und Brust von einem Speer
durchbohrt.

> Seine Farbe ist erblichen;
> Er spricht mit blassem Mund:
> Die Kraft ist mir entwichen;
> Heiß brennt die Todeswund'.
>
> Hialti dort zu'n Füßen
> Des Königs ruht gefällt;
> Seinen bleichen Mund zu küssen,
> Gönnt mir der Königsheld.
>
> Zu seinen Häupten sinken
> Will ich ohne Furcht und Grau'n;
> Walküren droben winken,
> Holdsel'ge Schildjungfrau'n.
>
> Sie rufen, sie laden zum Mahle
> Die Helden früh und spät;
> In Odins sel'gem Saale
> Bieten sie Al und Met.

Hiörward, der Sieger, und Skuld saßen in der festlichen Halle beim Ge=
lage und freuten sich ihrer argen List. Da sprach die Zauberin: „Mein Bruder
ist ruhmvoll mit allen seinen Helden gefallen als ein Skiöldunge, ein Spröß=
ling des edelsten Königsgeschlechtes auf der ganzen Erde." — „Ist denn keiner
seiner Tapfern mehr übrig?" fragte der König; „ich wollte ihn hoch in Ehren
halten und unter meinen Kämpfern obenan setzen." Als er so gesprochen hatte,
trat vor ihn ein Mann, ganz mit Blut überronnen, ohne Wehr und Waffen,
aber mit einem Goldring an jedem Arme. Man erkannte ihn wohl, denn es
war Wögg, der muntere Geselle, den Hrolf einst beschenkt und unter sein Ge=
folge aufgenommen hatte. Er sagte, er wolle dem neuen Herrscher gerne dienen.

Die Frauen der Teutonen vertheidigen die Wagenburg.

Doch habe er kein Schwert, weil das seinige im Kampfe zerbrochen sei. Da reichte ihm Hiörward sein eigenes Schwert; allein Wögg sagte, Hrolf habe die Waffe an der Spitze gehalten, wenn er einem Manne die Wehre dargeboten habe. Auch diesem Begehren willfahrte der König; allein kaum hatte der Kämpfer den Griff erfaßt, so stieß er die Klinge mit aller Macht dem Könige in die Brust mit den Worten: „Gehe zur bleichen Hel, falscher Verräter, wo du in Nastrand durch Eiterthäler wandern wirst." Darauf empfing er ohne Widerstand die tödlichen Streiche der Hofmänner. Doch wankte er hinaus zu der Stelle, wo sein Herr mit den andern Helden lag, und rief, zu ihnen nieder= sinkend: „Nun hab' ich mein Wort gelöst und meinen Herrn gerächt. Aber ich sehe sie, die behelmten Mädchen; sie haben die Helden auf ihre Rosse erhoben, sie warten auf mich. Ich folge euch, ich komme aus Blut und Erdenleid in die Versammlung der seligen Helden." —

Es ist eine mythische Erzählung, die wir hier gegeben haben; aber sie schildert, sie verkörpert gewissermaßen den Glauben, die Treue und den Helden= mut unserer Vorfahren. Mit diesem Heldenmut schlugen sie einst das römische Weltreich in Trümmer, und mit demselben Mute, derselben Kraft kämpften ihre Nachkommen in den Befreiungskriegen und in den jüngsten Kämpfen, als sie den übermütigen Feind zu Boden schlugen. Da hörten sie unter dem Donner der Schlachten die Walküren, die ihnen verkündigten, daß aus ihren blutigen Mühen Germanias Reich und Herrlichkeit auferstehen werde.

Solche Stimmen vernahmen schon Arminius und seine Cherusker, wie wir bereits angemerkt haben. Denn aus jener Zeit und noch aus früherer stammt der Glaube an die Schildjungfrauen. Hundert Jahre vor den Cherusker= kämpfen standen die Frauen und Töchter der Krieger hinter den Schlachtreihen der Cimbern und Teutonen und ermutigten durch Zuruf die Männer zur Tapferkeit. Dem Bataverhelden Claudius Civilis zu Hülfe trieb die Seherin Weleda die umwohnenden Stämme in den Krieg gegen die römische Übermacht. Dasselbe mögen noch andere Frauen gethan haben, und gewiß traten auch be= geisterte Frauen, die man für Seherinnen, für Prophetinnen hielt, in die Schlachtreihen ein, um ihre siegverkündenden Prophezeiungen wahr zu machen, und die Völker folgten vertrauend dem Banner, das die heilige Seherin erhob. Auch Verwundete trugen die Frauen aus dem Getümmel, um sie zu verbinden, wie ja im letzten Kriege weibliche Hände die Kranken und Verwundeten pflegten. Der Name Weleda, den uns Tacitus erhalten hat, ist aber kein Eigenname, wie der Römer glaubte, sondern er bedeutet überhaupt Seherin und mit diesem Begriff stimmt auch die nordische Benennung Wöla oder Wala überein. Wir haben als eine solche in der Edda die Hyndla kennen gelernt und werden noch mehreren begegnen.

Ursprung der Walküren. Die Seherinnen, welche den deutschen Völkern Sieg verkündigten, oder auch selbst in die Schlacht eingriffen und das Banner in starken Händen trugen, waren wohl in kräftigem Alter, manche vielleicht durch Jugend und Schönheit ausgezeichnet. Wenn sie nun begeistert, siegesgewiß, unter den Führern und Edlen standen, ihren Rat, ihre Befehle erteilten, zum Siege führten, da erschienen sie wohl den Kriegern als überirdische Wesen, die der

Verehrung würdig seien. Ebenso war es bei den Skandinaviern. Sie begeisterten die Helden zum Kampfe, sie trösteten sie im Tode. Darum singt Ragnar Lodbrok im Krakumal folgenden Schwanengesang:

> „Hör' auf mein Lied, ich lausche einer Stimme
> Von Reihen, wo die Heldenseelen jauchzen,
> Ich hör' die Schlachtjungfrauen rufen,
> Die mich zu Odins Hallen laden,
> Auf hohem Sitz in den geweihten Räumen,
> Bald werd' ich dort den Göttertrank genießen,
> Des Lebens Frist ist nun entschwunden,
> Ich sterbe, doch ich lache meiner Wunden."

Aus den Mythen von Wölen oder weissagenden und zugleich kriegerischen Frauen erwuchs der Glaube an die Walküren, und die dichterische Phantasie verklärte sie zu himmlischen Erscheinungen, die den Sieg verliehen und auch die sieglosen Helden nach tapferm Kampfe zu sich erhoben und nach Walhalla trugen in die Gemeinschaft Heervaters und der seligen Einherier. Wir sind ihnen im Verlaufe unserer Darstellung schon mehrfach begegnet, wie sie auf weißen Rossen, schön gerüstet, über der Schlacht und den kämpfenden Helden walten. Gewöhnlich werden sieben, oder neun, oder auch zwölf Totenwählerinnen genannt, unter denen Hilde (Krieg), oft auch die jüngste Norne Skuld aufgeführt werden. Sie reiten Luft und Wasser; denn ihre Rosse sind Wolkengebilde, die unaufhaltsam über den Wegen der sterblichen Menschen dahinziehen. Sie besitzen aber auch Schwanenhemden, die sie anlegen, um in Schwanengestalt nach dem Orte zu fliegen, wo die Helden um Sieg oder ruhmvollen Tod den Streit ausfechten. An Weihern und Flüssen legen sie oft die Federgewänder ab und baden in der klaren Flut; oder sie spinnen und wirken die Gewebe der Schlacht, was sie den Nornen gleichstellt. Indessen ist es doch nur der Krieg, dessen Geschicke sie weben; nicht sind es die Schicksale des menschlichen Lebens überhaupt, die allein von den Schwestern am Urdborn und an der Esche Yggdrasil gesponnen und gewirkt werden. Diese sind unabhängig von den Göttern, ja, die Götter selbst unterliegen dem dunklen Verhängnis, das sie verkündigen oder auch bereiten, während die Schildmädchen als Botinnen Odins, als dessen Dienerinnen erscheinen, die seine Gebote zur Ausführung bringen. Sie geraten sogar in die Gewalt der Menschen, wenn diese ihnen die Schwanenhemden wegnehmen. Solches gelang dem mythischen Schmied Wieland und seinen beiden Brüdern, bei denen die gefangenen Walküren treffliche Hausfrauen wurden, bis sie die Flugkleider wieder auffanden und nun, dem angeborenen Triebe nach Kampf und kriegerischem Geschäft folgend, in die Ferne zogen.

Auch die sagenberühmte Brynhilde war Walküre. Sie sagte auf ihrem Helritt, Agnar habe ihr und ihren Schwestern die Schwanenhemden weggetragen und sie dadurch gezwungen, ihm gegen Odins Willen den Sieg über Hialmgunnar zu schaffen, weshalb sie der Gott in Zauberschlaf versenkt habe. Ähnliches berichtet die Sage von drei Frauen, die als Schwäne den Mummelsee im Schwarzwald besuchten und in dem krystallhellen Wasser badeten. Ein Schwabe nahm einer von ihnen das Federkleid weg und führte sie als Ehegemahl in sein Haus. Auch sie entfloh dem Eheherrn, als sie das Gewand

wieder vorfand. Wie Brynhilde menschlicher Abkunst war, so auch Swawa und
Sigrun, die ihre geliebten Helden schützend im Kampf umschwebten, aber ihre
Walkürenmacht verloren, als sie mit denselben vermählt waren. Nur den Jung=
frauen war die göttliche Natur eigen, durch die Verbindung mit den sterblichen
Helden wurden sie derselben verlustig. Die Lieder, worin die Schicksale der
zuletzt genannten Walküren gefeiert werden, gehören zu den schönsten Blüten
der nordischen Poesie, und wir werden davon in der Heldensage reden. In
dem deutschen Nibelungenliede erinnert noch die übermenschliche Stärke Brun=
hildens an die Schlachtjungfrauen, und diese Kraft schwand, als die Jungfrau
dem Gunther vermählt ward. Noch mehr aber gleichen die Meerfrauen, denen
der grimme Hagen die wundersamen Gewänder (Schwanenhemden) wegnahm,
in derselben Dichtung den Walküren. Wie diese die Geschicke der Schlacht
spinnen und weben, so verkündigen jene den burgundischen Recken den Ausgang
ihrer Fahrt in das Heunenland. Bei den Angelsachsen hießen diese Wesen Sieg=
weiber, wie eine Beschwörungsformel (bei Kemble) lehrt, die wir hier nach
Simrocks Übersetzung beifügen:

> „Setzt euch, Siegweiber, senkt euch zur Erde,
> Wollet nicht wieder zum Walde fliegen!
> Bleibt im Gemüte meines Heiles so eingedenk,
> Wie die Menschen mannigfalt des Mahls und der Heimat.“

Die Walküren, Nornen und andere göttliche Frauen erscheinen endlich noch
unter dem Namen Disen, in den Merseburger Heilssprüchen Idisen. Sie lassen
sich, gleich jenen Siegweibern, zur Erde nieder, halten feindliche Heere mit
Stricken auf, die sie flechten, fesseln die Heerscharen oder ihre Führer und ent=
scheiden dadurch den Kampf. Sie sind dem Namen nach mit dem Kriegs= und
Schwertgott Tius (Tyr, Zio) zusammengehörig, aber nicht seine Dienerinnen,
sondern sie walten unabhängig, sie sind selbst das unentrinnbare Geschick. Doch
verschaffen sie denen, welche sie ehren, Sieg. Dasselbe thaten Swawa und
Sigrun, so lange es ihnen vergönnt war, die von ihnen geliebten Helden zu
beschützen. Noch mehr lag dieser Schutz den Fylgien oder Schutzgeistern ob.
Man glaubte, jeder Mensch habe eine solche Fylgie, die ihm erst in der Todes=
stunde sichtbar werde. Vielleicht entstand daraus die Sage von der Ahnfrau,
deren wir früher erwähnt haben.

Idisen oder Disen waren, wie J. Grimm annimmt, schon zur Zeit des
Tacitus bei den Germanen bekannt und verehrt. Es gab Weihestätten, wo
ihnen geopfert wurde, und es ist möglich, daß der Desenberg im Osning ihnen
oder Tius (Tyr oder Zio) geheiligt war. Eine andere Opferstätte scheint der
Disibodenberg oder Disenberg im Nahethal gewesen zu sein, eine dritte das
Idistavisofeld (Idisenwiese) an der Weser, wo Arminius den Römern eine
blutige Schlacht lieferte. Es scheint auch, daß jene begeisterten, weissagenden
Seherinnen, wie Weleda, als Idisen betrachtet wurden. Wir haben berichtet,
wie sie auf die Geschicke der Schlachten Einfluß hatten; sie zogen aber auch
umher, traten in die Wohnungen, brachten Hülfe in vielen Krankheiten, denn
sie kannten Heilmittel, die bei dem Glauben an ihre Macht sehr wirksam waren.
Eine solche Frau trat nach römischen Berichten dem Drusus entgegen, als er

bis an die Elbe vorgedrungen war. Sie erschien in germanischer Tracht, aber von übermenschlicher Größe, und befahl dem Eroberer, von dem heiligen Boden ihres Vaterlandes zurückzuweichen, da sein Ende nahe bevorstehe. Der erschreckte Held soll dadurch zum Rückzuge bewogen worden sein und es ist bekannt, daß er bald nachher durch einen Sturz vom Pferde starb. Wahrscheinlich ist die Erzählung aus germanischen Sagen entstanden; aber sie bezeugt doch den Glauben der alten Völker an die Würde und Macht jener Prophetinnen, die man auch weise Frauen nannte. Es ist ein schönes Bild, wenn man sich diese Seherinnen vorstellt, wie sie das Wohl ihres Volkes im Herzen trugen, zu kriegerischen Thaten mahnten, die Banner in die Schlacht trugen, die Verwundeten aus dem Getümmel entführten, verbanden und pflegten, oder auch sonst Hülfe und Heilung brachten. Anders ist aber die Kehrseite dieses Bildes, wenn sie die Wanderhorden auf ihren Raubzügen begleiteten. Verwildert, mit aufgelösten Haaren, traten sie dann in die Reihen der Krieger, stimmten in das Schlachtgeheul ein, standen nach erfochtenem Siege am Opferherd und schlachteten die Gefangenen. Sie ließen das Blut in den Kessel rinnen, rührten und kochten es, durchwühlten die Eingeweide der Opfer und erhoben, nach den Anzeichen die künftigen Erfolge weissagend, die bluttriefenden Arme gen Himmel. Sie schlossen dann einen Reigen und tanzten unter wildem Geschrei um das lodernde Herdfeuer. Wie diese entmenschten Weiber dachte man sich in späterer Zeit die Hexen, die an alten Opferstätten Tänze aufführten und überhaupt Feste feierten.

Es werden von alten Schriftstellern noch andere Frauen angeführt, die das Volk wohl für Idisen hielt. Eine solche erschien dem Attila am Lech und schreckte ihn vor Ueberschreitung des Flusses zurück; eine andere verkündigte dem Kaiser Alexander Severus den traurigen Ausgang seines Unternehmens. Ebenso rief eine nordische Dise dem mythischen Helden Hartung zu, er möge zu Land oder zu Wasser fahren, so würden die Götter ihm feindlich sein. Noch vor Beleda stand die Seherin Aurinia bei den Germanen in hohem Ansehen. J. Grimm glaubt, daß sie Alioruna geheißen habe, und beweist dies durch Vergleichung mit Jornandes, der den Ursprung der mißgestalteten Hunnen von den Aliorunen ableitete. Später nannte man diese Wesen Alrunen oder Alraunen. Es entstand daraus der Glaube an den Alraun. Man erzählte, derselbe werde aus einer Wurzel geschnitten, die eine entfernte Ähnlichkeit mit der Menschengestalt habe. In Deutschland galt dafür lange Zeit die bekannte Wucherpflanze Zaunrübe, welche mit ihren Ranken Hecken, Sträucher und zuweilen Bäume überzieht. Im zehnten und elften Jahrhundert, als die Deutschen durch die Römerzüge mit Italien näher bekannt wurden, lernten sie die Mandragora kennen, die noch mehr dem Aberglauben entsprach, als die Zaunrübe, die aber nicht diesseits der Alpen vorkommt. Die Sage ging, diese Pflanze wachse nur unter einem Galgen, woran ein Mensch hänge (vergl. Abb. S. 232). Ein kundiges Weib gräbt danach, wie weiter berichtet wird, unter schauerlichen Beschwörungen um Mitternacht zur Zeit der Sonnenwende beim bleichen Scheine des letzten Mondviertels und reißt sie endlich unter gräßlichem Wehegeschrei aus dem mütterlichen Boden. Sie eilt wie wahnsinnig mit der Wurzel, die sich in ihren Armen lebendig regt, in ihre Kammer und legt sie auf ein weiches Lager.

Da ruht das mißgestaltete Wesen vor ihr, leichenblaß, ohne Augen, den dicken Schädel mit wenigen Borsten bewachsen. Sie fühlt sich, wie eine Mutter mit ihrem Kinde, in unauflöslicher Liebe mit ihm verbunden. Sie wäscht es alle Freitage mit weißem und rotem Wein, hüllt es sorgfältig in weiße und rote Seide und legt es in ein Kästlein. Alle Neumonde bekleidet sie es mit einem neuen Hemdlein, bis es sich so menschenähnlich entwickelt. Sie drückt ihm zwei Wachholderbeeren an der Stelle ein, wo die Augen sein sollen, und eine dritte an dem Hinterkopf, und diese Beeren werden zu wirklichen Augen, die aber rund sind, nicht oval, wie menschliche. Das erdentstammte Geschöpf wächst unter ihrer Pflege schnell heran, erreicht aber nur die Größe eines drei= jährigen Kindes. Es läuft affenartig über Dächer, klettert auf Bäume und lacht der Besorgnis seiner Pflegerin; es zeigt und verschafft derselben aber die im Schoße der Erde verborgenen Schätze. Das Haus wird dadurch reich und angesehen; aber die Besitzerin findet kein Glück. Ihr Vater, der im Vertrauen auf die Schätze nach Fürstengewalt strebt, stirbt den Tod eines Hochverräters; ihr Bräutigam und ihr Bruder ermorden sich gegenseitig um des Geldes willen. Der Alraun spottet ihrer Thränen; er quält sie mit teuflischer Lust Tag und Nacht, bis sie im Wahnsinn unter demselben Galgen stirbt, wo sie den Unhold aus der Erde gegraben hatte. Die schauerliche Sage steht mit dem Glauben an Wodan, den Hängegott, und an den verderblichen Einfluß irdischer Schätze auf die menschlichen Schicksale in Zusammenhang. Sie leitet aber unsere Be= trachtung zu den Hexen über, die ursprünglich keineswegs jenen häßlichen Weibern gleichen, von denen oben die Rede war.

In frühester Zeit nannte man jene zauberischen Weiber Hagedisen, d. i. Haindisen, Göttinnen, welche in heiligen Hainen wohnen. In solche Haine, überhaupt in waldige, unzugängliche Einöden, zogen sich auch die Seherinnen (Wölen) zurück, als das Christentum zum Teil gewaltsam mit Feuer und Schwert unter den germanischen Stämmen ausgebreitet wurde. Aber wie der Glaube an Wodan, Thunar, Frea noch Jahrhunderte lang im verborgenen Bestand hatte, so blieben auch die prophetischen, helfenden und heilenden Frauen auch lange in Ansehen. Man suchte sie im Waldesdunkel auf, um sich Rats zu erholen; sie hielten selbst Umzüge durch das Land, um ihren Anhang zu mehren. Sie feierten die altgewohnten Opferfeste mit Tänzen und Spielen. Als das Christentum immer mehr den heidnischen Glauben verdrängte, wurden sie als Teufelsdienerinnen verschrieen, wie man ja auch die Götter für diabolische Wesen hielt. Aus den Hexenprozessen geht hervor, daß sie Kräuterträuke bereiteten, die unzüchtige Begierden erweckten, oder auch Wahnsinn und den Tod brachten. Sie schlürften selbst solche Tränke, durch welche sie nach den Opferstätten, zu den Orgien des Bösen, in lebhaften Träumen entrückt wurden. Daher starb in den Hexenverfolgungen manches schuldige Weib auf dem Holzstoß für das von ihr gereichte Gift; aber keine Urkunde berichtet, wie viele Unschuldige durch die Folterqual zu Geständnissen von Verbrechen gezwungen wurden, die ihnen völlig fremd waren. — So sanken im Volksbewußtsein die Gestalten der prophetischen Seherinnen, die lichten Walküren, die waltenden Idisen zu teuflischen Wesen herab, und die heiligen Opferstätten wurden Versammlungsorte böser Geister.

Die Fingalsgrotte.

Achter Abschnitt.

Ogir und sein Gefolge.

Der Wassergreis,
Wie Schaum so weiß,
Die Silberhaare wie Schnee und Eis,
Erhebt sein Haupt aus der Tiefe wild,
In Armen hält er ein Menschenbild,
Begrabt es drunten bei rotem Gold;
Darüber murmelnd die Welle rollt.
Der Schiffer segelt durch grüne Flut,
Da quillt's herauf wie rotes Blut,
Da ruft's herauf: „Ach nimm mich mit!"
Ihm graut, wie's Schifflein vorüber glitt.
                              Wilh. Waldner.

Im badischen Schwarzwald, einige Stunden vom Mummelsee, wohin wir schon einmal unsere Leser geführt haben, lag ein Dorf, dessen Bewohner sich an heiteren Maitagen bei Spiel und Tanz zu ergötzen pflegten. Zu diesen Festlichkeiten kam manchmal ein fremdes Fräulein und mischte sich in den fröhlichen Reigen. Sie hatte Perlenschnüre im Haar und um den Hals; die edle Gestalt umfloß ein grünes Seidengewand, dessen unterer Saum naß war, als ob sie durch Wasser gewatet sei. Ihr Angesicht war so schön, daß den jungen Gesellen das Herz in der Brust höher schlug, wenn sie die Maid zum Tanze führten. Einen derselben, den Michel Stauf, schien sie vor allen zu begünstigen. Er war der Stärkste im Ringen und Raufen und der gewandteste Tänzer. Die alten Leute, welche dem Spiele der Jugend zusahen, meinten, sie hätten noch kein schöneres Paar auf dem Tanzboden gesehen. Indessen, wenn die Glocke elf Uhr schlug, entfernte sich die Jungfrau, und obgleich mehrere Burschen ihr eifrig folgten, war sie doch bald im Waldesdickicht verschwunden. Dem Michel aber gelang es einstmals, ihre Spur zu erspähen, und sie nahm ihn willig zum Begleiter und plauderte mit ihm auf dem Pfade, der ihm völlig unbekannt war. Beide kamen in kurzer Zeit an den See. Als er ihr den Antrag stellte, sie solle ihm als Hausfrau in sein Gehöfte folgen, sagte sie, daß sie ihren Vater fragen wolle, der ein gar strenger Mann sei und solche Gemeinschaft nicht erlauben werde. Nach diesen Worten sprang sie in das Wasser und verschwand. Der Bursche merkte nun wohl, daß es eine Wassernixe sei; aber sein Herz hing an ihr, und all sein Trachten war darauf gerichtet, sie sich zu eigen zu machen.

Die fröhlichen Festtage waren indessen vorüber, die Feldarbeit begann und ließ auch dem Michel wenig Zeit zu Heiratsgedanken. Dafür hatte er den Winter über desto mehr Muße, darüber nachzudenken, wie lieblich es wäre, wenn die holde Maid im grünen Gewande seinem Hauswesen vorstände. Er träumte Tag und Nacht von ihr und hatte gar keine Freude mehr an Karten- und Würfel- spiel, oder am vollen Becher in munterer Gesellschaft, wo er sonst nicht leicht gefehlt hatte. Auch in den Spinnstuben ließ er sich nicht mehr sehen und die Spinnerinnen zerbrachen sich den Kopf darüber, warum der reiche Michel nicht mehr bei ihnen zuspreche. Er wartete aber mit Sehnsucht auf den Maimond, und als sich der endlich mit hellem Sonnenschein einstellte, da war er der Erste auf dem Tanzplatz. Seine Hoffnung betrog ihn nicht; das Fräulein vom See erschien, wie alljährlich, und tanzte, koste mit ihm und nahm auch seine Beglei- tung an, als sie mit dem Glockenschlag elf aufbrach. Wie er nun mit seinen Heiratsplänen auf dem Wege hervorrückte, ward sie traurig. „Der Vater will keine Verbindung mit den Menschen“, sagte sie, „und er ist sehr strenge; er duldet keinen Ungehorsam.“ — „Das Weib soll Vater und Mutter verlassen und seinem Manne anhangen“, rief er unmutig, „wenn du willst, so kehren wir gleich um, lassen uns trauen, und bist du einmal in meinem Hause, so will ich sehen, wer dich wider deinen und meinen Willen mir entführt.“ — „Still“, sagte sie erschrocken, „daß der Vater solche Reden nicht hört! Siehst du die Quellen und Bäche umher? Die sind ihm alle dienstbar; sie würden zu wilden Strömen anschwellen und uns verschlingen, wenn er befiehlt. Reize ihn nicht zum Zorn. Er will keine Verbindung mit den Menschen; denn sie haben ihn einst Entenschnabel gescholten, weil er, wie alle Männer bei uns, eine hörnerne Nase hat. Aber er ist dir freundlich gesinnt und schickt dir hier diesen Ring mit dem großen Karfunkel, der dir überall die Schätze der Erde anzeigt.“ Mit diesen Worten reichte sie ihm das Kleinod. Der Stein leuchtete wie Sonnen- licht, und als er ihn gegen den Boden kehrte, erblickte er in der Tiefe Gold- und Silberadern, die wie gefrorene Bäche unter der Erde anzusehen waren.

„Das ist alles ganz prächtig", sagte er, „aber ich will keine anderen Schätze als dich und ich bin selbst reich genug, daß wir prächtig leben können." Sie waren am Seeufer angekommen; bald verschwand sie nach kurzem Abschied in der Flut.

Michel war ein mutiger und trotziger Bursche, der keine Furcht kannte. Wenn er sich etwas in den Kopf gesetzt hatte, so mußte es gehen oder brechen. Er hätte am liebsten den Wasserkönig gleich vor sich gehabt, um ihn an die Erde zu schmettern. Da dies nicht thunlich war, so brütete er auf dem Heimwege über einem Projekt, wie er die schöne Maid durch List zur Einwilligung in seinen Vorschlag bringen möge. Am folgenden Tage kam sie zur gewöhnlichen Zeit und war lieblicher und gegen ihn freundlicher als jemals. Gegen Abend schlich er sich weg, als ob er für Erfrischung sorgen wolle, stieg aber auf den Turm und stellte die Uhr eine volle Stunde zurück. Als er wieder eintrat, stieß er einen Burschen, der die Seejungfer zum Tanze führen wollte, weg und raste nun mit ihr dahin, als ob er die Welt tanzend durchziehen wolle. Er wurde nicht müde, und auch sie schien von gleicher Lust beseelt. Die Pfeifer wurden vor Anstrengung blau zum Ersticken, den Fiedlern erlahmte der Arm; aber sie durften nicht aufhören: er drohte im Vorüberfliegen, er versprach dreifachen Lohn. Endlich schlug die Glocke elf; da entwand sich das Fräulein seinen Armen und begab sich eilends auf den Weg. Er begleitete sie; aber kaum hatten sie eine kleine Strecke zurückgelegt, so zeigte die Glocke in einem benachbarten Dorfe Mitternacht an. Die Jungfrau erschrak, daß sie an allen Gliedern zitterte. Sie fragte und erfuhr von ihm, was sich zugetragen hatte, und wie sie jetzt mit ihm gehen und ihm angehören müsse. Alle seine Vorstellungen waren jedoch vergeblich, sie beschleunigte ihre Schritte, sie weinte, sie wehklagte. Jetzt standen sie am Ufer des Wasserspiegels, den der volle Mond beleuchtete. Er versuchte vergebens, sie zurückzuhalten. Sie flüsterte ihm noch leise zu: „Hab wohl acht darauf, was geschieht; steigt aus dem See milchweiße Flut herauf, so bin ich gerettet und darf dir angehören; kommt aber Blut, so bin ich verloren." Kaum hatte sie diese Worte gesprochen, so that sie den gewohnten Sprung und sank unter. An der Stelle aber blieb eine trichterförmige Vertiefung, von deren Rande sich Wellenringe ausbreiteten. Michel betrachtete mit athemloser Spannung den Wasserspiegel, und jetzt, jetzt erhebt es sich aus dem Abgrund, aber nicht milchweiß, ein blutroter Strahl schießt jählings empor und ein Schrei dringt in sein Ohr, der wie ein Dolchstoß sein Herz trifft.

„Teuflischer Neck", rief er, „Kindesmörder! Da nimm deinen Hexenring, Entenschnabel!" Damit warf er das Kleinod an einen Felsen, daß es in Stücke sprang. Sobald die Splitter das Wasser berührten, fing es an zu sprudeln und zu kochen, als ob ein unterseeisches Feuer es zum Sieden bringe. Es wallte höher und höher und in der Mitte stieg schäumend eine riesige Welle auf. Der See tobte, in seinen Tiefen aufgeregt; er schwoll über seine Ufer; die riesige Welle riß den trotzigen Burschen mit sich fort, der sich vergebens sträubte.

Weithin erstreckten sich die Verwüstungen durch das empörte Element; weder der reiche Michel noch die Jungfrau vom See wurden jemals wieder gesehen.

Wie diese schauerliche Sage und die in unserm Motto, so giebt es viele andere, deren Schauplatz an Quellen, Bächen, Flüssen und Seen haftet und die in Deutschland, Skandinavien, England und auch in slavischen und romanischen Ländern erzählt werden. Auch aus dem klassischen Altertum tönen die Mythen von den Najaden, Flußgöttern, Sirenen und Meerwundern zu uns herüber.

Wer kennt nicht die herrliche Rheinsage, welche so vielfach erzählt und ge= dichtet ist, zuerst von Clemens Brentano (1806) in des „Knaben Wunderhorn", wohl mit am schönsten von Heine, dessen Ballade mit den elegischen Worten schließt:

> „Ich glaube, die Wellen verschlingen
> Am Ende den Schiffer und Kahn,
> Und das hat mit ihrem Singen
> Die Loreley gethan."

Die Loreleysage. Man bezieht mit Recht diesen Namen auf die Leien oder Schieferfelsen am Rhein; aber das widerlegt nicht den alten Glauben an eine Nixe dieses Namens, deren Gestalt auf dem früher der Schiffahrt gefährlichen Felsen der Schiffer im unsichern Mondschein zu sehen glaubte. Das ganze Rheingebiet von Rüdesheim bis Königswinter ist von Geistern und elbischen Wesen belebt. Da guckt der gespenstische Hatto aus seinem Mäuseturm, dort lispeln im Wisper= thale die geisterhaften Fräulein und laden den Wanderer zur Einkehr, weiterhin die Loreley auf ihrem Felsensitze und Gnomen, Zwerge, Elfen aus Wäldern, Thälern und Klüften die Hornsignale oder den Glockenklang bis in die ent= ferntesten Gründe wiederholend, während weiterhin bis zum romantischen Sieben= gebirge Ritter und Burgfrauen auf den Trümmern zerstörter Schlösser der Er= lösung entgegenharren. Es ist ein kindlicher Glaube, der alle diese Erscheinungen hervorgerufen hat, aber er ist nicht ohne tiefe Bedeutung. Wenn der gebildete Christ den Hauch, das Wesen des göttlichen Geistes in Feld und Wald, in Frühlingsblüten und in der herbstlichen Fülle, am Sternenhimmel, in den glänzenden Tautropfen und in den Tiefen seiner eigenen Seele wahrnimmt, so ist auch dem Heiden seine Welt vom Atem Gottes durchdrungen, belebt und beseelt. Aber seine Blicke sind der Außenwelt zugekehrt; er sucht das Göttliche mit leib= lichen Sinnen in der Mannigfaltigkeit der äußern Erscheinung, und so gestaltet es sich in seinem Bewußtsein zu einer Vielheit, welche die sichtbare Welt erfüllt. Die Dryaden des Altertums, die Waldfräulein und Waldminnen in Deutschland, die nordischen Iwidien bewohnen die Bäume des Waldes, Sylphen und Elfen, in Deutschland Elben, bevölkern die Luft. Ihnen schließen sich die Siegweiber an, die Walküren, die Luft und Wasser reiten, oder in Schwanenhemden zum Bade in stillen Weihern schweben. In den Gewässern selbst haben Najaden, Tritonen, Nixen und Meerminnen ihre Behausung.

Andere Sagen. Von den Schwarzalfen oder Gnomen im Schoße der Erde haben wir bereits geredet, desgleichen von der geheimnisvollen Hel, deren Reich in verborgener Tiefe ist; doch ist die Fülle nordischer Geisterwelt noch nicht erschöpft.

Dem Beherrscher des Mummelsees waren auch die Bäche und Quellen der Umgegend unterthan und vielleicht die Gewässer des ganzen Schwarzwalds. Die Wassergeister heißen in diesen und den angrenzenden Gebirgen auch Mummeln, woher der See und das Flüßchen Mümling im Odenwald den Namen haben. Sonst nennt man sie Nixen oder Necken, von dem alten Worte Nihus oder Nichus, wovon wiederum Neckar abzustammen scheint. Der Name des Elbstromes (Albis)

zeigt uns endlich an, daß die nordischen Alfen, die deutschen Elben, die als
Lichtalfen die oberen Lichtregionen (Lichtalfenheim), als Schwarzalfen das
Innere der Erde bewohnen, zugleich als Bewohner der Flüsse und Ströme
gedacht wurden. Den Mummeln verwandt scheint der Marmennil, der die
Zukunft kennt und weissagt, wenn er durch List oder ein zufälliges Ereignis bewogen wird, sein beharrliches Schweigen zu brechen. Der dänische König Herleif
hatte einst einen Marmennil gefangen, konnte ihn aber nicht zum Reden zwingen.
Als er jedoch seinen Hund wegen einer Unart schlug, lachte der Wassergeist
und sagte auf die Frage, warum er lache: „Weil du den schlägst, der dir das
Leben retten wird.“ Darauf verhieß ihm der König die Freiheit und ließ ihn
sogleich nach dem Strande tragen. Auf dem Wege dahin sang der Marmennil
von dem schweren Kriege, der über Dänemark hereinbrechen und den König
selbst in die äußerste Lebensgefahr bringen werde. Noch grausamer und un-
erbittlicher, als der Mummelkönig, sind die Meerminnen und Meerholde.
Auf den friesischen Inseln, von denen viele vom Meere weggespült sind, erzählte man sich manche schauerliche Geschichte. Ein Schiffer berichtete uns auf
Helgoland, er habe einst vom sogenannten Oberland, dem oberen Teil der Insel,
eine Springflut bei entsetzlichem Sturmwetter beobachtet. Er habe, sagte er,
ein Schiff mit den Wellen kämpfen sehen, sei sogleich hinuntergestiegen und mit
andern Lotsen zu Hülfe geeilt; da sei aber aus dem Gischt der Wellen der
Meergreis hervorgestiegen und habe unter schallendem Gelächter das Fahrzeug
mit Mann und Maus umgestürzt und in den Abgrund gezogen, sodaß weder
eine Leiche noch eine Planke wieder zum Vorschein gekommen sei. Die Meerholde erscheinen auch oft in lieblicher Gestalt, bald männlich, bald weiblich,
mit halbem Leibe über der Wasserfläche; aber unten endigt der Leib nach ro-
manischer Sage in einem Fischschwanz. Ihre Haare, Augen und Gewänder
schillern ins Meergrüne, bisweilen tragen sie aber auch feuerrote Mützen und
Kleider. Sie locken dann, im sanften Windhauch lispelnd, den Schiffer auf die
hohe See, treiben ihn aber auf Klippen, wo er untergeht. Wie schön schildert
Goethe das Verführerische ihres Sirenengesangs in seiner Ballade „Der Fischer“:

„Labt sich die liebe Sonne nicht, Der Mond sich nicht im Meer, Kehrt wellenatmend ihr Gesicht Nicht doppelt schöner her? Lockt dich der tiefe Himmel nicht, Das feucht verklärte Blau, Lockt dich dein eigen Angesicht Nicht her in ew'gen Tau?	Das Wasser rauscht, das Wasser schwoll, Netzt ihm den nackten Fuß, Sein Herz wuchs ihm so sehnsuchtsvoll, Wie bei der Liebsten Gruß. Sie sprach zu ihm, sie sang zu ihm, Da war's um ihn gescheh'n, Halb zog sie ihn, halb sank er hin Und ward nicht mehr geseh'n.“

Die Sage von dem Meergreis ist vielleicht eine Erinnerung an den
nordischen Ögir, der, wenn nicht Regent, doch der vornehmste und oberste unter
den Wassergeistern ist. Ögir, d. i. der Schreckliche, war gleich seinen Brüdern
Kari, dem Beherrscher der Luft, und Logi, dem Gebieter im Feuer, ein Sohn
des alten Riesen Forniot. Er scheint nach J. Grimm dem Wortlaut nach identisch
mit dem griechischen Okeanos, tritt aber bestimmter hervor als dieser, da die
alten Hellenen den Ozean vielleicht nur aus Sagen phönikischer Seefahrer
kannten, während die nordischen Schiffer auf ihren schwachen Fahrzeugen, die

sie Drachen oder Schnecken nannten, kühn in das große Weltmeer hinaussteuerten
und seine Schrecknisse erfuhren. Wenn der Sturm um sie tobte und die Wellen
berghoch emportrieb, wenn die Wogen schäumend über verborgene Klippen
rollten, oder die Brandung donnernd an den Felsen der Küste emporstieg, dann
glaubten sie, gleich jenem Helgoländer Schiffer, den Herrn des sturmbewegten
Meeres im aufschäumenden Gischt zu sehen und riefen ihn an und gelobten
ihm Opfer, das Köstlichste, was sie besaßen, vielleicht auch Menschenopfer. Indessen zeigte er sich oft genug unerbittlich, wie das unabwendbare Schicksal, und
die armen Sterblichen wendeten sich daher lieber an Niörder, der im sanft-
bewegten Meere waltete und den Schiffern günstigen Fahrwind sandte.   Der
schreckliche Ögir war vermählt mit Ran, der Rafferin, die, gleich ihrem Ehe-
genossen, Menschen hinraffte und in der Tiefe begrub oder, nach einigen Andeutungen, in ihre unterseeische Behausung aufnahm, wie Hel diejenigen, welche
auf dem Lande den Strohtod gestorben waren. Das Ehepaar hatte neun Töchter,
deren Namen Klippen, Wellen, Brandung und dergleichen ausdrücken, wie die
neun Mütter Heimdals, mit welchen sie identisch sind. Von dem Beherrscher des
Ozeans führte der Ögishelm d. i. Schreckenshelm, den Namen. Man glaubte,
sein Anblick erfülle den Gegner so mit Entsetzen, daß er, wie durch Zauber ge-
bannt, die Waffen sinken lasse. Er war an der Vorderseite mit einem Eber-
kopfe verziert, der den Feind mit aufgesperrtem Rachen angähnte. Die Angelsachsen und auch esthnische Völker an der Ostsee trugen solche Helme, und letztere
lebten des Glaubens, dieses Rüststück habe die Kraft, den Kämpfer unsichtbar oder doch unverwundbar zu machen. Es hängt damit die Tarnkappe im
Nibelungenliede zusammen, während die Eberbilder an Freyers Gullinbursti erinnern. Der Ausdruck „Helm" kommt von „hehlen", d. i. bergen, schützen,
und bezog sich vielleicht ursprünglich auf die ganze bergende Rüstung.   Der
Ögishelm scheint dem Wortlaut und der Bedeutung nach identisch mit dem
Ägisschilde des Zeus; denn dieses ist keineswegs ein Ziegenfell, wie man es
später erklärte, sondern eine Schrecken erregende Wehre. Zeus lieh ihn zuweilen
seinem Sohne Apollon, daß er ihn zum Entsetzen der Feinde schüttele und sie
zur Flucht zwinge. Auch der Schild der Pallas Athene mit dem Medusenhaupt
hatte solche Wirkung. Wir sprechen diese Ansicht hier aus, obgleich J. Grimm
damit nicht übereinstimmt.

Ögir selbst, der schreckliche Beherrscher des sturmbewegten Meeres, erscheint in den nordischen Liedern nicht mit dem Eberhelm gerüstet, während er
ihn wohl in verlorenen Dichtungen trug. Er wird überhaupt milder aufgefaßt;
er steht, obgleich von Riesen abstammend, mit den Asen in gastfreundlicher Verbindung. In Bragaröbur (Bragis Gespräche) haben wir ihn als Gastfreund
Odins und Tischnachbar Bragis in der von Schwertlicht erleuchteten Götterhalle kennen gelernt. Wir haben berichtet, wie er die Asen zur Leinernte in
seinen unterseeischen, von Goldlicht erhellten Saal einlud, wie Thor den gewaltigen Braukessel das Sinnbild des Meeresbeckens selbst von dem Riesen
Hymir herbeischaffte. Das Leuchten, den phosphoreszirenden Glanz der See
(nordisch morild) genannt, hatten die Seefahrer schon oft bemerkt. Mit Bezug
darauf hießen auch Ögirs Diener: Eldin (Zünder) und Funafeng (Feuerfänger).

Wir betrachten daher noch ferner den Herrn des Meeres, der zuweilen, auf einer Klippe sitzend, die Harfe schlägt oder, auf einer Muschel blasend, durch die Wasserwelt zieht. Es ist eine grausige Musik, wenn die Wellen zischend und schäumend gegeneinander schlagen oder am Felsgestade sich brechen. Wir haben Odins Sturmlied gehört, als er von Helgoland im Adlerflug gen Norwegen zur Kampfstätte eilte. Wenn Ögir tutet, so erheben sich die Wogen zu Bergen und stürzen brüllend übereinander, daß die Erde bebt und der Himmel zu bersten droht.

Ögir und Ran. Nach einer Vorlage des Prof. W. Engelhard gez. von J. W. Heine.

Überlieferungen aller Art erinnern an die Vasallen Ögirs, Meerminnen oder Wafferholde genannt, und sie tauchen in mancherlei Gestalten aus den Fluten hervor. Ein dem Meer entstiegener Stier zeugte mit der Frankenkönigin das Geschlecht der Merowinger. Drachen und ähnliche Ungeheuer, welche aus dem feuchten Elemente hervortreten, verschlingen Menschen und Tiere und verwüsten weite Landstrecken. Es sind Sturmfluten oder angeschwollene Bergströme, die über die Ufer treten. Die Phantasie des Volkes erblickte darin Ungetüme und die Poesie nahm Stoff zu vielen Dichtungen daher.

In Schweden, an einem tönenden Wasserfalle, wohnt der Stromkarl, der seine Verehrer wunderbare Melodien lehrt. Wenn man aber die elfte Weise spielt, so tanzen nicht blos die jungen Leute, sondern auch Greise, Kinder, Tische, Bänke und selbst Häuser und Bäume, bis jemand die Saiten der Harfe durchschneidet. Ähnlich verhält es sich mit einer anderen Weise, die man Albleich nennt. Die Erzählungen von dem zauberischen Spiele der Necken beruhen wohl auf dem melodischen Getöne, das manche Wasserfälle oder auch die Meereswellen verursachen, wo sie in die Höhlungen der Felsenufer eindringen, wie dies namentlich in der sogenannten Fingalsgrotte auf der Insel Staffa, einer der Hebriden, der Fall ist. So hörte ein Hirte, wie die Sage weiß, eine Nixe spielen und singen und stürzte sich in die Flut, um mit ihr auf immer vereinigt zu sein. Die Nixen aber suchen auch die Verbindung mit den Menschen; denn dadurch erhalten sie, was ihnen fehlt, eine fühlende, unsterbliche Seele. Die tragische Wendung, welche solche Erzählungen gewöhnlich nehmen, scheint fast anzudeuten, daß der Besitz einer Seele nicht als ein Glück geschätzt worden sei. Man findet diese Idee am schönsten dargestellt in Fouqués anmutiger Dichtung „Undine." Dieselbe Erzählung, recht anziehend ausgeführt, kann man in Franz Ottos „Märchenschatz" (Leipzig 1873) nachlesen.

Wie die Meerholde der Seele entbehren und danach Verlangen tragen, so sind sie auch der Erlösung und Auferstehung bedürftig. Darüber giebt eine christliche Sage Auskunft. Zwei Kinder trieben sich am Meeresstrande herum. Vor ihnen saß auf einem vom Wasser umspülten Fels ein fröhlicher Neck, der in die Saiten seiner Harfe griff und so lustige Weisen aufspielte, daß die murmelnden Wellen um ihn zu tanzen schienen. Da rief ihm der ältere Knabe scherzend zu: „Spiele nun immer fort, lustiger Meernix; denn du hast doch keine Hoffnung auf Erlösung und Auferstehung." — „Keine Hoffnung", wiederholte der Neck und ward so traurig und spielte so melancholische Weisen, daß die Wellen nicht mehr tanzten, und daß es den Kindern ganz weh ums Herz wurde. Sie gingen nach Hause und erzählten es dem Vater, der ein christlicher Priester war. Der aber verwies ihnen ihren Vorwitz und hieß sie sogleich umkehren und dem Neck verkündigen, daß auch ihm die Hoffnung der Erlösung und Auferstehung zu teil geworden sei; denn der Herr habe gesagt: „Ich bin nicht gekommen, daß ich die Welt richte, sondern daß die Welt durch mich selig werde." Die Knaben folgten dem Befehle des Vaters. Sie fanden den Neck noch bitterlich weinend. Als sie ihm aber die frohe Botschaft hinterbrachten, lächelte er unter Thränen und griff kräftig in die Saiten und es war, als ob himmlische Heerscharen zu dem Harfenschlag sängen: „Der Herr war gekommen, nicht daß er die Welt richte, sondern daß die Welt durch ihn selig werde." In dieser einfachen Legende spricht sich der Triumph der christlichen Idee über das Heidentum aus. Wenn sie nur immer erkannt und von denen, die dazu berufen sind, richtig ausgelegt worden wäre! Aber Karls des Großen Sachsenkriege und die Inquisition und die neueren Ereignisse zeigen, wie sehr die christliche Grundidee verdunkelt war und ist.

Loke, Fenriswolf und Midgardsschlange.
Zeichnung von Prof. C. E. Toepler.

Neunter Abschnitt.

Loke und sein Geschlecht.

(Fortsetzung.)

Bauer und Riese spielten lang;
Der Bauer verlor, der Riese gewann.

Gewonnen ist das Spiel mir schon,
Gieb mir dafür den liebsten Sohn.

Mich verlangt nach ihm mit Jotengier:
Birg, wenn du kannst, den Knaben vor mir.

Der Bauer kratzt sich hinter'm Ohr;
Keinen der Söhn' er gern verlor.

Ein Bauer stand mit der Bäuerin und den zwei Söhnen am Herdfeuer
und flehte zu Odin, daß er den ältesten Knaben, den der Unhold begehrte, in

seinen Schutz nehme. Kaum war das Gebet gesprochen, so stand der Asenkönig in
der Halle, verhieß, den Knaben sicher zu bergen und unversehrt zurückzubringen.
Auf sein Gebot erwuchs in der Nacht die Frucht auf einem weiten Ackerfeld,
daß sie zur Ernte reif war. Mitten auf dem Gelände barg er den Knaben als
ein Körnlein in einer Ähre. Am Morgen aber stand der Riese an dem Acker
und mähte mit blankem Schwert die Halme. Er schüttelte mit Macht die Ähren
aus, und siehe, da fiel ihm endlich das Körnlein in die Hand, das den Knaben
barg. In seiner Not rief dieser zu Odin, und der mächtige Gott entzog ihn
der Gefahr und führte ihn zu den Eltern zurück, die noch in ihrem Kummer
beisammen waren. „Ich habe mein Versprechen erfüllt", sprach er, „mehr
begehrt nicht von mir." Mit diesen Worten verschwand er; aber Bauer und
Bäuerin waren der Sorge nicht enthoben, denn der Riese stand drohend auf
dem Ackerfeld und kehrte sich nach dem Hause, wo er sein Opfer witterte. Da
flehten sie zu Hönir, er möge ihren Liebling vor dem Unhold bewahren. Der
hülfreiche Gott säumte nicht lange; er nahm den Knaben mit sich in den grünen
Grund, wo sich alsbald zwei silberweiße Schwäne vor ihm niederließen, und
barg seinen Schützling in Gestalt eines zarten Flaums an den Hals des einen
Vogels. Indessen schritt auch der Jötun, der Strymsli hieß, nach dem grünen
Grund und sah sieben Schwäne aufsteigen. Er war aber ein zauberkundiger
Mann, zog durch Zauberspruch den rechten Schwan zu sich herunter und biß
ihm den Hals ab. Doch flog die Flaumfeder aus seinem Schlunde heraus,
und Hönir trug den geängstigten Knaben zu den harrenden Eltern zurück.
Bauer und Bäuerin riefen nun zu Loke um Rettung in ihrer Not, da sie den
Riesen mit plumpen Schritten vom Grund herüberkommen sahen. Der Gott
erschien alsbald in der Herdflamme, nahm den Knaben mit sich an den Strand
in ein Fahrzeug und ruderte weit fort über den Sund. Mit der Angelschnur
zog er hier drei Flundern heraus. Nachdem er den Knaben als winziges Ei
in den Rogen des einen verborgen hatte, warf er die Fische über Bord und
fuhr wieder ans Land. Hier sah er mit Erstaunen, wie Strymsli sein Boot
rüstete, um auf den Fischfang zu fahren. Er stieg mit ein, suchte aber vergebens die Fahrt zu hemmen; das Fahrzeug flog, von den gewaltigen Ruder-
schlägen des Riesen getrieben, eilig über den Sund ins offene Meer, wo der
Fährmann Angel und Stein ins Wasser senkte. Er fing sogleich drei Flundern,
und darunter auch den gesuchten Rogner. „Gieb mir das Fischlein", bat
Loke schmeichelnd. „Hast Appetit, Gevatter, he?" schnarrte der Riese, „da
magst lange warten." Damit nahm er den Flunder zwischen seine Kniee und
zählte jedes Korn im Rogen, bis er das eifrig gesuchte fand. Aber mit spitzem
Finger nahm es Loke heraus und hieß den Knaben, als sie das Land erreichten,
leichten Fußes über den Sand nach dem Hause springen.

    Strymsli sah den Flüchtling und folgte ihm schwerfällig, indem er bei
jedem Schritt knietief in den Sand einbrach. Er fand die Thüre des Hauses
verschlossen; als er mit großer Gewalt dagegen anrannte, brach sie entzwei:
aber er zerstieß sich, vorwärts rennend, den Kopf an einer Eisenstange. Gleich
war Loke bei der Hand und hieb ihm ein Bein ab, und als es schnell wieder anwuchs, auch das andere und warf zwischen Bein und Rumpf Stahl und Stein.

Da starb der Unhold, und sein Leichnam bedeckte einen Morgen Feld. Bauer und Bäuerin brachten dem Gotte Opfer des Dankes, denn ihr Liebling, den die anderen Götter nur auf kurze Zeit geborgen hatten, ruhte gerettet in ihren Armen.

Loke.   Zeichnung von Prof. C. E. Toepler.

Der Gott aber sprach:

„Vorüber ist's mit meiner Hut;
Doch dein Gebet erhört' ich gut;
Die Treue hielt ich dir gewiß;
Der Riese drum das Leben ließ."

Wir konnten vorstehende Dichtung des Raumes wegen nur im prosaischen Auszuge geben, wodurch ihre Naivetät und volkstümliche Einfachheit abgeschwächt erscheint. Man kann sie vollständig übersetzt in Simrocks Mythologie (§. 42) nachlesen. Das schöne Lied wird vielleicht noch jetzt auf den Faröerinseln gesungen, wo die Bewohner in ihrer Einsamkeit viel Sinn für Poesie bewahrt haben.

Es liefert aber auch den Beweis, daß Loke nicht immer als Prinzip des Bösen, als Feind der Götter und Menschen betrachtet wurde. Er war der Gott des unentbehrlichen Herdfeuers, der wohlthätigen Wärme überhaupt. Daher erscheint er auch in der Götterdreiheit. So werden die Söhne des Urriesen Ymir, der auch Fornjot hieß, Kari (Luft), Ögir oder Hler (Wasser), Logi (Feuer) genannt; desgleichen erscheint bei Erschaffung der Menschen die Götterdreiheit Odin, Hönir und Lodur (Loderer). Loke ist auch mit Odin und Hönir auf der Wanderung, als sie dem Riesen Thiassi in Adlergestalt begegnen.

Herkunft Lokes. Der Vater Lokes wird Farbauti, seine Mutter Laufey (Laubeiland) genannt, welche Namen Lokes Charakter als zerstörenden Feuergott wahrscheinlich machen. Ersterer ist vielleicht gleichbedeutend mit Bergelmir, jenem Riesen, der sich im Boote aus der Sintflut rettete, da seine Mutter auch Nal hieß, was ein Fahrzeug bedeutet. Logi, das Element des Feuers, wird in den Quellen meistens bestimmt von Loke unterschieden, ja bei Skrymir oder Utgardloke, dem außerweltlichen Loke, kämpfen beide wetteifernd mit einander, wer am schnellsten und vollständigsten seine Mahlzeit verzehrt. Als Bringer der heilsamen Wärme, als Geber des Herdfeuers, stand Loke in frühester Zeit in hoher Ehre und wurde ein Bruder Odins und Hönirs genannt, da ja die Elemente Luft, Wasser und Feuer zusammen gehören. Mit Odin hat er auch, wie er selbst rühmt, im Anfange der Zeiten das Blut gegenseitig nach Art der Helden im Becher gemischt und getrunken, also Blutbrüderschaft geschlossen. Er gehörte daher zu den Asen, saß mit ihnen zu Rate und half oft mit kluger List aus der Not. Das Feuer zeigt jedoch nicht immer eine wohlthätige Wirkung, es ist auch das Element der Zerstörung; es bricht oft tückisch da und dort hervor, wo man es nicht geahnt hat; Funken fliegen unbemerkt in entzündliches Material und bald entsteht daraus ein allgemeiner Brand, der die Werke mühsamen Fleißes in Asche verwandelt. So entwickelt auch Loke in der Mythendichtung immer mehr die gefährliche Seite seines Wesens. Er erscheint als argliftiger Ratgeber, als falscher, verräterischer Gefährte, endlich als eigentlicher Mörder dessen, der heilig und rein war, wie der Sonne strahlendes Angesicht, und allgeliebt von Göttern, Menschen und Riesen. Er mordete die Unschuld und Gerechtigkeit selbst, ward der Verlästerer der Asen oder ihr böses Gewissen, und ob ihn gleich schwere Strafe für seine Unthat traf, so führte er doch zuletzt das allgemeine Verderben herbei.

Den Namen Loke leitet man von dem alten Worte „liuhan", d. i. leuchten, ab. Er ist daher eines Ursprungs mit dem lateinischen lux, d. i. Licht. Demnach ist er auch verwandt mit Lucifer (Lichtbringer), ein Ehrentitel, welchen man dem Herrn der Finsternis beigelegt hat. Ja neuerdings sucht Professor Bugge zu beweisen, daß der Name Loke eine Abkürzung von Lucifer sei, wie denn der nordische Teufel viele Züge von dem jüdisch-christlichen Satan entlehnt habe. Wie der nordische Versucher auf scharfe Felskanten gefesselt wurde, so ist auch nach mittelalterlichem Glauben Lucifer in der Hölle angekettet. Ebenso schildert Saxo Grammaticus seinen Utgarthilocus (Utgardloke) in Helheim mit Ketten beladen, was den Beweis liefert, daß die Mythen von Loke und seiner Bestrafung christliche Elemente aufgenommen haben. Als Utgarthilocus scheint er auch ein

Totengott zu sein; denn Thorkill, der den Zustand der Seelen nach dem Tode erforschen will, findet ihn in grausiger Gestalt und gefesselt in der Unterwelt. Es mögen hier schon mittelalterliche Vorstellungen von den Höllenstrafen Einfluß gehabt haben, vielleicht auch die Schilderung in der Edda von der Bestrafung Lokes für seine Unthaten.

Wenn er in dieser Auffassung ein Totengott ist, wie Pluto bei den Römern, so entspricht solches seiner Natur; denn das Feuer ist zwar wohlthätig, aber auch das Element der Zerstörung. In gleicher Weise ist der Gott, der den Tod bringt, der Zerstörer des Lebens, und Hel, die Beherrscherin des Totenreiches, wird seine Tochter genannt.

Loke und Sigyn. Loke zeugte, wie früher berichtet, mit dem Riesenweibe Angurboda (Angstbotin) drei übelgeratene Kinder: Fenrir, Hel und Jörmunganander (Midgardschlange). Er hatte aber auch eine rechtmäßige Ehefrau, die treue Sigyn, welche ihm zwei Söhne, Wali und Narwi, gebar und in der Not, als er bestraft wurde, ihm Beistand leistete. Diener und untergebene Wesen hatte er nicht; denn die Salamander oder Feuergeister, welche in der romanischen und orientalischen Götterlehre eine Rolle spielen, kennt die nordische Mythologie nicht.

Dagegen hatte er andere sehr mächtige Anverwandte, nämlich den Surtur mit dem Flammenschwert und Muspels Söhne, seine Genossen, wenn er der Fesseln ledig wird und zum letzten Kampfe heranzieht. Auch die Zwerge und Schwarzalfen, die des Feuers zu ihrem Geschäft bedürfen, stehen mit ihm in Verbindung; aber sie sind ihm nicht unterthan, sondern, wie wir oben gesehen haben, oft feindlich entgegen. Er wird von Uhland als der Endiger aufgefaßt, vom altnordischen Worte lok (Verzehrung, Vollendung), da die Welt durch Feuer untergeht und da er mit Heimdal, dem Begründer der Stände, kämpft; allein das Ende der Welt führt Surtur herbei, der ihm allerdings verwandt ist.

Mit dem griechischen Hephaistos, dem Vulkan der Römer, hat er nur sehr entfernte Ähnlichkeit, obgleich vielleicht beide ursprünglich aus Vorstellungen vom Feuer entstanden sind. Hephaistos war der Gott des wohlthätigen Feuers, der MeisterSchmied, der nützliche und kunstreiche Geräte schafft; Loke dagegen erscheint in dem ihn umgebenden Mythenkreis arglistig, tückisch und verderblich. Ersterer ist lahm durch den Sturz vom Olymp, da ihn der ergrimmte Zeus herabgeschleudert hat, und man könnte darin eine Verwandtschaft mit dem Mythus vom Schmied Völundur finden, den sein König gelähmt hat; der falsche Loke dagegen erscheint flüchtig, verderblich wie das Wildfeuer, das nur mit Mühe bezwungen wird. Weitere Ausführungen über die Thaten und Unthaten Lokes müssen wir auf die Folge versparen, da sie zum letzten Akt des Götterdramas hinüberleiten, dem wir uns nähern.

Es liegt uns ob, zuvor noch andere Göttergestalten zu betrachten, die wir bisher absichtlich übergangen haben, weil sie gleichfalls zur Einleitung in den tragischen Abschluß gehören.

Hermoder vor der Wächterin von Helheim.
Zeichnung von J. W. Heine.

Zehnter Abschnitt.

Die übrigen Asen.

Seht, sie schließen ihre Reihen
Um den Einen,
Guten, reinen,
Dem sie all ihr Lieben weihen.
Sinkt er hin zu finstern Reichen,
Dann erwacht
Des Bösen Macht;
Alle Bande müssen weichen.

1. Widar.

Der Holmgang war vorüber, Asen und Einherier saßen selig in Walhallas weiten Räumen und leerten die Hörner, gefüllt mit schäumendem Met. Da hörte man Schritte, die sich näherten, und herein trat Widar, von Allen froh begrüßt. „Heil dir, Widar", sprachen Bragi und der strahlende Götterherold Hermoder, „Heil dir, Widar, du starker Schutz, du Schirm in jeglicher Gefahr! Nimm mit dem Gruße den Goldtrunk, der dir gebührt." Mit diesen Worten reichten sie ihm das Horn, das er dankend leerte. Er war ernst und redete nicht viel. Da winkte ihm Odin, daß er zu ihm komme, und als er durch den Saal schritt, schien er vor allen groß und gewaltig, und das breite Schwert klirrte an seiner Seite, und der Eisenschuh an seinem rechten Fuße tönte, daß es durch die unermeßliche Halle scholl. „Widar, mein schweigsamer Sohn", sprach der Göttervater, „einst wirst du Rächer, Sieger, Bringer der Wiederkehr sein. Komm, folge mir zum Borne Mimirs, zu schauen in der Tiefe, was den Göttern und Menschen verborgen ist." Darauf schritt Heervater voraus, und Widar, der Schweigsame, folgte ihm. Sie wanderten fort durch die Heime zu Mimirs Borne. Da saßen die drei Schicksalsschwestern, und die Schwäne im Wasser zogen stumm ihre Kreise. Odin begehrte von den Nornen Sprüche der Weisheit. Da sagten sie eine nach der andern: „Früh begonnen." — „Fort gesponnen." — „Einst zerronnen." Dann schloß Urd: „Fröhlich wiedergewonnen." Hierauf erhoben sich die Schwestern und sprachen zugleich:

„Es wandeln und wechseln die kreisenden Zeiten!
Geworden und Werden, Vergehen, Neubeginnen,
Es knüpft an das Ende der Anfang sich an.
Ist der Vater gefallen auf Wigrid, dem Felde,
Erscheint er in Widar, dem Rächer und Sieger,
Ein Wiedergeborner in seligen Sälen."

Als die Nornen den Spruch gethan hatten, rauschten die Blätter des Weltenbaums melodisch, und der Adler auf dem Wipfel sang laut, daß es klang wie Sturm- und Siegeslied, und schlug mit den Flügeln, und der Drache Nidhögg blickte auf und vergaß an den Wurzeln zu nagen. Es war aber noch ein anderer Zeuge genaht: es war Grid, das Riesenweib, die Mutter Widars, die einst dem Thor Gürtel und Handschuhe und den Stab der Kraft geliehen hatte, als er den Strom Wimur durchwatete auf dem Wege nach Geirrödsgard. „Glückliche Mutter", sprach Odin feierlich, „einst mir angetraut, auch du wirst in dem Sohne auferstehen, wenn der Kampf auf dem Wigridfelde ausgekämpft und Surturs Lohe erloschen ist." Die drei Glücklichen blickten auf Yggdrasil, die heilige Esche, deren Blätter noch lieblich tönten, während ringsum die Wesen alle schwiegen; alle lauschten sie den wunderbaren Melodien, die nicht vom Tode, sondern vom ewigen Wechsel sangen.

Widar schritt seiner Behausung zu durch üppig wucherndes Gras und grüne Sträucher, die niemals welkten. Bald erreichte er Landwidi, das Haus in tiefer Waldeinsamkeit. Er bestieg den grünumrankten Hochsitz und saß da, schweigend wie immer und sinnend über die Rätsel des Daseins. Wann und wie ist das Unermeßliche entstanden? Wie dauert es fort? Wie und wann wird es enden? Es sind das Fragen, die sich die Weisen aller Zeiten vorgelegt und auf vielfache Art zu lösen versucht haben, ohne doch zu befriedigen, weil hier dem grübelnden Geiste Schranken gesetzt sind. Er findet nur Worte, die er nicht deuten, nicht begreifen kann: Ewigkeit, Unendlichkeit, Unermeßlichkeit. Wie klingt das hoch und herrlich — und doch erlangt der endliche Geist keine Vorstellung von jener gähnenden Kluft ohn' Anfang und ohn' Ende. Nur der kindliche Glaube, der in dem Stern von Bethlehem aufging, wie ein schönes Morgenrot, giebt der nach Wahrheit dürstenden Seele Beruhigung. Denn

Ob auch alles im ewigen Wechsel kreist,
Es beharret im Wechsel ein ruhiger Geist.

Ob der schweigsame Afe eine Lösung gefunden hat, darüber giebt uns
keine Mythe Auskunft; denn er selbst war ja, wie wir gesehen haben, schweigsam wie das Grab und ging mutig dem Kampfe auf dem Felde Wigrid entgegen, da er dem Ausspruch der Nornen und seines Vaters vertraute. Wir
haben ihn zugleich in vorstehendem näher kennen gelernt, auch seiner Mutter
Grid und seines Eisenschuhes erwähnt. Jene ist durch ihren Macht verleihenden
Eisenstab vielleicht mit der geheimnisvollen Hel identisch und erscheint unter
dem Namen Graite als Herdengöttin in deutschen Sagen, da man sie bei der
Rinderweihe anrief, daß sie die Vermehrung der Herden fördern möge. Der
Eisenschuh wird in anderen Quellen als ein aus vielen Lederstreifen zusammen-
gestickter Schuh bezeichnet. Man soll daher solche Streifen beim Fertigen der
Schuhe sorgfältig bei Seite legen und den Armen zur Fertigung ihrer Fuß-
bekleidung schenken; denn es wird ebenso angesehen, als habe man sie dem
schweigsamen Asen geweiht. Übrigens könnte der Idee vom großen Schuh auch
der Schneeschuh der Nordländer zu Grunde liegen, der an den rechten Fuß an-
geschnallt wird, wenn man im Winter von hohen Bergen niedergleiten will,
was die Reise sehr fördert. Die Anwendung desselben war sicherlich schon
in uralter Zeit üblich, und man mochte etwa die Erfindung dem Gotte zuschreiben. Man hat ferner die Sage vom ewigen Juden mit unserm Mythus
in Beziehung gebracht; denn es werden ihm große Schuhe zugeschrieben, die
sehr geschickt aus vielen Lederstreifen zusammengefügt sein sollten, wie denn
solche in Bern u. a. Orten gezeigt werden, die er wahrscheinlich auf seiner
Wanderung durchgelaufen und abgelegt hat. Da man ihn deshalb für einen
Meister Schuster ausgab, so konnte er sich leicht andere anfertigen. Widar dagegen ist diesem Geschäft fern geblieben, und in der Wöluspa wird nur seines
blitzenden Schwertes gedacht, wenn er zur Rache und zum Siege schreitet, und
das scheint des Gottes würdiger, der ein Sinnbild ist der unerschöpflichen Triebkraft der Natur, oder vielmehr des neuen, das sie schön und blühend aus dem
hervorruft, was alt geworden, zerfallen und vergangen ist.

2. Hermoder, der Schnelle.

Auf Hlidskialf saß Odin, der Afenkönig, und erwog im Geiste das Vergangene und die Geschicke der Zukunft. Blut sah er fließen, edles Blut; aber
verworren, wie ein nebelgraues Meer, war alles, was werden sollte, und die
Nornen hatten auf seine Fragen geschwiegen. Vor ihm stand Hermoder (Heer-
mutig), sein Sohn, der strahlende Herold, den er gewohnt war auszusenden,
um den Völkern seine Befehle zu verkünden. Der König winkte den Walküren, und sie brachten Helm und Harnisch, Speer und Schild und rüsteten den
kühnen Kämpfer zur Fahrt. „Auf, mein Sohn“, sprach der König, „sattle
Sleipnir, das edle Roß, und reite windkalte Wege über eisige Seen, Ströme
und Berge, bis du in das Land der wilden Finnen gelangst. Dort findest du in
finsterer Behausung an feuchten Moorgrund den räuberischen Roßtioph (Roß-
dieb), der mit Blendwerk die Wanderer zu sich lockt, mit zauberischen Schlingen
sie bindet, dann erwürgt, und wenn er sie beraubt hat, in das Meer versenkt.

Er weiß, was künftig ist; zwing'. ihn mit dem Runenstab, daß er dir auslege, was geschehen wird." Da lehnte Hermoder' den Speer an die goldene Säule und ergriff statt seiner Gambantrin, den Zauberstab. Er sattelte Sleipnir und ritt beschwingten Fluges windkalte Wege über eisige Seen, Ströme und Berge, bis er gelangte in das Land der wilden Finnen. Dort wohnte Roßtioph in finsterer Behausung am feuchten Moorgrund. Er sah aus weiter Ferne den sturmbeschwingten Reiter. Er schuf Blendwerk, den Kämpfer zu locken, und legte unsichtbare Schlingen, ihn fest zu bannen. Wohl sah Hermoder, Gespenstern gleich, luftige Unholde, die mit Zähnen und Krallen ihn zu fassen drohten; aber er zerschlug sie mit der mächtigen Rute und Sleipnir setzte über die Schlingen weg. Als nun der Räuber in Riesengestalt ihn angriff, zerhieb er ihm die geschwungene Keule, band ihm mit den eigenen Stricken Hände und Füße und schnürte ihm die Kehle, bis er ächzend versprach, zu sagen, was er von der Zukunft wisse. Darauf löste der Ase die Bande und alsbald begann der Zauberer seine grausige Beschwörung. Die Sonne verlor ihren Schein und verbarg sich hinter finsterm Gewölk; die Erde bebte, in ihren Grundfesten erschüttert; der Sturmwind raste, und es war bald wie Wolfsgeheul, bald wie Ächzen und Stöhnen sterbender Menschen. „Sieh dorthin", rief der Finne auf den Moorgrund deutend, „da steigt herauf, was du zu erfahren begehrst." Der Ase sah einen Strahl von Blut hervorquellen, wovon der ganze Grund gerötet wurde. Darauf erhob sich ein schönes Weib und neben ihm ein Knäblein, das schnell emporwuchs und Pfeil und Bogen trug. „Rinda im Lande der Ruthenen gebiert dem Asenkönig, wenn er ihre Liebe erwirbt, einen Sohn, der einnächtig den Bruder rächen wird." Weiter sprach Roßtioph kein Wort, und Hermoder kehrte zu Walvater zurück, ihm die Botschaft zu bringen.

Übrigens machte der Ase auf Odins Befehl noch manche Fahrt und erschien oft im Schlachtgetümmel, den Freunden Sieg, den Feinden Flucht bringend. Wenn er Gungnir, Odins Speer, den er von dem Vater empfing, über die harrenden Ordnungen der Krieger warf, so entbrannte der mörderische Kampf. Vielleicht wurde er selbst als Kriegsgott betrachtet, ja er scheint in der Anschauung der Völker aus dem Wesen des allgemeinen Gottes Irmin oder Hermon entsprungen zu sein, wie Fulla, die Schwester Freas, im nordischen Glauben zu Friggs Schmuckmädchen herabsank. Bei den Angelsachsen war er dagegen identisch mit dem finstern Höder, der den Asen das größte Unheil brachte.

3. Wali oder Ali. Skeaf.

Im kalten Lande der Ruthenen (Russen) saß König Billing sehr traurig auf seinem Hochsitz; denn grimmige Feinde waren in sein Reich eingefallen, und er war alt und kraftlos und hatte zu seinem Schutze keinen Sohn, sondern nur eine Tochter, die schöne Rinda, die bisher, stolz und spröde, alle Freier zurückgewiesen hatte.

Da trat einstmals ein schon bejahrter Mann mit niedergesenktem Breithut vor ihn und versprach, die plündernden Heerhaufen nicht bloß zu vertreiben, sondern mit Stumpf und Stiel auszurotten, wenn er ihn zum Feldhauptmann erwählen wolle. Der Mann war einäugig, aber stattlich, von hohem Wuchse, und seine Rede floß wie ein klarer Strom und gewann die Herzen der Hofleute,

die zugegen waren, so daß sie laut des Königs Weisheit priesen, als er die
Reichsmacht in die Hände des Fremdlings legte.

Der neue Feldherr rechtfertigte das Vertrauen. Er berief den Heerbann
des Landes, schlug und zersprengte an der Spitze desselben die Raubhorden
und entließ darauf das Heer. Als jedoch die Feinde sich wieder sammelten
und, durch neue, zahllose Schwärme verstärkt, gegen die Hauptstadt vorrückten,
brach er ganz allein in ihr Lager, zündete es an und vertilgte nach seinen
Worten die ganze Räuberbrut. Freudig begrüßt und von der Menge angestaunt,
wie ein göttlicher Held, hielt er seinen Einzug und verteilte, nachdem er die
königliche Schatzkammer gefüllt, die übrige Beute unter das Volk.

„Ha“, dachte der König bei sich, „wenn ein solcher Held mein Eidam
sein wollte, so wäre mein Alter und mein Reich wohl behütet.“ Es war aber,
als habe der Fremdling seine Gedanken erraten; denn er bat als einzige Belohnung für seine Dienste um die Hand der Prinzessin-Tochter. „Bei der Götter
Huld!“ rief der alte König, „du sollst sie haben, so du ihr Jawort erhältst.
Geh und wirb um sie. Aber sie ist stolz und spröde; ich fürchte....“ —
„Fürchtet nicht“, sagte der Gast zuversichtlich, „ich verstehe mich auf die Kunst,
spröde Klingen und spröde Jungfräulein geschmeidig zu machen.“ — Also ging
er in den Frauensaal, erzählte von seinen Thaten und trug sein Anliegen geziemend vor. Rinda dagegen brach in lautes Gelächter aus und sagte ihm dann
rund heraus, einen hergelaufenen einäugigen Mann wolle sie nicht; ob er sie
etwa für mannstoll halte. Als er ihr darauf mit großer Kühnheit einen Kuß
rauben wollte, schlug sie ihm ins Angesicht und hieß ihn seines Weges gehen.

Nach einiger Zeit überblickte König Billing die vielen Gold- und Silber-
barren in seiner Schatzkammer und wünschte sich einen Künstler, der die Schätze
zu Kleinodien verarbeite. Da trat ein alter, graubärtiger Mann zu ihm ein
und sagte, er sei ein Goldschmied und wolle ihm die vielen Barren in Spangen,
Ketten und Ringe verwandeln. Der alte Herr war damit wohl zufrieden und
ließ ihm die Werkstatt herrichten. Bald hörte man nun Tag und Nacht den
Blasbalg gehen und hämmern und schaffen, daß man meinte, hundert Schmiede
wären an der Arbeit. So oft der König nachsah, bemerkte er immer neue
Kostbarkeiten von wunderbarer Schönheit, und der Reichtum nahm gar nicht
ab, sondern mehrte sich täglich, sobald neue Säle erbaut werden mußten. „Ha“,
dachte Billing, „wenn ich einen solchen Eidam hätte, so wäre ich der reichste
Herrscher und könnte noch im Alter alle Reiche erobern; denn Geld zwingt die
Welt.“ Zu derselben Stunde sprach der Goldschmied bei ihm vor und begehrte
für seinen Lohn die Hand der Prinzessin-Tochter. Er erhielt das Jawort des
Königs, aber nicht das der Jungfrau. Sie meinte, für einen Goldschmied sei
die Fürstentochter zu gut. Er bot ihr nun die herrlichsten Kleinodien und
kunstreichen Schmuck jeder Art, erhielt aber den kurzen Bescheid, einen Graubart könne sie zum Manne nicht brauchen. Als er sich ihr nun dreist näherte,
empfing er, wie der erste Freier, einen Schlag ins Angesicht und mußte un-
erhört seines Weges gehen. Der König war untröstlich über den Stolz und
die Sprödigkeit seiner Tochter, die ihm keine Hoffnung auf einen kräftigen
Schwiegersohn und liebe Enkel gab.

Um sich zu zerstreuen, ließ er ein großes Fest mit Turnier und Tanz veranstalten. Da fand sich auch ein prächtig gerüsteter, fremder Krieger ein, der sein edles Roß wie kein anderer tummelte und im Buhurdieren alle Hofleute übertraf und aus dem Sattel hob. Nach dem Waffenspiel folgte der Tanz. Die stolze Rinda verschmähte es nicht, mit dem fremden Ritter in den Reigen einzutreten.

Wali. Zeichnung von Prof. C. E. Doepler.

Es bestand aber damals eine andere Sitte als jetzt; es bestand der Brauch, daß der Tänzer dem Fräulein vor aller Welt einen Kuß gab, wenn er ernstlich um ihre Liebe und ihr Jawort anhielt. Diese Freiheit wollte sich der fremde, schmucke Ritter auch nehmen; aber er wurde so unsanft zurückgestoßen, daß er mit dem Knie den Boden berührte. In demselben Augenblick erdröhnte die Halle und der ganze Palast von einem Donnerschlag; der Fremdling stand vor der Königstochter groß und gewaltig in Götterherrlichkeit. Er hielt in der Hand eine Tafel von Baumrinde mit eingegrabenen Zauberrunen.

Damit berührte er sie, und sie sank zurück in die Arme ihrer Frauen in
ohnmachtähnlichen Schlaf. Als sie erwachte, redete sie von allerlei Spuk und
Gespenstern, von dem Feldherrn, dem Goldschmied, dem jungen Krieger, alles
wirr und wild durcheinander. Im ganzen Lande sagte man, sie sei von Stolz
und Hochmut toll geworden. Sie hatte auch oft große innerliche Schmerzen,
was ihren Vater sehr ängstigte. Er versprach dem, der sie heile, eine große
Belohnung. Wohl stellten sich viele Heilkünstler ein, aber die Krankheit spottete
ihrer Kunst, und das Übel ward von Tag zu Tag schlimmer. Da meldete sich
ein altes Weib und verpfändete ihren Kopf, wenn ihr die Heilung nicht gelänge.
Sie sagte, ihr Trank sei aus den edelsten Kräutern gebraut, aber so bitter, daß
man die Leidende binden und ihr den Saft mit Gewalt eingeben müsse, weil
sie ihn sonst nicht nehme. Es geschah, was und wie sie alles anordnete. Sobald
die Kranke den Heiltrank geschlürft hatte, schwand die Binde des Wahnsinns
von ihrem Haupte, und vor ihr stand nicht mehr das alte Zauberweib, sondern
er selbst, Odin, im strahlenden Glanze seiner Götterschönheit. Ihm gab sie
freudig das Jawort; die Verlobung ward gefeiert und bald die Hochzeit der
holdseligen Rinda mit dem Himmelsgott, wie ja auch im Frühling der Himmel
mit der Erde unter dem Klingen und Singen der befiederten Musikanten seine
Vermählung begeht. Nach einem Jahre erschien ein Söhnlein zur Freude der
Eltern und des Großvaters, die es Wali oder Ali (Ernährer) nannten. Das
Götterkind aber wuchs in wenigen Stunden; es ward groß und kraftvoll und
spannte den eibenen Bogen, wie kein anderer Schütze, also daß es, nach der
Weissagung des Finnen, einnächtig des lichten Bruders Rächer an dem finstern
wurde. So heißt es in einem Liede der ältern Edda (Vegtamskwidha):

> Rindur im Westen gewinnt den Sohn,
> Der einnächtig, Odins Erbe, zum Kampf geht,
> Er wäscht die Hand nicht, das Haar nicht kämmt er,
> Bis er zum Holzstoß brachte Balders Mörder.

Wir werden auf die Sage, ihren Ursprung und ihre Deutung später im
Zusammenhang mit der schönen Dichtung von Balders Tod zu sprechen kommen
und bemerken hier nur, daß Rinda die Rinde, die hart gefrorene Kruste der
Erde bedeutet, um deren Gunst der Himmelsgott lange vergeblich wirbt, wie
im Frühling die Winterkälte anfangs beharrlichen Widerstand leistet, bis die
Zaubermacht des sommerlichen Himmels sie endlich besiegt. Er zeigt ihr vergebens, wie die milde Jahreszeit für kriegerische Thaten geeignet ist; er bietet
ihr umsonst den glänzenden Schmuck der Blüten und des Ährengoldes; er muß
endlich seine Göttermacht aufbieten, um sie zur Vermählung zu zwingen. Ähnlich
leistet in der griechischen Mythe Hera, die Erdgöttin, den stürmischen Werbungen
des Zeus Widerstand, bis er in Gestalt eines Regenschauers und dann in der einer
durchnäßten Nachtigall Mitleid erheischend in ihren Schoß flüchtet. Ihr Sohn,
das Götterkind, heißt in der Edda Wali oder Ali, bei Saxo Bous, anderwärts
Bui, auch Beav, d. h. der Bauer, der, wenn der Himmelsgott gesiegt hat.
aus der dunklen Stube hervortritt und sein nährendes Geschäft wieder beginnt.

Der Mythus von Wali ist mehrfach in die Heldensage übergegangen, und
zwar faßt hier die Dichtung bald das Kind ins Auge und läßt es, wenn erwachsen,

ebenso als König Glück und Heil bringen, wie Bous, der Bauer, es thut; bald
führt sie den gereiften Helden ein, der die Unschuld rettet und die Übelthat rächt.
Wir wollen einige dieser lieblichen Dichtungen näher betrachten.

König Skeaf. Im Lande der Angeln, unfern von Schleswig, stand viel
Volks an der Küste versammelt und blickte über die sich kräuselnden Wellen
nach einem Schifflein, das aus weiter Ferne dem Ufer zuschwamm.

Widar. Nach einer Vorlage des Prof. W. Engelhard gez. von J. W. Heine.

Ein sanfter Lufthauch blähte die weißen Segel, aber weder Steuer noch
Steuermann, noch Bootsleute waren zu sehen. Am Top des Mastes glänzte ein
Schild wie Sonnenlicht, aber nicht ein blutroter Heerschild, der eine feindliche
Landung verkündigt hätte. Das Schifflein bog geschickt, als ob es ein kundiger
Pilot führe, um das Vorgebirge in die Mündung des Hafens ein und legte dicht
am Lande an. Jetzt sah man auf dem Verdeck ein kleines, neugebornes Kind auf
einem Schaub (Schof, Skeaf, Korngarbe) liegen und kostbaren Schmuck von Gold,
Silber und edlem Gestein umher. Der Knabe aber setzte sich auf und blickte die

umstehenden Leute mit seinen strahlenden Augen so freundlich an, daß alle wie mit einem Munde riefen: „Es ist das Kind eines Gottes; wir wollen es groß ziehen, und es soll unser König werden." Sie thaten nach ihren Worten, und unter sorgsamer Pflege wuchs der Knabe kräftig heran, übertraf bald seine Gefährten im Waffenspiel, lernte die Ordnungen und Gerechtsame des freien Volkes kennen und ehren und gewann durch Reden voll Weisheit die Herzen der Menschen. Als er erwachsen war, erhoben ihn die freien Männer des Landes auf den Heerschild und sprachen: „Du sollst unser König sein; denn wir werden besser unter deiner Regierung leben, als in der bisherigen Ungebundenheit, und du sollst Skeaf heißen, weil du auf einem Schaub (Skeaf) zu uns gekommen bist." Der erwählte Herrscher waltete mit Weisheit und Gerechtigkeit über dem Lande, und der Götter Gunst war mit ihm, daß alljährlich die Früchte wunderbar gediehen und der allgemeine Wohlstand sichtbar zunahm. Man bewunderte seine Aussprüche, mochte er nun zu Gericht sitzen oder im Volksthing walten; darum wurde er wie ein Vater geliebt und geehrt. Sein Ruhm verbreitete sich in allen Ländern, und fremde Könige erwählten ihn zum Schiedsrichter in ihren Streitigkeiten. Daher wagte auch kein Nachbar, Krieg gegen ihn zu erheben, noch ein räuberischer Wiking, in das Land einzufallen. Ruhe, Sicherheit und Wohlstand beglückten das Volk. Als endlich die Stunde kam, vom Irdischen zu scheiden, sagte er zu seinen Getreuen, sie sollten ihn mit den Kleinodien, die er mitgebracht, wieder in das Schifflein und auf den Schaub legen, damit er hinziehe, woher er gekommen sei. Sein Befehl wurde vollzogen. Auf einem Schaub Stroh, umgeben von glänzendem Schmuck, das Haupt bekränzt, wie es für den gerechten Herrscher ziemte, so lag die Königsleiche auf dem Schifflein, und sanfte Lüfte führten das Fahrzeug in weite Ferne, nach Lichtalfenheim, dem Lande der Seelen, das einst das Knäblein entsandt hatte. Am Ufer standen die Getreuen noch lange und weinten um den gütigen Herrscher, wie die Menschen immer weinen, wenn ein geliebter Freund von ihnen scheidet, weil sie das Land der Ruhe, Lichtalfenheim, nicht kennen, das er einst verlassen, um auf Erden sein Tagewerk zu vollenden und dann in die stille, selige Heimat zurückzukehren.

Die ansprechende Dichtung bringt, wie uns scheint, den göttlichen König Skeaf nicht bloß mit Wali in Verbindung, sondern noch mehr mit Freyer, dem Lichtalfenheim voreinst als Zahngebinde verliehen war. Vielleicht bezieht sie sich auch auf Holda, die unter den Wassern die Kinderseelen bewahrt, auf die Erde sendet und wieder in ihre lichten Räume aufnimmt, oder auch auf Hel, die Beherrscherin des Totenreichs. Der allgeliebte Herrscher hatte noch vor seinem Scheiden den klagenden Freunden versprochen, ihnen aus der seligen Heimat seinen Sohn zuzusenden; der werde gleich ihm über das Reich walten. Er hielt Wort, wie dänische und angelsächsische Sagen berichten; aber dieser Sohn kam nicht zu den Angeln, sondern zu den kriegerischen Gerdänen im Lande Schonen.

König Skiöld. Auch hier in Schonen, wie dort in Schleswig, standen einst viele Männer am Strande und sahen ein steuerloses Schifflein auf den Wellen einhertreiben. Sie stiegen, als es gelandet hatte, an Bord. Sie fanden daselbst, auf einem Schilde ruhend, ein nacktes, neugeborenes oder, wie die Sage lautet, ungeborenes Knäblein, dessen Hals, Brust und Arme mit glänzendem

Geschmeide geschmückt waren. Sie nahmen es auf, pflegten und erzogen es
sorgsam. Es wuchs und gedieh wunderbar und ward ein starker, kühner Held,
den das ganze Volk zum Könige wählte. Er gab gute und strenge Gesetze und
hielt sie mit starker Hand aufrecht, daß Sicherheit im ganzen Lande herrschte;
aber unähnlich dem friedlichen Skeaf suchte er seine Herrschaft auszubreiten
und durch kriegerische Thaten Ruhm zu erwerben. Er war aber ein gewaltiger
Krieger, siegreich in jeder Feldschlacht, unwiderstehlich im Holmgang, wenn
einer oder mehrere es wagten, ihn zum Kampfe zu fordern. Er brachte in
jedem Sommer große Beute heim und verteilte den Raub unter seine Streiter;
„denn“, sagte er, „dem Könige muß der Ruhm genügen.“ Ringsum in allen
nordischen Landen zahlten ihm Jarle und Fürsten Zins und gehorchten seinen
Geboten. Man nannte ihn Skiöld oder Skyld, d. i. Schild, weil er auf einem
Schilde gekommen war. Man erzählt von ihm, wie von Skeaf, er habe verboten, ihn nach dem Lande zu fragen, von welchem er als Knabe ausgegangen
sei; das habe seine Ehegattin einstmals vergessen und die verhängnisvolle Frage
an ihn gerichtet. Als dies geschehen, berief er sogleich die Kronvasallen und
eröffnete ihnen, daß er in sein eigentliches Vaterland zurückkehren müsse, daß
sie aber seinen Sohn Beav zu seinem Nachfolger erwählen sollten. Darauf bestieg er das Schifflein, das noch in der Bucht lag, hing ein strahlendes Banner
am Top des Mastes auf, und seine Waffengefährten schmückten ihn unter
Thränen mit goldenen Spangen, Ketten und Kleinodien, wie man reichen Königen
thut, wenn sie ihre irdischen Schätze verlassen. Das Fahrzeug setzte sich darauf
in Bewegung und entschwand bald den Blicken des nachschauenden Volkes. Es
hat seinen Heldenkönig niemals wiedergesehen, Beav, sein Nachfolger, regierte
löblich; er förderte den Anbau des Landes, was auch sein Name ausdrückt,
wie oben bemerkt. Er und seine Nachkommen hießen nach dem Stammvater
Skiöldungen und regierten lange und ruhmvoll über Danland.

    Der Schwanenritter. Der andern Seite von Wali, dem rächenden Gotte,
ist die mittelalterliche Sage vom Schwanenritter entflossen. Am Rhein saß auf
hohem Throne des Kaisers Majestät zu Gericht, denn die Herzogin Beatrix
von Cleve und Gelderland war wegen schwerer Schuld angeklagt, und der
Kläger war ein mächtiger Graf, der sich als gewaltiger Krieger bisher bewährt
hatte. Er brachte Zeugen vor, die nach allen Umständen ausführlich berichteten,
wie die Fürstin ihren alternden Gemahl aus dem Wege geräumt habe, um
einen jungen Ritter zu ehelichen. Umsonst bewies die Fürstin, daß sie dem
Gatten stets in Liebe und Treue ergeben gewesen sei; umsonst erhob sie die
Hände zum Himmel und erbot sich zum heiligsten Eid und zu jeder Probe;
der Schein war gegen sie und der Kaiser that den Ausspruch, Gott solle entscheiden in einem Zweikampf zwischen dem Grafen und einem Kämpfer, den sie
selbst erwähle. Sie wandte sich an die versammelten Ritter und Edeln, ob jemand
den Kampf für die Unschuld aufnehmen wolle. Zwar ahnete mancher die Arglist
des Klägers, der gern die herzoglichen Länder durch seine Unthat an sich gebracht hätte; sie scheuten jedoch alle den Kampf mit dem furchtbaren Manne.
Der Herold rief dreimal die Kämpfer auf, welche für die Verklagte die Schwerter
ziehen wollten, und stieß dreimal in die Trompete. Da schmetterten von fernher

Hornklänge; gleichzeitig vernahm man wunderbares Klingen und Singen, der= gleichen noch kein menschliches Ohr gehört hatte. Es war ein Schwan, der so lieblich sang und der zog ein reich geschmücktes Fahrzeug, worauf ein stattlicher Ritter in blanker Rüstung mit leuchtendem Silberschilde stand, der den Kaiser ehrfurchtsvoll grüßte. Hierauf verabschiedete er seinen dienstbaren Schwan, wie dies der geniale R. Wagner in seiner klassischen Oper wiedergiebt:

> „Nun sei bedankt, mein lieber Schwan,
> Zieh durch die weite Flut zurück,
> Dahin, woher mich trug dein Kahn,
> Kehr' wieder nur zu unserm Glück!
> Drum sei getreu dein Dienst gethan!
> Leb' wohl, leb' wohl, mein lieber Schwan!" —

Er stieg ans Land und begehrte sogleich den Kampf mit dem falschen An= kläger der Herzogin. Der Kaiser winkte Gewährung, und die beiden Männer zogen die Schwerter, da sie das Lanzenspiel verschmähten. Wohl mußte der Graf die Wehre gut zu führen, allein schon nach wenigen Streichen unterlag er seinem Gegner und bekannte sterbend seine Missethat. Die gerettete Fürstin lud den unbekannten Helden ein, Gastfreundschaft in ihrem Schlosse anzunehmen, und er folgte ihr willig. Hier begrüßte die junge, blühende Tochter, nachdem sie die Mutter umarmt, den tapfern Helden, und bald konnte die Herzogin beide als Verlobte segnen. Lange und glücklich lebte Helias, wie sich der Ritter nannte, mit seiner Gemahlin. Die Fürstin starb endlich hochbejahrt, aber sonst ward das Glück der Ehegatten durch keinen Unfall gestört. Nur eins be= kümmerte die junge Fürstin, nämlich daß der Ritter gar nicht von seiner Ver= gangenheit erzählte. Er hatte ihr aber gesagt, sie möge ihn niemals fragen, woher er gekommen sei, und gerade das wünschte sie zu erfahren.

> „Nie sollst du mich befragen,   Woher ich kam der Fahrt,
> Noch Wissens Sorge tragen,   Noch wie mein Nam' und Art",

warnt in R. Wagners Oper der Held die liebende Maid.

Da that sie endlich in einer traulichen Stunde, als er den Arm um sie geschlungen hatte und von den Wundern fremder Länder berichtete, die ver= hängnisvolle Frage. „Nun ist unser Glück vorbei", sagte er traurig, „ich muß fort, weit, weit weg von hier. Wenn du Treue bewahrst, kommst du auch einstmals in das Land und zu dem großen Herrscher, der mich entsandt hat und nunmehr zu sich beruft; dann sehen wir uns wieder."

Er wollte noch mehr reden, aber vom Rhein tönte, wie bei seiner An= kunft, melodisches Singen und Klingen, und da war auch der Schwan mit dem Schifflein schon am Ufer, der den Ritter zur Abfahrt mahnte. Noch ein Kuß der Liebe, noch ein Scheidegruß der Gattin, dann bestieg er das Fahrzeug.

> „Und er zog zum lichten Reiche,   Klingen noch aus weiter Ferne,
> Wallte wieder heim;   Wie wenn auf verlornem Sterne,
> Melodien, ernste, weiche,   Wo die Sonne nicht mehr scheint,
> Trauervoller Reim,   Bang ein Seraph weint."

Wir möchten die Sage ein Lied nennen, das der Unsterblichkeit geweiht ist; aber der Name Helias bezeugt ihren Ursprung aus dem alten heidnischen Glauben und die Beziehung auf die unterweltliche Hel. Diese Beziehung bestätigt der Schwan, der nach dem noch jetzt auf Rügen und an anderen Orten herrschenden Glauben die Kinderseelen bringt und die der früh verstorbenen wieder entführt. Das liebliche Getöne des Singschwans im Sterben ist bekannt. Auch sagen wir im Gefühle einer bangen Ahnung heute noch: „Es schwant mir!" Noch schöner und vollendeter ist die Dichtung in „Lohengrin" ausgeführt, der aus dem Lande entsandt wird, wo der Gral, die Demantvase mit Christi Blut, aufbewahrt ist. Wir werden davon in der deutschen Heldensage reden.

Übrigens ist der Mythus schon zur Zeit des Tacitus bei den Germanen bekannt gewesen; denn dieser Schriftsteller fand bei ihnen nach seiner Meinung Spuren, daß schon Ulysses hier gewesen sei, der ja auch, wie Skeaf, aus dem Totenreich, nämlich von Kalypso, der Verborgenen, zu Schiff ankam und schlafend von den Phäaken wieder in seine Heimat zurückgebracht wurde. Wir führen diese Ansicht Simrocks hier der Vollständigkeit wegen an, obgleich sie uns eine gewagte Hypothese scheint. Daß die Toten bei den Germanen und bei den nordischen Völkern teils verbrannt, teils begraben (im Berge beigesetzt), zuweilen auch im Schiffe den Wellen übergeben wurden, davon finden sich viele Nachrichten. Die letztere Art der Bestattung war eine Auszeichnung großer Könige und Helden. Nach niederländischem Glauben sollen die Seelen der neugeborenen Kinder auf einem Schiffe aus dem Lichtreich über den Wolken auf die Erde kommen. Anklingend an die Korngarbe oder das Schaub Stroh, auf dem Skeaf ruhte, sagt man heute noch am Niederrhein „auf dem Schef liegen" für „gestorben sein", weil man die Toten so bettete.

4. Balder und Höder.

Zwei Brüder wohnen in einem Hause beisammen; der eine licht und schön und glänzend wie Sonnengold, der andere finster und unhold dem Anblick. Sie kommen niemals zusammen; denn wenn der eine den obern Stock bezieht, mit leuchtenden Augen die Welt bestrahlt und milde und wohlthätige Herrschaft übt, so wohnt der andere im dunkeln Erdgeschoß und brütet über bösen Gedanken, die er künftig zum Schaden der Welt ausführen will. Hat er aber, wenn seine Zeit gekommen ist, die oberen Räume bezogen, wo er mit gewaltiger Kraft waltet, so muß der lichte Bruder in der Finsternis des Erdgeschosses weilen, wo seine Augen von Thränen trübe werden, während auch jener, von Natur blind, die Herrlichkeiten der Welt nicht wahrnimmt. Das Rätsel von den beiden Brüdern, die ein Haus bewohnen und doch nicht zusammenkommen, löst die Edda in dem Mythus von Balder und Höder, Söhnen des Himmelsgottes und der Erdenmutter. Es ist begreiflich, daß der Dichtung die Vorstellungen von Licht und Finsternis, Tag und Nacht, Sommer und Winter zu Grunde liegen. Schon Tacitus berichtet von einem göttlichen Zwillingspaar, Alci genannt, das die Naharnavalen in einem heiligen Haine verehrten. Er vergleicht sie mit den Dioskuren Kastor und Pollux (Polydeukes). Wenn Alci nach sprachlichen Forschungen die Leuchtenden bedeutet, so hat J. Grimm Recht, der sie auf Balder und Hermoder bezieht. Wir möchten lieber an Balder und Höder denken; denn die Mythe von des ersteren Tode ist wahrscheinlich späteren Ursprungs, als man die Brüder in Beziehung zu dem großen Weltenjahr brachte.

Auch die Nacht, auch der Winter haben eine erfreuliche Seite; denn der winterliche Sternenhimmel und ein heiterer Wintertag schienen den abgehärteten Bewohnern nördlicher Gegenden nicht feindlich.

Balder ist licht und schön von Angesicht, daß heller Glanz von ihm ausgeht. Daher heißt auch die heilsame Kamillenblume Baldersbrau (Augenbraue). Seelengüte, Unschuld und Gerechtigkeit sind ihm eigen, und durch seine Rede weiß er alle Herzen zu gewinnen. Er gleicht in seiner Natur wie in seinem tragischen Ende auffallend unserm Heiland. Neuerdings hat Prof. Bugge zu beweisen gesucht, daß der nordische Baldermythus von mittelalterlichen christlichen Legenden über Christi Tot beeinflußt ist. Sein Palast ist Breidablick, das heißt breiter, weit leuchtender Glanz, oder nach anderen breiter Schild. Daselbst giebt es nichts Unreines, keine Unthat wird da begangen, kein Unrecht geübt; es ist eine heilige Wohnung. So hielt man auch ein Heiligtum des Gottes, Baldershag, in Norwegen für eine Friedensstätte, die niemand zu schädigen wagte. Die Gattin des allbeliebten Gottes war Nanna, Neps Tochter, das heißt nach Uhland die Blüte, die Tochter der Knospe. Auch sie war die Freude der Götter und Menschen und liebte den Gemahl bis in den Tod.

Balder würde althochdeutsch Paltar lauten; er hieß aber nach den Merseburger Heilssprüchen auch Phol oder Bol, und an beide Benennungen erinnern viele Ortsnamen in Bayern, Thüringen, Hessen und Westfalen. Im Osning giebt es ein Balhausen, Polhof, Baldersbrook nahe bei einander, eine Waldhöhe Breitapohl, was an Breidablick erinnert, ein Völhorst in weiterer Entfernung und viele ähnliche. Sie beweisen, daß die Verehrung des Gottes sehr verbreitet war. Vielleicht ist Balder identisch mit dem Lichtgott Bel der Slaven und Kelten; denn er heißt auch Veldegg oder Väldäg (Tagbringer) bei den Sachsen. Daß er aber von dem phönikischen Baal abzuleiten ist, wie Nilson meint, dürfte zu bezweifeln sein. Man könnte gleichmäßig bei dem keltischen Bel an den babylonischen Gott dieses Namens denken. Immerhin ist dabei zu erwägen, ob nicht die verschiedenen Völker den Lichtgott, seine Verehrung und auch die Namen aus der Urheimat mitgebracht haben. „Bald" oder „bold" bedeutet ferner kühn, tapfer, es ist dasselbe wie das angelsächsische bealder, das „Herr, Fürst" bedeutet. Auch dieser Name erinnert an unsern „Herrn Jesus Christus". Balders Gattin Nanna wird gleichfalls als die Kühne bezeichnet. Da nun Höder auf badu oder hadu, Hader, Kampf, zurückgeführt werden kann, so wurden beide Brüder in frühester Zeit als kriegerische Götter aufgefaßt, wozu wohl der oft lange und wechselvolle Streit des Sommers mit dem Winter, des Lichts mit der Finsternis Veranlassung gab. Dieser Streit bildete die Grundlage vieler Mythen, die nicht erhalten sind.

Indessen Saxo Grammatikus, ein dänischer Geschichtschreiber um 1150, hatte wohl davon Kenntnis. Er brachte sie nun nach seiner Weise in Verbindung und bildete daraus eine zusammenhängende Erzählung, die er für Geschichte ausgab. Manche Widersprüche enthielten diese Sagen, andere trug der Verfasser selbst hinein. In dieser Fassung können wir von einem Einfluß christlicher Legenden nichts entdecken. Wir fügen sie hier möglichst geordnet und im Zusammenhange bei.

Nanna. Weit gen Mitternacht, im Lande Norwegen, wohnte auf seiner Felsen= burg König Gewar, dem alle Jarle umher zinspflichtig waren. Er herrschte mit Gerechtigkeit und Weisheit, so daß sich weder innere Feinde gegen ihn erhoben noch auch äußere es wagten, den Heerschild gegen ihn aufzurichten. Seine Tochter Nanna, schön wie eine Nordlandsrose zwischen schneegekrönten Bergen, blieb am liebsten in der einsamen Burg; zuweilen nur ging sie an den Strand, um zu baden.

Balder und Nanna. Zeichnung von J. W. Heine.

Mit ihr war Höder (Hotherus bei Saxo) aufgewachsen, ihres Vaters Pflege= sohn, ein Jüngling von großer Stärke und Gewandtheit in allen Kampfspielen. Es war für ihn eine Lust, in rauher Winterzeit mit Ger und Bogen das Wild zu verfolgen, Wölfe und Bären zu erlegen, oder auch greuliche Untiere in ihren Höhlen aufzusuchen und mit starker Faust zu erwürgen.

Oft sang er vor der schönen Nanna zur Harfe bald frohe, heitere Lieder, daß ihr das Herz vor Freude lachte, bald traurige oder schauerliche Weisen, die sie zu Thränen rührten. Sie ward ihm deshalb von Tag zu Tag mehr zugethan.

Der junge Heldenſohn wußte ſich aber noch andere Freunde und Bundes=
genoſſen zu verſchaffen, namentlich den tapfern Helgi, Beherrſcher von Haloga=
land, der um Thora, die Tochter des Finnenkönigs, vergeblich geworben hatte,
weil ihn die Jungfrau wegen ſeines Stammelns abwies. Er hatte nämlich bei
der Werbung ſtatt des Wortes Ehegatte nur Ehega=ga=ga herausgebracht; da
meinte die Jungfrau erzürnt, er ſolle ſich unter den Gänſen ein Weib ſuchen.
Höder begleitete ihn daher ſelbſt nach Finnland, brachte ſein Anliegen mit beredtem
Munde vor und deutete dann auf ſein Schwert und draußen auf ſeine zahl=
reiche Flotte im Sund, welche nötigenfalls der Bitte Nachdruck verſchaffen ſollte.
Dieſe Beweggründe waren von ſolchem Gewicht, daß die Vermählung alsbald
gefeiert wurde. Auf dem Heimwege, den er zu Lande antrat, geriet er in einen
dichten Nebel, wodurch er den rechten Weg verfehlte. Er ſah endlich eine ein=
ſame Behauſung vor ſich und fand darin drei Waldminnen, die ihn ſogleich mit
den Worten begrüßten: „Heil dir, Höder, ſtarker Held!“ Darauf überreichte
ihm die erſte ein Panzerhemd mit den Worten: „Nimm die Wehre zu Schutz
und Schirm wider Balder, den Sohn Odins!“ Die zweite ſprach: „Ich ver=
leihe dir Sieg in der Schlacht.“ Dann ſchloß die dritte: „Ich gebe dir Nieder=
lage nach der Siegesehre.“ Er wollte Näheres erfragen; aber Haus und Frauen
waren alsbald verſchwunden, und er befand ſich allein in der nebelgrauen Wild=
nis, in welcher er lange herumirrte, bis er wieder auf den rechten Weg kam.

Er fand Gewar und Nanna in großen Sorgen und erfuhr, Balder, Odins
Sohn, habe die ſchöne Jungfrau am Strand erblickt, als ſie nach den Schiffen
ſpähte, auf welchen Höder, wie ſie glaubte, zurückkehren werde. Er ſei in Liebe
zu ihr entbrannt und habe bei dem Vater um ſie angehalten. Sie habe aber
auf Befragen geantwortet, zwiſchen Aſen und ſterblichen Menſchen könne keine
eheliche Gemeinſchaft beſtehen, denn nur Gleiches geſelle ſich zu Gleichem. Da=
rauf ſei er im Unmute, grimmigen Krieg drohend, fortgegangen. „Ich fürchte
den Aſenſohn nicht“, rief Höder; „gieb mir, Vater, Nanna zum Weibe; da ich
ſchon ihr Herz beſitze, ſo werde ich allen Aſen Trotz bieten.“ — „Du biſt mir
ein lieber Sohn“, ſagte der König, „aber Balder iſt unbeſiegbar, und ſein
heiliger Leib wird von gewöhnlichen Waffen nicht beſchädigt. Wenn du dir
aber von dem ſchrecklichen Waldgeiſt Mimring deſſen Zauberſchwert verſchaffſt,
ſo kannſt du Sieg gewinnen und dann . . .“ — „wird Nanna dir zu teil“,
endigte der kühne Held die Rede und machte ſich auf, den Hrimthurſen in ſeiner
eisumſtarrten Höhle aufzuſuchen. Ringsum waren Berge und Thäler von
Schnee überlagert; daher ſpannte er ſtarke Renntiere (Hirſche) vor ſeinen
Schlitten und fuhr Tag und Nacht durch die Wildnis, bis er die finſtere Höhle
auffand. Er baute ſich davor eine Hütte, ging bei Tage auf das Weidwerk, um
ſich Lebensmittel zu verſchaffen, und hielt des Nachts Wache, da ihn die Gedanken
an Nanna nicht ſchlafen ließen. Endlich kam der Hrimthurſe, bewaffnet mit
Schwert und Ger, hervor und ſah erſtaunt eine menſchliche Wohnung vor der
ſeinigen aufgeſchlagen. Da fiel Höder über ihn her, warf ihn mit Rieſenkraft
zu Boden und entriß ihm das Schwert und einen glänzenden Armring, der
nächtlich das Gold mehrt zu welchem er gelegt wird. Als er die Kleinodien in
einer Gewalt hatte, ließ er den Gefangenen los und eilte nach der heimiſchen Burg.

Der Ruf von seiner Heldenthat und von den gewonnenen Kleinodien ver=
breitete sich in allen Landen. Auch der Sachsenherzog Geldar hörte davon,
und da er seiner Macht vertraute, zog er mit Heer und Flotte aus, die herr=
lichen Güter an sich zu bringen. Höder segelte ihm entgegen, ordnete aber
seine Krieger so, daß sie, hinter die Brüstung der Schiffe gebückt, die Schilde
in ein Dach vereinigt, die feindlichen Geschosse auffingen, ohne sie zu erwidern,
bis die Sachsen ihre Wurfgere und Pfeile verbraucht hatten. Da erhoben sich
die nordischen Kämpfer, mit lautem Kriegsruf ihre Geschosse schüttelnd. Ehe
es aber zu weiterem Blutvergießen kam, ließ Geldar den weißen Friedensschild
an den Masten aufziehen als ein Zeichen, daß er zu unterhandeln begehre. Er
kam auch selbst zu Höder, ward freundlich und gastlich empfangen und schloß
mit dem edlen Gegner einen Waffenbund auf Schutz und Trutz. Sie waren
noch beim frohen Gelage versammelt, da hörten sie, daß Balder mit großer
Heeresmacht heransegle, um die geliebte Nanna in seine Gewalt zu bringen.
Ein stürmischer Südwind beflügelte seine Fahrt; doch erschienen gleichzeitig die
weißen Segel Helgis, der dem Freunde Hülfe brachte. Der fürchterliche Kampf
entbrannte alsbald, Mimrings Schwert flammte wie ein Wetterstrahl in Höders
starker Hand. Er warf sich in das dichteste Gewühl der Feinde, da sein gutes
Streithemd, ein Geschenk der Waldfrauen, ihn schirmte. Mann für Mann
sank unter seinen Streichen. Aber auf Seiten des Gegners kämpften die Asen
und vornehmlich der starke Thor, der mit einer Stimme, gleich dem rollenden
Donner, seinen Streitern befahl, sich hinter ihm zu scharen. Mit seiner Keule
zerschmetterte er Helme, Schilde und Brünnen, Schädel und Leiber, daß das
Meer von strömendem Blut rot wurde; Geldar, der Sachsenheld, die tapfersten
Sachsen und Normannen fielen bei Haufen unter seinen Streichen. Schon
wankte das ganze Heer vor dem entsetzlichen Würger. Da warf sich ihm Höder
kühnen Mutes entgegen. Er schien dem Tode verfallen; aber er faßte, den
Schild wegwerfend, mit beiden Händen das Schwert, that einen verzweifelten
Streich, und die scharfe Klinge durchschnitt die schreckliche Keule dicht über dem
Griffe. Thor war wehrlos und wich eilends zurück. Als dies geschah, ergriff
unermeßlicher Schrecken seine Begleiter. Bald ergossen sich Asen und Krieger
in unheilvolle Flucht, und auch Balder verließ schimpflich die Walstatt. Höder
befahl nach erfochtenem Siege einen großen Leichenbrand zu veranstalten. Von
erbeuteten Schiffen ward der mächtige Holzstoß für Freund und Feind auf=
geschichtet; aber zu oberst kam die Leiche des treuen Waffenbruders Geldar,
dem auch ein Totenhügel errichtet wurde. Dann verfolgte der Held seinen Sieg
und gewann Danland und Schweden.

Nach anderen Sagen war Höder schon König von Dänemark, und die
Schlacht fiel bei Roesild auf Seeland vor, wo Balders Brunnen, Balders
Hafen und Balders Sund (das Baltische Meer) noch daran erinnern sollen.
Die dänische Reimchronik weiß sogar, daß Balder hier gefallen und in den
Sund versenkt worden sei. Sie läßt Höder sagen (nach Ettmüller):

„Da ich beherrschte Dänemarks Reich,　　Als dritter that sich Balder hervor.
Drei kühne Kämpfer lebten zugleich:　　Der sagt', er besitze Gottes Macht;
Der eine hieß Odin, der andere Thor,　　Doch gab ich darauf nur wenig acht.

Bei Balders Brunnen ihr Volk ich schlug,   Von Gottheit hatt' er wenig an sich;
Gab ihm der Todeswunden genug.   So schlug ich Baldern an Balders Sund
Er floh daselbst gar lästerlich: Und versenkt' ihn auf den Meeresgrund."

Man ersieht hieraus, wie verschieden sich die Mythen von Balder und Höder im Munde der Erzähler und Sagendichter gestaltet hatten, und wenn auch die letzteren Angaben auf späteren Dichtungen beruhen, so bezeugen sie doch immer den Kampf des Sommers mit dem Winter und den Sieg des winterlichen Gottes, der, wenn seine Zeit kommt, Götter und Menschen bezwingt.

Höder zog nach diesen ruhmvollen Thaten in Gewars Burg ein, wo die Vermählung gefeiert wurde. Die liebliche Nanna begab sich willig in die Obhut des starken Helden, wie sich die zarte Pflanze unter dem Schneemantel des Winters birgt, wenn eisige Stürme und erstarrende Kälte alles Land heimsuchen.

Als der Frühling wiederkehrte, erhob auch Balder sein Haupt; denn er fühlte neue Kraft, und frischer Mut, um die Geliebte zu kämpfen, erfüllte sein Herz. Er empfing auch eine geheimnisvolle Kost, die seine Kraft zu Riesen= stärke steigerte. Drei Jungfrauen bereiteten sie aus zauberischen Kräutern, welche im jungen Frühling der Erde entkeimen, wie ja die Pflanzen, die der Lenz hervorruft, kräftiger sind als die Gewächse des Spätjahres. Also gestärkt, stellte er sich an die Spitze eines allgemeinen Aufgebots und fiel in Danland ein. Er traf bald auf seinen verhaßten Gegner, der Dänen, Schweden und Normannen zu den Waffen gerufen hatte. Die Schlacht wütete Tag und Nacht; aber wie kräftig auch Höder das Schwert Mimrings schwang, der Asensohn, dessen Leib unverwundbar war, überwältigte den Widerstand und scheuchte ihn und die Trümmer seines Heeres vor sich her, wie der Sturm, der vom Mittag kommt, das flüchtige Gewölk. Der unglückliche König verlor Sieg und Reich und irrte durch unwegsame Gegenden von Jütland umher, bis er wieder zahl- reichen Anhang fand und viele zerstreute Waffenbrüder um sich versammelte. Vor Nanna wollte er nicht sieglos erscheinen, sondern lieber das Glück der Waffen nochmals versuchen. Indessen trieb ihn, als er in Seeland einfiel, Balder nach heißem Kampfe abermals in die Flucht und setzte die Verfolgung die Nacht hindurch bis zum heißen Mittag fort. Da zwang ihn die Erschöpfung seiner Krieger, zu rasten. Sie verschmachteten fast vor Durst, aber in dem dürren Heideland war weit und breit kein Tropfen Wasser zu finden. Als- bald sprengte er den dürstenden Kämpfern voraus, und unter den Hufen seines edlen Rosses quollen reichliche Quellen hervor, die noch jetzt Balders Brunnen genannt werden. Höder eilte indessen nach Schweden, legte daselbst in berufener Versammlung Krone und Herrschaft nieder und verbarg sich, finster und menschen- scheu, mit seinem Grame in der Wildnis des Hochgebirges. Ruhelos schweifte er umher, aß das rohe Fleisch erlegten Getiers, nagte Moos und Baumrinde, trank das Wasser geschmolzenen Schnees und führte dieses elende Leben den ganzen Sommer hindurch. Als der Herbst sich näherte, und der rauhe Nordwind schon wieder Frost brachte, ward ihm wohler zu Mut, und seine vor Hitze trüben Augen wurden heller, daß er mit Lust über die von frischem Schnee bedeckten Berge blickte.

Eines Tages wanderte er durch eine enge Schlucht. Am Ausgang sah er eine Wohnstätte, und statt sie zu meiden, wie er sonst pflegte, trat er ohne

Zögern ein. Er fand darinnen die drei Waldminnen, welche ihm einst geweis=
sagt hatten. Er erkannte, daß es die drei Nornen oder Walküren waren, denn drei
weiße Rosse sowie Helm, Schild und Brünne zeugten von ihrem kriegerischen
Beruf. Er schalt sie, daß sie ihm Glück verkündigt und er nur Unglück ge=
funden habe. Sie aber sprachen: „Erst Sieg, dann Niederlage, so war unser Wort,
und nun kehrt wieder die Zeit des Glücks. Kannst du aber die Speise erlangen,
die deinem Gegner die Asenkraft mehrt, so vermagst du seinen heiligen Leib mit
Mimrings Schwerte zu verwunden. Drei Frauen im Gewande der Nacht, die
Häupter von dunklen Schleiern umwallt, bereiten und bringen ihm die stärkende
Kost." Als sie diese Worte gesprochen hatten, verschwanden sie samt dem Gehöfte.

In der Einsamkeit des Föhrenwaldes stand der verlassene, aufgegebene
Held, die Brust von neuen Hoffnungen geschwellt. Er stieg hinab vom Hoch=
gebirg in die Thäler; er berief seine Getreuen, und die kamen aus allen Nord=
landen, dem Rufe des ehemaligen Führers gehorsam. Bald sah er sich an der
Spitze zahlreicher Haufen; als er aber zum Angriff schritt, fand er seinen
Gegner schon gerüstet. Denn derselbe hatte nicht Ruhe gefunden, weil ihm un=
geachtet seiner Siege die geliebte Nanna fehlte. Er bereitete sich, sie auf der
einsamen Felsenburg aufzusuchen und mit sich in das warme, schöne Südland
zu führen, wo ihre eigentliche Heimat war. Jetzt aber, da der alte Feind wieder
erschien, galt es, um Sieg und Herrschaft und um die Blüte der Frauen auf
Tod und Leben mit ihm zu kämpfen. Die Schlacht dauerte, wie die frühere,
den ganzen Tag; erst die finstere, stürmische Nacht zwang die Kämpfer, vom
Streite abzulassen. Aber Höder konnte nicht einschlafen; in der dritten Nacht=
wache machte er sich auf, des Feindes Lager zu durchspähen. Er sah drei weib=
liche Gestalten im Gewande der Nacht, die Häupter von dunklen Schleiern um=
wallt, welche raschen Schrittes dem Walde zueilten. Er folgte ihnen und trat
bald in ihre Behausung ein. Hier gab er sich für einen des Saitenspiels
kundigen Skalden aus. Als ihm eine Harfe gereicht wurde, spielte er wunderbare
Weisen; er bemerkte aber zugleich, wie die Frauen ein Mus bereiteten und das=
selbe von Schlangen anhauchen ließen, die sie darüber hielten. „Das ist die
Kost, die Balders Asenkraft mehrt", sprach er bei sich und begehrte als Lohn
für sein Spiel einen Teil davon. Die Frauen bedachten sich; die eine wider=
sprach, aber die anderen meinten, die Gewährung bringe keinen Schaden; der
Spielmann werde dann um so kräftiger in die Saiten greifen, und verwilligten
ihm einen Teil der seltsamen Speise. Er schlang begierig die dargebotenen
Bissen hinunter. Da durchdrang ungewöhnliche Kraft seine Glieder; er hätte
alle Asen zum Kampfe fordern mögen, so sehr fühlte er sich gestärkt.

Die Frauen suchten vergeblich den Spielmann zurückzuhalten; er stürmte
hinaus ins Freie, wo ein kalter Nordwind über die Heide strich. Er traf aber
unerwartet in der Dämmerung des Morgens auf seinen Todfeind. Die Waffen
blitzten augenblicklich, und jeder dachte nur auf Angriff, nicht auf Abwehr; hier
schützte das Streithemd, dort die Unverletzlichkeit des Leibes; endlich aber traf
ein furchtbarer Stoß Balders Hüfte, Mimrings Schwert drang durch und
streckte den Asensohn zu Boden. Höder eilte ins Lager, verkündigte, was ge=
schehen war, und führte das jubelnde Heer in die Schlacht. Indessen war

Balder nur verwundet, nicht tot. Er ließ sich auf einer Bahre in den schreck=
lichen Kampf tragen, der ohne Entscheidung bis zum Abend wütete. In der
Nacht trat die finstere Hel an sein Schmerzenslager. Sie verkündigte ihm, er
werde am folgenden Tage in ihre Hallen kommen, wo schon das Mahl für ihn
bereit sei. Das Wort ging in Erfüllung; das trauernde Heer bestattete mit
königlichen Ehren den Gebieter in einem mächtigen Hügel, den die Götter vor
Entweihung durch Wunderzeichen beschützten.

Höder nahm sofort das Reich wieder in Besitz, doch kehrte er nicht heim
zu der geliebten Nanna, denn im nächsten Frühjahr rückte Bous (Bui, d. i. An=
bauer), der Sohn Odins und der Ruthenentochter Rinda, gegen ihn zu Felde
und erschlug ihn nach heißem Kampfe; denn sein Streithemd, Geschenk der Wal=
küren, war ihm abhanden gekommen, und er hatte vergeblich die Frauen im
Gewande der Nacht aufgesucht, um einen Bissen von ihrem wunderthätigen
Mus zu erhalten.

Man erkennt in der Darstellung den zu Grunde liegenden Naturmythus
vom Kampfe des Lichts mit der Finsternis, des Sommers mit dem Winter.
Wir bemerken noch, daß Gewar Frühling bedeutet (von War, lateinisch ver),
daß er also der Vater der Nanna, der Blüte ist. Wenn ihn die Sage hoch in
den Norden versetzt, so war sie sich wohl der ursprünglichen Bedeutung nicht
mehr bewußt. Wir enthalten uns weiterer Auslegungen der einzelnen, oft aben=
teuerlichen Begebenheiten, welche die Dichtung frei schaltend erfunden und zu=
sammengestellt hat. Die Lieder der Edda haben, wie oben bemerkt, mehr den
Tod des allgeliebten Lichtgottes und der ihn liebenden Blüte ins Auge gefaßt
und auf das große Weltenjahr, auf die Katastrophe von Ragnaröl, übertragen.

Balders Bal. Der schwedische Gelehrte Nilsson, dessen Untersuchungen wir
öfters gefolgt sind, nimmt an, der Lichtgott Balder oder Phol sei gleich=
bedeutend mit dem phönikischen Baal. Er meint, der schöne Mythus von
seinem Tode und Auferstehen in der erneuten Welt wurzele schon im Baals=
dienst jenes Kulturvolkes. Er bezieht sich auf die bei allen Germanen üblichen
Feste der Sommersonnenwende, welche von denselben eben so gefeiert wurden,
wie nach dem alten Testamente die Baalsdiener ihrem Gott zu Ehren Feste
begingen. Sie tanzten nämlich um die lodernden Flammen, murmelten Gebete,
schritten endlich durch die erlöschende Glut und hofften nun die Erfüllung ihrer
Wünsche. In der That werden noch gegenwärtig in der Mittsommernacht an
vielen Orten solche Feuer angezündet, und sie lodern hoch im Norden, am Po=
larkreis, wo die mitternächtliche Sonne ihre blutroten Strahlen in die auf=
steigenden Rauchwirbel sendet. Man nannte und man nennt ein solches Fest
Balders Bal, d. h. Balders Scheiterhaufen, und ähnliche Feste bezeichnete man
in Irland mit dem Ausdruck Balstein. Indessen wurden in der Mittsommer=
zeit auch anderen Göttern zu Ehren Freudenfeuer und Feuerräder angezündet;
es läßt sich daher eine Identität Balders mit dem phönikischen Sonnengott
nicht nachweisen. Neuerdings hat Professor Bugge die Erzählung des Saro
Grammaticus mit der trojanischen Sage von der Ermordung des Achilles
durch Paris zu vergleichen gesucht.

———

Forseti, zu Gericht sitzend.
Zeichnung von Prof. C. E. Toepler.

5.

Forseti, Balders Sohn.

Zwölf im Lande der Friesen durch Weisheit und Gerechtigkeit hoch an=
gesehene Männer erhielten vom Volke den Auftrag, die Rechtsgebräuche und
Gerechtsame zu sammeln, die seit der Väter Zeit Bestand hatten. Diese Männer,
Asegen, d. i. Älteste oder auch Schöffen genannt, gingen von einem Gau zum
andern, um überall nach den Vorrechten der freien Männer, nach Art, Her=
kommen und Gewohnheiten beim Scheiden und Schlichten von Rechtshändeln
zu forschen. Sie fuhren auch nach den nordfriesischen Inseln und befragten
sich mit den Ältesten und Vorstehern. Sie brachten aber eine solche Menge
von Gesetzen und Weistümern in Erfahrung, daß sie fürchteten, ihr Leben und
das längste Leben sterblicher Menschen werde nicht hinreichen, alles zu ordnen
und festzustellen. Wie sie sich bei einer Überfahrt darüber beredeten, brach ein
heftiger Sturm los, der sie weit in die unwirtbare See hinaus schleuderte.
Er hielt Tag und Nacht an; weder kam am Tage die Sonne zum Vorschein,
noch leuchteten Mond oder Sterne des Nachts. Die Schiffer, die nicht mehr

wußten, wo sie waren, ließen das Fahrzeug von Wind und Wellen treiben, ohne das Steuer zu handhaben. In ihrer Not beteten sie zu den Himmlischen, sie möchten ihnen einen Mann senden, der sie an die Küste brächte und ihnen auch helfe, das Rechtsbuch zum Heil und Segen des edeln Friesenvolkes aufzustellen. Kaum hatten sie mit gläubiger Seele das Gebet gesprochen, so saß ein fremder Mann ehrwürdigen Ansehens am Steuer und lenkte es mit gewaltiger Hand, und das Schiff fuhr gegen Sturm und Wogenbraus pfeilschnell fort und legte an einer hochragenden Felseninsel an. Der Steuermann warf das Richtbeil, das er auf der Schulter trug, ans Land, und wo es den Boden schlug, sprudelte eine Quelle hervor. Um den entstandenen Brunnen waren Sitze in den Felsen eingehauen; darauf setzten sich die zwölf Asegen, und der Fremde, als der dreizehnte, nahm den Hochsitz ein. Es herrschte tiefe Stille; da erhob er die Stimme erst leise, dann immer lauter und lehrte die Männer das heilige Recht, das den Friesen gebührt. Sie lauschten alle staunend und tief bewegt; denn was sie nicht hatten finden und fassen können, das ward ihnen klar wie durch einen Götterausspruch. Sie blickten den Sprecher an; sie erkannten ihn nicht, und er schien doch bekannt; er glich jedem der zwölfe, und doch war ihm keiner zu vergleichen. Als er aber das Recht gelehrt hatte, waren nicht mehr dreizehn, sondern nur zwölf Schöffen, die um den Brunnen saßen. „Es war Fosite, Balders Sohn, der uns das Recht gelehrt hat, und hier ist Fosites Land, das heilige Land, wo den freien Männern ihr Recht gesprochen und zugeteilt wurde." Also sprachen die Schöffen untereinander; das Gerücht aber breitete unter dem Volke aus, was geschehen war, daher ward das Eiland ein heiliges, dem Fosite oder nordisch Forseti (Vorsitzer) geweihtes Land geheißen. Kein Wiking wagte hier Raub zu üben, aus Furcht, der beleidigte Gott werde ihm den Tod im Sturme oder im Kampfe bereiten. Aus dem Brunnen, den der Unbekannte hatte entstehen lassen, schöpften die Richter, die hier Recht sprachen, schweigend Wasser zum Trunk, ehe sie den Ausspruch thaten, der über Mein und Dein, über Leib und Leben entschied. Die Insel aber heißt bis auf den heutigen Tag Helgoland, d. i. Heiligenland, und die daselbst einheimischen Schiffer verraten noch durch ihre kräftigen, ungemein muskulösen Formen, daß sie dem alten Friesenstamme entsprossen sind.

Nach der nordischen Mythe war Forseti der Sohn des Lichtgottes Balder und der blühenden Nanna; denn von der lichten Klarheit des Geistes und der fleckenlosen Reinheit des Willens geht die Gerechtigkeit aus, deren Repräsentant Forseti ist. In seinem Saale Glitnir, des Silberdach auf goldenen Säulen ruht, sitzt er den langen Tag und richtet und schlichtet allen Streit, und die da Recht verlangen, kehren befriedigt und versöhnt heim; denn wie niemand wagt, Balders Urteil zu schelten, so ist auch Forsetis Gericht so gerecht und weise, daß man darüber niemals Klage führt. Wie er aber nur eine Eigenschaft des Vaters ist, so scheint er auch mit demselben aus der Asen- und Menschenwelt zu verschwinden, wodurch die Wolfszeit hereinbricht und die unsittlichen, finsteren Gewalten mehr und mehr die Oberhand gewinnen, bis endlich Ragnarök, das Gottesgericht, das Drama des nordischen Glaubens zum Schlusse bringt.

Freya bei den Schmuck und Zierrat schaffenden Zwergen. Zeichnung von F. W. Heine.

Elfter Abschnitt.

Vorzeichen des Weltunterganges.

Die goldne Zeit, wohin ist sie gefloh'n,
Nach der sich jedes Herz vergebens sehnt,
Da auf der freien Erde Menschen sich
Wie frohe Herden im Genuß verbreiteten,
Da ein uralter Baum auf bunter Wiese
Dem Hirten und der Hirtin Schatten gab,
Wo jeder Vogel in der freien Luft
Und jedes Tier, durch Berg' und Thäler schweifend,
Zum Menschen sprach: Erlaubt ist, was gefällt!
Goethe.

1. Das Goldalter.

In vorstehendem Ausspruch unseres großen Dichters finden wir seine Gedanken über eine goldene Zeit ausgeführt, von der Dichter und Weltweise viel geträumt und geredet haben. Im klassischen Altertume erzählte man von den vier Weltaltern, die je nach der Güte ihre Namen von den Metallen führten. Auch die Skaldenpoesie wußte von dieser schönen Zeit, dieser Kinderzeit der harmlosen Unschuld. Da waren aber nicht Menschen auf der blühenden Erde, sondern die Asen wohnten da ohne Beschränkung, ohne die Sehnsucht nach un=

erreichbarem Gute. Es gab für sie keine thränendüstre Vergangenheit, keinen
Kampf mit den Hemmnissen der Gegenwart, keine wolkenverhüllte, wetter-
schwangere Zukunft. Sie lebten ungezählte Tage und Jahre in ungetrübter
Heiterkeit. Sie legten Essen an, schufen Hämmer, Zangen, Amboß und alles
Werkgerät. Sie schmiedeten Erz, sie meißelten Holz, und was sie fertigten,
war herrlich anzuschauen. Des Goldes war eine reiche Fülle vorhanden, das
sie zur Fertigung von Hausgerätschaften verwendeten. Doch kannten sie den
Wert dieses Metalles nicht; sie schätzten es nur wegen des Glanzes. Sie nannten
diese glückselige Zeit das Goldalter, nicht wegen der Menge des kostbaren Erzes,
sondern weil das Leben ohne Harm und Sorge dahinfloß, gleich der goldenen
Kinderzeit. Sie bauten sich Hof und Heiligtum, sie spielten heitere Spiele im
Hofe und auf dem Idafelde, goldene Scheiben schiebend zur gemeinsamen Lust.
Fern war ihnen Geldgier und räuberische Habsucht, fern, sich selbst zu über-
heben zur Schädigung des andern. Da schufen sie scherzend der Zwerge zahl-
reiches Geschlecht, das in der Erde schürfte und wühlte und immer mehr des
Erzes Schätze zu Tage förderte. Die Asen schauten lüstern auf den glänzenden
Hort, und nun ging das Goldalter, die Zeit harmloser Unschuld, verloren.
Gezeugt, geboren ward Gullweig (Goldstufe), die falsche Zauberin, die sich Heid
(Art oder Habe) nannte. Dreimal stießen die Asen sie mit Speeren und Gabeln
ins lodernde Feuer; aber immer kam sie glänzender daraus hervor und ver-
brannte nicht, sondern entzündete, schön und blühend von Angesicht und be-
redten Mundes, immer heftiger und unstillbarer die Begierde nach ihrem
Besitze. Sudkunst (Zauberei) kannte sie, Sudkunst übte sie, und aus ihrem
Zauberkessel stieg sinnberauschend, sinnbestrickend ein Brodem auf, daß man
Gold begehrte mehr und immer mehr, daß man nicht fragte, ob die Hände,
die es faßten, von Freundesblut troffen, ob die mißhandelte Unschuld klagend
zum Himmel emporblickte, gebrochene Schwüre wider den Meineidigen sich aufrichteten und früher oder später eine Hölle in seinem Busen erzeugten. Gullweig ist die dämonische Macht, die Versucherin, von der die Dichtung sagt:

„Sieh' des Goldes reiche Fülle — Götter ruh'n,
Denen dienstbar ist die Erde, hier in Truh'n.
Was du willst, sie dir gewähren, machen frei
Von dem Banne langgetragner Sklaverei.
Du begehrst ein Schwert — und willig sich entrollt
Waffenglanz, wenn du entbietest flammend Gold;
Hoheit, Herrschermacht du forderst, Ehrensold:
Wisse, Throne stürzt und bauet nur das Gold.
Willst den Wonnekelch du schlürfen — Schönheit zollt
Ihre Reize sinnberauschend, zahlst du Gold.
Gold, o sieh', wie's freundlich schimmert, wie es lacht,
Weil wir seinen Ruhm erhöhen, seine Macht!
Wenn hervor aus eh'rnem Schoße Flammenpein
Es zum Dasein hat geboren, tritt es ein
Glühend ins bewegte Leben, wandert weit
Durch der Menschen Hände, fördernd Lust und Leid;
Mischt in die gebotne Labe tötend Gift,
Schärft des Dolches blanke Spitze, daß er trifft,
Schürzt und löst der Herzen Bande, wehrt der Not,

Ruft gebieterisch zu Thaten, lockt in Tod.
Was es fordert, das vollbringe! Eitel ist
Wider sein Gebot der Menschen Mut und List."

So war und ist Gullweig (Gold) oder Heid (Goldgier), so kam sie nach Asenheim, so wanderte sie später zu den sterblichen Menschen, riß nieder die Schranken des Rechts und heilsamer Gesetze und tilgte aus die fromme Sitte und die Unschuld des Herzens. Mit ihr, oder vielmehr vor ihr, kamen drei Thursentöchter, mächtige, unmilde Frauen, ein Grauen dem Anblick. Sie deuteten rückwärts auf die goldene Jubelzeit, die vergangen war, und vorwärts auf der Hrimthursen zahlreiche Geschlechter, die zu Kampf und Widerstand gerüstet waren, auf Muspels Söhne und die grimmigen Wölfe, die hinter der Wolke der Zukunft feindlich lagerten. Da ging in Reue, Kampf und Furcht das Goldalter unter, doch waren die Asen mutig und in der Fülle der Kraft zum Lebenskampfe gerüstet. Unter Siegen und Siegesgelagen bei Odrörirs schäumendem Becher vergaßen sie der Schrecknisse, welche in der Ferne drohten. So blickt der Jüngling, die Jungfrau zurück in die vergangene goldene Kinderzeit und hoffnungsreich auf die verhüllte Zukunft; so tritt der gerechte Mensch, seiner Kraft sich bewußt, mutig in den Kampf mit feindlichen Mächten, und erst der müde Greis, dem eine Stütze nach der andern bricht, blickt schaudernd auf die Zeit, da in Surturs flammender Lohe er selbst und seine Welt untergeht. Wohl ihm, wenn dann sein getrübtes Auge über die gebrochene Brücke Bifröst und jenseit der Kämpfe auf dem Wigridfelde das selige Idafeld, das Feld der Unsterblichen erkennt, wo Balder und Höder, Wali und Widar versöhnt in froher Gemeinschaft bei einander wohnen. Dies, so dünkt uns, ist die tröstende Bedeutung der Mythe vom Goldalter, seinem Verlust, von Ragnarök und einer neuen Welt.

2. Die Schuld.

„Das Leben ist der Güter höchstes nicht,
Der Übel größtes aber ist die Schuld."   Schiller.

Der erste Krieg, der Krieg zwischen Asen und Wanen, war entbrannt, vielleicht durch die verlockende Heid, die listig von einem Lager ins andere schlich, von Asenheim nach Wanaheim hinüber und herüber, und schlimme Botschaft brachte. Ein gütlicher Vergleich machte dem Streit ein Ende. Aber den Göttern waren die Augen aufgethan, daß sie die drohenden Gefahren erkannten, wie einst im Paradiese die ersten Menschen nach dem Apfelbiß sahen, daß sie nackt und bloß waren. Sie gewahrten drüben in Riesenheim die Bergriesen und Hrimthursen, die sich vermehrt und schon in Midgard eingedrängt hatten, wie sie drohend nach dem schönen Asgard herüber blickten, nach seinen Säulenhallen inmitten duftiger Haine und blühender Gründe. Zwar war Heimdal ein treuer Wächter, aber konnte nicht dennoch den Unholden ein jäher Überfall gelingen? Da gingen die Asen zu ihren Richterstühlen, sich zu beraten, wie man Sicherheit verschaffen wolle. Es schien ihnen heilsam, eine Mauer um Asgard zu bauen, himmelhoch, mit festen Thoren, die kein Feind übersteigen könne. Wie sie noch darüber hin und her redeten, in welcher Weise das Werk auszuführen sei, wandelte ein großer, stattlicher Mann unholden Angesichts daher und erbot sich, das Werk in drei Wintern, und zwar ganz allein herzustellen.

Er sagte, er sei ein Schmied, das heißt, ein kunstreicher Mann, der sich gut auf das Bauen verstehe; man müsse ihm aber als wohlverdienten Baulohn die himmlische Freya zur Ehefrau und Sonne und Mond bei seinen vielen Arbeiten zu Leuchten verheißen. Die Asen waren unschlüssig; aber es scheint, daß Loke, der Erzschelm, da und dort den Beratern zuflüsterte, man solle dem Baumeister den Lohn immerhin zusichern, wenn er die Riesenarbeit in einem Winter zu Stande bringe. Auch dazu zeigte sich der Mann bereit. Er meinte, er wolle seinen Kopf zum Pfande setzen, daß er in der kurzen Frist alles zu Ende führe, wofern man ihm nur erlaube, seinen Hengst Swadilfari dabei zu Hülfe nehmen. Abermals kam die Unterhandlung ins Stocken, bis Loke mit Zuversicht sagte, man könne dem Fremdling das Begehren bewilligen, da ein unvernünftiges Tier doch nur ein schlechter Gehülfe sei. So ward man denn handelseinig, und von beiden Seiten wurden heilige Eide geschworen, daß man die Bedingungen ohne Trug und Falsch erfüllen wolle.

Am ersten Wintertage begann der Meister die Arbeit. Da sahen aber die Asen, wie das Pferd ungeheure Felsen und ganze Ladungen kleiner Steine im windschnellen Laufe herbeischleppte, und wie dessen Herr sie zusammenfügte und fest einkittete, daß die Mauer emporstieg himmelhoch und unerschütterlich gleich einem Eisberg. Das Werk schritt mit jedem Wintertage merklich vorwärts, als ob es von unsichtbaren Mächten noch mehr gefördert werde als von dem Baumeister und seinem vierbeinigen Gehülfen. Es war schon fest und unersteiglich, die Mauern glatt und glänzend, wie polirter Stahl, alles ohne Makel und Tadel, als die rauhe Jahreszeit zu Ende ging. Nur die Burgthore mit ihren hohen Wölbungen waren noch herzustellen, und das schien ein Leichtes zu sein, da noch drei Tage bis zum Anfange des Sommers übrig waren. Die Asen gerieten darum in schwere Sorge; denn wenn der Schmied als ausbedungenen Lohn Freya, Sonne und Mond mit sich fortnahm, so schwand alle Schönheit und Anmut aus Asgard, und die Welt versank in ewige Finsternis. Mancher wünschte den starken Thor herbei, der weder bei Abschluß des Vertrags noch überhaupt den ganzen Winter über zugegen gewesen war, weil er in fernen Landen Unholde bekämpfte. Sie setzten sich auf ihre Richterstühle und berieten, was zu thun sei, um das Unglück abzuwenden. Da fragte man nun zuerst, wer den Vertrag in Vorschlag gebracht und dazu geraten habe. Man kannte ihn wohl, den Urheber alles Bösen, den falschen, Unheil stiftenden Loke. Man drang auf ihn ein; Schmähungen, Drohungen wurden laut. „Er soll eines schmählichen Todes sterben", rief man von allen Seiten, „wenn er nicht Hülfe schafft." Der Verklagte stand zitternd im Kreise der zürnenden Götter. Er versprach hoch und heilig, den Fortbau zu hindern und dadurch den Baumeister um seinen Lohn zu bringen. Unter Verwünschungen und erneuten Drohungen ging die Versammlung auseinander. Folgenden Tages, da der Schmied mit Swadilfari wieder nach den Bergen fuhr, um Steine und Holz herbeizuschaffen, sprengte ihnen wiehernd eine Stute entgegen. Da stürmte der Hengst sogleich auf sie zu, schlug, die Stimme seines Herrn nicht achtend, Geschirr und Wagen in Stücke und verfolgte die flüchtige Stute durch Wald und Feld, während der Schmied atemlos hinterdrein rannte. Den ganzen Tag und die Nacht hindurch

dauerte die Verfolgung, und als endlich der Werkmeister des Flüchtlings habhaft
wurde, waren beide so erschöpft, daß auch am zweiten Tage nichts gearbeitet wurde.

Des Abends stand der Meister vor dem Werke seiner Hände, das, wie er
wohl erkannte, in der noch übrigen Zeit nicht vollendet werden konnte. Da kam
der Jotenzorn über ihn. Er schalt die Asen falsche, meineidige Götter, die
durch Trug und Arglist den Vertrag gebrochen und ihn um den wohlverdienten
Lohn gebracht hätten. Er drohte, sich mit Gewalt in Besitz zu setzen, und erhob Steine und ungeheure Balken, um die Burg samt ihren Insassen zu zertrümmern. Jetzt erkannten die Asen, daß er selbst ein Jötune sei, daß sie einen
Todfeind in das Innere ihres Heiligtums zugelassen hätten. Sie riefen laut
nach dem starken Thor, dem Helfer gegen die schädlichen Riesen.

Ein Donnerschlag rollte, ein Blitz erhellte die Dämmerung, die Erde bebte;
Thor stand zwischen den Asen und dem wütenden Baumeister. Er erkannte
sogleich den Hrimthursen, schwang Miölnir und zerschmetterte den steinharten
Schädel des Riesen, daß die Stücke dahin und dorthin flogen. Die schwarze
Seele sank zu Nifelhel hinab, wohin sie gehörte. Die Stute, welche Swadilfari vom Werke abgelenkt hatte, warf nach einiger Zeit ein achtfüßiges Fohlen,
und das war Sleipnir, Odins Leibroß, das den Göttervater mit Windeseile
durch die Luft und über die Wogen des Meeres trug. Die Asen indessen hatten
Schuld auf sich geladen, die geschworenen Eide gebrochen; denn sie hatten gelobt, ohne Falsch und Trug, den Vertrag zu erfüllen, und der Jötun hatte sie
mit Recht der Arglist beschuldigt. Der Anstifter aber war Loke, und er soll in Gestalt der Stute den Hengst geirrt und die Vollendung der Mauer gehindert haben.

Olafs Kirche. Nach einer nordischen Sage wollte der heilige Olaf eine
schöne und große Kirche bauen, dergleichen in allen Landen keine ähnliche zu
finden sein sollte. Er konnte jedoch nicht zustande kommen. Da erbot sich
ein riesenhafter Baumeister, das Werk in kurzer Zeit herzustellen, wenn ihm
der Bauherr sich selbst und Sonne und Mond verschreibe, oder seinen Namen
errate. Der fromme Mann schloß den Vertrag ab; es ward ihm aber unheimlich zu Mute, als der Bau bis zur Turmspitze emporwuchs. Er irrte durch
Wald und Feld und hörte endlich in einem hohlen Berge ein Kind weinen und
eine weibliche Stimme, welche sagte: „Stille, Söhnchen, morgen kommt der
der Vater, der Blaser, und bringt dir Sonne, Mond und den heiligen Olaf
zum Spielwerk." Der Heilige ging fröhlich nach dem Bau und rief dem oben
sitzenden Meister zu: „Die Spitze sitzt schief, Blaser." Kaum hatte er die Worte
gesprochen, so stürzte der Riese herunter und brach Arme, Beine, und den Hals
dazu. — Diese Sage, welche unserm Mythus entspricht, nennt den Riesen Blaser
oder auch nach einer andern Angabe Wind und Wetter; da nun Swadilfari Eis-
fahrer bedeutet, so liegt der Erzählung eine Darstellung des Winters zu Grunde.

Der Winter baut Mauern und Burgen, schlägt Brücken über Seen und
Ströme oft in einer Nacht, während der mythische Meister sich die Zeit bis
zum Sommer ausbedingt. Dann aber kommt der sommerliche Thor und zerschlägt
seine Werke und ihn mit seinem Hammer oder Sonnenstrahl. In dem Mythus
bleibt der Burgwall bestehen und nur der Jötune muß den Kopf hergeben.
In anderen Sagen ist es der Gottseibeiuns selbst, der den Bau unternimmt und

zumeist in einer Nacht oder auch in drei Tagen zu Ende führt, dem dagegen eine Seele verschrieben werden muß. Er wird dann durch List um seinen Lohn gebracht und schleudert dagegen einen Felsen nach der Kirche, der aber vor der Thüre unschädlich niederfällt.

Die Teufelsbrücke. Im Kanton Uri, wo die Reuß in wilden Strudeln und Fällen vom grünen Urserenthale nach Amsteg und Altorf strömt, war noch vor etwa vierzig Jahren eine hölzerne Brücke, die der schäumende Wasserfall bespritzte. Die Passage über den Gotthard nach Italien war ehemals durch das tobende Wasser gehemmt. Da erbot sich der Teufel, die Brücke zu bauen, wenn man ihm die Seele dessen verschreibe, der zuerst darüber gehe. Der große Rat von Uri verstand sich mit schwerem Herzen zu dem gefährlichen Handel. Die Brücke mußte in einer Nacht fertig werden und ward es auch, da der Böse seine höllischen Heerscharen aufbot. Aber in derselben Nacht hatte einer der Ratsschöffen einen glücklichen Einfall, der aus der Klemme half. Wie nämlich der Arge, gleich einer riesigen Eule, drüben auf den Delinquenten lauerte, ließ man einen Köter über die Brücke laufen. Der Teufel fiel, wie ein Raubtier, über ihn her und schleuderte ihn voll Ärger, daß es nur eine Hundeseele war, in den schäumenden Fluß, flog dann über Ursern hin und steckte auf dem Wege noch ein Wäldchen in Brand, das sonst gegen Lawinen geschützt hatte. Alle Mühe, den Hain wieder anzupflanzen, ist bisher vergeblich gewesen, weil der Böse den jungen Anwuchs wieder zerstört. Er hat aber vielleicht jetzt seine Macht verloren, da man mit Hülfe des immer vollen Säckels der Hexe Gullweig und des Runenbuchs der Zauberin Wissenschaft eine solidere Brücke und eine bequeme Straße durch jene Gründe angelegt hat und demnächst auch einen Schienenweg für den Dämon des Dampfes eröffnet.

3. Iduns Scheiden.

Im grünen Gezweig des Weltbaums Yggdrasil hatte sich die blühende Idun eine lustige Wohnung hergerichtet. Da empfing sie Abends Bragi, den geliebten Gatten, der sie mit seinen Liedern erfreute. Dann stimmten die Vögel des Waldes ein, und die Melodien klangen so lieblich, daß selbst die ernsten Nornen davon bewegt wurden. Es war, wie Waldner in seiner „Pilgerin" singt:

Im Federschmuck sind Sänger da
Mit allerschönster Musica:
Die Drossel singt: „Didiu, didiu,
Im Walde findest Schlummer du";
Die Lerche singt ihr Tirili,
Ruft, daß Iduna mit ihr zieh'
Zum blauen Himmelslustrevier,
Doch schöner dünkt Yggdrasil ihr.

Der Fink mit seiner Sippen Brut
Erzählet viel von frohem Mut.
Es piept der Specht wohl hin und her.
Der Starmatz plaudert kreuz und quer.
Der Häher krächt, der Wiedehopf
Brummt auch darein, der arme Tropf.
Die Musikanten her und hin
Begrüßen sie, die Königin.

Wenn dann Schlummer alle Wesen umfing, so schöpfte die Göttin aus dem Brunnen, in welchem der heilige, einst von Odin erworbene Göttermet strömte, und begoß damit die Esche, damit sie fröhlich fortgrüne und niemals dorre. Der Brunnen hieß, wie der Met selbst, Odrörir, jener Geisterreger oder Begeisterungstrunk aus Kwasirs Blute, den einst Gunnlöd im Berge des Riesen Suttung bewahrte und den Odin den Asen und den Menschen zuführte.

Heimdal verlangt die Rückkehr Iduns aus der Unterwelt. Zeichnung von Prof. C. E. Doepler.

Er hat verjüngende und verschönernde Kraft, und war identisch mit dem Urdborn, mit dessen Wasser die Nornen den Weltbaum besprengten. Ungezählte Jahre vergingen; die Esche grünte fort, von den Nornen und Jdun verjüngt und gekräftigt; Bragi sang der Gattin und der Welt seine Lieder; aber Schuld war über Afen und Menschen gekommen, heilige Eide waren gebrochen, Treue, Glauben und Gottesfurcht gewichen, Mord und Krieg entbrannt; da rückte das allgemeine Verderben näher und die Wölfe rüttelten an ihren Ketten, um sie zu zerreißen.

Zu dieser Zeit geschah es, daß man einstmals nicht mehr Bragis und der Vögel Gesänge hörte, daß die Zweige Yggrasils schlaff und welk herabhingen, daß Odrörir zu vertrocknen schien. Aber am Morgen, als die Afen, erschreckt durch solche Zeichen, nach Jdun forschten, war sie vom Baum herabgesunken in die dunklen Thäler der Tiefe, zu Nörwis Tochter (Nacht). Auch der Brunnen war vertrocknet und die Pflanzenwelt drohte völlig zu verdorren. Da sandte Odin seinen Raben Hugin aus, die Deutung der schlimmen Zeichen zu erforschen. Schnell, wie der Gedanke, fliegt der Bote durch die weiten Himmelsräume und senkt sich nieder zu den Zwergen Dain (tot) und Thrain (starr), die der Zukunft kundig sind. Aber sie liegen in schwere Träume versunken, und nur einzelne Laute von kommenden Schrecknissen, von flammender Lohe, stöhnen sie ängstlich in ihrer Betäubung. So blieben die Afen ratlos und sahen mit Schrecken, wie die Natur mit dem Weltbaum zu welken und abzusterben schien. Sie deckten ein Wolfsfell, weich und weiß, wie der Winterschnee, über die Tiefe, wo Jdun jetzt harmvoll weilte und wehklagte, daß sie nicht mehr den heitern Sitz im grünen Gezweige inne habe, sondern in Finsternis wohne bei der urkalten Hel. Aber sie, die vielwissende Göttin, konnte wohl unter allen Wesen die schreckhaften Erscheinungen deuten; darum beschloß der Göttervater, sichere Boten an sie zu senden. Er wählte dazu Heimdal, den treuen Wächter, den listenreichen Lole und den trauernden Bragi. Die erkorenen Boten zogen eilends auf einsamen Wegen durch dunkle Klüfte hinunter in die Thäler der Tiefe. Werwölfe heulten gräßlich um sie her, bereit zum Angriff; doch flohen sie scheu zurück, getroffen vom Bannfluch der vielkundigen Afen. Die Abgesandten, mit scharfen Blicken die Finsternis durchspähend, erkannten bald die liebliche Göttin, die blaß und sorgenvoll im tiefen Grunde wohnte. Sie fragten eifrig, was sie wisse von den Geschicken der Afen und der Welt, ob Fall und Untergang nahe bevorstehe. Aber sie gab nicht Antwort; nur Thräne auf Thräne entquoll den getrübten Augen, und wie oft, wie emsig sie forschten, empfingen sie doch kein tröstendes Wort, keine Gegenrede; immer wieder rannen Thränenströme über der Göttin Angesicht.

Von banger Sorge belastet, schieden die Boten, doch nicht alle; Bragi, der liebende Gatte, blieb bei der Gattin zurück, daß sie nicht einsam in ihrer Trauer dahinschwinde. Nun sang er nicht mehr den lauschenden Afen; nun erfreute er nicht mehr die Seligen beim Mahle. Denn wenn die Jugend, wenn der Frühling verwelkt ist, sind auch die Lieder der Sänger verstummt. Bald traten die Heimgekehrten in die Säle der Seligen ein. Sie wünschten dem Odin, lange auf dem Hochsitz zu walten, und den Göttern allen, sich bei Allvaters Mahle ewig zu freuen. Sie setzten sich zu den Gästen, zu speisen Sährimnir, zu trinken den Met, den Skogul schenkte. Da war viel Fragens um den Erfolg

der Sendung; aber sie sagten, es sei übel ergangen, keine Auskunft habe die Gött=
liche erteilt. Vieles redeten noch die göttlichen Berater über die Geschicke der Welt
und fanden doch nicht Hülfe, wie viel sie auch sannen und sorgten. Sie fühlten
sich müde, des Schlafes bedürftig; denn schon erhob sich der Riese, der mit dor=
niger Rute die Völker in Schlummer senkt; schon stieg der Mond über die
Waldhöhen empor und beleuchtete den Weltbaum und Asgards heilige Berge.
Da stand der Herrscher auf, der Vater der Asen, und sprach: „Gedenket der Ruhe,
da die Nacht gekommen ist. Wenn der junge Tag mit goldmähnigem Rosse über
die Himmelsberge fährt, finden wir heilsamen Rat und klugen Entschluß.“

Schweigend trieb die Nacht Hrimfaxi, ihr dunkles Roß, über Asgard und
Wanaheim den gewohnten Weg und senkte sich nordwärts zu Nifelhel nieder.
Der heitere Tag erschien im Osten; und helles Licht ging, Leben erweckend,
von des Rosses Goldmähne aus und bestrahlte die Wege der Götter und Menschen.
Odin erwachte; er sah Frigga an seinem Lager stehen, aber nicht heitern Blickes;
ihre Lippen bebten, als sie zu ihm redete. Sie berichtete, ihr Sohn Balder,
der Allgeliebte, habe schwere Träume gehabt, die bleiche Hel sei ihm erschienen
und habe ihm gewinkt, daß er ihr folge. Da erhob sich der mächtige Gott in
seiner Kraft. Sein Entschluß war gefaßt; im Reiche der Toten wollte er
Kunde suchen über die bevorstehenden Geschicke der Welt und der Asen.

So berichtet uns das dunkle Lied: „Odins Rabenzauber“ (Hrafnagaldr),
welches nach Simrocks Auslegung den Eintritt des Herbstes oder eines frühen
Winters andeutet und sich auf den herannahenden Untergang der Asen und der
Welt, auf Ragnarök, bezieht. Idun, der grüne Blätterschmuck, sinkt vom Weltbaum
herab in die dunkle Tiefe. Die ganze Natur trauert, welkt, sie scheint erstorben.
Wird der Frühling die Göttin wieder aufrichten, daß sie neu belebt, was jetzt
im Tode ruht? oder ist ihr Niedergang ein Zeichen des letzten Kampfes, des
zerstörenden Weltbrandes? Diese Gedanken beschäftigen die Asen. Sie breiten
ein Wolfsfell, d. i. die Decke des Winterschnees, über finstere Thäler, wo die
Göttin ruht; sie senden Boten, zu erfragen, was sie von den Weltgeschicken wisse;
aber sie hat keine Antwort auf die Frage: „Wirst du auferstehen und die Erde
von neuem mit dem Grün der Hoffnung bekleiden?“ Diese und ähnliche Vor=
stellungen mochten dem Dichter vorschweben, als er das Lied entwarf, das schöne
Stellen enthält, aber ziemlich späten Ursprungs und durch gelehrten Prunk dunkel ist.

Das Gedicht hat die Überschrift „Rabenzauber Odins“, weil der aus=
gesandte Rabe durch einen besondern Zaubersegen zu der Sendung befähigt
wurde. Man pflegte auch sonst Raben, aus deren Flug man weissagte, auf
diese Art zu weihen. Das Herabsinken Iduns von der heiligen Esche, das
Welken und Absterben der Natur galt für ein Anzeichen des nahenden Welt=
kampfes. Vielleicht aber wird jeder tiefer denkende und fühlende Mensch von
wehmütigen Gedanken ergriffen, wenn er die grüne, blühende Pflanzenwelt
siechen und welken sieht. Er ahnt, er weiß, daß der Winter nun eintritt; ob
er aber den Frühling, die Auferstehung der Natur erblicken wird, auf diese
Frage schweigt die harmvolle Göttin in den dunkeln Thälern der Tiefe und
keine Wöla giebt ihm Antwort, wenn er nicht den Glauben unserer Väter an
ein neues Leben auf dem Idafelde in der Seele trägt.

Hoder schleudert, von Loke verleitet, den Wurfger nach Balder.
Zeichnung von Professor C. E. Toepler.

Zwölfter Abschnitt.

Balders Tod.

1. Beschwörung der Wöla.

Hell und strahlend folgt nach der Sage der Tag der Mutter Nacht, die nun gen Nifelheim niedersinkt. Sein goldmähniges Roß zieht freudig den schimmernden Wagen durch die himmlischen Räume. Aber bald steigt ein grauer Nebel auf und verhüllt das leuchtende Gespann. Die Sonne blickt trübe, wie

durch düstere Schleier, auf Midgard und Asgard, als ob sie wegen schweren Un=
glücks in Trauer versetzt sei. Ein dichter Brodem lagert sich über Breidablik,
daß man die goldenen Knäufe und die glänzenden Firste nicht sieht. Asen
und Asinnen schreiten zur Beratung, alle in Sorgen wegen Iduns Nieder=
sinken und der Träume Balders. Sie schütteln und werfen die Losstäbe für
Balder, und die Rune Tod liegt oben. Schrecken ergreift die ganze Ver=
sammlung; aber Odin erhebt sich in seiner Macht und spricht: „Wohl ahn' ich,
was geschehen wird; doch will ich im Totenreiche die Wala wecken, daß sie
mir gewisse Antwort gebe auf meine Frage nach den Weltgeschicken“. Also
sattelt er Sleipnir und jagt fort im Adlerfluge nordwärts gen Nifelheim.

Unterdessen sannen die Götter auf heilsamen Rat und redeten viel und
mancherlei. Es schien ihnen endlich das beste, alle lebende Kreaturen und selbst
die leblosen Dinge mit Zauberkraft zu beschwören, daß sie Balders heiligen Leib
nicht verletzen wollten. Frigg, die sorgenvolle Mutter des lichtwaltenden Gottes,
übernahm selbst das Geschäft. Sie fuhr aus, in alle Lande schnell, wie die Sonne
am Himmel hinwandelt.

Da schwuren die sterblichen Menschen, die Hrimthursen, die Lichtalfen,
die göttlichen Wesen, welche die Gewässer bewohnen, und selbst der Schwarz=
alfen lichtscheues Geschlecht gelobte mit unverletzlichen Eiden, den allgeliebten
Gott niemals zu schädigen. Durch den Bann mächtiger Beschwörung wurden
in gleicher Weise Bäume und Sträucher, Steine und Erze und was sonst
Schaden bringen kann, gebunden und in Pflicht genommen.

Indessen ritt Odin durch finstere Klüfte hinunter gen Nifelheim. Da kam
ihm ein Hund mit weitklaffendem Rachen aus Hels Behausung entgegen.
Dunkles Blut troff ihm vom gähnenden Schlunde aus Hals und Brust. Mit
dumpfem Bellen stand er am Wege und heulte laut, wie der Gott an ihm vor=
beiritt. Fort trabte Odin, des Weges kundig, zum östlichen Thore des dunklen
Hauses. Da hob sich der Hügel der Wala, die lange gestorben war. Der
Vater der Götter stieg von der Mähre. Er stand an dem Hügel, den der
Grabstein bedeckte, und hob die Beschwörung an, das Wecklied der Toten.
„Erwache, Wala, vom Todesschlummer! Steig' heraus aus dem Grabe, wo
du lange geruht hast! Dreimal mit dem Runenstab schlag' ich deine Behau=
sung, daß du nicht ruhen und rasten sollst auf dem Bette von Moder, bis du
Wahrheit verkündigst auf meine Fragen.“ Dreimal schlug er das Grab mit
dem mächtigen Stabe, da wankte der Boden, der Stein sank herab, die Erde
that sich auf und hervor stieg in Grabgewändern die bleiche Wala. „Wer der
Männer“, sprach sie mit hohler Stimme, „wer schafft mir die Mühsal, von der
Schlummerstätte aufzustehen? Schnee überdeckte lange mein Lager, Regen be=
troff es und feuchter Tau. Tot war ich lange.“ Ihr entgegnete Odin:
„Wegtam (Wegkundig) heiße ich, bin Waltams (Schlachtkundig) Sohn. Sprich:
wem sind die Bänke mit Ringen, die Betten mit Gold bei Hel belegt?“ Sie
antwortete: „Balder, dem Guten, steht der Becher mit glänzendem Tranke
bereit, daß er bei Hel ihn trinke, den Asen zum Grame. Unglück verkünd' ich,
vom Bannspruch gezwungen; so gönne mir zu schweigen.“ — „Du sollst nicht
schweigen“, rief der Gott, „bis ich alles weiß, was in dunkler Ahnung ich schaute.

Welcher der Männer entsendet des Heervaters herrlichen Sohn in Hels dunkle Behausung?" — Da sprach die Seherin im Unmut: „Der Bruder den Bruder, der Finstere den Lichten, Höder wird Heervaters Erzeugten zu Hel entsenden. Unglück verkünd' ich, vom Bannspruch gezwungen, so gönne mir zu schweigen." (Vergleiche Abbildung S. 13.)

Hoch stand er da, der runenkundige Herrscher, gewohnt, ohne Grauen dem Verhängnis ins Antlitz zu schauen. Er fragte die Seherin, wer zur Blutrache schreiten, wer Balders Mörder auf die tötlichen Scheiter bringen werde. Sie gab ihm die Auskunft, Odin werde von Rinda, der stolzen Maid im Westen, einen Sohn gewinnen, der werde, einnächtig, die Hand nicht waschen, das Haar nicht kämmen, bis er den Mörder zum Holzstoß gebracht. Da that er die letzte Frage, wie das Weib heiße, das allein unter allen Wesen um Balder, den Allgeliebten, nicht weinen möge.

„Du bist nicht Wegtam!" rief sie, „wie du dich nanntest; Odin bist du, der alles weiß. Nun ziehe hin gen Asgard. Die Tote hast du mit mächtigem Banne geweckt und zur Rede gezwungen. Kein anderer kommt, meinen Schlummer zu stören, bis Loke los wird und die Götter vergehen."

Wir haben den Inhalt dieses schauerlichen und doch schönen Gedichtes möglichst vollständig wiedergegeben und nur hin und wieder einige Dunkelheiten und Widersprüche zu beseitigen gesucht. Der Dichter des Liedes sah vielleicht, wie die Tage kürzer wurden, wie die Sonne im hohen Norden nur kaum noch über dem Horizont sichtbar wurde, wie reifkalte Nebel über Land und Meer zogen; es waren ihm Vorzeichen von der nordischen Winternacht, vom Tode des Lichtgottes. Odin, der das kommende Geschick ahnte, konnte nur im Reiche der Toten Gewißheit erlangen. Dahin läßt ihn der Dichter niedersteigen und die längst gestorbene Wala befragen. Der Mythus von Balders Tode ist alt, schon von der Wöluspa bezeugt, wenn auch vorstehende Dichtung spätern Ursprungs sein sollte.

2. Der Mord.

In der grünen Heimat der Götter war die gewohnte Heiterkeit zurückgekehrt. Balder's Leben schien durch den Eid aller Wesen und selbst der leblosen Dinge vor jeder Gefahr gesichert. Wer sollte auch dem Liebling, dem Licht der Welt, Schaden bringen! Die Asen scherzten und lachten, sie spielten mit goldenen Bällen, schossen Pfeile, schleuderten Gere, zielten mit stumpfen Waffen nach Balder in harmlosem Spiele, und alle Waffen vermieden den heiligen Leib. Es war, als ob eine unsichtbare Gewalt im Fluge sie wende, daß sie von der Richtung abwichen, denn Holz, Erz und Stein waren beschworen, durch den Eid gebunden. Man versuchte das Spiel mit scharfen Waffen und zum Jubel der Spieler mit demselben Erfolge. Laut schallte das Lachen, wenn die Schwerter nicht hafteten, Speere, Steine, Pfeile, von starken Händen versandt, das Ziel verfehlten und in weiter Ferne sich verloren. Auch Frigg in den goldenen Sälen von Fensal vernahm das Lachen und Jauchzen und hätte gern in Erfahrung gebracht, was es bedeute.

19*

Da humpelte mühselig des Weges ein altes Weib, auf ihren Krückenstock
gestützt. Die Königin winkte ihr einzutreten und fragte sie dann, was sie
wissen wollte. Die Alte berichtete redselig die Vorgänge und schloß mit den
Worten, Balder stehe lächelnd und ruhig unter dem Hagel von Geschossen,
als ob man ihm Blumen zuwerfe zum Siegeskranz. Des freute sich die Herrin
und meinte, der Asen Macht sei groß, sie habe selbst das drohende Ver=
hängnis besiegt, indem durch Beschwörung das Unglück nun abgewandt sei.
„Aber", fuhr sie fort, „alles was im Himmel und auf Erden und unter der
Erde ist, gelobte willig, dem Bringer des Lichts und der Freude, des Wachstums
und Gedeihens nimmermehr Schaden zuzufügen." — „Es war ein mühselig
Geschäft", erwiderte die Alte, „und die Blumen und Gräser und viele un=
schädliche Dinge hättest du wohl unbeschworen lassen können." — „Wie sollte
ich die Mühe scheuen für unsern Liebling?" sagte die Göttin, „nur an der
kleinen Mistel, die vor Walhallas Thore auf der alten Eiche wächst, ging ich
vorüber, weil sie zu schwach und zu jung ist, um Schaden zu thun." — „Du
bist eine sorgende Mutter", bemerkte das Weib, „denn unklug wäre es gewesen,
an den Blumen vorüberzugehen; sie hauchen oftmals mit dem Dufte auch töd=
liches Gift aus. Aber das zarte Mistelein, das nur im kalten Winter wächst
und Samen trägt, vermag nicht dem lichten Asen Gefahr zu bereiten."

Mit diesen Worten schied das Weib von der freudigen Herrscherin und
wandelte auf einsamen Wegen weiter, bis sie vor Walhallas Thoren an die
alte Eiche gelangte, auf welcher die zarte Mistelstaude gewachsen war. Hier
warf sie das Frauenkleid ab, und siehe, es war Loke, der jetzt in seiner dämo=
nischen Gestalt erschien. Bisher hatte er über erlittene Einbußen der Asen
heimlich sich gefreut, oder ihnen durch listigen Rat Schaden zugefügt, zuweilen
auch, durch Drohungen genötigt, aus der Not geholfen; jetzt trieb ihn Neid und
Mißgunst zur grauenvollen Unthat. Er zog Kreise, sprach magische Formeln,
berührte mit dem Krückenstock das zarte Zweiglein, und es wuchs schnell zur
Länge eines Speerschaftes. Darauf riß er es vom Baume los, schnitt die Neben=
zweige und Knoten weg, und es war anzusehen wie ein Wurfger. „Du scheinst so
jung und schwach", sprach er hohnlachend; „laß sehen, ob du nicht stärker bist als
alle Waffen der spielenden, schäkernden Asen, stärker als jener hochgefeierte, viel=
gerühmte Balder. Er ging zur Versammlung, wo das fröhliche Spiel noch fort=
dauerte. Da stand zu äußerst im Kreise der starke Höder, der an fröhlicher
Kurzweil nicht Anteil nahm. „Warum stehst du müßig?" fragte ihn Loke,
„du, der stärkste von allen Asen, willst nicht zu Balders Ehre deine Kraft ver=
suchen?" — „Bin ich doch ohne Waffen und des Augenlichts beraubt", antwor=
tete der blinde Gott, „um mich her ist Nacht und Nacht vor mir und hinter mir."
— „Hier hast du einen Wurfger", sagte der Versucher, indem er ihm die Mistel
reichte, „ich will dir die Richtung geben; schleudere mit Macht!" — Höder that
nach der Weisung, und — die Sonne verlor ihren Schein, die Erde wankte —
der Mord, der Brudermord war vollbracht. — Balder lag, vom Speer durch=
bohrt, am Boden, sein Blut strömte über die verfinsterte Erde. Atemlos,
sprachlos standen die Götter umher, sie konnten das Ungeheure, das Entsetzliche
nicht fassen.

Balders Tod. Nach K. Ehrenberg.

Es war, als hätten sie alle die Todeswunde empfangen. Als der erste Ein=
druck des Geschehenen vorüber war, als man Fassung gewann, die That und
ihre Folgen zu erwägen, da drängten sich einige um die teure Leiche, und ihre
Thränen vermischten sich mit dem Blutstrom, der wie Abendrot leuchtete, an=
dere fragten nach dem Thäter. „Der finstere Höder hat den Ger geschleudert!"
hieß es von allen Seiten. Der ungeliebte Höder stand unter den Aufgeregten,
wie immer, einsam, ohne einen Freund; denn Loke war eilends von ihm ge=
wichen, wie ja allezeit der Versucher den Thäter allein läßt in seiner Pein.

Finsternis umgab den Verlassenen, Finsternis herrschte in seiner Seele.
Er hörte ringsum nur Verwünschungen, Drohungen, Klirren der Schwerter
und Speere, die wider ihn gekehrt waren. Da erschien plötzlich vor der be=
wegten Menge Allvater selbst, ruhig, gefaßt, angethan mit göttlicher Hoheit
und Majestät. Was geschehen war, hatte ihm längst die ahnende Seele, hatte
ihm die vom Tode erweckte Wala verkündigt. Es war der Orlogschluß, den weder
die Menschen noch auch die Asen bezwingen. Er ertrug ihn, der Göttervater,
ohne feige Klage; er sah im Geiste Ragnarök hereinbrechen und war entschlossen,
den hoffnungslosen Kampf zu Ende zu kämpfen, wie ja auch sterbliche Helden
im Grauen des Todes das Schwert nicht zaghaft senken, bis die letzte Kraft
erschöpft ist. Er hieß die Klage schweigen, den Leib des Allgeliebten aufheben,
mit reinen Gewändern bekleiden und den Leichenbrand bestellen. Da kam
Frigg, sein trautes Gemahl, die Augen von Thränen gerötet. Sie weinte nicht
mehr; wie so oft des Weibes kluger Sinn heilsamen Rat findet, wo der Feigling
verzweifelt, der Held das Unvermeidliche erträgt und im Kampfe beharrt, so
hatte sie einen Ausweg, eine Rettung erdacht, was, wie sie glaubte, nicht
täuschen könne.

„Wer von den mutigen Asensöhnen will gen Helheim reiten", sprach sie
umherblickend, „wer will es wagen, die unterirdische Göttin anzurufen, daß
sie Balder, das Licht der Welt, nach Asenheim zurücksende? Er wird sich
meiner und Allvaters Gunst, wie kein anderer, erfreuen." Alsbald erbot sich
Hermoder, der Schnelle, Bote zu sein in das dunkle Schattenreich, an die sonst
unerbittliche Hel. Er brach sogleich auf, sattelte und bestieg Sleipnir und ritt
den Weg, den das edle Roß erst gekommen war.

Der Mythus von dem Lichtgott Balder, seinem Tod und Auferstehen ist
in seinem Kern vielleicht uralt. Die Germanen brachten ihn aus ihrer Ur=
heimat mit und bildeten ihn dann in ihren nordischen Wohnsitzen unter dem
Einflusse des rauhen Klimas und der kriegerischen, mühereichen Lebensweise
weiter aus.

Der Sonnengott wurde von allen arischen Stämmen verehrt, durch die
kostbarsten Opfer, wie durch Gesänge und Gebete gefeiert. Auch den semiti=
schen Völkern, den Babyloniern, Phönikiern u. a. war er ein segensreicher,
Künste und Gewerbe, Handel und Schiffahrt fördernder Gott. Nach der Sommer=
sonnenwende, wenn die Tage abnahmen, beklagte man den Niedergang des
Sonnengottes, nach der Wintersonnenwende begrüßte man durch frohe Feste die
Wiedergeburt desselben. Die Adonisfeste und die Mysterien des Mithras, welche
die Römer aus dem Morgenlande empfingen und nach Europa verpflanzten,

sind lediglich von dieser Anschauung ausgegangen, und man findet noch jetzt auch in Deutschland deutliche Spuren von der Feier der Mithrasmysterien an solchen Orten, wo die Römer längere Zeit Niederlassungen gehabt hatten.

Viel bedeutender und überwältigender mußten die Erscheinungen vom Auf- und Niedergang der Sonne auf die germanischen Stämme in ihren nordischen Sitzen einwirken. Da war der Unterschied zwischen dem sonnenhellen, freund- lichen Tag und der finstern, unheimlichen Nacht größer, und die Vorstellung, der Gott des Tages sei ermordet, werde aber zu neuem Leben erwachen, erhielt Form und Wesen in der Phantasie des Volkes. Noch lebendiger trat der Gegensatz zwischen Sommer und Winter hervor. Ist der Lichtgott geschwunden, so herrscht erstarrende Kälte, so ist die ganze Natur erstorben. Der finstere Höder hat ihn ermordet. Dieser Mythus von Balders Ermordung war ver- mutlich schon den Germanen in ältester Zeit bekannt, und vielleicht gab der Tod Armins durch die Tücke seiner Verwandten Veranlassung, die Dichtung weiter auszubilden. Die Übertragung auf das Weltenjahr, überhaupt auf die Geschicke der Welt, gehört aber wahrscheinlich dem skandinavischen Norden an. Wenn der kühne Schiffer im äußersten Thule, in Norwegen oder auf Island den um Mittagszeit kaum auftauchenden glühenden Sonnenball wieder im Meere untergehen sah, wenn Klippen und Schneeberge gerötet erschienen und das Meer wie ein Blutstrom dahinfloß, wenn er dann wahrnahm, wie nun grimmige Kälte und Eis- und Sturmriesen herrschten — da erstanden vor seiner Seele jene mythischen Gestalten von Balder und dem dunklen Höder, der den Bruder ermordet. Diese Eindrücke aber, die seine Phantasie beschäftigten, faßte er in Dichtungen zusammen und erzählte oder sang sie zur Harfe am heimischen Herde, an den Höfen der Jarle und Könige, oder vor dem versammelten Volk. Er selbst oder ein anderer Skalde brachte sie ferner in Zusammenhang mit der vielleicht noch älteren Mythe von Ragnarök und manchen anderen Dichtungen.

Daß die Erzählung von Balders Tod in Deutschland bekannt und heimisch war, bezeugt die Nibelungensage, die unleugbar deutschen Ursprungs, aber in ihrer anfänglichen Gestalt in der nordischen Dichtung erhalten worden ist. Der lichte Sonnenheld und Wölsungsprößling Siegfried oder Sigurd wird von dem falschen, einäugigen Hagen erschlagen. Letzterer ist an die Stelle Lokes getreten; er giebt den bösen Rat und führt mit Zustimmung der Verwandten die ver- hängnisvolle That aus.

Wir könnten noch mehr recht geistreiche Auslegungen und symbolische Deutungen anführen; allein es scheint uns, daß man dabei viel zu weit ge- gangen ist, und daß weder den gallischen Druiden und Barden noch den deut- schen Priestern und Seherinnen, noch endlich den nordischen Skalden dergleichen weit hergeholte Vorstellungen vorschwebten, wenn sie den Tod des Lichtgottes in Gesängen feierten. Dagegen hatte die Waffe, deren sich Höder bediente, die Mistelstaude, allerdings eine tiefere Bedeutung. Sie galt für besonders zauber- kräftig und heilig; der Druide bei den Kelten schnitt die Staude mit einer goldenen Sichel ab, und zwar im dreißigsten Jahre des Jahrhunderts. Sie wächst nur auf Bäumen, nicht, wie die meisten anderen Pflanzen, auf der Erde; sie wird auch nicht von Menschenhänden gepflanzt, sondern Vögel tragen den

Samen dahin, der erst in ihrem Magen gereift ist. Sie grünt, gleich dem wuchernden Epheu, das ganze Jahr, aber der Winter ist die Zeit, da sie recht gedeiht und Samen trägt. Daher eignet sie sich für den Gott des Winters und der Finsternis, daß er damit den Segner der Erde, den Bringer des Lichts ertöte.

Noch anziehender erscheint der Zusammenhang des Mythus mit den Welt= geschicken. Balder ist nicht blos der Förderer äußerer Wohlfahrt, der Geber aller Erdengüter, deren der Mensch bedarf, er ist auch der sittlich reine Gott, das verkörperte Prinzip des ewig Guten, Schönen und Wahren. Asen und Menschen sind durch Schuld befleckt, er allein ist rein und unsträflich geblieben und erhält die sittliche Weltordnung in Harmonie, wie ja auch die Ordnung der äußeren Natur nie dauernd gestört wird.

Aber der Versucher hat schon zum Bruch heiliger Eide geführt; die Sünde ist geboren, die harmlose Unschuld geschwunden; jene wuchert fort und wächst riesenhaft, daß schnell das Entsetzliche geschieht, der Brudermord. Meint man doch, die nordische Dichtung habe aus derselben Quelle geschöpft, wie der alt= testamentliche Weise, der den Sündenfall des ersten Menschenpaares und den Verlust des Paradieses poetisch schildert. Auch hier wächst die Sünde jäh= lings zur grauenvollen Unthat, und wie Loke durch Neid und Mißgunst zum Morde des guten und reinen Gottes getrieben wird, so Kain, daß er die mörderische Hand gegen den Bruder erhebt.

Die Greuel im Hause der Pelopiden gehen vom Hochmute des Ahnherrn aus, von seiner Verachtung der strafenden himmlischen Mächte; aber der helle= nische Genius kennt die Versöhnung durch die Vermittelung der Göttin der Weisheit und Gnade; der alttestamentliche Weise läßt die Sündflut hereinbrechen, welche das schuldige Geschlecht bis auf eine rein erhaltene Familie vertilgt, und in der nordischen Dichtung folgt auf Sünde und Unthat der alles vernichtende Weltbrand.

3. Der Leichenbrand.

Noch standen die Asen um die Leiche des teuren Genossen. Sie war in reine Gewänder gehüllt und lag oben auf Balders eigenem Schiffe Hringhorn, welches er oft durch die glänzenden Wasser des Himmels und durch die grauen Meereswogen gesteuert hatte, wenn er, Gaben spendend, den Küsten entlang fuhr. Auf Odins Gebot wurden auf dem Fahrzeug die Scheiter für den Leichenbrand hoch emporgetürmt, daß das Feuer weit über alle Länder leuchten sollte. Noch stand die blühende Nanna bei dem verblichenen geliebten Freund. Sie hatte keine Thräne mehr um ihn zu weinen; nur ihr Schluchzen verriet den Schmerz, der unstillbar in ihrer Seele wütete. Als aber die Fackel auf= leuchtete, die den Holzstoß entzünden sollte, brach ihr das Herz vor Jammer; bleich, leblos, eine geknickte Blüte, sank sie neben der Leiche nieder. Da legten die trauernden Asen auch sie auf den Holzstoß, dazu das edle Roß des entseelten Gottes, das mit dem Gebieter sterben mußte. Odin selbst fügte noch den köst= lichen Goldring dazu, dem in jeder neunten Nacht acht gleiche Ringe entträufelten.

Er flüsterte auch dem Sohne ein Wort ins Ohr, das niemand vernahm, viel=
leicht das tröstende Wort: „Auferstehung zu einem neuen, schönern Leben."

Es war aber viel Volks versammelt, um dem schmerzlichen Schauspiel
beizuwohnen und mit den Asen seine Teilnahme für den allgemeinen Liebling,
den Wohlthäter der Welt, zu bezeigen. Da standen Walküren, auf ihre Speere
gelehnt, und Disen, umwallt von dunklen Schleiern; auch Lichtalfen, Wald=
und Meerminnen hatten sich eingefunden. Berg= und Reifriesen und selbst
der Schwarzalfen lichtscheue Geschlechter waren aus ihren dunkeln Wohnungen
herbeigekommen; denn auch sie konnten der wohlthätigen Wärme nicht ent=
behren, wenn sie aus der Tiefe den Frühlingsschmuck der Erde fördern sollten.
Ängstlich flatterten die Raben Odins um das Schiff; sie wußten es wohl, welchen
Verlust die Götter und Himmel und Erde erlitten hatten. Das Fahrzeug war
auf den Strand gezogen und stand auf Rollen, um ins Meer geschoben zu
werden, bevor die zündende Fackel angelegt wurde. Es war aber durch den
aufgetürmten Holzstoß und die reichlich beigefügten Spenden so überschwer ge=
worden, daß man es mit aller Anstrengung nicht von der Stelle rücken konnte.
Da erklärten die Bergriesen, in Jötunheim sei ein Riesenweib mit Namen
Hyrrockin, das sei so kraftvoll, daß es Berge fortschiebe; das werde auch dies
Schiff ins Meer stoßen.

Sogleich machte sich ein Sturmriese auf den Weg, die starke Frau zur
Stelle zu schaffen. In der That kam sie auch nach kurzer Frist herbeigejagt,
aber nicht auf den Flügeln des Boten, sondern auf einem nicht minder schnellen,
ungeheuern Wolfe reitend, den sie mit einer greulichen Natter aufgezäumt hatte
und lenkte. Sie sprang von ihrem seltsamen Reittier herunter, blickte höhnisch
auf die Versammelten, die ihr gegenüber wie Schwächlinge erschienen, und
überließ das Tier den von Odin bestellten vier Berserkern. Während diese
den Wolf mit Mühe bändigten, indem sie ihn zu Boden warfen, trat sie an
das Fahrzeug und stieß es mit dem ersten Ruck ins Meer, daß die Rollen von
der Reibung in Brand gerieten. Da ergrimmte Thor und schwang Miölnir,
um ihr den Kopf zu zerschmettern; aber alle Asen baten für sie und traten
dazwischen, weil Hyrrockin sicheres Geleit erhalten und nur auf ihre Bitten
hülfreich erschienen war. Besänftigt bestieg er hierauf das Schiff und weihte
mit dreimal erhobenem und gesenktem Hammer den Leichenbrand. Das Zwerg=
lein Lit kam ihm dabei vor die Füße; er aber stieß es in das Feuer, daß es
zugleich mit den Leichen verbrennen mußte. Hoch loderten die Flammen empor;
Himmel, Erde und Meer wurden davon gerötet. Sie verkündigten den Völkern
den Tod des Gottes der Unschuld, der Liebe, der Gerechtigkeit und den Verlust
seiner Segnungen.

Die Bestattung der Toten im Schiffe war bei den Küstenbewohnern nicht
ungewöhnlich. Sie fand schon in sehr früher Zeit statt und bestand noch, als
man schon die Beisetzung in Hügeln und das Verbrennen der Leichen eingeführt
hatte. Auf alten Grabsteinen findet man nicht selten in rohen Umrissen ein
Schiff eingemeißelt. Selbst bei den Alemannen im Rhein= und Donaulande
kommen Leichenbäume vor, welche wie Kähne ausgehöhlt waren. Diese Be=
stattungsweise wird endlich durch mancherlei Sagen bestätigt. So ward der

heilige Matern nach seinem Tode in steuerlosem Fahrzeuge dem Rhein über=
geben, und das Schiff fuhr ohne Beihülfe stromaufwärts nach dem Orte, wo
der Heilige ruhen wollte. — Ähnliches geschah mit der Leiche St. Emmerans.

Nach der Heldensage brachte Siegmund den toten Leib seines Sohnes
Sinfiötli auf ein Schiff, das ein Unbekannter steuerte. Er fuhr wohl damit
nach dem Seelenlande, das man sich jenseit des Wendelmeeres dachte. Ebenso
gehört hierher die Sage von Skeaf und dem Schwanenritter, die in einem
Schiffe wieder scheiden, nachdem sie ihr irdisches Tagewerk vollendet haben.
Indessen muß in früherer Zeit der Glaube an die Auferstehung des Licht=
gottes im Frühling und an seine segensreiche Wirksamkeit Bestand gehabt
haben. Denn seine Verehrung war in Deutschland wie in Skandinavien all=
gemein verbreitet. Quellen, Haine und andere Heiligtümer waren ihm ge=
weiht, wie noch jetzt örtliche Namen bezeugen. Er soll namentlich in Norwegen
einen großartigen Tempel (Harug) gehabt haben, wo sich jährlich selbst aus
entlegenen Distrikten das Volk versammelte und feierliche Opfer brachte.

Das alles konnte nicht auf einen toten Gott bezogen werden, der bei Hel
wohnte und daher keine Gnadenspenden mehr erteilte. Die Übertragung des
Mythus von seinem Tode auf das große Weltjahr war daher entweder erst
spät entstanden oder doch nicht in die Anschauungsweise des Volkes überge=
gangen. Man hat die Einzelheiten des Mythus bis ins Kleinste zu deuten
versucht, man hat z. B. den Leichenbrand auf die nach der Sonnenwende ge=
wöhnlich eintretende Hitze bezogen; man hat sogar das Zwerglein Lit (von
Liter, Farbe) für die Farbenpracht der Pflanzenwelt erklärt, die nach dem
Niedergange des Lichtgottes zugleich mit dem Welken der Blumen vergeht;
allein es ist schwer zu glauben, daß die schaffende Phantasie von solchen Er=
scheinungen ausging, da ihr vielmehr das große Weltdrama in seiner Ent=
wicklung vorschwebte.

Hermoders Helritt. Von allen Asen hatte die mütterliche Frigg allein noch
Hoffnung. Sie glaubte, Hel werde sich durch Hermoder bewegen lassen, Balder
zur Oberwelt zurückzusenden. In der That ritt auch der schnelle Götterbote
eilends den unterirdischen Behausungen in Helheim zu. Neun Nächte trabte
der unermüdliche Sleipnir durch sehr grauenvolle, von keinem Lichtstrahl er=
leuchtete Thäler und Klüfte. Ringsum herrschte Totenstille, welche nur des
Rosses Hufschlag unterbrach.

Endlich gelangte der Reiter an den Giöllfluß, der das Totenreich von dem
der Lebendigen scheidet. Er wollte über die mit Gold belegte Giöllbrücke reiten;
allein da trat ihm die riesige Wächterin, die sich Mödgud (Seelenkampf) nannte,
entgegen und fragte ihn, was er hier suche. „Gestern", sagt sie, „ritten große
Haufen von Toten über die Brücke und sie donnerte nicht so, wie unter dir allein,
und du hast auch nicht die Farbe des Todes. Darum sprich: was suchst du,
Lebender, unter den Toten? — „Balder such' ich, den lieben Bruder, der er=
schlagen ward. Um seinetwillen reit' ich den Helweg, die Göttin anzurufen,
daß sie ihn entlasse. Hast du ihn etwa gesehen, so zeige mir den Weg, daß
ich ihn finde." Also sprach Hermoder zu der Wächterin, und sie wies ihn
nordwärts, indem sie sagte, wohl habe sie Balder über die Brücke reiten sehen,

und er werde ihn bei Hel finden. Nach dieser Weisung ritt Hermoder un=
verzagt weiter, bis er an das verschlossene Helgitter gelangte. Da öffnete sich
kein Thor, kein Durchgang war zu finden.

Aber es galt ja des Bruders Heil und Rückkehr; so war er auch zu
jedem Wagnis entschlossen. Er sprang aus dem Sattel, gürtete den Hengst
fester, stieg wieder auf, gebrauchte die Sporen, und hoch über das Gitter setzte
Odins Roß mit dem kühnen Reiter. Er befand sich im Reiche der Schatten,
überall von grauen Felsen umgeben, die wie hohläugige Gesichter ihn anstarrten.
Er fühlte sich wie ein Träumender und wandelte auf eine Halle zu, die sich
vor ihm erhob. Was er da erblickte, schildert eine neuere Dichtung:

„Erhellt ist das Gesteine, das wie ein Tempelhaus
Sich dehnet weit und weiter ins Unermeßne aus,
Das Firmament darüber von nächtlich dunklem Blau
Und Sterngeschmeide wölbet den hohen Kuppelbau.
Auf einem Thron inmitten ein wundersames Bild,
Die Herrscherin des Reiches, von Angesicht unmild,
Die Riesenbrust umfangen von Goldschmuck, Flammen gleich,
Darin Demante prangen. Sie selbst, wie Tote bleich,
Schaut ernsten Blickes nieder; sie kennt Erbarmen nicht,
Weil nimmer sie beschienen der Sonne goldnes Licht.
Im innern Grunde walten, vom Zufall wirr geschart,
Viel seltsame Gestalten, wie sonst das Leben paart,
Mit Kronen die gezieret und jen' in herber Not,
Die Häupter hier erhoben und dort gesenkt im Tod,
Und auf dem Ehrensitze ein göttlich schöner Held,
Verwelkte Blüt' im Haare, die bange Brust geschwellt
Von Gram, weil nimmer leuchtet des Lebens heller Strahl
Hier, wo nach Licht die Sehnsucht nur wohnt mit ihrer Qual."

Es war Balder, der hier auf dem Ehrensitze saß, aber welk, wie der
Blütenkranz in seinem Haar, wie neben ihm Nanna, die mit ihm in den Tod
gegangen war. Vor ihm stand der goldne Becher, gefüllt mit süßem Trank,
aber noch unberührt von den Lippen des vom Todestraum befangenen Gottes.
Hermoder setzte sich zu ihm und sprach viel von der Wiederkehr gen Asenheim,
die Hel wohl verstatten werde, da sich alle Wesen nach ihm sehnten. Balder
bewegte nur verneinend das Haupt und deutete auf Nanna, als wollte er sagen:
„Nimm diese mit dir, sie ist zu jung für die Welt der Schatten." Sie schloß
sich aber fester an ihn an und flüsterte kaum hörbar: „Tod und Grab scheiden
treue Liebe nicht; die Blüte bleibt, wo der ist, der ihr Wesen und Leben gab.
Ich will ewig in deinen Armen ruhen."

Also unterredeten sich die drei während einer langen Nacht. Am Morgen
trat Hermoder vor Hel mit dem Begehr, sie solle Balder die Rückkehr zu den
Asen verstatten, weil nicht blos die Asen, sondern alle Wesen im Himmel und
auf der Erde in große Trauer um ihn versetzt seien. Da erhob sich die Göttin
auf ihrem finstern Throne, und Gold und Demant auf ihrer Brust flammten
heller als irdisches Feuer, und der Abgrund bebte. Sie sprach mit einer ein=
tönigen Stimme:

„Trauert um ihn das weite All,
Weinen die Wesen allzumal,
Weint, was Odem und Leben nicht hat,
Wohl, so geschieht es nach ewigem Rat,
Balder kehrt wieder zum lichten Tag.
Ist ein Aug' ohne Thrän' und Klag',
Bleibt er ewig in Helheims Saal.
Wähle, du hast nicht andere Wahl."

Unabänderlich, das wußte Hermoder, war der Ausspruch der furchtbaren Göttin. Er nahm daher Abschied von dem Bruder und der liebenden Nanna. Beide gaben ihm das Geleite, und Balder überreichte ihm noch den Ring Draupnir für Odin, da dieses Symbol der Fülle im Totenreiche wertlos war. Nanna schenkte für die mütterliche Frigg einen Schleier und noch andere Gaben, für Fulla einen Goldring, einst die blühende Braut zu schmücken. Auf dem gewohnten Wege gelangte der Götterbote wieder zur Oberwelt und nach Asgard, wo er aussagte, was er gesehen und gehört hatte. Das schien nun den Asen eine gute Botschaft, und sogleich wurden Diener nach allen Weltgegenden ausgesandt, um Wesen und leblose Dinge, die selbst noch trauerten um den entschwundenen Bringer des Lichts, zum Weinen aufzufordern.

Da hingen die Thränen in Blumen und Kräutern, wie Perlen; von den Zweigen und Blättern der Bäume troff der Thränentau; Erze und Steine wurden feucht von dem geweinten Naß. Noch heute sagt man in Island von betauten Steinen, daß sie für Balder weinen. Die Trauer um Balder, die Sehnsucht nach ihm that sich in der weiten Welt durch die geweinten Thränen kund, denn die ganze Natur sucht das Licht. Auf dem Heimwege kamen die Boten an eine dunkle Höhle und fanden darin das Riesenweib Thöck (Dunkel), so finster und grausig anzusehen, fast wie Hel selbst, oder wie die Selbstsucht, die eine Welt kann untergehen sehen, wenn sie nur selbst unberührt bleibt. Sie forderten dieselbe auf, eine Thräne um den Tod und für die Wiederkehr des Lichtgottes darzubringen; aber die Riesin antwortete: „Thöck kann nur weinen mit trockenen Augen um Balders Tod. Weder im Leben noch im Sterben hat er mir Nutzen geschafft; daher behalte Hel, was sie hat." Die Boten versuchten umsonst, den harten Sinn der Riesin durch Bitten zu erweichen; sie entschwand in der finstern Tiefe der Höhle und war nicht mehr aufzufinden. Daher gingen sie traurig ihres Weges; doch meinte einer, er habe unter der weiblichen Hülle den falschen Loke erkannt. Da fiel es allen wie Schuppen von den Augen, und sie sprachen, er habe wohl recht gesehen. Als sie aber nach Asenheim die schlimme Botschaft brachten, war das Wehklagen so groß, daß man nicht weitere Auskunft begehrte.

Die Blutrache. Tage vergingen, und jeder Tag machte den erlittenen Verlust fühlbarer, und so oft die Asen an der heiligen Esche sich versammelten, ertönte aus jedem Munde das Wort Blutrache. Es war das oberste Gesetz, die höchste Pflicht, das älteste Recht, das von jeher geübt wurde. Doch hielt es schwer, das Gebot der Gerechtigkeit zu vollbringen, denn Höder mied das Licht des Tages: er wandelte nur in finsterer Nacht umher, und in der Finsternis wuchs ihm die Asenkraft, da konnte das Auge dem Blinden gegenüber nicht nützen, noch

Schwert, noch Geschoß. Man wußte auch, daß er von Waldunholden ein schützendes Zauberhemd und ein furchtbares Zauberschwert erlangt habe, und man scheute sich, ihm in der nächtlichen Dunkelheit zu begegnen. So schlich denn Höder, fort und fort freundlos und freudenlos wie der Geist der Mitternacht, dahin durch die Waldeinsamkeit, ohne die Blutrache zu fürchten, die auf den Brudermörder lauerte.

Einstmals schritt durch das Thor von Asgard ein junger Geselle von blühendem, fast noch kindlichem Angesicht, aber von kräftigem Gliederbau. Er blickte so frisch und lebensfroh um sich her, wie die Jugend selbst, die, ihrer Kraft vertrauend, nur eine goldene Zukunft, nicht die darin verborgenen Kämpfe und Schmerzen vor Augen hat. Sein lockiges Haar hing wirr und ungekämmt herab; seine Hände, von Dorngesträuch blutig, schienen ungewaschen. Auf der Schulter trug er den eibenen Bogen, und die mit Schwanenfedern beschwingten Pfeile klirrten im ehernen Köcher. Er schritt geradewegs, als ob er der Straße kundig sei, auf Walhalla zu; als er aber eintreten wollte, hielt ihn der Thorwächter an.

„Ein so blutjunger Geselle mit ungekämmtem Haar und ungewaschenen Händen findet hier nicht Einlaß", sagte der grämliche Hüter. Der Jüngling dagegen stieß ihn unsanft zurück und trat unangemeldet in die Versammlung. Erstaunt, doch mit Wohlgefallen blickten Asen und Einherier auf die blühende Gestalt des Fremdlings. Odin berief ihn zu sich und sprach mit lauter Stimme: „Es ist Wali, mein und der edlen Rinda Sohn, der zum heiligen Werke der Blutrache berufen ist." Da sprachen die Asen unter einander: „Wie mag der Jüngling den starken Höder bezwingen?" — „Jung bin ich zwar, erst einnächtig", rief freudig der Ankömmling, „aber wie der junge Mai den harten Winter besiegt, so werde ich siegreich im Kampfe bestehen."

Die Nacht war gekommen; Höder wandelte durch die Finsternis bekannte Pfade. Da rief ihn eine Stimme an: „Wahre dich, Mörder Balders, der Rächer ist dir nahe!" Wohl gürtete der Finstere fester sein Zauberhemd und schritt mit gezogenem Schwerte nach dem Orte, von wo der Ruf erschallt war, als ein Pfeil durch die Luft schwirrte, dem ein zweiter und dritter folgte; der letzte durchbohrte das Herz des blinden Gottes. Laut auf jauchzte der Schütze, daß es durch Asenheim schallte, und Götter und Göttinnen sammelten sich freudig um den, der das Rachewerk endlich vollzogen.

Daß die Dichtung vom Siege des Frühlings über den Winter ausgegangen ist, unterliegt keinem Zweifel. Ursprünglich war es Balder selbst, wie die von Saxo angeführte Sage bezeugt, der den starken Höder, den Gott der langen Winternacht, bezwingt; als aber der Baldermythus auf das große Weltenjahr übertragen wurde, fügte man die Erzählung von Wali hinzu, der des Bruders Tod rächt. Er ist demnach ein Frühlingsgott, aber den Gang des nordischen Weltdramas verändert er nicht. Da erscheint die Natur durch den Tod des Lichtgottes veröbet, verfinstert, die Unschuld und Gerechtigkeit geschwunden und daher zugleich die sittliche Weltordnung zerstört. Die Asen und alle Wesen sind zum Untergange reif. Der aber hauptsächlich dazu beiträgt, ist Loke, dessen dämonische Natur nun immer mehr hervortritt.

Der Baldermythus, wie er sich in den Liedern der Edda (Gylfaginning und Wöluspa) findet, wird von Bugge, wie wir schon angedeutet, auf Erzäh= lungen und Dichtungen englischer Christen von des Heilands Tod zurückgeführt. Sie stammen vermutlich aus dem 8. Jahrhundert und als letzte Quellen der= selben nimmt er das apokryphe Nikodemus=, das Matthäus= und das Johannes= evangelium an. Doch umfaßt dies nicht den ganzen Baldermythus, sondern nur einen Teil. Es lassen sich keine Parallelen mit dem Kreuzestod, einer= seits mit Nanna, ferner mit Balders Verweilen bei der Todengöttin Hel und für die Rache Walis in jenen Erzählungen finden, welche die nordischen Wikinge auf den britischen Inseln im 8. Jahrhundert vernommen haben und mit ihren einheimischen Sagen verschmolzen.

Gar nicht beeinflußt von christlichen Elementen erscheint die Erzählung bei Saxo Grammaticus von Balder und Höder. Man erzählt sich jedoch heute noch im westlichen England, daß das Kreuz Christi aus der Mistelstaude ge= nommen sei, die früher ein schöner Baum gewesen und von da an verdammt worden sei, als Schmarotzerpflanze zu vegetieren. Ferner vergleicht Bugge in seinen Hypothesen den blinden Höder mit dem blinden Lanzenknecht Longinus, der Christum mit dem Speere durchbohrte. Und wie der Teufel als Anstifter alles Bösen, so gilt auch der nordische Lucifer Loke als Ursache von Balders Tod. Uns scheinen diese Anknüpfungspunkte etwas zu weit hergeholt.

Das Riesenweib Hyrrockin. Von L. Pietsch. (Vergl. S. 297.)

Trinkgelage. Nach dem Fries von Prof. W. Engelhard, gez. v. J. W. Heine.

Dreizehnter Abschnitt.

Lokes Verdammnis.

Ögirs Trinkgelage. Die Zeit der Leinernte, der Spätsommer war gekommen.
Da wollten die Asen das Festgelage in Ögirs Krystallsälen feiern. Thor hatte,
wie oben berichtet, dem Beherrscher der Meere den großen Braukessel aus
Hymirs eisiger Behausung verschafft, und Ögir, obgleich nicht guten Willens,
braute darin für das Fest schäumendes Bier und süßen Met in Überfluß.
Sein Weib, die raffende Ran, die lieber raubte als gab, war auswärts mit
ihren Wellenmädchen, um schiffbrüchige Menschen mit den Netzen in die Tiefe
zu ziehen; daher hatte er nur zwei dienstbare Geister, den Funaseng (Funken-
fänger) und den Eldir (Zünder), die, wie sie sonst das wunderbare Leuchten
der See veranlaßten, so auch bei dem Feste für Licht und Bewirtung sorgen
sollten. Er erwartete auch Beistand von den Dienstleuten seines Eidams Freyer,
denn die schöne Gerda hatte er mit der Riesin Orboda erzeugt, da er als
Jötune Gymir in Jötunheim wohnte. Zwei Dienstboten des lichten Wanengottes, Bengqwir und dessen Weib Beyla (Sommerlüfte), hatten ihm schon oft
das wilde Meer besänftigen helfen; sie waren auch jetzt zur Aushülfe bereit.

Die Asen, noch immer vom Kummer niedergebeugt, hofften beim Becher
die Sorgen zu vergessen. Auch der Mensch pflegt, selbst im Anblick des Todes
sich noch an den Freuden des Augenblicks zu ergötzen.

In vollem Schmucke mit großem Gefolge von Lichtalfen und anderen be=
freundeten Wesen traten die Asen zum festlichen Gelage ein. Da erschien Odin,
das Haupt mit dem Goldhelm geschmückt, und Frigg, als Himmelskönigin mit
dem Sternenreif, Freya, von Brisingamens Glanz umstrahlt, die goldgelockte Sif,
auch Bragi, Niörder und sein Ehegemahl Skadi, Freyer, Heimdal, Widar und
andere Asen. Diese alle zogen in Ögirs festliche Halle ein, deren Wände, von
durchsichtigem Kryftall, die außen umherschwimmenden Meerwunder erkennen
ließen, während das Goldlicht von den versunkenen, auf dem Grunde liegenden
Schätzen ihre weiten Räume erleuchtete. Der starke Thor wohnte dem Mahle
nicht bei; er hatte andere Geschäfte: Riesen und Unholde zu schlagen und seinen
Bauern fruchtbaren Boden zu erkämpfen. Es mangelte aber noch einer, um den
alle Leid trugen, der strahlende Balder; der weilte bei Hel, und mit ihm die lieb=
liche, treue Nanna, sonst eine der schönsten Blüten bei dem sommerlichen Freuden=
fest. Dagegen schlich mit unhörbarem Katzentritt der schlaue Loke hinter dem
langen Zuge her, um auch seine durstige Kehle mit dem Goldtrunk zu laben.

Als er eintreten wollte, hielt ihm Funaseng, der zum Thürhüter bestellt
war, den Stab entgegen, indem er sagte: „Für dich ist kein Stuhl bestellt in
Ögirs Halle; suche dir eine Stätte bei Angurboda, Fenrirs Mutter." Lokes
Zorn entbrannte, und das um so mehr, als er hörte, wie drinnen im Saale
die Gäste den drohenden Funaseng laut rühmten. Zu dem Ärger über die Ab=
weisung gesellte sich noch der Neid wegen der Lobeserhebungen; da entbrannte
der Ase im heftigsten Grimm. Er schlug zu und der arme Thürhüter sank ent=
seelt zu Boden. Ein wüstes Getümmel erhob sich; die Asen griffen nach Wehr
und Schild, denn der Mord war an geheiligter Freistätte geschehen. Sie rannten
von allen Seiten herbei, aber Loke war in den nahen Wald entronnen.

Die Ruhe war wieder hergestellt; Beyggwir und die Schaffnerin Beyla
bedienten die Gäste, und das ward ihnen gar sehr erleichtert, da die Bier= und
Metkannen so kunstreich angefertigt waren, daß sie die gute Eigenschaft hatten,
sich ohne Beihülfe von selbst zu füllen und den Trinklustigen nach dem Wunsche
eines jeden den köstlichen Trank einzuschenken. Während nun das Gelage
seinen Fortgang hatte, schlich der böse Loke wieder herbei. Er fand Eldir mit
dem Hüteramte betraut und redete ihn an, als ob nichts Schlimmes vorge=
fallen wäre. Er fragte ihn, wovon die Sieggötter beim Mahle redeten. „Von
Waffen und tapfern Thaten sprechen sie", sagte der Angeredete, „von dir aber
kein gutes Wort." „So will ich selbst hineingehen", versetzte der Bösewicht,
„und der Asen Schuld und Schande mit geschickter Rede aufdecken; keiner
wird mich im Wortkampf besiegen." Mit diesen Worten schob er den schüch=
ternen Hüter bei Seite und trat in die Halle. Da verstummte plötzlich die
Rede, es entstand Totenstille. Aller Augen richteten sich auf den, der die
heilige Freistätte mit Mord besudelt hatte; doch wollte man den Ort nicht
durch gleiche That entweihen. Er war wie ein Geächteter in der Versamm=
lung. Dennoch fragte er dreist, ob man ihm allein Sitz und einen Labetrunk
verweigere, da ihm doch als einem ebenbürtigen Asen solches gebühre. Da
erwiderte Bragi, die Götter wüßten wohl, welch ein fluchwürdiger Bösewicht
er sei; sie würden ihm nimmermehr Sitz beim Mahle gönnen. Ohne darauf

zu antworten, wendete sich Loke an Odin selbst mit den Worten: „Gedenkst du nicht daran, wie wir beide in der Urzeit, unser Blut mischend, den Bruder= bund schlossen und gelobten, keiner solle einen Labetrunk annehmen, der nicht auch dem andern gereicht werde?“ Diese Rede war nicht vergeblich gesprochen; Allvater gedachte der alten Zeit und des geschlossenen Bundes. Allerdings war der Blutbruder, der Miterschaffer aller Kreaturen, von der Höhe herab= gesunken und durch Meinthaten besudelt; dennoch hieß Odin seinen Sohn Widar jenem einen Sitz einräumen und schäumenden Trunk reichen. Als dem Gebote Folge geleistet war, leerte Loke den Kelch und rief mit lauter Stimme: „Heil euch, hochheilige Asen, und euch, edle Asinnen! dem Bragi aber Ungunst und Unfrieden, da er dem Durstigen den Trunk mißgönnt!“ Bragi hatte nämlich dem Frevler den Sitz verweigert mit den Worten:

> „Sitz und Stelle suchen dir bei dem Mahl
> Die Asen nun und nimmer.“

Der Sangesfürst schwieg eine Weile, dann entgegnete er, er wolle aus seinen Schätzen Schwert, Roß und Ring spenden, nur daß der Lästerer nicht neues Ärgernis gebe. Als darauf Loke versetzte, Bragi sei doch nicht gar reich an solchen Kleinodien und brauche das Schwert nicht, sondern das Roß; denn keiner fliehe feiger als er aus der Schlacht, erwiderte jener, wenn sie außer= halb der Halle wären, hätte er ihm schon für diese Lüge das Haupt vom Rumpfe getrennt. Der Lästerer verstummte nicht; er meinte, sein Gegner prahle nur, weil er sich in Sicherheit wisse; ein tapferer Mann säume nicht mit der That, wo er auch sei. Nun mischten sich auch die Asinnen in den Wort= streit, aber Loke häufte auf sie unerhörte Schmähungen. Freya, Gefion, Skadi bezichtigte er schnöder Untreue und Unzucht. Er trug nicht Scheu, der letzteren, welche ihm seine bevorstehende Bestrafung vorhielt, zu erwidern, daß er der eifrigste gewesen sei bei Ermordung ihres Vaters. Mit gleicher Dreistigkeit warf er dem Tyr den Verlust seiner Hand vor, dem Heimdal sein mühseliges Wächteramt; nicht weniger schmähte er Niörder, Freyer, den Diener Byggwir, der sich Asenkraft wünschte, um den Unhold zu züchtigen. Die goldlockige Sif hatte er bisher verschont; sie brachte ihm dafür freundlich den Eiskelch mit schäumendem Trunke. Zum schnöden Dank dafür erinnerte er sie daran, wie er ihr bei nächtlicher Weile das schöne Haar abgeschoren habe. Selbst Odin warf er vor, daß er ungerecht den Preis des Sieges verteile und, als Wala in die Häuser schleichend, das Menschenvolk durch Zauberei betrüge. Endlich wendete er noch den Stachel seiner Schmähsucht gegen Frigg, die einst in der Urzeit drei Männer gehabt habe, nämlich Odin, Wili und We. „Ha“, rief sie von Schmerz bewegt, „wäre mein Sohn Balder noch hier, der hätte längst deine Lästerzunge zum Schweigen gebracht.“ — „Willst du, hohe Königin,“ versetzte er mit giftigem Spott, „daß ich noch ferner meiner Meinthaten gedenken soll, so wisse, daß ich es war, der den Mistelzweig dem blinden Höder gab, daß er damit deinen lieben Sohn zu Hel sende.“ Ein lauter Aufschrei der Asenkönigin, ein Klirren der Schwerter und Schilde folgte der entsetzlichen Rede. Denn nun war Gewißheit, was man bisher nur vermutet hatte. Ehe man über den Frevler herfiel, erschütterte ein furchtbarer Donnerschlag die Halle, und Thor stand, Miölnir schwingend, mitten innen. Bebend vor Zorn rief er aus:

> „Schweig unreiner Wicht, sonst soll mein Hammer
> Miölnir den Mund dir schließen,
> Vom Halse hau ich dir die Schulterhügel,
> Daß dich das Leben läßt."

Noch wagte der Lästerer auch gegen ihn scharfe Reden, indem er ihm vorwarf, wie er sich einst in Skrymirs Däumling verkrochen habe. Als schon Hlorridi (Glutfahrer) mit dem Hammer sein Haupt bedrohte, rief er: „Den Asen sang ich ihr Preislied in Ögirs Halle, die bald vergeht, wenn die flackernde Flamme daherfährt. Zum letztenmale haben sie hier den kühlen Met getrunken; denn über alle kommt das Verderben. Ich aber weiche dem Stärkeren, der gern zuschlägt." Nach diesen Worten nahm er die Gestalt eines Lachses an und sprang in die umrauschenden Fluten.

So schildert in der älteren Edda das Lied: „Ögisdrecka" Lotes Frevelmut.

Der dreiste Lästerer hatte die Freude des Festes vergällt; der schäumende Trank wollte den Gästen nicht mehr munden; denn unter den Lügen, die Loke schmähend gehäuft, war auch bittere Wahrheit, war auch wirkliche Schuld der Götter enthalten, wie jeder sich selbst eingestand. Nicht minder schmerzlich erschien die Erinnerung an Balder, als dessen Mörder der Lästerer sich selbst angegeben hatte.. Auf dem Heimwege verabredeten die Asen, wie sie ihn greifen und strafen wollten. Er solle nicht sterben, sondern leben, leben in namenloser Qual. Das, meinten sie, sei die gerechte Buße für die begangenen Frevel.

Loke in Ketten. Die Asen suchten und fahndeten weit umher nach dem Lästerer, der auch der Anstifter der an Balder verübten Unthat war. Sie durchstreiften Asgard und Midgard, sie suchten ihn in Jötunheim, in den Tiefen der Schwarzalfen, und fanden ihn nirgends. Der Falsche straflos, die Rache an ihm unvollbracht, das quälte wie brennendes Feuer, daß sie nicht ruhen konnten bei Tag und Nacht. Odin saß auf Hlidskialfs Höhe und schaute über die neun Heime, da sah er jenseits auf hohem Berge ein einsames Haus und in dem weiten Gemache darin den, welchen man suchte. Er verließ den Hochsitz, berief die Asensöhne zu sich und zeigte ihnen den Weg, der zu Laufeyas Sohne führte. Der heillose Flüchtling hatte sich nämlich auf steiler Höhe über einem wild strudelnden Bergwasser eine eigentümliche Wohnung hergerichtet. Sie hatte nur ein großes Gemach mit vier stets offenen Thüren. Da saß er nun Tag und Nacht und spähte nach den vier Himmelsgegenden, ob nicht seine Verfolger unvermutet aus irgend einem Dickicht hervorträten. Nicht Reue, nicht ein böses Gewissen plagte ihn — die hatte er längst glücklich zur ewigen Ruhe gebracht — ihn ängstigte nur die Furcht vor der unversöhnlichen Rache, die er herausgefordert hatte. Daher schlüpfte er oft in Gestalt eines Lachses in den Strom und schwamm oberhalb bis unter den Wasserfall, wo er sich vor allen Nachstellungen geborgen glaubte.

Wer konnte ihn dort im rauschenden Sturze der Wasser aufsuchen, oder auch nur vermuten! Dennoch ließ ihn die Sorge nicht ruhen; denn er hatte keinen Freund, er vertraute niemand, nicht einmal der eigenen Gattin Sigyn,

welche ihm ungeachtet seiner Herzensstücke Beweise von aufrichtiger Anhänglich=
keit gegeben hatte. Tagelang saß er im windigen Hause bei loderndem Herd=
feuer und warf Späherblicke nach allen Richtungen.

Er bildete auch wohl mit kunstfertigen Händen allerlei nützliche Geräte,
unter anderm ein Netz zum Fischfang, was damals eine unbekannte Sache war.

Der gefesselte Loke und sein Weib. Von F. W. Heine, nach Prof. W. Engelhard.

Er erkannte sogleich den Wert dieser Erfindung, und arbeitete mit solchem
Eifer an der Vollendung dieses Werkes, daß er die Gefahr vergaß. Plötzlich
flackerte die Flamme auf dem Herde hoch empor, wie eine Säule, als ob sie
ihm etwas andeuten wolle. Er sah auf, warf Späherblicke umher und ge=
wahrte die Asen, welche mit reisigem Gefolge im Anzuge waren. Eiligst warf
er das Netz ins Feuer, um jede Spur seiner Anwesenheit zu vertilgen, und

eilte nach dem Wasserfall, wo er sich in Lachsgestalt verbarg. Arglist und Tücke des Herzens fängt sich oft im eigenen Netze.

Die anrückenden Asen fanden in dem windigen Gemache den Lästerer nicht, wie sorgfältig sie auch nach ihm suchten. Das Feuer war gleichfalls niedergebrannt und erloschen. Aber die Stelle war noch warm und verriet, daß hier jemand müsse gewaltet haben. Einer von ihnen, durch Weisheit und Runenkunde hervorragend, durchstöberte die Asche und entdeckte darin, was kein menschliches Auge wahrgenommen hätte, die Form und Beschaffenheit des Netzes.

„Gefunden!" rief der Entdecker, „der hundweise Zauberer, im Traume der Gedanken mit Fischen beschäftigt, hat das Netz hergestellt, wieder verbrannt und steckt nun als Fisch da unten im rauschenden Strom." Die mit dem Fischfange wohlvertraute Gefion hatte bald entdeckt, wie ein gleiches Netz gefertigt würde, und da alle mit geschickten Händen zu Werke gingen, so waren in kurzer Zeit die Fäden mit Knoten geschürzt und ein unzerreißbares Netz zustande gebracht. Dicht unter dem Wasserfall senkte man es ein; Thor zog auf der einen Seite, die übrigen Asen auf der andern immer zu Thal, sodaß das Netz die ganze Breite des Stromes einnahm. Wie sie an den tiefen, felsigen Grund kamen, fühlten sie ein Zucken der Leinen und erkannten, daß Lebendiges darunter gesteckt habe und zwischen den Steinen durchgeschlüpft sei. Sie beschwerten das Geräte mit Eisen und Blei und begannen den Zug von neuem; aber dicht an der Mündung des Stromes schnellte ein riesiger Lachs über das Netz und schwamm pfeilschnell aufwärts. Man nahm also die dritte Kehre vor; aber Thor watete nun in der Mitte des Wassers, während die Asen verteilt auf beiden Seiten zogen. Sie merkten wohl, daß ein großer Fisch vor ihnen herschwamm; aber schon näherte man sich der See und man mußte fürchten, daß er dort Rettung suche. Da sang Bragi ein Zauberlied; sogleich erschien, von Ögir entsandt, ein entsetzlicher Hai, der Wolf des Meeres, der sich vor die Flußmündung lagerte.

Es war in der That Loke, der bisher mit gewohnter Schlauheit alle Bemühungen der Asen vereitelt hatte. Als er jetzt hinter sich die Verfolger, vor sich das Ungeheuer sah, schnellte er noch einmal mit aller Kraft empor und wäre wiederum entronnen, wenn ihn nicht im Flug Thor in der Mitte des Leibes erhascht hätte. Fast wäre er mit dem aalglatten Körper noch entschlüpft, allein die starke Faust hielt ihn noch am Schwanze fest; er war gefangen. Da entpuppte sich der Fisch, und — der Lästerer, der Mordstifter, der falsche Loke hing in Hlorridis Hand. Da war kein Erbarmen, da blitzte nur Frohlocken der Rache in den Augen der Asen. Sie schnürten dem Erzfeinde Arme und Beine zusammen und darauf schleppten sie ihn in eine Höhle des Berges. Daselbst bereiteten sie ihm das Schmerzenslager, das ihm war geweissagt worden: drei scharfkantige Felsen, von denen der eine unter seine Schultern, der andere unter seine Lenden, der dritte unter seine Kniekehlen gelegt wurde. Es wurden auch seine beiden Söhne Wali und Narwi oder Nari herbeigeführt, denen Sigyn, die weinende Mutter, nachfolgte. Ersterer war in einen grimmigen Wolf verwandelt, der sogleich seinen Bruder zerriß. Die Asen banden mit den Eingeweiden des erwürgten Knaben den schuldigen Vater auf die scharfkantigen Steine fest und schafften, daß diese Bänder zu schweren Eisenketten erstarkten.

Skadi vollendete das Urteil; sie befestigte eine giftige Natter über dem Haupte des Übelthäters, damit ihr Gift und Geifer beständig auf sein Angesicht heruntertropfe, was ihm unerträgliche Schmerzen verursachte. Nachdem das geschehen war, kehrten die Asen zurück, aber nicht mehr grünten die Heime im unverwelklichen Schmucke ewigen Frühlings, sondern erschienen im Gewande der Vergänglichkeit schlaff und welk. Indessen war doch noch ein Wesen vorhanden, das Erbarmen mit dem Frevler hatte. Es war Sigyn, die trauernde Gattin desselben, die, obgleich oft gekränkt, ihm zur Seite blieb. Sie fing in einer Schale das von der Natter herabträufelnde Gift auf, damit Loke nicht davon berührt werde. Wenn aber das Gefäß voll war und sie es ausleerte, so strömte die gräßliche Flut auf sein Angesicht, sodaß er vor Schmerz und ohnmächtiger Wut heulte.

Dann wandte und reckte er sich, daß Mutter Jörd in ihren Grundfesten erzitterte. Das nennen nun unkundige Menschen Erdbeben.

Das Verbrechen ist bestraft, die Götter haben das Urteil der Gerechtigkeit vollstreckt. Aber sie selbst sind nicht rein von Schuld. Viele Schmähungen, des Lästerers sind begründet, und jede Schuld rächt sich im Himmel und auf Erden. Daher schreitet das Verderben fort, bis alle Bande der sittlichen Ordnung gelöst sind. Dann wird der arge Versucher, der zugleich Thäter ist, von seinen Fesseln frei, und der allgemeine Untergang ist Folge davon. Die Fesselung Lokes könnte an Prometheus erinnern, noch mehr aber auch an unsere Sagen vom gebundenen Teufel, welcher, wie Loke in der Götterdämmerung, am jüngsten Gericht los wird.

Wir haben in vorstehendem die Dichtung mit einigen Abweichungen gegeben, wodurch die Schuld des falschen Gottes an Balders Tod und die Beziehungen zu den Weltgeschicken deutlicher werden. Loke ist hier der Stifter alles Bösen, der sich ohne Scham dazu bekennt, aber zugleich das Verderben aller voraussagt. Er ist der Verführer, der die Unschuld zur Sünde verlockt, der sich selbst dessen rühmt, obgleich er weiß, daß er mit den Verführern untergehen werde. Hatte er in der Urzeit mit Odin die Blutverbrüderung geschlossen und als Gott der wohlthätigen Herdflamme Heilsames gewirkt, so war er nun wie der gefallene Engel Lucifer ein vollendeter Bösewicht, der den Feuerbrand in das Haus wirft, worin er selbst mit Schuldigen und Unschuldigen verbrennen muß. In dem alten Germanentum war der Gedanke der Blutrache tief begründet. „Der mich geschädigt hat, muß büßen, obgleich ich weiß, daß ich mit ihm untergehe", das war die Idee, nach welcher der Edeling wie der Knecht handelte. In Lokes Charakter aber lag mehr: das recht eigentlich teuflische Prinzip, zu beschädigen, seine Freude an dem Unglück anderer zu haben, auch wenn man nicht Schädigung empfangen hat, auch wenn man weiß, daß es zum eigenen Unheil gereicht. In der Schmähung der gütigen Sif, aber auch im ganzen Hergange der Dichtung ist diese Idee durchgeführt. Man glaube aber nicht, es sei nur eine Phantasie, sei nicht menschlich; die Geschichte lehrt, daß dergleichen Erscheinungen vorkommen.

In unserer Darstellung haben wir manche Widersprüche des Mythus beseitigt, freilich aber nicht alle. Wir ließen Bragi und Idun der Sage gemäß wieder auftreten, obgleich sie in der Tiefe weilen sollen. Sie konnten etwa zur

festlichen Feier heraufgestiegen sein. Dagegen haben wir Kwasir, der das Netz
in der Asche entdeckt, übergangen, weil sein Auftreten nicht notwendig war.
Ähnliche Züge von dem Fang Lokes mit dem Netz will man in christlichen
Legenden entdecken. Da soll Petrus, der an Thors Stelle getreten ist, lange einen
Fisch verfolgt und endlich gefangen haben rc. Auffallend dürfte es ferner sein,
daß sich Loke, der Feuergott, im Wasser zu bergen sucht; allein dieser Glaube,
daß sich das Feuer ins Wasser flüchte, findet sich auch bei anderen Völkern.

Vielleicht gab dazu Veranlassung, daß sich Sonne, Mond und Sterne
sowie das flammende Morgen= und Abendrot im Wasser spiegeln. Ein fin=
nisches Märchen, das wir Simrock nacherzählen, liefert dafür einen Beleg.

Louhi, Pojolands Gebieterin, fängt die Sonne und den Mond ein, als
sie herabgestiegen waren, um Wäinämoinens wunderbarem Gesange zu lauschen.
Sie verbirgt diese in finstern Klüften, sodaß nun jahrelang Finsternis herrscht.
Da steigen Wäinämoinen und Ilmarinen auf des Himmels Höhe, um zu sehen,
warum die Gestirne nicht leuchten. In der Dunkelheit finden sie dieselben
nicht, hoffen aber mit Hülfe des Feuers sie aufzufinden. Ilmarinen schlägt
daher mit dem Schwerte den Funken aus dem Gestein; allein dieser entweicht
und birgt sich unten in einer goldnen Wiege, wo ihn eine Jungfrau in
Schlummer singt. Da sie aber zu kräftig wiegt, fällt er heraus und fliegt,
zum Feuerball anschwellend, durch alle Himmel und wieder herab zur Erde
nach Tauris. Dort fährt er in ein Haus und verbrennt das Kind an der
Mutterbrust. Durch ihren Fluch verbannt ihn die erzürnte Mutter in des
Meeres Wogen, die nun, vom Feuer gepeinigt, siedend und aufschäumend in
das Land hereinbrechen. Da verschlingt ein Barsch das Feuer und flieht in
seiner Qual zwischen Holme und Klippen, bis ihn ein rother Lachs aufnimmt,
der wieder die Beute eines Hechtes wird. Inzwischen haben sich die Götter
Wäinämoinen und Ilmarinen ein Boot gezimmert und segeln mit günstigem
Fahrwind durch die himmlischen Räume. Da sie das Feuer da nicht finden,
steuern sie nach dem Erdenland. Das ist nun mächtig groß, und die Fähr=
leute wissen nicht, wohin sie sich wenden sollen. Zum Glück begegnet ihnen
auf der Newa ein steinaltes, vielwissendes Weib, das ihnen den Ort anzeigt,
wo sich der Hecht in seiner Pein herumtreibt. Ferner belehrt sie die Alte,
wie man ein Netz stricke, um den Fisch zu fangen. Die Himmlischen säen am
Abend den Leinsamen, fördern das Wachstum, daß der Flachs um Mitter=
nacht reif ist, rupfen, verarbeiten ihn, und zur Zeit, da der Morgen anbrechen
soll, ist das Netz fertig. Zweimal ist der Fischzug vergeblich, aber mit dem
dritten Zuge wird der Hecht gefangen. In seinem Magen findet man den Lachs,
in diesem den Barsch; wie man aber denselben ausweidet, hüpft der Funken
heraus und entgeht den Verfolgern. Der schwache Funke wächst, seiner Fessel ledig,
mit erschreckender Schnelligkeit, wie das Böse, wenn der heilsame Bann des Ge=
setzes gebrochen ist. Er wird zum Landbrand; die ganze Erde droht unterzugehen.
Indessen die Himmlischen bieten ihre ganze Macht gegen das wütende Element
auf. Ilmarinen singt ein Zauberlied, das die Flammen bezwingt. Auch Sonne
und Mond werden frei, daß sie wieder am Himmel ihre gesetzlichen Wege wandeln.

Thor gegen die Midgardschlange.
Zeichnung von K. Ehrenberg.

Vierzehnter Abschnitt.

Ragnarök, Götterdämmerung.

„Schon lösen sich die Bande frommer Scheu,
Der Gute räumt den Platz dem Bösen,
Und alle Laster walten frei." Schiller.

Das Lied vom Weltuntergang.

Der Versucher, der Urheber des Bösen,
war zwar auf die reiskalten Felsen fest gebunden, aber die böse Saat wucherte fort,
und die Götter selbst, die sittlichen Mächte,
welche die Weltordnung erhalten sollten, waren nicht mehr rein und unsträflich;
daher mußten die heilsamen Bande der Gesetze brechen und das gänzliche

Verderben, der Weltuntergang, herbeigeführt werden. Im Himmel und auf Erden war bald weder Treue noch Glauben mehr zu finden, und die heilige Liebe, welche sonst Freunde, Eltern, Kinder, Geschwister mit einander verband, verlor ihre Kraft. Nur Selbstsucht, Eigennuß, rücksichtslose Habgier waren die Triebfedern, welche die Handlungen leiteten; Mord, Brand und Blutvergießen nahmen überhand. Wer der Begierde im Wege stand, mußte sterben, der Vater durch den Sohn, die Mutter durch die Tochter, der Gatte durch die Gattin. Kein Heiligtum, keine fromme Sitte schützte vor Beil und Schwert, vor Gift und Dolch. Empörung der Völker, fürchterliche Kriege ohne Schonung und Barmherzigkeit zwischen Freunden und nahen Sippen verwüsteten die Länder; Meuchelmörder lauerten im Finstern; das gesprochene Wort ward zur Lüge, der Eidschwur zum Betrug, zur Täuschung dessen, der noch an Wahrheit glaubte. So würgten, mordeten, vertilgten sich die Geschlechter, und wer bei dem entsetzlichen Spiele gewann, vergeudete die Beute in schnöder Wollust und ekelhafter Schwelgerei. Es war das Beil- und Schwertalter angebrochen, die Wolfszeit, da sich die Menschen wie Wölfe erwürgten, die Windzeit, da die Natur selbst, als ob sie mit der verderblichen Wut der lebenden Wesen übereinstimme, durch fürchterliche Stürme dies zu erkennen gab. Ähnlich lauten bei den Griechen und Römern die Schilderungen vom eisernen und ehernen Zeitalter.

Die Sonne wandelte noch ihre Bahn, aber sie schien trübe, wie durch einen Trauerschleier, sie verbreitete keine Wärme mehr während der sonst heiteren Jahreszeit, und frühe fing der Winter an, der Fimbulwinter (Schreckenswinter). Da starrte alles in grimmigem Frost, der unaufhörlich rieselnde Schnee war von eisigen Stürmen zu Bergen aufgetürmt, in denen der Wanderer versank. Viele Höfe und Dörfer wurden hoch überdeckt, daß die Bewohner darin verderben mußten. Der Fimbulwinter aber schien kein Ende zu nehmen; er dauerte drei Jahre, ohne daß ein Sommer dazwischen eingetreten wäre. Da verdarben Bäume und Sträucher, Gras und Kraut, die Menschen starben vor Kälte und Hunger und ließen doch nicht von Eidbruch, Mord und Greuelthaten ab. Dadurch wuchs Fenrirs Brut, die Wölfe, welche die alte Riesin im Eisenwalde fütterte, zu schrecklichen Ungeheuern heran; denn das Weib mästete sie mit dem Marke erschlagener Eid- und Ehebrecher, mit dem Blute gestorbener Giftmischer, Vater- und Brudermörder, und an solcher Atzung war Überfluß.

Man fragte eine vielwissende Wöla, was das bedeute, und sie sagte, Sonne, Mond und Mutter Erde trauerten über den Verfall der Menschen, und nun würden die Wölfe und feindlichen Mächte bald ihrer Fessel ledig werden und das allgemeine Verderben herbeiführen. Es hat aber zu allen Zeiten weise oder gläubige Männer gegeben, welche der Meinung waren, die Natur habe ein Mitgefühl für die Freuden und Leiden der Menschen und gebe dies bei großen Ereignissen durch ungewöhnliche äußere Erscheinungen zu erkennen.

Das Lied vom Weltuntergang. Zu jener Zeit, von der die Wöluspa ihr schauerliches Lied singt, geschahen viele Wunderzeichen. Der Sonne Schein dunkelte, unheilvolle Idisen sah man durch die Luft fliegen, der glührote Hahn in Asgard, der Fialar heißt, schrie laut auf, der dunkelrote bei Hel antwortete ihm, daß man es auf der Oberwelt vernahm. Eilenden Fluges jagen nun die gekräftigten Wölfe Sköll und Hati oder Managarm, jener der Sonne, dieser dem Monde nach; sie erreichen, fassen, verschlingen sie; da wird Finsternis im Himmel und auf Erden; da wankt und bebt die Erde selbst in ihren Grund= festen, daß alle Ketten und Bande brechen. Dadurch geschieht es, daß Loke seiner qualvollen Fesseln ledig wird, daß sein gräßlicher Sohn, der Fenrir, sich losreißt und sich mit seiner Brut dem Vater anschließt, daß endlich Garm, der Höllenhund, von der Gnypahöhle mit anderen finsteren Scharen der Hel herauf= steigt, um das Verderben zu vollenden. Das Meer, in seinen Tiefen aufgeregt, schwillt an, stürzt schäumend in wilden Wogen über seine Ufer und überflutet das Land. Aus seinem Abgrund erhebt die Midgardschlange ihr scheußliches Haupt und wälzt sich in Jotenwut, kampfbegierig, entsetzlich dem Anblick.

Jetzt stößt Heimdal ins Giallarhorn, und laut tönt der Schall durch alle Heime und weckt die Asen und Einherier, daß sie sich rüsten zum letzten Kampf der Entscheidung. Odin, den Goldhelm auf dem Haupte, die glänzende Brünne auf der Brust, Gungnir, den Zauberspeer in der Hand, tritt an ihre Spitze. Er ist entschlossen, obgleich er das Schicksal kennt, in den Streit zu gehen und nicht ruhmlos zu fallen. Zuvor will er noch einmal die Kunde des bevor= stehenden Geschickes an heiliger Stätte vernehmen. Er besteigt Sleipnir und reitet an Mimirs Born. Da rauscht und bebt der Weltbaum Yggdrasil in rasendem Sturme, seine Blätter fallen herab, seine Wurzeln drohen zu brechen; die drei Nornen sitzen da mit verhülltem Haupt. Odin murmelt mit Mimirs Haupt; niemand vernimmt, was er spricht und hört. Mimirs Söhne spielen, der Mittelstamm entzündet sich.

> Ins erhobene Horn bläst Heimdal laut;
> Odin murmelt mit Mimirs Haupt.
> Yggdrasil zittert, die Esche, doch steht sie,
> Es rauscht der alte Baum, da der Riese frei wird,"

heißt es in dem Liede der Wala.

Indessen steuert Hrym, der Jotenkönig, sein Schiff von Osten her über die unendliche See. Alle Hrymthursen, bewehrt mit Keulen und Wurfgerät, sind an Bord. Zugleich wird das Totenschiff Nagelfari flott, da es die steigende Meerflut emporhebt. Es ist erbaut aus den Nägeln der Toten, welche die Liebe nicht beschnitten hat. In den Bruderkriegen war die Liebe erstorben und man versagte selbst den Toten den letzten Dienst. Loke lenkt des Fahrzeugs Lauf. Mit ihm sind Surtur, das Flammenschwert schwingend, dessen Klinge heller leuchtet als die Sonne, und die zahllosen Geschwader der Muspelsöhne, alle in feurigen Rüstungen, die das geblendete Auge nicht anzu= schauen vermag. Sie landen, besteigen die mitgeführten Rosse und sprengen stürmischen Flugs über die Brücke Bifröst, die unter den donnernden Huf= schlägen bricht. Loke ist Führer und geleitet die ganze Heerschar nach der Ebene Wigrid, die hundert Rasten nach allen Seiten sich ausdehnt. Es ist das Kriegsfeld (Kriegsfahrt), wo auch der Wolf der Vernichtung und der Wolf der Meere nebst den Hrimthursen sich versammeln und zur Schlacht ihre Ordnungen bilden.

Dahin rücken jetzt die mutigen Asen und Helden in unabsehbaren Reihen, Odin voran, strahlend, als ob er zum gewissen Siege gehe. Noch einmal tönt das Giallarhorn, da beginnt der Vernichtungskampf. Der Wolf heult, der Wurm zischt und speit Gift, daß die Luft davon erfüllt und verpestet wird. Wie lodernde Flammen, die von einem ungeheuern Brande ausgehen, stürmen die Muspelsöhne unter Surturs Führung daher; doch widerstehen die Ein= herier, denen Freyer vorankämpft, und drängen die Feinde zurück. Thor schmettert mit dem Hammer ganze Haufen Hrimthursen und höllische Un= geheuer nieder; der Donner rollt, Blitze funkeln, der Weltbaum droht zu sinken; in den Klüften der Berge, vor steinernen Thüren, stöhnen und ächzen die Zwerge. Durch dichte Geschwader bricht Odin sich Bahn; er sucht Fenrir, den gräßlichen Leichenwolf. Er erblickt ihn, wie er mit klaffendem Rachen, als wolle er die Erde verschlingen, durch die Menge rennt. Er allein greift ihn an, während alle Kämpfer vor dem Scheusal zurückweichen.

Kein Seher, kein Sänger verkündigt, wie der entsetzliche Kampf Sieg= vaters mit dem Wolf der Vernichtung sich begab. Die Wala selbst, die das alles in prophetischen Gesichten schaute, deckt den Schleier des Schweigens darüber; sie sagt nur, daß er, der allwaltende Vater, Friggs einzige Wonne, dem Ungeheuer erliegt. Ein gleiches Schicksal hat Freyer, der mutig gegen die feuersprühenden Söhne Muspels streitet; denn er trifft, während er sieg= reich vordringt, auf Surtur, den Schwarzen. Er hat nur das Hirschhorn, womit er den wild stürmenden Beli erschlug. Jetzt vermißt er sein Wunder= schwert, das er einst um der Liebe willen an Skirnir verschenkte. Die lodernde Flamme des Surturschwertes trifft sein Haupt zum Tode. Von der andern Seite der Wahlstatt rollt Schlag auf Schlag der Donner; denn Thor hat Jörmungander angegriffen, die alte Todfeindin, das Scheusal, das er am meisten haßt. Miölnir in seiner Hand schmettert unaufhörlich, während der Wurm mit gähnendem Rachen ihn zu fassen, zu verschlingen sucht und Ströme von Gift und Geifer ihm entgegen speit. Endlich trifft ein Schlag zerschmet= ternd den Kopf der Schlange; sie krümmt sich, sie schlägt die Erde mit dem Schweif; sie erliegt. Aber von ihrem giftigen Atem angehaucht, taumelt der Asenfürst neun Schritte rückwärts und sinkt tot zu Boden. Der starke Hort der Asen war gefallen; aber zur Totenklage ist nicht Zeit, denn die Schlacht wütet fort. Bisher hatte Widar nie fehlende Geschosse versandt; jetzt reißt er das Schwert aus der Scheide und stürmt, Hrimthursen und höllische Dämone niederwerfend, gegen Fenrir, den Vater zu rächen. Durch den gähnenden Rachen stößt er ihm nachbohrend den scharfen Stahl ins Herz. Das schwarze Blut des Untiers besudelt in Strömen den Boden; der Leichenwolf sinkt, wie von Miölnir getroffen, mit gräßlichem Geheul nieder und deckt weithin die Wahlstatt. Heimdal kämpft auf Leben und Sterben mit Loke. Beide Kämpfer schirmen sich nicht mit den Schilden, sie schwingen die Waffen zu Todesstreichen und erliegen den Wunden, die sie gegenseitig sich schlagen. Gegen Tyr wütet der höllische Garm. Er schlägt ihm die spitzen Zähne in die Hüfte; aber der kühne Ase, obgleich zum Tode wund, faßt ihn mit der einen Hand, die ihm allein übrig ist, an der Kehle und erwürgt ihn.

Die Vorkämpfer der Asen und ihrer Feinde sind zwar gefallen, doch endet der Streit nicht; denn an Flucht, an Entrinnen vom Wigridfelde ist nicht zu denken, sondern nur daran, wie man das Leben teuer verkaufe.

Unter den Schrecknissen des tobenden Kampfes wankt fortwährend die Erde; Berge stürzen über Berge, Abgründe klaffen, bis hinunter zu Hels Reich; der Himmel spaltet sich und droht den Einsturz, die Esche Yggdrasil ächzt und stöhnt wie ein lebendes Wesen.

Lokes und Heimdals Tod. Nach einer Vorlage des Prof. W. Engelhard, gez. von F. W. Heine.

Jetzt erhebt sich Surtur, der Finstere, Schreckliche. Er wächst riesenhaft zum Himmel empor.

> „Surtur fährt von Süden mit flammendem Schwert,
> Von seiner Klinge scheint die Sonne der Götter.
> Steinberge stürzen, Riesinnen straucheln,
> Zu Hel fahren Helden, der Himmel klafft,"

heißt es in der Wöluspa.

Vor ihm und hinter ihm ist Feuer, und sein flammendes Schwert blitzt noch heller aus dem Dunkel hervor, in das er selbst sich gehüllt hat. Er ist anzusehen wie die Rauchwolke, die, von lodernden Bränden durchzuckt, aus dem heulenden Hekla himmelan steigt, während dem Krater unten feurige Lava entströmt. Er schleudert den Brand über Himmel und Erde, über das unendliche All, daß es ein Glutmeer wird und die lebenden Wesen und leblosen Dinge zumal in der glühenden Lohe untergehen. Das Feuer wütet, der Weltbaum ist von Flammenwirbeln umlodert, der Sturmwind rast, Erde und Himmel, die neun Heime sind nicht mehr, Surturs Lohe hat alles vertilgt.

> „Schwarz wird die Sonne, die Erde sinkt ins Meer,
> Vom Himmel fallen die heiteren Sterne,
> Glutwirbel umwühlen den allnährenden Weltbaum,
> Die heiße Lohe beleckt den Himmel.“

So beschreibt die Wöluspa den Weltuntergang. — Unwillkürlich werden wir beim Anblick dieser Verheerung an die Worte unseres Dichters erinnert:

> „Leer gebrannt ist die Stätte,
> Wilder Stürme rauhes Bette;
> In des Abgrunds öden Höhlen
> Wohnt das Grauen,
> Und des Himmels Wolken schauen
> Hoch hinein — Angst und Pein
> Lagern auf der weiten Öde.“

Wie Surturs Lohe erlischt, ergießt sich das kochende Meer über die Greuel der Verwüstung. Kein Geschöpf, kein Leben regt sich in seinem Schoße, keine Wassermaid wiegt sich auf den schwarzen Wellen, kein Stern spiegelt darin sein strahlendes Angesicht; nur der gespenstische Spielmann zieht darüber hin und regt die schäumenden Wellen zum raschen Tanze, zum rasenden Spiele auf.

Jahre vergingen, vielleicht Jahrhunderte — niemand hat sie gezählt — da badete wieder der Morgenstern sein glänzendes Haar in den beruhigten Wellen, und der erste Morgen spiegelte seinen Purpur darin. Eine neue Sonne ging auf, die blühende, glühende Tochter der vorigen. Freudig, wie die Jugend, wenn sie hinaus in das bewegte Leben zieht, fuhr sie auf ihrer Bahn dahin, und kein Ställ jagte ihr nach; sie ging friedlich in ihr feuchtes Bett zur Ruhe, um am nächsten Tage wieder ihre Bahn zu wandeln. Wohl war die Göttin schön in ihrer strahlenden Herrlichkeit, aber sie beschien noch kein lebendes Wesen, noch kein grünendes Land. Da endlich stieg aus der Tiefe herauf eine neue Erde, erst wüste und leer, bald aber von den Strahlen der Königin Sonne berührt, grün von Gras und Kraut und wohlschmeckendem Lauch. Auch Bäume und Sträucher wuchsen auf, und Blumen, mannigfaltig von Farben, erfüllten die Luft mit würzigem Wohlgeruch. Und siehe, in dem stillen Thale, wo einst der Urdborn quoll, und Odin mit Mimir von der Vergangenheit und den Rätseln der Zukunft redete, da kamen aus Hoddmimirs Holze zwei Menschenkinder hervor, der Jüngling Lif und die Jungfrau Lifthrasir, schön und lieblich, harmlos und unschuldig, wie die duftigen Blumen, und geweckt, gleich ihnen, von den Sonnenstrahlen aus langem Traume.

Kampf der untergehenden Götter.

Sie hatten sich einst daselbst geborgen und mit Morgentau genährt. Sie waren entschlummert und hatten in kindlichen Träumen geruht, während der Vernichtungskampf tobte. Allvater hatte sie wunderbar vor Surturs lodernden Flammen und den wilden Meereswellen bewahrt.

Ahnungslos der Schrecknisse, wie ein schlummerndes Kind, das die Mutter unter dem Krachen des einstürzenden Gebälks aus der brennenden Wohnung trägt, hatten sie bisher in den schützenden Armen Allvaters geruht und blickten sich nun staunend um in der neuen Behausung, auf der schönen, blühenden Erde. Das Land gefiel ihnen wohl; denn da waren im Überfluß wohlschmeckende Früchte, da trugen die Felder ohne menschliche Arbeit Getreidegold und des Rebstocks labende Spenden. Auch mancherlei Getiere weidete auf üppigen Triften, bunte Schlangen spielten unschädlich im Grase; nirgends aber war Fenrirs Brut zu finden. Lif und Lifthrasir bauten sich geräumige Wohnung, sahen Kinder und Enkel und sandten sie aus in nahe und ferne Gegenden. Von ihnen stammt das zahlreiche Geschlecht der Menschen, das weit und breit die Erde erfüllt.

Über der Stätte, wo voreinst Asgards glänzende Hallen standen, breitet sich nun blühend und duftig ein weites Gefilde aus. Es ist das Idafeld, schöner als die grüne Heimat der versunkenen Götter. Da sammeln sich die heiligen Asen, die, gleich der Welt, geläutert und gereinigt durch Surturs Lohe, hier wohnen sollen in seligem Frieden. Die Bande der Hel binden nicht mehr, denn das Reich des Bösen ist vergangen, die Finsternis in Tageshelle verwandelt. Da treten hervor Balder und Höder, Arm in Arm, durch Liebe versöhnt, in Liebe vereinigt. Zu ihnen gesellen sich Widar und Wali, die rächenden Asen, nicht mehr der Rache gedenkend. Surturs Flammen haben sie nicht vertilgt, noch die wilden Wasserfluten. Da finden auch Modi und Magni (Mut und Macht), die Söhne Thors, Wohnsitze bereit. — Sie bringen Miölnir mit, nicht im erneuerten Kampfe zu streiten, sondern als Werkzeug, die Sitze der Götter in der verjüngten Welt und die neue Heimat der Menschen zu weihen. Auf dem Idafelde, dem Felde der Auferstehung, sammeln sich die Söhne der höchsten Götter, in denen die Väter selbst auferstanden sind. Sie reden zusammen von sonst und jetzt; sie gedenken der Weisheit, der Runensprüche des Ahnherrn und seiner prophetischen Verkündigungen, die nun alle erfüllt sind. Sie spielen wieder mit den goldenen Scheiben, wie voreinst in der Zeit harmloser Unschuld, denn sie haben diese Scheiben im duftigen Grase wiedergefunden, wie sie den Frohsinn der Kinderzeit nach Kampf und Streit wiedergefunden haben. Ungesehen, nur im Geiste wahrnehmbar, ist ihnen dann nahe der Starke, der Mächtige von oben.

> „Es reitet der Mächtige zum Rat der Götter,
> Der Starke von oben, der alles steuert,
> Den Streit entscheidet er, schlichtet Zwiste,
> Und ordnet ewige Satzungen an.“

Sie ahnen ihn wohl, sie fühlen sein Wesen und Walten, aber sie wissen ihn nicht zu nennen. Wie auf sein Geheiß die neue Welt aus den Wassern hervorstieg, so hat er mittagwärts hoch über dem Idafelde einen andern Himmel gewölbt, der Andlang heißt, und noch weiter einen dritten, den man Widblain nennt.

Der Asen Untergang. Nach Carl Ehrenberg.

Da steht auf Gimils Höhe ein wunderbarer Palast, ganz mit Gold gedeckt, der heller strahlt als die Sonne. Da thronen die Götter, wie sie sonst pflegten, der Wiederkehr froh und der heitern Zeit. Von der Höhe blicken sie hinunter auf die glücklichen Menschen von Lifs Gesellschaft und winken ihnen, herauf zu klimmen, und die es versuchen und weiter streben in Erkenntnis und Weisheit, in frommer Sitte und durch Thaten der Liebe, die gelangen von Stufe zu Stufe, von einem Himmel zum andern, bis sie die Höhe erklommen haben und vereinigt sind mit den Göttlichen selbst im heiligen Hause Allvaters. —

Das ist der Glaube unserer Vorfahren von Ragnarök, der Götterdämmerung, oder dem Gottesgericht; und es war kein verächtlicher Glaube, er verdient, so dünkt uns, mehr Beachtung, als die Lehre der Hellenen und Römer von den auf den Höhen des Olympos ewig Nektar und Ambrosia schmausenden Göttern und von den Schicksalen der sterblichen Menschen im finstern Hades, wenn ihnen auch darin ein Elysium verheißen war. Die griechische Mythologie entbehrt des fünften oder Schlußakts, in der germanischen aber haben wir ein vollendetes, großartiges Drama. Wir haben dort nur eine Aufzählung von Göttern und einzelnen Mythen, die unter sich nur lose verbunden sind. Welch erschütternde Tragödie dagegen bieten die germanischen Mythen von der Weltschöpfung und dem Weltuntergang! — Dem Volksgeiste gemäß hat sich ja jede Mythologie gestaltet und darum ist die germanische tiefer und ernster als die griechische. Die griechischen Göttergestalten lebten nur dem Genuß des Augenblicks, der tiefernste germanische Geist versenkt sich auch in Vergangenheit und Zukunft. Unsere Vorfahren betrachteten das Leben nur als eine vergängliche Gabe der Götter, als einen Übergang zu einem schöneren, reineren Leben.

Deutung der Mythe und Nachklänge. Ragnarök bedeutet nach J. Grimm Verdunkelung der Regin, d. h. der Götter, daher Götterdämmerung; andere erklären das Wort als Gericht der Götter (von Rök, Gericht) oder Gericht über die Götter. Unsere Darstellung hat ergeben, daß den verschiedenen Dichtern, welche den Mythus behandelten, die Grundidee vorschwebte: die Götter sündigten, das Böse nahm unter Göttern und Menschen überhand; als hierauf der Gott der Heiligkeit und Gerechtigkeit von ihnen genommen wurde, sanken die heilsamen Schranken des Rechts und der Sitte, und Mord, Bruderkrieg, verbunden mit Schrecknissen der Natur, waren die Anzeichen des allgemeinen Untergangs. Dieser erfolgte in Ragnarök. Dann entstand eine neue, schönere Welt, wo Asen und Menschen, geläutert durch das Feuer der Zerstörung, in Frieden und Liebe, ohne Gram und Kampf wohnen. Aus den Schrecknissen des Streites, der Zerstörung aller Dinge ist die Wiedergeburt, die Auferstehung der Unschuld und Versöhnung hervorgegangen. Die jüngere Edda, selbst die Wöluspa, reden zwar noch von Straforten in Hels Reiche; aber solche Schilderungen sind nach unserer Ansicht aus anderen Liedern herübergenommen und weichen von der Grundidee ab, weshalb wir davon früher geredet haben.

Der Mythus von Kampf, Weltbrand und Wiedergeburt ist sehr alt und, wie die ganze Dichtung von der Weltschöpfung, wenigstens nach den Grundzügen, vermutlich schon im Vaterlande der arischen Völker, im innern Asien entstanden. Alle diese Stämme waren über ein Gebiet von 3000 Quadrat-

Meilen ausgebreitet, wo die größten Gegensätze von glühendem Sonnen=
brand in der Wüste und eisiger Kälte in den Hochgebirgen herrschten. Schnee=
stürme auf der einen Seite, emporwirbelnder Sand auf der andern brachten
den Herden und den Fruchtfeldern nicht selten Gefahr, während in geschützten
Thälern und Ebenen der Weinstock, der Feigen= und Mandelbaum reichliche
Früchte trugen. Die Menschen lebten in beständigem Wechsel zwischen Furcht
und Hoffnung und zugleich im Kampfe mit räuberischen Stämmen, die mit
Feuer und Schwert in raschen Überfällen das Land verwüsteten. Es war aber
ein edles, von der Natur reich begabtes Geschlecht hier ansässig, das sich selbst
Arier, d. h. die Edeln nannte. Unter dem Einflusse des beständigen Kampfes
mit Gefahren jeder Art, unter den wechselnden Schicksalen, bildete sich der
Nationalcharakter, der ebenso ein Erzeugnis äußerer Verhältnisse, nämlich des
Klimas, der Bodenbeschaffenheit und der Schicksale ist, wie der angeborenen,
von der Natur erzeugten Anlagen. Der Nationalcharakter, oder, wenn man
will, der Volksgeist spricht sich überall, wo die Menschen aus dem Kindertraum
zum Denken, zu dem ersten Anfange der Kultur erwachen, in Kunst, Wissen=
schaft, Sitte und Rechtsbewußtsein aus, am deutlichsten aber in ihren Vor=
stellungen von göttlichen Dingen, in ihrem religiösen Glauben. „Die Götter
sind", wie Dahn sich ausdrückt, „nach des Menschen Bilde geschaffen: der
Mensch muß das Göttliche an der Religion unmittelbar erfassen; — er erfaßt
es mit dem Herzen, mit seinem Fürchten und Hoffen, es muß also Gott nicht
ein unpersönliches Gesetz sein, wie der Gott der Philosophie, es muß ein
persönlicher Gott sein." Diesen schafft er daher nach seinem eigenen Bilde,
aber idealisirt, mit höheren Kräften begabt und von Schwächen befreit. Wie
er also die Gottheit sich bildet, so auch deren Thun und Lassen, ihre Be=
ziehungen und Einwirkungen auf die Welt, ihre Thaten und Schicksale.

Die Arier, wie alle Naturvölker, fühlten anfangs nur ein unbestimmtes
Gottesbewußtsein, das Gefühl von einem Wesen, welches alles geschaffen hat,
regiert und leitet. In den Urkunden, worin es aber schon verdunkelt erscheint,
heißt es Zerwana=Akarana, d. h. die unendliche Zeit und der unermeßliche
Raum, vielleicht überhaupt die Unendlichkeit. Dieses Wesen war nach späteren
Vorstellungen bei der Sorge für die Welt überhaupt und den Menschen
insbesondere teilnahmlos. Zwei andere Wesen, Ormuzd (Ahuramazda) und
Ahriman (Agramainyus), machen sich die Herrschaft streitig; aber sie und ihre
Geisterscharen kämpften nicht persönlich mit einander, sie suchen vielmehr die
menschliche Seele und die irdischen Dinge in ihre Gewalt zu bringen, und zwar
letztere, die finstere Macht, durch listige Verlockungen, durch eisige Kälte, Schnee=
stürme, Finsternis, erstere durch Wohlthaten, gedeihliche Witterung, besonders
durch das alle Dunkelheit und alles Böse überwindende Licht. Am Ende der Tage
wird Ormuzd mit allen gerechten Menschen zum seligen Frieden eingehen, Ahriman
aber gelangt ebendahin nach einer peinvollen Wanderung durch Feuerströme.

Man nimmt neuerdings an, der Glaube an Zerwana=Akarana, sowie die
Lehre von den letzten Dingen, von der Läuterung des Agramainyus seien spätern
Ursprungs, erst durch den Einfluß westiranischer und semitischer Stämme ent=
standen; allein es finden sich Spuren davon schon in der Zend=Avesta des

Zoroaster (Zarathustra) und in den indischen Veden, und die Verwandtschaft mit dem nordisch-germanischen Glauben von Allvater, dem letzten Kampfe und der Welterneuerung scheint in jenem arischen Glauben begründet.

Vielleicht sangen die germanischen Stämme schon auf ihrer Wanderung in die unbekannte Ferne von dem Mächtigen und Starken, der alles steuert und ewige Satzungen anordnet, von dem Streite zwischen den Mächten des Lichts und der Finsternis, von dem Feuerstrom, in welchem alles Böse und Finstere geläutert und zum Guten, zum Lichte verklärt wird. Diese Lieder sind spurlos verklungen, und in der nordischen Heimat traten in die alte Glaubenslehre noch andere Erscheinungen ein, wodurch sich im Laufe der Zeit das System bildete, das uns in der Edda und noch in anderen Sagen erhalten ist. Die Asen, vielleicht mit Stammfürsten identisch, erbauen ihre Paläste in Asgard. Loke, erst hülfreich, dann das böse Prinzip, tritt in die Reihe der Asen, wie Ahriman als Schlange sich in Jimas Paradies einschleicht. Aber er ist auch Vater der Midgardschlange, die jedoch nunmehr in den Abgrund des Oceans verwiesen wird. Riesenhafter, gewaltiger als in Ariana, erscheint alles im Norden, entsprechend dem düstern Wolkenhimmel, den imposanten Natur- erscheinungen Skandinaviens und Islands; so die Kämpfe mit den Hrimthursen, die an die Stelle der Daevas treten, zuletzt die allgemeine Zerstörung. Hrym steuert das Schiff, das die Hrimthursen zum Streite herbeiführt. Das andere Schiff, Nagelfari, das aus den unbeschnittenen Nägeln der Toten erbaut ist, schärft zugleich die heiligen Pflichten ein, die man gegen Leichen fremder oder befreundeter Menschen zu erfüllen habe. Man soll, lehrt die Edda, des Toten sich annehmen, wo man ihn finde, möge er durch Krankheit gestorben, oder seetot, oder mit Waffen erschlagen sein. Gewaschen an Haupt und Händen soll der Heimgegangene im errichteten Hügel selig schlafen.

Daß der letzte Kampf und der Weltbrand auch den südgermanischen Völkern bekannt war, beweisen verschiedene Sagen und besonders das nicht ge- nügend erklärte Wort Muspel oder Muspilli, das, wie wir bereits oben er- wähnten, in mehreren handschriftlichen Überresten germanischer Überlieferung vorkommt. Muspel und seine feurigen Söhne waren demnach ebenso bei den Germanen wie bei den Skandinaviern bekannt; ob auch Surtur, läßt sich nicht mit gleicher Sicherheit ermitteln. Die Vorstellung von solchen Feuerriesen entstand wohl aus Erinnerungen an den Sonnenbrand in den Wüsten des alten Vaterlandes, oder aus dunkeln Sagen, die aus dem heißen Afrika, dem Lande gen Mittag, herübergelangt waren. Bei den Schilderungen des letzten Kampfes und des Weltbrandes haben indessen die isländischen Skalden, welche die über- kommenen Dichtungen übersetzten oder überarbeiteten, vieles den Natur- erscheinungen auf ihrem Eiland entlehnt. Da sahen sie mit eigenen Augen die vulkanischen Ausbrüche, die Rauchsäulen, von Flammen wie von Schwertern durchzuckt, die aus dem glühenden Schlot bis über die Wolken emporstiegen, die feurigen Lavaströme, die alles Wachstum und auch die Wohnungen der Menschen zerstörten. Oft erhoben sich Inseln aus dem Schoße des Meeres, warfen Feuer aus und versanken wieder in die Tiefe. Erdbeben, umstürzende Berge, hereinbrechende Wasserfluten, das alles erblickten sie in nächster

Umgebung und brachten es in den Dichtungen zur Anschauung. Da stieg riesen=
haft der gewaltige Surtur himmelan, wie wir in der Erzählung sagten, gleich
der Rauchwolke, die sich aus dem Krater erhebt. Wie diese Erscheinung die
anderen Erscheinungen bei dem vulkanischen Ausbruch an Großartigkeit über=
trifft, so ist Surtur in der Dichtung Sieger über die Asen und schleudert die
Brandfackel in die Welt, die alles Leben vertilgt. Nicht weniger waren die
mächtigen, mit Eis und Schnee gekrönten Berge Vorbilder der ungeheuerlichen
Hrimthursen, von denen viele Sagen hauptsächlich im Norden ausgebildet
wurden. Den Einfluß der isländischen Skaldenpoesie auf die nordische Mytho=
logie bespricht Fr. Roack in einem gehaltvollen Aufsatz (Ausland v. 1871
Nr. 2 u. 3, „Kosmogonie der Edda von naturwissenschaftlichem Gesichtspunkt“).
Der Verfasser bringt auch die interessante Notiz, daß man auf der Insel noch
Spuren von dem Glauben an die Asen finde. Daselbst glaubt und erzählt
nämlich nach dieser Angabe das Volk, tief im Innern der Insel gebe es eine
eisfreie, anmutige Gegend, in welcher fremdartige Menschen wohnten, die zu=
weilen die Märkte besuchten, um einzukaufen, dann aber keine Spur hinterließen,
daß man ihnen hätte folgen können. Der Verfasser glaubt alle Details der Mythen
von der Entstehung und dem Untergang der Welt in der isländischen Natur
und der davon bedingten poetischen Auffassung der isländischen Skalden zu
finden; sogar das Salzlecken der Kuh Audumbla sucht er aus dem Salzgehalt
des nordischen Meeres zu erklären, das, wenn es, durch den Sturm auf=
geregt, an die Fenster der Strandbewohner spritzt, eine Salzkruste ansetze.

    Wir können ihm, wie gesagt, in diese Einzelheiten nicht folgen; wohl
aber möchten wir zugeben, daß die normannischen Einwanderer im unzugäng=
lichen Innern der Insel sich ihr Asgard dachten und daß Überreste dieses
Glaubens sich noch jetzt in Sagen erhalten haben.

    Die Cherusker oder Sachsen hatten sich, wie wir bereits ausführlich er=
wähnt, ein sichtbares Asgard im Teutoburger Wald auferbaut.

    Einigen Einfluß muß man auch frühzeitig verbreiteten christlichen Ideen
einräumen, namentlich in Bezug auf Ragnaröt, die Wiedergeburt der Welt, der
Asen und Menschen, in dem Hinweisen auf Allvater, in der Darstellung des
Reiches der Hel, der Lohn= und Strasörter. Man hat mit Unrecht diesen Ein=
fluß in Abrede gestellt und dagegen geltend gemacht, daß die Ahnung von dem
einigen Gott schon im Bewußtsein der Heiden gelegen habe, daß die Edda eine
Wasserhölle, der christliche Mythus eine Feuerhölle annehme, und daß endlich
eine Kenntnisnahme von dem christlichen Glauben bei den Skandinaviern un=
denkbar sei. Aber konnte denn nicht die unbestimmte Ahnung, das dunkle Gefühl
von etwas Göttlichem durch christlichen Einfluß erst bestimmte Form im Bewußt=
sein der Heiden erhalten haben? Und wenn die Germanen von christlichen Höllen=
strafen Kunde hatten, mußten sie nicht diese Hölle nach ihrer durch Örtlichkeit
und Klima bedingten Anschauung sich vorstellen? Wir haben schon weiter oben
ausgeführt, wie allerdings nicht blos die Germanen, sondern auch die Skandi=
navier schon frühe mit Christen in Berührung kamen. Es geschah dies aber
nicht blos auf den Wikingszügen im achten, neunten und zehnten Jahrhundert,
sondern viel früher. Sachsen, Angeln und Jüten, vielleicht auch Dänen und

Norweger, zogen im fünften Jahrhundert nach dem christlichen Britannien und eroberten dieses Land in hundertjährigem Kampfe. Sie wagten noch früher Raubzüge zur See an die Küsten von Gallien. Da gab es Berührungen in Menge, selbst mit christlichen Priestern, die den streit- und sangesfrohen Skalden gern Mitteilungen über ihren Glauben machten. Diese Samenkörner eines bessern Glaubens gewannen Gestalt und Leben in ihren Dichtungen, die jedoch immerhin die altgermanische oder auch nordische Färbung bewahrten und gewiß nicht in Siegeshymnen auf einen fremden Glauben umgewandelt wurden.

Wenn die besprochenen Mythen im Bewußtsein der Völker bei ihrer Einwanderung noch formlos lagen und ihre volle systematische Durchführung erst im Norden durch die Skaldenpoesie erlangten, so waren sie doch schon zur Zeit der Völkerwanderung und nachher, so lange das Heidentum herrschte, bei den deutschen Stämmen vorhanden, was bei den Verbindungen und Wechselbeziehungen zwischen den Skandinaviern und ihren germanischen Bruderstämmen leicht erklärlich ist. Wie man sich zu gemeinsamen Unternehmungen verband, wie man Waren austauschte, so fand auch ein Austausch der Ideen, der Mythen und Lieder statt. Ähnlich wie der schon oft citierte skandinavische Gelehrte Bugge hauptsächlich in Bezug auf den Baldermythus Einflüsse christlich-jüdischer Elemente erkannt hat, so vergleicht sein Landsmann Dr. Bang die Wöluspa mit den sibyllinischen Orakeln, ja er nennt sie gradezu eine Nachahmung derselben, die den Zweck haben sollte, christlich-jüdische Ideen unter den Heiden zu verbreiten. Diese Elemente sollen den nordischen Wikingern gleichfalls bei ihren Berührungen mit Iren und Kelten zugänglich gemacht worden sein. Besonders soll der Schluß vom sittlichen Verfall, dem Wüten der Elemente, Erscheinen von Untieren (Drachen), vom Weltbrand, der Erneuerung der Welt und dem seligen Leben der Frommen auffallend den sibyllinischen Orakeln gleichen. Ein Teil des Liedes jedoch mag auf echt germanischer Volksüberlieferung beruhen, namentlich der größte Teil der ersten Hälfte.

Wie tief der Mythus im Bewußtsein der Germanen Wurzel geschlagen hatte, wie sehr das Volk in den verschiedensten Gegenden daran festhielt und bis auf die Gegenwart noch Erinnerungen daran bewahrt hat, zeigen die späteren Nachklänge in Sagen und Märchen. Ruhmvolle Helden, Kaiser und Könige schlafen in Bergen, sie treten in der letzten Entscheidungsschlacht hervor und bringen ihrem Volke den Sieg, dem hierauf eine schöne Friedenszeit folgt. Wir haben davon früher geredet und namentlich des großen Hohenstaufen Friedrich Barbarossa erwähnt, der im Untersberg bei Salzburg, oder auf Trifels in der Pfalz, oder im Kyffhäuser schlafen soll. Ein anderes sehr altes Zeugnis finden wir in dem altbayrischen Gedicht „Muspilli", das in stabgereimten Strophen den jüngsten Tag beschreibt. Da es uns nicht vorliegt, so geben wir eine Stelle nach Simrocks Übersetzung aus dem Altdeutschen.

> „Das hörte ich sagen und singen die Weisen,
> Da solle mit dem Antichrist Elias streiten;
> Der Wolf ist gewaffnet, zum Streite zu gehen.
> Die Kämpfer sind so kraftvoll, der Kampfpreis so hoch.
> Elias streitet kühn um das ewige Leben,
> Er wird den Gerechten das Reich bestärken,

Darum wird ihm helfen, der Gewalt hat im Himmel.
Der Antichrist steht bei dem Altfeinde,
Steht bei Satanas, der ihn versenken soll;
Er wird auf der Walstatt verwundet fallen,
In derselben Weise des Siegs entraten.
Doch wird auch Elias im Kampf erliegen.
Wenn des Elias Blut in die Erde träufelt,
So entbrennen die Berge, und der Bäume keiner
Steht mehr im Boden fest, alle Wasser trocknen,
Das Meer versiegt, der Himmel schwelt in Lohe,
Mondlicht vergeht, die Flamm' umlodert Mittelgard,
Die Felsen fallen; also bricht ein der Antichrist ins Land
Mit der leuchtenden Lohe, die Laster heimzusuchen.
Da kann der Freund dem Freund nicht vor dem Muspel frommen."

Elias, der Prophet, von dem hier die Rede ist, wird als Gottes Streiter gegen den Antichrist und den Altfeind Satanas vorgestellt. Er erschlägt siegreich seinen Gegner, erliegt aber selbst seinen Wunden. Er ist an die Stelle Thors getreten, der nach seinem Siege über Jörmungander durch das Gift des Ungeheuers stirbt. Der Antichrist wird im Gedicht Warch, d. h. Wolf, genannt, was auch Gander bedeutet; er ist daher an die Stelle der Midgardschlange getreten. Surtur war entweder dem Dichter unbekannt, oder er ist absichtlich übergangen, und der Verfasser hat den wunderlichen Einfall gehabt, den Weltbrand von dem flammenden Blute des Propheten ausgehen zu lassen. Der vom Himmel fallende Mond, das in Flammen untergehende Mittelgard zeigen deutlich, daß dem Dichter wie dem Verfasser der Wöluspa ähnliche Bilder vorschwebten. Noch heute sprechen wir im Volksmunde von einem einstürzenden Himmel und vom Fallen der Gestirne. Da sich nicht annehmen läßt, daß jener die Schilderungen der Edda in Händen gehabt habe, so muß der Mythus, wie bemerkt, nicht nur im großen und ganzen, sondern auch in manchen einzelnen Zügen den nord= und südgermanischen Stämmen gemeinsam gewesen sein. — Freudig gingen die germanischen Krieger dem Schlachtentod entgegen und empfingen den Todeskuß der Walküren, um in ihren Armen zu Odins Hallen emporzusteigen und an den Göttermahlen teil zu nehmen. Freudig zogen auch die Asen in den Vernichtungskampf auf dem Wigridfelde; denn sie wußten, daß sie in der erneuerten Welt in ihren Söhnen auferstehen und fortleben würden. Aber sie lebten auch in den Helden fort, die, von ihrem Geiste durchdrungen, von der Dichtung nach ihrem Wesen geschaffen, auf Erden walteten. Und in ihnen werden sie fortleben, wo man in germanischen und nordischen Landen dem Harfenklang aus alter Zeit lauschen will.

Von diesen Helden wird unsere nächste Abteilung handeln.

Zweite Abteilung.

Nordische Heldensage.

So rauscht der Strom von Klängen
Aus seiner Harf' empor,
Gar wunderbar begeisternd
Für ein empfänglich Ohr.

Am Borne sitzen drei Zauberschwestern,
Verhüllt vom Schleier, die Nornen schweigend.
Es naht der Sänger, die Händ' erhoben
Empor zur Mutter der Zeiten, Urd.

„Kunde begehr' ich von Göttern und Helden,
Die einst gewaltet in Asgards Reichen,
Mit Mut und Macht rings die Völker lenkend,
Daß sich vollende, was werden soll."

Sie winkt, sie deutet heil'gen Flutquell,
Da blinkt Walvaters Pfad ihm leuchtend
Entgegen; er schöpfet und trinkt begierig,
Davon sein Auge wird licht und klar.

Und Odin sieht er vorüberschreiten
Aus fremder Ferne, den Asenkönig,
Und Thor und Freyer und mächt'ge Scharen,
Gerüstet alle mit Schild und Speer.

Sie bau'n in Asgard sich Höf' und Hallen,
Sie lehren die Völker der Künste viele,
Den Pflug zu führen und Recht zu sprechen
Und abzuwehren der Knechtschaft Schmach.

Der herrliche Herrscher verteilt die Länder
Den Söhnen dreien, daß treu sie walten,
Die Völker schirmend mit starkem Arme,
Und frei erhalten das edle Geschlecht.

Dann zieht er weiter, der Asenkönig,
Nordwärts, und wo er verweilt, ist Segen,
Gedeihn der Völker und reiche Fülle
Von Rinderherden und Ährengold.

Sigtuna gründet, die Ruhmesstätte,
Der Held, den alle mit göttlichen Ehren
Begrüßen, weihend Altär' und Tempel
Dem Segensspender, der Wohlthat übt.

Der herrliche Herrscher verteilt die Länder
Den Söhnen dreien, daß treu sie walten,
Schirmend die Völker mit starkem Arme,
Und frei erhalten das edle Geschlecht.

Stiöld, dem Starken, wird Danland eigen,
Swithiod dem milden Yngwi-Freyer;
Der kühne Säming, Noregs Gebieter,
Bezwingt der Thursen ruchlose Brut.

Heil dir, o König von Yngwis Stamme,
Brawalla-Sieger! Zum Harfenklange
Wird stets dich preisen das Lied der Skalden,
Odins Erzeugter, dich, Sigurd Hring!

Völkergebieter, ziehst einst du selig
Zur Götterhall' in Walkürenarmen,
So bringt dir Bragi den Becher entgegen
Und Odin grüßet den Heldensohn.

Ein Skalde erzählt die Heldensage.
Nach Professor W. Engelhard.

Erster Abschnitt.

Odin
und seine Nachfolger in den
Nordlanden.

Odin, Thor und Freyer.

Zum Klange der goldenen Saiten sang der
Skalde nach dem festlichen Mahle, welches Sigurd
Hring, der Sieger in der Völkerschlacht von
Brawalla, mit seinen Helden feierte, die neben=
stehenden Verse. Und alles Volk, jung und alt, lauschte dem Alten. Denn er
verkündete weiter die Stammsage der skandinavischen Germanen, wie sie auch
in dem Vorwort der jüngern Edda enthalten ist. Mit Ausschluß der von
Abschreibern beigemischten Mönchsgelehrsamkeit lassen wir sie dem Inhalte
nach hier folgen.

In Romaburg, das in Asien liegt, herrschte einst ein mächtiger König,
dessen Sohn Thor von gewaltiger Stärke war, und der in häufigen Kämpfen

1*

Riesen und Drachen erlegte. Von ihm stammte in zwölfter Linie der weitberühmte Wodan oder Odin ab. Derselbe war ebenso reich an Gütern und Habe, wie an Verstand und Weisheit. Seine Frau hieß Frigida, die man jetzt Frigg nennt, eine kluge und überaus gute Hausfrau. Es gelüstete ihn, weiter in die Länder der Menschen zu fahren; und wohin er kam, huldigten ihm die Völker und erwiesen ihm göttliche Ehren. Er gelangte endlich mit großem Gefolge nach Sachsland. Er hatte aber unter sich zwölf Häuptlinge, alle durch Verstand und tapfern Mut sehr angesehen. Er nahm in Sachsland weite Landstrecken in Besitz und gründete Heime und schön geschmückte Säle. Darauf verteilte er alles Besitztum unter drei von seinen Söhnen, also daß Wegdegg Ostsachsen, der andere Sohn Beldegg, jetzt Balder genannt, Westsachsen oder Westfalen, der dritte, Sigi, Frankenland erhielt. Von Sigi stammte Rerir (Berir) und von diesem Wölsung, der Stammvater des ruhmvollen Geschlechtes der Wölsungen. Nachdem Odin diese Reiche wohlgeordnet hatte, fuhr er weiter gen Norden, bis er kam nach Reitgotaland, das man nun Jütland nennt. Er gewann die Herrschaft daselbst und belehnte damit seinen Sohn Skiöld, von dem die Skiöldungen ihr Geschlecht ableiten. Indessen war der Ruf des großen Asenkönigs nach Swithiod gedrungen, und Gylphi, das Oberhaupt dieses Landes, lud ihn zu sich ein. Er kam auch bald mit großem Gefolge, ließ sich daselbst nieder und gründete die Stadt Sigtuna, ein Denkmal, eine Stätte seiner Siege und seines Ruhmes. Es gefiel ihm wohl in dem fruchtbaren Lande, wo alles Volk seine Herrschaft anerkannte und unter seinem Schutze in Freude und Frieden lebte. Als er die Grenzen befestigt und die Marken in gerechter Weise verteilt hatte, setzte er seinen Wehrgenossen oder Sohn Yngwi als Oberhaupt ein, von welchem der Ynglinger königliches Geschlecht seine Abkunft herleitete. Er selbst, von den Völkern hochverehrt, setzte seine Wanderung fort, bis er an das große Meer gelangte, das die ganze Erde wie eine Schlange umschließt. Es war das Land Noreg oder Norwegen, das er hier betrat. Er verbreitete in dem Lande viele Segnungen und setzte seinen Sohn Säming zum Herrscher ein. Die Asen aber, welche in seinem Gefolge gekommen waren, nahmen sich Frauen aus den edlen Geschlechtern der verschiedenen Länder, und ihre Nachkommen waren zahlreich und mächtig in Sachsland und in den nordischen Reichen.

Nach diesen und anderen Sagen war also ein durch tapfere Thaten wie durch Weisheit und Gerechtigkeit berühmter Häuptling mit Wehrgenossen, Söhnen und zahlreichem Gefolge aus weiter Ferne zuerst nach Sachsland gekommen und hatte sich daselbst eine neue Heimat gegründet. Er und die anderen Häuptlinge, die man Asen nannte, erlangten göttliche Ehre, ja sie verschmolzen im Andenken der Völker mit den alten Landesgöttern. Sie zogen unter Wodans oder Odins Führung weiter nach Skandinavien, wo sie gleichfalls ihre Herrschaft aufrichteten. Sie erschienen nicht immer als friedliche Ansiedler, sondern als Eroberer, indem sie sich mit den Waffen in der Hand Landbesitz erwarben, was namentlich in Schweden geschah. Denn Tacitus sagt, die Suionen seien das einzige germanische Volk, das nicht beständig Waffen führe. Der König habe bei ihnen alle Waffen in Verschluß; er verteile sie nur bei eintretendem Kriege zur Landesverteidigung unter die wehrhafte Mannschaft. Er beherrschte demnach unterjochtes Volk.

Auf erfochtene Siege der Asen läßt auch der Name der von Odin erbauten Stadt Sigtuna schließen. Die Fahrten Odins und seines Gefolges scheinen daher Eroberungszüge gewesen zu sein, ganz in ähnlicher Weise, wie die erfolgreichen Einfälle der Germanen in die Provinzen des römischen Reiches zur Zeit der Völkerwanderung und die späteren Raub= und Eroberungsfahrten der nordischen Wikinge. Den Sagen und Mythen liegen hier nach unserer Ansicht historische Ereignisse zu Grunde, die aber im Verlaufe der Zeit mit den Vorstellungen und Mythen der Einwanderer und mit denen der alten Bewohner ebenso verschmolzen, wie beide Nationalitäten allmählich in eine Einheit zusammenfielen.

Auf eine friedliche Uebereinkunft zwischen den verschiedenen Volksstämmen in Schweden läßt die Verehrung Odins, Thors und Freyers schließen, die daselbst als Schirmherren und Landesgötter betrachtet wurden. Sie hatten in Upsala einen berühmten Tempel, dessen wir schon früher erwähnt haben, und darin standen auch ihre mit reichem Schmuck versehenen Bildsäulen. Freyer aber war ein Wanengott, der als Geisel unter die Asen versetzt worden war. Daß er mit Odin und Thor die höchste Ehre teilte, spricht für unsere Vermutung. Es finden sich ferner bei Upsala drei Hügel oder Hünenbetten, die man als die Grabstätten jener drei Götter bezeichnet. Da die Asen nach den Vorstellungen des nordischen Altertums nicht unsterblich, sondern nach Art der griechischen Heroen der Verwundung durch Waffen und selbst dem Tode ausgesetzt waren, so konnten Mythen vorhanden sein, die von ihrem Sterben und ihren Gräbern handelten. Man wußte auch in Griechenland von der Ruhestätte des Herakles zu berichten und zweifelte nicht an seiner Gottheit und Hülfe in jeder Not.

Wie die Könige der Dorier in Hellas ihre Abkunft von Herakles ableiteten, so rühmten sich auch die Fürsten der Nord= und Südgermanen, daß Wodan ihr Stammvater sei. Wodan und seine Gattin Frealaf hatten nach den angelsächsischen Stammtafeln sieben Söhne, die Vorfahren der sieben Könige, die das eroberte Britannien unter sich teilten. Nach anderen Nachrichten waren es nur drei, nämlich Weldeg, Withleg und Veldeg, entsprechend den Söhnen des Asenkönigs, denen er Ostsachsen, Westfalen und Frankenland zuteilte. Doch galten auch Heingest und Horsa, Hrodmund und dessen Sohn Offa oder Uffa für seine Nachkommen. Wenn die Skiöldungen in Danland ihr Geschlecht von Skiöld, dem Sohne Odins, herleiteten, so zeigt schon der Name Skiöld, d. i. Schild, daß dieser Mythus mit der schönen Dichtung von Skeaph, der auf einem Schilde geschwommen kam, in Zusammenhang steht. Von Yngwi in Schweden und Säming in Norwegen haben wir berichtet, daß sie Oberhäupter in diesen Ländern und Stammväter fürstlicher Geschlechter waren.

Weiter heißt es im Vorwort der jüngern Edda: Odin setzte auch zwölf Statthalter ein, welche Recht sprechen und die Könige mit ihrem Rat unterstützen sollten, und das that er in den nordischen Landen, wie er es auch in Romaburg gethan hatte. Die Asen aber nahmen sich Frauen im Innern des Landes, und es wurden ihre Geschlechter zahlreich und sehr mächtig. Ihre Sprache war allein im Gebrauch in Noreg und Dänemark, in Schweden und Sachsland.

Wenn wir es nun im folgenden versuchen, einige der wichtigsten nordischen Stammsagen unseren Lesern mitzuteilen, so folgen wir hauptsächlich dem Geschichtswerk des Dänen Saxe Lange, gemeiniglich Saxo Grammaticus genannt, welcher in der zweiten Hälfte des zwölften Jahrhunderts lebte und auf Anregung des Erzbischofs Absalon von Lunden die Geschichte seines Landes in sechzehn Büchern verfaßte. Das Werk ist der damaligen Sitte der Gelehrten gemäß in lateinischer Sprache abgefaßt und steht in seiner Art unübertroffen da, was Frische der Farbe und Reichtum der Darstellung anbelangt. Als Quellen giebt Saxo selbst alte Runeninschriften auf Steindenkmälern, alte ungeschriebene Heldengeschichten und Lieder, isländische Nachrichten und Absalons Belehrungen an. Aus den Runensteinen, deren hohes Alter und heidnischer Charakter vielfach bezweifelt werden, hat der Verfasser wohl wenig entnommen. Desto reicher werden die Quellen mündlicher Ueberlieferung geflossen und schriftliche Aufzeichnungen namentlich auf Island vorhanden gewesen sein.

Merkwürdigerweise scheint er keinen seiner Zeitgenossen und Vorgänger, Wittekind, Beda u. a., benutzt zu haben, und, wie gesagt, seine Hauptquelle eben jene mündlichen Ueberlieferungen zu sein.

Wir wenden uns seinen Erzählungen zu.

Hügel bei Upsala, unter denen Odin, Thor und Freyer begraben sein sollen.

Landung der Flotte Skiölds. Von W. Heine.

Zweiter Abschnitt.

Odins Nachfolger in Dänemark.

Die Skiöldungen. König Gram.

Als Stammväter des dänischen Volkes, die in letzter Linie auf Odin zurückgehen, nennt Saro Grammaticus die Brüder Dan und Angul. Dan hat zwei Söhne: Humbel und Lother, von denen der letztere den ersteren aus der Herrschaft Dänemarks vertreibt. Von Angul sollen die Angeln abstammen, die später Britannien eroberten. Auf Lother folgte sein Sohn Skiöld, der Ahnherr des dänischen Königsgeschlechts der Skiöldungen. Dieser besaß schon in früher Jugend eine ungeheure Leibesstärke. Einst kam auf einer Jagd, der er als Zuschauer ohne Waffen beiwohnte, ein furchtbarer Bär auf ihn los. Unerschrocken band ihn der Knabe mit dem Gürtel und überlieferte ihn so den Jägern. Er herrschte über Reitgotaland (Jütland) und Danland, und auch die angrenzenden Gaue von Schweden und Norwegen waren ihm unterthan. Wie er mit tapferer

Faust freche Raubscharen schlug und mit Feuer und Schwert vertilgte, so waltete
er mild und gütig über seinen Völkern. Er schaffte die grausamen Gesetze und
Strafen ab und ersetzte sie durch gerechte und menschenwürdige Anordnungen,
so daß man sagte, Odin selbst sei in dem Nachkommen wieder erschienen. Man
erzählte sich auch, er sei auf einem Schild aus unbekannter Ferne auf dem
Meere herübergekommen, und sein Vater habe ihn zum Heile des Volkes ent=
sendet. Auhild, seine schöne und verständige Gattin, hatte er nach blutigem Zwei=
kampf mit einem Nebenbuhler gewonnen, und sie stand ihm mit Rat und That
treulich zur Seite. Sie gebar ihm einen Sohn, dem man den Namen Gram,
d. i. der Zornige, gab. Er war geistig und leiblich dem Vater ähnlich, aber
nicht gleich, sondern von Leidenschaft bewegt und daher oft auswärts in Kampf
und Fehde. Sein treuer Waffenbruder Bessi ("Bär") begleitete ihn auf allen
Zügen und beschirmte ihn im Kampfgetümmel mit Schild und Schwert. Des=
wegen überließ er ihm die schöne Tochter Hroars ("Ruhmeskämpfer") als
Gattin, obgleich er sie selbst geliebt hatte. Er warb dagegen durch Botschaft
um die Hand der durch Lieblichkeit und kühnen Mut berühmten Gro, einer
Tochter des Schwedenkönigs Sigtrygg ("der Sieggewohnte"), erhielt aber eine
schnöde Abfertigung und den Bescheid, sie sei bereits einem bessern Freier zu=
gesagt. Er machte sich sogleich auf, mit Heer und Flotte den Hohn zu rächen,
und da er erfuhr, sein Gegner sei nicht mit Stahl zu verwunden, sondern nur
mit Gold, so führte er statt des Schwertes eine mit Goldreifen verzierte Keule.
An der schwedischen Küste stieg er ans Land und bekleidete sich mit Ziegenfellen,
so daß er einem wilden Jötun glich. So wanderte er zum Schrecken der
Menschen, die ihm begegneten, durch Wald und Feld, um die Gegend zu er=
spähen. Zufällig kam auch die schöne Gro, d. h. Wachstum, des Weges daher.
Sie floh nicht vor der ungewöhnlichen Erscheinung, denn sie ward bald gewahr,
daß der scheinbare Unhold bei ihrem Anblick, von Bewunderung ergriffen, wie
bezaubert stehen blieb. Er sprach auch so menschlich, so anmutig, daß sie seine
Rede freundlich beantwortete. Nun warf er die Ziegenlarve ab und stand vor
ihr, an Gestalt und Wesen ein Held und ein König. Der Augenblick entschied,
die beiden schlossen den Bund treuer Liebe. Jetzt gab es für ihn kein Hindernis
mehr; er forderte ihre Hand von dem König, und als dieser mit großer Macht
gegen ihn ausrückte, brach er mit mörderischen Keulenschlägen seinen Kriegern
eine breite Gasse und erschlug im wilden Kampfgetümmel erst den Bräutigam,
einen häßlichen Jötun, dann den König selbst, den sein Zauber nicht schützte.
Er eroberte hierauf in einem Zuge ganz Schweden und setzte der Verlobten bei
der Vermählung die Königskrone auf das blondlockige Haupt.

Er ließ sodann die Flotte mit großer Pracht herrichten und alle Fahrzeuge
bemalen, so daß die züngelnden Drachenköpfe am Bugspriet schon von fern zu
sehen waren. Man nannte wegen dieses Zierrats die Kriegsschiffe Drachen, oder
auch wegen der unmerklichen Bewegung bei schwachem Luftzuge Schnecken. Für
sich und die Königin ließ er ein besonders großes und eigentümlich geformtes
Fahrzeug erbauen. Es hatte nämlich vollständig die Form eines Drachen: vorn
war das Drachenhaupt mit goldner Krone, silbernen Zähnen und blutroter
Zunge, das Steuerruder hinten stellte den Schlangenschweif vor, die Segel des

Untiers Flügel, die Ruder seine Füße. Als das alles wohlvollendet war, ließ er die Hafttaue lösen und steuerte mit günstigem Winde gen Hledra. Auf den Verdecken waren die erbeuteten Schätze und viele Kunstwerke aufgestellt, desgleichen die Mannschaft in bunten Waffenröcken und glänzender Rüstung. Vom Maste des Orlogschiffes leuchtete der Friedensschild, aus lauterem Silber gefertigt, und der König selbst mit der Gattin im reichen Goldschmuck saß auf einem Hochsitz, allen sichtbar, alles überschauend und die Fahrt lenkend. In diesem Aufzuge fuhr er in den Hafen der Hauptstadt ein. An der Küste stand der greise Skiöld mit seinen Waffenbrüdern und einer zahlreichen Volksmenge. Sie begrüßten den siegreichen Helden, dessen ruhmvolle Thaten die Skalden in allen nordischen Landen besangen. In der Königshalle aber teilte der Herrscher den Hochsitz mit ihm und seiner blühenden Gattin und verkündigte laut, als die Metbecher kreisten, daß er von dieser Zeit an gemeinsam mit ihm die Herrschaft über Danland führen werde. Jubelnd stimmten die Jarle und Edeln bei. Nur der mächtige Jarl Ringo verharrte schweigend, weil er dem jungen Könige Ruhm und Reich nicht gönnte. Er schlich sich aus der Versammlung fort und verbreitete erst unter seinen Vasallen, dann überall in Danland das Wort: „Der eine ist zu alt, der andere zu jung; einem bessern, einem erprobten Manne gebührt die Herrschaft.“ Wie oft aus schwachem Funken ein verheerender Brand entsteht, so wuchs der heimlich genährte Aufstand zu einer allgemeinen Empörung. Aber Gram erhob sich in seiner Kraft an der Spitze seiner Getreuen. Er erschien mit Blitzesschnelle bald da, bald dort, und mit ihm war der Sieg. In einem großen Treffen geschlagen, floh Ringo zu Swipdager, einem Sprößling Odins von Sämings Geschlecht, der in Norwegen die Herrschaft führte.

Wiederum kehrte Gram, reich an Ruhm und Beute, gen Hledra zurück, beschenkte die Krieger mit Geld und Gut und erließ dem Volke manches Jahr die Steuern. Indessen erfuhr auch er die Wahrheit des Ausspruchs:

> „Doch mit des Geschickes Mächten
> Ist kein ew'ger Bund zu flechten,
> Und das Unglück schreitet schnell.“

Zuerst ging sein würdiger Vater zu Odin, dann, als ihm Gro einen schönen Knaben geschenkt hatte, durchschnitt die neidische Norne ihren Lebensfaden, und als auch Bessi, sein treuer Waffenbruder, zu seinen Vätern versammelt war, stand er vereinsamt in der Fülle dessen, was man Erdenglück nennt.

Aus seiner Trauer riß ihn die Nachricht, daß der mächtige Swipdager, von Ringo gereizt, sich zu einem Einfalle in Danland rüste. Da sammelte er sein wohlerprobtes Kriegsvolk, um dem Feinde zu begegnen. Unter den Rüstungen kam einst ein alter Finne zu ihm und berichtete, wie Sumbel, d. i. der Dröhnende, der Beherrscher von Finnland, eine überaus schöne Tochter habe, die er aber in enger Haft halte, weil ihm die Weissagung geworden sei, ihre Verheiratung werde großes Unglück über ihn bringen. Der Greis zeigte ihm die Maid in einem Zauberspiegel, und der König ward von ihrer Lieblichkeit so ergriffen, daß er die verstorbene Gemahlin und den drohenden Krieg vergaß und mit der Flotte nach Finnland unter Segel ging. Der Finnenkönig war nicht in Bereitschaft, einem Angriffe zu begegnen; er lud den königlichen Helden in seine Halle ein und befahl seiner Tochter Signe, ihm den Metbecher zu füllen. Da sah er nun die Jungfrau von Angesicht zu Angesicht und fand sie noch lieblicher als in dem Zauberspiegel. Als sie aber ein Lied zur Harfe sang zum Preise des Helden, der mit Keulenschlägen den wilden Jötun erlegt und die Krone von Swithiod erkämpft hatte, da entbrannte er in so heftiger Liebe, daß er sogleich um ihre Hand anhielt. Sumbel wagte keine Weigerung; daher wurde die Verlobung gefeiert. Darauf ging Gram unter Segel, um den Streit mit den Normannen auszufechten. Schon stand er ihnen kampfbegierig gegenüber, da trat abermals der alte Finne mit dem Zauberspiegel vor ihn und ließ ihn hinein= blicken: er sah aber darin eine Erscheinung, welche ihn erst in Bestürzung, dann in die heftigste Wut versetzte. Es war die wohlbekannte finnische Königs= halle, die sich vor seinen Blicken enthüllte. Ein junger, fürstlicher Held im glänzenden Waffenschmucke stand darin; Sumbel aber führte seine vergeblich widerstrebende Tochter dem Fremdlinge zu und legte ihre Hand in die seinige. „Du siehst hier den berühmten Sachsenherzog Heinrich" sagte der Zauberer; „der treulose Finnenkönig verlobt ihm die edle Signe, und bald wird die Vermählung gefeiert werden." Gram zückte grimmig das Schwert, um Spiegel und Blendwerk zu zertrümmern; aber der Mann war mit seinem Geräte wie ein Nebel vor seinen Augen verschwunden. Er stürmte wie sinnlos hinaus an den Strand, bestieg ein bemanntes Schiff und steuerte ohne Rücksicht auf Heer und Flotte nach Finnland. Es war, als ob Wind und Wetter mit ihm im Bunde seien; das Schiff durchschnitt in stürmischer Eile die grauen Wogen und er= reichte bald das erstrebte Gestade. Der König warf über die glänzende Brünne ein ärmliches Gewand und wandelte, den Hut tief in die Stirn gedrückt, nach dem Saale, der von Jubel und Becherklang wiederhallte. Er gab sich für einen Heilkünstler aus, der wohlerfahren sei, alle nicht töblichen Wunden zu heilen und Blut und Schmerzen zu stillen. Das dünkte dem Könige gut, und er wies ihm einen Sitz unter den zechenden Dienern an.

Bier und Met flossen in Strömen; der Rausch umfing allmählich die Sinne der Gäste. Ein finnischer Sänger krächzte mit eintöniger Stimme alte Weisen, auf die niemand viel achtete. Da nahm ihm Gram das Saitenspiel aus der Hand und begann ein Lied von Mannesmut und Weibertreu, und wie er lauter die Harfe schlug und die Stimme erhob, blickte Signe, die an der Seite des Bräutigams saß, hinüber auf den Fremdling. Sie erkannte ihn, sie erhob sich — da stürzte der König, die Verhüllung abwerfend, unter die trunkenen Gäste, erschlug mit dem rasch gezückten Schwerte den Herzog und alle, welche ihm den Weg verlegen wollten, ergriff die Jungfrau, eilte mit ihr hinaus ins Freie und erreichte sein Fahrzeug. Auf dem Verdeck wurde dem meer= beherrschenden Niörder und den Necken und Meerminnen ein Opfer von weiß= vließigen Widdern gebracht, und wie das Blut in die Flut rann und die Altar= flamme die fetten Rippenstücke umloderte, flog das Schiff durch die Wellen, als ob es von unsichtbaren Händen getragen werde. Und die Necken lachten und die Nixen sangen Hochzeitslieder, und bald wurde die Vermählung auf der Burg zu Hledra gefeiert.

Gram unter den finnischen Zechern.

Der König schwamm in einem Meer von Wonne an der Seite der Königin, die durch Liebreiz und kluge Rede alle Herzen gewann und auch das Kriegsvolk mit Begeisterung erfüllte.

Die Gefahr des Krieges war jedoch vorüber; denn die Normannen hatten, ohne ein Treffen zu wagen, den Rückzug angetreten. Jahre vergingen unter Minnegekose und heiteren Spielen. Da kam Nachricht, Swipdager sei abermals mit großer Macht ins Feld gerückt und erwarte noch den Heerbann der Sachsen, der zu seiner Hülfe heranziehe. Die Gefahr weckte den König aus seinem Freuden= rausch; er erhob sich in alter Kraft, und seinem Rufe gehorchten die Krieger aus Danland und Swithiod, begierig nach Ruhm und Raub unter den Bannern des großen Herrschers. Freilich waren sie bei dem unthätigen Leben in Wollüsten und festlichen Gelagen minder geübt in Waffendienst und kriegerischer Zucht, aber an ihrer Spitze stand der Held, der ein Heer im Kampfe aufwog: daher bestieg die Heeresmacht getrosten Mutes die Flotte und ging unter Segel.

Die Scharen standen bald einander gegenüber; Enkel Odins, zum mörde= rischen Kampf entschlossen, waren hüben und drüben schlachtkundige Führer, Gram mit erlesenen Streitern im Vordertreffen, Swipdager bei der Nachhut, wo er gleichfalls die tapfersten Kämpfer um sich versammelt hatte. Letzterer erwartete noch den sächsischen Heerbann. Die Hörner klangen zum Angriff, als die Morgensonne blutrot durch den Nebel schien. Der Kriegsruf erhob sich, Pfeilgewölk, Wurfspeere schwirrten, Schwerter und Mordäxte schmetterten auf Schilde und Helme. Gram selbst mit seinen Kriegern durchbrach, wild heran= stürmend, die feindlichen Reihen. Entsetzen ging ihm voraus, Weheruf und Geröchel der Sterbenden folgte ihm nach. Die feindlichen Heerhaufen wichen, ihre Banner sanken; nur die Nachhut, unter Swipdagers Führung, stand uner= schüttert. Da erschienen am Horizont weiße Segel, sie flogen heran, erreichten das Land. Schön gerüstete Krieger stiegen aus, ordneten sich Schar bei Schar, rückten in fester Ordnung gegen die, welche den Sieg schon in den Händen hatten, aber zerstreut den Normannen nachjagten. Es waren die Sachsen, die ihrem ermordeten Herzog ein blutiges Totenopfer zu bringen gedachten. Wohl erkannte der Dänenheld die Gefahr der Niederlage; er stürmte aber vorwärts, auf Swipdager los, um durch den Tod des feindlichen Heerführers den Sieg wieder zu erringen, oder, wenn die Nornen also geboten, aus Blut und Wunden zu Odin zu gehen. Beide Könige kämpften ihres Ahnherrn würdig; die Schwerter rasselten unaufhörlich, das Blut der kühnen Kämpfer strömte aus klaffenden Wunden, die ganze Wucht des Streites ballte sich um sie allein, denn auf beiden Seiten suchten die Getreuen das Haupt ihres Königs zu schirmen. Ein tapferer Sachse drang von der Seite her durch die Menge. Er spaltete des Dänenkönigs Schild; dieser faßte das Schwert mit beiden Händen zum verzweifelten Streiche auf seinen königlichen Gegner, aber die hoch geschwungene Klinge haftete in einem überhängenden Eichenast, und ehe er sie frei machen konnte, traf ihn der tödliche Stoß von Swipdagers starker Hand.

Swipdager war Sieger, er hatte das ganze Dänenheer teils erschlagen, teils zersprengt. Ohne Festgelage zog er vom Schlachtfeld weiter zu neuen Erfolgen. Danland ward ihm zinspflichtig; er zog in Hlebra ein und ließ sogleich nach den beiden Söhnen des erschlagenen Königs spähen, daß sie nicht, wenn erwachsen, Vaterbuße von ihm forderten. Man fand sie nirgends; sie schienen von der Erde verschwunden; denn niemand hatte sie seit dem Tode Grams im Lande gesehen. Swipdager fuhr nun mit großer Heeresmacht nach Swithiod, um auch dieses Reich unter seine Füße zu legen, und es gelang ihm in kurzer Zeit, da kein ebenbürtiger Gegner an der Spitze der schwedischen Streiter wider ihn aufstand: er war jetzt ein König der Könige, und Sendboten kamen aus entfernten Reichen, um dem Herrn der nordischen Lande ihre Ehrfurcht zu bezeigen. Alles war ihm gelungen, nur nicht die Auffindung der Söhne Grams. Und doch wollte er sie nicht seiner Besorgnis oder seinem Ehrgeiz opfern, sondern ihnen Entschädigung für ihren Verlust gewähren. Denn er war von Natur mild und gütig, und nur der listige Ringo hatte ihn zu blutigen Thaten aufgereizt; nach dessen Tode gewann der lichte Geist der Versöhnung in seiner Seele wieder die Oberhand.

Hadding.

Guthorm und Hadding, die königlichen Knaben, waren indessen wohlgeborgen. Wagnoft, ein riesiger Kämpfer, hatte sich in der unglücklichen Schlacht durch Normannen und Sachsen eine blutige Bahn gebrochen, die Kinder aus den Armen der sterbenden Signe genommen und mit sich nach Schweden in unzugängliche Wildnis geführt. Er wollte sie lieber unter Bären und Wölfen aufziehen, als dem Mordstahle des Siegers Preis geben. Da wuchsen sie nun unter seiner Leitung kräftig auf, lernten Bogen spannen, Gere schleudern, Schwerter schwingen und das Wild des Waldes, den grimmigen Ur und den zottigen Bären, erlegen. Als sie älter wurden, machten sie oft weite Fahrten bis in bewohnte Thäler. Man vermutete ihre Abkunft, und der gütige König, davon benachrichtigt, suchte sie in der Wildnis auf und sprach das Wort der Versöhnung. Er redete von ihrem ärmlichen Leben und verhieß ihnen dagegen Fülle und Ueberfluß, ja selbst das väterliche Reich Danland, das sie als Lehen von ihm empfangen sollten, als die reichste Vaterbuße, die gefordert werden konnte. Der sanftere Guthorm trat freudig zu ihm über und legte die Hand in die des Königs: aber Hadding sprach kein Wort; vor ihm erhob sich das blutige Haupt des Vaters, und neben ihm stand finstern Blickes der riesige Wagnoft, wie der Geist der Blutrache, die keine Versöhnung kennt, die von Geschlecht zu Geschlecht fortwütet, bis das Grab Schuldige und Unschuldige umschließt. Das zahlreiche Gefolge des Königs machte sich bereit, zum Angriffe auf die beharrlichen Gegner vorzuschreiten; allein Swipdager, den ohnmächtigen Zorn der trotzigen Flüchtlinge verachtend, überließ sie ihrem dunkeln Geschick und kehrte in die Königsburg zurück, wohin ihm Guthorm folgte.

Hadding und Wagnoft hielten sich nicht mehr für sicher in ihrem Schlupfwinkel; sie zogen über Eisberge und durch einsame, von Schnee überlagerte Thäler, bis sie die Meeresküste erreichten. Daselbst wurden sie von vorübersegelnden Wikingen aufgenommen und machten sich bald unter mancherlei Abenteuern, unter beständigem Wechsel von Sieg und Niederlage, als kühne Kämpfer bemerklich. Die wilden Krieger, welche die königliche Abkunft Haddings erfuhren, wählten ihn zu ihrem Oberhaupt. Unter seiner Führung gewannen sie an allen Küsten Ruhm und Beute. In Kurland kämpften sie gegen Lokir, den König des Landes, in einer heißen Schlacht. Der Sprößling Odins stürmte in das dichteste Gedränge vorwärts auf das feindliche Oberhaupt. Hier begeg= neten ihm die tapferen Männer des königlichen Gefolges, die sofort mit Schwer= tern und Speeren ihn bedrängten. Seine Freunde waren fern, sein Schild und seine Brünne zerhauen, er schien dem Odin geweiht. Da nahte ihm ein ein= äugiger Greis, den weder Schwert noch Speer verwundete. Durch das Kampf= gewühl schritt er daher, alle Streiter überragend, wunderbar, gleich einem Gotte anzusehen, der die Schlacht beherrscht. Habding fühlte sich von seinem Mantel umhüllt, aufgehoben und mit der Schnelligkeit des Sturmwinds fortgeführt. Durch eine offene Falte des schützenden Mantels sah er unter sich das Meer und wußte nun, daß er in den Armen seines göttlichen Ahnherrn über Land und Meer auf Sleipnirs Rücken dahinfahre. An einsamer Küste fühlte er wieder festen Boden unter sich; aber wie der verhüllende Mantel von ihm ge= nommen wurde, war auch die ganze Erscheinung verschwunden. Als er hierauf in das innere Land vorzudringen wagte, geriet er dennoch in die Gewalt Lokirs, der ihn einem grimmigen Bären zum Fraße vorwerfen ließ. Er kannte aber von seiner frühesten Jugend her die Natur der Bestien und stellte sich starr und steif wie ein Leichnam. Das Untier, das nach seiner Gewohnheit nur Lebendiges verzehrte, wandte ihn mit den Tatzen hin und her; da sprang er plötzlich auf, warf mit nervigen Armen den Gegner zu Boden und erdrosselte ihn. Erstaunt über die Stärke des jungen Helden, ließ ihn der Häuptling in die Haft zurück= führen; allein er schläferte durch Rede und Lied die Wächter ein und entrann aus dem unterirdischen Verließ in den frischen, grünen Wald, wo ihn fröhlicher Vogelsang begrüßte und ihm Glück und Ruhm verhieß.

Nach langem Umherirren fand er seine Gefährten auf. An ihrer Spitze verheerte er das Land weit und breit, nahm durch raschen Überfall Rache an Lokir, eroberte mit List die feste Stadt Düna, indem er eingefangenen Vögeln brennende Schwämme unter die Fittiche heftete und sie zu ihren Nestern zurück= fliegen ließ. Er zwang deren Beherrscher, sich mit Gold zu lösen, das an Gewicht dem seines Leibes gleich war. Der feiste Herr wog aber volle drei Centner und mußte alles Gold, das im ganzen Lande zu finden war, seinem Überwinder ausliefern.

Mit großer Freigebigkeit beschenkte nun Habding seine Gefährten. Er warb dann mehr und immer mehr kühne Abenteurer, die für reichen Sold ihre Haut zu Markte trugen. Mit ansehnlicher Macht setzte er hierauf nach Schweden über, um gegen Swipdager ins Feld zu rücken und Blutrache zu üben, wie er einst als unmündiger Knabe gelobt hatte. Denn vor seiner Seele stand im Wachen und in nächtlichen Träumen der Geist seines Vaters, der ihn an seine heilige Kindespflicht mahnte. Der große König der nordischen Lande machte sich sogleich mit der vorhandenen Mannschaft auf, den dreisten Abenteurer zu züchtigen; er fand ihn aber von einem überlegenen Heerhaufen umgeben. Er wollte Verstärkung an sich ziehen, ehe er die Entscheidung auf die Spitze des Schwertes setzte; er schlug sein Lager in unwegsamen Bergen auf; allein

Hadding erstieg mit seinen verzweifelten Wikingen den Ringwall im stürmischen Angriff. Unter dem Zischen der Geschosse und dem Klirren der Schwerter suchte er nur den Überwinder seines ruhmvollen Vaters. Er achtete nicht der schmerzenden Wunden, noch des ringsum drohenden Todes; Rache war der einzige Wunsch seines Herzens, Rache sein Feldgeschrei. Endlich sah er den Todfeind, wie er seine weichenden Scharen sammelte, von neuem in den Streit führte, Befehle erteilte, mit Schild und Schwert selbst vorankämpfte. Der Bluträcher drängte sich durch die Menge — jetzt stand er vor dem großen Könige, und mit dem Ausrufe: „Grams Sohn sendet dich zu Hel!" spaltete er ihm Helm und Haupt.

Die Schlacht war geschlagen, die Blutrache vollbracht, das Heer der Normannen völlig zerstreut oder im Tode mit dem Könige vereinigt. Danland und Swithiod fielen dem Sieger zu; nur in Norwegen behauptete sich Asmund, Swipdagers Sohn. Ein solcher Wechsel war in jener Zeit sehr häufig, denn die Völker litten dadurch keineswegs; sie waren und blieben frei und in allen ihren Gerechtsamen. Die Könige erlangten bei dem Wechsel nur die Güter ihrer Vorgänger, das oberste Richter- und Feldherrnamt, letzteres lediglich zur Landesverteidigung. Zu ihren auswärtigen Unternehmungen verwendeten sie ihre Gefolgschaften und Söldner, die sie von dem reichen Ertrage ihrer Güter bezahlten.

Auf Haddings Haupt ruhte Blutschuld; die sollte er büßen, so schwur Asmund, der jugendliche Sohn des erschlagenen Königs, und er verpfändete all sein Besitztum, um ein mächtiges Heer zu werben, womit er sein Gelübde zu lösen gedachte. Gundhild, seine blühende Gattin, teilte wie seine Liebe so auch seine Gefühle, da ihr Swipdager ein zweiter Vater gewesen war. Sie zog mit dem Gemahl ins Feld bis in die Nähe von Upsala, wo Hadding ihm entgegen kam. Letzterer hätte gern den Sohn des gefallenen Königs geschont: allein er kam selbst ins Gedränge, seine tapfersten Helden lagen niedergestreckt um ihn her, seine Rüstung war zerhauen; atemlos, erschöpft suchte er noch mit letzter Kraft das Verhängnis von sich abzuwehren. Jetzt stürzte der kühne Asmund auf ihn zu, rachedurstig, jauchzend, siegesfreudig; da stand plötzlich, wie aus dem Boden hervorgestiegen, ein riesiger Kämpfer zwischen dem Sohne Grams und dem Rächer: es war Wagnoft, der einst den Knaben Hadding dem Verderben entzogen hatte. Mit einem furchtbaren Streich fällte Hadding den anstürmenden Asmund und führte dann die Krieger zum Sieg.

Hadding ließ die Leichen der Gefallenen auf zwei mächtigen Holzstößen feierlich verbrennen und die Asche der Feinde und Freunde ehrenvoll bestatten: den Leib Asmunds dagegen befahl er unverbrannt mit königlichem Schmuck im Hügel beizusetzen. Ehe das Grab geschlossen und die Erde darüber gehäuft wurde, erschien ein Weib, tief verschleiert, an der Grube. Sie klagte nicht, sie sprach kein Wort; nur ihre Thränen rannen auf den Sarg. Man erkannte Gundhild, die junge Witwe des erschlagenen Königs, die schön und edel, einer Göttin vergleichbar, am Grabe weilte. Sie blickte hinunter in die Tiefe und wieder zum blauen, heitern Himmel empor, als wollte sie sagen: „Aus der Tiefe zur Höhe, aus Nacht zum Licht." Darauf zückte sie jählings einen Dolch und durchbohrte ihr liebendes Herz, um auf ewig mit dem Geliebten vereinigt zu sein. Dazu gab Hadding Befehl, und ein mächtiger Hügel erhob sich über den edlen Toten, ein Denkmal der Liebe und Treue.

Der siegreiche Herrscher zog nach Danland zurück, denn das Volk in Swithiod war ihm ungeachtet seiner Erfolge nicht zugethan, und in Norwegen behauptete Uffo, ein Bruder Asmunds, die Herrschaft und rüstete sich zum Kriege; denn des Vaters und des Bruders Blut forderten zur zwiefachen Rache auf. Das erste Jahr verstrich unter gegenseitigen verheerenden Einfällen. Dann riefen die Schweden den König der Normannen in ihr Land und erkannten ihn als ihr Oberhaupt an. Erbittert über diesen Abfall, brach Hadding mit großer Macht in Swithiod ein. Er verheerte die fruchtbaren Gelände überall, da der Gegner jedes ernstliche Zusammentreffen zu vermeiden suchte. Er that dies fünf Jahre lang, da er aber im fünften Jahre die Flotte zu einem Unternehmen nach dem Öresund entsendete, ward ihm selbst die Verwüstung verderblich. Seine Krieger litten den empfindlichsten Mangel; die Pferde, selbst die Hunde wurden geschlachtet und aufgezehrt, Wurzeln, Waldschwämme und Baumrinde waren zuletzt die einzigen Nahrungsmittel, womit die Krieger den nagenden Hunger zu stillen suchten. Viele erkrankten, andere zerstreuten sich, und in dieser Lage mußte der König dem Feinde begegnen, der zur Racheschlacht anrückte. Wohl kämpfte Hadding mit Löwenmut, allein alle Tapferkeit war verloren, kaum entrann er als aufgegebener Flüchtling dem Blutbade. Er entkam mit wenigen Begleitern in sein väterliches Reich. Daselbst war zwar seine Schatzkammer von treulosen Verwaltern beraubt worden, allein die Danlandsmänner scharten sich um ihren König, so daß die Feinde keinen Einfall wagten.

Er verharrte, mit Bewirtschaftung seiner Ländereien beschäftigt, in der Heimat, endlich aber ertrug er die träge Ruhe nicht mehr. Er unternahm daher häufige Wikingszüge und gelangte einst zu Hakin, dem Jarl der Niderer in Noreg, der seine blühende Tochter Regenhild einem scheußlichen Thursen vermählen wollte. Vergebens sträubte sich die Jungfrau; schon waren die Hochzeitgäste versammelt, schon kreisten die Becher, da erschien Hadding mit seinem Gefolge als ungebetener Gast und weihete nicht die Braut mit Thors Hammer, sondern den Bräutigam mit einem Keulenschlag, der seinem Gelüste ein Ende machte. Er bat nun, auf die Schwerter seiner Wikinge deutend, ganz geziemend um die Hand der schönen Regenhild, und der Jarl wagte nicht nein zu sagen. Nach der Hochzeitfeier zog der streitbare Held gen Hledra. An der Seite der holden und liebevollen Gattin verbrachte er mehrere Jahre und wäre vielleicht niemals von ihr gewichen, wenn ihn nicht feindliche Unternehmungen zu den Waffen gerufen hätten.

Den Lechzenden labt ein Horn voll schäumenden Mets, den Durst des Rächers stillt nur ein Becher, gefüllt mit dem Herzblute dessen, der ihn geschädigt hat. Von solchem Durst ward Uffo Tag und Nacht gepeinigt. Obgleich er einen Teil von Swithiod behauptete und dem Todfeinde vielfach Schaden zufügte, war er doch nicht mächtig genug, ihn in seinem Erbreich anzugreifen. Er ließ ihm endlich Versöhnung anbieten und lud ihn zu einer Unterredung nach Upsala, damit die Buße für seinen Vater und Bruder festgesetzt werde.

Hadding, der langen Unruhe müde, ging willig auf den Vorschlag ein und er=
schien mit einem Gefolge von bewährten Kämpfern, die gewohnt waren, den
wilden Meereswogen wie den feindlichen Schwertern Trotz zu bieten. Swithiod
sollte zwischen beiden Herrschern geteilt werden und das Vergangene vergeben
und vergessen sein, so lautete der Vertrag. Ein festliches Gelage in der nahen
Königshalle war bestellt, um allen Groll mit schäumendem Trunk hinunter zu
spülen. Nach dem Feste schritten die Männer von Haddings Gefolgschaft un=
besorgt einzeln durch die enge Pforte. Allein der listige Uffo hatte außerhalb
eine künstliche Vorrichtung angebracht, wodurch jedem, der hinaustrat, der Kopf
mittels eines haarscharfen Schwertes vom Rumpfe getrennt wurde. Indessen
der letzte von den Kämpfern war schlecht getroffen und stieß noch einen kläg=
lichen Schrei aus. Nun merkte der König den Verrat; er kehrte sich mit ge=
zücktem Schwert wider Uffo, der ihn bisher mit gleisnerischer Rede aufgehalten
hatte; derselbe war jedoch spurlos verschwunden. Wie er nun nach dem Ver=
räter umherspähte, bemerkte er in der Mauer eine kleine Spalte, die eine ver=
borgene eiserne Thür wahrnehmen ließ. Er erbrach sie mit Riesenkraft, trat
in einen dunkeln Gang und gelangte ins Freie. Wohl hörte er hinter sich die
nachsetzenden Verfolger; doch breitete ein wohlwollender Gott dichten Nebel um
ihn aus, und er entkam glücklich allen Nachstellungen.

In seinen Erwartungen getäuscht, bot Uffo alle seine Lehnsleute auf und
warb so viele Söldner, als aufzubringen waren, um den Krieg mit Erfolg
fortzuführen. Da er jedoch noch immer seiner Macht nicht traute, so setzte er
einen Preis auf Haddings Kopf, und der Preis war die Hand seiner Tochter
und seine eigene Königskrone. Wohl warf mancher Jarl und mancher fürst=
liche Kämpfer lüsterne Blicke auf den köstlichen Preis; aber wenn hier die
blühende Jungfrau und die blitzende Krone winkte, so schreckte dort die Gefahr
des eigenen Kopfes im Kampfe mit dem furchtbaren Hadding.

Nur Thuning, Oberhaupt der Biarmier, wollte das gewagte Spiel ver=
suchen, denn er liebte schon lange das schöne Königskind. Er zog heran mit
zahllosen Völkern, wilden, mißgestalteten Menschen, die weithin bis an die eis=
umstarrten Küsten des Weißen Meeres wohnten und weder Sitte noch Recht
kannten, weder Götter noch Menschen ehrten. Scharfe Gere zum Stoß und
zum Wurf waren ihre Waffen, rohes Fleisch ihre Nahrung, Blut und Thran
ihr Trank. Diese Horden führte Thuning dem Könige zu, der sie hierauf mit
seinen Normannen vereinigte und alsdann mit der Gesamtmacht gegen Danland
vorrückte.

Hadding war zwar in Sorge wegen der großen Überzahl der Feinde; aber
er wollte doch nicht die Verwüstung der Barbaren in seinem Reiche zulassen,
sondern, wenn möglich, sie durch eine Schlacht auf feindlichem Boden verhüten.
Er segelte daher mit Heer und Flotte längs der norwegischen Küste. Da er=
blickte er auf einer Oje (Aue oder Eiland) einen alten Mann mit einem tief in
die Stirn gedrückten Breithut und einem weit herabwallenden blauen Mantel.
Derselbe winkte, man solle ihn aufnehmen. Die Kämpfer rieten, den alten
Bettler nicht zu beachten; aber Hadding befahl beizulegen, und da der Steuer=
mann Widerspruch wagte, stieß er ihn über Bord, ergriff selbst die Ruderpinne

und steuerte landwärts. Bald stand der Fremdling auf dem Verdeck und man bemerkte, daß er nur ein Auge hatte; aber dieses Auge flammte wie Sonnen= licht. Überhaupt erschien er jetzt in veränderter Gestalt, hoch, gewaltig, Ehr= furcht gebietend. „Es ist Odin", murmelte unter einander das Schiffsvolk, das jetzt willig seinem gebieterischen Worte gehorchte. Fahrwind erhob sich und trieb die Schiffe im Fluge vorwärts, ohne daß die Ordnung gestört wurde. Bald fuhr die Flotte wohlbehalten in einen sichern Hafen ein und setzte das Heer ans Land. Schon rückten die Normannen und Biarmier in unabsehbaren Reihen zum Angriff heran. Der einäugige Greis gab von einer Anhöhe herab seine Befehle, wie die Krieger Stellung nehmen sollten, nämlich voran zwei der tapfersten Männer, dann vier, hierauf acht und so weiter, die Eberstellung (Swinfylking), die damals ganz unbekannt war. Er selbst hielt, nachdem er die Bogenschützen und Schleuderer auf die Flügel gestellt hatte, auf einer Höhe bei der Nachhut. Das Treffen begann, wie gewöhnlich, unter Hörnerklang und Feldgeschrei. Der Eberrüssel drang unwiderstehlich in die feindlichen Reihen ein, während die Geschosse, über die Köpfe der eigenen Krieger versendet, Schrecken und Tod unter den Feinden verbreiteten. Der geheimnisvolle Greis schoß mit einem ungeheuren Bogen stets zehn Pfeile zugleich ab, die niemals ihr Ziel verfehlten. Die Biarmier aber murmelten, als sie die Niederlage er= kannten, furchtbare Zaubersprüche. Da zog Gewölk herauf, schwarz wie die Nacht und anzusehen wie Schlangen und geflügelte Drachen. Es verbreitete dichten Nebel um das Nordlandsheer, daß die Dänen ihre Gegner nicht mehr erkannten und in der Verwirrung ihre Waffen wider einander kehrten. Da= gegen erhob der Einäugige seine Stimme, die wie der rollende Donner schallte. Sogleich stieg auf der andern Seite eine Wolke in Adlergestalt auf, die, vom Sturmwind beflügelt, heranzog, den Nebel verscheuchte und Hagel und Schloßen den Biarmiern ins Angesicht trieb. Hadding erkannte des Ahnherrn mächtige Hülfe. Er stürmte unter die feindlichen Haufen und erschlug im Gedränge den verräterischen Usso, dann, als die Biarmier sich zur Flucht wandten, auch den heiratslustigen Thuning.

Mit Odins Hülfe hatte der Dänenkönig gesiegt, und der Bluträcher, der so lange auf sein Verderben gesonnen, lag selbst auf der Walstatt. Doch war noch ein Mann übrig, der das mißlungene Werk aufnehmen konnte, es war der jüngste Sohn oder vielleicht ein Enkel Swipdagers, nämlich Hunding. Da Hadding jedoch durch Späher erfuhr, daß derselbe keine Anstalten zum er= neuerten Rachekrieg machte und sogar wegen seiner friedlichen Gesinnung von den Normannen gering geachtet wurde, so ließ er ihn zu einer Unterredung nach Upsala in den heiligen Tempel entbieten, wo die Bilder der drei höchsten Götter Odin, Thor und Freyer aufgestellt waren. Hier standen die Männer einander gegenüber, deren Geschlechter so lange in blutigem Hader gelebt hatten. Der eine war friedlicher Natur, der andere durch die endlose Kriegsnot kampfesmüde und der Ruhe bedürftig. Daher kam bald eine aufrichtige Ver= söhnung zustande. Hadding bot als Vater= und Bruderbuße dem Häuptling das Reich von Upsala, und dieser schlug freudig in die dargebotene Rechte ein, veranstaltete ein großes Opfer den drei göttlichen Schirmherren und darauf ein

festliches Gelage zur Feier der Versöhnung. Als aber der Bragibecher ge=
bracht wurde, erhielt Hadding Botschaft, seine geliebte Gattin Regenhild sei
tödlich erkrankt. Da rastete er nicht länger, sondern eilte fort nach Hledra; aber
er traf die Königin schon sterbend. Sie flüsterte ihm noch die Worte zu: „Ich
will dich als Walküre umschweben, vor Gefahren warnen und beschützen", dann
verschied sie. Ihre Asche wurde in einem mächtigen Hügel beigesetzt.

Hadding fühlte sich jetzt recht einsam auf dem stolzen Hochsitz unter den
jungen Kämpfern, die ihn umgaben; denn seine alten Waffengefährten waren alle
eingegangen in die grüne Heimat der Götter. Abwesend auf Wikingszügen war
sein Sohn Frodi; seine Tochter Ulfhild, an den reichen Freibauer Guthorm
verheiratet, fragte nicht nach dem Vater, der auch bei seinen beständigen Kriegs=
fahrten nicht viel um sie Sorge getragen hatte. Einst ruhte er schlaflos auf
seinem Lager, da hörte er Harfenklänge und leisen, lieblichen Gesang. Das war
die Stimme der verstorbenen Gattin, und wie er sich aufrichtete, sah er sie vor
sich stehen, aber größer, verklärt, vom Mondlicht beleuchtet. Er wollte sie, wie
sonst, mit den Armen umfangen; allein sie winkte ihn zurück und sang ver=
nehmlich die Worte:

> „Ein Sproß dir erwuchs im heimischen Hause,
> Ein Wolf, der mit zackigem Zahne
> Die drohenden Drachen zerreißen wird,
> Die das heilige Heim dir bedrängen.
>
> Ein Sproß dir erwuchs im heimischen Hause,
> Ein schwarzer Schwan, der, mit listigem Liede
> Den Vater betrügend, zu trinken begehrt
> Sein Herzblut und nach ihm zu herrschen."

Nach diesen Worten schwand die Erscheinung wie ein Nebelgebilde, all=
mählich blasser werdend, vor seinen Blicken dahin, und nur leise Saitenklänge
verrieten ihm noch, daß er nicht geträumt habe. Es blieb ihm aber kein Zweifel,
die Gattin war ihm, wie sie verheißen, als Walküre erschienen, um ihn vor der
Arglist der eigenen Tochter zu warnen. Er konnte jedoch nicht lange über das
Ereignis nachdenken, denn in Jütland hatte ein kühner Wiking mit Namen
Tosto die Fahne des Aufruhrs erhoben. Auf die Nachricht von diesen Vor=
gängen schnallte der alte Held noch einmal die Brünne um und drückte den
Helm auf das graue Haupt. Wie ein Wetterstrahl brach er unter die Empörer.
Tosto, der gleichfalls in den Vorderreihen kämpfte, fiel nach tapferm Wider=
stande unter seinem furchtbaren Schwerte, und sein Anhang zerstreute sich.
Nach Herstellung der Ruhe kehrte Hadding zurück. Er fand in der Burg
Boten von seiner Tochter Ulfhild, welche ihn einluden, das Siegesfest bei ihr
zu feiern, da sie für diesen Zweck ein reiches Gastmahl hergerichtet habe. Er
nahm zwar die Einladung an, aber, eingedenk der prophetischen Warnung,
schnallte er unter dem Gewand eine starke Brünne um und hieß seine Begleiter
das Gleiche thun.

In stattlicher Haltung, die Helme mit Reiherfedern geschmückt, zogen
die Helden nach dem Hofe Guthorms. Bald saßen sie an den mit leckeren
Speisen besetzten Tischen, und hinter jedem Gaste stand ein Diener und sorgte

für die Bewirtung. Die Hörner wurden fleißig geleert. Als man zum Bragibecher griff, erhob sich Ulfhild und rief: „Heil dem großen Könige! Möge er bald zu den Einheriern eingehen." Anstatt zu trinken, goß sie den Trank über den Tisch aus. Dies war das verabredete Zeichen; die Mundschenken zückten Dolche auf die ihnen anbefohlenen Gäste. Indessen die Stöße drangen nicht durch, die Kämpfer zogen ihre Schwerter und lohnten den Knechten mit wuchtigen Streichen. Da drangen aber andere Mordgesellen in den Saal und der Kampf entbrannte immer heftiger. Der König war in äußerster Bedrängnis; einige seiner Helden standen treulich an seiner Seite, andere, aus vielen Wunden blutend, schlugen sich durch, erreichten ihre Rosse und jagten fort. Sie berichteten, wohin sie kamen, der große König sei durch die Arglist seiner unnatürlichen Tochter unter den Dolchen gedungener Mörder gefallen.

Der friedfertige Hunding hatte indessen frohe Tage verlebt und auch manches heilsame Werk gestiftet. Er ließ namentlich die Götterbilder im Tempel von Upsala von geschickten Künstlern mit reichem Goldschmuck verzieren. Ferner baute er das verfallene Heiligtum von Sigtuna, das Odin einst gegründet, wieder auf.

In seiner Behaglichkeit wurde Hunding durch die Nachricht vom gewalt= samen Tode seines Freundes Hadding gestört. Er weihete ihm aufrichtige Thränen und ließ im Lande eine allgemeine Trauer ansagen, suchte sich aber selbst in anderer Weise zu trösten. Er befahl nämlich, ein großes Gastmahl zu Ehren seines Freundes herzurichten, und lud dazu alle Häuptlinge des Reiches ein.

Bei fetten Lendenstücken, süßem Gebäck und dem vollen Metbecher ge= wann der gute Herr allmählich seine volle Heiterkeit wieder. Er sang und jubelte mit den Gästen um die Wette. Da ging die Pforte auf und hereintrat er selbst, der im Freudenrausche fast vergessene König Hadding. Waren die Thränen Hundings aufrichtig gewesen, so war es jetzt seine Freude, als er er= fuhr, wie sich der Held eine blutige Gasse durch die Meuchelmörder gebahnt habe. Er hing wie ein Kind an seinem Halse und hätte jetzt sein Leben für ihn gelassen. Indessen er sollte es in einer Weise verlieren, die für ihn ange= messener war. Als er nämlich um Mitternacht von dem Gelage nach seinem Ruhebette taumelte, kam er der Lücke im Boden der Halle zu nahe, durch welche man aus dem unten befindlichen, sieben Ellen tiefen Fasse das Getränk für die Gäste schöpfte; er fiel hinunter und ertrank im süßen Met.

Hadding kehrte traurig nach Hledra zurück; es schien ihm, als sei nun das letzte Band zerrissen, das ihn noch an das Leben fesselte. Er sah oft im nächt= lichen Traume die geliebte Gattin in Walkürengestalt; sie winkte ihm zu folgen; er fühlte ihre liebe Hand, ihren Kuß, der ihn zu Odin berief. Solche Träume, solche Sinnestäuschungen sind aber gar süß und lieblich, so daß man sich gern hineinversenkt, und vielleicht erlebt sie jeder tief fühlende Mensch, der sich ver= einsamt sieht, weil ein teures Wesen von seiner Seite gerissen worden ist. Wie nun der König oft im Grauen der Schlacht furchtlos dem Tode ins Angesicht geblickt hatte, so that er es jetzt als Greis, da die geliebte Walküre ihn zu den Mahlen der Seligen einlud. Er weihte sich Odin durch Strick und Speer= wunde, nachdem er sein Reich geordnet und es dem heimgekehrten Sohne Frodi übergeben hatte. Die Sage berichtet noch andere Abenteuer von dem großen Könige, die hier nicht alle angeführt werden konnten. Namentlich erzählt sie, wie er bei der Vermählung mit Regenhild von einem geheimnisvollen Weibe in die Unterwelt geführt wurde, und wie er, gleich dem griechischen Herakles oder Odysseus, die Schauer des Todes bezwang. Es ist dies vielleicht eine Erinnerung an Hermoders Helritt. Andererseits erinnert die Erzählung an des trojanischen Helden Äneas Besuch der Unterwelt.

Zur Zeit des Königs Frodi herrschte nach der Sage ein allgemeiner Friede in allen Ländern, weshalb man, freilich ohne weitern Grund, annahm, er habe gleichzeitig mit dem Kaiser Augustus gelebt. Indessen ist er doch nur ein mythischer König, vielleicht nur eine Vermenschlichung des himmlischen Freyer. Als er nach dem verderblichen Golde begierig ward, nahm der Friede, die Zeit der Unschuld, ein Ende. Seine Nachkommen, alle aus dem Geschlechte der Skiöldungen, waren kriegerische, gewaltige Herrscher und ließen ihre Nachbarn die Schärfe der dänischen Schwerter fühlen. Ihre Kämpfe mit Gotländern, Schweden und Norwegern, ihre Abenteuer in Irland, im Lande der Finnen und Biarmier sind zwar Sagen, aber es liegen ihnen doch kriegerische Unter= nehmungen zu Grunde, welche den unruhigen, kühn vorstrebenden Geist der Dänen und ihrer Herrscher beurkunden. Es scheint unleugbar, daß sie in der mythischen Zeit den ersten Rang unter den nordischen Völkern einnahmen. Man weiß, daß sie auch in geschichtlicher Zeit, namentlich unter Swen und Kanut dem Großen, nicht bloß über die nordischen Reiche, sondern auch über England herrschten, früher aber und auch später von angelsächsischen Königen nach heftigen Kämpfen bezwungen wurden.

In Freyers Tempel bei Upsala.
Von J. W. Heine.

Dritter Abschnitt.

Nachfolger Odins in Schweden.

Ynglinger.

Der große Asenkönig hatte die Herrschaft in dem Lande Swithiod dem Yngwi-Freyer übergeben, der sein Sohn, oder nach anderen Nachrichten sein treuer Wehrgenosse war. Dieser Yngwi, vielleicht identisch mit Inguio, dem Sohne des Mannus, und Stammvater der Ingävouen, erbaute nach der Sage Upsala und den großen Göttertempel daselbst. Unter seinem Schutze blühte Schweden in seltenem Wohlstande. Er ist aber wohl der segnende Gott Freyer selbst, den man sich als den ältesten König des Landes dachte.

Das Volk liebte ihn so sehr, daß es nach seinem Tode die Leiche nicht verbrannte, sondern in einem mächtigen Hügel beisetzte. Man fügte auch seine Schätze an Gold, Silber und Erz hinzu, die man durch drei verschiedene

Öffnungen hinunterließ. Seine Nachkommen, die Ynglinger, herrschten im
eigentlichen Schweden, in Ost= und Westgotland, wurden aber oft von den
mächtigen Königen von Danland vertrieben oder zinspflichtig gemacht. Nach
dem Tode des guten und friedlichen Hunding, den Hadding eingesetzt hatte,
überkam Fiölnir aus Yngwis Geschlecht die Herrschaft in Upsala. Auch er ist
derselbe Gott in Menschengestalt und führt Reichtum, Überfluß und Frieden
herbei. Mit ihm stand, wie bemerkt, Frodi, der Sohn und Erbe Haddings, in
Gastfreundschaft; als er aber denselben einstmals besuchte, hatte er das Schicksal
seines Vorgängers Hunding: er ertrank nach dem Festgelage in einem Met=
fasse. Von dem Könige Frodi sind verschiedene Mythen vorhanden. Nach
einigen Dichtungen war er ein kühner Kriegsheld und erlebte Abenteuer wie
sein Vater; nach anderen führte er eine goldene Zeit herbei, jene Zeit, „nach
der sich jedes Herz vergeblich sehnt.“ Als aber der Durst nach Gold in ihm
erwachte und als er die Riesenmägde Fenja und Menja auf der Grottenmühle
mehr und immer mehr Gold mahlen ließ, fand er seinen Untergang, und mit
ihm ging der Friede und die Zeit der Unschuld zu Grunde, wie wir in der
Göttersage berichtet haben.

Ein Enkel Fiölnirs war der große Kriegsheld Wanland, der weitum
durch viele Länder fuhr und in Finnland durch tapfere Thaten die Hand der
Königstochter Driswa gewann. Er kehrte nach Jahresfrist in die Heimat zurück
und vergaß die Gattin. Diese ließ durch die Zauberin Huld einen Geist zu
ihm senden, der ihm die Kehle zuschnürte. Wisbur, sein und Driswas Sohn,
hatte ein ähnliches Schicksal. Er verließ Olga, eine finnische Königstochter,
welche ihm nach Schweden gefolgt war, und entzog ihr auch die Goldkette, die
er ihr geschenkt hatte. Sie berief dieselbe Zauberin Huld, und verlangte von
ihr eine Beschwörung, welche dem falschen Manne den Tod bringe. Es war
Nacht. Die Zauberin hatte ein Kind bei sich, das sie auf eine Moosbank in
der Waldhütte, dem Aufenthalte der verstoßenen Frau, niederlegte. „Wisse“,
sprach sie, „dein Geschlecht ist mit dem, der dich gekränkt, unauflöslich ver=
bunden. Der Fluch, den ich über ihn ausspreche, trifft auch deine Nach=
kommen. Willst du, daß ich ihn vollende?“ Da funkelten die Augen der
Königin wie die einer giftigen Natter, und sie rief: „Sende den Verruchten zu
Hel, so will ich selbst in Nastrand waten und mein ganzes Geschlecht mag mit
ihm untergehen.“

Die Zauberin zündete sofort das Herdfeuer an, daß es mit roter Glut das
Gemach erhellte. Sie stellte einen Kessel darüber, ergriff das schlummernde
Kind und durchschnitt ihm mit scharfem Messer die Kehle, so daß das rieselnde
Blut in das Opfergefäß rann. Sie goß allerlei Säfte mit magischen Geberden
hinzu und rührte mit ihrem Stabe das Gebräu um, bis es hoch aufkochte. Mit
aufgelösten Haaren, beleuchtet von der roten Glut, stand das gräßliche Weib
vor dem Herde und sprach, indem sie mit einem Löffel von dem Blute in die
zischende Flamme goß:

> „Wolkendüstere Dijen, durch Nebelnacht reitend
> Auf riesigen Rossen, sie sollen vollenden
> Das herbe Verhängnis, geflochten im Fluch.

Die Goldkett' erwürge den waltenden Herrscher;
Wechselmord, Zwietracht zwischen Geschwistern
Verderbe, vertilge Wisdurs Geschlecht!

Ich ritze die Runen, ich schneide die Stäbe,
Bluttrunk ich träufle auf triefende Steine,
Ich singe den nächtlichen Nornen das Lied."

Die Beschwörung war geschehen, der Zauber vollbracht; Huld trat hinaus in das nächtliche Dunkel und ward in Swithiod nicht mehr gesehen. Aber die Königin, mit Wolfsfleisch die Söhne nährend, erzog sie gleich reißenden Tieren, daß sie nach Raub und Mord begierig waren und auch vor dem Vatermord nicht zurückschreckten. Als sie nun zu starken, wehrhaften Jünglingen heran= wuchsen, gesellten sich andere Raubgenossen zu ihnen, und sie verübten manche dunkle That. Sie überfielen endlich in einer stürmischen Nacht den königlichen Palast, warfen Feuer hinein und verbrannten Wisdur samt seiner Gefolgschaft. Sie bemächtigten sich der Herrschaft, die sie mit starker Faust behaupteten.

Einer ihrer Nachkommen war Agne, genannt der Schiffsherr wegen seiner beständigen Fahrten zur See. Er erschlug in einem mörderischen Gefecht den Beherrscher von Finnland, erstürmte dessen Burg und schleppte seine Tochter Skialf und viele Schätze mit sich fort. Aber die gefangene Tochter war schön und klug, so daß er beschloß, sie als Gemahlin auf seinen Herrschersitz zu er= heben. Am Stoksunde, wo jetzt Stockholm liegt, wurde die Hochzeit und zu= gleich das Totenfest für den König der Finnen mit großer Pracht gefeiert. Das Gelage dauerte bis spät in die Nacht. Die mit Skialf gefangenen Finnen wan= delten frei umher, etliche zu ihrer Bedienung, andere zur Bewachung der Schiffe. Sie aber hatte sie wohl belehrt über das, was sie mit ihrer Hülfe zu vollbringen gedachte. Als nun der König vom Gelage nach seinem Schlafgemach und auf sein Lager taumelte und bald einschlief, ließ sie ihn erdrosseln, und zwar mit der einst der Olga entrissenen Goldkette. Sie bestieg darauf ein segelfertiges Schiff und fuhr in ihr Vaterland zurück, während das Kriegsvolk seinen tapfern Führer trauernd bestattete. So war ein Teil des von Huld gesprochenen Fluches in Erfüllung gegangen; was noch übrig war, Zwietracht und Wechselmord, er= wuchs aus den wilden Gemütern der Nachkommen des erwürgten Königs. Alfrek oder Alrek (Alarich) und Eirek (Erich), seine Söhne, herrschten gemein= sam in den Upsallanden, aber in beständigem Zwiespalt. Mit dem gewaltigen Starkad, der zu ihnen geflüchtet war, thaten sie manchen siegreichen Heerzug und saßen dann wieder daheim, des Ruhmes und der Beute froh, doch immer in Hader wider einander. Sie unterhielten die trefflichsten Rosse und stritten oft über den Besitz derselben und über ihre Kunst, die wilden Hengste zu bändigen. Einst kamen sie auf der Jagd ihrem Gefolge voraus, gerieten, wie fast immer, in Streit und durchbohrten sich gegenseitig mit den Geren. Das war der erste Brudermord unter Odins Nachkommen; bald sollte der zweite folgen.

Alfreks Söhne Yngwi und Alf lebten lange Zeit in Frieden mit ein= ander. Ersterer zog im Sommer auf Abenteuer und ward bald ein berühmter und gefürchteter Kriegsheld, den Winter über blieb er in der väterlichen Halle.

Da erzählte er von den Gefahren seiner Wikingszüge und von seinen und der Kampfgenossen Thaten. Alf, der es vorzog, die Güter zu bewirtschaften und das Richteramt im Frieden zu verwalten, hörte doch gern auf seine Rede, und noch mehr that dies Bera, seine blühende Gattin, die oft bis spät am Abend auf die Erzählungen von Kämpfen in fremden Ländern lauschte und sich die Kraft wünschte, als Schildmaid oder Walküre an den Fahrten der Helden teil= zunehmen. Aber Alf, ihr Gemahl, geriet darüber in peinliche Unruhe; die Eifersucht erwachte in seiner Seele und verdrängte die brüderliche Liebe. Er ver= ließ einst seine Ruhestätte, die er zum Schein früh aufgesucht hatte. Er schlich wieder in die Halle, wo Yngwi soeben erzählte, wie er die Biarmier trotz ihrer Zauberkünste geschlagen und sein gutes Schwert gewonnen habe. Er sah, wie der Erzähler die glänzende Waffe entblößte und seiner Zuhörerin die Runen auf der Klinge erklärte. Als er nun den Namen der Freya hörte, jener Göttin, die als Führerin der Walküren die Helden beruft, glaubte er, Yngwi rede von der Liebesgöttin. Er eilte hervor und stieß dem Bruder das entrissene Schwert in die Brust. Im Todeszucken stürzte sich der verwundete Held auf den Mörder, entwand ihm die Waffe und spaltete ihm das Haupt, daß er, wie vom Blitz ge= troffen, zu Boden stürzte. Er selbst sank dann über ihn hin, und das Blut beider Brüder strömte in einer Flut über den Estrich.

So ging der Zauberspruch der Huld in Erfüllung, doch war das Geschlecht noch nicht erloschen; später gingen noch ruhmvolle Helden daraus hervor, und es scheint, daß auch die mythischen Beherrscher von Ost= und Westgotland damit in Verbindung standen, wie namentlich Gaut (Gote) und dessen Sohn Gautrek (Goterich), die den Übergang bilden zu der interessanten Sage von der kriege= rischen Thorborg, der Beherrscherin von Ulleracker, von der wir später berichten werden. Vorerst führt uns Saga nach Schleswig, in das Land der Angeln, aus welchem ein großer Teil der Eroberer von Britannien ausgegangen ist. Sie versetzt uns also auf deutschen Grund und Boden.

Uffi, Sieger beim Holmgang, von seinem blinden Vater begrüßt. Von J. W. Heine.

Vierter Abschnitt.

Andere Nachfolger Odins.

Uffi (Offa), König der Angeln.

Im vierten oder fünften Gliede von Wodan stammte der tapfere Wermund ab, Oberhaupt der Angeln, ein edler, königlicher Held, der sein Volk mit Gerechtigkeit regierte und mit starker Faust gegen Feinde verteidigte. Er war schon bejahrt, als ihm endlich, was er lange von den Göttern erfleht, ein Sohn und Erbe geboren wurde. Das Kind war schön und kräftig und wuchs heran zu der Eltern Lust. Der alte Herrscher nannte es Uffi oder Offa und hatte seine Freude an dem Knaben, in welchem er sich einen würdigen Nachfolger zu erziehen gedachte. Indessen schwand diese Hoffnung immer mehr und mehr, da er wahrnahm, wie derselbe zwar körperlich seine Gespielen an Kraft, Größe und Schönheit übertraf, aber wenig geistige Anlagen entwickelte. Man hielt ihn fast für stumpfsinnig, denn er sprach selten ein Wort, hielt sich von den Spielen der Knaben zurück und trieb sich am liebsten in der Einsamkeit des Waldes herum, oder er hörte den Gesprächen der Männer zu, ohne jedoch irgend eine Teilnahme zu bezeigen. Daher dachte der alternde König daran, ihm bei Zeiten einen treuen Helfer und Vormund zu bestellen, und erwählte für dieses Amt den ihm ergebenen Frowin, König von Sleswik (Schleswig), seinen Vasallen und Genossen in vielen Kämpfen und Kriegs= fahrten. Er hoffte zugleich, die beiden Söhne des bewährten Freundes, kühne und verständige Jünglinge, würden dem seinigen einst treulich zur Seite stehen, wenn ihn selbst der Tod von seinem Hüteramt abrufe. Indessen es kam anders, als er dachte; denn Adils (Athisil), König des Reiches von Upsala, der sich ringsum durch List und Gewalt die benachbarten Häuptlinge unterthänig gemacht hatte, erschien unerwartet mit Heer und Flotte an der Küste von Sleswik und brach verheerend, wie ein Bergstrom, in das Land ein. Frowin sah mit Unmut die Verwüstung an und trat, ohne auf die Rüstung Wermunds zu warten, mit dem Heerbann des Landes dem übermächtigen Feinde entgegen. Er kämpfte tapfer bis in den Tod; aber als er gefallen war, konnten seine bedrängten Scharen nicht länger das Feld halten; sie zerstreuten sich, und jeder suchte, so viel er konnte, seine Habe zu bergen. Adils war nun Herr des Landes, legte Schatzung auf, setzte Vögte ein und kehrte dann in sein Reich zurück, wo seine Skalden und er selbst den Sieg mit lautem Schalle rühmten.

Bald nach dem Abzug der Schweden rückte Wermund mit dem gesamten Heerbann in Schleswig ein, verjagte die fremden Vögte und weihte dem ge= fallenen Frowin einen würdigen Hügel, wie es sich für den Helden ziemte. Ferner setzte er die Söhne desselben in die väterlichen Ehren ein, indem er sie ermahnte, gleich dem Vater für des Landes Wohlfahrt zu sorgen. Kaum hatte jedoch der König von Upsala von diesen Vorgängen Kunde erhalten, so machte er sich mit der gesamten Macht seines Reiches und mit seinen Vasallen auf, seine Herrschaft wieder herzustellen. Eine furchtbare Schlacht wurde geschlagen, aber endlich mußten die Schweden dem mutigen Andrange der Angeln weichen. Die Trümmer ihres Heeres retteten sich mit dem flüchtigen Adils auf die Flotte und gelangten, übel zugerichtet, an den heimischen Strand.

Es war der letzte Sieg, den der alte König für die Freiheit seines Volkes erfochten hatte; seine Kräfte nahmen sichtbar ab, seine Augen dunkelten, und nach wenigen Jahren umhüllte ihn die Finsternis der Blindheit. Nun vermißte er noch mehr als bisher den Beistand seines Wehrgenossen Frowin, da sein Sohn fortwährend schweigsam und teilnahmlos blieb. Er hatte zuweilen noch Hoff= nung gehegt, wenn er dessen ungewöhnlich kräftige Gestalt vor sich sah; nun aber, da er ihn gar nicht mehr sehen konnte und auch keinen Laut von ihm hörte, fühlte er sich zwiefach einsam und verlassen. Seine Sorge wurde noch vermehrt, da der Dänenkönig Alewih, ein starker Kämpfer, den man für un= besiegbar hielt, in das Land einfiel und mit Raub, Mord und Brand Ver= wüstungen verbreitete, um das freie Volk der Angeln in die Knechtschaft zu bringen. Wie zum Hohn forderte der räuberische Krieger den blinden Greis zum Holmgang, und als Wermund dies wegen seiner Blindheit ablehnte, bot er allen Wehrmännern der Angeln den Kampf an, der über Freiheit und

Knechtschaft entscheiden sollte. Er bestimmte zum Kampfplatz das Eiland
Fiseldorp oder Egisdura (Ögirs-Thor), das der Grenzfluß Eider umströmte.
Eine Brücke führte hinüber, und die Wehrmänner der Angeln waren gerüstet
längs dem Wasser aufgestellt. Was sich nun begab, hat Uhland in seiner Ballade
„Der blinde König" ausgedrückt, welche man nachlesen wolle.

In der Sage selbst ist die Schilderung des Hergangs ausführlicher. Der
König findet keinen Kämpfer, der es mit dem gewaltigen Gegner aufzunehmen
wagt; da tritt der blödsinnig erachtete Uffi zu dem Vater und erklärt mit klangvoller Stimme, er sei zum Holmgange bereit. Wermund kennt die Stimme nicht;
er muß sich erst durch Tasten überzeugen, daß es sein Sohn sei. Er fragt ihn,
warum er so lange still und schweigsam verharrt habe, und Uffi sagte, er habe
geglaubt, in der Kindheit und Jugend müsse man erst die Reden verständiger
Männer anhören und dann reden, wenn man zu Thaten reif und entschlossen
sei. Nun werden Rüstungen und Schwerter dem jungen Helden zur Auswahl
gebracht; aber diese zerbrechen durch die gewaltigen Schläge des Jünglings, der
sie prüft; jene passen nicht für seinen stattlichen Gliederbau. Er läßt eine
Brünne auf der linken Seite zerschneiden und wieder mit Spangen befestigen,
indem er bemerkt, die linke Seite decke der Schild. Sein Vater aber holt ein
vergrabenes Schwert hervor, das wegen seines Gewichtes kein anderer Fechter
führen konnte.

> „Nimm hin die alte Klinge,
> Sie ist der Skalden Preis,
> Und fällst du, so verschlinge
> Die Flut mich armen Greis!"

ruft bei Uhland der blinde König.

Uffi schwingt es mit Leichtigkeit und fährt nun auf die Insel, wo der
Gegner ihn mit Hohn empfängt. Der Kampf entbrennt; der junge Krieger
deckt sich mit dem Schilde gegen die Schläge des Gegners, und der König, der
diese Schläge auf den Schild, nicht aber den Klang seines Schwertes hört,
glaubt, sein Sohn werde hart bedrängt und bald unterliegen. Er nähert sich
dem Rande der Brücke, um sich in die Tiefe zu stürzen, wenn seine schlimme
Ahnung wahr werde. Da hört er einen scharfen schmetternden Klang und erfährt von den jubelnden Wehrmännern, sein Sohn habe mit dem ersten Streich
dem Gegner Schild, Helm und Haupt gespalten.

Nach Saxo, der vorstehende Sage erzählt, ist Uffi ein dänischer Königssohn, der einen oder vielmehr zwei sächsische Kämpfer besiegt; allein diese Um-
änderung hat sich der Autor aus Vorliebe für seine Landsleute erlaubt. Nach
angelsächsischen Stammtafeln und Sagen sind Wermund und Uffi Nachkommen
Wodans, und angelsächsische Könige leiten von ihnen ihren Ursprung her. Offa
oder Uffi war ihr Nationalheld, von dem ein sehr altes Lied sagt, er habe fast
noch als Knabe den gefürchteten Dänenkönig Alewih besiegt und das Volk der
Angeln frei erhalten.

Hrolf (Hrodolph) Kraki.

König Athisil, gewöhnlich Adils genannt, enthielt sich nach seiner Nieder=
lage in Anglien der Heerfahrten. Er war ein guter Haushalter und suchte
seine Schatzkammern zu füllen. Für diesen Zweck, glaubte er, sei der göttliche
Segen sehr förderlich. Er war daher häufig im Tempeldienst, opferte, räucherte
und betete ohne Unterlaß und erforschte die Sprüche der Nornen durch Los=
werfen mit Runenstäben. Indessen fühlte er sich von den Geschäften des Haus=
halts und der Güterverwaltung sehr belastet, und er dachte, wenn er eine wackere
Hausfrau zur Seite habe, werde alles besser gedeihen. Er berief seinen geheimen
Rat, der aus sehr frommen Männern bestand, um die Sache in Erwägung zu
ziehen. Diese Herren fingen die Beratung mit Gebet an, hatten aber dabei ein
weites Gewissen und meinten, man solle für den gottseligen König irgendwo
die Tochter eines reichen Fürsten rauben, damit deren Vater nachträglich einen
ansehnlichen Mahlschatz zu den Kosten der Hochzeit beitrage. Doch entschied
sich der Herrscher nach reiflicher Überlegung für eine andere Persönlichkeit,
nämlich für Yrsa, die Perle des Nordens, die, wie man hoffte, wohl bewogen
werde, dem mächtigen Könige ihre Hand zu reichen. Man erzählt sich von ihren
Schicksalen folgendes:

„Helge, der Beherrscher von Danland, war ein tapferer Held und fast
immer auf Wikingszügen. Er landete einst an einem lieblichen Eiland, wo
Hügel und Thäler, Haine, Wiesen und Fruchtfelder in sommerlicher Fülle
prangten. Unbekümmert um diese Reize schleppten die wilden Wikinge fort,
was sie erreichen konnten: Hausgerät, Feldfrüchte, Vieh und auch Menschen,
ohne Rücksicht auf Alter und Geschlecht. Unter den Gefangenen aber strahlte
ein Mädchen hervor, wie der Mond unter den Sternen. Der König wurde
von ihrem Liebreiz lebhaft bewegt, und als er den Silberklang ihrer Stimme
hörte und vernahm, wie sie eine Fürstentochter sei, aber frühe ihre Eltern ver=
loren habe, da war sein Entschluß gefaßt. Er bot der schönen Thora Herz,
Hand und Königsthron an; sie sagte nicht nein, und die Hochzeit wurde so=
gleich gefeiert. Acht Tage verweilte der glückliche Gatte mit seiner Königin auf
dem Eilande, wandelte an ihrer Seite durch die schattigen Haine und fuhr dann
gen Hledra, wo er mit ihr die übrige Zeit bis zum nächsten Frühjahr unter
heiterm Scherz und Spiel zubrachte. Da erwachte aber in seiner jugendlichen
Brust der Drang nach dem bewegten Leben auf dem freien, offenen Meere.
Seine Liebe war vergangen und er glaubte, die Gattin hindere seine kühnen
Entschließungen; daher schied er von ihr und gab zugleich den Hofleuten Be=
fehl, sie ohne Rücksicht auf ihren Rang nach dem einsamen Eilande zurückzu=
führen. Viele Jahre verstrichen ihm unter Gefahren und Abenteuern, da
nötigte ihn der Sturm, in eine sichere Bucht einzulaufen. Er erkannte aber
bald das freundliche Gestade und die schattigen Haine, wo er einst glücklich ge=
wesen war. Er forschte nach Thora, aber sie war verschollen; niemand wußte
von ihr zu erzählen. War sie aus dem Leben geschieden oder von Seeräubern
fortgeschleppt? Diese Gedanken beschäftigten ihn, als er auf bekannten Pfaden
durch Wald und Wiese wandelte. Plötzlich hemmte er seine Schritte; denn vor

ihm, am murmelnden Bach, saß sie selbst, aber jünger, schöner, im ersten Auf=
blühen der Jugend. Er eilte auf sie zu, er wollte sie wie ehemals in die
Arme schließen; da erkannte er, daß es eine andere, eine Fremde war, die ihn
aufstehend begrüßte. Indessen die Ähnlichkeit war groß und auch der Silber=
klang ihrer Stimme glich dem der geliebten Thora. Er war nun überzeugt,
daß ihm die Götter einen Ersatz für die verlorene Gattin entgegengeführt
hätten. Er unterhielt sich mit der Jungfrau, die sich Yrsa nannte und gar
nicht über sein Erscheinen erschrocken war. Sie kam, wie sie sagte, aus einer
fernen Gegend des Sachsenlandes und war hier bei Anverwandten. Nach einigen
Tagen gab sie seinen Anträgen Gehör, und zum zweitenmale brachte er eine
Königin nach Hledra.

Er stand jetzt im reifern Mannesalter, zwar kühnen Mutes und voll Kraft,
aber ruhiger, bedachtsamer, froh des Besitzes und nicht mehr nach fernem Gute
lüstern. Er waltete seines königlichen Amtes mit Würde und Gerechtigkeit, ein
Schirm den Bedrängten und ein Schrecken den Übelthätern. Er hörte gern
auf die verständigen Ratschläge der Gattin; er tändelte auch in Stunden der
Muße mit ihr und dem lieblichen Knaben, den sie ihm nach Jahresfrist geschenkt
hatte. Wie freute er sich, wenn der kleine Rolf (Hrolf) ihn anlächelte, wenn
er schon im sechsten Jahre des Vaters Schlachtschwert aus der Scheide zu ziehen
versuchte! Er sah in dem Sohne ein Bild seiner eigenen, längst entschwundenen
Kindheit, und fühlte sich glücklich bei seinen Lieben, als seien die Jahre seiner
blutigen Wikingsfahrten spurlos an ihm vorübergegangen.

Einst sah er, die geliebte Yrsa im Arme, den Spielen des kleinen Rolf
lächelnd zu. Es war im nahen Eichenwald, wo er einen Rasensitz hatte her=
richten lassen. Er fragte die Gattin nach ihrer Herkunft, nach ihren Eltern,
was er bisher unterlassen hatte. Sie antwortete, sie wisse nur, daß sie könig=
lichen Geschlechts sei, daß aber darüber ein Geheimnis walte, welches man ihr
niemals aufgeklärt habe. „Gleichviel“, sagte er, „unsere Liebe ist kein Ge=
heimnis, und unser Glück ist dauernd, wie dieser Eichwald.“ Kaum hatte er
also gesprochen, so rauschte es in den Büschen, und hervortrat eine schwarz ver=
schleierte weibliche Gestalt. Sie schlug die Umhüllung zurück, und Thora stand
vor dem Könige, aber gealtert, bleich, abgehärmt. „Den Eichwald“, rief sie,
„verheert die Brandfackel und dein Glück, Verräter, zerstört ein Wort.“ Sie
stand vor ihm finster wie die Norne der Zukunft. Blitze schossen aus ihren
Augen, Blitze wie Dolche, die nach seinem Herzen zielten, Blitze, wie sie Thor
schleudert, wenn er den Frevler zerschmettert. „Yrsa“, fuhr sie fort, „Yrsa ist
dein und mein Kind! Ich habe sie dir zugeführt, habe die Tochter zum Werk=
zeug der Rache geweiht!“

Yrsa lag ohnmächtig in den Armen ihrer Mutter, und Helge war, wie von
Miölnir getroffen, zu Boden gestürzt; er zerwühlte den Staub mit den Händen.
Nur der Knabe stand aufrecht, kühn der Rächerin gegenüber. „Her zu mir!“
rief das wütende Weib dem Kinde zu; „her zu mir, du Frucht blutschänderischer
Verbindung, daß ich dich am Felsen zerschmettere, der hart ist wie deines Vaters
Herz.“ Sie ergriff den Knaben; aber nun raffte sich Helge auf und rief, das
Kind ihr entreißend: „Es ist mein Sohn, du hast keine Gewalt über ihn, und

wes du dich rühmst, das ist nicht dein, es ist der finsteren Disen Werk und ich
trotze ihnen, ich bewahre mein Weib und ob mir Odin selbst entgegenträte."
Er wollte Yrsa an sich reißen; aber sie winkte ihn zurück, indem sie mit ton=
loser Stimme sagte: „Nicht weiter, Helge, wir müssen scheiden! Wir haben
unwissend gefehlt, das werden die ewigen Mächte verzeihen; mit Wissen sün=
digen, das richtet die gnadenlose Hel. Lebe wohl!" Sie verschwand mit der
Mutter im Dunkel des Waldes und der König blieb in der Einsamkeit zurück.
Doch immer und unvertilgbar stand vor seinem Geiste Yrsas liebliches Bild.
Er konnte sie nicht vergessen; er beschloß endlich, sie mit List oder Gewalt
wieder in sein Haus, in seine Arme zurückzuführen. Der alte Wikingsmut er=
wachte, und wenn eine Welt ihm entgegenstände, er wollte die Gattin wieder=
gewinnen. Er sandte Boten an sie, aber vergeblich; er machte sich mit seinen
Kämpfern auf, allein sie war mit ihrer Mutter in das innere Sachsenland ent=
wichen. Er beschloß, sie auch dort mit Heeresmacht aufzusuchen. „So steht
diese Angelegenheit", schloß der Erzähler, „und Yrsa, die das alles erfahren
hat, zittert vor Helges fernerem Vorgehen. Wenn nun das Oberhaupt von
Upsala seine Werbung geziemend vorbringt, so wird sich die verfolgte Königin
des Ehebundes nicht weigern."

Die Versammlung stimmte dem bei, meinte aber doch, es sei zweckdienlich,
zuvor die Götter über den Erfolg zu befragen, und dazu gebe das bevorstehende
Jubelfest die erwünschte Gelegenheit. Der Vorschlag ward ohne Widerspruch
angenommen, und man erwartete die festlichen Tage. Sie erschienen endlich;
eine große Volksmenge versammelte sich ungeachtet der strengen Winterkälte im
heiligen Hofe des großen Tempels von Upsala, den eine goldene Kette um=
schloß. Auch das Dach des Heiligtums war mit blankem Erz und Gold belegt,
so daß es weithin den Pilgern entgegenstrahlte. Ein immergrüner Wunder=
baum, Bild der Esche Yggdrasil, überschattete den Göttersitz, zu dem sich die
Menge drängte. Für den Schmaus aber war reichlich gesorgt, sowohl durch
beigetriebene Opfertiere als auch durch eine Reihe mächtiger Bier= und Met=
fässer. In der Mitte des heiligen Raumes stand der Altar, ein zierlich be=
hauener Felsblock, der rundum mit Runen und Bildwerk versehen und oben
mit einer Metallplatte bedeckt war. Weiter zurück, am Anfang des hintern
Halbkreises, ruhten auf Hochsitzen die drei obersten Asen. Thor mit einem
Sternenkranz um das Haupt und dem Hammer in der Hand, ihm zur Rechten
Odin, gerüstet mit dem Speer Gungnir, zur Linken Freyer, von Blumen,
Früchten und den ihm geheiligten Tieren umgeben. Weiterhin saßen die übrigen
Asen auf niedrigen Bänken. Das Getümmel der Menge ward zur lautlosen
Stille, als dreimaliger Hörnerklang und drei Schläge auf einen Schild den An=
fang des Festes verkündeten. Der Zug setzte sich nun in Bewegung, der König
als Oberpriester voran, dann die anderen Priester, hierauf Jarle, königliche
Kämpfer, freie Männer, alle in Waffen. Dreimal bewegte sich der Zug im
innern Raume längs der Umschließungsmauer, und so oft man an den heiligen
Bildsäulen vorüberschritt, neigten alle ihre Häupter. Nun trat der König mit
Priestern und Edeln an den Altar. Man schlachtete Opfertiere mit dem Messer
von Flintstein und ließ das Blut in eine silberne Schale rinnen. Das Oberhaupt

weihte die Schale mit dem Zeichen des Hammers, tauchte dann den Blutstab hinein und besprengte die drei Schirmherren des Reiches, indem er um gesegnete Ernte, um Sieg über die Feinde und um Gewährung dessen flehte, was der König zu seiner und des Landes Wohlfahrt vorhabe.

Tiefe Stille herrschte in dem von Menschen angefüllten Raume; da erscholl ein dumpfes unterirdisches Geräusch, das nach und nach wie ein ferner Donner anschwoll und wieder verhallte. Es war das Zeichen der Gewährung. Das versammelte Volk brach in großen, stürmischen Jubel aus, welcher noch zunahm, als der König das Opferfleisch, das Bier und den Met weihte und zu verteilen befahl.

Das Fleisch wurde an lobernden Feuern gebraten, und als das Oberhaupt den drei Göttern zu Ehren und zum Dank das Horn geleert hatte, tranken auch die Festgäste zu Ehren anderer Götter und zum Andenken an ruhmvolle Helden. Beim Bragibecher wurden Gelübde abgelegt, wie denn der König selbst gelobte, er wolle sich die Perle des Nordens zur Gemahlin erwerben, da sie die Götter ihm bestimmt hätten.

Als das Frühjahr erschien, gingen königliche Boten nach Sachsland ab. Sie trafen Yrsa in tiefer Trauer, denn Thora, ihre Mutter, war gestorben und hatte sie schutz- und hülflos zurückgelassen. Sie gab daher der Werbung des Königs von Upsala willig Gehör und folgte den Freiwerbern nach Swithiod, wo sie sich vor den Verfolgungen Helges für sicher hielt. Die Vermählung wurde gleich nach ihrer Ankunft zu Upsala gefeiert. Die junge Königin fühlte sich indessen nicht glücklich. Noch unglücklicher fühlte sich Helge, der die geschlossene Verbindung erst erfuhr, nachdem seine Rüstung schon vollendet war. Zu einem Einfall in Swithiod, wo der ganze Heerbann des Landes stets zur kräftigen Abwehr in Bereitschaft stand, schien die königliche Macht in Danland nicht ausreichend.

Der Herrscher ließ das Aufgebot seiner Mannen auseinander gehen und sann auf andere Mittel, um seine Absicht zur Ausführung zu bringen. Er sann lange vergebens und verfiel in einen Zustand von Trübsinn, der ihm alle Lebensfreuden verbitterte. Nur der Anblick seines Sohnes Rolf erheiterte ihn, denn der Knabe wuchs rasch empor, wie eine junge Tanne. Er war schlank und hatte schon im zwölften Jahre die Größe eines erwachsenen Mannes. Man gab ihm daher den Beinamen Kraki (wahrscheinlich Stange). Wie durch körperliche Größe, so ragte er durch leibliche und geistige Tüchtigkeit vor Knaben und Jünglingen hervor. Die Freude an seinem trefflichen Sohne konnte indessen den König nicht über den Verlust seiner Gattin trösten. Die Leidenschaft ließ ihn keine Ruhe finden, und da er von Adils' Geiz und Habsucht hörte, so beschloß er, den Versuch zu machen, ob er nicht durch reiche Schätze die geliebte Yrsa von ihrem unwürdigen Gemahl erkaufen könne.

Er wählte für diesen Zweck die edelsten Kleinodien aus seiner Schatzkammer, besonders den Ring Swiagris, ein Meisterstück der Zwerge und Odins Draupnir vergleichbar. Er machte sich damit in Begleitung tapferer Kämpfer auf den Weg nach Upsala. Er fand gastliche Aufnahme bei Adils, da er seine Gaben vorwies und seine Absicht kund that. Der König warf begierige Blicke auf die

Kostbarkeiten und meinte dann, es sei für ihn schimpflich, die Gattin zu ver=
handeln; aber wenn der Gast sie durch Überredung mit ihrem Willen oder auch
gegen ihren Willen durch Gewalt entführe, so habe er dagegen nichts einzu=
wenden, wofern ihm die Kleinodien eingehändigt würden. So war der Handel
geschlossen, und Helge erhielt Zutritt bei der Königin. Als er nun vor ihr er=
schien, blieb er anfangs wie versteinert stehen, denn sie dünkte ihm, wenn auch
gealtert, doch noch immer die Perle des Nordens, die schönste und edelste von
allen Frauen. Dann sprach er von seiner unvertilgbaren Liebe, von Adils' Un=
würdigkeit, von der Schande, mit ihm zu leben, von dem mit ihm geschlossenen
Pakt und anderem. Sie aber erhob sich von ihrem Sitze und sprach mit Hoheit
„Die Sonne würde schaudernd ihr Angesicht verhüllen, wenn ich in dein Begehren:
willigte. Unsere Verbindung wäre eine Schande im Leben, eine Verdammnis
im Sterben, ein Greuel, der in Nastrands Eiterthälern gebüßt wird." Obgleich
von diesen Worten tief bewegt, gab doch Helge sein Vorhaben nicht auf; er
wollte sie ergreifen, allein sie schritt vor auf den Söller und rief ihm zu, sie
werde sich, wenn er noch einen Schritt thue, in die Tiefe stürzen und dann
würden einst die Skalden ihn als den Mörder der Gattin und Tochter in ihren
Liedern nennen. So schied er denn, das unstillbare Wehe der Liebe im Herzen,
von ihr und auch von Adils, der ihm mit Widerstreben die Kleinodien zurück=
gab. Indessen wie Helge an seiner Liebe, so hing Adils an den goldenen
Schätzen. Er gab daher allen seinen Berserkern Befehl, dem Gast im finstern
Walde aufzulauern und ihm die Kostbarkeiten abzunehmen. Die wilden
Kämpfer überfielen aus einem Hinterhalte den Helden und erschlugen ihn mit
seinem Gefolge.

Rolf war erst fünfzehn Jahre alt, als sein Vater durch Adils' Arglist fiel;
doch wählte ihn das Volk der Dänen zum König, und er ward bald durch kühne
Heldenthaten und Freigebigkeit berühmt. Männer wie Swipdager, Bodwar
Biarki, Hialti und andere Helden sammelten sich um ihn. Zwölf dieser
Kämpfer bildeten sein Gefolge, das ihm auf Leben und Sterben ergeben war.
Alle benachbarten Könige und Jarle wurden ihm unterthänig, und bis in ent=
fernte Länder erscholl der Ruf von seinen Thaten. So vergingen Jahre unter
Kämpfen und Siegen; endlich aber, als sein Ansehen unantastbar aufgerichtet
war, beschloß er, seines Vaters gedenkend, eine Fahrt nach Upsala in Ausfüh=
rung zu bringen.

Wir haben davon schon in der Göttersage geredet und geben daher von der
Reise und dem Ausgange des ruhmvollen Königs nur eine gedrängte Übersicht.

Rolf übernachtete mit seinem zahlreichen Gefolge zweimal bei dem ein=
äugigen Bauer Hrane, in welchem man unschwer Odin erkennt. Auf den
Rat desselben entließ er die Gefolgschaft und behielt nur seine Helden um
sich versammelt. An Adils' Hofe wurde er von der Königin freudig als
Sohn begrüßt, von dem Herrscher aber mit arglistigen Nachstellungen umgeben.
Zuerst zündete man in der Königshalle Feuer an und zwar angeblich, um die
Gäste zu ehren. Man heizte aber mehr und immer mehr ein, während sich
Adils mit seinem Gefolge hinausschlich. Als schon die Kleider der Helden zu
brennen anfingen, erhoben sie sich und stürzten die schürenden Knechte in die

Glut; darauf warf Rolf den Schild auf die lodernden Flammen, sprang darüber, und seine Helden thaten das Gleiche. Draußen aber empfing sie die Königin, wies ihnen eine andere Herberge an und reichte dem Sohne ein mächtiges Trinkhorn von Silber, gefüllt mit allen Kleinodien, die einst Helge bei sich geführt hatte, darunter auch der köstliche Armring Swiagris. Sie riet ihm zugleich am nächsten Morgen frühe aufzubrechen, weil Adils ein großes Heer versammle.

Hrolf Kraki eilt aus dem brennenden Saal. Von Karl Ehrenberg.

Sie fanden in der Herberge ein reichliches Mahl hergerichtet und legten sich, nachdem sie Hunger und Durst gestillt hatten, zur Ruhe nieder. Sie hatten indessen kaum einige Stunden geschlafen, so erwachte Rolf und weckte auch seine Begleiter. Es war aber wohl an der Zeit, daß sie auf und wacker waren, denn die Herberge fing schon an zu brennen, während ringsumher mächtige Holzstöße in Flammen standen und die Thüren von außen mit Balken und Steinen verrammelt waren. Auf Bodwars Rat stemmten sich die Helden mit vereinter Kraft wider die eine Seitenwand und brachen durch; sie hätten wohl eine Felsenburg umgestürzt. Auf diese Art gelangten sie ins Freie. Da standen zwar die wilden Beserker des Königs mit voller Wehr und starken Waffen, aber sie sanken unter den furchtbaren Streichen der Helden, und wer nicht fiel, suchte sein Heil in schmählicher Flucht. Die Sieger bestiegen sofort die edelsten Rosse und nahmen auch von den Schätzen so viel mit, als ihnen beliebte.

Sie trabten wohlgemut und stolz auf ihre siegreichen Kämpfe der Heimat zu; allein sie wurden bald gewahr, daß man sie verfolge. In der That kamen zahlreiche Heerhaufen ihnen nachgerannt, und es war, als ob dieselben auf Zauberrossen ritten. Ihre Kriegshörner tönten näher; die weite Ebene Fyris-wall zitterte vom Hufschlag der stürmischen Pferde. „Das ist Adils' Zauber-werk", rief der König, „aber Gold bindet den Zauber. Wohlan, streut den Verfolgern die erbeuteten Schätze auf den Weg, das wird sie hemmen." Die Männer thaten nach seinem Befehl, und er selbst warf die Kleinodien aus dem Silberhorne hinter sich, zuletzt auch den köstlichen Ring Swiagris. Als die Verfolger die ausgestreuten Reichtümer sahen, fielen sie darüber her, und nur der kleinere Teil setzte die wilde Jagd fort. Adils stürmte voran, und laut donnerte sein Schlachtruf; als er aber die glänzende Zwergengabe auf dem Wege erblickte, überwog seine Habsucht; er hielt das Roß an und neigte sich weit vornüber, um den Ring mit der Schwertspitze aufzuheben.

In demselben Augenblicke hatten sich die Helden den Verfolgern entgegen-gewendet, und Rolf versetzte ihm eine schmachvolle Wunde. „Lebe", rief er ihm lachend zu, „lebe, wenn du kannst, mit diesem Andenken deines geliebten Sohnes."

Mit diesen Worten hob er das Kleinod auf und trabte, rechts und links die Feinde niederhauend, von seinen Kämpfern umgeben, seines Weges. Er kehrte wieder bei dem Bauer Hrane ein, verscherzte aber dessen, oder vielmehr Odins Gunst, da er sich weigerte, eine Rüstung von ihm anzunehmen. Dem Glücke mißtrauend, verharrte er forthin zu Hledra, bis ihn die Tücke seiner Halbschwester Skuld zum letzten Kampfe zwang. Es war sein und seiner Getreuen Todes- und Ehrentag. In den Armen der Walküren schweben die Helden gen Walhalla; aber ihr Andenken lebte fort in den Liedern der Skalden. Man beklagte Rolf Kraki's frühen Untergang; doch war einer, der sich darüber freute, und dieser eine war Adils. Er schlachtete seinen Göttern Opfer, stellte ein großes Gelage an und brachte den Skol (Trinkspruch) zum Preise der Helden aus, trank aber so gierig, daß er daran erstickte.

Hialmar und Odd erwarten die Berserker.
Von J. W. Heine.

Fünfter Abschnitt.

Nordische Helden und Könige.

Örwar-Odd und Hialmar.

Das Heroentum der nordisch=germa=
nischen Völker zeigt uns ein grauses Bild
von wilden, ungebändigten Leidenschaften,
von Zwietracht unter Verwandten, von unsühnbarer Blutrache, Todesverachtung,
Arglist, Meineid und Berrat, Kampf und Blutvergießen ohne Ende; aber durch
das grauenhafte Dunkel, welches über diese Zeit gelagert ist, glänzen einzelne
Sterne der unwandelbaren Freundschaft, Liebe und Treue, die um so heller

strahlen, je finsterer das Gewölk um sie her erscheint. Es sind allerdings nur
Mythen, die keine historische Bedeutung haben; allein wenn auch den Sagen
nur selten geschichtliche Momente zu Grunde liegen, so geben sie uns doch eine
klarere Vorstellung von den Zuständen, Sitten und Charakteren jener Zeit, als
die unzureichende Geschichte es vermag. Und wo diese das sagenhafte Dunkel
erhellt, da findet man die Bestätigung, daß in den Mythen wertvolle Wahrheit
enthalten ist. Wenn die Merowinger durch kriegerisches Geschick wie durch
Treubruch und Verrat ihre Herrschaft ausbreiten, wenn Fredegunde und Brun=
hilde mit Gift und Dolch gegen ihr eigenes Geschlecht wüten, wenn Alboin aus
dem Schädel des Vaters seiner Gattin im Siegesrausche den Wein schlürft und
auch sein Weib dazu zwingt, so bieten sie dasselbe Schauspiel, welches die dich=
tende Sage aufrollt.

Es fehlt aber auch so wenig in der beglaubigten Geschichte wie in Sagas
Halle an erhebenden, freundlichen Erscheinungen, und wenn man mit Liebe die
Gestalten des tapfern Alarich, des Theoderich, des viel geprüften Alfred be=
trachtet, so wird man auch den alten Skaldenliedern gern lauschen, die uns
in ihren Gebilden offenbaren, daß in der Menschenbrust ein Himmel und eine
Hölle verborgen sind. Eine Dichtung der erstern Art ist die von Orwar=
Odd und Hialmar.

In Norwegen wohnte einst ein angesehener Mann, der Grim hieß, mit
seinem Weibe Loptäna, der Tochter eines Jötunen und daher von ansehnlicher
Größe. Ihr Sohn Odd glich, als er erwachsen war, dem Vater an Kraft und
Mut, der Mutter an Wuchs und Gestalt. Er hörte gern, wenn ihm der Alte
von seinen Kriegsfahrten und Abenteuern in Finnmarken unter den wilden,
zauberkundigen Einwohnern erzählte, und brannte vor Begierde, gleiche Kämpfe
zu bestehen.

Grim gab endlich seinen dringenden Bitten nach, verlieh ihm ein Schiff,
eine feste Rüstung und beim Abschied seinen starken Bogen nebst drei Pfeilen.
„Gebrauche diese Geschosse nur in äußerster Not gegen das Zauberwesen der
Finnen und Biarmier; denn ich habe sie unter der Bedingung erhalten, daß
sie niemals im ehrlichen Kampfe verwendet würden. Sie sind, wie du siehst,
mit Gold eingelegt, sie treffen immer und kehren stets in die Hand des
Eigners zurück." Der Sohn versprach der Weisung nachzukommen, warb
eine Schar kühner Wagehälse und segelte fort. Schon auf der Fahrt, als man
in das Finnische Meer einlief, gab es schwere Kämpfe mit Stürmen und See=
ungeheuern. Riesige Meermenschen suchten das Schiff an Klippen zu zer=
schellen, aber sie erlagen alle den geschleuderten Speeren oder den Zauberpfeilen.
Noch öfter mußte Odd im feindlichen Lande seine Geschosse anwenden, denn
wenn die tapferen Kämpfer mit ihren Schwertern ganze Heere in die Flucht
schlugen, so stiegen Zauberer an unsichtbaren Fäden zu den Wolken empor und
sandten ihnen Blitze, Schnee und Schloßen ins Angesicht. Er aber schoß seine
Pfeile in das Gewölk, und die Hexenmeister purzelten zu Dutzenden herunter.
Ein allgemeiner Schrecken verbreitete sich über das ganze Land; Städte wurden
erobert, Tempel erstürmt, die greulichen Götzen von Silber und Gold heraus=
gerissen und eingeschmolzen. Unermeßliche Beute wurde auf das Schiff gebracht

und in die Heimat entsendet. Man baute ein anderes, größeres Fahrzeug aus
starkem Eichenholz und fuhr weiter in das Land der Biarmier, wo das Meer
mit blinkenden Eisbergen bedeckt war. Man war in das unbekannte Wunder=
land eingetreten, von dem bisher nur dunkle, unglaubhafte Sagen berichtet
hatten. Oft sah man blühende Gärten vor sich; aber wenn man dann näher
kam, waren es große Schneefelder, aus denen riesige Eiszacken wie Blumen
hervorstarrten. Man kämpfte mit den zauberischen Einwohnern, mit Drachen
und Unholden, drang in ihre Höhlen ein und erbeutete viele kostbare Kleinodien.
Endlich wurde an einer unwirtbaren Insel das Schiff von Eisbergen umschlossen
und fror ein.

Unter solchen Umständen mußte man sich für den Winter einrichten, so
gut es ging. Man baute Hütten von Treibholz und bedeckte sie hoch mit Schnee;
man jagte Bären, erlegte Wale und hatte keinen Mangel. Nun hauste in der
Nähe ein Riesenvolk, das den Wikingen abhold war und oftmals Angriffe wagte,
aber durch die Zauberpfeile schwere Einbuße erlitt. Der König dieses Landes
hatte ein zwanzig Ellen großes Töchterlein, dessen Kühnheit die Männer be=
schämte. Die mutige Prinzessin sah einst, wie Odd einen grimmigen Bären er=
legte, der ihr Liebling, ihr Schoßbär war. „Väterchen", sagte sie zu dem König,
„nun will ich mir das Bartkind — so nannte sie den Wiking — einfangen
und es abrichten, daß es mir, wie der Zottelbär, nachfolgt. Gieb Acht, ich
bringe es dir in der Schürze." Sie eilte fort, und da sie den Helden noch mit
dem Zerlegen des Wildes beschäftigt fand, bannte sie ihn durch Zauberspruch
an die Stelle fest und eilte auf ihn zu. Odd, der seine Füße nicht bewegen
konnte, griff zum Bogen und schoß ihr einen Pfeil in das eine Auge. Wie sie
heulend fortstürzte, war auch der Zauber gelöst, so daß er zu seinen Gefährten
zurückkehren konnte. Er bestand mit ihnen noch viele Gefahren während der
langen Winternacht, da die Sonne ihre belebenden Strahlen nicht auf das Land
scheinen ließ. Als sie endlich mit ihrem feurigen Wagen wieder aus den Fluten
auftauchte und allmählich länger und länger verweilte, ward das Fahrzeug vom
Eise frei. Die Wikinge bestiegen es, hißten die Segel auf und steuerten fröhlich
der Heimat zu. Der Ruhm ihrer Thaten erscholl in allen nordischen Landen.
Sie blieben ein Jahr in glücklicher Ruhe, dann aber sehnten sie sich wieder
hinaus auf das wogende Meer und in das Gewühl des Kampfes. Vater Grim
hätte den tapfern Sohn gern bei sich behalten; indessen wich er, seiner eigenen
Jugend gedenkend, dem Verlangen des Helden.

Die Fahrt ging an die schwedische Küste, wo man mit dem weit im Norden
berühmten Helden Hialmar zusammenstieß. Drei Tage lang kämpften die
Wikinge ohne Entscheidung und schlossen dann nicht bloß Frieden, sondern den
Blutbund, indem sie aus geritzten Wunden ihr Blut zusammenfließen ließen.
So waren sie unlösbar miteinander verbunden. Sie blieben den Winter über am
Hofe des Königs von Upsala, als dessen Landwehrmann Hialmar die Küsten
schützte. Der junge Held aber diente dem Herrscher nicht aus Not oder Dienstpflicht,
denn er besaß Höfe und Bürgen, sondern weil er dessen Tochter, die liebliche
Ingeborg, liebte und auch ihre Neigung gewonnen hatte. Der ahnenstolze
Herrscher hatte bisher seine Zustimmung verweigert; allein Hialmar hoffte,

durch treue Dienste sein Ziel zu erreichen. Als Odd die unwandelbare Liebe seines Freundes und der edlen Jungfrau wahrnahm, riet er zur Gewalt, weil der König ihm und dem Blutbruder nicht widerstehen könne; indessen der sanftere Hialmar wies das Ansinnen zurück, er verschmähte den Bruch des Gastrechts. In den folgenden Jahren unternahmen die Blutbrüder kühne Fahrten nach Britannien und Irland und verrichteten unglaubliche Thaten. Odd gewann von einer gefangenen Zaubermaid ein goldumsäumtes Streitgewand, das weder Waffen, noch Feuer, noch Wasser zu schädigen vermochten. Er blieb längere Zeit auf der Fahrt, während Hialmar, von Sehnsucht getrieben, nach Schweden zurückkehrte. Den dritten Winter hindurch waren die Freunde wieder vereinigt zu Upsala, und Odd forderte Hialmar abermals auf, seine gerechten Ansprüche mit starker Heeresmacht zur Geltung zu bringen, doch, wie zuvor, ohne Erfolg.

Im folgenden Frühling landete an der schwedischen Küste eine kleine Flotte schön geschmückter Fahrzeuge, an deren Masten silberne Friedensschilde glänzten. Zwölf stattliche Männer entstiegen den Drachen, alle in blanken Brünnen und von hohem Wuchs, aber einer von ihnen um eines Hauptes Länge die anderen überragend. Man kannte sie wohl, Arngrims Söhne, wilde Berserker, denen der Schrecken voraus und die Verwüstung zur Seite ging. Sie durchzogen die Meere mit ihren Drachen, verheerten die Küsten und drangen selbst in die entlegenen Binnenländer ein. Keine Burg, keine Stadt widerstand ihren Angriffen, weder Schild noch Brünne schützte vor ihren Schwertern. Aber nun kamen sie unter dem Banner des Friedens, und man geleitete sie nach Upsala in die Königshalle. Der alte Herrscher war erfreut, sie als Gäste zu begrüßen. Er ließ ihnen Ehrensitze anweisen und befahl der lieblichen Tochter, ihnen fleißig die Hörner zu füllen. Ingeborg that nach dem väterlichen Gebot; aber sie errötete, als die Blicke der Ankömmlinge begehrlich auf ihr ruhten. Indessen ging beim leckern Mahle, wie der schäumende Trank, so auch die Wechselrede fleißig um. Die Helden erzählten von ihren Kriegsfahrten, von fremden Ländern und Völkern viele Wunderdinge.

Endlich nahm der stattlichste unter den neuen Gästen das Wort. „Alle diese Thaten", sagte er, „von denen hier berichtet wird, sind nicht mit denen unseres Vaters Arngrim zu vergleichen. Er durchzog siegreich die Länder der Finnen und Biarmier; er kam nach Holmgard (Rußland), wo er den König Swafurlami, einen Riesen und Zauberer, zum Zweikampfe forderte. Am Tage vor der Entscheidung fuhr dieser auf die Jagd und verfolgte eifrig einen Hirsch, verlor ihn aber in einem Felsenlabyrinth plötzlich aus den Augen. Statt seiner erblickte er ein paar Zwerge, die ihn höhnisch angrinsten. Er hielt sie für die Urheber der verfehlten Jagd, sprang vom Pferde und wollte sie niederstoßen. Sie baten voll Angst um Schonung, indem sie ihm ein Schwert verhießen, das Stahl und Stein spalte, ohne stumpf zu werden, eine Waffe, dergleichen auf Erden nicht zu finden sei. Swafurlami, des Kampfes gedenkend, schenkte ihnen das Leben, ging selbst mit ihnen in ihre unterirdische Werkstätte und sah, wie sie unter Zaubersprüchen das Schwert fertigten. Endlich empfing er es aus ihren Händen, schön vollendet, die Klinge

mit Runen bezeichnet, der Griff von Gold, ganz so, wie ihr es hier in meinen
Händen seht; denn ich bin Angantyr, der älteste Sohn Arngrims, dem es
der Vater übergeben hat." Bei diesen Worten zog er die Waffe aus der Scheide
und sie blitzte in seiner Hand wie ein Sonnenstrahl.   „Die Runen auf der
Klinge", fuhr er fort, „die jetzt wie Gold glänzen, sind lodernden Flammen
gleich, wenn es zum Kampfe geht.   Auch ist das Schwert nicht in die Scheide
zurückzuzwingen, bevor nicht ein Mann auf der einen oder andern Seite ge=
fallen ist.   So geschah es gleich bei dem ersten Versuche, da Swafurlami mit
meinem Vater kämpfte.   Er spaltete dessen Stahlschild in zwei Hälften, empfing
aber selbst die Todeswunde, da die scharfe Klinge noch in die Erde fuhr.   Der
Sieger nahm die treffliche Waffe als Kampfpreis, verrichtete damit noch ruhm=
volle Thaten, und sein Erbe ist bis jetzt dessen nicht unwürdig gewesen.   Die
Zwerge nannten ihre Gabe Tyrfing, den Schildspalter.   So hört nun, ihr
versammelten Jarle und Kämpfer, meinen Schwur bei Asa=Thor, dem Rächer
des Meineides: Den Tyrfing will ich führen bis an mein Lebensende, und wenn
ich falle, so soll man ihn mir mit ins Grab legen. Aber seht, er läßt sich nicht
in die Scheide bergen. Ich muß ihn blank tragen, bis er eines Mannes Blut
getrunken hat. Wohl, dazu kann Rat werden, so jemand unserm Antrage wider=
redet. Erhebe dich, Hiorward, und sage deine Werbung!"

Auf diese Mahnung erhob sich Hiorward, ein anderer Berserker, schön von
Angesicht, jünger, doch nicht minder kraftvoll als Angantyr.   „König", sprach
er, „nimm freundlich auf, was ich dir zu sagen habe: Am Julfest waren wir
in unseres Vaters Halle.   Da gelobte ich auf Freys Eber, mir Schön=Inge=
borg, deine Tochter, zur ehelichen Wirtin zu erwerben, sei es mit oder gegen
deinen Willen." — „Und wir, seine Brüder", rief Angantyr, „gelobten ihm
Beistand zu leisten; und ich wiederhole jetzt das Gelöbnis, denn die Maid ist
lieblich, wie Swafu, meine eigene Hausfrau.   Willst du, König, das Gesuch
gewähren, so sind wir deine trefflichsten Kämpfer, wenn nicht —"   Er redete
nicht weiter, sondern blickte auf sein mächtiges Schwert. Der Herrscher zauderte
mit der Antwort, er wagte nicht, ein Nein auszusprechen.

Da stand Hialmar auf, indem er sagte: „Willst du, Herr, den trotzigen
Berserkern Gehör geben? Wisse, ich habe nähere Rechte auf die Jungfrau und
ich fordere sie als Preis für den Schutz deines Reiches!"

Da rief der Herrscher die Maid und hieß sie zwischen den Freiern
wählen.   Sie nahte schüchtern und war doch schön wie Iduna, als sie Bragi
begrüßte.   Als aber der Vater sein Gebot wiederholte, reichte sie Hialmar die
Hand, indem sie sagte: „Den langbewährten Freund zieht jede Jungfrau dem
Fremdling vor."

Rasselnd in ihren Rüstungen erhoben sich die grimmigen Berserker und
beschieden Hialmar mit einer beliebigen Anzahl Kämpfer auf das Eiland Samsöe
zum Holmgang.   Odd aber rief ihnen noch zum Abschied nach, er wolle die
ganze Brut wie Hunde mit einem Stecken ablohnen.

Der Tag des Kampfes rückte heran.   Ingeborg stickte an einem seidenen
Gewande.   Sie mußte oft die rinnenden Thränen von der Stickerei abwischen,
damit der Freund, den sie erwartete, nichts davon gewahre. Jetzt trat er ein,

kräftig, lebensvoll — wie kam ihr nur in den Sinn, er könne fallen, sie werde ihn nur als Leiche, blaß und blutig wiedersehen! „Sei getrost, Geliebte", rief er ihr zu, „soeben flogen zwei Raben vor mir auf, Odins siegverkündende Vögel." Sie weinte still, und ihre Thränen flossen auf den Goldring an seinem Arme, während er die Stickerei betrachtete, die für ihn bestimmt war. Sie stellte Balders Leichenbrand vor und die auf den Scheitern sterbende Nanna.

„Das soll mein Hochzeitskleid werden", sagte er. „Oder —" unter= brach sie ihn — „o, ihr waltenden Götter, wie kommen mir solche Gedanken! Schützt ihn, und wenn nicht, so folge ich ihm, wie Nanna dem Gemahl." — „Sei guten Muts", sagte er; „sieh, diesen Ring, der deine Thränen getrunken hat, will ich auf der Brust tragen; da können mir die Waffen der Berserker nicht schaden. Er riß sich von ihr los, und sie blieb allein mit ihrem Gram.

Wie ein Juwel lag das kleine Eiland Samsöe mit seinen Höhen und Thälern, seinen Quellen und Bächen, Hainen und Wiesen inmitten der grauen Meeresflut. Es war so still und friedlich auf diesem Fleckchen Erde, und doch sollte der erbittertste Streit hier ausgekämpft werden. Die Blutbrüder waren mit ihren Kämpfern zuerst an der bezeichneten Stelle. Ihr Steuer hatte wäh= rend der Fahrt Schaden genommen; sie gingen daher in den nahen Wald, um einen neuen Stiel zurechtzuhauen. Odd trug die Axt und war bald mit der Arbeit fertig. Das Gerät hatte die Form einer scharfkantigen Keule und ein Gewicht, daß es wohl ein Mann heutigen Tages kaum aufgehoben hätte. Odd aber schwang es, wie ein Knabe ein leichtes Schilfrohr. „Das ist der Stecken", sagte er, „womit ich den Berserkerbuben Runen auf Kopf und Brust schreiben werde." Die Freunde gingen an den Strand; aber da sahen sie ein zweites Wikingschiff und auf dem ihrigen die zwölf Brüder in voller Rüstung. Diese waren in der That angekommen, bei dem Anblick des feindlichen Fahrzeugs in Berserkerwut geraten und hatten die schwedischen Kämpfer alle erschlagen. Sie ruhten jetzt, müde von der Blutarbeit, gingen jedoch sogleich ans Land, als sie die Freunde erblickten. Angantyr zog den Thyrfing; die Runen auf der Klinge brannten wie blutrote Flammen. „Der Jötensohn ist für mich", rief Odd, die Keule schwingend; „Zauberhemd gegen Zauberschwert, das gleicht sich aus. Der Thyrfing schneidet Stahl und Stein, nicht Seide." — „Laß mir das schwere Werk", versetzte Hialmar; „meine Brünne hat mich stets vor Wunden bewahrt: sie wird auch jetzt sich bewähren, daß ich das gute Schwert als Preis des Sieges der Braut zu Füßen lege." Ungern willigte der Freund in seinen Willen und forderte die elf Berserker zum Kampfe, während Hialmar den riesigen An= gantyr angriff. Hiorward sank zuerst mit zerschmettertem Schädel unter den Keulenschlägen. „Nun umarme dein Feinslieb", rief spottend der Sieger, „ein anderer trete vor!" Herward, der wütend anrannte, den Bruder zu rächen, hatte das gleiche Schicksal, dann der dritte, vierte, fünfte der Brüder, und ob= gleich die übrigen zugleich auf den Würger eindrangen, erlagen sie doch alle seinen Streichen. Er sah sich jetzt nach den anderen Kämpfern um; da lag Angantyr lang hingestreckt, den Thyrfing noch in der Faust, das Angesicht von Kampfgrimm verzerrt, und dort lehnte der Freund todbleich am Stamme einer Eiche.

„Der Tyrfing traf gut", sagte er, „und ich bringe der geliebten Maid nicht mehr den Siegespreis. Aber du bringe ihr den Goldring, den sie beim Scheiden mit ihren Thränen benetzte. Ich trug ihn seitdem auf der Brust, und er ist rot von meinem Herzblut. Sage ihr den Scheidegruß, daß ich sie, wie im Leben, so im Sterben liebe. Die Augen werden dunkel; doch sehe ich sie vor mir stehen — sie ist Walküre — sie giebt mir — o ihr heiligen Götter — sie giebt mir den Todeskuß. — Ich werde sie in Freyas Halle wiederfinden." — So starb der Held, der die Liebe nimmer vergessen.

Ingeborgs Tod. Von W. Heine.

Odd stand allein unter Leichen. Er wäre am liebsten mit dem Freunde gestorben; aber die Pflicht gebot, zu leben und für die Toten Sorge zu tragen. Zunächst schaffte er die auf dem Schiffe gefallenen Gefährten ans Land, grub ihnen ein weites Grab und errichtete darüber einen Hügel, wie es sich geziemt. Ebenso that er den zwölf Brüdern, und dem Angantyr legte er sein Schwert unter das Haupt. Darauf trug er des Freundes Leib an Bord des Fahrzeuges, stellte die Segel und steuerte nach Schweden, um daselbst den lieben Genossen ein würdiges Mal zu errichten. Niörder sandte günstigen Fahrwind, daß er in kurzer Frist die Küste erreichte. Schwer ward ihm der Gang zu Ingeborg: doch es mußte sein, und zögernd trat er in ihr Gemach. Sie hatte soeben das für Hialmar bestimmte Gewand vollendet und blickte sinnend auf die Stickerei. Hoffnung und Furcht wechselten in ihrer Seele und sie flüsterte leise vor sich hin: „Nanna bestieg mit ihm die Scheiter." Jetzt bemerkte sie den eingetretenen Freund, der nicht reden konnte. Sie ward glührot und dann wieder bleich, wie Hel. „Ich weiß, was du bringst", sagte sie mit tonloser Stimme; „richte nur deine Botschaft aus."

Er wiederholte ihr die Abschiedsworte Hialmars und überreichte ihr den von Blut geröteten Goldreif. Sie nahm ihn ohne zu klagen, neigte ihr Haupt darauf, tiefer und immer tiefer, und sank allmählich zur Erde nieder. „Tot", rief Odd, indem er sie aufzurichten suchte, „wie Nanna, aber nicht bei Hel, nein, bei Freya vereinigt. Nun noch der Leichenbrand und dann — ich weiß nicht, ob ich's überstehe."

Er überstand indessen alles Leid; doch fand er nirgends eine feste Wohnstätte. Als er die teuren Leichen in einem Hügel gebettet sah, zog er fort in die weite Welt, kämpfte in Stürmen und Schlachten und konnte doch den Freund nicht vergessen. Er ward im Norden wie im Süden berühmt und soll nach einer Legende in Sizilien Christ geworden und endlich, auf sein väterliches Gut heimgekehrt, durch den Biß einer Schlange gestorben sein.

Der Tyrfing.

Angantyr hinterließ keine männlichen Sprößlinge, sondern nur eine Tochter, Herwor, ein Weib, das den wilden, unbändigen Sinn des Geschlechts von ihm geerbt hatte. Sie wollte herrschen, Reiche gewinnen, und sollte auch ihr Weg über Blut und Leichen führen. Wenn sie den Tyrfing hätte, hoffte sie alles, was sie wünschte, zu erreichen.

Sie beschloß, die Zwergengabe von dem toten Vater zu fordern; denn sie verstand, wie kein anderes Zauberweib, die Toten zu beschwören. Sofort bestieg sie allein das Drachenschiff und steuerte nach dem Eiland Samsöe, wo der hochgetürmte Hügel Angantyr und seine Brüder umschloß.

Es war aber Nacht, als Herwor die Höhe bestieg und mit dem Mistelstab magische Kreise zog. Das Meer schlug dumpf an das Felsengestade, der Wind rauschte klagend durch die Büsche, düstre Wolken zogen, gleich Gespenstern, über den Sichelmond; Getöse, wie ferner Donner, scholl aus der Tiefe herauf. Das Weib auf der Höhe kannte keine Furcht; es begann die Beschwörung:

> „Erwach', Angantyr! Es ruft dich Herwor,
> Einzige Tochter deiner Swafu.
> Reich' herauf aus der Gruft das starke Schwert,
> Das Zwerge schufen dem Swafurlami;

Hiorward und Herward, Hrani, Angantyr,
Ich weck' euch alle, unter Baumes Wurzel
Begraben mit Brünne und scharfem Schwert,
Mit Schild und Wehre und blut'gem Speer.
Sind alle denn worden, Arngrims Söhne,
Die Gefahrenfrohlocker, Staub und Asche?
Will keiner der Starken Antwort mir geben
Auf meine Fragen aus dem Totenhain?
Ihr wollt nicht hören? So seid denn alle
In euren Gräbern wie aufgehangen
Zum Würmerfraße, wenn nicht ihr reichet
Das scharfe Schwert und den Gürtel von Gold."

Als sie die Zauberworte gesprochen, bewegte sich der Boden, und herauf stieg Angantyr, blutbefleckt, ein grausiges Bild, das nur Herwor ertrug. Er sprach mit hohler Grabesstimme:

"Herwor, Tochter, was rufst du mich,
Mit Zauberrunen den Toten weckend?
Tolle Ruferin, wütig pochend an das Totenthor,
Dir selber zum Weh! Mich hat nicht Vater,
Nicht Freund gebettet. Zwei nahmen den Tyrfing,
Die nach mir lebten und einer hat ihn noch."

H. "Sprichst nicht wahr! So gewiß dich Odin
In der Gruft behält, hast du die Wehre;
Und soll sie nicht erben dein einziges Kind?"

A. "Ich künde dir, Herwor, was kommen wird.
Der Tyrfing mordet — kannst mir glauben —
Dein ganz Geschlecht! Doch sagen die Toten:
Ein Sohn von dir wird einst ihn haben
Und König sein in Ehren und Macht."

H. "Ich zaubr', ich zaubr' euch Unruh zu:
Keiner der Toten soll rasten und ruh'n,
Bis mir Angantyr den Tyrfing sendet,
Den Schildespalter, der Helme Tod!"

A. "Wütige Dirne, die also pocht,
Wandelnd um Gräber in Mitternacht
Mit Zauberspeeren und Helm und Brünne
Vor finsterer Pforte der Totenhall'!"

H. "Ich hielt dich edel und wackeren Mann,
Da ich ausging suchen der Toten Hall'!
So gieb aus der Gruft mir das Zwergengeschenk!"

A. "Mir unter dem Haupte liegt die Wehre,
Der Helme Mörder, in lodernden Flammen;
Kein Weib auf Erden, die dürfte wagen,
Das Schwert zu fassen mit dreister Hand."

H. "Ich aber wag' es, will's in Händen halten,
Erhalt' ich nur das scharfe Schwert.
Ich kann nicht wähnen, daß Feuer brenne,
Das um die Gesichte der Toten spielt."

A. „Wütige Dirne, wie pochst du toll!
    Doch ehe im Nu dich Flammen ergreifen,
    Will ich dir reichen aus meinem Grabe,
    Dirne, das Schwert und bergen dir's nicht."

H. „Wohl, edler Vater vom Heldenstamme,
    Du willst mir reichen die gute Gabe,
    Ein schöner Geschenk mir als Noregs Reich."

A. „Betrogne, weißt nicht, wes du frohlockest!
    Der Tyrfing wird morden all dein Geschlecht."

H. „Ich muß von hinnen zu den Meinen gehen;
    Nicht darf ich länger, länger hier stehen.
    Nicht frag' ich ferner, o edler König,
    Was meine Söhne nach mir beginnen."

A. „So hab' und halte der Helme Feind,
    Hab' ihn lang' und brauch' ihn, berühre die Schneiden,
    Gift ist in beiden, ein grauser Würger
    Der Menschensöhne in Midgardheim."

H. „Ich hab', ich halte das Schwert in Händen,
    Des Vaters Gabe der einzigen Tochter.
    Erschlagener Vater, was meine Söhne
    Nach mir beginnen, das fürcht' ich nicht."

A. „Leb' wohl, o Tochter; ich gab die Waffe,
    Zwölf Männer Tod in jeglicher Schneide,
    Wenn treu du fassest das einzige Gut,
    Das Arngrims Söhne nach sich gelassen."

H. „So schlummert alle grausigen Schlafes
    In Grabesgrüften. Ich muß von hinnen,
    Darf hier nicht weilen; mich dünkt, ich stehe,
    Wo ringsum lodert glührote Glut."

Vorstehende Dichtung nach Herders Übersetzung giebt uns, wie wenige, eine Anschauung von dem wilden, trotzigen Sinne der Nordgermanen, der sich selbst vor den Schrecken der Geisterwelt nicht scheut. Nur die schauerliche Sage von Asmund, der sich mit seinem verstorbenen Blutbruder Aswit lebendig in die Grabhöhle versenken ließ, kann mit der Tyrfingsage verglichen werden. Er mußte nämlich allnächtlich mit dem Gespenste des toten Freundes in fürchterlichem Kampfe ringen. Der Unhold zerriß ihm mit seinen Krallen Gesicht und Brust, und so kam er, durch Zufall entdeckt, wieder auf die Oberwelt, wo die tapfersten Männer schaudernd vor ihm zurückwichen.

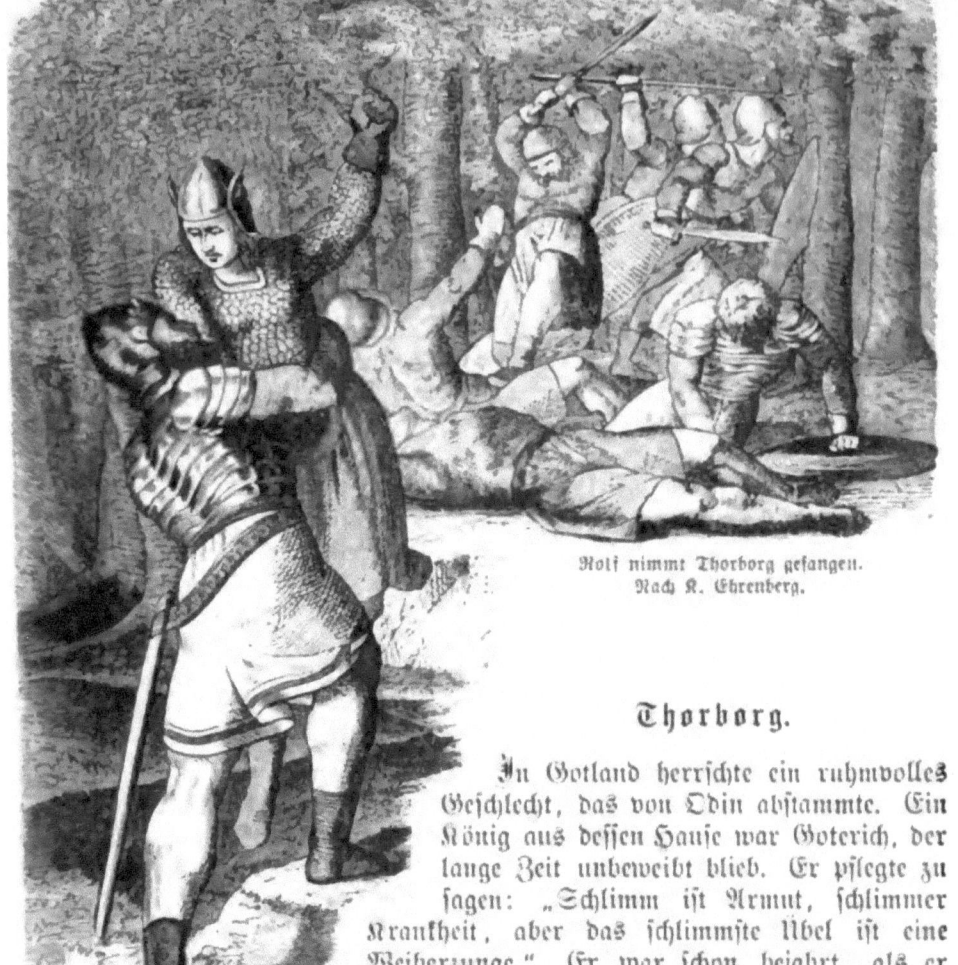

Rolf nimmt Thorborg gefangen.
Nach R. Ehrenberg.

Thorborg.

In Gotland herrschte ein ruhmvolles Geschlecht, das von Odin abstammte. Ein König aus dessen Hause war Goterich, der lange Zeit unbeweibt blieb. Er pflegte zu sagen: „Schlimm ist Armut, schlimmer Krankheit, aber das schlimmste Übel ist eine Weiberzunge." Er war schon bejahrt, als er sich endlich entschloß, den Bitten seiner Freunde nachgebend, aufs Freien zu gehen. Der würdige Mann gewann die Liebe der verständigen Ingeborg, die ihn einem jüngern Bewerber vorzog, und führte sie mit sich in sein Reich.

Der alternde Herrscher fühlte sich an der Seite seiner jugendlichen Gattin sehr glücklich. Sie war eine Zierde für seinen Haushalt und erheiterte den Abend seines Lebens. Er fand, daß die Zunge eines verständigen und tugendhaften Weibes nicht ein Übel, sondern ein köstliches Gut sei. Um so größer war seine Betrübnis, als sie noch vor ihm ins Grab sank. Er ging jeden Tag an den Hügel, der ihre Hülle barg, und es war ihm oft, als höre er ihre sanfte Stimme in der Tiefe, die ihm heilsamen Rat erteilte. Sie hatte ihm zwei Söhne hinterlassen, von denen der ältere, Ketil, klein und unansehnlich von Gestalt

aber flink und gewandt an Körper und Geist, der jüngere, Rolf (Hrolf), un=
gemein stattlich und dabei langsam von Entschluß, doch energisch in der Aus=
führung war. Beide waren einander in uneigennütziger brüderlicher Liebe zu=
gethan und auch dem Vater aufrichtig ergeben. Als nun der würdige Greis
auf dem Sterbebette lag, ließ er sie zu sich kommen und sagte, er halte den
jüngern Rolf für geeigneter zur Verwaltung des Reiches. Er bat Ketil, dies
nicht für Mißachtung zu halten, sondern fortwährend dem Bruder liebevoll mit
Rat und That beizustehen. Dieser stimmte freudig bei und versprach, der
Weisung treulich nachzukommen. „So scheide ich denn getrosten Mutes von
euch", sagte der sterbende König; in Freyas goldener Halle werde ich euere
Mutter wiederfinden und ihr von eurer Eintracht erzählen."

Nach des Vaters Tode schirmten die Brüder das Reich gemeinsam als
treue Hüter. Sie erfochten manchen Sieg über räuberische Horden. Wenn
Rolf in königlichen Ehren auf dem Hochsitze thronte, so überließ er dagegen
gern die Siegesehren dem ältern Bruder. Doch folgte er nicht immer dem
Rate desselben, sondern er erwog längere Zeit das Für und Wider und faßte
dann seinen Entschluß nach eigener Überzeugung. Einstmals sagte Ketil zu
ihm, es sei nun an der Zeit, daß er sich eine würdige Gattin zugeselle, und da
habe Eirik (Erich), der König von Upsala, eine Tochter mit Namen Thorborg,
die werde eine Zierde in seinem königlichen Haushalte sein. „Du redest von
König Thorborg zu Ulleracker", sagte Rolf lächelnd; „aber der hat schon
manchen Freiersmann mit Schimpf und blutigem Kopfe fortgejagt; es wird mir
bei dem Geschäfte nicht besser ergehen."

„Es ist wahr", versetzte Ketil, „Thorborg hat von ihrem schwachen Vater
Eirik ein kleines Reich ertrotzt und läßt sich König schelten; aber unter dem
Waffenrock guckt der Weiberrock hervor, und unter der Brünne schlägt ein
Weiberherz. Wenn der rechte Mann erscheint, wird sie die Rüstung ablegen
und sich gern in das Ehejoch schmiegen." Rolf sagte nichts weiter; erst nach
Jahresfrist — solange brauchte er zur Überlegung — kam er wieder auf die
Sache zu sprechen. Da hatte er aber auch schon den ganzen Feldzugsplan bis
in alle Einzelheiten fertig. Er übertrug Ketil die Reichsverwaltung und trat
mit zwölf auserlesenen Kämpfern die Reise zu König Eirik in Upsala an. Der
Schwedenkönig empfing den berühmten Gast mit allen Ehren, und als dieser
seinen Antrag geziemend vorbrachte, versicherte er, kein anderer Häuptling werde
ihm als Eidam willkommener sein, aber er müsse sich Thorborgs Beistimmung
selbst holen, denn der weibliche König habe sich von der väterlichen Autorität
losgesagt. So mußte denn der Freier selbst nach Ulleracker pilgern.

Die Schildmaid saß in Rüstung auf ihrem Hochsitz und empfing die An=
kömmlinge sehr hoffärtig. Als nun gar der König mit seiner Werbung hervor=
rückte, rief sie mit Hohngelächter ihren Kämpfern und Burgmannen zu, sie
sollten den aberwitzigen Narren samt seinen Genossen mit eisernen Ruten hinaus=
peitschen, oder greifen und an den Beinen aufhängen, damit sie den König
Thorborg kennen lernten. Die Schwerter flogen aus den Scheiden; von allen
Seiten drangen die Krieger auf Rolf und sein Gefolge ein. Aber der König
war ein großer und starker Mann, breitschulterig, schwer, so daß nur ein sehr

kräftiger Hengst ihn tragen konnte. Er deckte den Rückzug seiner Leute mit
Schwert und Schild, und seinen Streichen widerstand keine Rüstung. Bald
wagte kein feindlicher Krieger ihm nahe zu kommen, und so gelangten die Helden
in den Burghof, bestiegen die Rosse und ritten ihres Weges. Sie kamen glücklich in Gotland an, wo bereits die Kunde von dem üblen Erfolge der Brautfahrt eingetroffen war.

„Ja, so geht es", meinte Ketil bei der Begrüßung, „wenn man ohne
mich aufs Freien geht. Nun singen die Buben Spottlieder auf König Rolf.
Wäre ich bei dir gewesen, so hätten wir entweder die kriegerische Braut heim-
geführt oder mit Ehren das Leben gelassen. Wohlan! wir sammeln unsere ganze
Macht und ziehen nochmals aus, die Schmach zu rächen, sollte es auch den Kopf
kosten." — „Es ist besser", sagte Rolf, „wir bewahren uns den Kopf, als daß
wir ohne Kopf Hochzeit halten." Nach seiner Gewohnheit sprach er hierauf
nicht weiter von der Sache.

Im folgenden Sommer war Rolf mit Heerfahrten in den westlichen
Ländern beschäftigt. Er gewann dadurch nicht bloß Beute und Ruhm, sondern
auch einen tapfern Blutbruder, den schottischen Königssohn Asmund, der als
Wintergast in seiner Halle blieb. Endlich, als abermals die Frühlingssonne
schien und die Gewässer von Eis frei wurden, war er mit dem Entschlusse zur
Fahrt nach Swithiod und zugleich mit den Rüstungen fertig. Diesmal nahm
er Ketil an Bord seiner Flotte, auch stießen der Beherrscher von Danland und
der mutige Asmund mit ihren Geschwadern zu ihm. Mit günstigem Winde
erreichte man bald die gesuchte Küste, und in Upsala bewirtete König Eirek
sowohl die ruhmvollen Führer als auch ihre ziemlich zahlreiche Mannschaft.
Er wiederholte seine Versicherung, daß er sehr erfreut sein werde, den edlen
Rolf als Eidam zu begrüßen, daß aber derselbe ein sehr gefährliches Unternehmen vorhabe.

Nach kurzem Aufenthalt ging der Marsch nach Ulleracker. Man fand
die Burg in wehrhaftem Zustande und durch neue Mauern und festes Pfahlwerk
in eine fast unbezwingliche Festung umgewandelt. Streitbare Männer hielten
gute Wache und unter ihnen König Thorborg, der den Belagerern spottend zu-
rief, ob sich der närrische Rolf noch einmal eine Stäupe mit eisernen Ruten
holen wolle. Mit unglaublichem Mute versuchte man der Festung Meister zu
werden; die Stürme wurden jedoch abgeschlagen. Man legte Feuer an das
Pfahlwerk; allein aus verborgenen Röhren sprang reichliches Wasser hervor,
das die Flammen auslöschte. Man suchte mit Sturmbalken die Thore zu sprengen,
mit Brecheisen die Steine herauszureißen; da strömte kochendes Wasser und
siedendes Pech auf die stürmenden Krieger herab, und wuchtige Felsen zerschmetterten sie haufenweise.

Man hoffte durch Hunger die Übergabe der Burg zu erzwingen, aber
früher stellten sich Mangel und Überdruß bei den Belagerern selbst ein.
Schon murrte das Kriegsvolk im Lager über die unendlichen Mühsale und das
vergeblich vergossene Blut, schon sprachen die Leute von Abzug; da berief der
König das Heer zu einer Versammlung. Er ermahnte zum Ausharren und
lehrte eine neue Angriffsweise, die er aufgefunden hatte. Die Kriegsknechte

arbeiteten unverdrossen am Pfahl= und Mauerwerk, bis eine Spalte entstand, die man immer mehr erweiterte. Als man einen Durchgang fertig hatte, wurde ein Sturm unternommen, und jauchzend drang die Menge in die feste Burg. Man fand keinen Widerstand, sondern im Innern reichlich Speisen und Getränke, wie zum Gastmahl aufgestellt, aber keine menschliche Seele. Die Krieger wollten sich alsbald für die Beschwerden an den vollen Tafeln entschädigen, allein Rolf befahl, ohne Verzug alle Räume nach den Verteidigern zu durchsuchen. Da entdeckte man denn einen verborgenen Gang und frische Spuren. Rolf und seine königlichen Genossen schritten voran, das übrige Volk ihnen nach, und endlich gelangten sie in einem Walde wieder an das Tageslicht. Sie wurden aber sogleich von allen Seiten angefallen, denn Thorborg hielt mit dem schwedischen Kriegsvolk da. Der König schaffte jedoch mit gewaltigen Streichen Bahn, und nach heftigem Kampfe wichen die Schweden. Ketil erkannte Thorborg; er schlug den weiblichen König mit flacher Klinge, allein sie versetzte ihm mit der Streit= axt einen Schlag auf das linke Ohr, daß er kopfüber zu Boden stürzte. „So züchtigen wir unsere Hunde!" rief sie höhnisch. Indessen hatte der eherne Helm eine Verwundung verhütet, und ihr Gegner war rasch wieder auf und im Be= griffe, mit scharfer Klinge Rache zu nehmen, während sie nicht minder erbittert das Mordbeil auf ihn schwang.

In diesem Augenblicke fühlte sich die Kämpferin von nervigen Armen emporgehoben. Rolf selbst hatte sich ungesehen auf sie gestürzt und schwang sie nun, wie ein Kind seine Puppe, hoch in die Luft. Im vergeblichen Ringen, sich loszumachen, entfiel ihr die Streitaxt, aber sie zückte einen Dolch, nicht auf ihn, den sie nicht tödlich treffen konnte, sondern auf das eigene Herz, um der Gefangenschaft zu entgehen. Der Held wendete aber zur rechten Zeit die blin= kende Klinge ab, obgleich er dadurch an der Hand verwundet wurde. Er ließ sie sanft auf den Boden nieder und sagte, den blutenden Finger erhebend: „Ich schwöre dir, daß ich dich nicht gegen deinen Willen zwinge, und bitte dich nur, du wollest die Entscheidung deinem Vater anheimstellen."

Der Edelmut des hochherzigen Siegers bezwang den wilden Zorn und Stolz der streitbaren Jungfrau.

Sie willigte in die Bedingung; der Friedensschild wurde erhoben, und bald saßen die Krieger der beiden Parteien in der Feste bei dem leckeren Mahle, das vorher die Arglist bereitet hatte. Als die schäumenden Hörner fleißig geleert wurden und die Wechselrede kreiste, da erwies sich Rolf ebenso ver= ständig und weise in Worten, wie er im Kampfe tapfer war. In dem Herzen der Jungfrau aber regten sich Gefühle der Bewunderung für den edelmütigen, unbesiegbaren Helden.

Folgenden Tages zogen die Könige nach Upsala. Daselbst legte bald der erfreute Vater die Hand seiner Tochter, die wieder in weiblichem Schmuck er= schien, in die des Gotenkönigs. Die junge Königin ward eine treue Gattin und die Stammutter eines edlen Heldengeschlechtes.

Hamlets Rache. Von Karl Ehrenberg.

Hamlet (Amleth).

Von den Kämpfen zwischen Balder und Höder
haben wir in dem Baldermythus ausführlich berichtet.
Als Höders Sohn nennt Saxo den Hrodrik
(Roderich), der von dem Vater die Herrschaft über Dänemark, Schweden und
die Slavenlande überkam. Als sich aber die Slaven mit ihrer ganzen Macht
wider ihn erhoben, zwang er sie mit Hülfe seiner tapferen Helden von neuem
zur Unterwerfung. Über die weiten Gebiete, welche ihm unterthänig waren,
bestellte er Jarle und Könige, damit die Völker in ihrem Eigentume und in ihren
Gerechtsamen geschützt würden. Ein solcher König war in Jütland Gerwandil
(der mit dem Ger Arbeitende) und nach ihm seine Söhne Orwandil (der mit
dem Pfeile Arbeitende) und Fengo (der Empfänger und auch der Geber). Von
Orwandil und seinem Weibe, der zauberischen Groa (die Grünende), ist im
Thormythus die Rede gewesen; auch wurde daselbst der zu Grunde liegenden
Idee vom Fruchtkeim, den Thor, der Gott des Landbaues, über die Eisströme
Eliwagar trägt, Erwähnung gethan. Orwandil, ein kühner Wiking, besiegte und
tötete den starken Kollir (Kälte), der von Norden, aus Norwegen kam; denn bei
vorgerückter Jahreszeit muß der Frost mit seinem Eise dem Frühlingsgott unterliegen.
Von weiterer Deutung absehend, wenden wir unsere Aufmerksamkeit der Heldensage
zu, welche durch die Dichtung Shakespeares so große Berühmtheit erlangt hat.

4*

Durch kühne Waffenthaten erwarb sich Orwandil ausgebreiteten Ruhm
und die Gunst seines Lehnsherrn Hrodrik, dem er stets einen Teil der Beute
überließ. Der Großkönig vermählte ihm endlich seine Tochter Geruta, durch
welche er Anspruch auf die Nachfolge im dänischen Reiche erhielt. Mißgünstig
blickte Fengo auf das Glück des Bruders. Er saß daheim in träger Ruhe unter
Schranzen und Speichelleckern, während dieser auf den Wogen des Meeres im
schwankenden Fahrzeuge sich schaukelte, in heißen Kämpfen den tödlichen Ger
schleuderte und das blinkende Schwert schwang. Er kam auch wohl oft herüber
in des Bruders Gehöft, mit heuchlerischer Schmeichelrede seine Thaten preisend
oder in dessen Abwesenheit die schöne Geruta gar angenehm unterhaltend. Sie
hatte daran mehr Wohlgefallen, als ihr und Orwandils Söhnchen Hamlet, das
den sauersüßen Ohm nicht leiden mochte und ihm sogar einstmals süßes Back=
werk, das er ihm gab, ins Angesicht warf. Fengo ließ sich durch den Wider=
willen des ohnmächtigen Knaben in seinen Entwürfen nicht irre machen, und
diese gingen auf die Alleinherrschaft in Jütland. Da stand ihm nun der tapfere
Orwandil im Wege, der jedes Jahr durch kühne Kriegsfahrten Ruhm und
Beute gewann. Er wußte aber Rat zu schaffen, indem er durch feile, be=
stochene Menschen das Gerücht verbreiten ließ, der König behandle seine edle
Gattin auf unwürdige Art; sie sei vor seinen Mißhandlungen nicht sicher. Die
Verleumdung fand sogar bei dem Lehnsherrn Glauben, so daß derselbe beschloß,
den Eidam zur Rechenschaft zu ziehen.

Ehe Hrodrik seinen Entschluß ausführen konnte, war schon das Entsetzliche
geschehen: Fengo hatte den Bruder ermordet und bald auch mit der Königin
die Vermählung gefeiert. Er war unbestrittenes Oberhaupt in Jütland. Er
wußte aber seine Unthat mit solcher Verschlagenheit zu beschönigen, daß ihn
der Lehnsherr in der angemaßten Würde bestätigte. Er versicherte nämlich, er
sei Zeuge gewesen, wie Orwandil die edle, duldende Gattin mit Füßen getreten
habe; da habe er im Zorne das Schwert gegen den Tyrannen gezückt. Geruta
sagte nicht nein, und von den Hofleuten wagte keiner wider den Gewalthaber
zu zeugen; Fengo war und blieb im Besitz, und nur der kleine Hamlet machte
ihm zuweilen eine Faust und zeigte ihm unverhohlen seinen Widerwillen. Er
hätte gern den störrischen Buben seinem Vater nachgesandt, allein der war der
Liebling seiner Mutter und seines Großvaters; das mahnte zur Vorsicht. Als
aber der Knabe heranwuchs, da schien er dem Thronräuber ein gefährliches
Werkzeug der Rache für das vergossene Bruderblut.

Die Gefahr, die der König fürchtete, schien endlich vorüber, denn Hamlet
zeigte Spuren von Geisteszerrüttung. Er spielte wie ein Kind, er setzte sich in
die Herdasche, wälzte sich im Angesichte des Hofes auf dem Boden herum, stieg
verkehrt auf ein Roß und nahm unter dem Gelächter der Höflinge den Schweif
statt des Zügels in die Hand. Er schien jetzt ganz unschädlich. Nur der Königin
offenbarte er, daß er die Maske des Wahnsinns angenommen habe, um sich für
die Vaterrache aufzusparen. Einer der Schranzen hatte jedoch mit dem König
verabredet, er wolle eine Unterredung Hamlets mit seiner Mutter belauschen.
Indessen der vorsichtige Prinz merkte den Verräter, durchbohrte ihn mit dem
Schwerte und warf die zerstückte Leiche in den Hinterhof, wo eine Herde Schweine

darüber herfiel und sie auffraß. Als dies schauerliche Vorspiel vorüber war, trat die Königin ein, die er oft in Thränen gesehen hatte, wenn er sich als wahnsinnig geberdete. Jetzt aber stand er vor ihr, nicht mit der Miene des Wahnsinns, sondern in königlicher Haltung, ein verjüngtes Bild ihres ermordeten Gemahls. „Mutter“, sprach er, „weine nicht um mich, der sich berufen fühlt, Vaterrache zu üben und Frevelthat zu strafen; weine über dich selbst, daß du den edeln Gatten, den Vater deines einzigen Sohnes, vergessen hast, daß du an der Seite seines Mörders verharrst, ohne schamrot zu werden. Bereue, was geschehen ist, damit nicht die rächenden Nornen dich mit dem blutbefudelten Meuchler dahinraffen! Ahnst du nicht, errätst du nicht, daß er auch mir nach dem Leben trachtet? Es bleibt dir nur die Wahl zwischen ihm und mir.“ Die Worte schnitten wie Dolche in das Mutterherz; die Königin weinte Thränen der Reue an seiner Brust. Er verlangte von ihr nur, daß sie zierliche, aber starke Netze webe und damit die Wände des Königssaales bekleide. Sie aber gelobte alles nach seinem Wunsche zu vollenden. Sie ward seine Genossin bei dem, was er vorhatte, doch nicht seine Mitwisserin; denn seine Entwürfe verbarg er in der Tiefe der verschwiegenen Seele.

Am folgenden Tage saß er wieder in der Herdasche, gab närrische Antworten, warf Kohlen umher, schleppte allerlei Gehölz herbei und schnitzte daraus starke Haken und Klammern, die er sorgfältig forttrug und verbarg. Diese Arbeit beschäftigte ihn mehrere Tage. Als man ihn fragte, wozu diese Hölzer dienen sollten, meinte er, sie seien gut, um Netze anzuheften, womit man lose Vögel fange. Ein andermal aber versicherte er, es seien Gere, womit er den Vater rächen werde. Die Hofleute lachten über die offenbare Narrheit; allein der König, dem alle diese Reden hinterbracht wurden, ahnte den tiefern Sinn und die unter der Maske des Wahnsinns verborgenen Gedanken des Stiefsohnes.

Wie ein Gespenst der Rache stand die Gestalt des verlachten Jünglings Tag und Nacht vor seiner Seele. „Er muß sterben“, beschloß er endlich; „sein Tod macht aller Angst ein Ende.“ Er sann hin und her, wie er sich des Jünglings entledigen könne, und fand zuletzt einen Ausweg. Er wollte den Stiefsohn mit einer Botschaft zu dem Beherrscher der Briten entsenden, der sein Blutbruder von frühester Zeit her war. Der sollte, insgeheim benachrichtigt, den Mord vollstrecken.

Der König verkündigte seinen Beschluß, daß sein lieber Sohn mit einer wichtigen Botschaft nach Britannien gehen solle. Die Vorbereitungen zur Reise waren bald getroffen, und Hamlet bestieg mit zwei Begleitern das wohlausgerüstete Fahrzeug. Widrige Winde zwangen, auf einem Eilande anzulegen, wo man in einem befreundeten Hause gastliche Herberge fand. Man kam aber zu einem Totenmahle, denn der Sohn des Jarls war gestorben, und am folgenden Tage sollte der Leichenbrand stattfinden. Berauscht ruhten die Begleiter Hamlets in tiefem Schlafe, er aber wachte; er durchsuchte ihre Kleider und Taschen, da er Nachstellungen besorgte. Bald fand er einen Stab, worauf Runen eingeschnitten waren. Der Schrift kundig, erkannte er, daß sein Stiefvater dem britischen Könige seine Ermordung auftrug und ihn als seinen

Blutbruder beschwur, das Urteil ohne Verzug zu vollstrecken. Hamlet war mit dem Runenstab in das Gemach, wo die Leiche lag, getreten, weil daselbst Lichter brannten. Er blickte hier sinnend auf den entseelten Körper, dort auf die ent=schlummerten Leichenwärter, die manchmal die Lippen bewegten, wie zum Reden, und die Hände, als wollten sie etwas fassen.

„Sein oder Nichtsein", sprach er bei sich, „das ist die ewig wiederkehrende Frage, auf die nicht die Erde, noch droben der Himmel Antwort giebt. Im Todeskusse der Walküren zu Odin gehen, oder im Strohtode zur bleichen Hel, oder vielleicht wie ein Nebelbild zerfließen, oder im Moder der Erde vergehen — Elender! ist es darum, daß du ein langes Leben hindurch die Last fort=schleppst? — Sterben, schlafen — und hier die Schläfer haben Träume, greifen etwa nach Schwert und Schild und haben nicht Kraft, die Wehr zu fassen. Ob der Tote auch träumt? Vielleicht den Jammer des Lebens wieder und immer wieder träumt? Ja, das sind die Eiterthäler, das ist Nastrands giftgefüllter Saal. Darum tragen die Menschen ihre Bürden und wagen nicht den Sprung in die Tiefe und stoßen nicht das Schwert in das gebrochene Herz! Aber so bin ich selbst, ein thatenloser Träumer, ein verächtlicher Schwächling. Des Vaters blutiger Schatten stieg vor mir auf; ich hörte seine Stimme, die Rache forderte, und ich zauderte, ich erschlug nicht den feigen, meuchlerischen Buben inmitten seiner Mörderbanden? Ruhig, erschlagener Vater, der Träumer soll ein Rächer werden. Zunächst müssen die Abgesandten des gekrönten Übelthäters gen Helheim wandern."

Er veränderte darauf die Runenschrift in der Art, daß dem britischen Könige der ausdrückliche Auftrag erteilt wurde, die zwei Sendboten eiligst an den Galgen zu befördern, dagegen dem Stiefsohne des Schreibers die eigene Tochter zu vermählen.

Wir sehen, daß Hamlet in der nordischen Sage nicht so unentschlossen auf=tritt, wie in der Tragödie des großen Briten.

Die Gesandtschaft fand in Britannien gastliche Aufnahme. Der Herrscher las den Runenbrief und zweifelte nicht an der Wahrheit der Schrift. Die Send=linge, die sich überdies gar bald durch üble Sitten mißliebig machten, wurden ungeachtet ihrer Beteuerung dem Henker überliefert. Wie aber Hamlet sich schnell die Gunst des Königs erworben hatte, so gewann er auch das Herz der Tochter, und die Ehe wurde ohne längere Zögerung abgeschlossen. Fast ein Jahr blieb der Prinz am britischen Hofe, dann begab er sich auf den Rückweg. Er erhielt auch noch auf seine Bitte ein Bußgeld für den Tod seiner Begleiter, das er in zwei feste Stäbe goß und, wie er sagte, als Zehrpfennig mitnahm.

In Jütland hatte man ihn für tot gehalten; man beging gerade seine Totenfeier, die er selbst, im Falle er nicht wiederkehren solle, angeordnet hatte. Seine Heimkehr erregte daher allgemeines Erstaunen, noch mehr aber Besorgnis bei Fengo. Indessen der Ankömmling schien noch ebenso zerrütteten Geistes wie vorher. Er deutete auf Befragen nach seinen Begleitern auf die zwei Holz=stäbe mit der Goldfüllung und versicherte, jene steckten darin verzaubert. Er diente bei dem Gelage als Mundschenk und war so dienstfertig bemüht, die Hörner zu füllen, daß endlich alle Hofleute berauscht unter die Bänke fielen und

der König selbst nur mit Mühe sein Schlafgemach erreichen konnte, wo er als=
bald auf sein Lager taumelte. Es war ein töblicher Schlaf, den der Wirt und
die Gäste schliefen; denn die Stunde der Rache war gekommen. Hamlet machte
die von der Königin gefertigten Netze vom obern Rande der Wände los und
breitete sie über die Schläfer aus. Er befestigte sie mit den Haken und Klam=
mern, die er früher wie ein Kinderspielzeug geschnitzt hatte. Es entstand da=
durch eine unlösbare Verschlingung. Er legte darauf die Brandfackel an die
leicht entzündlichen Wände von Fichtenholz und schritt, dem Brande das Werk
der Zerstörung überlassend, nach dem Gemache des Königs. Er nahm hier
dessen Schwert an sich und hing dafür sein eigenes hin, das mit einem Nagel
an die Scheide befestigt war. Alles war nun bereit, wie er es ersonnen hatte;
schon hörte man das Prasseln der Flammen und das Wehegeschrei der ver=
strickten Hofleute herüberschallen, da rief er mit furchtbarer Stimme: „Fengo,
Brudermörder, der Rächer über dir!"

Der König erwachte, sah mit Schrecken den Stiefsohn funkelnden Blickes,
das blanke Schwert in der Hand, vor sich stehen und riß, den Zusammen=
hang begreifend, die Waffe von der Wand. Er versuchte aber umsonst, sie
herauszuziehen. Hamlet weidete sich an seiner Angst, dann stieß er ihm die
Klinge bis ans Heft in die Brust und sah mit grausamer Wonne den hervor=
quellenden Blutstrom und hörte mit Entzücken das Geheul aus dem brennen=
den Saale. „Das ist Hamlets Rache", sprach er, „Schuldige und Unschuldige
— wer zum Anhang des königlichen Meuchlers gehört, muß sterben. Schlafe,
träume nun ruhig, erschlagener Vater, magst du bei Odin oder bei Hel sein;
das Blutgericht ist vollbracht."

Folgenden Tages strömte die Menge zusammen, sah mit Erstaunen und
Schrecken die rauchenden Trümmer des Palastes und fragte nach dem Urheber,
dem Mordbrenner. Da trat Hamlet in würdevoller, königlicher Haltung her=
vor, und seine Mutter stand bei ihm. Er berichtete, was von Anfang geschehen
war, von der Ermordung seines Vaters, von den Nachstellungen, die der mör=
derische Thronräuber auch ihm bereitet hatte, und von seiner Rache. Die
Königin bestätigte das alles, und obgleich die Anhänger Fengos lautes Geschrei
erhoben, behielt doch die größere Anzahl der verständigen, rechtlichen Leute die
Oberhand.

Sie wählten einmütig, mit lautem Zuruf, den Sohn des edlen Orwandil
zum König. Sobald die Herrschaft befestigt und das Reich wohlgeordnet
war, begab sich Hamlet auf den Weg nach Britannien. Er zog dahin mit
großem Gefolge und in königlicher Pracht. Von Silber glänzten Helm und
Brünne, und auf seinem Schilde waren seine Thaten von Künstlerhand dar=
gestellt. Er wurde mit Ehren empfangen, und seine Gattin lauschte bewundernd
auf seine Rede, als er von seiner Rachethat erzählte. Aber ihr Vater vernahm
mit stillem Grauen das Geschehene. In seiner Seele kämpfte die Treue, die er
einst dem Blutbruder gelobt und die ihn zur Rache aufforderte, mit der Ver=
wandtenliebe; doch überwog die erstere, und Hamlets Tod ward beschlossen.
Um nicht das heilige Gastrecht zu verletzen, sandte er den Eidam als seinen
Brautwerber zu der Beherrscherin von Schottland.

Hermutruda oder Ermuntrube, so hieß die jungfräuliche Königin, hatte bisher allen ihren Freiern statt des Jawortes den Tod gegeben; daher hoffte der Brite, sie werde mit Hamlet in gleicher Weise verfahren. Indessen ging diesem sein Ruf voraus, und sie wünschte ihn von Angesicht zu sehen. Sie ließ durch listige Boten den Runenbrief, der die Werbung enthielt, umändern, daß er vielmehr den Brautwerber selbst als Freiersmann darstellte. Sie that dies in erster Linie aus Abneigung gegen den alten König.

Als nun der junge König vor ihr erschien, ein Mann, ein Held, wie sie noch keinen gesehen hatte, als sie seine wohlgefügte Rede vernahm, da erwachte zum erstenmale in ihrem stolzen Herzen die Liebe, und sie gab ihm statt des Todeskelches ihr Jawort. Er war überrascht, allein er wußte sich bald in sein Glück zu finden. Eine Doppelehe war zu jener Zeit nicht ungewöhnlich, daher wurde die Vermählung alsbald gefeiert. Mit einem zahlreichen Gefolge schottischer Edlen ging Hamlet nach Britannien zurück. Seine erste Gemahlin kam ihm entgegen. Sie machte ihm zwar Vorwürfe, wollte aber doch nicht von ihm lassen und warnte ihn sogar vor ihrem Vater, der ihm, wie sie sagte, nach dem Leben trachte.

Die Warnung war nicht vergebens, denn in der Thorhalle schleuderte der Schwäher einen Wurfspieß auf den Eidam und verfolgte ihn, als der Wurf sein Ziel verfehlte, an der Spitze einer ansehnlichen Macht. Nach anfänglichem Erfolge ward er jedoch geschlagen und fiel auf der Flucht.

Der Krieg war zu Ende. Hamlet ordnete mit großer Weisheit die beiden Reiche, ihre Gesetze und Verwaltung. Er zog hierauf in Begleitung seiner beiden Frauen und reich an Ruhm und Schätzen in sein Heimatland. Er fand aber daselbst große Verwirrung, denn Wiglet, der Nachfolger Hrodriks, war in Jütland eingefallen, um sein Recht als Oberlehnsherr geltend zu machen. Hamlet zwang ihn zum Rückzuge und erfreute sich einige Zeit wohlverdienter Ruhe; allein Wiglet erschien endlich mit größerer Macht, da er seine Lehnsherrschaft nicht aufgeben wollte. Er forderte seinen Gegner zum Holmgang und erschlug ihn mit einem Schwert, dem keine Rüstung widerstehen konnte. Noch jetzt zeigt man in Jütland Hamlets Grabhügel und ein Feld daselbst trägt seinen Namen.

So lautet die vielbesprochene Sage von Hamlet, welche dem großen britischen Skalden den Stoff zu seiner tragischen Dichtung gegeben hat. Wir haben in unserer Darstellung den Charakter des Helden einigermaßen dem des Shakespeareschen genähert, die Beweise von seiner Klugheit, welche die nordische Erzählung anführt und ausführlicher behandelt, absichtlich übergangen, dagegen den Monolog „Sein oder Nichtsein" dem Inhalte nach in nordisch-mythischer Färbung eingefügt.

Aus der Brawallaschlacht. Von W. Heine.

Sechster Abschnitt.

Die Brawallaschlacht.

Im Gedräng' die Drachen mit linnenen
Flügeln
Streben zum Strande, wo die Heere sich
ordnen,
Die mutigen Männer des Kampfes kundig.
Das Machtgebot der Herrscher hat sie alle
berufen,
Um Reich und Ruhm zu entscheiden den
Streit;
Hier der greise König stets sicher des Sieges,
Dort in blühender Jugend der Held von
Norden;
Die Nornen weben Gewebe der Schlacht.

Ingiald.

Durch ruhmvolle Kämpfe hatte König Ingwar ganz Swithiod unter
seine Botmäßigkeit gebracht und herrschte mit starker Hand über die Hardekönige
(etwa Markgrafen). Auch sein Sohn Anund war ein mutiger Kriegsheld, aber
als er seine Herrschaft befestigt hatte, bewies er sich mild und gütig.

Er bestätigte die Fürsten in ihren Gerechtsamen und versammelte sie jedes Jahr am Julfest zum großen Opfer im Tempel zu Upsala. Sie entrichteten bei dieser Gelegenheit die dem Oberhaupte gebührenden Steuern und empfingen gastliche Bewirtung. Er selbst zog im Reiche umher, schlichtete allen Streit, strafte Raub und Mord, sicherte die Grenzen gegen feindliche Angriffe und förderte durch Lichtung der Wälder den Anbau. Auch Verkehr und Handel brachte er in Blüte, indem er durch alle Teile des Reiches Straßen anlegen ließ. Man nannte ihn deshalb Branta-Anund d. h. Straßen-Anund. Seinen Sohn Ingiald übergab er nach skandinavischer Sitte dem Hardekönig Swipdag zur Pflege und Erziehung. Als der Knabe einst im Ringkampfe von einigen Gespielen überwunden wurde, ließ er ihn ein gebratenes Wolfsherz essen, wodurch er zwar stärker, aber auch grausam und zu Tücke und Arglist geneigt wurde. Er offenbarte diese schlimme Gemütsart bald nach dem Tode seines Vaters, der im Kampfe gegen seinen eigenen streitsüchtigen Bruder fiel. Denn bei dem Totenfeste des großen, allgeliebten Königs, wozu alle Hardekönige sich einfanden, schwur er, als der Bragibecher gereicht wurde, er wolle seine Herrschaft über alle Nachbarländer ausbreiten. Es wurde darauf noch viel gezecht, bis die Fürsten mit ihren Mannen in der Halle sich dem friedlichen Schlafe überließen. Sie erwachten mit Schrecken, denn Ingiald hatte das Gebäude von Bewaffneten umstellen und anzünden lassen. Nur Graumar, König von Südermannland, der nicht erschienen war, entging dem Verderben, erlag aber später den Waffen des Lehnsherrn, der ihn ungeachtet eines beschworenen Friedens mit Übermacht und hinterlistig überfiel. Auf gleiche Weise überwand und tötete er noch andere Nachbarkönige, weshalb ihm das Volk den Namen Ilradi (der Übelratende) gab.

Der mächtige Herrscher hatte einen Sohn Olaf und eine Tochter Asa. Letztere war zwar schön von Gestalt, aber herrschsüchtig und voll Tücke und Arglist, wie ihr Vater. Gudröd, der König von Skaney (Schonen), gewann sie zur Ehe, und da sie mit klugem Rat ihm zur Seite stand, so liebte er sie herzlich und ließ sich von ihr zum Kriege gegen seinen Bruder Halfdan, den Gemahl der edlen Guritha vom Geschlecht der Skiöldungen, verleiten. Obgleich ungewarnt überfallen, ging derselbe dennoch mit geringer Mannschaft dem Feinde entgegen, verlor aber Sieg und Leben. Asa, die ihren Gatten begleitete, wütete schonungslos in dem eroberten, aber noch widerstrebenden Reitgotaland (Jütland), und als ihr Gemahl Einhalt gebot, mußte er durch Meuchelmord sterben. Indessen erhob sich gegen sie ein Widersacher und Rächer des gefallenen Halfdan; es war dessen Sohn. Derselbe sammelte zerstreute Flüchtlinge, die allmählich zu größeren Haufen anwuchsen.

Iwar Widfadmi (der Weitfassende).

Als der Rächer mit seiner geringen Macht gegen das königliche Heer anrückte, ordnete Asa, durch die Reihen sprengend, die Krieger zur Schlacht; allein kein Jubelruf begrüßte sie; schweigend, gesenkten Hauptes standen die Männer. Jetzt klangen die Hörner, die zum blutigen Waffenspiele luden; schon rückten die Jütländer heran; da senkten die Männer von Skaney die Waffen und begrüßten Iwar, den Sohn Halfdans, als König. Mit wenigem Gefolge entfloh Asa.

Sie suchte bei ihrem Vater Schutz, sah jedoch bald, daß derselbe gleichfalls von Abfall bedroht war. Noch hofften beide während des schon angebrochenen Winters eine genügende Macht zu sammeln. Sie hatten es jedoch mit einem Manne zu thun, der ihnen an Verschlagenheit gewachsen, an kriegerischem Geschicke überlegen war.

Auf einer Insel im Mälar hielt der alte Herrscher mit seiner Gefolgschaft ein großes Zechgelage. Asa verwaltete das Schenkamt; sie, die sonst stolz und hoffärtig war, füllte den Zechern fleißig die Trinkhörner. Da kam am dritten Tage eine Schreckensbotschaft nach der andern. Iwar hatte sich durch Schnee und Eis einen Weg nach Swithiod gebahnt, allenthalben hatten sich Jarle, Bauern und Kriegsvolk ihm angeschlossen und gemeinschaftliche Sache mit ihm wider den Tyrannen gemacht. Schon war ringsum das Gestade besetzt und kein Fahrzeug zur Flucht in Bereitschaft. Der Tod durch das Schwert des Rächers oder durch Henkershand schien gewiß, aber die Sprößlinge Odins ertrugen nicht solche Schmach; Vater und Tochter beschlossen, durch die läuternden Flammen zu dem Ahnherrn zu gehen. Als die Männer der Gefolgschaft, vom schäumenden Trunke berauscht, schliefen, verschlossen jene alle Thore des Gehöftes und zündeten dann den Bau mit eigenen Händen an. Von Flammen umlodert, standen sie, wie Geister der Rache, hoch auf der Zinne, als Iwar mit Kriegs= scharen herüber kam, und sprachen verderbliche Flüche über ihn aus, bis der ganze Bau zusammenfiel und sie selbst in den rauchenden Trümmern versanken.

Der Sieger zog von der Brandstätte fort gen Upsala, wo er den Göttern ein Dankopfer brachte und die Huldigung der Völker von Swithiod entgegen= nahm. Er bestellte wieder Hardekönige in den Gauen des Landes, ließ die alt= herkömmlichen Gesetze sammeln, nach denen die Rechtspflege und die Verwaltung geübt werden sollte, und setzte auch die Rechte des Reichsoberhauptes fest. Darauf ging er nach Schonen und Jütland zurück, wo er bereits als König anerkannt war. Da indessen die Hardekönige seine Oberlehnsherrschaft mit Un= willen ertrugen und oft Steuern und Heeresfolge verweigerten, so suchte er sie wieder zu beseitigen, was ihm auch durch List und Gewalt gelang. Er ward dadurch, wie sein Vorgänger, unumschränkter Oberherr in den ihm zugefallenen Reichen. Es erging ihm aber, wie der Dichter sagt:

> Das ist der Fluch, der auf dem Menschen ruht,
> Daß er den Frieden nimmer kann ertragen,
> Daß die Begier nach fernem, fremdem Gut
> Vom Ruhepfühl ihn scheucht zum blinden Wagen.

Iwar sammelte die Macht des Reiches zu Wasser und zu Lande. Er be= fehdete alle Völker an den Küsten der Ost= und Nordsee, machte die slavischen Stämme zinsbar bis weit in das Innere von Ostarike (Rußland), that Einfälle in Sachsland und England und zwang selbst die Bewohner im entlegenen Aquitanien, ihm Steuern zu zahlen. Er erhielt daher den Beinamen Widfadmi oder Widfamni, d. i. der Weitfassende. Nur das dänische Reich mit dem Königssitze Hledra wagte er nicht anzutasten, denn da herrschten die mutigen Könige Hrodrik (Roderich) und Helge, beide durch Heerzüge und tapfere Thaten berühmt und gefürchtet. Indessen was durch Gewalt nicht erreichbar war, konnte wohl durch List erlangt werden. Zwar sah es daher gern, daß Hrodrik sich um die Hand seiner Tochter Auda bewarb, und gab willig seine Zustimmung zu der Verbindung. Als er aber später auf einem Wikingszuge an der Küste von Seeland vor Anker ging, wußte er durch Vorspiegelungen den Eidam zu überzeugen, daß Helge mit seiner Gattin verbotenen Umgang habe und daß er solche Schmach nicht dulden dürfe. Umsonst warnte die tugend= hafte Auda den Gemahl vor der Arglist ihres Vaters; der leichtgläubige Mann traute dem Schwäher mehr und durchbohrte den Bruder beim Waffenspiel. Auda durchschaute den Plan des falschen Königs. Sie entwich mit ihrem Söhnchen Harald und vielen ihr ergebenen Kämpfern in eine feste Burg, was freilich den Argwohn ihres königlichen Gatten noch vermehrte. Bevor dieser jedoch weitere Maßregeln ergreifen konnte, erschien Zwar schon wieder an der Küste, beschuldigte den Schwiegersohn des Brudermordes und überfiel und er= schlug ihn im Getümmel des Kampfes. Er berief darauf die Dänen zur Königs= wahl, die er mit dem Schwerte in der Hand auf sich zu lenken gedachte. Da trat ihm die eigene Tochter entgegen. Ihre Getreuen umgaben sie; das Volk, das seine Königin liebte und ehrte, sammelte sich in Masse unter ihr Panier, um wider den Fremdling für sein angestammtes Herrscherhaus mit Gut und Blut einzustehen. Auf solchen Widerstand nicht gefaßt, schiffte sich Zwar wieder ein.

Er unternahm dagegen während der Winterzeit umfassende Rüstungen in seinen Reichen, um im Frühjahre seine Entwürfe zur Ausführung zu bringen. Auda, die durch ausgesandte Kundschafter davon Nachricht erhielt, erkannte, daß sie der großen Übermacht nicht gewachsen sei. Sie nahm ihren Sohn und die königlichen Schätze zu sich und segelte, begleitet von ihrem zahlreichen Gefolge, nach Eygotaland (Insel Gotland) und im Frühling weiter nach Gardarike (einem Teil von Rußland), um bei dem Könige Radbard Schutz und Hülfe zu suchen. Sie ward daselbst wohl aufgenommen und mit königlichen Ehren umgeben; doch fand sie keinen Beistand, um ihre Rechte auf das dänische Reich geltend zu machen, welches ihr gewaltthätiger Vater mit Macht überzogen und unter seine Botmäßigkeit gebracht hatte. Radbard nämlich hatte zwar zahlreiche und tapfere Streiter, um sein Land vor Angriffen zu behüten, aber seine Flotte war schwach, und seine Seeleute konnten den Kampf wider die meerbeherrschenden Normannen nicht wagen.

Jahre vergingen ohne besondere Ereignisse; da trat endlich der König, der im Umgange die edle Frau immer mehr schätzen gelernt hatte, vor sie hin und trug ihr seine Hand und Teilnahme an der Herrschaft an. Sie schwankte lange, allein ihre Hülflosigkeit und die Hoffnung auf Schutz für ihren heranwachsenden Sohn überwogen; sie willigte in die Verbindung und hatte nicht Ursache, ihren Entschluß zu bereuen.

Zwar geriet in Bestürzung, als er Nachricht von dem Abschlusse dieser Ehe erhielt, denn er kannte den kühnen Geist seiner Tochter; bald aber erwachte sein Stolz und sein Selbstvertrauen. Er beschloß, dem in der Ferne drohenden Sturme zuvorzukommen und Radbard von Land und Leuten zu jagen. Sobald das Meer schiffbar war, versammelte er eine unzählige Menge gerüsteter Drachen und Schnecken nebst streitbarer Mannschaft und steuerte in den Kyrjalabotten

(Finnischen Busen) bis an die Grenzen von Gardarike. Bevor er das Landheer ausschiffte, hatte er einen seltsamen Traum. Er sah von Westen her einen ungeheuren Drachen herüberziehen, dessen Flügel das Meer bewegten, daß es hoch aufwallte. Seine Farbe war wie glührotes Gold, und alle Vögel der Nordlande flogen ihm nach. Aber nordwärts stieg eine finstere Wetterwolke auf, die sich dem Drachen entgegenbewegte. Blitze, wie loderndes Feuer, gingen davon aus, die den Himmel und Land und Meer erleuchteten; der Sturmwind raste, der Donner rollte, daß ringsum das Land zitterte und bebte. Zugleich ergossen sich Schloßen und unendlicher Regen über Land und Meer, und wie der Drache gegen das Gewölk stieß, geschah ein Donnerschlag und es ward finstere Nacht. Man konnte nichts mehr sehen, man hörte nur ein entsetzliches Getöse, das über die nordischen Reiche zog und in weiter Ferne verhallte. Der König erwachte, und es däuchte ihm, als höre er noch immer das schauerliche Brausen und Tosen.

Iwar ruhte unter einem Purpurzelte, das auf dem Verdecke seines schön geschmückten Fahrzeugs für ihn hergerichtet war. Die Morgensonne ging auf; sie bestrahlte mit ihrem Goldglanze die Schiffe und Land und Meer, aber sie brachte dem Herrscher keine Ruhe. Es befahl, daß man Hörd, seinen Pflegevater, rufe, damit derselbe ihm den Traum auslege. Der Mann kam sogleich, aber er blieb am Lande auf einem hervorragenden Felsen stehen. Es war der wohlbekannte Hörd, aber er sah so wunderlich aus, daß dem Könige fast ein Grauen ankam. Er schien größer als sonst, hatte einen Breithut tief in die Stirn gedrückt und einen weiten Mantel um die Schultern geschlagen. Er ging nicht an Bord, sondern verharrte auf der ins Meer vorspringenden Klippe, während Iwar ihm das Traumgesicht erzählte. Darauf sagte er, er sei vielleicht zu alt geworden, um die rechte Deutung zu finden, und sein Pflegesohn könne sich wohl selbst das Gesicht auslegen; er glaube aber, es zeige ihm an, daß er bald zu den Sälen der bleichen Hel wandern werde. „Komm zu mir an Bord", rief ihm der König zu; „künde mir hier deine üblen Weissagungen!" — „Hier will ich stehen", versetzte jener, „und von hier zu dir reden." — „So sage mir", fuhr Iwar fort, „was galt Halfdan, mein Ahn, unter den Asen?" — „Er ward wie Balder gehalten, den alle Götter beweinten, und dir ganz ungleich." — „Was gelte ich selbst unter den Asen?" — „Du bist ihnen der verhaßteste Widersacher, du bist ihnen die Midgardschlange." — Als der König dies vernahm, ergriff ihn wahnsinnige Wut. Er sah nicht mehr, was um ihn her war, er sah nur den schrecklichen Traumdeuter. „Sagst du mir den Tod voraus", rief er, „so sollst du vor mir zu Hel fahren. Bei diesen Worten eilte er blindlings auf Hörd zu und stürzte ins Meer. Dieser sprang von der Klippe ihm nach und verschwand mit ihm in der Tiefe. Keiner von ihnen kam wieder ans Tageslicht; die raffende Ran hielt sie in ihren Armen umschlossen. Als der Tod des Königs bekannt wurde, urteilten die Häuptlinge, es sei kein Grund mehr zu Streit und Blutvergießen, und traten sogleich die Rückfahrt an.

Harald Hildetand und Sigurd Ring.

Am Strande hielt König Radbard mit zahlreichen Kriegshaufen, der feind=
lichen Landung und des Kampfes gewärtig. Er sah, wie auf der Flotte der
Normannen die Segel aufgezogen wurden, und wie sie, in einzelne Geschwader
verteilt, nach Westen steuerte. Einige Fahrzeuge, den Friedensschild am Top,
landeten, und ein Häuptling, ehemals des Königs Gastfreund, verkündigte dem=
selben, was geschehen war. Der Herrscher nahm ihn und sein Volk mit sich in
seine gastliche Halle, wo sie bei leckerer Kost und schäumendem Trank die alte
Freundschaft erneuerten. Auda füllte die Hörner; auch war ihr Sohn Harald
zugegen, der, obgleich erst fünfzehnjährig, an Größe und Stärke einem Manne
gleich schien. Radbard liebte den Stiefsohn wie sein eigenes Kind Randwer,
das ihm Auda geboren hatte. Als nun der Jüngling, strahlend von Jugend
und Mut, vor ihn hintrat und bat, er möge ihm verstatten, daß er hinüberziehe
in das Land seiner Väter und sein angestammtes Erbe in Besitz nehme, ge=
währte er sogleich die Bitte und versprach ihm Unterstützung an Mannschaft
und Schiffen; die Gäste aus Danland aber erhoben sich und begrüßten den früh
gereiften Krieger als ihren König.

Die Drachen schaukelten sich auf den Wellen, die Mannschaft war zur
Abfahrt bereit. Harald nahm Abschied von der liebenden Mutter, die nicht
weinte, die betend die Hände erhob und Odin anrief, daß er ihren Liebling,
ihr höchstes Gut, auf den Thron seiner Ahnen erheben möge. Sie nahm aus
der Truhe zwei Schwerter mit goldenen Griffen und übergab sie dem Sohne
mit den Worten: „Diese Waffen barg einst unsere Ahnfrau Drotta vor dem
wilden Gunnar. Sie gewähren Sieg, wenn sie in gerechtem Kampfe geführt
werden. Odin gab sie unserm Ahnherrn, und er wird sie wieder an sich nehmen,
wenn er den Schildjungfrauen gebietet, daß sie dich in seine Halle tragen.“
Harald küßte die Mutter, dann den kleinen Randwer, der bei ihr stand. Er
versprach, die Schwerter nur im gerechten Kampfe zu gebrauchen und, wenn
ihm der Gott Sieg und Herrschaft verleihe, auch ihrer und des noch unmündigen
Bruders eingedenk zu sein.

Bald stand der junge Held freudig und voll Hoffnung auf dem Verdeck
seines Fahrzeugs, und günstiger Fahrwind führte ihn und seine kleine Flotte
durch die grauen Meereswogen gen Hledra, den Königssitz. Aber der Wind
schlug um, man mußte die Segel einreffen und die Ruder ergreifen; doch schlichen
die Schnecken nur langsam vorwärts, denn die See ging hohl, und bald er=
hoben sich die Wellen wie Berge, da sie der Sturm emportrieb. Die Masten
krachten, das Steuer ächzte, den Männern entsanken Mut und Hoffnung. Der
Wassergreis hob aus der Tiefe sein schaumweißes Haupt empor, und in dem
Gischt der Brandung an verborgener Klippe lauerte hohnlachend die tückische
Ran. „Vergebliche Arbeit“, sprachen die Ruderer, „Ogir verlangt uns in
seine Hallen.“ Ihren müden Händen entsanken die Ruder, selbst der Steuer=
mann verließ seinen Posten, auf aller Angesicht war das Grauen des Todes zu
lesen. Nur Harald blickte mutig dem tobenden Sturm und den schäumenden
Wellen entgegen. Das Steuer ergreifend, rief er: „Wohlauf, Streitgenossen,

Odin ist mit dem Tapfern; ihm weihen wir uns, daß er uns, wenn unser Werk gethan, als Opfer empfange und aus ruhmvoller Schlacht uns aufnehme in die grüne Heimat der Helden." Als er diese Worte gesprochen, stand plötzlich neben ihm ein alter Krieger von hohem Wuchs, den Breithut tief in die Stirn gedrückt; der bedräute Wind und Meer: da ward es ganz still. Er aber ergriff mit starker Hand die Ruderpinne, und der Drache flog, wie ein Aar mit ausgebreiteten Flügeln, auf der glänzenden Bahn dahin, und die anderen Schiffe sammelten sich wieder und folgten dem vorauseilenden Führer. Die Männer ahnten wohl, wer das Steuer lenke und den Sturm und die wilde Flut bändige, aber sie wagten nicht, seinen Namen auszusprechen; auch war er nicht mehr zu sehen, als sie endlich den Strand erreichten.

Auf Seeland und in ganz Danland und in Gotland war Unruhe und Streit zwischen den Anhängern und den Feinden Jwars. Um Hledra standen die Krieger auf beiden Seiten zum Blutvergießen gerüstet. Da trat Harald unter sie und erinnerte in wohlgefügter Rede an seinen Vater und Oheim, unter deren Schutze einst Danland siegreich und hoch in Ehren gewesen sei. Als auch die Häuptlinge, seine Begleiter auf der Meeresfahrt, von der Gunst und dem Beistande Odins berichteten, als zugleich ein Adlerpaar den Jüngling umkreiste, der schön und blühend, wie einer der Unsterblichen, vor ihnen stand, da rief die Menge jubelnd: „Er soll König sein!" Man erhob ihn auf den Königsschild und trug ihn nach dem Hochsitze seiner Väter.

Harald sah sich zunächst von Ost- und Westgotland her bedroht. Dahin hatten sich die Anhänger Jwars mit den königlichen Schätzen zurückgezogen und warben zahlreiche Kämpfer, um dem jungen Helden die Spitze zu bieten. Dieser rückte sogleich mit der vorhandenen Mannschaft über die Grenze, weil er hoffte, durch Geschwindigkeit die Feinde zu zerstreuen. Er sah sich aber bald einer großen Übermacht gegenüber. Im Angesichte seines kleinen Heeres brachte er Odin ein Roßopfer. Er rief zu dem Gotte um Sieg und gelobte ihm nach einer Reihe von Jahren sich selbst zum Opfer. Mit ihm flehten alle Krieger zu Walvater, er möge Danlands Herrscher vor Wunden und Tod bewahren. Da trat aus der Menge der alte Mann mit Breithut und flatterndem Mantel hervor, der auf dem Schiffe Sturm und Wellen beruhigt hatte. Er reichte dem König ein rotes Streitgewand, bedeckte sein Haupt mit einem Helme und hieß ihn ohne Schild in die Schlacht ziehen. Dann ordnete er die Scharen keilförmig in der Stellung Swinfylking (Eberrüssel) und lehrte den jungen Helden, wie er diese Stellung in allen Schlachten anwenden solle. Als das geschehen, ward der Alte nicht mehr erblickt; aber jeder Krieger wußte, wer er war, und folgte freudig in den Kampf. Voran in dem Keil stand der junge König, mit dem roten Gewande umgürtet, ohne Schild, in der Rechten den Strahl, in der Linken den Blitz, jene Schwerter, welche die Mutter beim Abschiede ihm verliehen hatte. Er brach, als die Hörner tönten, in die feindlichen Reihen ein. Geschosse, Mordäxte und Schwerter glitten unschädlich von dem roten Waffenrocke ab, während er Wunden und Tod verbreitete. Immer tiefer drang er in die Rotten der Goten ein, und seine Krieger folgten in fester Haltung, bis der Sieg entschieden war.

Zahlreiche Scharen von Kämpfern sammelten sich unter den Fahnen des jungen Helden, der im Siegesfluge ganz Gotland gewann und an die Grenzen von Swithiod vorrückte. In diesem Lande hatten bisher die Hardekönige eine unabhängige Herrschaft geführt. Sie waren nicht willens, sich einem fast knabenhaften Herrscher zu unterwerfen. Sie vereinigten ihre Streitmacht und die zahlreichen Flüchtlinge aus Gotland. Jedoch war der Kampf nicht lange zweifelhaft; die Eberstellung und die Schwerter in den Händen des jungen Helden entschieden den Sieg, und auch Swithiod unterwarf sich ohne weiteren Widerstand. Man nannte den königlichen Sieger Harald Hildetand, d. i. Kriegszahn, weil ihm während der Kämpfe noch zwei glänzende, etwas hervorstehende Zähne gewachsen waren. Indessen beharrte er, was sonst der Jugend nicht eigen ist, bei allen Erfolgen in weiser Mäßigung. Er bestätigte die Gaugrafen oder Hardekönige, die sich unterwarfen, in ihrer Würde, und verzieh großmütig denen, die abtrünnig geworden waren; die ganze Kriegsbeute überließ er dem Heere und besonders den tapferen Kämpfern, die mit ihm in der Eberstellung die Spitze des Keils gebildet hatten. Letztere mußten täglich Waffenübungen vornehmen, dann aber zog er sie des Abends zum fröhlichem Gelage, wo unter Scherz und Lust die Hörner geleert wurden. Ferner hielt er jährlich Musterung über die Massenaufgebote in den drei Reichen und wendete die Ordnung Swinfylking — man sagt auf Odins Anweisung — auf große Heere an. Er bildete drei Abteilungen, jede wieder aus drei Keilen bestehend, von denen der mittlere hervorragte, während die beiden anderen etwas zurückstanden und dadurch die Seiten des ersten deckten. Minder zuverlässige Krieger, Bogenschützen und Schleuderer waren als Nachhut aufgestellt.

Diese Sorge für das Kriegswesen war nicht vergeblich, denn die slavischen Völker, die Wenden, Kuren, Äsyer und die Stämme in Ostarike bis nach Könungard (Kiew), vereinigten, für ihre Unabhängigkeit besorgt, ihre streitbaren Heerhaufen.

Doch half weder die Menge noch ihre Tapferkeit gegen die Kraft und das kriegerische Geschick des unbezwinglichen Helden. Fürsten und Völker mußten seine Oberherrschaft anerkennen; doch bewies er auch hier Mäßigung, indem er nur eine geringe Steuer und Heeresfolge forderte und dagegen seinen mächtigen Schutz versprach. Mit großen Ehren kehrte er nach Hledra zurück, wo ihn das Volk jubelnd begrüßte, da er Danlands Ruhm und Vorherrschaft wieder hergestellt hatte. Er überließ sich aber nicht der trägen Ruhe, sondern setzte die Waffenübungen fort und schützte die Küste gegen kühne Wikinge, die bald da, bald dort zu landen wagten, aber stets mit blutigen Köpfen wieder abziehen mußten. Sein Hof war prachtvoll eingerichtet und eine Pflanzschule tapferer Helden. Daher zogen viele mutige Kämpfer nach Hledra und traten, wenn sie die Probe bestanden, in das königliche Gefolge. Dahin kam auch einstmals Randwer, der Sohn Radbards und der edlen Auda, also des Königs Halbbruder. Er berichtete, Vater und Mutter seien ihm gestorben, der ältere Sohn des Königs aus erster Ehe sei als rechtmäßiger Erbe in die Herrschaft eingetreten und habe ihn aus Mißtrauen in die Verbannung geschickt. Harald empping den Sohn seiner geliebten Mutter mit offenen Armen. Er übergab ihm den Oberbefehl über einen Teil seines Gefolges und nahm ihn mit nach Skaney, wo ein mächtiges Heer von Wikingen gelandet war. In der Schlacht kämpften die Räuber mit verzweifeltem Mute; allein der König und an seiner Seite Randwer, der an Tapferkeit mit ihm wetteiferte, durchbrachen die Reihen. Am späten Abend war der blutige Kampf entschieden; die Feinde, welche die Flucht verschmähten, lagen hingestreckt auf der Walstatt, und ihre Schiffe waren erbeutet. Jetzt wagte kein Wiking mehr, das Reich ferner zu beunruhigen. Dagegen hatten mehrere Hardekönige in Schweden die Fahne der Empörung aufgepflanzt. Harald schickte seinen Bruder wider dieselben, welcher sie auch besiegte und den mächtigsten von ihnen, den Beherrscher von Upsala, im Zweikampfe erlegte.

Harald freute sich über die Thaten seines Bruders. Er ging ihm bei seiner Rückkehr entgegen und ernannte ihn vor allem Volke zum Könige von Upsala und Westgotland. Er sollte keinem anderen unterthan sein, als ihm selbst, dem rechtmäßigen Lehnsherrn. Randwer bewies sich dankbar; er schirmte nicht bloß die Marken seines eigenen Reiches, sondern er folgte auch dem Aufgebote des Reichsoberhauptes, wenn Seeräuber die Küsten bedrohten, oder irgendwo Empörung ausbrach. Allmählich gewöhnten sich die Völker an die milde Herrschaft der beiden Brüder; auch wagte aus Furcht vor ihren Schwertern kein Raubschiff mehr, den Küsten zu nahen. Der ganze Norden erfreute sich der Segnungen des Friedens. Doch unternahm Randwer Heerzüge auswärts nach Britannien, Irland und an die gallischen Küsten. Auf diesen Fahrten begleitete ihn sein thatendurstiger, fast noch unmündiger Sohn Sigurd Ring. Als er nun in England, von überlegener Macht angegriffen, tödlich verwundet zu Boden sank und das Heer sich zur Flucht wandte, warf sich der Jüngling mit einer auserlesenen Schar dem siegreichen Feinde entgegen, schützte den Sterbenden und deckte den Rückzug. Auf dem Verdecke seines Drachen, in den Armen des heldenmütigen Sohnes, starb der König, und nur seine Leiche brachten die Getreuen nach Schweden zurück. Bei der Totenfeier erhoben die Häuptlinge einmütig den jungen Sigurd auf den Königssitz und gelobten ihm, als der Bragibecher geleert wurde, Treue und Beistand gegen jeden Widersacher. Die Botschaft von diesen Vorgängen empfing der Lehnsherr mit Unwillen. Er forderte den ohne seine Genehmigung erwählten Herrscher zur Rechenschaft. Als dieser seinen Vasallen davon Kunde gab, verlangten sie, er solle die dänische Herrschaft nicht anerkennen, sondern Swithiods Rechte mit den Waffen herstellen. Er aber, der Wohlthaten seines Oheims eingedenk, verwarf den Rat, ging nach Hledra und überließ die Entscheidung dem Reichsoberhaupte. Er gewann dadurch dessen Huld und die Bestätigung in allen Rechten und Würden seines Vaters.

So ward der segensreiche Friede erhalten, der fünfzig Jahre lang die nordischen Völker beglückte. Doch that Sigurd, gleich seinem Vater, ruhmvolle Fahrten in auswärtige Länder, brachte erbeutete Schätze heim und unterhielt ein ansehnliches Gefolge tapferer Helden. Unter ihnen war der ratkluge Ragwald, der tapfere Ali und der gewaltige Starkad, von dem schon in der Göttersage gehandelt wurde.

Wenn der König nach überstandenen Gefahren mit seinen Getreuen den schäumenden Met schlürfte, so durften Lied und Harfenklang nicht fehlen. Da sangen die Skalden von den Thaten der Vorfahren, von denen des Herrschers und von ihren eigenen.

Oft ergriff auch Starkad das Saitenspiel und sang, wie ihn Hrosharsgrani auf dem Eiland Fenring an Noregs Küste zum Helden erzog, wie die Regin sein Geschick bestimmten, wie er mit dem edeln Wikar in siegreichen Schlachten focht und wie er auf Odins Geheiß den königlichen Freund opfern mußte. Seine Stimme zitterte, wenn er sang, wie der Gott ihn gezwungen, wie er ohne Wahl das Schreckliche habe vollbringen müssen.

> „Nicht Ögirs Flut wäscht die Neidingsthat
> Von der Seele hinweg, ob taghell scheint
> Die Sonn', ob finstre Nacht mich umhüllt.
> Wie Eitertropfen in Nastrands Saale
> Den Meuchler, so quält mich Erinn'rung.

Wenn der Held diese und ähnliche Lieder gesungen hatte, so versank er in tiefes, brütendes Schweigen. Die Genossen aber beklagten den Mann, der nach dem Gebote der Götter die unsühnbare That vollbracht hatte, die sein Leben wie ein Schatten aus Hels Reich verdüsterte.

Wohl fünfzig Jahre herrschte Friede in den nordischen Reichen. Harald Hildetand aber konnte nun nicht mehr, wie sonst in kraftvoller Jugend, seine Völker beschirmen. Seine Augen waren trübe, seine Füße schwach, oft mit lähmenden Schmerzen behaftet, so daß er nur mühsam sein Streitroß besteigen konnte. Doch seine Arme waren noch kräftig und sein Geist hell und klar geblieben. Mit Kummer mußte er erfahren, daß bald da, bald dort Raubscharen landeten und wie zum Spotte des altersschwachen Königs Verwüstungen anrichteten. Zuweilen zog er auf seinem Streitwagen wider die Unholde, oder er sandte seinen klugen Ratgeber Bruni (ein Beiname Odins) zu ihrer Bekämpfung aus; da wurden Tausende erschlagen, ihre Drachen verbrannt, allein das Raubgesindel schien unerschöpflich wie die Wellen des Meeres, die bald zurückweichen, bald in erneuertem Ansturze die Küste bestürmen. Die Völker wurden darüber immer mißvergnügter; sie begehrten statt des altersschwachen Mannes einen Herrscher, der mit starkem Arme Danlands Ruhm und Macht erhöhe. Doch stand König Harald noch immer kräftigen Geistes an der Spitze seiner Scharen.

Als nun ein zahlreicher Schwarm verwegener Wikinge in Gotland eingefallen war, eilte er selbst zum Angriff. Umgürtet mit dem roten Streitgewand, in jeder Hand ein Schwert, stürmte er auf seinem Wagen unter die Feinde. Der Kampf war schwer, aber der kluge Bruni brach aus einem Hinterhalte hervor und entschied den Sieg. Die Räuber flohen über die Grenze nach Westgotland in König Rings Gebiet.

Nachdenklich hielt noch Harald auf seinem Streitwagen. Er erwog, ob nicht die Wolfsbrut mit dem Willen seines Verwandten in sein Reich eingebrochen sei. Wie er noch zweifelte, kam Bruni von der Verfolgung zurück. Er berichtete, bewaffnete Heerhaufen unter dem Banner von Upsala hätten ihn gehemmt; es sei kein Zweifel, daß die Banden unter dem Schutze oder auf Anstiften des Schwedenkönigs des Reiches Marken verwüstet hätten. Diese Rede entflammte den Zorn des Greises. „Bringe dem falschen Nachbar die Botschaft", rief er dem Diener zu, „daß ich ihn als Vasallen vor mein Gericht fordere." — „Es soll nach deinem Willen geschehen", versetzte der Diener, und ein Lächeln, wie Hohn, als ob er des Gebieters spotte, glitt über sein Angesicht, ohne daß Harald es wahrnahm.

Zechende Mannen.

Bruni reiste mit glänzendem Gefolge gen Upsala und trat bald in die königliche Halle. Da war Freude und festlicher Jubel, und Skalden sangen zum Preise der Götter und Helden. Als er die Botschaft ausgerichtet hatte, sagte der Herrscher ernst: „Ich bin niemals Vasall gewesen; ich sende jährlich Geschenke nach Hledra, nicht Zins oder Steuer. Sage dem König, der Richter zwischen ihm und mir sei das Schwert; er solle eingedenk sein, daß die sinkende

5*

Sonne der Nacht sich zuwende, die aufgehende aber den leuchtenden Tag bringe."
„Wohl gesprochen, Herr", versetzte der Bote, „des werden Odins Grauhunde
sich freuen." Seine Stimme klang, als er das sagte, wie fröhliches Jauchzen.
Wie der König ihn verwundert anblickte, erkannte er den Mann, daß derselbe
einst im Gefecht an seines Vaters Seite gestanden habe. Er ließ ihn neben sich
niedersitzen und ihm ein volles Horn und ein ansehnliches Geldgeschenk reichen.

„Danke dir, Walvater", rief der greise König, als er die Meldung vernahm, „nun werde ich nicht strohtot zur Hel fahren, sondern zu dir vom Blut-
gefilde aufsteigen. Gieb deinen getreuen Dänen den Sieg und empfange mich
samt allen Gefallenen in Walhalla." — Noch manche Botschaft ging zwischen
den Herrschern hin und her, und es wurde festgesetzt, daß sie noch sieben Jahre
zur großen Völkerschlacht sich rüsten wollten.

Die Völkerschlacht.

In den Wäldern der Nordlande schallten die Axtschläge, in den Thälern
glühten Tag und Nacht die Essen, schmetterten die Hämmer, denn Drachen
wurden in Menge erbaut, Rüstungen, Helme, Schilde angefertigt, Schwerter,
Speere, Streitbeile, Geschosse geschmiedet. Eine Schlacht sollte geschlagen werden,
wie noch niemals geschlagen worden war. Es sollte sich entscheiden, ob Danlands Ruhm und Macht bestehen, oder ob Swithiod an seine Stelle treten werde.
Daher scharten sich nicht bloß die Gefolgschaften und geworbenes Kriegsvolk um
die Herrscher, sondern die Völker erhoben sich, hier die Dänen und Ostgot-
länder nebst Wenden, Kuren und vielen Völkern aus Könungart, dort Schweden,
Westgotländer, Normannen, Finnen und Krieger aus Gardarike. Auch aus
entlegener Ferne zogen ruhmvolle Kämpfer heran, um in dem Völkerstreite ihre
Heldenkraft zu erproben. Viele lockte des greisen Harald langbewährter Heldenruhm; unter ihnen war Ubbi, der Friese, mit einer Schar tapferer Landes-
genossen der berühmteste. Andere, wie der gewaltige Starkad, zogen Sigurd
Ring, den neu aufgegangenen Stern des Nordens, vor. Zur bestimmten Zeit
setzten sich von beiden Seiten die ungeheuren Flotten und Heeresmassen in Bewegung nach der Brawallaheide an der Bucht von Brawik, wo die Schlacht
geschlagen werden sollte. Da war der Wald Kolmerk, der Ostgotland, das
Gebiet Haralds, von Schweden trennte.

Ring zog von Norden her durch die Gegend, wo jetzt die Stadt Norköping
liegt. Er langte zuerst an der Bucht von Brawik an, in welche sich das Flüßchen
Wara ergießt. Er schlug sein Lager zwischen Bucht und Wald auf und sah
auch bald seine Flotte heransegeln. Sein Gegner begann gleichzeitig den Marsch.
Seine Seemacht war so zahlreich, daß das Heer über die Schiffe wie über festes
Land nach Skaney (Skanör) in Schonen marschieren konnte. Er rückte, von der
dem Lande entlang segelnden Flotte begleitet, sehr langsam vorwärts, weil un-
günstige Winde die Fahrt aufhielten. Erst nach sieben Tagen erreichte er die
Bucht von Brawik, wo ihm die Feinde Zeit zum Rasten vergönnten. Als das
Frührot Meer und Gestade beleuchtete, ordneten sich die Heere zur Schlacht,
war jedes in der Eberstellung, in drei Abteilungen, von denen jede drei

Keile bildete. Der eine Flügel reichte bis Brawik, der andere bis an den Wara=
bach. Zwischen dem zweiten und dritten Heeresteile hatte Ring die Schützen
von Telamarken und Dalarne aufgestellt, Männer, die nicht mit dem Schwerte
in den Vorderreihen zu kämpfen wagten, die aber den Bogen mit solcher Kraft
spannten, daß ihre stahlgespitzten Pfeile durch Schilde und Brünnen drangen.

Sigurd Ring läßt die Leiche Haralds verbrennen. Von F. W. Heine.

In der Mitte der dänischen Ordnung hielt die Schildjungfrau Wisma mit dem
königlichen Banner, geschützt von den Kämpfern Kari und Milwa und einer
auserlesenen Schar von Wenden. Beide Könige ermunterten ihre Krieger zum
tapfern Kampfe. Als aber Bruni, der die feindliche Ordnung von einer Höhe
überschaut hatte, seinem Herrn berichtete, es sei die Eberstellung, da flehte der
Greis noch einmal zu Odin, er möge seinen getreuen Dänen Sieg verleihen
und dann ihn selbst nebst allen Gefallenen als Opfer empfangen. Er bestieg
hierauf seinen Streitwagen und gab das Zeichen zum Angriff. Sogleich klangen

hüben und drüben die tiefen Harsthörner wie Todesruf, das Feldgeschrei von
Hunderttausenden erhob sich himmelan, Pfeilgewölk stieg auf, Schleuderärzte,
Speere krachten durch Schilde und Brünnen. Den Schweden voran stritt der
starke Ragwald (Rögenwald). Sein Nebenmann war gefallen, aber unter seinen
Streichen sanken die dänischen Krieger, welche die Spitze des Keils bildeten,
Mann für Mann. Da drang Ubbi, der Friese, mit seiner auserlesenen Schar
vor. Er traf auf den schwedischen Helden, und nun schmetterten die Schläge,
daß sie fast den übrigen Schlachtlärm übertönten. Endlich erlag Ragwald, vom
Hals bis in die Brusthöhle gespalten. Der Sieger drang unaufhaltsam vor;
der ganze feindliche Schlachtkeil wurde gesprengt, und alles floh vor dem entsetzlichen Würger.

Als König Ring die Niederlage der Seinen erkannte, rief er: „Wo sind
nun die Helden, die sich vermaßen, die Feinde allein zu bestehen? Wo ist Ali,
der Tapfere, und Thorkill? wo der waffenberühmte Starkad?"

Diese Worte vernahm der Held von Hördaland. „Herr", sprach er, „ich
will den Kampf mit dem wütenden Berserk wagen, wie gefährlich er sei."
Sofort drängte er sich durch die Menge und trat dem unüberwindlichen Friesen
entgegen. Es war, als ob zwei Felsen, von steilen Höhen niederstürzend, wider
einander stießen. Blut floß auf beiden Seiten; Ubbis Schild war gespalten,
dafür zerhieb er dem Gegner den Nacken, und vielleicht wäre Starkad gegen
den Ausspruch der Regin gefallen, allein von allen Seiten drängten Krieger
heran; die ganze Gewalt des Streites ballte sich um die beiden Kämpfer, bis
sie endlich getrennt wurden. Der schildlose Ubbi faßte jetzt sein mächtiges
Schlachtschwert mit beiden Händen; er schlug rechts und links nieder, was ihm
entgegenstand, und brach sich eine breite, blutige Gasse. Er erschien den
schwedischen Kriegern wie der Fenriswolf, der Allvernichter, dem selbst die
unsterblichen Götter weichen müssen. Er drang unwiderstehlich durch den
zweiten Heeresteil, während seine friesische Gefolgschaft ihm Rücken und Seiten
schützten. Da standen nun die Schützen wie verloren, ohne Schild und Brünne,
aber der mutige Hroald, einer ihrer Führer, rief ihnen zu: „Wohlauf, ihr
Thronder und Thiler, ihr Männer aus Dalarne, jetzt zeigt, daß ihr die
Bogen spannen könnt. Laßt den Mann eure Pfeile kosten."

Mit diesen Worten spannte er den eibenen Bogen, daß er sich wie ein
Schlangenring krümmte, und das Geschoß drang durch die Brünne in die
Brust des Kämpfers. Der aber schüttelte den Pfeil ab wie einen Rohrstengel, und stürmte, des rinnenden Blutes nicht achtend, vorwärts. Noch
warf sich ihm Jarl Hakon kühn entgegen, allein er sank mit gespaltenem
Haupte, und sein Gefolge entfloh eilends. Die mutigen Schützen trotzten allein
dem nahenden Verderber. Sie versandten ihre Geschosse, die hageldicht, wie
geflügelte Schlangen, durch die Luft zischten. Fast alle Gefährten Ubbis waren
schon erlegen, da traf endlich ein scharfkantiger Pfeil von Hroalds Hand das
Herz des friesischen Helden, den kein Schwert bezwingen konnte. Mit ihm
sank Danlands Schutz und Macht.

Die Schlacht wütete fort, die Ordnung war aufgelöst, jeder kämpfte, wie
und wo er nur konnte. Starkad sah die dänische Fahne in der Hand der

Schildmaid Wisma und brach sich zu ihr Bahn. Ihre Kämpfer Kari und Milwa, die sich ihm entgegenstürzten, fielen unter seinen Streichen. „Nun ist deine Todesstunde gekommen", rief sie ihm zu, indem sie das Schwert schwang. Er aber hieb ihr die Hand ab, und Danlands Panier sank in den Blutbach, der den Boden überströmte. Die wendischen Krieger umgaben ihre Gebieterin und führten sie aus dem Getümmel. Sie zu rächen drang die Schildjungfrau Weborg gegen den wütenden Recken vor. Sie vermied durch geschickte Wendung seinen furchtbaren Streich und spaltete ihm Wange und Kinn. Dagegen traf sie der wilde Thorkill, von der Seite anstürmend, zum Tode. Je mehr Starkad Wunden empfing, desto wütender stürmte er unter die Feinde. Er, Thorkill, Uli und andere Helden drangen immer tiefer in die gebrochene Ordnung der Dänen. Ganze Haufen entflohen vor ihren bluttriefenden Schwertern. Ein Wehgeschrei erhob sich ringsum in dem Heere. — Sobald der greise Harald die Niederlage seiner Getreuen gewahrte, ließ er den Hengst, der seinen Wagen zog, mitten unter die Feinde lenken; denn er konnte weder gehen, noch zu Rosse sitzen. In jeder Hand ein Schwert, schlug er zur Rechten und zur Linken viele Kämpfer nieder. Sein Gefolge suchte ihn zu schützen, die Schweden ihn zu erreichen. Ein Leichenwall erhob sich um ihn her, daß der Wagen gehemmt wurde. Da traf im mörderischen Getümmel ein Keulenschlag sein Haupt, der Helm und Hirnschale zerschmetterte. Man sagte, der verräterische Bruni, oder in seiner Gestalt Odin selbst, habe den tödlichen Streich geführt.

Über der königlichen Leiche tobte der Kampf noch fort, bis Sigurd Ring Waffenruhe verkündigen ließ. Die Hörner bliesen auf beiden Seiten zum Rückzug, und die Heere rückten in ihre Lagerungen.

Auf schwedischer Seite zählte man 12 000 Tote und eben so viel Verwundete, auf dänischer Seite weit mehr als die doppelte Anzahl; daher war der Sieg nicht zweifelhaft. Die Dänen waren ohne Oberhaupt; ihre namhaften Helden lagen auf der Wahlstatt, eine allgemeine Entmutigung machte sich geltend. Am Abend erschien der siegreiche Herrscher mit friedlichem Gefolge im dänischen Lager, berief die Häuptlinge und erklärte ihnen seine Ansprüche auf die Herrschaft in Danland und Gotland. Sie gaben alle teils willig, teils unwillig ihre Zustimmung.

Folgenden Tages ließ er im Angesichte der beiden Heere den ganzen Morgen hindurch bis Mittag den Leichnam des Königs aufsuchen und ihn dann auf dem blutbesprengten Streitwagen, den sein eigenes reich aufgeschirrtes Roß zog, nach den Scheitern führen. Die Dänen hatten das goldverzierte Schiff des gefallenen Helden auf den Holzstoß geschafft und legten die teure Leiche hinein. Als die Flammen emporloderten, bestieg Ring sein Pferd, indem er sagte: „Der große Herrscher ist als königlicher Held gestorben; darum soll er mit königlichen Ehren und reichen Gaben gen Walhalla ziehen."

Darauf ritt er, begleitet von Fürsten und Jarlen, um die brennende Scheiterburg, warf einen glänzenden Goldring in die Glut, und jeder der Häuptlinge that das Gleiche. Nach dem Leichenbrande ließ er die Asche seines Vorgängers in einer ehernen, mit Goldreifen verzierten Urne sammeln und brachte sie nach Hlebra.

Unter festlichem Gepränge ließ er sie daselbst in einem mächtigen Hügel beisetzen, viele Kleinodien dazu legen und einen gemeißelten Bautastein (Grabstein) mit eingehauenen Runen darüber aufrichten. Darauf berief er zur Totenfeier die Häuptlinge aus Danland, Gotland und Swithiod, und als beim Festmahle die Hörner geleert wurden, rühmte er laut die Thaten des großen Königs. Er gewann dadurch aller Herzen, so daß die Völker sich willig unter seine milde und gerechte Herrschaft beugten, und ungestörter Friede das Land beglückte.

Eine vereinzelte, wahrscheinlich untergeschobene Sage berichtet noch von einem Heereszuge gegen die fränkischen Könige Gunter und Hagen, denen ihr Schwager Sigurd oder Siegfried, genannt Fafnisbana (Fafnirstöter), zu Hülfe kam. Ring war nicht selbst bei der Fahrt, wohl aber Starkad, der große Verwüstung unter den Feinden anrichtete. Als ihm jedoch der berühmte Held Siegfried entgegentrat und seinen Namen nannte, suchte er sein Heil in der Flucht. Der Sieger schleuderte ihm sein Schwert nach und traf ihm mit dem Knauf an das Kinn, daß ihm zwei Zähne ausfielen. Ein solches Zähnchen soll sieben Pfund gewogen haben.

Die Völkerschlacht von Brawalla ist vielleicht nicht ganz mythisch. Sie bezeichnet die Epoche, da Dänemark und das Königsgeschlecht der Skiöldungen gegen die schwedischen Ynglinger zurücktraten und fällt zwischen die Jahre 715 und 730. Es liegt auch ein Brawallahet (Brawallaheide) in Smaland, freilich entfernt vom Meere. Auch erzählt eine spätere Sage, daselbst hätten einst in Abwesenheit der streitbaren Männer Frauen und Jungfrauen in männlicher Rüstung dänisches Kriegsvolk in die Flucht geschlagen.

Es dürfte indessen schwer zu ermitteln sein, ob dieser Erzählung eine historische Thatsache zu Grunde liegt. Als älteste Quelle bezeichnet man ein Lied, das man dem riesigen Starkad zusprach; aus diesem scheinen dann sowohl Saxo Grammaticus, als auch norwegische und isländische Darsteller geschöpft zu haben. Vermutlich fällt aber die Entstehung dieser oben angedeuteten Sage nicht früher als in das 9. Jahrhundert, da in ihr Isländer in beiden Heeren erwähnt worden sind und Islands Entdeckung erst in das 9. Jahrhundert fällt.

Ingeborgs Klage. Von J. W. Heine.

Siebenter Abschnitt.

Frithiof, der Kühne, und die schöne Ingeborg.

Was Skalden einst gesungen im hohen Nord,
Ist spurlos nicht verklungen, es tönet fort
Das Lied von Lieb' und Treue, die nimmer wanten,
Ob auch die alten Helden schon längst versanken.

Dem blutgetränkten Boden der Brawallaheide und dem fürchterlichen Kampfgetümmel den Rücken wendend, betreten
wir ein stilles friedliches Gebiet, die
Halle des Königs Bele, der über die schönsten und fruchtbarsten Thäler des
Landes Noreg Herrschaft übte. Er war berühmt durch Heerfahrten in die entlegensten Länder und durch große Heldenthaten, die er von früher Jugend bis
ins Alter vollbracht hatte. Ihm gleich an Ruhm war sein treuer Waffen- und

Blutbruder Torsten Wikingsson, der niemals von seiner Seite wich. Unter dem Schutze der beiden Helden blühte des Landes Wohlstand, und kein Raub=fahrer wagte die Marken des Reiches zu überschreiten. So waren die Männer alt geworden, silbern wallte das Haar von ihren Scheiteln, und ihre Schritte wankten, wenn sie zur Versammlung der Edlen gingen. Aber ihre Rede war reich an weisem Rat, daß niemand Widerspruch erhob, und wenn sie von den Wundern fremder Länder, von bestandenen Abenteuern und Erlebnissen er=zählten, lauschten ringsumher die Gäste und vergaßen die vollen Hörner zu leeren. Es war, als sitze Bragi auf dem Hochsitze und singe seine Runenlieder zum Harfenklang. Im korndurchwogten Goldbergthale, auf mäßigem Hügel, stand der Königshof, weit und geräumig; daß wohl zweitausend Männer die Halle nicht füllten. Auf gewundenem Pfade schritten oft die beiden Greise den Bach entlang, der sich am Ausgange des Thales ins Meer ergoß. Dann er=stiegen sie auf siebenzig Stufen die Höhe, die weit in die blaue Flut vorsprang. Da sah man zu beiden Seiten auf das wogende Gewässer und vorübersegelnde Schiffe oder rückwärts über den Thalgrund nach der Burg und weiter hinauf nach dem Heiligtume Balders, das goldstrahlend aus dem heiligen Haine hervorragte.

Mühsam hatten die Greise einst die Höhe erstiegen: sie rasteten nun auf schwellendem Rasensitze und redeten von vergangenen Tagen, und wie nahe ihnen die Stunde sei, in Walhalla einzugehen. Da traten, durch der Väter Gebot beschieden, die drei Söhne heran, Helge, der älteste von Beles Erzeugten, finstern Blickes, mit blutigen Händen vom Opferstein kommend, wo er von den Priestern Weissagungen und Runenzauber erlernte, sein Bruder Halfdan, fast noch Knabe, heiter lächelnd, spielend mit dem Schwertgriff, einem Mägdlein ver=gleichbar, und zwischen ihnen Frithiof, Torstens Sohn, um eines Hauptes Länge sie überragend. Männlicher Ernst ruhte auf seinem Angesicht, er war der ihm innewohnenden Kraft sich bewußt. Der König nahm zuerst das Wort. „Jünglinge", sagte er, „ihr steht an geweihter Stätte, denn eure Väter wollen ihre lange Lebensreise beschließen und von der Tagesarbeit ruhen hier, wo die Wellen auf beiden Seiten ihr Schlummerlied singen. Vernehmt daher ihren letzten Wunsch und Willen. Laßt Eintracht unter euch wohnen; das Band der brüderlichen Liebe umschlinge eure Herzen immer fester, sowie ihr von uns gesehen habt. Wenn ihr, meine Söhne, mit Herrschermacht geschmückt seid, so verlieh Allvater unserm Frithiof den Mut und die Kraft der Asensöhne. Wo aber Macht und Heldenkraft sich einen, und wo als drittes Glied ein freies, in seinen Rechten ungekränktes Volk sich zu dem Bunde gesellt, da wird kein Wider=sacher des Landes Wohlfahrt anzutasten wagen. Du, Helge, traue nicht zu viel dem Opferblute und den dunklen Runen. Die Götter wohnen nicht engum=schlossen im Tempelhofe, noch auch einzig in Walhallas seligen Räumen, sie wohnen überall, soweit Gedanken reichen; lasse sie vor allem in deinem Herzen wohnen, so bist du ihrer Hülfe stets gewiß. Du, Halfdan, wende dich ab vom Kinderspiele und werd' ein Mann, ein König, der nicht mit den Flittern der Krone spielt, der für die Rechte seines Volkes das Schwert zu brauchen weiß."
— „Sohn Frithiof", unterbrach Torsten den König, „lerne Weisheit, daß sie die angestammte Heldenstärke auf deinem Lebenswege geleite und dich vor

trotzigem Übermut bewahre. Dann wirst du auch der königlichen Hoheit dich willig beugen und vor allem die Götter ehren, die Lust und Leid, Gewinnen und Verlieren den Menschenkindern nach ewigem Ratschlusse verleihen. Nie wirst du ihrer Gunst entraten, wenn du von Schuld dich rein erhältst, wenn fleckenlos vor ihnen der Schild deines Herzens liegt, wie vor dem Lichte der Sonne leuchtend der Stahlschild, den du als Schutz und Wehr am Arme trägst." „Noch einen Auftrag gebe ich dir, Helge," sagte der König, „habe acht auf Ingeborg, die liebe Tochter; sei ihr ein liebevoller Vater an meiner Statt. Nicht lasse sie Zwang erdulden, denn sie ist gut und edel, in stiller Einsamkeit bei Hilding aufgewachsen mit unserm Frithiof. Ihre Wahl sei frei, das ist mein Wille. Nun geht in Frieden, Kinder, und erbaut uns, wenn wir vollendet haben, hier auf der Höhe unsern Hügel und einen Bautastein mit Runenschrift, die dem Wanderer verkündigt, daß wir Treue hielten bis zum Sterben und unseres Volkes Rechte redlich beschirmten."

Der Leichenbrand, das Totenmahl war vorüber, der Bautastein über der Asche der heimgegangenen Helden stand aufgerichtet, die Wogen sangen ihr ewiges Lied vom Werden und Vergehen. Frithiof war nach Framnäs zurück= gekehrt, dem väterlichen Erbgut. Er stand jetzt sinnend in der geräumigen Halle seiner Väter. Da waren die Wände ringsum mit blanken Waffenstücken be= hangen, Beute der Ahnen, oder von ihm selbst im Kampfe mit Raubfahrern oder mit Ungetümen der Berge erworben. Es hingen da Bären= und Wolfs= felle, Helme, Brünnen und blanke Schilde, dazwischen blitzende Schwerter, Speere und andere Waffen. Auch fehlten nicht Ringe und Brustschmuck von Erz, Silber und lauterem Gold. Vor allem glänzte ein Armring hervor, ein kostbares Erbstück, das einst Wölundur, der kunstreiche Schmied, gefertigt hatte. Darauf war Asgard abgebildet mit den zwölf Himmelsburgen und Balders Leichenbrand, auch Hermoder, wie er Sleipnir zum Sprunge über das Hel= gitter spornt. Ein Rubin, wie Morgenrot funkelnd, bildete das Schloß. Der Ring war so kunstvoll gefügt, daß er nach dem Willen des Eigners an jeden Arm sich weich anschmiegte. Der wilde, entsetzliche Sote hatte ihn voreinst in Abwesenheit Torstens geraubt. Vergebens war die Verfolgung; denn der Räuber durchschwärmte, Greuelthaten übend, auf seinem Drachen die Meere. Heimgekehrt erschlug er in seiner Tollwut Vater und Mutter, welche ihm Einhalt thun wollten; aber er konnte das Blut nicht mehr von der Klinge ab= wischen und den Mord nicht von der Seele. Nach langen Raubfahrten setzte sich lebend in Bretland mit seinem Drachen und allen seinen Schätzen in ein gemauertes, hochgewölbtes Grab. Da hörte man nun des Nachts Gemurmel von fremdartigen Stimmen, Ächzen und Stöhnen, daß den Lauschern sich die Haare zu Berge sträubten.

Als Torsten davon Kunde erhielt, fuhr er mit Bele nach Bretland. Durch die Thürspalten spähend, sahen die Männer den Unhold im glühroten Mantel hoch auf dem Drachen sitzen. Er putzte immerfort an seiner Schwertklinge, doch wichen die Blutflecken nicht, und er seufzte und ächzte. Sie losten, wer hineinsteigen und den Wiking bestehen solle. Das Los traf Torsten. Mit einem Speerstoß sprengte derselbe die Pforte und trat ein. Bele hörte drinnen

ein Trolllied, Kampfruf, Gerassel von Schwertern, dann einen schweren Fall
und ein gräßliches Wehegeschrei; Torsten stürzte heraus, bleich, verwirrt
und verstört, doch trug er den Armring als Beute. „Das Kleinod ist teuer
erkauft“, murmelte er; aber was in dem Steinbau geschehen war, davon redete
er niemals.

Das teuer erworbene Kleinod hinterließ Torsten dem lieben Sohne und
außer dem Reichtum des Hauses zwei andere Erbstücke, das Schwert Angur=
wadel mit dem Griffe von Gold und der Klinge voll rotglühender Runen und
das Drachenschiff Ellide, ein Geschenk des meerwaltenden Ögir, den einst der
Ahnherr Wiking mit gastlicher Pflege erquickt hatte.

Reichlich war das Haus mit allem versehen, was das Herz erfreuen mag.
Es fehlte auch nicht an treuem Gesinde, an wohlgenährten Herden und gefüllten
Speichern. Zwölf Kämpfer standen bereit, mit dem Gebieter in den Streit zu
ziehen; und Biörn, sein treuer Wehrgeselle, teilte mit ihm die Gefahren zu
Wasser und zu Lande, wie er mit ihm beim Gelage den Metbecher teilte.
Doch fühlte er sich so einsam und verlassen, als wären Biörn und die Kampf=
genossen für ihn nicht vorhanden. Es fehlte ihm das Wesen, das ihm teurer
als sein Framnäs und sein Heldenruhm, teurer als sein Leben, als die Freuden
Walhallas war. Aber er wußte, wo die holdselige Jungfrau, die er vermißte,
zu finden war, denn sie war mit ihm aufgewachsen auf Hildings Gut, Schön=
Ingeborg, Beles Tochter und Schwester Helges. Er kannte auch ihr reines,
unschuldvolles Herz, was ihm von früher Kindheit auf gehörte. Es beschloß
sie aufzusuchen, sie zu fragen, ob sie mit dem Bondensohne das Gut und das
Leben teilen wolle.

Frithiof und Ingeborg.

Frithiof trat am frühen Morgen in Hildings reiche Halle. Teppiche und
Waffen schmückten die Wände; eine Eiche war in die Mitte gepflanzt, der Stamm
durch eine Öffnung in der Decke gewachsen, das Laubwerk außerhalb über den
Saal ausgebreitet. Die Halle war leer und einsam aber am Fuße des Baumes
saß Schön=Ingeborg, mit einem Gewebe beschäftigt, lieblich wie Iduna, wenn
sie am Weltenbaum an der Nornen Statt die Schicksalsfäden flicht und Bragi
erwartet. Sie gewahrte ihn nicht, wie er leisen Schrittes hinter sie trat und
das Werk ihrer Hände betrachtete. Es war ein blauer Mantel mit goldenem
Saum. Darauf erblickte man Balder und Höder, letztern, wie er den tödlichen
Mistelzweig schwingt, dann den Leichenbrand und Wali, den Rächer, der be=
flügelten Schrittes dem finstern Mörder naht. Aber den jungen, blühenden
Gott hatte nicht die Phantasie geschaffen, die Jungfrau hatte in ihm den Ge=
spielen ihrer Kindheit dargestellt, den Jüngling, dessen Bild sie im Herzen
trug, der schon in so früher Jugend den unverwelklichen Kranz des Ruhmes
um seine Schläfe geschlungen hatte. Er stieß einen Freudenruf aus, sie kehrte
sich fast erschrocken um und — sank in die Arme des liebenden Freundes. Es
war eine frohe Stunde, die sie mit einander verplauderten, indem sie sich der
miteinander verlebten Kindertage erinnerten. Zuletzt sprach er von dem Zwecke
seines Besuches, von seinen Hoffnungen. Er küßte das Ja von ihren Lippen.

„Aber", sagte sie errötend, „wird Bruder Helge, der jetzt statt des Vaters mein Herr ist, seine Zustimmung geben?" — „Kinder", fiel der alte Hilding ein, der unvermerkt genaht war, „baut nicht auf ihn, den finstern Opferkönig. Er rühmt sich, von Odins Geschlecht entsprossen zu sein, und giebt die Schwester, die Asentochter, nicht dem Bondensohn." — „So fordere ich sie von der Gemeinde", rief Frithiof; „die steht über dem Odinssohn."

Der junge Held eilte fort nach Framnäs. Er stieg sogleich an Bord seines Drachschiffes und steuerte dem Hügel zu, der Torstens und Beles Asche umschloß. Er fand daselbst die Könige, die zu Gericht saßen. Er trug sein Anliegen frei und offen vor und fügte hinzu, daß ihm Ingeborg geneigt, daß es auch wohl König Beles Meinung gewesen sei, da er die Tochter zugleich mit ihm bei Hilding habe aufwachsen lassen. Er werde, so schloß er seine Rede, des Reiches treuer Hort und Schützer sein. — „Du richtest dein Haupt hoch empor", versetzte Helge; „aber die Asentochter ist nicht für den Bonden, wie sehr er sich auch bläht; nur ein ebenbürtiger Königssohn wird sie heimführen, und mein Reich werde ich schon selbst zu behüten wissen." — „Deine Halle zu fegen", fiel Halfdan ein, „taugt ein Bauernweib besser, als die von Odin entsprossene Maid." — „Und bist du in Sorge um deine Kost", höhnte Helge, „so werde mein Mann. Ein Platz ist dir bei meinem Gesinde offen." — „Dein Mann werde ich

Held Frithiof. Nach Karl Ehrenberg.

nicht", rief Frithiof stolz; „ich bin mein eigener Mann. Die freie Tochter fordere ich bei der nächsten Gemeinde. Du aber komme unterdessen meinem Angurwadel nicht zu nahe. Siehe hier sein Wahrzeichen." Er hatte sein Schwert gezogen, auf dem die Runen glühendrot flammten, und spaltete mit einem gewaltigen Streiche den Goldschild des Königs, der an einem Baume hing.

Sigurd Rings Brautwerbung. In der Königshalle zu Upsala saß der Völkergebieter Sigurd Ring, der Brawallasieger, und fünfhundert Kämpfer ringsum auf goldglänzenden Sitzen. Schlanke Jungfrauen, Walküren vergleichbar, füllten emsig die Hörner; aber Scherz und heitere Wechselrede rauschte nicht, wie ehemals, durch die weiten Räume. Nur leise flüsterten die Helden von den

vollbrachten Thaten und der alten, fröhlichen Zeit. Der König selbst auf
dem Hochsitze war ernst und schweigsam. Er gedachte der edlen Gattin, die
schon vor Jahren hinüber nach Folkwang in Freyas Saal gegangen war und
ihn und die Kinder verwaist und die Königshalle veröbet zurückgelassen hatte.
Da griff ein junger Skalde in die goldenen Saiten und sang mit klangvoller
Stimme von der herrlichen Herrscherin, die so frühe die finstere Norne weg=
gerufen habe, von dem Schmerze ihres Gatten, von dem verwaisten Hause; dann
pries er in helleren Tönen eine junge Maid, die, der himmlischen Nanna gleich,
in der Einsamkeit aufgeblüht sei. Er schloß mit den Worten:

> „In Hildings Hause die herrliche Blüte,
> König Beles Erzeugte, ward auferzogen;
> Sie wähle mit Wonne der mächtige Walter
> In Nordlands Reichen, daß Hof und Halle
> Nicht länger verlassen, verloren steh'n.“

Lauter Beifall erfüllte den Saal; denn viele, schon bejahrte Männer, einst
Hildings Kampfgenossen, hatten in dessen Hause die edle Jungfrau gesehen und
ihr adliges Wesen, ihren verständigen Sinn erkannt. Sie meinten, im ganzen
Norden gäbe es nicht eine so edle Jungfrau wie die schöne Ingeborg, und die
sei wohl würdig, den Hochsitz mit dem Brawallasieger zu teilen; die werde auch
eine rechte Mutter der königlichen Kinder und eine treue Verwalterin des
reichen Hauses sein. Diese Rede erwog der Herrscher in seinem Gemüte, und
es däuchte ihm wohlgethan, dem Rate der Freunde zu folgen. „Zwar ist sie
noch jung, doch zeigt sie sich verständig und wählt sie frei den redlichen Mann
mit ergrautem Haupte und will sie der verwaisten Kinder und des lange ver=
öbeten Hauses in guter Treue sich annehmen, so will ich sie lieben und ehren,
wie die zu Freya gegangene Königin.“ Also sprach der alte Held und bestellte
zu Boten edle Jarle und gab ihnen reiche Geschenke mit.

Manche Woche verstrich, bevor die abgesandten Männer zurückkehrten.
Endlich kamen sie, aber nicht heitern Mutes. Sie berichteten, man habe sie
wohl aufgenommen und gastlich verpflegt. Als sie endlich auf Antwort ge=
drungen, habe Helge in Balders Heiligtum ein feierliches Opfer veranstaltet.
„Als er aus dem Haine trat“, fuhren die Boten fort, „war sein Antlitz finster,
von seinen Händen troff noch Opferblut. Er sagte, die Zeichen seien ungünstig,
die Wöla habe verkündigt, nicht im Schnee des Alters gedeihe die junge Früh=
lingsblüte, noch unter dem Schatten des morschen Baumes die junge Pflanze,
daher müsse er die Hand der Schwester verweigern.“ Auch sagten die Männer,
Halfdan habe noch lachend hinzugefügt, es sei schade, daß König Graubart
nicht als eigener Freiwerber gekommen sei; er hätte dem ehrsamen Alten noch
eigenhändig auf den Gaul geholfen. Ob dieser Rede entbrannte der Zorn des
mächtigen Herrschers. „Wohlan“, rief er, „sie sollen erfahren, daß der Bra=
wallakämpfer noch Kraft hat, mißratene Buben zu züchtigen.“ Bei diesen
Worten zog er das blitzende Schwert und mit ihm die fünfhundert Kämpfer
seiner Gefolgschaft, und, als der Kriegsruf erging, die Aufgebote in Swithiod,
Gotland und Danland. Sie alle erkannten in der dem Könige angethanen
Schmach ihre eigene und wollten sie rächen mit Gut und Blut, mit Leib und Leben.

Frithiof scheidet. Im Baldershofe saß Ingeborg in später Nacht. Dahin hatte sie Helge geführt, um sie vor Ungemach in dem bevorstehenden Kriege zu bewahren. Aber Frithiof hatte versprochen, sie daselbst aufzusuchen, und sie hoffte und fürchtete. Sie hoffte auf sein Kommen und fürchtete den Zorn des Gottes, dessen Heiligtum kein uneingeweihter Mann außer der festlichen Zeit betreten durfte.

Frithiof scheidet von Ingeborg. Von Bernh. Mörlins.

Die Sterne beleuchteten den Pfad, wie sie durch den Hain bis an die goldene Kette vorschritt, die den Hof umschloß. Jetzt hörte sie Schritte und — er war es, er stand vor ihr, der im Nordland gepriesene Held. Mit einem mächtigen Sprung flog er über die Einfriedigung und war an ihrer Seite. „Aber Balder", rief sie erschrocken, „der Heilige, dessen Hof du entweihst! Sein Zorn wird uns treffen." — „Balder", sagte er, „der gute, der liebende Gott, zürnt nicht unserer Liebe. Er hätte um Nannas willen Odins Hlidskialf, gleich dem liebenden Freyer, bestiegen. Morgen, Ingeborg, fordere ich dich von der

Gemeinde, die an Beles Hügel zusammentritt. Ich verheiße dagegen mein gutes
Schwert in dem Kriege gegen Sigurd Ring, und das weiß man zu schätzen.
Dann kämpfe ich für unsere Liebe, die rein und keusch ist, wie droben am Himmel
die funkelnden Sterne, wie der Gott der Unschuld und Frömmigkeit, auf dessen
Boden wir stehen." So redeten beide, bis die Rosen des Morgens am östlichen
Himmel aufblühten und zum Scheiden mahnten.

Das Thing zu hegen war an Beles Hügel die Landesgemeinde versam=
melt, freie Männer, alle bewehrt mit Schwert und Schild. Es galt, zu be=
raten die Rüstung für den schweren Krieg. „Wo ist Frithiof?" fragte man da
und dort; „wenn der vorankämpft, wird uns Walvater Sieg verleihen." Und
siehe, nun trat er in den Ring, blühend von Jugend und Kraft. Er schritt
vor die Mitte und sagte sein Begehren. „Der freie Mann, der Hort des
Landes, Held Frithiof ist der Asentochter würdig", so war das Urteil der
Gemeinde. — „Das Urteil nehm' ich an", sprach Helge; „doch Ingeborg wird
nicht dem Friedensbrecher zuteil, nicht dem, der Balders heiligen Zaun durch=
brach, um Liebesworte mit der bethörten Maid zu tauschen. Frithiof, du
sprachst heute Nacht mit Ingeborg in Balders Hain; sprich nein, wenn du es
vermagst." — „Sprich nein!" so riefen viele Stimmen, „und dir gehört die
Asentochter." — Und wenn er Walhallas Freuden errungen hätte, er konnte
nicht das Wort der Lüge reden. Er sagte mit fester Stimme: „Ich sprach mit
ihr, wie Balder spricht mit Nanna; ich sprach mit ihr im Tempelhain — ist
das ein Frevel an dem Gott der Liebe?" — Er konnte nicht weiter reden —
dumpf klirrten da Schilde und Schwerter. — „Wehe, wehe über den Schän=
der des Heiligtums!" so rief man von allen Seiten, und die Krieger rückten
von ihm weg, wie wenn ein Pesthauch von ihm ausgehe. „Landflucht oder
Tod dem Tempelschänder", sagte der König; „so heißt es in unserm Recht.
Doch will ich Gnade an dem Manne üben, der sich den Hort des Landes
nennen läßt. Er fahre zu Angantyr, dem Jarl der Inseln, und treibe den
Schoß ein, den derselbe seit dem Tode meines Vaters nicht mehr entrichtet hat.
Und wenn er den nicht einbringt, sei er ehrlos, verbannt aus diesem Reiche.
Ihr freien Männer, ist das Urteil recht?" — Die Waffen klirrten rings im
Kreise; es war das Ja der Landesgemeinde. Frithiof schritt aus der Versamm=
lung ungebeugt; der Zorn glühte in seinem Busen, wie die Runen auf Angur=
wadels Klinge.

Wieder harrte Ingeborg auf den Freund noch am späten Abend. Die
Sterne zogen herauf, die Tochter Nörwis wiegte die Erdenkinder in Schlum=
mer, aber nicht die bange Maid im Tempelhain. Endlich erschien er und war
zum zweiten Mal mit einem kühnen Sprung an ihrer Seite. Er berichtete,
was geschehen war. „Nun", sprach er, „nun bin ich des Kriegs ledig. Den
Schoß erlang' ich von Angantyr, dem Freunde Torstens, mit Güte; wenn
nicht, so ist mein gutes Schwert Fürsprecher. Das Gold send' ich an Helge,
daß meine Ehre unbefleckt sei vor dem Volke, das mich verstößt. Du aber folge
mir — Biörn und edle Kämpfer sind gerüstet. Zur Abfahrt liegt Ellide dort
am Strand. Sie führt uns erst zu Angantyr, dann weiter mittagwärts in
ein schönes Land, wo nimmer Hrimthursen Eisberge türmen, wo die Bäume

immer grünen und goldene Früchte tragen. Dort wohnte einst ein edles, freies Volk, jetzt kriecht daselbst ein Geschlecht von Knechten. Wir aber schaffen ihm mit unsern Waffen die Freiheit wieder, daß es zu neuen Ehren aufblühe. O wir werden glücklich sein." — "Wir werden glücklich sein! Wie schön die Hoffnung!" sagte sie unter Thränen, "aber ich darf ja nicht mit dir gehen!" — "Du darfst nicht?" rief er, nach dem Schwerte greifend, "ich will den sehen, der uns hemmt!" — "Es ist die Ehre", versetzte sie, "deine und meine Ehre. Wenn wir zusammen in die Fremde zögen, dann spräche man: es sei nun offenbar, daß wir die heilige Stätte entweiht, geschändet hätten, um schnöde Lust zu büßen. Du könntest wohl durch ruhmvolle Thaten von deinem Schilde den Makel tilgen, allein das schwache Weib bleibt der Schmach verfallen. Und ist das Weib vor der Welt verdächtig, so wird, so kann auch der Mann es nicht mehr achten und nicht mehr lieben." — Vergeblich suchte Frithiof die edle Jungfrau zu bewegen, sie widerstand mit sanften Worten, doch fest und unerschüttert seinen Bitten. Da rief er im Unmut: "Wohl, Helges Schwester, Asentochter, beharre starr, wie die unerbittliche Norne; ich ziehe einsam hinaus auf Wikingsfahrten, um bald das Grab zu finden, das mir ersehnte Ruhe giebt." — Er wollte ohne Abschied gehen; aber sie faßte mit ihrer weichen Hand die seinige. "Frithiof", sagte sie, "willst du mir den letzten Trost rauben, daß mir deine Liebe auch in der Verlassenheit bleibt? Wenn ich Tage verweint habe, so schwebt mir im Abendrot, im Sternenschein das Bild des lieben Freundes vor der Seele. Ich fasse seine Hand und träume, ich könnte sie immer in der meinigen halten." "Ingeborg", rief Frithiof, "du träumst nicht, du verkündigst ein Gesicht der Wala. Höre, wie sich alles vollenden wird. Ellidens Flügel führen mich nach dem westlichen Inselreich. Jarl Angantyr giebt dem Sohne Torstens den Schoß. Ehe Sigurd Ring hereinbricht, bin ich zurück. Vor Angurwadels Flammen wird der Brawallasieger nicht bestehen, und dann, wenn ich den Schoß gespendet und die vermeinte Schuld gebüßt habe, giebt das gesamte Volk die Asentochter dem Befreier. Hier der Goldreif, den ich um deinen Arm schlinge, sei der Verlobungsring, der uns unauflöslich verbindet. Mein Vater gewann ihn einst in entsetzlichem Kampfe in der Grabkammer von dem grimmigen Sote zurück. Fest, wie einst Wölundur den Goldreif schmiedete, ist unser Bund. Träume glückliche Träume, bis ich wiederkehre." Er preßte sie noch einmal an sein liebendes Herz und schritt dann fort in der Dämmerung des aufgehenden Morgens nach dem Strande, wo Ellide unter dem Schutze Biörns und der anderen Freunde lag. Ingeborg aber erblickte sein Bild im Frührot, und frohe Hoffnungen von Wiedersehen umgaukelten ihre Seele. Sie kannte nicht die Nornen, die das Verhängnis der staubgewordenen Menschen weben.

Die Fahrt. Im Versteck am Strande lauerte Helge mit vielen Berserkern, den Helden zu greifen, doch Angurwadels Runen glühten wie lodernde Flammen, und Biörn und die zwölf Kämpfer zeigten ihre Schwerter; da wagte der Feigling nicht die Abfahrt zu hemmen. Im sichern Hinterhalte nur summte er ein gräßliches Zauberlied, und das schwoll an wie die Windsbraut, lauter und lauter, und Frithiof vernahm es und Ögirs Spielmann erwachte davon und stimmte mit ein:

„Und wilder ward auf dem weiten Plan
Der Ringelreihen, und himmelan
Aufjauchzen die Tänzer und ruhen nicht,
Wie Hexen umschäumt ist ihr Angesicht.
O mische dich nicht in das wilde Heer,
Denn es tanzet das Meer."

Wohl tanzte Ellide mit im wirbelnden Ring, doch der Held stand am Steuer und vermied die Klippen und lenkte die Fahrt. Tage und Nächte raste der Sturm. Er trieb das Fahrzeug weit gen Norden bis zu dem eisumstarrten Eiland, wo Muspels Söhne im Schoße der Berge schaffen und Surtur mit dem Flammenschwert aus dem Abgrund emporsteigt, wie einst, wenn Ragnaröl anbricht. Da rief Frithiof seinen Biörn an das Steuer; er selbst erklomm den Mast, um weitum die kochende See zu überschauen; denn er dachte, es sei Helges Zauber, der ein solches Sturmwetter hervorgerufen habe. Er irrte nicht; er sah einen Wal, groß wie ein Eiland, und darauf saßen zwei Nachtgespenster, die sachten heulend den Sturm immer von neuem an. „Biörn", rief er herabsteigend, „geradeaus laß Elliden schießen, dort auf den Zauberwal. Wir wollen sehen, ob er den Stoß von Ellidens erzumschienter Eichenbrust erträgt." — Das Drachschiff schoß durch die Wellen; es traf mit dem scharfkantigen Kiel das Ungeheuer, daß ein Blutstrom der Wunde entquoll. Zugleich durchbohrten zwei Lanzen, von Frithiofs starken Armen geschleudert, die Trollgespenster, und sie sanken heulend mit dem Wal in die Tiefe. „Gut getroffen", rief der Held; „nun verleihe uns Niörder, der Gütige, glückliche Fahrt." Und der Gott vernahm die Bitte; er stillte den Grimm des Meeres, er verscheuchte den tutenden Spielmann und gab günstigen Fahrwind. Doch war Ellide selbst durch den Stoß wund und leck geworden. Sie schlich langsam durch die beruhigte Salzflut. Erst nach Wochen erreichte man Angantyrs Inselreich. Da ward den ermatteten Wikingen zuerst kein freundlicher Empfang; eine Anzahl Berserker forderte sie zum Kampfe auf, und die müden Helden weigerten nicht das Schwertspiel. Erst mit Angurwadel, dann im Ringkampf besiegte Frithiof den Anführer der Schar. Dann traten die Gegner als Freunde in die Halle des Jarls und staunten über die große Pracht, die den reichen Herrscher umgab. Da waren Kamine von glänzendem Marmor, krystallene Lampen, an Goldketten hängend, die Wände mit rotem Leder überzogen, die Decke von bunten Steinen gefügt. Da tranken die Kämpfer nicht Bier oder Met, sondern feurigen Purpurwein, aus dem Südlande eingeführt, den ihnen rosige Mägdlein kredenzten.

Freudig begrüßte der Herrscher die müden Ankömmlinge, denn er hatte voreinst manche Heldenfahrt mit Bele und Torsten ausgeführt und mit ihrer Hülfe seine Herrschaft erworben.

Als nun Frithiof seinen Antrag vorbrachte, sagte er: „Schoß habe ich niemals entrichtet, und wer ihn verlangt, der werbe darum mit dem Schwert. Zum Dank aber für die Hülfe sandte ich den beiden Waffenbrüdern jährlich eine Gabe aus meinen Schätzen. Du, Frithiof, bist ihr Erbe; so empfange hier ein gleiches Gastgeschenk." Mit diesen Worten reichte er ihm eine gefüllte Börse.

Wohl geborgen waren die Helden in Angantyrs gastlicher Halle, wo
Feuerwein in den Hörnern funkelte, und Waffenspiel und Harfenklang täglich
die Männer erfreute. Sie konnten auch nicht so eilends aufbrechen, denn das
Drachschiff bedurfte der Besserung, und als es wieder segelfertig war, da
wehten die Herbststürme und trieben Eisberge aus dem Norden, die jede Fahrt
unmöglich machten.

So blieben sie zu des Jarls Freude seine Wintergäste. Nur Frithiof
war nicht fröhlich; seine Seele weilte oft in Balders Hofe, der das Glück seines
Lebens umschloß, und trübe Ahnungen stiegen vor ihm auf, die weder Spiele
noch Feuerwein bannen konnten. —

Milde Frühlingsluft wehte, der Himmel war blau, die Erde grün.
Ellide schwamm wieder fröhlich auf der glänzenden Bahn der Heimat zu.
Frithiof lenkte das Steuer durch bekannte Schären und Öen. Hier ragte Beles
und Torstens Hügel weit in die Flut hinaus; dort stieg Balders Heiligtum
auf und fesselte den Blick des heimkehrenden Helden. Nur eine Felsenhöhle
trennt ihn noch von Framnäs, der Burg seiner Väter. In weitem Bogen um-
kreist das Fahrzeug das Klippenriff, und nun — — — blendet die Sonne sein
Auge? singt ihm Helge ein sinnverwirrend Lied? — Aber da sind noch die
Höhen und Thäler, die Wälder, Auen und Wiesen, die Weiher und sprudelnden
Bäche, nur das Vaterhaus ist nicht mehr zu sehen, an seiner Statt ein wüster
Haufen von schwarz gerauchten Trümmern. Auch das Landvolk und die treuen
Diener kommen nicht, wie sonst, ans Gestade, den Herrn zu begrüßen.

Er steigt ans Land, er betritt die wüste Stätte. Ein Vogel schwebt aus
blauer Höhe zu ihm nieder; es ist ein Falke, sein Liebling. Der schlägt mit
den Flügeln, will ihm ein Geheimnis verraten; er versteht die gurgelnden
Töne nicht. Da springt auch mit unbändigen Sätzen heulend und wedelnd sein treuer
Hofhund an ihn heran, und wiehernd springt sein milchweißes Roß auf ihn zu.
Wie er noch sinnend vor sich hinstarrt, naht der greise Hilding, der Pfleger
seiner Kindheit; der berichtet ihm, was sich in seiner Abwesenheit begeben hat.
„König Ring brach mit Übermacht ins Land. Eine blutige Schlacht ward ge-
schlagen, aber endlich mußte Helge weichen. Er warf auf der schmählichen Flucht
die Brandfackel in die hohe Halle von Framnäs und verhöhnte den Eigner, der
sein Vaterhaus nicht beschütze. Auch Halfdan floh nach männlichem Kampfe.
Der Sieger bot Frieden an, wenn ihm Ingeborg als Braut verlobt werde.
Wohl trotzte die Jungfrau dem Befehle des herrischen Bruders. Da traten
Jarle und Edele des Landes auf, viele unter ihnen von Wunden bleich und
matt. Sie sprachen von dem blutenden Volke, von den eingeäscherten Höfen,
von der drohenden Verwüstung des ganzen Landes. Wie Ingeborg rang und
litt, wie sie die Norne beschwur, ihr Blut und Leben zum Opfer zu nehmen,
das weiß ich allein; an meiner Brust vergoß sie heiße Thränen um den verlobten
Freund, dem sie entsagen sollte; vor den Jarlen, vor dem Bruder war sie die
königliche Jungfrau, da brachte sie dem Vaterlande das Opfer, nicht dem herrischen
Befehl." Frithiof war erst bleich, dann glühend rot geworden. „Sie brachte das
Opfer!" rief er, „wehe dem, der an die Schwüre des Weibes noch glaubt! —
Wie nun, Hilding, ist das Kinderspiel zu Ende? Ward die Frühlingsblüte dem

6*

dem grauen König vermählt? Gab sie ihm auch den Goldreif vom Lilienarm?" —
„Thors Hammer hat die Vermählung geweiht," sagte der Greis, „aber den Ring
entriß ihr der finstere Bruder mit Gewalt und schmückte damit Balders ehr=
würdiges Bild. Ertrage, Frithiof, als Mann, was nicht Menschen, was die
Nornen gefügt haben; ihnen, den unsichtbar waltenden Mächten, überlasse das
Gericht über den Frevler." —

„Ha", hohnlachte der Held, „ein wenig Richten dünkt mir gar wohl=
gethan. Heute ist Mittsommertag, da bringt der Priesterkönig bei Balders
flammendem Scheiterhaufen das Jahresopfer. Wir wollen ihm emsige
Helfer sein!" —

Der Wolf im Heiligtum. Blutrot bestrahlte die Mitternachtsonne hohe Berg=
gipfel, in den Thälern herrschte Dämmerung; es war so schwül und schweigsam
ringsum, wie sonst, ehe der Gewittersturm losbricht. Die Herzen der Menschen
beschlich ein heimliches Grauen, das man sich nicht erklären konnte. In Balders
Tempel brannte der Scheiterhaufen; grauhaarige Priester mit Flintsteinmessern,
unter ihnen auch Helge, schlachteten Opfertiere und wühlten mit blutigen Händen
in den Eingeweiden, die Zukunft zu erspähen. Da klirrten Waffen im Vorhof:
man hörte Frithiofs Stimme, der die Pforte zu bewachen befahl: bald darauf
trat er in den heiligen Raum. „Schwarzkönig", rief er, „da ist der Schoß
von Angantyr, Lösegeld für meine verpfändete Ehre." Damit schleuderte er die
Börse dem König ins Angesicht, daß ihm aus Mund und Nase Blut hervor=
quoll. „Mordbrenner", fuhr er fort, „nun gilt es Kampf für Framnäs. Zu=
vor den Ring, den gestohlenen — ha, den trägt der heilige Balder! Her mit
der gestohlenen Ware!" Er versuchte den Goldreif abzuziehen; aber der schien
mit Balders Arme verwachsen. Endlich riß er ihn mit höchster Kraft los; doch
war der Ruck so gewaltig, daß zugleich das Riesenbild vom Gesimse herunter
in die flammenden Scheiter stürzte. Hochauf loderte die Glut nach allen Seiten,
schlug, genährt von dem Fichtenholz des Bildes, in die Draperien der Wände, in
die Sparren und erhob sich zum Giebel des Heiligtums. — Tempelbrand —
Wehgeschrei — Flüchten der Priester — Verwirrung überall. — Frithiof schafft
Ordnung; tausend Hände regen sich zu löschen, schleppen Wasser heran, reißen
brennende Behänge und Holzwerk herunter. Er selbst schwingt sich zur Firste
empor, er gießt Ströme Wassers in die Glut — alles vergeblich — Muspels
Söhne, denen die Asen einst weichen müssen, zwingt nicht Menschenmacht. Sie
erheben sich riesengroß, himmelhoch; sie leuchten über Land und Meer, sie rasen
fort in dem heiligen Hain; sie knistern und zischen und heulen; sie brechen
in die Wohnungen der Priester ein; vor ihrer Wut bestehen nicht die Werke
der Menschen. Frithiof, der nie bezwungene Held, muß den Göttern weichen.
Er geht von der Brandstätte, er weint im Morgenscheine. Aber die Menge
macht ihm Raum, flieht vor ihm; er hört den Ruf: „Der Wolf im Heiligtum
(Warg i Weum)!"

> Wohl ein Jahr hat er's getragen,
> Trägt's nicht länger mehr:
> Ruhe kann er nicht erjagen
> Und verläßt das Heer.

König Rings Hof. Mit den vorstehenden Worten des Dichters leiten wir die Erzählung von den weiteren Schicksalen Frithiofs des Kühnen ein. Land= flüchtig, gehaßt, gefürchtet als „Warg i Weum", geflohen von allem Volk, blieben ihm nur sein Drachschiff, sein Björn und seine Kämpfer. Im Geheule des Sturmes, im Brausen der schäumenden Wellen, im Getümmel des Kampfes war ihm wohl.

Frithiofs Einkehr in König Rings Burg. Von F. W. Heine.

Ein freier Wiking, fuhr er durch die Meere im Norden und im Süden, durch die Gewässer, die Griechenlands Gestade bespülen, bis an die Küsten, wo das alte Byzanz, Konstantins Stadt, die goldenen Zinnen erhob. Überall war er ein Schrecken im Streit, aber ein Schutz der schwachen, der wehrlosen Handelsleute, denn auf seinem Fahrzeuge war der Wikingerbalk aufgerichtet. Es war dies ein Balken oder Runstab, worauf die Gesetze der Wikinge eingeritzt waren. Da las man in Runenschrift·

„Des Wikings Waffe den Wehrlosen schütze,
Doch zahle den Zoll der Zage dem Starken,
Der ihm schirmt die Schätze mit scharfem Schwerte.
Dort ein Drachschiff drohend, nur dreist geentert,
Nicht haarbreit gewichen, sonst bist du unwert,

Mit Männern im mordenden Streit dich zu messen.
Willig gewähre dem Flehenden Frieden,
Wenn, besiegt, er sucht deinen Sinn zu erweichen;
Nur Schurken versagen Schonung, wenn bittend
In Angst der Ärmste anruft Erbarmen."

Diese und andere Gesetze gab Frithiof, und kühne Kämpfer sammelten sich um ihn mit ihren Drachschiffen. Er durchkreuzte die Meere, er schritt von Sieg zu Sieg; Fürsten und Könige zahlten ihm Schoß, denn der Schrecken seines Namens ging vor ihm her. Doch fand er nicht Ruhe, nicht Frieden der Seele. Wenn er auf schaukelndem Kiele durch die blanke Fläche schwamm und die müden Gefährten um ihn her in friedlichem Schlummer ruhten, so zogen seine Gedanken nach der nordischen Heimat. Da erschien ihm der Tempelbrand und der zürnende Gott, der nicht von ihm abließ, der ihn auf allen seinen Fahrten verfolgte. Dann wieder sah er in den Wolken die Einzige, die er nicht ver= gessen konnte; aus den Fluten tauchte sie auf und im Rauschen der Wellen hörte er den Klang ihrer Stimme. Wenn er sie noch einmal sehen, ihre Hand noch einmal berühren könnte, da, meinte er, würde es besser werden. Oft saß er nachts allein am Steuer und indem er in die Wogen schaute, murmelte er düster: „Du bist tief, in der Tiefe wohnt Frieden vielleicht, doch hier oben wohnt er nicht".

In König Rings Halle war ein festliches Gelage. Es tranken die Kämpfer und Hofleute Met und Bier und auch Purpurwein, vom Südland gespendet. Da trat ein Fremdling ein, gehüllt in rauhe Bärenfelle; der blieb unten an der Thüre, wo der Platz der Armen ist. Er stand gebückt auf seinen Stab ge= stützt; doch überragte er weit die gaffende Menge. Die Schranzen aber und Höflinge trieben mit dem seltsamen Gast Kurzweil; sie wiesen mit Fingern auf ihn und meinten, er wäre besser im Walde bei seinen Brüdern, den Bären, geblieben, die hätte er mit seinem Stecken zur Weide treiben können. Einer der Gesellen zerrte ihn am Zottelfell; aber den griff er mit starker Faust und stellte ihn unsanft auf den Kopf. Da wichen die Spötter erschreckt und staunend zurück und keiner wagte mehr ein Wort des Hohnes zu reden. „Wer lärmt, wer stört den Frieden hier!" rief König Ring vom Hochsitze herunter; stehe Rede, Fremd= ling: sag' an, wer du bist!" Der Alte trat vor den Herrscher und sagte:

„Was kümmert dich mein Name —
Mein Vaterland heißt Reue,
Und Mangel ist mein Gut,
Hierher kam ich vom Wolfe,
Bei dem ich ausgeruht."

„Er habe vor Zeiten manche kühne Fahrt auf seinem Drachen gethan,
aber der liege jetzt als Wrack am Strande und er sei arm und alt geworden;
er sei nun hierher gekommen, um sich zu überzeugen, ob der Brawallasieger so

reich und gaſtfrei und weiſe ſei, wie die Rede gehe. „Statt gaſtlicher Pflege“, fuhr er fort, „fand ich Hohn und Spott; aber dafür bin ich zu alt; darum ſtellte ich einen der Spötter auf den Kopf, that ihm aber weiter kein Leid.“ — „Wohl geſprochen!“ ſagte der König; „aber nun laß die Verkleidung fallen, denn du biſt ein anderer, als du ſcheinſt.“ Da ſtreifte der Fremdling die Bärenhaut nieder, und eine Heldengeſtalt in blauem, goldumſäumtem Gewande, vom breiten Silbergürtel umſchloſſen, ſtand hoch und herrlich in der Mitte des Saales.

Der König wies ihm einen Ehrenſitz an und hieß die Königin ihm ein Horn lauteren Weines reichen. Errötend trat die hohe Frau zu dem Gaſte; ſie zitterte, als ſie das Horn ihm darreichte, und ein paar Tropfen des edlen Trankes perlten auf die Lilienhand. „Skol (Heil) der Königin!“ rief er freudig und leerte das mächtige Horn in einem Zuge. Er wußte nun, daß ſie ihn er= kannt, daß ſie ihn noch immer liebe.

Die Stunde der Gelübde war gekommen; man trug Freys Eber herein. Der König gelobte: „einfangen will ich Frithiof, den Wolf der Meere; ſo helfe mir Freyer, Odin und der ſtarke Thor!“ — „Beſchützen will ich Frithiof, den König der Meere, der mir nahe verwandt iſt“, ſprach der Fremdling; „ſo helfe mir Freyer, Odin und der ſtarke Thor!“ — „Das heißt zum Streite fordern“, verſetzte der Herrſcher: „doch frei iſt das Wort, wo König Ring gebietet.“

Der Fremdling blieb als Wintergaſt bei dem Herrſcher, der ihn lieb ge= wann. Er begleitete oft auf angeſchnallten Stahlſchuhen ſeinen Wirt, wenn derſelbe mit der Gattin im Schlitten über blanke Eisflächen fuhr. Er riß einſt, als die trügeriſche Rinde brach, Roß und Schlitten aus der Tiefe, während die Höflinge von der gefährlichen Stelle ferne blieben. Der Frühling kam, die Bäume trugen wieder ihren grünen Blätterſchmuck; da zog der König und ſein Gefolge mit ſchallendem Hallo zum fröhlichen Jagen; doch konnte er nicht lange der raſchen Jugend folgen. Er begehrte im Waldesdickicht auf dem ſchwellen= den Mooſe zu ſchlummern, und die greiſen Glieder wieder zu ſtärken. Vergebens warnte der Gaſt, der Wald ſei nicht ſicher; er legte das Haupt auf deſſen Knie und ſchlief ſo unbeſorgt, wie ein Kind im Mutterarm. Da rauſchte es im Wipfel der Eiche; es waren zwei Vögel, ein ſchwarzer und ein weißer. Sie zwitſcherten ſeltſam; es klang faſt wie menſchliche Stimmen, die jedermann, von welcher Nation er war, verſtehen konnte. Der ſchwarze ſang: „Wie ſchön die Königin, blühend wie die entfaltete Roſe! Sie gehört dir, fremder Gaſt; der welke Greis hat ſie dir geraubt; ſtoße ihm den Stahl ins Herz hier im Waldesdickicht, wo= hin kein Menſchenauge bringt, ſo iſt ſie dein und mit ihr das große Reich im Norden.“ — Der weiße ſang: „Odins Auge bringt in das Waldesdickicht und überall hin, wo du dich zu verbergen ſuchſt. Es bringt durch die ſtahlfeſte Brünne und durch den Königspurpur bis in das Herz, wo das vergoſſene Blut, gleich Eitertropfen von Naſtrand, Mut und Heldenkraft zernagt.“ — „Wie ſchön die Königin!“ begann der ſchwarze Vogel wieder; „ein Stoß, ſo iſt es geſchehen! Der ſchwache Greis iſt ſchon dem Grabe verfallen. Ziehe dein Schwert und zaudere nicht wie ein Feigling!“ — Und der fremde Gaſt zauderte nicht wie ein Feigling. Er zog Angurwadel — die Runen glühten blutrot — aber

er schleuderte die Wehre weit fort, daß sie klirrend in die Klippen flog und im
Abgrunde verschwand. Da flatterte der schwarze Vogel nieder gen Nifelhel, der
weiße aber schwang sich aufwärts und entschwebte zu des Himmels Höhen.

König Ring, vielleicht erweckt durch den schallenden Schwertwurf, erhob
sein Haupt, indem er sagte: „Viel war der Schlaf mir wert, er hat mich den
Mann kennen gelehrt, den ich als Gast bei mir aufnahm. Zwar erkannte ich
ihn sogleich, als er in meine Halle trat; ich hatte aber mancherlei von jenem
Frithiof gehört, der Balders Heiligtum verbrannte, landflüchtig, ein Schrecken
der Völker war zu Wasser und zu Lande. Ich dachte, er werde mit Heeresmacht
kommen und Reich und Weib von mir fordern; er aber erschien im Bettler=
gewand; vielleicht, so dachte ich, sinnend auf schnöden Mord, ein Meuchler, des
Heldenmutes und des Heldenruhmes bar. Das wollt' ich proben; darum ruhte
ich auf seinen Knieen. Du, Frithiof, hast die Probe treu bestanden: du bist
der Held, desgleichen ich in meinem langen Leben nicht gefunden. Nicht blos
die kühnsten Kämpfer, die mit dem Schwerte dir auf offenem Felde entgegen=
traten, hast du besiegt — auch jenen Feind, der, in des Herzens Tiefen lauernd,
zur Unthat lockt, hast du siegreich bezwungen. Darum übergebe ich dir mein
Reich und mein Weib; du bist ihrer würdig. Nimm meines unmündigen Sohnes
dich an, erziehe ihn zu einem Helden, dir gleich. Ich selbst gehe nun zu Odin;
denn ein thatenloser, schwacher Greis ist des Lebens nicht wert. Der Brawalla=
kämpfer will nicht als feiger Knecht den Strohtod sterben; auf seinem Drachen
ruhend, schneidet er sich die Todesrunen in Brust und Arm, und wenn dann
der Blutbach rieselt, sieht er die Walküren nahen, die ihn gen Walhalla tragen
in die Versammlung der Einherier."

„Vernimm auch du mein Wort, siegreicher König", erwiderte Frithiof;
„die Völker sollen deinen Sohn als Herrscher wählen; auf ihm wird dein Helden=
geist ruhen; er wird dir an Mut und Thatenruhm gleich werden. Ich aber
habe schon zu lange hier verweilt; auf mir ruht der Fluch des unversöhnten
Gottes, der rein und heilig alle Wesen segnet, nur mich von seiner Gnade aus=
schließt. Ich wollte richten an seiner Statt, wollte Übelthat strafen; da schürten
finstere Nornen den Tempelbrand. Darum fände ich nicht Ruhe noch Rast auf
dem Hochsitze deines Reiches, noch auch in den Armen der Liebe. Kämpfen
muß ich, ein wilder, verlorener Wiking, kämpfen mit Sturm und Wellen und
rohen Barbaren, kämpfen mit dem Zorne des Gottes, der nicht von mir abläßt,
bis die Erde mich deckt und Hel mich empfängt. Lebe wohl, grüße Ingeborg,
sage ihr, daß sie nicht mehr an den Strand gehe, sie werde sonst vielleicht
meinen Leib im Spiele der Wellen herantreiben sehen." So sprach der unselige
Mann und schritt fort durch Waldesdickicht, niemand wußte, wohin.

Auf hohem Meeresbord am Thingbaum standen die freien Männer des
Reichs versammelt, König Ring mitten unter ihnen. Er sagte, daß seine Zeit
gekommen sei, nach der grünen Heimat zu gehen, und hieß sie einen anderen
König wählen. Neben ihm stand sein Sohn Ragnar Lodbrok, den ihm seine
erste Gattin Alfhild geboren hatte. Er war erst fünfzehn Winter alt, doch stark
und kühn und dem Vater ähnlich. Die vornehmsten Häuptlinge riefen seinen
Namen aus, und laut klirrten die Waffen in weitem Kreise zum Zeichen des Beifalls.

Er ward auf den Königsschild erhoben und dreimal um den Thingbaum getragen. Er aber, der greise Herrscher, nahm Abschied von dem Sohne und von seinem Volke. Er ermahnte jenen, dem Lande den goldenen Frieden zu erhalten, im gerechten Kriege aber der Ahnen sich würdig zu erweisen; er forderte die freien Männer auf, für Ehre und Vaterland zu leben und zu sterben.

Sigurd Rings Tod auf dem Verdecke seines Drachen.

Manchem Brawallakämpfer drückte er noch die Hand und hieß ihn, wenn er weinte, nicht mit Thränen, sondern mit Freuden den Ausgang seines königlichen Freundes feiern. Darauf bestieg er sein Drachschiff, das mit Brennstoff gefüllt war. Er steuerte es durch die Schären, warf dann, wie es die frische Brise in die hohe See trieb, die Brandfackel in den unteren Raum und schnitt nach der Väter Weise Todesrunen in Arm und Brust.

Ein Feuerstreif bezeichnete die Bahn, welche das Fahrzeug nahm, dann flammte es hoch auf, als die Glut gen Himmel stieg, und verschwand bald darauf in weiter Ferne.

Der Brawallasieger war zu Odin gegangen.

Sühne. Auf dem Totenhügel Beles und Torstens stand Frithiof. Er blickte der Sonne nach, die, langsam ins Meer sinkend, das Wellenspiel und die östlich aufsteigenden Höhen mit ihren letzten Strahlen rötete. Die heiteren Tage seiner Kindheit stiegen vor ihm aus der Vergangenheit herauf, die Tage, da er mit Ingeborg harmlos gespielt, da er ihr Blumen gepflückt, ihren Namen in die weiße Rinde der Birken eingeschnitten hatte. Haine, Wiesen, Bäche und Seen waren noch dieselben; er selbst nur war ein anderer geworden; aber nicht er allein — wo einst sein Framnäs stand, wo Balders Tempel sich erhob, da ragte jetzt nur ausgebranntes Gemäuer empor. Der Tempelbrand, Balders Zorn, die verlorene Braut, das blutige Wikingsleben stiegen vor ihm auf. Sie deuteten auf das königliche Brüderpaar, das ihm den Frieden geraubt, ihn unbewußt zur unsühnbaren Frevelthat getrieben hatte. „Rache" — so sprach die Stimme in seiner Seele — „Rache an denen, die meinen Frieden gemordet haben", wiederholte er laut, „dann frommer Balder, laß mich fallen im Gefecht: mein Blut sei Opferblut auf deinem Altar; es sühne die Schuld." — „Es sühne die Schuld", wiederholte er leise, „aber wird denn der Gott der Liebe mit Blut versöhnt? Tilgt der Tod den Fluch des Gottes? die Eitertropfen der Reue von der Seele? — Vater Torsten, gieb Antwort deinem Sohne aus dem Hügel, gieb ihm ein Zeichen, daß du ihn hörest!" — Die Wellen brachen sich, eintönig plätschernd am Gestade, sanfte Winde säuselten im Haine, die Sterne zogen schweigend herauf, aus dem Grabe drang kein Laut hervor, den grambeladenen Helden zu trösten. Er wandte den Blick nach der Höhe, wo einst Balders Hof gestanden hatte. Da zeigte sich ein Lichtschein am Himmel, der immer heller wurde. Strahlen, vielfarbig, die Nacht erleuchtend, gingen davon aus, verschlangen sich zu einem Kranze, der sich erweiterte und — es war keine Augentäuschung — wie ein Götterhof, wie Balders Tempel anzusehen war.

Er senkte sich nieder zur Erde, stand auf dem Trümmerberg glänzend, wunderherrlich, wie Breidablick, des Gottes selige Wohnung in Asenheim. Versunken im Anschauen, stand der Held am Totenhügel. Er verstand das Gesicht, das ihm der Vater gesendet. Nicht Tod, nicht Blut forderte der Gott der Liebe, ein neues Haus, ein Tempelbau sollte ihn versöhnen und den Fluch vom Haupte des Schuldigen wenden. Mit neu erwachender Energie beschloß er dem Götterspruch Folge zu leisten.

Tausend emsige Hände waren auf dem Tempelberg beschäftigt, den Schutt hinwegzuräumen und den Neubau zu fördern. Auch kunstverständige Meister aus dem Südland, durch Frithiofs Wikingschätze angelockt, schufen hohe Pfeiler, kunstreiche Säulen und Götterbilder nach seiner Anweisung, daß der Hof dem ähnlich werde, den er in der nächtlichen Erscheinung gesehen hatte.

Das Götterhaus war vollendet; es blickte von der Felsenhöhe auf das grüne Thal und das weite Meer herab. Ein eherner Zaun mit goldenen Knäufen umgab den heiligen Bezirk, wo eine junge Pflanzung den werdenden Hain anzeigte. Zwischen zwei Pfeilern von Marmor öffnete sich das eherne, mit Bildwerk verzierte Thor. In der Mitte des inneren Raumes stand der

Altar, aus einem Marmorblock gehauen und ringsum mit Sprüchen in goldener Runenschrift verziert. Darüber wölbte sich die glänzende Kuppel, die auf mächtigen Säulen ruhte. Ringsum in Nischen saßen die Asengötter in blauen, goldumsäumten Gewändern, und weiter zurück auf hohem Thron Balder selbst, voll Huld und Gnade niederschauend auf seine Verehrer. Tiefblau war die Nische, in der sein Hochsitz stand, und gleich der Sonne strahlte ein Juwel über seinem Haupte.

Frithiof in Balders Heiligtum.

Draußen um den ehernen Ring lagerte die Volksmenge, die Weihe erwartend; im Innern lehnte Frithiof an einem Pfeiler. Er überschaute das Werk, das er hervorgerufen; er blickte zu Balder empor, der, jetzt versöhnt, ihn nicht mehr von seiner allumfassenden Gnade ausschloß.

Jetzt traten durch die Seitenpforte Priester ein; sie schlachteten nicht Opfertiere, sie brachten Weihrauch auf dem Altarsteine dar, der lodernd süßen Duft im weiten Raume verbreitete.

Zwölf Skalden folgten unter Harfenklang den Priestern und sangen, den Altarstein umwandelnd, ein Lied von Balders Liebe, wie er alle Wesen mit seinen Segnungen beglückt, wie alle weinen, wenn er, von Höders Speer getroffen, zur Tiefe sinkt, wie dann Unschuld und Frömmigkeit, Gesetz und Ordnung schwinden, bis Ragnarök anbricht und in Surturs Flammen das All vergeht. Den Skalden folgten zwölf Jungfrauen, kaum dem Kindesalter entwachsen, die Rosen der Unschuld auf den Wangen, die Rosen der Unschuld auch im Herzen. Sie setzten in volleren Tönen das Lied fort; sie sangen von der erneuten Welt, die, wenn die Gluten erloschen und das kochende Meer zurückgetreten ist, grün und blühend emporsteigt zu Gimils seligen Höhen, wo der erstandene Balder ewig waltet, verbunden mit dem durch die Glut der Liebe verklärten, geläuterten Höder. Es war dem lauschenden Helden, als sänge Idun mit ihren Jungfrauen zu Bragis Harfe; heiliger Friede überkam ihn; er hätte die Menschen alle, er hätte Heimskringla in die Arme schließen, in dem Wonnerausch der Töne hinschwinden mögen. Es war die Versöhnung mit dem Gotte, es war der Friede, den Balder sandte. Wie er in dem Gedanken schwelgte, wandelte einer der Könige in königlichem Purpur vorüber. Frithiof erkannte ihn wohl, und die Natter des Hasses, der Rache bäumte sich auf in seinem Herzen und seine Hand griff nach dem Schwerte.

Er stieß die halbgezückte Klinge in die Scheide zurück, indem er vor sich hinmurmelte: „Nicht hier, an anderem Orte". — „Nicht hier, an anderem Orte", wiederholte eine Stimme neben ihm. Es war die Stimme des ehrwürdigen Hohenpriesters, der sich ihm leise genaht hatte. „Aber", fuhr er fort, „bleibt deine Rache am anderen Orte vor dem Gotte der Unschuld und Liebe verborgen? — Denkst du, durch einen Bau von Steinen ihn zu versöhnen? — Ein anderes Tempelhaus begehrt er, ein Tempelhaus der Liebe und Versöhnung in deiner Seele; und wenn du das nicht bauen kannst, so bleibe fern von ihm. Sieh, was die Wala singt von Balders Tod in Asenheim, das wiederholt sich fort und fort im Menschenleben. Hermoder brachte nicht den Bruder wieder zur seligen Heimat; doch giebt Hel den Raub zurück, so oft ein Mensch geboren wird. Mit jedem Menschenkinde wird auch Balder geboren. In seinem Lächeln, wenn es den Vater- und Mutternamen lallt, erscheint den frohen Eltern der Gott der Unschuld. Doch schläft auch in der Kinderseele noch bewußtlos der finstere Höder; den erweckt der listenreiche Loke, reicht ihm den Mistelspeer, und wenn der Mensch nicht seinen Balder schirmt, so fällt er, von dem Todeszweige getroffen, zur dunklen Hel hinab, und Ragnarök bricht an, der Fenrir heult, es wälzt im Jotenmut sich Jörmungander, und die Welt der Liebe und des Friedens im Menschenherzen vergeht in Surturs Flammen. Sohn Frithiof, dein guter Balder lebt dir noch; er fordert Versöhnung mit dem, der dich geschädigt. Wisse, Helge ist tot, gefallen im Finnenkriege; Halfdan aber naht, dir die Friedenshand zu reichen." „Es ist zu spät", erwiderte der Held finster; „des Gottes Fluch weicht nicht von mir; ich fühl's an dem wilden Feuer, das mich durchdringt, wenn ich mir den Verhaßten gegenüber denke. Surturs Glut schlägt über mir zusammen. Erst Rache, dann fort auf stürmischer Flut, bis ein Wikingsschwert das bewegte Herz durchbohrt. Es ist zu spät." —

Wir geben hier den weiteren Verlauf mit den Worten einer neueren Dichtung:

„Zu ſpät, o Sohn?" verſetzt der Prieſter; „kennſt du
Denn Balder nicht, den Gott der Lieb' und Huld?
Giebt er nicht Kraft dem, der ihn ſucht? verwarf er
Den Fleh'nden? der die Sünd' erkennet? darf er
Niemals geneſen von dem Fluch der Schuld?

Niemals geneſen — o nicht kennet Balder,
Des Lebenshauch Heimskringla rings durchdringt,
Dies Wort. — Wer reuig nahet, wird geneſen
Aus Nacht zum Tag der Liebe, der die Weſen
Mit ungeahntem Himmelsglanz umſchlingt.

Die Nacht der Schuld umlagert nur die Tiefen
Der Seel' und nur des ird'ſchen Auges Blick.
Biſt du hindurchgedrungen zur Erkenntnis
Der Schuld, ſo iſt die Sühn' in dem Geſtändnis
Vollbracht, der Gott verſöhnt und dein Geſchick.

Nicht jene Norne, die auf Erden richtet
Die Thaten, die niemals Verſöhnung kennt,
Die Kronen raubt dem, der zuerſt ſie zierte.
Und jenen von Begier treibt zu Begierde,
Ein Feuermal dort auf die Stirne brennt;

Die nimmer ſchont, den Schuld'gen nicht verläſſet,
Der ſchwindelnd nach erträumter Höhe drängt,
Ihn feſter nur und feſter hält umwoben,
Wenn ſie von Sieg zu Siegen ihn erhoben,
Bis er ſein trotzig Haupt zur Tiefe ſenkt;

Die andre Norne ſühnt er, die von Balder
Ihn ſcheidet, daß er ferne von ihm weicht
In ſeinem Stolz und nun muß einſam wallen,
Verwaiſt, der dunklen Erdenmacht verfallen,
Bis er ihn aufſucht wieder und erreicht.

So biſt du friedlos lang' umher gewandert,
Dein harret Balder, nimmt dich an aufs neu'.
Er folgte dir, ob du ihn auch verachtet,
Mit ſeiner Liebe Blick, da du verſchmachtet
Zur Neige trankſt den Thränenkelch der Reu'.

Sieh, wie er mild von dir Verſöhnung fordert,
Auf daß er ſelbſt auch ſei verſöhnt mit dir;
Auf daß ſein Bild in deiner Seel' erſtehe
Und Höders dunkle Macht vor ihm vergehe —
Blick' hin, er winkt an heil'ger Stätte hier."

Dort ſaß der Gott im Abendſonnengolde,
Er ſenkt in Frithiofs Bruſt der Liebe Strahl,
Und wie der Held nun wieder zu dem Greiſe
Sich wendet, iſt Halfdan genahet leiſe
Und ſieht ihn an, erwartend ſeine Wahl.

Er aber thut hinweg die starke Wehre;
Er beut dem, der ihn kränkte, frei die Hand;
Einschlägt der König. Höder fleucht bezwungen,
Der Gott des Zorns. „Du hast den Sieg errungen",
So spricht der Greis, zu Frithiof hingewandt.

„Vielleicht hat auch der Gott das Leid bezwungen,
Das dir so lange schon im Herzen glüht,
Um dich mit frischem Kranze zu bekrönen;
Vielleicht" — er kann nicht enden — Harfentönen
Erschallt, daraus das Lied der Lieb' erblüht.

Jungfrauen singen es zur Skaldenharfe,
Von Nannas Treue bis zur Scheiterglut,
Von Gimils Höhen, wo die frohen Gatten
Sich wiederfinden auf den grünen Matten,
Wo keine Thräne fließt, die Klage ruht.

Und sieh', die Pfort' eröffnet sich, im Grunde
Der Halle, schön, vom Abendstrahl erscheint
Verklärt dort Ingeborg im Brautgeschmeide;
Sie tritt erglühend an des Bruders Seite,
Der mit dem Freunde gern die Schwester eint,

Die lang' verlorne, einen Strauß von Rosen
In Händen, früh gepflückt im Morgentau,
Als wie von Freudenthränen übergossen.
Es naht der Held, er fühlt sich sanft umschlossen;
An seinem Busen ruht die teure Frau.

Und Schuld und Mühsal ist alsbald vergangen
Spurlos, die Freude blüht aufs neu' hervor
Den Glücklichen, gleichwie, wenn fern gezogen
Der Sturm der Nacht, dem Saat und Baum sich bogen;
Zum Himmel lächelnd blickt die Flur empor.

Wir sind in unserer Darstellung der Frithiofsage von Tegner gefolgt und haben nur, dem nordischen Charakter gemäß, die Begierde des Helden nach Rache mehr hervortreten lassen. Des beschränkten Raumes wegen mußten wir manche Züge und Scenen der tiefsinnigen Dichtung Tegners übergehen. Die nordischen Sagen von Frithiof dem Kühnen und der schönen Ingeborg sind knapp gehalten und wenig ansprechend, auch passen sie nicht in die Zeit des Brawallakämpfers Sigurd Ring. Nach ihnen hatte unser Held und seine geliebte Gattin einen Sohn Hunthiof, von dem drei Könige, Herthiof, Geierthiof und Frithiof abstammten. Dieselben wurden von Wikar mit Starkads Hülfe besiegt.

Ragnar Lodbrok im Schlangenverließ.
Von Karl Ehrenberg.

Achter Abschnitt.

Ragnar Lodbrok und seine Söhne.

Ragnars Thaten.

Ragnar, ein sagenberühmter Held, erscheint schon in der beglaubigten Geschichte. Die verschiedenen Angaben über ihn lassen sich nicht leicht in Übereinstimmung bringen. Wahrscheinlich hat man die Thaten mehrerer Helden und nordischer Könige auf ihn übertragen. Nach Annahme des schwedischen Historikers Geyer lebte er um das Jahr 800 n. Chr., war also ein Zeitgenosse Karls des Großen, oder vielleicht seines Nachfolgers Ludwigs des Frommen. Wir folgen den Sagen, die wir in möglichsten Zusammenhang bringen.

Nach einer von Tegnér freilich abweichenden Erzählung hatte Sigurd Ring von seiner ersten Gattin Alfhild einen Sohn, nämlich den nachmals berühmten Ragnar. In vorgerücktem Alter entbrannte er in unstillbarer Liebe zu Alfsol (Alfensonne), der Tochter des Königs Alf von Jütland. Ihre Brüder verweigerten sie dem greisen Herrscher und töteten sie mit Gift, als sie in der Schlacht besiegt wurden. Der alte König ließ den Körper der ermordeten Jungfrau auf ein Schiff bringen, steuerte hinaus ins offene Meer, durchbohrte sich, nachdem er das Fahrzeug angezündet hatte, mit dem Schwert und starb also neben der Leiche der geliebten Alfsol. Ragnar, obgleich erst funfzehn Jahre alt, ward nun König. Er zeichnete sich ebenso durch Schönheit wie durch Heldenmut aus und bestand auf seinen Wikingszügen die verwegensten Abenteuer. Als er einst an der Küste von Norwegen gelandet war, ging er allein in das innere Land. Auf einer Anhöhe lagerte er sich und überschaute ein reizendes Thal, das sich vor ihm ausbreitete. Saatfelder, Wiesen, Baumgruppen, ein von der Sonne bestrahlter See, alles vereinigte sich, ihm ein Bild des Friedens vor die Seele zu zaubern. Er meinte, in dieser Einsamkeit könnte der Mensch glücklicher leben als in den Stürmen auf hoher See und in mörderischem Kampfe, und die Kränze des Ruhmes, denen er nachjage, seien wertlos gegen den stillen Frieden in diesen Thälern. Er ward aber bald eines andern belehrt, denn zwei feindliche Scharen rückten mit erhobenem Heerschild und unter dem Klange der Hörner gegen einander an. Dem einen Heerhaufen ritt auf weißem Rosse ein schönes Weib voraus. Ihre Rüstung glänzte wie Silber, unter dem Helme quollen dunkle Locken hervor und fielen über Schultern und Rücken. Sie ordnete ihre Schar und stürmte voran gegen den feindlichen Heerhaufen. Sie versandte zwei Wurfgere und focht dann im Handgemenge mit Schild und Schwert. Mehrere Kämpfer fielen unter ihren Streichen, aber die feindliche Uebermacht war zu groß; ihre Krieger wichen zurück, nicht aber sie selbst. Gefangenschaft oder Tod drohte der Jungfrau, die, gleich einer Walküre, im Kampfgetümmel bald da, bald dort erschien. Bei diesem Anblick raffte sich Ragnar auf und eilte an ihre Seite. Sein furchtbares Schwert streckte feindliche Krieger in Menge nieder; die übrigen suchten ihr Heil in der Flucht. Er entzog sich dem Danke der Schildmaid, erfuhr aber auf dem Rückwege nach seinem Schiffe, sie heiße Lodgerda, beherrsche die umliegenden Gaue und wohne in einem Palast inmitten ihrer Besitzungen. Dahin begab er sich folgenden Tages. Der Helfer in der Not ward freundlich aufgenommen, und als er nach drei Tagen um die Hand der Jungfrau anhielt, gab sie willig das Jawort.

Lodgerda war ihrem Gatten in guter Treue zugethan, doch nicht, wie andere Frauen, in allen Dingen unterwürfig. Sie tummelte sich mit ihm auf der Jagd und in Fehden mit den Nachbarn herum, wollte ihm aber nicht in sein Reich folgen noch auf ihr Herrscherrecht verzichten. Der junge Held verharrte drei Jahre an ihrer Seite; dann erwachte der kriegerische Geist, die Begierde nach Thatenruhm in seiner Seele, und als die Nachricht kam, Schonen und die dänischen Inseln seien von ihm abgefallen, schied er von der Gattin, die sich nicht entschließen konnte, ihre liebliche Heimat zu verlassen und dem Manne in die ungewisse Fremde zu folgen. Er aber schlug bald die Rebellen bei Whitaby, die Jütländer am Lynfjord, und zog, mit Siegesehren geschmückt, in die Königshalle zu Hledra ein. Da zeigte ihm einst ein zauberkundiger Biarmier in seinem Wunderspiegel eine Jungfrau von großer Schönheit. Der König konnte den Blick nicht von dem Bilde abwenden; er meinte, der Mann sei der Glücklichste auf Erden, der ein solches Kleinod sein Eigentum nenne. „Ja", sagte der Fremdling, „du redest die Wahrheit, zumal da die edle Maid

auch wegen ihres Verstandes berühmt ist. Ihr Vater, Jarl Herraud in Ost-
gotland, fragt sie bei allen Angelegenheiten um Rat, und er hat im Kriege und
Frieden Glück, wenn er ihren Vorschlägen folgt. Jetzt aber ist er in schwerer
Sorge, und das ist also gekommen. Zwei kühne Helden brachten ihm ein
Greifenei, das sie mit vielen Schätzen aus unserm Lande geraubt hatten. Der
Jarl ließ es von einem Schwane ausbrüten, und es schlüpfte ein gar niedliches
Lindwürmlein heraus, das er der Tochter schenkte. Sie setzte es in eine
Schachtel auf goldner Unterlage und hatte ihre Freude an dem Tierchen, das
gar gelehrig und artig schien und seine Fütterung aus ihrer Hand nahm, wie
ein zierliches Hündchen. Es wuchs aber von Tag zu Tag, sodaß es bald weder
in der Schachtel noch auch in der Stube Raum fand, und jetzt umschließt es
das ganze Haus, welches die Jungfrau bewohnt. Das Ungeheuer ist ihr noch
immer sehr zugethan; aber es bewacht sie mit eifersüchtigen Blicken, läßt sie
nicht herausgehen und erlaubt nur dem Wächter, der ihm täglich einen Ochsen
zum Fraß bringt, auch seiner Herrin Speise zuzuführen. Niemand wagt den
Wurm anzugreifen; denn seine Augen sind wie sprühendes Feuer, sein Pesthauch ist tödliches Gift, mit seinem Schweife zerbricht er die stärksten Eichen
wie Strohhalme. Der Jarl hat nun dem die Hand seiner Tochter versprochen,
der den Drachen erlegen werde."

Ragnar war schon zu dem Abenteuer entschlossen. Er wollte indessen
nicht unbedacht in den Kampf gehen. Er verschaffte sich ein Gewand von
dickem Wollenzeug und Tierhaut, tauchte es in Teer, wodurch es, wie er
wußte, gegen Gift und Pesthauch undurchdringlich wurde, und segelte alsdann
mit streitbaren Genossen nach Ostgotland. Er landete an der Küste unfern von
der Burg des Jarls. Eingehüllt in sein beteertes Gewand, in der Hand den
gewaltigen Eschenspeer mit zwei Fuß langer Spitze, wanderte er nach dem
Hause der Jungfrau. Da sah er alsbald das Ungeheuer, das zu schlafen schien,
rings um die Wohnung gelagert. Er versuchte, es mit wiederholten Stößen
zu durchbohren; allein die Waffe glitt an den stahlharten Schuppen ab, und
nun erhob sich der Drache unter fürchterlichem Zischen, um ihn mit den Zähnen
zu fassen. Er spie zugleich Gift und Geifer auf ihn; allein der unerschrockene
Held hatte bei dieser Wendung eine Blöße unter dem Halse erspäht, wo die
Schuppen in weicheren Ringen sich verloren. In diese Stelle stieß er nachbohrend mit höchster Gewalt den Spieß. Der Wurm krümmte und bäumte sich,
daß das Haus zitterte und der Schaft zerbrach, und verendete dann unter
Zuckungen. Die Jungfrau war, durch das Getöse geweckt, ans Fenster getreten.
Sie erblickte nicht ohne Schaudern den Sieger in der unförmlichen Kleidung;
ehe sie jedoch weiter nach ihm forschen konnte, entzog er sich ihren Blicken.

Jarl Herraud, der bald von dem Geschehenen Kunde erhielt, ließ eine
Heerversammlung ankündigen, damit derjenige, welcher die Heldenthat vollbracht
hatte, den Preis empfange. Auch Ragnar stellte sich in seinem Teergewand
ein. Auf Befehl des Herrschers trugen zwei Herolde die schwere Lanzenspitze
unter den Männern herum, um zu erforschen, wer den Schaft dazu habe. Als
der Held die mächtige Stange vorwies und das Stahlhaupt daran fügte, rief
der Jarl erstaunt: „He, Lederhose (Lodbrok), wer hat dich den Stoß gelehrt?

Kommst du aus dem Biarmierlande, daß du so nach Pech und Teer riechst?"
Auf diese Anrede warf der Held die Verkleidung von sich und stand in königlichem Gewande vor der Versammlung. „Ragnar! Ragnar! — er selbst, der
König!" riefen viele Stimmen.   Der Jarl aber, von seinem Hochsitz herabsteigend, schloß ihn jubelnd in die Arme, indem er sagte: „Du sollst forthin
Lodbrok zubenannt werden zur Erinnerung an deine Heldenthat. Nun aber
rüstet das Verlobungsfest."

     Thora — so hieß die Tochter des Jarls — reichte freudig dem ruhm-
vollen Helden die Hand zum Ehebunde, und vielleicht hätten alle Jungfrauen
der Nordlande dasselbe gethan. Sie hatte auch niemals Ursache, ihre Wahl zu
bereuen; denn ihr Gatte entsagte sogar den Wikingsfahrten, um friedlich mit
ihr in Hledra beisammen zu sein. Zwei Söhne, Erik und Agnar, entsproßten
dem Ehebund und vermehrten das Glück der Gatten. Aber die neidische Skuld
duldet keine menschliche Zufriedenheit; sie warf einen schwarzen Faden gen
Norden, und Thora starb in den Armen ihres untröstlichen Gemahls.   Nun
gab es keine Freudenfeste mehr am königlichen Hofe, denn der Herrscher verharrte in tiefer Trauer. Endlich traten die Angesehensten seiner alten Wehrgenossen vor ihn hin und stellten ihm vor, wie er noch jung, wie es seiner unwürdig sei, ein thatenloses Leben zu führen, wie das Sturmlied, das Ögirs
Töchter singen, und der Walküren Schlachtgesang den Schmerz und die maßlose Traurigkeit bannen würden. Diese Rede weckte den Kriegsmut des Königs,
und bald steuerte er wieder hinaus auf die wogende See, wo unter Gefahren
und Abenteuern die Klage des Herzens verstummte.

     Er landete einst an der Küste von Norwegen und befahl mehreren Knechten,
den nötigen Vorrat an Brot zu backen. Die Leute fanden ein ärmliches Bauernhaus und darin ein altes, grämliches Weib von abschreckendem Aussehen. Sie
hätten gern bei Herrichtung des Teiges Hülfe gehabt; allein die Alte war nicht
bloß grau von Haaren, sondern auch an Angesicht und Händen grau und klebrig
von Schmutz. Wie sie noch ratschlagten, ob sie solche Hände zu Hülfe nehmen
sollten, kam eine flinke Dirne daher. Die Knechte gafften sie mit offenem Munde
an und konnten kein Wort hervorbringen; denn sie hatten niemals ein so schönes
Weib gesehen.   „Ja, ja, das ist meine Tochter", knurrte die Alte unter vielem
Räuspern: „schau, Kraka (Krähe), die Leute wollen Brot backen und verstehen
das Werk nicht." — Ohne zu antworten, griff die Dirne zu, und als der Teig
hergerichtet und die Brote geformt waren, schob sie dieselben in den Backofen
und hieß die Leute darauf achten, da sie andere Arbeit habe. Die Burschen
hatten aber nur Augen für die schöne Maid, die mit wunderbarem Geschick Ordnung und Sauberkeit in den armseligen Haushalt brachte. Darüber verbrannte
ein Teil des Gebäckes, und als sie die Ware auf das Fahrzeug brachten, setzte
es Scheltworte und Schläge. Sie beteuerten aber unter dem Klappern des
Stockes, daß es dem gestrengen Herrn selbst nicht besser ergangen wäre, wenn
er das Bäckergeschäft besorgt und dabei in die blauen Augen der Dirne gesehen
hätte. Diese Beteuerungen erregten Ragnars Neugierde. Er befahl, man solle
das Wunderkind auf den folgenden Morgen zu ihm bescheiden, die Dirne solle
aber kommen ohne Geleitsmann und doch begleitet, ohne Gewand und doch nicht

nackt, ungespeist und doch nicht nüchtern. Dieser rätselähnliche Zug der Sage und seine Lösung ist echt germanisch. (Vergl. die Märchen von Grimm.)

Die seltsame Botschaft ward ausgerichtet, und Kraka erschien, gehüllt in ein sechsfach umschlungenes Fischernetz, begleitet von ihrem Schäferhund. Sie hatte in einen saftigen Lauch gebissen, aber nicht Speise zu sich genommen. Mehr, als dieser Beweis von Klugheit, wirkten die untadelige Gestalt, die blonden, seideweichen Locken, die sanft geröteten Wangen und die Augen des Mädchens, in denen die Klarheit des Himmels leuchtete. Der König war wie bezaubert; es erging ihm wie den Knechten; er konnte den Blick nicht von ihr wenden. Er trug ihr seine Hand und seine Krone an. Sie aber meinte, die Neigung der Männer, zumal der Könige, sei wandelbar, gleich Ögirs Töchtern, die bald im Sonnenlicht strahlten, bald sturmbewegt den vertrauenden Schiffer in den Abgrund zögen. Daher solle Ragnar erst seine Wikingsfahrt vollenden, und wenn er dann noch desselben Sinnes sei, wiederkehren und seinen Antrag wiederholen. Der kühne Seeheld fügte sich dem Willen der Bauerndirne. Aber er ward nicht wankelmütig; er kehrte zurück und führte die schöne Maid nach Hledra, wo die Vermählung gefeiert wurde.

Der älteste Sohn dieser Ehe war Iwar oder Iswar, schön von Angesicht und kräftig von Brust und Armen, aber seine unteren Glieder blieben schwach, fast beinlos; sie schienen nur aus Fleisch und Knorpel zu bestehen, sodaß er stets getragen werden mußte. Dagegen zeigte er frühe großen Verstand und lernte Runenkunst und mancherlei Zauber. Der zweite Sohn hieß Biörn, später wegen seiner ungemeinen Stärke und Tapferkeit Jarnside (Eisenseite) zubenannt, der dritte Hwitserk, der vierte Rogenwald, alle nachmals durch Heldenmut dem Vater nachstrebend. Sie erwarteten mit Ungeduld die Zeit, da ihnen der König vergönnen werde, durch Thaten Ruhm zu erwerben; denn sie hörten von den Heerfahrten ihrer älteren Halbbrüder Erik und Agnar, die stets mit Beute heimkehrten.

Indessen ging im Volke die Rede um, eine Kraka, eine Bäuerin, gehöre nicht auf den Thron des großen nordischen Reiches; sie sei zwar schön, weise und selbst runenkundig, aber der König habe übel gethan, sie zu so hohen Ehren zu erheben. Diese und ähnliche Reden wurden geflissentlich dem Herrscher von den Höflingen hinterbracht, die derselben Meinung waren. Voll Unmuts über solche Stachelreden unternahm Ragnar eine Fahrt nach Swithiod, wo der ihm befreundete König Eistein die Herrschaft führte. Er wurde wohl empfangen, und die reizende Tochter des mächtigen Gebieters reichte ihm das volle Horn und saß während des Gelages an seiner Seite. Er war entzückt von ihrer Rede wie von ihrer Schönheit, und als ihm die Hofleute während des längern Besuches die Vorzüge eines Ehebundes mit der edeln Königstochter priesen, ließ er sich überreden und trug dem schwedischen Freunde sein Anliegen vor. Es wurde festgesetzt, die Verlobung solle sogleich gefeiert werden, dann solle Ragnar zurückkehren und unter irgend einem Vorwande die Scheidung von der bäuerlichen Kraka veranlassen. Als der König in dem Palaste zu Hledra anlangte, trat ihm die Gattin, wie immer, freundlich und liebenswürdig entgegen. Sie kehrte sich nicht an seine mürrische Begrüßung; sie sorgte für seine

Bequemlichkeit und fragte ihn dann, ob er nicht Neuigkeiten mitbringe. Auf sein kurzes Nein versetzte sie, daß sie eine unglaubliche Nachricht über seinen besten Freund erhalten habe; derselbe wolle sich nämlich von seiner rechtmäßigen Gattin lossagen, um eine Königstochter heimzuführen und habe bereits die Verlobung gefeiert. „Welcher Schurke hat dir das hinterbracht?" fuhr Ragnar zornig auf. Sie erwiderte ruhig: „Meine plaudernden Elstern — du kennst sie ja — sind dabei gewesen. Ich hatte sie voll Sorgen nach dir ausgesendet, und sie statteten mir treulich den Bericht ab. Willst du nun das Vorhaben aus= führen, so gehe ich zu den Bauersleuten zurück, die man für meine Eltern hält. Sie haben meinen Pflegevater Heimir ermordet, du willst mein Lebens= glück morden. Ehe du es thust, will ich dir noch ein Geheimnis entdecken. Wisse, ich heiße nicht Kraka, sondern Aslaug, bin die Tochter des Sigurd Fafnisbana (Fafnirstöter), jenes Helden, der alle Könige und Recken der Nordlande so weit überstrahlt, wie die tagspendende Sonne die nächtlichen Sterne. Meine Mutter war die Walküre Brynhild. Als jener von seinen Schwähern Gunnar und Högne (Hagen) meuchlerisch erschlagen wurde, trug mich der besorgte Heimir aus Furcht vor den Mördern in einer Harfe aus dem unglücklichen Lande fort und kam nach langem Umherirren in das Bauernhaus. Die beiden Insassen, welche große Schätze in der Harfe vermuteten, erwürgten den treuen Hüter des Nachts im Schlafe, wagten aber nicht, das Kind, das sie statt des Geldes vorfanden, gleichfalls umzubringen. So wuchs ich bei ihnen auf. Sie ließen mir auch den Goldring mit dem Bilde meiner Mutter und den Runenbrief, den sie schrieb, ehe sie die Scheiter bestieg, um im Leichen= brande den Bund mit dem Geliebten auf ewig zu schließen. Hier die Wahr= zeichen", fuhr sie fort, indem sie Ring und Brief vorwies; „noch ein drittes Merkmal hat mir Odin geoffenbart; es wird erscheinen, wenn unser noch un= geborner Sohn das Licht der Welt erblickt, denn er wird im Auge das Bild einer kleinen Schlange haben." Sie legte den königlichen Schmuck ab und wollte gehen. Ragnar stand wie der ärmste Bettler vor der edeln Frau, deren er= habene Abkunft er in dem Ausdruck ihrer Rede und in ihrem Handeln erkannte. Sie widerstand seinen Bitten nicht, sie blieb, und das Knäblein, das sie bald ihm schenkte, trug das angeführte Abzeichen wirklich an sich. Es wurde daher Sigurd Schlangenauge genannt.

Kriegerische Thaten der Söhne Ragnars.

Großen Kriegsruhm hatten schon Erik und Agnar, die Söhne Thoras, erlangt; aber nun begehrten auch Iwar, Biörn, Hwitserk und Rogenwald Schiffe zur Heerfahrt. Der Vater willfahrte ihnen gern, und da sie in vielen Kämpfen zu Wasser und zu Lande Glück hatten, so vereinigten sich bald andere Abenteurer mit ihren Scharen. Sie landeten daher mit großer Kühnheit bei der Stadt Whitaby, um deren Einwohner zu züchtigen, da dieselben dänische Handelsschiffe geplündert und verbrannt hatten. Die Bürger waren tapfere Krieger und in Zauberkünsten erfahren; sie rückten den Wikingen entgegen: allein Iwar, der wegen seiner Lähmung auf Schilden getragen wurde, ver= eitelte die Wirkung ihrer Blendwerke und schoß mit einem ungeheuren Bogen

Pfeile ab, die Schilde und Brünnen durchbohrten. Die anderen Brüder durchbrachen die feindlichen Reihen und drangen in die Stadt; doch fiel der junge Rogenwald, von einem Wurfspeer zum Tode getroffen.

Während der Abwesenheit der jungen Helden war mit König Eistein von Schwithiod Krieg ausgebrochen; denn derselbe zürnte wegen Verschmähung seiner Tochter und ließ überall auf dänische Schiffe Jagd machen. Agnar und Erik beschlossen sogleich, den feindlichen Herrscher zu züchtigen. Sie landeten an der schwedischen Küste und richteten große Verheerungen an; allein sie verloren beide das Leben, da sie Eistein mit Übermacht angriff und durch Hülfe seiner fürchterlichen Zauberkuh überwältigte.

Als die Trauerkunde erscholl, wollte Ragnar sogleich zur Rache aufbrechen; aber Aslaug begehrte, daß die Rache ihren Söhnen überlassen werde. Zwar weigerte sich Iwar anfangs aus Furcht vor den Zauberkünsten Eisteins; doch übernahm er endlich die Führung des Heeres. Er ordnete es am Tage der Schlacht in drei Haufen, um der Verwirrung vorzubeugen. Dennoch verbreitete sich allgemeines Entsetzen, als das Ungeheuer brüllend und niederstoßend unter die Krieger stürzte. Iwar sah das Verderben; aber er spannte den gewaltigen Bogen und seine Geschosse drangen durch die eisenfeste Haut des Ungetüms in Brust und Eingeweide, bis es verendete. Nun stürmten Biörn-Eisenseite und Hwitserk vor und vollendeten die Niederlage der Feinde. Eistein fiel auf der Flucht, und nun thaten die Brüder selbst der weiteren Verfolgung Einhalt, da der Rache Genüge geleistet war. Solche Schonung und Milde bewiesen die nordischen Wikinge und Seekönige in der Folge nicht mehr, da in den beständigen Kämpfen und Kriegsfahrten die Gemüter verwilderten. Sie selbst ertrugen ohne Klagelaut Wunden und Schmerzen und vergossen daher mitleidlos Blut in Strömen. Sie durchschwärmten alle Meere, verheerten nicht bloß die Küstenländer, sondern fuhren auf leichten Drachschiffen in die Mündungen der Flüsse und drangen bis tief in das Innere der Länder, wo niedergebrannte Städte, verheerte Fluren, leichenvolle Schlachtfelder ihren Weg bezeichneten. England, das Gebiet des Frankenreiches unter dem schwachen Karl dem Dicken, Italien, Sizilien, die griechischen Inseln wurden von ihnen heimgesucht. Die Furcht vor den Göttern schwand aus ihren Herzen, und mit der Gottesfurcht auch Treue und Glauben, wie manche verräterische That bewies. „Das Schwert ist mein Gott und Gullweig (Gold) die Göttin, der ich diene", hieß des Wikings Wahlspruch.

Die Söhne Ragnar Lodbroks, namentlich Biörn-Eisenseite, Sigurd mit dem Schlangenauge, ferner des ersteren Pfleger, Hastings, waren die kühnsten unter den unzähligen Piraten, welche der Norden zum Schrecken Europas entsandte. Englische und fränkische Chroniken erzählen von ihren Verheerungen und kriegerischen Thaten an den Küsten von England, Irland und Deutschland. Auch wenn sie Niederlagen erlitten, kehrten sie immer wieder mit frisch angeworbenen Scharen zurück. Sie vereinigten sich zur Eroberung der reichen Stadt Wifilsburg, die einige für das Aventicum der Römer gehalten haben. Die Mauern waren unersteiglich; aber sie sprengten dieselben durch Feuer, indem sie große Holzmassen darum anhäuften und anzündeten. Die Brüder und

Hastings zogen darauf nach Luna in Etrurien, nach des isländischen Bischofs Nikolaus Reisebericht eine Tagereise von Lucca. Zahlreiche, wohlgerüstete Mannschaft besetzte die starken Mauern und Türme; aber die Normänner schickten Botschaft, daß sie nur in friedlicher Absicht kämen; sie wünschten Lebensmittel anzukaufen, und ihr Häuptling Hastings, der sehr krank sei, begehre durch die Taufe in den Schoß der seligmachenden Kirche Christi aufgenommen zu werden. Erfreut durch diese Nachricht und den Worten vertrauend, eröffneten die Bürger sogleich den freien Verkehr. Dann wurde die heilige Handlung an dem todkranken Manne durch den Bischof vollzogen, während der städtische Graf Patenstelle vertrat. Einige Tage nachher hinterbrachte eine Gesandtschaft, der nordische Held sei Todes verblichen; er habe aber sterbend den frommen Wunsch geäußert, man möge ihm in der heiligen Kreuzkirche eine Ruhestätte vergönnen; das Gotteshaus solle seine Schätze erhalten, und der ehrwürdige Bischof dafür jährlich drei Messen für seine Seele lesen lassen. Wenn das geschehe, meinte schließlich der Botschafter, so werde wohl das ganze Heer, das ohne Waffen den Sarg des geliebten Führers begleite, die Taufe annehmen. Das Gesuch wurde natürlich gewährt; die Geistlichkeit, der Magistrat, der Adel, eine Menge Bürger drängten sich in die Kirche, sodaß die Normannen mit dem Sarge kaum Raum fanden. Das Requiem schallte feierlich durch das Gotteshaus, der Segen wurde gesprochen, die Leiche des reumütigen Sünders sollte in die Gruft gesenkt werden; da sprang der Deckel des Sarges auf, der Tote erhob sich in Grabgewändern, aber mit gezücktem Schwert, und hieb sogleich den Prälaten, den Grafen und andere Männer nieder. Die übrigen Krieger zogen nun gleichfalls verborgene Waffen hervor, womit sie unter der wehrlosen Menge ein entsetzliches Blutbad anrichteten. Sie stürzten dann in die Straßen, raubten, mordeten, warfen Feuer ein und verwandelten die Stadt in einen Schutthaufen. Sie wollten auch nach Romaburg ziehen; aber ein Pilger, den sie über die Entfernung dieser Hauptstadt der Christenheit befragten, versicherte, er habe auf dem Wege zwei Paar eiserne Sohlen durchgelaufen. Diese Angabe soll sie von ihrem Vorhaben abgebracht haben.

Ragnars letzte Fahrt und Tod.

Der Vater dieser schrecklichen Wikingsfahrer blieb gleichfalls nicht ruhig in der Königshalle an der Seite seiner Aslaug. Er beschloß einen Zug nach England, um den König Ella von Nordhumbrien zur Entrichtung des schuldigen Tributs zu zwingen. Er ließ zwei Fahrzeuge, Knorren genannt, von ungewöhnlicher Größe erbauen, in denen ein ganzes Heer Raum fand. Er richtete Verwüstungen an der schottischen und englischen Küste an und kämpfte in blutigen Gefechten siegreich, da ihn ein von Aslaug gefertigtes Zauberhemd gegen Geschosse und Schwerter schützte. Ein Sturm trieb ihn in eine nordhumberische Bucht, wo die Knorren scheiterten. Er selbst erreichte indessen mit Mannschaft, Waffen und der gesamten Ausrüstung das feste Land. Hier stieß er bald auf Ellas überlegene Macht. Der alte Held zögerte nicht einen Augenblick mit dem Angriff; er stand im Sturme des Gefechts wie ein Fels im Anprall der Brandung; aber seine Krieger sanken um ihn her, er selbst ward von Schilden eingeschlossen und gefangen.

Eroberung von Luna.

Niemand erkannte ihn, und da er auf alle Fragen beharrlich schwieg, ließ ihn der zornige König in den Schlangenturm werfen. Aslaugs Gewand wehrte, wie die Schwerter, so auch das giftige Gewürm ab, bis ihm die Wächter dasselbe vom Leibe rissen. Da funkelten die Augen der Nattern; sie krochen heran, schlugen die Zähne in die Brust und Seite des gequälten Mannes und tranken begierig sein Herzblut. Er stieß keinen Klagelaut aus; er sang sein im ganzen Nord bekanntes und berühmtes Sterbelied, das man Biarkamal nannte. Wir geben zwei Strophen desselben:

„Die Schwerter wir schwangen — o Wonne dem Wiking,
Im Speersturm spielend, zu sinken als Sieger.
Vor dem Feinde der Feigling entfleucht, doch dem Helden
Wallt höher das Herz im Gewühle der Schlachten;
Kehrt heim er, so lohnt ihm die Liebe der Maid.

Wohlan denn — geschieden — schon winken Walküren,
Die aus seligen Sälen mir Odin entsandte,
Goldtrunk mit den Asen auf Asgard zu trinken.
Es nagen die Nattern; schon naht mir das Ende,
Mit lachenden Lippen erleid' ich den Tod.“

Der Gesang ward von einem spätern Skalden gedichtet, aber er hat kaum seinesgleichen in der nordischen Poesie und drückt, wie kein anderer, den todverachtenden Mut der Wikingsfahrer aus.

Als die Söhne Ragnars bei ihrer Heimkehr sein grausenhaftes Ende erfuhren, beschlossen sie sogleich den Rachezug. Vergebens mahnte der umsichtige Iwar zur Zögerung, um eine größere Macht zu versammeln. Mit der vorhandenen Mannschaft und den vorrätigen Schiffen ward sogleich die Fahrt angetreten. Auf dem Orlogschiffe entfaltete sich die blutrote Kriegsfahne mit dem Raben, den Aslaug mit ihren Töchtern unter Zaubergesang darauf gestickt hatte; aber der Vogel Odins flatterte nicht mit den Flügeln, wie sonst in Vorahnung des Sieges; er senkte traurig den Kopf, und die Schwingen hingen schlaff herunter. So warnten die Götter; aber die Nornen oder der Durst nach Rache verblendete die Brüder, daß sie die Fahrt fortsetzten. Indessen hatte Ella nicht bloß sein eigenes Kriegsvolk aufgeboten, sondern auch zahlreiche Scharen von den anderen Häuptlingen des Landes, selbst von dem obersten König Alfred, zum Beistand erhalten. Daher wurden die Normannen vollständig geschlagen, und nur Iwar rettete die Trümmer des Heeres durch einen geschickten Rückzug. Er ließ darauf dem Sieger Frieden entbieten, wenn er ihm Vaterbuße zahle. Als sich Ella dazu bereit erklärte, forderte er nur ein Stück Land, soviel er mit einer Stierhaut umschließen könne. Die Forderung wurde bewilligt und der Vertrag beschworen, was freilich die anderen Brüder, die übel zugerichtet zurückkehrten, mit Unwillen erfüllte. Er aber zerschnitt die Ochsenhaut in dünne Riemen und erbaute auf dem umschlossenen Gebiete eine starke Burg, Lundunaborg genannt, das nachmalige London. Er gewann auch viele Häuptlinge durch Leutseligkeit und Freigebigkeit, während Ella, stolz auf seinen Sieg, dieselben zu unterdrücken suchte. Nun endlich forderte er seine Brüder zu einem zweiten Rachezuge auf. Diese hatten indessen von allen Seiten Kriegsvolk angeworben, und da Wind und Wellen günstig waren, so erreichten sie ohne Unfall die Bucht, in welcher die Fahrzeuge ihres Vaters gescheitert waren. Iwar blieb zwar, seinem Worte getreu, ruhig in der Burg; allein auf seine Mahnung leisteten die englischen Häuptlinge dem Ella keine Hülfe; daher wurde derselbe nach einem blutigen Tage geschlagen und gefangen. Man schnitt ihm den Blutaar in Rücken und Seiten, eine gräßliche Art, den Feind zu töten, die wir nicht näher beschreiben wollen. Iwar blieb in Nordhumbrien, wo ihn die Häuptlinge zum Könige ausriefen. Er waltete mit großer Weisheit, sodaß er noch nach seinem Tode als Schutzgeist des Landes betrachtet wurde.

Die jüngeren Brüder setzten ihre Wikingsfahrten fort. Sie nahmen noch teil an den Raubzügen der Normannen in England, Deutschland und Frankreich, wahrscheinlich auch an der denkwürdigen Belagerung von Paris, wo sie der feige Kaiser Karl der Dicke durch große Geldsummen zum Abzug bewog. In Deutschland setzte ihnen, oder ihren Nachkommen, Kaiser Arnulf Schranken, indem er 891 n. Chr. ihr Lager bei Löwen erstürmte, und später der ruhmvolle Heinrich der Finkler und dessen Sohn Otto der Große durch entscheidende Siege; in den anderen Ländern dauerten ihre Raubzüge noch fort. Die Schilderung dieser Thaten gehört in die Geschichte. Wir aber werfen unsere Blicke auf die edelsten Blüten der nordischen Poesie, die unzweifelhaft zuerst im Herzen Germaniens aufgingen und dann im Norden erhalten, gepflegt und erzogen wurden. Die Ragnarsage ist eigentlich keine Sage für sich, sondern sie hängt mit der Volsungasage (Wölsungensage) die als ihre Einleitung gelten kann, eng zusammen; beide Sagen rühren von demselben Verfasser her und gehören ins 13. Jahrhundert. Die Ragnarsage ward wahrscheinlich in Norwegen verfaßt, zu dem Zwecke, die Sagen von Ragnar Lodbrok, dem halbmythischen Stammvater der norwegischen Könige, mit dem Sagenkreise von den Wölsungen und Nibelungen zu verbinden und so dem Stammbaum des norwegischen Königshauses auf die Wölsungen und damit auf Odin zurückzuführen. Einzelne Züge unserer Sage sind der gleichfalls ins 13. Jahrhundert fallenden norwegischen Thidreksage (von Dietrich von Bern) entlehnt; wir haben übrigens in unserer Erzählung verschiedene Versionen verschmolzen.

Die drei Schmiedeburschen belauschen und gewinnen drei Walkürenjungfrauen.
Von W. Heine.

Neunter Abschnitt.

Heldenlieder der Edda.

1. Wölundur.

Rikdikdak, rikdikdu,
Gesellen, hämmert lustig zu!
Das Eisen glüht, der Funken sprüht,
Daraus des Meisters Werk erblüht.
Rikdikdak, rikdikdu,
Gesellen, Zeit ist nun der Ruh'!

So sangen drei rüstige Burschen, die in einer Schmiedewerkstätte an einer Schwertklinge arbeiteten. „Ja", sagte der jüngste von ihnen, „die Feierstunde ist da. Der Hammer hat sein Werk gethan, morgen wird der Ringbrecher gehärtet, mit Alsenpulver geschärft, mit Scheide und Goldgriff versehen, dann der Zaubersegen, und die Wehre ist fertig. Ich sage euch, liebe Brüder, das Schwert, das Freyer dem Skirnir gab, war nicht schneidiger und glänzte nicht heller als unser Werk." — „Freilich, Wölundur", sagten die Brüder, „du hast die Kunst bei den Alfen gelernt, die auch Freyers Schwert schmiedeten; da muß wohl das Werk den Meister loben. Aber nun wollen wir die Schurzfelle ablegen und in der Meeresflut Schweiß und Ruß abspülen. Vielleicht läßt uns Großmutter Wachilde, die Meerminne, irgend einen Schatz finden". Nach diesen Worten gingen die drei Brüder an den Strand, badeten und erschienen nun licht und schön, den lichten Alfen vergleichbar. Noch standen sie da, der Abendkühle sich freuend, da hörten sie Flügelschlag über sich und erblickten drei seltsame Gestalten, nämlich Jungfrauen, mit Schwanenhemden umgürtet. Dieselben schwebten tönenden Fluges zur Erde nieder, legten die Flügelkleider ab und badeten in der lauen Flut. Darauf saßen sie am Gestade und spannen mit goldenen Spindeln die Geschicke der Schlacht; denn es waren Walküren, Königstöchter, die Orlog (Schlachtentscheidung) trieben. Das hatten auch die jungen Gesellen wohl erkannt und deswegen die Federkleider heimlich weggenommen und in sicherm Versteck verborgen. Als nun die Mädchen ihre Gewänder suchten, begegneten sie den Brüdern, die sie freundlich begrüßten und in ihre Wohnungen einluden. Wohl sahen sich die Jungfrauen nach einem andern Obdach um; aber in der wüsten Gegend, die als das unheimliche Wolfsthal bekannt war, fand sich weit und breit keine wohnliche Stätte. Daher mußten sie unwilligen Geistes der Einladung folgen. Sie bereuten es nicht; denn beim fröhlichen Mahle erhoben die Brüder wohltönenden Wechselgesang und erzählten von den Wundern im zauberischen Finnmarken und von dem Golde, das in den Wellen des Rheinstromes rollt; sie zeigten ihnen Rheingold, das sie selbst gewonnen, und Ringe und Kleinodien, die sie mit ihrer Kunst daraus verfertigt hatten. Die Jünglinge wußten so lieblich zu reden, daß die Walküren in die Verlobung willigten. Egil, der mittlere von den Brüdern, gewann die kühne Alrun, Slagfider die stattliche Schwanweiß, aber die jüngste, die liebliche Allweiß, führte Wölundur in seine Behausung.

Sieben Winter wohnten die Gatten friedlich und fröhlich beisammen. Die Schildmädchen freuten sich über die Werke der Männer, die kunstvollen Helme, Brünnen, Schilde, Schwerter und Geschosse, die blank und fest geschmiedet aus der rußigen Esse hervorgingen. Sie schmückten sich mit Ringen und köstlichem Geschmeide, womit ihre Gatten sie beschenkten. Sie bereiteten das Mahl, das sie denselben vorsetzten, wenn sie vom Weidwerk heimkehrten. Vornehmlich liebte Allweiß den verständigen, kunstreichen Wölundur, und als er einst in blanker Rüstung, das zuletzt geschmiedete Schwert an der Hüfte, vor sie hintrat und den gewaltigen Helmspalter aus der Scheide zog, der wie ein Blitzstrahl in seiner Hand flammte, als er damit Eisenstäbe spaltete, da meinte sie einen Helden zu sehen, wie voreinst in blutiger Feldschlacht, wenn sie, Sieg oder Tod bringend, über den Heeren schwebte. Sie schloß den Gatten liebend in die Arme und reichte ihm einen Goldring, der, wie sie sagte, bei Göttern und Menschen Liebe erwarb.

Indessen scholl kein Kriegsruf in dem einsamen Thale; nur Wolfsgeheul störte den Frieden der Nacht, und dann und wann kehrte ein Wanderer ein, um eine Rüstung oder ein Schwert von den Schmieden zu erstehen. Das Leben floß still und einförmig hin. Da erwachte im achten Jahre die Sehnsucht in

den Frauen, Orlog zu treiben, die Thaten kühner Helden zu schauen, auf Wolkenrossen oder im Schwanengewand über Land und Meer zu schweben und nach
Odins Gebot im Kampfgetümmel zu walten. Sie wurden unmutig, sie grämten
sich, sie verlangten nach ihren Federhemden; doch wagten sie nicht den Gatten
zu entdecken, was in ihrem Herzen nage, was ihnen alle Freudigkeit raube.
Ein volles Jahr trugen sie still und in sich verschlossen den Gram; da fanden
sie endlich im neunten Jahre einen verborgenen Schrein und darin die Schwanenhemden. Sie jauchzten laut, sie eilten zum Strande und tönenden Flügelschlags
entschwebten sie zu den blauen Höhen.

Die wegmüden Schützen kehrten am Abend vom Weidwerk heim. Sie
schleppten mit sich ihre Jagdbeute, eine erlegte Bärin; aber sie fanden das
Haus verödet und den Schrein, der die Walkürengewänder barg, offen und leer.
Sie erkannten, was geschehen war, und ohne zu rasten machten sich Egil und
Slagfider auf den Weg die geliebten Frauen zu suchen. Wölundur blieb gramvoll zurück; denn er hoffte, Allweiß, die Gute, werde wiederkehren. Er saß
daheim und schmiedete Goldringe, dem gleich, welchen ihm die Frau als Pfand
ihrer Liebe gegeben hatte. Siebenhundert solcher Ringe band er mit Bast zusammen, darunter den echten, den nur er und sein Weib, nicht aber eine diebische
Hand herausfinden konnte. Einst kehrte er spät abends von der Jagd heim,
und als er die roten Ringe zählte, fehlte einer und gerade der, welchen er über
alles wert hielt. „Sie war im Hause, sie hat ihn herausgefunden, sie wird
wieder zu dir kommen", sprach er bei sich und träumte den süßen Traum des
Wiedersehens. Seine Gedanken verwirrten sich; er fiel in einen tiefen Schlaf.
Er ward aber unsanft aufgeweckt und fühlte, wie er sich aufrichten wollte, fest-
geschnürte Stricke an Händen und Füßen. Fackeln leuchteten, Waffen klirrten
umher, und vor dem überraschten Schmied stand ein Mann von grimmigem
Ansehen. Er kannte ihn wohl; es war Niduder, der Niaren-Drost (Vogt, Fürst);
er erriet auch, daß ihn derselbe überfallen, weil er seine Verlassenheit erfahren
hatte. „Schwarzalfengesell", schnaubte ihn der Drost an, „von meinem Boden hast
du dein Gold genommen, das du zu Ringen schmiedest, um damit mein Kriegsvolk zu werben". — Wölundur schwieg anfangs, dann versetzte er: „Übelgesinnter,
nicht in deinen windkalten Bergen wächst das lautere Metall; es ist Rheingold,
das in meinen Kammern leuchtet. Wer giebt dir Gewalt, den freien Mann in
Bande zu legen?" — Der Drost befahl statt aller Antwort, die Stricke fester
zu schnüren, ihn und die vorgefundenen Schätze in das Fahrzeug zu laden und
eilends nach dem Lande der Niaren die Fahrt zu steuern. Der Mond beleuchtete
die Spiegelfläche des Meeres und die hellen Schilde der Bewaffneten, die den gefesselten Schmied umgaben. Ehe er unterging, erreichte das Schiff die Küste,
wo die stolze Niarenburg ihre Zinnen erhob. „Wie der Schwarzalfe, so greulich
uns anblickt; seine Augen sind Feuerräder, gleich den Augen eines Lindwurms", murmelten die Krieger untereinander, als sie den gebundenen Mann
in enge Haft schleppten. Der Drost schien ähnliche Gedanken zu hegen. Er
umgürtete sich mit Wölundurs Siegesschwert, gab den Ring der Liebe seiner
Tochter Bödwilde, der fürstlichen Gattin ein funkelndes Brustgeschmeide, dann
sagte er, er wolle dem Gefangenen das übrige zurückerstatten, ihn in seinen

Dienst nehmen und durch Wohlthaten für sich gewinnen. „Wie?" antwortete die Arges sinnende Fürstin, „bist du vor der Zeit altersschwach geworden? Hast du nicht gesehen, wie der Giftwurm aus seinen Augen Blitze schießt, die töten? Er wird der Rache nimmer vergessen, sondern uns alle verderben, wenn er sich frei fühlt. Darum durchschneide man dem Alfenkönig die Sehnen an den Füßen und setze ihn auf den nahen Holm Säwarstader, daß er gelähmt uns diene und Waffen und Kleinodien anfertige." Der Rat dünkte dem Drost klug ersonnen, und er ließ ihn zur Ausführung bringen.

Da saß nun der unglückliche Mann auf dem Holm Säwarstader in seinen Schmerzen und brütete Rache und gedachte manchmal der schönen Zeit in der Wüste des Wolfsthals. Niemand getraute sich, den Holm zu betreten, als Ni= duder, der Drost, der ihm seine Aufträge erteilte, nachdem die Wunden ge= heilt und die Lähmung den mißhandelten Mann ungefährlich gemacht hatte. Aber er schien nur ungefährlich, da man seine Kunst und Alfennatur nicht kannte. Er schuf sich ein Flügelkleid nach dem Muster der Walkürengewänder, er hätte damit entfliehen können; allein er gedachte der Rache mehr als der Freiheit. Mit unverdrossenem Fleiß fertigte er für den Gebieter Rüstungen, Geschosse, Schwerter und Goldschmuck und erwies sich in allem als dienst= williger Knecht. Eines Tages brachte ihm der Drost das ihm geraubte Schwert, daß er Knauf und Bügel reicher mit Gestein verziere. In drei Nächten, meinte der Schmied, werde es nach des Herrn Begehren fertig sein. Nun glühte die Esse, schallte der Hammerschlag Tag und Nacht; denn Wölundur vollendete nicht bloß den gewünschten Zierrat, sondern auch ein zweites Schwert, ununter= scheidbar von dem ersten, aber ohne dessen Härtung und ohne den siegverleihen= den Zaubersegen. Die falsche Waffe gab er dem Drost, der sie zufrieden lächelnd empfing.

Einst schaukelten sich auf schwankem Kahn die zwei lieblichen Knaben Niduders. Sie ruderten hin und her und fuhren auch Säwarstader vorüber. Da stand auf Krücken gestützt der rußige Alfengeselle. Seine Augen glühten nicht von unheimlichem Feuer, wie die des Lindwurms; er winkte den Kindern freundlich; er zeigte ihnen rote Ringe und funkelndes Gestein, in Gold ge= faßt. „Kommt herüber, Kinderchen!" rief er, „ich will euch noch schönere Ringe zeigen in der Truhe, und ihr sollt euch auswählen und mitnehmen, was euch wohlgefällt". Die Knaben trieben fröhlich den Kahn ans Ufer und hüpften arglos um den lahmen Mann, der nach der Schmiede humpelte. Er zeigte ihnen die mächtige Truhe, hieß sie aufschließen und half ihnen den schweren ehernen Deckel aufheben. Sie schauten begierig hinein. Wie leuchteten da die goldenen und silbernen Kleinodien, Methörner, Kannen, glührote Ringe, Stirn= binden, wie Schlangen geschweift! „Mir den hellen Brustring! Mir das Schlänglein mit den funkelnden Augen!" so riefen die Kinder und schauten tiefer in die Truhe. Da schlug der Schmied den scharfkantigen Deckel zu, daß die Häupter der Knaben zu den Kleinodien rollten, die Leiber aber, noch zuckend, auf den Boden der Halle. Da lachte der harte Mann, der Rache froh, und tilgte das rieselnde Blut von dem Estrich. Darauf zerstückte er mit scharfem Messer die Körper, barg Hände und Füße unter dem Fesseltrog, die Rümpfe

vergrub er in der Schmiede. Er schlief die Nacht nicht; er wollte erst das Werk
zu Ende bringen. Er langte aus der Truhe die Köpfe der Kinder hervor und
sonderte ab Schädel, Augen und Zähne. Jene formte er zu zierlichen Trink=
gefäßen für Niduder; die Augen wandelte er in Edelsteine für das schlimme
Weib des Niarenvogts, und die weißen Zähne, in Gold gefaßt, sandte er Böd=
wilden als Brustgeschmeide.

Dem Niarendrost mundete nicht das Bier, das man ihm in den zierlichen
Bechern bot, und selbst der Wein aus dem Südland machte ihm wenig Freude,
denn er vermißte die wonnigen Söhne. Um sie war auch sein Weib in Sorgen,
da man die Knaben vergeblich gesucht hatte. Nur Bödwilde war wenig besorgt
um die Brüder und ergötzte sich an dem Geschmeide mit den weißen Perlen.
Als sie es aber anlegte, fiel ihr der Liebesring vom Arm und zerbrach. Sie
weinte viel, denn sie fürchtete den Zorn des Vaters, wenn er den Schaden ge=
wahre. In ihrem Kummer gedachte sie des kunstfertigen Schmiedes, der sich ihr
freundlich erwiesen hatte; sie hoffte, er werde wohl Hülfe schaffen, und fuhr am
Abend nach dem Holm. Wölundur war sogleich bereit, den Schaden zu bessern,
und versicherte, Vater und Mutter würden den Reif schöner finden als zuvor.
„Setze dich nur auf den Sessel und trinke den Becher edlen Mets, den ich dir
biete, während ich das Werk fördere." Bödwilde folgte der wohlmeinenden Rede;
sie kostete den Met; er war so süß und lieblich, ein Trank, wie er nicht besser
aus Heidruns Eutern rinnen konnte. Sie kostete wieder und immer wieder, und
ihr ward zu Mute, als sei alles um sie her verwandelt. Die rußige Schmiede=
halle schien ihr Brautgemach, der Alfengeselle ein göttlicher Held, der ihr den
Brautring darreiche. Der Wonnerausch währte eine Stunde und mehr; dann
ward es finster um sie her, eine unbeschreibliche Angst überfiel sie und dauerte
fort, als sie aus dem Taumel erwachte. Durch die Dunkelheit leuchteten drei
Punkte hervor, die Esse und die Augen des Alfen, der zusammengekauert in
der Mitte der Halle saß. Er war jetzt in Wahrheit der Giftwurm, wie ihn die
Mutter genannt hatte; er schoß glühende Blicke auf sie und rief mit heiserer
Stimme: „Gehe nun heim, süßes Bräutchen, und denke an mich, oder bleibe
hier die Nacht, noch ferner mit mir zu kosen." Er erhob sich riesengroß, er
reckte die Arme nach ihr aus; die Angst vor dem Unhold trieb sie fort nach dem
Kahne, sie ruderte hinüber nach dem väterlichen Hofe.

„Die Rache ist vollbracht", murmelte Wölundur; „nun fort zu dem Drost
und dann weiter." Er gürtete sein Schwert um, legte das Flügelkleid an und
erhob sich mit den künstlich gefertigten Schwingen in die Luft. Auf einer Zinne
des Palastes ließ er sich nieder. Er rief und seine Stimme klang wie Heimdals
Giallarhorn. „Erwache, Niduder! Komm' heraus, daß du gute Zeitung hörest."
Erschrocken trat der Vogt aus der Pforte und erblickte seinen Gefangenen auf
der hohen Zinne. „Höre, Niduder, Niarendrost", rief der Schmied, „deiner Söhne
Leiber findest du in meiner Halle; aus ihren Schädeln trinkst du den Südwein;
ihre Augen trägt dein Weib als Edelsteine, ihre Zähne deine Tochter als Brust=
geschmeide. Das Kind Bödwildens, das noch ungeboren ist, stammt von mir
und soll einst das Schwert empfangen, das Schwert des Sieges, das ich dir
wieder entwendet habe. Einst wird es Odin dem Siegmund verleihen, und nach

ihm soll es dessen Erzeugter, der strahlende Sigurd, führen und damit den Drachen Fafnir erschlagen. Ich aber ziehe weiter gen Lichtalfenheim, wo ich Allweiß finde, mein trautes Weib, und mit ihr leben werde, bis Ragnarök anbricht und die Götter vergehen." So sprach Wölundur und schwang sich empor, dem Morgenrot entgegen; Nidudr aber blieb zurück freudlos und gebrochenen Mutes.

2. Helgi, Hiörwards Sohn.

„Jarl Atli, mein Getreuer, willst du zu König Swafnir fahren und für mich um seine schöne Tochter Sigurlin werben? Ich erblickte sie am Julfest in ihrer väterlichen Halle, wo ich als Wintergast weilte, und kann sie nicht wieder vergessen". So sprach König Hiörward zu seinem Milchbruder, dem Jarl Atli. „Wir werden in der späten Jahreszeit viel Mühsal haben auf dem eisigen Gebirgskamm und in den Moorlachen der Thäler", antwortete Atli; „aber für meinen Lehnsherrn wage ich den Kampf mit den grimmigen Hrimthursen." — Wohlgerüstet und mit königlichen Gaben fuhr der Jarl zu Swafnir. Er ward gastlich aufgenommen; als er aber die Werbung vorbrachte, meinte der Jarl Framnar, Sigurlins Pfleger, der König Hiörward habe schon drei Frauen, und für eine Kebse sei sein Ziehkind zu gut. Deswegen ward der der Freiersmann mit Glimpf abgewiesen. Ungeschreckt durch die üble Zeitung, die der Jarl zurückbrachte, beschloß der Herrscher, mit ihm und kriegerischem Gefolge den Versuch noch einmal zu machen. Als er vom Gebirgskamm, den man mühsam erstiegen hatte, auf Swawaland hinabblickte, sah er großen Landbrand und reisige Scharen, die verheerend umherzogen. Er erfuhr von Flüchtlingen, Hrodmar, ein benachbarter König, der auch um Sigurlins Hand geworben und schnöden Bescheid erhalten hatte, habe in der Feldschlacht Swafnir besiegt und erschlagen und suche nun unter argen Verwüstungen dessen Tochter, welche der Jarl Framnar durch Zauberei geborgen habe. Auf diese Nachricht rückte der König mit dem Gefolge von der Höhe hinunter bis an einen Fluß, wo er sein Lager aufschlug. Atli, der die Nachtwache hatte, ging über das Wasser. Er gelangte an einen Hof, den ein riesiger Adler bewachte. Er durchbohrte ihn mit dem Wurfspeer und fand in dem Hause die schöne Sigurlin und Alof, die Tochter Framnars. Die Jungfrauen waren in großem Schrecken, aber der Jarl beruhigte sie und führte sie zu seinem Gebieter. Da man nun gefunden hatte, was man suchte, so wurde der Rückzug angetreten. Die beiden Mädchen gewannen Vertrauen zu ihren Befreiern und willigten in die Vermählung, welche in der königlichen Burg mit großer Pracht gefeiert wurde.

Dem königlichen Ehebund entsproß ein Sohn, der schön und kräftig heranwuchs. Er war aber und blieb stumm, was den Eltern viel Kummer machte. Er hörte und verstand, was man redete; allein er lernte nicht einmal die Worte Vater und Mutter aussprechen. Alle Mühe, ihn zum Reden zu bringen, war vergeblich, und so geschah es, daß man ihn wenig beachtete und ihm nicht einmal einen Namen beilegte. Nur sein älterer Halbbruder Hedin bekümmerte sich um ihn, nahm ihn mit auf Streifzüge in Wald und Feld, und als beide Knaben zu kräftigen Jünglingen heranreisten, zu ernsteren Abenteuern. Eines Tages ruhten die Brüder nach heißen Kämpfen am Waldessaume, da sahen sie neun Walküren auf weißen Rossen in hoher Luft. Eine von ihnen senkte sich nieder und hielt vor ihnen, schön, wie Freyas Genossin. Sie trat zu dem stummen Jüngling und sagte: „Helgi, so wird man forthin dich nennen, die Stunde ist gekommen, daß du den Heldenmut bewährst, der in deiner Seele ruht. Ich bin Swawa, König Eilimis Tochter, und berufen, dich im Schauer der Speere zu beschützen.“ Staunend blickte der Jüngling auf die wunderbare Erscheinung und rief:

> „Was giebst du mir noch zu dem Namen Helgi,
> Blühende Braut, den du mir botest?
> Erwäge den ganzen Gruß mir wohl:
> Ich nehme den Namen nicht ohne dich!“ —

„Zu frühe wagst du das kühne Wort; beweise durch Thaten, daß du der Schildmaid würdig bist“, so sprach sie und eilte den Gefährtinnen nach. „Glück=licher Helgi, du wirst die herrliche Jungfrau erwerben, und Skalden werden einst deinen Ruhm besingen.“ Also sprach Hedin zu seinem Bruder.

Große Freude war in Hiörwards Halle, als der bisher stumme Sohn vor den Vater trat und mit klarer Stimme reisige Scharen verlangte, um den Tod seines Muttervaters an König Hrodmar zu rächen. Viele Kämpfer sam=melten sich um ihn, und er zog aus wie zum gewissen Siege. Bald entbrannte der Kampf im feindlichen Lande, und der junge Held war allezeit den Seinen voraus im Getümmel der Schlacht. Wenn aber der Sturm des Gefechtes ihn umdrängte und sein Arm zu erlahmen drohte, so sah er über sich die Walküre schweben, die mit leuchtendem Schilde die Geschosse auffing, und alsbald fühlte er neue Kraft, die Bahn des Sieges zu verfolgen. Vergebens suchte sich Hrodmar in den hinteren Reihen vor ihm zu bergen; er erreichte und fällte ihn mit schmetterndem Schwertstreich. Vergebens suchte auch der Riese Hati den König zu rächen, auch er sank, zum Tode getroffen, zur blutigen Erde nieder. Schrecken ging vor Helgi her und die feindlichen Heerhaufen wendeten sich zur Flucht. Er verfolgte seine Siege bald zu Land, bald zu Wasser. Hrimgerd, Hatis Tochter, eine gräßliche Meerminne, suchte des Helden Flotte zu versenken, aber Swawa fuhr im Sturmgewölke daher und lenkte die schwarzbrüstigen Drachen in die sichere Bucht. Ruhmgekrönt kehrte der Held heim in die väterliche Burg, wo die Skaldenharfen zu seinem Preise klangen. Nun war die Bedingung erfüllt, welche die Schildmaid festgesetzt hatte; er machte sich daher im nächsten Frühling auf den Weg zu König Eilimis Hof. Als er hier seine Werbung vorbrachte, gab der Herrscher seine Zustimmung, noch freudiger die liebende Swawa. Die Verlobung wurde alsbald gefeiert; Helgi schlang der Geliebten den Goldreif um den schlanken Arm, und wie nun im langen Brautkuß ihre Lippen auf den seinigen ruhten, da fühlte er ein Entzücken, wie der wunde Held auf dem Schlachtfelde, den die Walküre mit einem Kusse aus der Erdennot zur Wonne der Seligen erhebt. Die Vermählung wurde aufgeschoben, bis Helgi von einer Heerfahrt wider Alfur, den Sohn Hrodmars, zurückkehre, der ihn wegen ver=weigerter Vaterbuße mit Krieg bedrohte. Beim Abschied hielt ihn Swawa lange in ihren Armen. Sie wollte ihn nicht von sich lassen, denn sie ahnte, sie könne ihn nicht mehr beschützen, sie sei durch die Verbindung mit einem sterblichen Manne aus den Reihen der Schildjungfrauen geschieden.

Alfur war wohlgerüstet und ein erfahrener Kämpfer. Das Kriegsglück schwankte den ganzen Sommer hindurch; doch endlich siegte Helgi und trieb den Gegner in das unwirtbare Hochland. Er eroberte Städte und Burgen; allein er konnte nicht völlig den Widerstand des Volkes überwinden, das für seine Freiheit und für sein angestammtes Herrscherhaus in Waffen stand. Selbst im Winter ruhte nicht der kleine Krieg. Indessen blieb Helgi überall Sieger und wollte das Julfest in der väterlichen Halle feiern. Er gedachte, dann im Frühling die Verbindung mit der geliebten Swawa zu schließen. Schneestürme verzögerten ihn auf der Reise, und ehe er die Heimat erreichte, kam Nachricht, Alfur sei mit vielen Kämpfern in sein Reich zurückgekehrt, habe die gesamte Landwehr aufgeboten und fordere ihn zum Holmgang. Das war für ihn eine erfreuliche Nachricht; denn nun hoffte er den endlosen Streit mit einem Schlage zur Entscheidung zu bringen. Vorerst setzte er die Reise fort. Da sah er seinen Bruder Hedin in wilder Hast und verwirrten Blickes abseits der Straße daherjagen. Derselbe lenkte nach ihm zu, als er ihn erblickte, und fiel ihm weinend um den Hals. „Rette mich, Bruder", rief er, „rette mich vor mir selbst. Ich habe frevelhaft großes Unglück über uns gebracht." Er fuhr dann in abgebrochener Rede fort: „Am Jultage begegnete mir ein seltsames Weib, auf einem Wolfe reitend. Es war nicht alt und nicht jung, nicht häßlich und nicht schön: es bot mir die Begleitung an. Ich meinte, es sei eine lose Dirne, und wies es von mir. Da sprach die Frau drohend, ich werde es beim Bragibecher bereuen. Wir zechten wacker am Abend und lachten heitern Mutes, bis Freyers Eber hereingebracht und der Bragibecher gereicht wurde. Da vermaß sich jeder der kühnsten Thaten, und ich selbst — die finstere Norne raunte mir die Worte ins Ohr — gelobte, die Schildmaid Swawa, des Bruders Braut, heimzuführen. Aber nimmer werde ich mit dem kämpfen, der mir auf Erden der liebste ist. Ich löse das Gelübde in meinem eigenen Blute. Lebe wohl und glücklich!" Er wollte sich losreißen; allein Helgi hielt ihn zurück, indem er sagte: „Höre mich, Bruder, gleich einer Wala will ich die Zukunft deuten. Meine Fylgie ist von mir gewichen und hat sich zu dir gewandt; daher werde ich in der Schlacht gegen Alfur fallen, und Swawa wird dir, wenn sie auf meine Bitte hört, die Hand reichen. Sieh, Hedin, der Feigling bettelt um ein Stückchen Lebensglück; der Held blickt der finstern Norne kühn ins Angesicht und spricht: „Spinne deinen schwarzen Faden; wirf ihn mir gen Mitternacht; er reicht nur bis zum Sterben, den Eingang zu Odins Halle kann er mir nicht verschließen."

Hedin suchte ihn vergebens von dem Kampfe abzuhalten; er wollte das Heer an seiner statt führen, für ihn in den Tod gehen; jener beharrte bei seinem Entschluß. Im Frühling zogen beide Brüder gegen Alfur, der vor ihrem Andrang bis an die Grenze von Eilimis Gebiet zurückwich. Da endlich hielt er stand, und die Schlacht entbrannte. Sie dauerte den ganzen Tag und blieb unentschieden: aber Helgi hatte vom Schwerte des verzweifelten Gegners die Todeswunde erhalten. Um den sterbenden Helden standen am Abend Hedin und andere Waffenbrüder. Auch Swawa, die von der Schlacht Kunde erhalten hatte, war von der nahen Burg des Vaters herübergeeilt. Helgi erkannte sie, und ein seliges Lächeln schwebte um seinen bleichen Mund.

Swawa und die Helden nehmen Abschied von dem sterbenden Helgi. Von W. Heine.

8*

„Gieb mir den Brautkuß, Geliebte", sagte er, „den Todeskuß der Walküre, der mich zu Odin beruft, und dann ruhe in Hedins Armen; er ist deiner wert." Sie klagte nicht, sie hatte keine Thränen; sie sagte: „Nur einmal liebt ein edles Weib und nicht wieder. Empfange, Hedin, den Kuß der Schwester; du aber, Helgi, den ich allein lieben kann, den Walkürenkuß. Wir werden uns bald bei Freya im seligen Folkwang wiederfinden."

> „Das hab' ich verheißen zu Munarheim,
> Als Helgi der Braut die Ringe bot,
> Nie wollt' ich froh nach des Königs Fall
> Einen andern Helden im Arme hegen."

Ihr Mund ruhte auf dem seinen, als wolle sie den letzten Atemzug aufnehmen. Sie blieb im Königslager, bis der Hügel über dem toten Helden geschichtet war, dann fuhr sie zurück nach Eilimis Burg. Ihr letztes Wort ging in Erfüllung; sie starb bald und fand nach ihrem Wunsche eine Ruhestätte neben dem Manne, den sie allein geliebt hatte.

Das Lied der Edda, dessen Inhalt wir hier wiedergegeben haben, ist später entstanden als die folgenden Lieder von Helgi Hundingsbana (Hundingstöter) und nur eine schwache Nachahmung derselben. Indessen findet in beiden Dichtungen jene keusche, ätherische Liebe Ausdruck, die dem Germanentum vorzüglich eigen, die aber das griechische und römische Altertum weniger kannte.

3. Helgi Hundingsbana (Hundingstöter).

> Vor alten Zeiten als Aare sangen,
> Heilige Wasser rannen von Himmelshöhen,
> Da hatte Helgi, den hochherzigen,
> Borghild geboren in Bralunder.
>
> Nacht in der Burg war, Nornen kamen,
> Dem Kinde zu geben Kunde der Zukunft.
> Sie gaben dem König, der Kühnste zu werden,
> Zu heißen der herrlichste unter den Herrschern.
>
> Sie schnürten scharf die Schicksalsfäden,
> Daß Burgen brachen im Bralunder;
> Goldene Fäden fügten sie weit.
> Sie mitten festigend unter dem Mondessaal.
>
> Westlich und östlich die Enden bargen sie,
> In der Mitte lag des Königs Land.
> Einen Faden nordwärts warf Neris Schwester,
> Ewig zu halten hieß sie dies Band.

Die Schicksalsschwestern erwiesen sich dem neugeborenen Kinde Borghilds günstig und schenkten ihm reiche Gaben. Des freute sich sein Vater, der ruhmvolle Held Siegmund, der in Danland saß, im Reiche seiner Gattin Borghild. Er konnte nun hoffen, daß sein Sohn, den er Helgi nannte, den Ruhm seines Geschlechts erhalten werde, den sein Vater Wölsung von Odins Stamme und er selbst durch große Siege erhoben hatten. Er erzählte dem kräftig heranwachsenden Knaben, wie er sein siegbringendes Schwert, das Wölundur einst geschmiedet und nach Lichtalfenheim mitgenommen, durch des Gottes Gunst empfangen habe. „Wir saßen", sprach er, „bei festlichem Gelage mit vielen Kämpfern in der Halle versammelt. Da trat ein hochgewachsener Greis im flockigen Mantel, den Breithut tief in die Stirne gedrückt, in den Saal. Scherz und Gelächter verstummten, es entstand tiefe Stille. Niemand hatte den alten Mann jemals gesehen, niemand wagte ihn anzureden, und doch kannten wir ihn alle. Er trug ein blankes Schwert in der Hand und stieß es bis ans Heft in den mitten in der Halle ragenden Kinderstamm, indem er sagte: „Wer es herauszieht, dem soll es zu eigen sein." Als er sich wieder entfernt hatte.

verſuchten die Kämpfer einer nach dem andern, die treffliche Klinge aus dem Holze zu ziehen; aber ſie rührte ſich nicht. Zuletzt trat auch ich, der jüngſte unter den Männern, hinzu, und das Schwert glitt mir mühelos in die Hand. Mit dieſer Waffe habe ich meine ſiegreichen Schlachten geſchlagen, und ſie ſoll einſt, wenn du wehrhaft biſt, dein Erbteil ſein." So ſprach der berühmte Wölſungenheld Siegmund zu ſeinem Sohne; aber es kam anders, als er dachte. Borghild, ſeine Gattin, ſtarb frühe, er fuhr zurück nach Frankenland in ſein Erbreich. Daſelbſt vermählte er ſich mit der ſchönen und klugen Hiördis, Eilimis Tochter. Er zeugte mit ihr den trefflichen Sigurd, der nachmals alle Helden in den Nordlanden an Schönheit, Mut und Kriegsruhm überſtrahlte.

Ehe der König ſeine Söhne erwachſen ſah, geriet er in Zwieſpalt mit Hunding, dem mächtigen Herrſcher in Hunaland, dem viele wehrhafte Söhne zur Seite ſtanden. In der Schlacht drang Siegmund kühn voran und fällte die tapferſten Krieger. Sein Schwert war gleich dem Blitzſtrahl und verbreitete Schrecken, ſodaß die feindlichen Scharen vor ihm zurückwichen. Da trat ihm ein alter Kämpfer in blauem Mantel, den Goldhelm auf dem Haupte, entgegen. An ſeinem Speere brach des Königs Schwert in Stücke, und den wehrloſen Helden erſchlug Lyngwi, einer der Söhne Hundings. Ruhm und Landbeſitz erwarb der Sieger, dem auch ſchon früher mächtige Krieger erlegen waren. Dagegen rüſtete ſich Helgi zum Rachekrieg, ſobald er wehrhaft war. Umſonſt mahnte ſeine Stiefmutter Hiördis vom Kampfe ab, weil er des Vaters Schwert nicht habe; er ſagte, jede Waffe ſei gut, wenn eine tapfere Hand ſie führe. In der That erfocht er einen großen Sieg, und der ſtarke Hunding ſelbſt fiel unter ſeinen Streichen. Als deſſen Söhne Buß- und Wehrgeld für den Vater forderten, ſagte er, erwarten ſollten ſie mächtige Wetter grauer Gere und den Grimm Odins. Alſo geſchah es: denn Odin, der Ahnherr der Wölſungen, der den Vater im Alter verlaſſen hatte, wendete ſeine Gunſt dem Sohne zu. Im Schlachtgewühl ſah Helgi von Süden her eine helle Wolke ziehen, aus der Wetterleuchten hervorbrach. Als ſie ſich zerteilte, erſchienen Helmträgerinnen. Ihre Brünnen leuchteten; auf ihren Lanzen ſtanden lichte Strahlen. Eine von ihnen hielt, nur ihm ſichtbar, über ihm und lenkte die Todesgeſchoſſe von ſeinem Haupte. Da fielen unter ſeinen Schwertſtreichen die Söhne Hundings, außer Lyngwi, der an den Küſten von Oſtariſe wilde Völker bekriegte.

Die Schlacht war geſchlagen, der Sieg gewonnen; kampfmüde ſaß Helgi unter dem Aarſtein auf dem leichenvollen Blutfeld. Er gedachte der wunderbaren Schildmaid, die Odin zu ihm geſandt hatte. In ſolche Gedanken verſunken, gewahrte er nicht, was um ihn her vorging, wie die Walküre zu ihm niederſtieg, bis ſie vor ihm ſtand in ihrer erhabenen, göttergleichen Schönheit. „Helgi", ſagte ſie, „dich habe ich vor anderen Helden erwählt, im Sturm der Geſchoſſe beſchützt und zu Siegesehren geführt. Jetzt bedarf ich deiner Hülfe. Ich bin Sigrun, die Tochter Högnis und Odins Botin, Einherier zu küren. Aber mein Vater hat mich in großer Heerverſammlung dem Hödbrod, dem Sohne des mächtigen Königs Granmar, verlobt. In wenigen Nächten wird der Verhaßte in meines Vaters Halle treten, um mich zum Ehebunde zu zwingen, wenn du ihm nicht wehrſt." Von Freude ſtrahlend ergriff der junge Held ihre Hand.

„Hier auf dem Siegesfeld schließe ich mit dir die Verlobung und will für dich kämpfen, ob auch Fenrir selbst mir entgegenheulte".

Die Söhne Granmars waren kühne Kämpfer und von großer Macht. Daher sammelte Helgi alle seine Krieger und Genossen, ein großes Heer zu Wasser und zu Land. Er fuhr inmitten der Flotte, auf dem Vordersteven seines Drachen stehend, gen Frekastein, wo er den Feind zu finden hoffte. Aber die raffende Ran, nach Raub begierig, regte ihre Töchter auf, daß sie im Sturme die Fahrzeuge bekämpften. Es war dunkle Nacht, die nur von den funkelnden Blitzen und den weißschäumenden Wellen erleuchtet wurde. Maste und Rahen brachen, die Ruder ächzten; Mut und Kraft entsank den Männern. Da zog ein Stern durch die Finsternis, und leuchtend schwebte Sigrun daher, Sturm und Wellen mit Runenspruch bezwingend.

Selbst Ran mußte ihr weichen und sank zurück in ihr feuchtes Reich. Munter schwammen die Kiele durch die beruhigte Meeresflut und erreichten die Bucht. Von der Landwarte herab sah Gudmund, der jüngere Sohn Granmars, die feindliche Macht und den goldroten Heerschild, den Herold des Krieges. Er brachte dem kühnen Höddbrod die Botschaft, und er ließ alsbald seine Vasallen und Heergenossen entbieten, unter ihnen auch Högni, den Vater Sigruns, und dessen Söhne Bragi und Dag. Ein Sturmwetter schien's, wie die funkelnden Schwerter zusammentrafen und die Wurfgere saußten und die Geschoße auf Schilde und Helme prasselten. Aber Helgi durchbrach die feindlichen Reihen. Vor ihm sanken Höddbrod, Gudmund und die anderen Söhne Granmars: auch Högni samt seinem Sohne Bragi fiel in der Schlacht: nur Dag, der schon rings umschlossen war, erhielt freien Rückzug, nachdem er bei der Leipter leuchtenden Flut und der urkalten Wasserklippe Frieden beschworen.

Die heiße Schlacht und der heiße Tag waren vorüber, der Sieger beschritt die Walstatt. Die trotzigen Söhne Granmars, die streitkühnen Recken, die noch am Morgen dem Kampf entgegengejauchzt hatten, sie alle lagen bleich und blutig, gebändigt vom Tode, und unter ihnen Vater und Bruder der geliebten Maid. Wie wird Sigrun die Kunde ertragen, wie den Gegner ihrer Sippen begrüßen? So dachte der siegreiche Held auf der Stätte des Todes. Ein Wetterleuchten durchbrach die Wolkenschichten, und darin erschien Sigrun freudigen Angesichts. Sie fiel ihm jubelnd um den Hals, dem Überwinder des verhaßten Höddbrod. „Zürne mir nicht", sagte er zaghaft; „die Nornen haben zu Gericht gesessen; sie allein sind schuld, daß auch deine Lieben, daß Högni und Bragi hinsanken, die ich gern erhalten hätte." Von ihm los riß sie sich, und Thränen floßen über die blühenden Wangen, als sie schluchzend rief: „Beleben möchte ich, die hier Leichen sind, und dann ewig dir im Arme ruhen."

Wochen und Monde vergingen; die Zeit, die so manche blutende Wunde des Menschenherzens heilt, linderte auch Sigruns Trauer. Als der Frühling wieder die Eisrinde schmolz und die Erde zum Blühen und zur Freude weckte, feierten die beiden Verlobten ihre Vermählung. Ihrem Bunde entsproßten liebliche Kinder, welche das Band der Liebe zwischen den glücklichen Gatten noch mehr befestigten. Es war aber ein Mann, der diesem Ehebunde fluchte, der, Rache brütend, im düstern Tannicht weilte: Dag, der Sohn Högnis, Sigruns Bruder.

Im Dunkel des öden Fesselwaldes opferte er täglich im Heiligtum Odins dem Gotte und flehte um Rache für das vergossene Blut der Verwandten. Einst fiel ein Sonnenstrahl in einen finstern Winkel des Hofes und glänzte auf einer Lanzenspitze, die sonst nicht bemerkbar war. Dem Gotte dankend, griff er zur Waffe und schritt hinaus in den Forst. Hier begegnete er bald dem verhaßten Feinde, der, seine Absicht erkennend, das Schwert zog. Die Waffen klirrten; aber Helgis Klinge glitt von dem Erzbeschlag der Lanze ab, und ein Stoß des Gegners durchbohrte sein heldenmütiges Herz.

Groß war der Schmerz Sigruns, als sie die Nachricht davon erhielt: ihre Klagen erfüllten das Haus; sie stieß Verwünschungen aus gegen den eid- und treubrüchigen Bruder; sie hielt den toten Leib des ermordeten Gatten in den Armen; sie bedeckte seinen bleichen Mund mit Küssen; doch konnte sie das entflohene Leben nicht zurückrufen. Sie ließ den Hügel aufrichten und darin eine Grabkammer wölben; sie bereitete selbst ein Bette darin für den toten Helden, groß genug, daß auch sie an seiner Seite ruhen könne, wenn der ersehnte Tod sie auf immer mit ihm vereinige. Als die Bestattung vollendet war, pflanzte sie Blumen auf die Höhe und tränkte sie reichlich mit ihren Thränen, die unstillbar flossen. Einen Tag und eine Nacht und wieder einen Tag saß sie an dem Hügel ohne Nahrung, ohne Schlummer. Dann bestellte sie die treue Magd zur Wächterin des Grabes, bis sie nach kurzer Ruhe wiederkehre.

Es war Mitternacht, die sinkende Mondessichel glänzte durch die Wipfel der Föhren; da kam's das Thal herauf wie reisiges Geschwader, aber still, tonlos, kein Schall des Hufschlags, kein Klirren der Sporen und Waffen hörbar. Schnell, geräuschlos, wie die Gedanken in der Seele, so nahte der Zug. Jetzt konnte man die Angesichter unter den Helmen erkennen — aber — die Wächterin schauderte. „Geben die Gräber ihre Toten zurück?" ruft sie, „reiten die Einherier nach dem Wigridfelde?" — Es ist Helgi, der erschlagene König, mit großem Geleite. Sie steigen von den Rossen, die Eisenpforte des Hügels springt auf. „Es ist nicht Sinnestrug, nicht reiten Einherier nach dem Wigridfelde", spricht der Herrscher; „den Toten ist Heimkehr vergönnt. Geh', Grabeshüterin, bitte Sigrun, hierher zu kommen. daß sie die blutenden Wunden mir stille." — Beflügelten Schrittes nahte die Königin. „Nun bin ich froh, dich wieder zu sehen, wie die Habichte Odins, wenn sie Leichen witterten und strömendes Blut", sprach Sigrun, in den Hügel eintretend. Und sie umarmte den Helden und fuhr fort: „Nun will ich dich küssen und nicht mehr von mir lassen. Aber wie trieft dein Haar von kaltem Schweiße! wie bist du gebadet in Grabestau! wie eisig die Hände! Warum schlägt nicht mehr dein liebendes Herz an dem meinen? Was hat dich hierher zu mir berufen?" — „Sigrun, mein Weib, du selbst hast mich gerufen aus Odins seliger Halle, du bist schuld, daß ich triefe von tauendem Harme. Du vergossest unstillbare Thränen, und jede fiel mir blutig auf die Brust und sank eisig hinein in das angstbeklommene Herz. Vorüber waren der Wunde Schmerzen; ich trank mit den Helden köstlichen Met; da rief mich deine Klage, deine Sehnsucht wieder hierher in die Schauer des Grabes, das Moderhauch erfüllt. Niemand soll klagen, wenn ein Freund ihm fiel; denn er lebt ihm fort in Odins Sälen." — „So will ich nicht mehr weinen, Geliebter", sprach

Sigrun, „denn hier hab' ich dir das Lager im Hügel bereitet, weit genug, daß ich einst bei dir ruhen kann im Tode, bis wir in Folkwang bei Freya uns wieder= sehen." — „Der Morgenstern schimmert, die Nacht vergeht, die Rosse schaudern; ich muß nun fort, auf fahlem Rosse den Flugsteg ziehen. Lebe wohl!" So schied der Held und kehrte nicht wieder, wie auch die Gattin am Abend auf ihn harrte. Aber bald ruhte sie an seiner Seite im stillen Hügel, wie sie ahnend voraus= gesehen. Diese Sage ist von hoher Bedeutung; sie läßt sich mit dem vergleichen, was Shakespeare in dem Drama Romeo und Julie zur Anschauung gebracht hat.

Die Helgisage hat auffallend ähnliche Züge mit der Sigurdsage: die Wal= küre Sigrun erinnert an Brynhilden; wie Helgi heimtückisch im Walde von Dag, dem Sohne Högnis ermordet wird, so fällt Sigurd meuchlings durch die Hand Högnis (Hagens), und anderes. Helgi ist eben nur als eine Wiederspiegelung Sigurds aufzufassen oder umgekehrt. Die Sage weist sowohl in ihren Personen= namen wie geographischen Anhaltspunkten entschieden auf Deutschland als ihre Heimat hin, von wo sie etwa im sechsten Jahrhundert in den skandinavischen Norden gewandert sein mag. Auch finden sich in unseren Volkssagen Spuren und Anklänge genug an jene uralte deutsche Sage. Bekanntlich hat der Dichter Bürger in seiner Ballade Leonore der alten Volksüberlieferung ein bleibendes Denkmal gesetzt, nur hat er den ursprünglichen, naturwüchsigen Gehalt christi= anisirt und dem Stoff in seiner Weise eine andere Pointe gegeben, die besonders in den Schlußzeilen gipfelt:

> „Geduld, Geduld, wenn's Herz auch bricht,
> Mit Gott im Himmel hadre nicht!" —

Ursprünglich scheint hier ein Mythus des Allvaters Odin vorzuliegen, der seine Schildmaid zurück nach Walhalla führt. Helgi wie Sigurd sind nur als Hypostasen (Abzweigungen) des Himmels= und Sonnengottes Odin aufzufassen. (Vergl. Edzardis „Volsunga= und Ragnarsage".)

Sigurd erkennt auf dem Burgfried in dem schlafenden Krieger ein schönes Weib. Von J. W. Heine.

4. Die Niflungen.

Sigurd Fafnisbana. (Fafnirstöter.)

Der Waldeskönig bin ich, reich,
Kein Erdenkönig ist mir gleich;
Der schlanken Säulen Ring umstellt,
Ein guter Schutz, mein sonnigZelt;
Und Schoß und Zinsen bringt mir dar
Der grünen Wildnis rauhe Schar,
Den Bären auch in Dickichts Nacht
Mein starker Bogen dienstbar macht.

So sang ein junger Geselle, fast noch ein Knabe, mit tönender Stimme, daß der Wald wiederhallte. Er hatte soeben mit seinem Geschoß einen großen Bären erlegt; er zog den blutigen Pfeil aus der Wunde und sah, daß der Urian mitten ins Herz getroffen war. „Wohlgethan", rief er, „die Jagdbeute soll dem Meister Regin zu gute kommen — ein Winterpelz und manche leckere Mahlzeit." Mit diesen Worten schritt er durch den Wald einem Gehöfte zu, aus dessen Giebel dicker Rauch emporqualmte. Er ging durch mehrere Räume in eine Werkstätte, wo ein riesiger Schmied an einem zierlichen Goldring arbeitete. Der Riese bot dem Ankömmling die Hand, indem er sagte: „Willkommen, junger

Wölsung; da hab' ich dir ein Kleinod gefertigt, gekrümmt, wie mein Bruder Fafnir in Lindwurmgestalt, und von lauterem Golde. Auch das Schwert Gram ist fertig, das einst in der Hand deines Vaters Siegmund an Odins Speer zerbrach. Es ist fester und schöner zusammengefügt, als da es neu aus Wölundurs Esse hervorging. Wenn du zu Manneskraft gelangt bist, wird es in deiner Hand wie eine Brandfackel im Grauen der Schlachten leuchten." — „Zu Manneskraft?" versetzte der Jüngling; „und wer sagt denn, daß ich zu schwach sei? Her mit der Wehre; ich will sehen, ob sie die Probe besteht!" Er zog das Schwert aus der Scheide und that mit Macht einen Streich auf den Amboß. Es war aber, als ob ein Donnerschlag das Haus erschüttere, wie die geschwungene Klinge niederfuhr. Der Eisenklotz war mitten entzwei gespalten. „Sigurd", rief der Schmied erstaunt, „hast du Thors Megingiard umgeschnallt? Hat dir Odin so frühe deines Vaters Mut und Kraft verliehen? Aber nun ist es Zeit, daß du ausziehst, mein Vatererbe zu erstreiten, das mir Fafnir entzogen. Schaffe mir Rache und die Hälfte des Hortes ist dein."

Als Sigurd weitere Auskunft begehrte, erzählte der Schmied, wie er mit seinem Vater Hreidmar und Bruder Fafnir in Lieb' und Frieden gelebt habe, bis die drei Asen Odin, Hönir und Loke einstmals in ihrer Behausung eingekehrt seien. „Sie brachten einen Fischotter mit", fuhr er fort, den Loke mit einem Steinwurf erlegt hatte. Vater Hreidmar erkannte sogleich seinen dritten Sohn Ottur, der in solcher Gestalt Fische zu fangen pflegte, und brach in Wehklagen aus, daß das Haus zitterte. Dann aber griff er mit meiner und Fafnirs Hülfe die mörderischen Gäste und forderte für Hauptes Lösung als Mordbuße, sie sollten den Otterbalg mit Gold füllen und hüllen. Sofort wurde Loke der Haft entlassen, um das Sühnegeld herbeizuschaffen. Der listige Ase fuhr aus. Mit einem von der ihm befreundeten Ran erhaltenen Netz fing er im Wasserfall einen Hecht und erkannte in demselben den Zwerg Andwari, der alsobald seine wahre Gestalt annahm. Loke zwang ihn, alle seine angehäuften Goldschätze auszuliefern. Er entriß ihm auch noch den Ring Andwaranaut, der in Bergen und Flüssen das edle Metall anzieht. Vergebens sprach der beraubte Zwerg den Fluch aus, daß der Ring seinem Besitzer gewaltsamen Tod bringen solle; Loke ging hohnlachend seines Weges und trat schwerbeladen in unsere Halle. Der Balg ward gefüllt und gehüllt, und da noch ein Barthaar hervorstand, mußten die Asen auch den Ring hinzulegen. Als die Gäste nun weiter fuhren, forderten Fafnir und ich Anteil an dem Hort; aber Hreidmar meinte, er halte den goldenen Sohn noch lieber im Arm als den von Fleisch und Blut, und werde ihn nicht verstümmeln lassen. Er zeigte dabei auf seine Steinkeule, welche er die Rute nannte, womit er ungehorsame Kinder züchtige. Wir wagten keinen Widerspruch; aber in der Nacht durchbohrte Fafnir den Vater mit dem Schwert und nahm den Hort für sich. Als ich meinen Anteil forderte, verwandelte er sich in einen entsetzlichen Lindwurm. Kaum entrann ich dem gähnenden Rachen, der mich zu verschlingen drohte. Seitdem liegt er über dem Hort in finstrer Felskluft und verläßt ihn nur, wenn er zum Borne kriecht, um seinen Durst zu löschen. Niemand wagt sich in seine Nähe, denn er trägt den Ögishelm, von dem Schrecken und Entsetzen ausgeht. Du allein, Sigurd, bist

kühn und stark genug, das Untier zu erlegen
und das glührote Gold aus der Kluft zu
holen. Darum rüste dich und ziehe mit mir
aus, daß wir Ruhm und Beute gewinnen.
Ich habe deshalb viele Jahre König Hial=
prek, dem Schwieger deiner Mutter Hiördis,
treu gedient und dir selbst das Schwert
Gram geschmiedet."

„Es stände mir übel an", sagte Sigurd,
„wollte ich den Gewinn des Goldhortes der
Rache voranstellen, die ich dem erschlagenen
Vater und Muttervater schulde. Der furcht=
bare Lyngwi, Hundings Sohn, hat den tapfe=
ren Siegmund und darauf auch Eilimi, den
Erzeuger der Mutter, gefällt; an ihm will
ich versuchen, ob Gram in meiner Hand Ruhm
zu erwerben vermag."

Der junge Wölfung ging zu Hialprek,
dem Vater Alfs, mit welchem seine Mutter
in zweiter Ehe lebte. Der alte König liebte
den Stiefenkel. Er gab ihm Drachschiffe und
Volk und das edle Roß Grani, das von
Sleipnir abstammte. Sigurd fuhr nun über
See gegen Lyngwi, der ihn mit überlegener
Macht erwartete. Auf der Fahrt überfiel die
Flotte ein schweres Unwetter, daß Regin, der
Schmied, der den Helden begleitete, meinte,
sie hätten den Tod als Piloten an Bord.
Aber da stand am Steven ein alter, einäugiger
Schiffer, der sich Hulkar nannte; er bezwang
mit mächtigem Runenspruch Wind und Wellen
und lehrte den Helden Heere ordnen und
lenken, um Sieg zu gewinnen. Rings am
Gestade hatte der Feind seine Macht aufge=
stellt, die Landung zu wehren; allein Sigurd
sprang ohne Zagen ans Ufer; sein Schwert
spaltete Helme, Schilde und Brünnen und
schaffte Raum für die nachfolgenden Krieger.
Die Schlacht ward allgemein; Lyngwi und
seine Scharen, bisher in allen Kämpfen sieg=
reich, fochten tapfer; allein sie bestanden nicht
vor dem entsetzlichen Würger. Lyngwi selbst
fiel mit gespaltenem Haupt, und seine Krieger
flohen nicht; sie gingen freiwillig mit ihrem
Herrn in den Tod.

Wie Sigurd sein Schwert Gram erlangt.
Aus Worsaaes „Bractéates".

Bevor der Sieger zu neuen Kämpfen auszog, ritt er zu Gripir, seiner Mutter Bruder, einem ratklugen Herrscher und Seher der Zukunft. Derselbe verkündigte ihm seinen fernern Lebenslauf. Er werde, sagte der kundige Fürst, den Drachen erlegen, den Goldhort erwerben, dann eine herrliche Schildmaid aus dem Zauberschlaf erwecken und mit ihr durch Eidschwur den Bund der Liebe schließen, dann aber durch Grimhild, Giukis Weib, mit Zaubertrank bethört, deren Tochter freien und die Schildmaid für Gunnar erwerben. Als darauf Sigurd traurig versetzte, wie es ihm das Herz verwunde, daß er Arglist üben und vor allem Volke für falsch gelten solle, schloß der Seher mit den Worten: „Solange die Welt steht, wird dein Name verherrlicht bleiben. So edlen Mann wird die Erde nicht mehr, noch die Sonne schauen, Sigurd, als dich.“

Der letzten Weissagung vertrauend, nahm der Wölsungensprößling getrosten Mutes Abschied von dem Oheim und verfolgte weiter seine Bahn. Er suchte zunächst den alten Regin wieder auf, um unter seiner Leitung den grimmigen Lindwurm zu bekämpfen. Bald waren beide auf der Gnitaheide, wo der Drache auf dem Golde lag. Der grauhaarige Meister schritt zu Fuß voraus, denn er war von so riesigem Wuchs, daß ihn kein Pferd zu tragen vermochte; der jugendliche Sigurd trabte auf seinem mutigen Grauroß so fröhlich hinter dem Führer her, als ob es zum Hochzeitsreigen gehe. Der Meister blieb plötzlich stehen und gebot durch ein Zeichen Stillschweigen. „Dort“, rief er, auf einen Felsvorsprung deutend, „dort ist die Kluft, aus welcher er um Mittag hervorkriecht. Aber er ist entsetzlich; er speit Gift und Flammen, daß alles Leben vor ihm vergeht. Sigurd, laß uns fliehen; er mag das Gold behalten.“ — „Wohlan, Feigling“, rief der Held; „fahre rückwärts, birg dich bei deinen Vettern, den Hrimthursen. Ich aber bestehe den Unhold allein und peitsche dich, wenn ich zurückkehre, mit dem Drachenschwanze durchs Land.“

Regin entwich eiligen Schrittes; Sigurd aber beschritt die Heide und bemerkte bald die Spuren des Ungeheuers; denn da grünte kein Grashalm, und selbst die Bäume waren blätterlos und etliche verbrannt und verkohlt. Auf dieser Fährte machte er mit vorgefundenem Grabscheit auf Anraten eines ältern einäugigen Mannes, der ihm bei der Arbeit erschien, mehrere Gruben mit Abzugskanälen, damit er nicht im herabrinnenden Blute ersticke, bedeckte sie mit Reisig und verbarg sich drinnen. Zur Mittagszeit hörte er ein Rascheln und Klirren, wie wenn tausend Krieger in Ringpanzern zur Schlacht zögen. Jetzt verfinsterte sich der Himmel; der Wurm kroch über die Grube. Da stieß der Held mit Macht das Schwert durch die Schuppenringe dem Ungeheuer ins Herz. Er sprang aus der Grube und sah, wie es sich bäumte und krümmte, mit dem Schweif Sträucher und Bäume zerschlug, Gift und Feuer, Blut und Geifer ausspie und ächzend unter Unglücksprophezeiungen verendete.

Wie er die Klinge im Grase blank wischte, kam auch Regin wieder zum Vorschein. Er beschaute und betastete die ungeheure Leiche des Drachen. Er zog darauf mit Bedacht ein langes Messer hervor und schnitt aus dem Leibe des Riesenwurmes das Herz heraus.

„Hei, Meister“, rief Sigurd, „du willst das Drachenherz verspeisen, um dir Drachenmut zu eigen zu machen?“

Sigurd erlegt den Drachen. Von F. W. Heine.

„Das will ich", antwortete Regin; „brate mir das Herz am Feuer, so sollst du die Wahlringe in der Kluft allein besitzen."

Sigurd saß bald an der lobernden Glut und briet das Schlangengericht. Er versuchte mit dem Finger, ob es weich und gar sei, und da er sich verbrannte, steckte er ihn in den Mund. Da wurden seine Augen aufgethan, und es war ihm, als sei es vor seinem Geiste Licht geworden; er verstand sogleich die Sprache der Vögel. Rings auf den Bäumen saßen Adler, die seine That rühmten. Sie verkündigten aber noch mehr. Der eine sagte, wie Regin Verrat ersinne, und ihn, wenn er schlafe, mit dem in Fafnirs Blute vergifteten Messer ermorden wolle; der andere riet, er solle Giukis Burg aufsuchen; dort werde er die schönste Maid finden. „Aber die herrlichste Jungfrau", sagte ein dritter Adler, „die ruht in der Schildburg, von Flammen umschlossen."

Was Odins nachtdunkle Boten redeten, das diente dem jungen Helden zur Weisung. Regin fiel durch seine Hand; er holte das Gold aus Fafnirs Kluft und lud es in zwei Kisten auf Granis Rücken. Es hätten wohl drei und mehr Pferde daran zu tragen gehabt; aber Sleipnirs Sprößling fühlte die Last wenig und sprang und bäumte sich, bis auch sein Herr aufsaß. Eilends trabte Sigurd über die Gnitaheide, wo die Luft vom Hauche des Lindwurms verpestet war, und weiter durch duftige, tauige Wälder und Fluren den blauen Bergen zu. Aber dort war der Himmel gerötet, wie von einer Feuersbrunst, und als er näher kam, erblickte er vor sich auf der Höhe eine Schildburg, ganz von Wafurlogi (Waberlohe) umschlossen. Ein Druck mit den Fersen, und der Hengst setzte im Sprunge durch den flammenden Zaun. Sigurd stieg auf den Burgfried und fand daselbst einen schlummernden Krieger. Als er ihm den Helm abnahm, erkannte er, daß es ein junges, schönes Weib war. Er versuchte, die Brünne abzulösen; allein vergeblich, sie war wie angewachsen. Daher durchschnitt er sie mit dem scharfen Schwerte, und sobald sie zu beiden Seiten herabsank, erwachte die Jungfrau, sprang empor und rief: „Du bist der verheißene Held, berufen, mich vom Zauberschlafe zu erwecken. Agnar zwang mich zur Dienstbarkeit, daß ich ihm Sieg gewähren mußte wider Odins Willen. Deswegen senkte mich der Schlachtengott mit dem Schlafdorn in Schlummer, der dauern sollte, bis der leuchtende Held erschiene, der die Brünne zu lösen vermöge." Sie sagte ihm, daß sie Sigurdrifa heiße, und vernahm von ihm seinen Namen und sein ruhmvolles Geschlecht. Wie eine Tochter Odins stand sie vor ihm hehr und heilig, als sie ihm den Minnetrank reichte.

Lange saßen die beiden in traulichem Zwiegespräch bei einander. Sie lehrte ihn Runen der Weisheit, herrliche Ratstäbe, wie man im Kampf und bei Beratung auf dem Thing, im Felde und im Hause nicht bloß mit Mut und starker Faust, sondern auch mit Witz und nüchternem, klugem Sinne sich als Held erweisen müsse. Noch vieles redeten sie und schwuren den Eid unverbrüchlicher Liebe und Treue. „Ziehe hin, Sigurd", sagte sie beim Abschied, „ziehe hin, edler Held, den ich allein nur lieben kann. Wir sind auf Tod und Leben mit einander verbunden. Kehre nach Jahresfrist wieder, wenn du in der Treue bewährt bist; ich harre dein hier in der Burg, umhegt von Wafurlogi, durch welche kein anderer Mann zu dringen vermag."

Sigurd kam an König Giukis Hof. Er wollte den Herrscher und seine Söhne Gunnar und Högni gern kennen lernen, denn der Ruf von den Thaten und dem Reichtum der Giukungen oder Niflungen war in allen Landen bekannt. Man empfing den Besieger des grauenvollen Lindwurms mit großen Ehren; man feierte Spiele und Feste; man bewunderte seine Gewandtheit und Kraft in allen Waffenübungen, worin ihm kein anderer Recke gleichkommen konnte. Auch an Schmuck der Gewandung und Rüstung überstrahlten er und sein Gefolge die Hofleute, denn Fafnirs Hort war unerschöpflich. Die Königin Grimhild, Giukis Ehegemahl, beobachtete den Helden mit Wohlgefallen. Sie dachte, wenn der herrliche Recke dem Hause der Niflungen verbunden wäre, so würde ihnen die Herrschaft über alle Länder zufallen. Sie war aber eine gar kluge Frau und vieler Dinge kundig. Sie wußte von der Schildburg und was sich dort begeben hatte; doch meinte sie, mit Kunst und Klugheit könne manches verändert und erwirkt werden, und ihre Tochter Gudrun sei schöner und geeigneter für den Helden als die Schildmaid. Sie hatte auch in Erfahrung gebracht, daß Gudrun im stillen dem jungen Wölsung ihre Neigung zugewandt, daß sie sein Bild heimlich in ihre Stickereien verwebt und mit mancher Thräne benetzt habe. Das Mägdlein war aber schüchtern, wie das scheue Reh des Waldes, und noch nicht bei Hofe erschienen. Die kluge Mutter veranstaltete ein großes Fest in ihrem Saale und stellte die Tochter den Hofleuten und den edlen Frauen im reichsten Schmucke vor. Die junge Maid hätte der kostbaren Gewandung nicht bedurft; ihre schlanke Gestalt, ihre sanft geröteten Wangen, ihre blauen Augen und die Unschuld in ihrem ganzen Wesen waren schönere Zierden als Gold und Juwelen. Daher empfing der gefeierte Gast das volle Horn, das ihm die Jungfrau darreichte, mit Freuden, und leerte es auf ihr und der Niflungen Wohl. Als er getrunken, kam er sich selbst verändert vor; die Vergangenheit schien ihm ein Traum, die Schildburg, die Wafurlogi, die Schildmaid wogten nur noch wie Nebelbilder an ihm vorüber, der geschworene Eid der Treue ruhte im Meere der Vergessenheit. Hell und klar stand vor ihm die Gegenwart, und die Jungfrau schien, sanft und lieblich, ein Lichtalfenkind, aus himmlischen Räumen zu ihm herabgestiegen. Er konnte den Blick nicht von ihr wenden.

Sigurd blieb an Giukis Hofe und half in mancher heißen Schlacht den Sieg erfechten. So verging das Jahr, und er dachte nicht mehr an die ferne Walküre. Er ahnte aber nicht, daß alles ein Werk der Königin war, daß sie in den Trank, den ihm Gudrun geboten, Tropfen vom Kräutlein Liebekraut und vom Safte Vergessenheit gemischt hatte. Deswegen hielt er endlich, nicht mehr der ersten Verlobung gedenkend, um die Hand der Königstochter an. Er that es im kühlen Waldesschatten, als er mit Gunnar und Högni nach fröhlichem Jagen ruhte. Hocherfreut gaben die fürstlichen Brüder ihre Zustimmung und schlossen mit ihm den Blutbrüderbund. Ihr Blut aus geritzten Wunden floß in der Fußspur zusammen, dann folgten nach nordischer Sitte Umarmung und Bruderkuß. In der Nähe tönte der Ruf eines Auerhahns. „Es ist Widofnir", sagte Gunnar, „der einst, wenn Ragnarök nahe ist, die Einherier weckt; und Ragnarök soll über uns kommen, wenn wir den Bund brechen. Nun aber wollen wir zur Hochzeit rüsten, und es wird eine doppelte Feier geben; denn ich gedenke um Brynhild zu werben, Budlis Tochter, die auf der Schildburg wohnt, von Wafurlogi umschlossen." Wie aus der Kindheit manchmal unbestimmte Erinnerungen in uns auftauchen, die uns entweder freundlich oder peinlich vorschweben, so war es bei Sigurd, als er diese Worte hörte; indessen Brynhild kannte er nicht; daher verscheuchte er die ihn beunruhigenden Gedanken und erklärte, daß er den Bruder begleiten werde.

Die Reise nach der Burg ging ohne Hindernis von statten; aber Gunnars Hengst scheute vor den lobernden Flammen; er bäumte, er überschlug sich und brachte das Leben des Reiters in Gefahr. Der Wölsungenheld schaffte Rat. Er tauschte mit Gunnar Gewand und Gestalt und zwar mittels eines Talismans aus dem Hort. Er sprengte durch Waberlohe; aber als er in der Schildburg zum Burgfried hinanstieg, als er vor Brynhild stand, war er wie ein Träumender. Er sah die bekannte Gestalt, sie nannte sich Brynhild und war doch nicht mehr die hohe, herrliche, kühne Schlachtjungfrau, sondern gebeugt, trüben Blickes, als hätte sie viel um ein verlorenes Gut geweint. Als er die Werbung hervorbrachte, sagte sie nicht ja und nicht nein; sie reichte ihm fast willenlos den Ring der Verlobung, und er gab ihr den Goldreif Andwaranaut. Die Nacht brach an, eine trübe, wolkendüstere Nacht. Der Donner rollte in der Ferne, wie das Schicksal, das seine zerschmetternden Schläge dem Erdensohne voraus verkündigt. Blitze erhellten das Gemach und spiegelten sich in dem blanken Schwerte, das der Held zwischen sich und die Braut Gunnars gelegt hatte. Am Morgen war der Flammenzaun um die Burg erloschen, und Brynhild folgte dem Verlobten zu der außerhalb harrenden Schar und dann weiter an Giukis Hof, wo die Doppelhochzeit gefeiert wurde.

Sigurd fand allmählich die Erinnerung wieder, da die Betäubung von seinem Geiste wich, welche der Zaubertrank hervorgebracht hatte. Aber Gudrun, die liebende, harmlose Gattin, war unschuldig an dem Betrug; sie hing mit ganzer Seele an dem Manne, der alle Recken überragte, wie der Edelhirsch das niedere Wild. Er aber liebte sie von Tag zu Tag mehr, da er ihr reines, sanftes Herz erkannte. In traulicher Stunde entdeckte er ihr sogar den gespielten Betrug und gab ihr den von Brynhild erhaltenen Verlobungsring.

Sigurd war wieder der frische, frohe Held, der mit starker Hand Schlachten schlug, ein fester, treuer Schutz der Giukungen. Wie die Jugend gern vergißt, was Unheilvolles geschehen ist, so schlug auch er sich das Vergangene aus dem Sinn, da ohne seine Schuld, nur durch unheimlichen, zauberischen Betrug, Eide waren gebrochen worden. Auch Brynhild gewöhnte sich in ihre Häuslichkeit. War doch ihr Gemahl in mancher Schlacht bewährt und der mächtigste und reichste König im Reiche der Niflungen. Es verdroß sie nur, daß Gudrun ihre Ansprüche nicht anerkannte, daß sie sich ihr gleich und ebenbürtig dünkte. Sie beschloß, diese Anmaßung zu züchtigen.

Zwist der Frauen. Einst gingen die Königinnen zum Strome, ihre Haare zu waschen. Brynhild trat zuerst in das Wasser und rief gebieterisch ihrer Schwägerin zu, sie solle unterhalb eintreten, damit nicht das Wasser von ihren Haaren zu ihr herunterströme. Gudrun war schon willens, der Rede Folge zu leisten; da fügte jene hinzu: „Du solltest gar nicht wagen, mit der Königin zu baden;

denn du bist doch nur die Frau eines Mannes, der ein Vasall, ein Knecht meines
Gemahls ist." — Hätten die Schmähungen nur ihr gegolten, so würde die
sanfte Frau vielleicht geschwiegen und sich im stillen gehärmt haben; daß aber
der Held, den sie liebte und verehrte, herabgewürdigt wurde, ertrug sie nicht.
Weit hinaus und oberhalb in den Strom watend, rief sie der Gegnerin zu:
„Sigurd ist ein König, reich und mächtig wie Gunnar. Sein Geschlecht stammt
von Wölsung und von Odin selbst, seine Thaten preisen die Helden aller Völker".
— „Ja", versetzte Brynhild, „den Fafnir schlug er mit arger List; aber er
wagte nicht, durch die Waferlohe zu reiten, der Feigling". — Da lachte Gudrun
mit grimmigem Hohn, daß es über den Strom hinüberschallte, und sagte,
einen Goldreif emporhaltend: „Kennst du das Ringlein hier, das du deinem
Verlobten verliehen? Vielleicht findest du auch bei deinem Schmucke den Ring
Andwaranaut, der in Bogen geformt ist, wie ein Lindwurm. Ihn empfingst du
von Sigurd, als er an Gunnars Statt durch den Flammenzaun geritten war
und mit dir die Verlobung schloß, mit dir, stolzes Kebsweib!"

Es waren nicht Worte, es waren Dolchstiche, die das Herz des Weibes
trafen und unheilbare Wunden schlugen. Sie ließ die Schleier im Strome fort-
treiben; sie trat ans Ufer, kleidete sich an und ging wankenden Schrittes nach
dem Palast. Sie blieb drei Tage in ihrem Gemache und ließ niemand zu sich,
auch nicht den König. Am vierten Tage trat sie endlich selbst vor ihn hin,
zwar blaß, aber, wie sonst, fest und entschieden. Sie zeigte ihm den Ring Andwaranaut und fragte, ob er ihn kenne. Gunnar betrachtete das Kleinod; aber
es war ihm unbekannt. „Wohl", sagte sie, „so ist alles wahr und offenkundig.
Sigurd gab mir den Reif, als er statt deiner die Verlobung mit mir schloß,
als du die lange, bange Nacht draußen vor der Schildburg zubrachtest, bis
Wafurlogi erloschen war. Er schwur mir Treue und hat Eid und Treue gebrochen; er, der allein meiner würdig war, dem ich ein Herz voll unendlicher Liebe
weihte, ist ein eidbrüchiger Verräter geworden. Er — hört es, unheilvolle Disen!
hört es, ihr Götter der Rache! höre du es, der sich meinen Gemahl nennt: — er
muß sterben! — Er ist auch an dir zum Verräter geworden, hat dein Geheimnis seinem Weibe mitgeteilt, daß es mich zu Schanden machte vor meinem
Ingesinde — er muß sterben. Und bist du zu feige, das Urteil zu vollstrecken,
so ziehe ich fort zu meinem Bruder Atli, wo mir mein väterliches Erbteil,
Burgen und Schätze, geblieben ist. Rede nicht; thue, was die Nornen gebieten!"
Sie schritt an ihm vorüber und ließ ihn allein.

Der König versank in peinliches Nachdenken. Das Weib erschien ihm wie
eine grimme Norne, die unentrinnbare schwarze Fäden spinne und gen Norden
werfe. Aber aus dem Meere von Zweifeln stieg seine Liebe zu ihr hervor und
der Gedanke: „Sigurd ist ein Verräter an ihr und an mir!" Er ließ seinen
Bruder Högni zu sich entbieten und sagte ihm alles, was sich begeben hatte,
und daß er lieber das Leben als Brynhild missen wolle. „Hüte dich", warnte
Högni, „wir haben den Blutbruderbund mit dem Helden beschworen; er ist unser
treuer Schirm und Helfer gewesen; meineidige Frevler waten in Naftrand
durch Eiterströme". — „Wie, wenn wir Guthorm, unsern Stiefbruder, anstif-
teten?" meinte Gunnar, „er ist unbedacht, hoffärtig und ein Neidhart auf Sigurd".

„An feigen Meuchlern und ihren Helfern saugt Nidhögg in Nifelhel“, sprach der Warner, aber vergeblich. Wem grimme Disen den Sinn berückt und zum Frevel gewendet haben, der ist ein Knecht und muß Folge leisten, ob er auch den Abgrund vor sich aufgethan sieht. — Guthorm, welcher den allgeliebten Held beneidete und haßte, fand sich schnell zur mörderischen Frevelthat bereit. —

Zum Thing am Gerichtsbaum waren die Fürsten, Häuptlinge und Helden berufen, wo die freien Männer sich versammelten, um des Volkes Wohlfahrt zu beraten. Sigurd allein war noch zurück. Er trat jetzt gerüstet in den Burghof. „Hei, Grani, was senkst du traurig dein Haupt?“ sprach er, als er aufstieg; „sieh, die Recken sind schon voraus; zeige nun, daß du von Sleipnir stammst“. — Der Hengst griff sofort mächtig aus und kam bald den anderen vor, die schweigend und lässig ihres Weges ritten. „Vorwärts, Brüder“, mahnte der Held, „es geht zum Thing; da dürfen wir nicht die Letzten sein. Mein liebes Weib hat mich gesäumt. Sie hatte böse Träume und fiel mir um den Hals und küßte mich, als wäre es das letzte Mal. .... Hei, wie mir wohl ist im grünen Wald! Und daneben der sprudelnde Brunnquell ... es ist köstliches Wasser. Wenn wir heimwärts reiten, will ich hier einen tiefen Trunk thun. .... Doch was singt der Adler dort von Sippenbruch und Meuchelthat? und der nachtdunkle Rabe wie der balzende Auerhahn ... freilich, wer auf Vogel- und Weiberzungen hört, geht leicht irre.“ .... „Es ist Widofnir, der krähend Ragnarök ankündigt“, flüsterte Högni zu Gunnar gewandt. „Guthorm, lieber Junge“, fuhr Sigurd fort, „du, sonst so plauderselig, warum heute so düster und schweigsam? Grollst du, weil dich beim Buhurdieren (Turnieren) meine Speerstange niederwarf? Noch ein paar Jährchen, so wirst du schon fester stehen. Nun aber, Brüder, die Sporen gebraucht, daß wir zum Thingbaum kommen“. — — —

Am Abend stand Gudrun auf dem Söller. Sie blickte nach dem Walde, wo bald ihr Liebling hervortreten mußte. Jetzt blinkten Helme und Schilde aber die blutrot untergehende Sonne blendete ihre Augen. Sie eilte in den Burghof, den Helden zu begrüßen. Da kam Grani herein, den Kopf gesenkt, ohne seinen Herrn. „Grani“, rief sie voll Schrecken, „wo ist er? wo hast du ihn gelassen?“ Das treue Tier hatte keine Antwort, wie sie auch jammernd die Hände rang. Nun ritt Högni in den Hof. Der sonst so muntere Jüngling war bleich und düster, und als er die Schwester erblickte, zitterte der furchtlose Mann, wie wenn ihn Fieberschauer schüttle. — „Wo ist mein Sigurd?“ schrie sie laut auf, indem sie dicht vor ihn hintrat. — „Ein Ungeheueres ist geschehen“, erwiderte er mit hohler Stimme, „ein Werk der schlimmen Disen“. — „Sigurd“, rief sie, „wo ist er? wo habt ihr ihn? Rede, falscher Verräter!“ Ihre Stimme klang wie der Schreckensruf zum Gottesgericht; es war, als wolle sie mit ihren Blicken dem Bruder das Herz durchbohren. Da trat ein alter Recke hinzu mit folgenden Worten: „Zürne ihm nicht, o Königin, er hat keine Schuld. Wir, ritten wohlgemut vom Thing durch den grünen Wald. Am sprudelnden Born stiegen wir ab, um das heilsame Wasser zu schlürfen. Der Wölsungenheld neigte sich nieder, da — ja, da geschah die böse That — Guthorm, heimlich lauernd, stieß ihm den Ger durch Rücken und Brust. Noch fällte der todwunde Held den Mörder mit dem geschleuderten Schwert, dann sank er sterbend in die Blumen des Angers, die er mit seinem Blute überströmte. Laut schrieen die Adler und Odins Raben und das Geflügel des Waldes, und der Sturmwind erhob sich, er raste durch die Wipfel der Bäume, er heulte in den Felsklüften und die Sonne verlor ihren Schein, wie bei Balders Tod!" (Nach einer andern Über= lieferung ward Sigurd von Guthorm meuchlings in seinem Bette ermordet. Zweimal bebte der feige Mörder zurück, als der Held seine leuchtenden Augen aufschlug. Zum dritten Mal fand er ihn fest eingeschlafen und beging die hinter= listige That. Der todwunde Held erwachte und schleuderte ihm mit seiner letzten Kraft sein Schwert nach, sodaß er ihn in der Mitte spaltete. Da er= wachte Gudrun erschreckt und fand ihren Gemahl in seinem Blute schwimmend. Noch einmal richtete sich Sigurd auf, umarmte sein Weib zum letzten Mal und hauchte seine edle Seele aus. Da seufzte Gudrun tief auf, Brynhild aber, die es hörte, lachte teuflisch darüber.)

Gudrun war zusammengebrochen; aber sie richtete sich wieder auf: „Bryn= hild!" rief sie, „Gunnar! o ihr rächenden Götter!" Sie konnte nicht weiter reden; eben trug man den Leichnam herein. Er war in goldgewirkte Decken ge= hüllt und wurde in Gudruns Gemach niedergelegt. Hier saß sie neben ihm die lange Nacht und den Tag und noch eine Nacht. Sie weint und klagt nicht, sie ringt nicht die Hände — sprachlos, regungslos starrt sie auf die Decken, die den Leib des Geliebten verhüllen.

Befreundete Frauen und Dienerinnen kommen, die Unglückliche zu trösten. Sie erzählen viel von dem eignen Kummer, den jegliche erduldet hatte, aber Gudrun bleibt unbewegt und ohne Thränen. „Wenn sie nur weinen könnte", meinte eine der Frauen, „Thränen erleichtern das Herz". Wie sie das sagte, nahm sie die Hülle von der Leiche und wandte das Angesicht des Helden der trostlosen Witwe zu. Als Gudrun die erloschenen Augen und das von Todes= schweiß feuchte Haar und die vom Grimm der Rache entstellten Züge sah, da floß ein Thränenstrom aus ihren Augen; laut klagend, warf sie sich über den kalten Leib und küßte den bleichen Mund und glättete die Falten des Grimms, daß der Held ruhig, im Frieden des Todes zu schlafen schien, wie er sonst lebend, im Bewußtsein seiner Schuldlosigkeit und rühmlichen Thaten, im Arm der Liebe friedlich geruht hatte.

Brynhild verzog ihren Mund zu unheimlichem Lachen, als ihr die Bot= schaft von dem vollführten Morde gebracht wurde; aber es war nicht ein Lachen der Freude, sondern des Hohnes über die Mörder. Das fühlte Gunnar, da er sie Unheilstifterin schalt und doch nicht wagte, den Blick zu ihr zu erheben. „Du bist Höder", sagte sie, „du warfst blindlings den Speer des Todes, den eine andere Hand schärfte und lenkte". Dies Wort lastete schwer auf seiner Seele. Hätte er nur die That ungeschehen machen können! Er war wie ein Mensch, der durch Zauber die Wetterwolke herbeigezogen hat, die ihn und sein Haus und seine Habe vernichtet.

„Höre mich, Gunnar", sprach sie dagegen folgenden Tages, „was ich dir zu sagen habe. Sigurd hat nicht an dir gefrevelt. Zwischen ihm und mir lag in jener bangen Nacht das scharfe Schwert. Aber mir war er verlobt, mit mir hatte er den Bund der Liebe und Treue geschlossen; ihm nur gehörte mein Herz und mein ganzes Dasein. Da sah ich ihn hier als Gemahl Gudruns. Ich konnte ihn nicht mehr lebend zu mir herüberziehen, darum mußte er sterben. Im Tode aber erneuern wir den alten Ehebund; da wird man mir nicht wehren, nicht mißgönnen, wenn ich, vom langen Gange und Leiden müde, in seinen Armen zu ruhen gedenke."

Als die Burg von Scheitern für den Leichenbrand erbaut und mit leuchtenden Schilden und Waffen geschmückt war, wurde des Fürsten Leichnam in goldstrahlender Rüstung darauf gebracht. Vielerlei Volks war versammelt, der Giukungen ganzes Geschlecht und edle Fürsten, Recken und Frauen: denn allgeliebt war der untadelige Held.

Zuletzt nahte Brynhild, gerüstet mit Helm und Brünne, das blanke Schwert in der Hand, hoch und hehr, wie einst als Walküre. Es folgten ihr acht Diener und fünf Mägde in reicher Gewandung und goldberingt, Gespielen ihrer Kindheit, die einst in der Schildburg mit ihr in Schlaf versenkt worden waren. Sie bestieg die verhängnisvollen Scheiter und stand dort, umgeben von ihren Begleitern, neben der königlichen Leiche. „Lebe glücklich, Gudrun", rief sie, „lebt glücklich, ihr Giukungen, wenn die Nornen es fügen; ich gehe mit Sigurd, meinem einzig Geliebten".

Hierauf stieß sie sich mit fester Hand das Schwert in die Brust und sank langsam neben dem Helden nieder. Dann küßte sie ihn, indem sie mit schwacher Stimme lispelte: „Empfange den Gruß, den Todeskuß deiner Gattin, deiner Walküre, und nimm mich mit dir auf dem langen Gang!"

Schon war die Fackel angelegt ... die Flammen schlugen empor ... der Himmel rötete sich, wie voreinst über Wafurlogi ...

Brynhild war dem geliebten Manne nach Walhalla gefolgt, Gudrun aber in ihrem unermeßlichen Jammer zurückgeblieben, und trübe schlich Jahr für Jahr dahin.

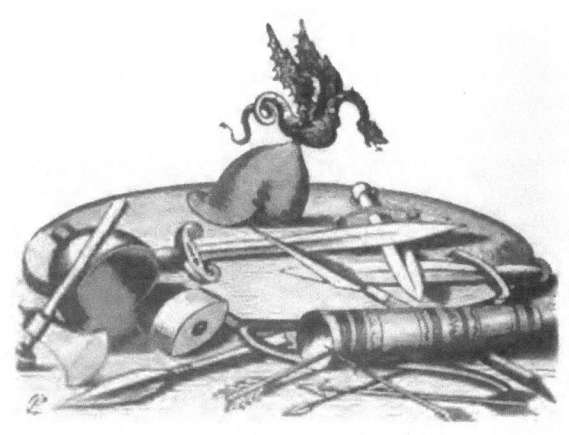

Versenkung des Niflungenschatzes.

Der Niflungen Ausgang.

Obgleich so manches Jahr schon dahin ge=
schwunden war, die Zeit linderte in
Gudruns Seele die Schmerzen der
Wunden nicht, noch tilgte sie das An=
denken an den Helden und an den grau=
samen Mord, welchem er erlegen war.
Die Königin hatte sich nach Danland
zu ihrer Freundin Thora begeben. Da
stickten beide Frauen schöne Teppiche
und Decken und wirkten die Thaten
Siegmunds und Sigurds hinein. Die
Mutter Grimhild härmte sich, daß sie
durch ihre Anschläge der Tochter ein trauriges Los bereitet habe. Nun geschah
es, daß der mächtige Heunenkönig Atli, Brynhildens Bruder, durch Boten
um die Hand der weit genannten und hochgefeierten Witwe Sigurds anhalten
ließ. Da machte sich die greise Mutter Gudruns selbst auf den Weg zu der Tochter.
Gudrun lachte laut auf, als sie von der Bewerbung hörte. „Der Bruder
der Mörderin?" rief sie empört, „was würde Sigurd sagen, wenn Bragi die

Wundermäre in Odins Halle zur Harfe sänge?" Als die Mutter noch mehr
in sie drang und von den Thaten, der Macht und dem Reichtum des Heunen=
königs sprach, sagte sie: „Kein Mann ist jemals auf Erden geboren worden, der
sich dem Ermordeten vergleichen könnte, und keiner wird ihn jemals aus meiner
Seele verdrängen und an meiner Seite ruhen. Atli aber ist ein Barbar, dem
nach Fafnirs Schatze gelüstet, weil er nicht weiß, daß der Hort in den Händen
meiner Brüder ist."

Die alte Königin gab ungeachtet dieser Weigerung ihr Vorhaben nicht
auf. Sie griff zu ihren Geheimmitteln und mischte ihre Kräutersäfte unter den
Met in Gudruns Becher. Die beabsichtigte Wirkung blieb nicht aus, Sigurds
Bild schwand wie ein Schatten in der Erinnerung der jungen Frau. Sie hörte
auf die Vorstellungen, wie sie unvermählt freud= und freundlos altern, wie ihr
liebliches Töchterchen Swanhwit einst an Atlis Hofe reich und glücklich werde,
wenn sie in die Verbindung willige, wie sie selbst Söhne gewinnen könne
an Stelle ihres Siegmund, der seinem ruhmvollen Vater frühe nachgefolgt war.
Nach langer Erwägung willigte die von Verwandten und Freunden gedrängte
Frau in die Verbindung mit Atli, dem Könige der Heunen. Doch sagte sie
noch, wie von einer Vorahnung ergriffen, es werde ihr selbst und den Giukungen
und dem zweiten Gemahl ein jammervolles Geschick daraus erwachsen. Sie
folgte der Mutter nach Frankenland an den Rhein und dann in königlichem
Schmucke, umgeben von Recken, Dienern und Dienerinnen, den Boten Atlis in
das ferne Land. Die Burg des Königs, seine Säle glänzten von edlen Metallen.
Sie waren verziert mit Säulen und Bildern von glänzendem Marmor, wie
berühmte Meister sie gefertigt hatten. Aber das Volk war wild und barbarisch,
an Greuel, Raub und Plünderung gewöhnt. Auch die Jarle und Edlen kannten
nicht feine Sitten; sie schwelgten an vollen Tafeln, sie tranken dort maßlos den
südlichen süßen Wein und heulten rohe Kriegslieder zur Handpauke oder zu
mißtönigem Saitenspiel. Der König, welcher die noch immer schöne Braut am
Portal empfing, war krummbeinig, wie alle Heunen, vom beständigen Reiten,
sein Kinn schmückte nicht der volle, männliche Bart, sondern es glich einem
rauhen Stoppelfelde, woraus einzelne Halme hervorragen. Die Königin sagte
ohne Rückhalt, daß ihre Liebe nur dem ersten Gemahl gehöre, daß sie aber dem
Haushalte treu und redlich vorstehen werde. Damit war der König zufrieden,
und er führte sie nach dem Hochsitz in der Halle, wo das Festgelage gefeiert
wurde. — Gudrun gebar in dieser Ehe zwei Söhnchen, die sie mit treuer Sorg=
falt pflegte und erzog. Auch der Vater hatte große Freude an den Kindern, die
ihn oft mit ihrem Plaudern ergötzten und ihm schöne, von der Mutter er=
lernte Sagen erzählten. Unter der Hand forschte er nach dem Fafnirshort, denn
er hatte gehofft, ihn als Mitgift zu erhalten. Als er hörte, daß er sich in den
Händen der Niflungenkönige befinde, ward er oft mürrisch und verhehlte es
nicht der Gattin, daß er sich für betrogen und benachteiligt halte. Zu dieser
Zeit wurde ein großes Opferfest im Lande der Heunen gefeiert. Atli ließ durch
eine feierliche Botschaft unter Anführung des ratklugen Wingi die Niflungen=
könige dazu einladen. Gunnar gab sogleich Zusage; allein Högni und die
Frauen widerrieten die Fahrt. Sie hatten böse Träume gehabt, und die

Gesandten überreichten auch von Gudrun ein Ge=
schenk und einen Runenstab. Letzterer schien ver=
ändert, ersteres war der Ring Andwaranaut,
mit Wolfshaaren umflochten. Das deuteten die
Frauen, daß um des Hortes willen der Fenrir
die Niflungen ergreifen werde. Indessen hatte
der König das Wort gesprochen; das wollte er
halten, wenn auch der Wolf im Versteck lauere,
und Högni mochte den Bruder nicht allein ziehen
lassen. In der Nacht vor der beschlossenen Fahrt
schafften beide Könige den Fasnirshort an das
Rheinufer und senkten ihn in den Strom. Dem
versinkenden Golde nachblickend sagte Högni:
„Nur der Rhein soll schalten mit dem verderb=
lichen Schatz; er kennt das asenverwandte Erbe
der Niflungen. In die Wogen des Stromes
gewälzt glühn die Wahlringe mehr, als in den
Händen der Heunensöhne."

Die Fahrt dauerte drei Wochen, dann stan=
den die Könige mit ihrem Gefolge vor Atlis
zinnengekrönter Burg. Aber da war kein fest=
licher Empfang den Gästen bereitet; das Thor
blieb verschlossen und auf der Mauer klirrten
Waffen, schwirrten Bogensehnen. „Die Füchse
sind in der Falle gefangen", rief Wingi, der
Führer, „ich habe sie mit listiger Rede herein=
gebracht." Er hatte das Wort kaum gesprochen,
so traf ihn Högnis Schwert zum Tode. Aber
nun rasselten Geschosse auf Helme und Brünnen,
und reisiges Volk, aus dem Thor und rings aus
Verstecken hervorbrechend, umringte und bestürmte
die Niflungen. Wohl fällten die Könige viele der
verräterischen Heunen und häuften einen Leichen=
wall um sich her; als aber ihr Gefolge Mann
für Mann gefallen war, wurden sie, von der
Blutarbeit erschöpft, übermannt und gefangen.
Man brachte sie getrennt in verschiedene Kerker,
und Atli ließ sie auffordern, für ihre Lösung den
Niflungenhort auszuliefern. Högni verharrte in
trotzigem Schweigen; Gunnar dagegen versicherte,
er habe gelobt, so lange sein Bruder lebe, nie=
mals die Stätte zu verraten, wo sie beide das
Gold verborgen hätten. Da befahl der Barbar,
dem jüngern Fürsten das Herz aus der Brust zu
schneiden und es als Zeichen seines Todes dem

Gunnar im Schlangenturm.
Aus Worsaaes Bractéates.

andern vor die Füße zu legen. Högni aber erduldete mit Todesverachtung, ja unter Lachen, die Qual. Als der letzte Niflung das Schicksal seines Bruders erkannte, erhob er die gefesselten Hände und rief: „Nun mag der Koboldkönig nach Helheim zu Fafnir, seinem Vater, gehen und ihn nach dem Horte fragen; weder von mir noch von einem andern Erdensohne wird er die Kunde erhalten". Auf Befehl des Herrschers ward Gunnar von den Schergen in das grauenvolle Verließ geschleppt, das man den Schlangenturm nannte. Da wimmelte es von giftigem Gewürm, das ihn anzüngelte und die Rachen nach dem willkommenen Fraß aufsperrte. Der gefangene König erwartete ohne Zagen den gräßlichen Tod. Da lehnte eine Harfe an der modrigen Wand, vielleicht von einem Gotte zu seinem Troste gesendet. Seine Hände waren zwar gefesselt, aber er schlug die Saiten mit den „Zweigen der Füße", wie die Dichtung sagt, und entlockte ihnen ein so melodisches Getön, daß die Schlangenbrut darauf horchte und des Fraßes vergaß. Er sang dazu ein schauerliches Lied von den waltenden Nornen und den schrecklichen Disen, die den meineidigen Frevler ergriffen und auch schon Atli grauenhaft umschwebten. Der König, der in der Nähe lauschte, um sich an den Klagen des gequälten Mannes zu ergötzen, entwich voll Schrecken. Dagegen krochs heran, langgestreckt, mit rasselnden Schuppen, ein gräßlich Gewürm, eine große Natter, die Mutter Atlis, wie die Sage will. Die rührte weder Harfenklang noch Lied; sie wühlte sich in die Brust des Niflungen und nagte an seinem Herzen.

Gudrun vernahm das alles; doch war sie am Abend gar heiter und schenkte emsig dem Herrscher den feurigen Südwein in silbergeschweiften Schalen und trug ihm ein köstliches Gericht auf, das ihm trefflich mundete. Auch den Hofleuten und Kriegern füllte sie fleißig die Hörner, und sie tranken, bis sie berauscht auf den Sesseln und Bänken einschliefen.

Der König ruhte in seinem Prunkgemach auf weichen Kissen. Der Rausch umfing seine Sinne und gaukelte ihm Freudenbilder vor; doch glaubte er dazwischen auch Gunnars Lied von den Nornen und Disen zu hören. Und jetzt stieg sie herauf wie aus dem Boden, von grauen Schleiern umwallt — war es die richtende, rächende Norne? War es Gudrun, welche die starren, stieren Augen auf ihn richtete? Ja, die Königin stand vor ihm. „Atli", sagte sie, „einst in glücklicher Jugendzeit hatte ich ein sanftes, weiches, liebendes Frauenherz; das Schicksal hat mir dafür das Herz einer Wölfin in die Brust gelegt. Daher wundere dich nicht über das, was geschehen ist und geschieht. Die Schalen, aus denen du heute trankst, sind die Schädel deiner und meiner Söhne, die ich geschlachtet habe. Der Wein, den du schlürftest, war mit ihrem Blute gemischt. Das Gericht, das du speistest, waren ihre Herzen. Ich selbst stehe vor dir als Rächerin, du mußt sterben" . . .

Ein Dolch blinkte grell in ihrer Hand. —

Er wollte sich aufrichten, aber der Stahl durchbohrte seine Brust. —

Gudrun schritt aus dem Gemache nach der Halle, wo die Hofleute ihren Rausch verschliefen. Sie nahm eine der noch brennenden Fackeln und zündete das Holzwerk an. Als die Flammen aus dem Palast emporschlugen, stand sie am Meer. Freyas Stern stieg im Osten herauf und sein Spiegelbild blickte bewegt aus der Tiefe. „Sigurd", sagte sie, „sendest du mir den Strahl als Boten, daß ich zu dir komme? Ich weiß nicht, ob es geschehen kann, da meine Seele zu schwer belastet ist. Aber ich will ja nur ausruhen von dem langen Gang. Ran, raffende Göttin, gieb mir einen kleinen Raum, wo ich Ruhe finde". Sie sprang ins Meer; die Wellen zogen ihre Kreise um die Stelle weiter und weiter und ebneten sich wieder und schwanden.

Die Lieder der Edda gehen noch weiter; sie berichten, wie Gudrun von den Wellen an eine fremde Küste getragen wird, wie sie eine dritte Ehe eingeht und noch viel Trübsal erlebt u. a. m. Es mögen immerhin alte Lieder sein, aber zur ursprünglichen Sage gehören sie nicht. Diese schließt mit Gudruns Rache und Tod. So steht sie als nordische Medea vor uns, als Jungfrau und Braut sympathischer, später aber noch wilder, großartiger und gewaltiger als die hellenische. Deswegen übergehen wir diese Nachträge, die zu romanhaft zu= sammengestellt sind. Wir haben dagegen den dürftigen Notbehelf mit den Zaubertränken in unsern Bericht aufgenommen, weil dadurch Sigurds Untreue und Gudruns Rache für die Brüder, nicht für den Gemahl, motivirt werden sollen. Wir werden seiner Zeit an geeigneter Stelle zeigen, wie die deutsche Sage folgerichtiger und dem nordisch=germanischen Charakter angemessener gehalten ist.

Dagegen ist im deutschen Nibelungenliede der Grund von Brunhildens Haß gegen Siegfried weniger motivirt. Man ahnt, daß auch hier geheime Zu= neigung zu dem kühnen Helden mitwirkt, als eigentliche Ursache gilt nur der Zwiespalt der Frauen. Über Sigurds Geburt und erste Schicksale weiß die norwegische Thidrek oder Wilkinasage aus dem 13. Jahrhundert Wunderdinge zu erzählen. Die Sage erinnert lebhaft an die Legende der heiligen Genovefa. Ebenso wie diese wird auch Sigurds Mutter verleumdet und in den Wald ge= schleppt, um ermordet zu werden. Sie rettet ihr neugebornes Kind in ein Glas= kästchen, das sie in den Fluß setzt. Dasselbe treibt ins Meer, landet und zer= schellt an einer fernen Küste; eine Hirschkuh nährt das wimmernde Kind, und als es größer ist, kommt es zu dem Schmied Regin.

Daß die Lieder und Sagen in unserm Deutschland ihren Ursprung ge= nommen haben, geht aus dem Inhalt unbestreitbar hervor. Sie lehnen sich aber an historische Persönlichkeiten und Ereignisse an, die der deutschen Geschichte angehören. Wir sagen damit nicht, daß man die Dichtungen als historische Wahrheit auffassen solle; wir meinen vielmehr, die Dichter seien von historischen Ereignissen ausgegangen, hätten dieselben aber nach dem ihnen vorschwebenden Ideengang verändert, idealisirt und für ihren Zweck passend eingekleidet. Wir möchten aber noch hinzufügen, es sei doch unter der poetischen Hülle der Kern nicht selten erkennbar, welcher den Dichtungen zu Grunde liege. Es ist aber wohl der Mühe wert, solche Anhaltepunkte aufzusuchen, von welchen die alten Sänger ausgingen. Handelt es sich doch um eine großartige vaterländische Dichtung.

Wir können hier nur einige historische Momente andeuten, welche den Ver= fassern der verschiedenen Lieder mutmaßlich in Erinnerung waren. Grundlage könnten wohl die Lieder sein, die nach Tacitus in allen germanischen Gauen auf Arminius gesungen wurden.

Dieser historische Held wäre also identisch mit Sigurd, dessen Vater Siegmund vielleicht an Segimer, seinen Vater, erinnert. Arminius kommt zu einer Weleda, nordisch Wöla, einer germanischen Seherin im einsamen Turme. Sie nennt sich Sigurdrifa, nicht Brynhild, wie nur der Sammler in dem Vorwort, nicht der Dichter sagt, es schiene also hier eine Vermischung verschiedener Sagen vorzuliegen. Sie lehrt ihn weise Stäbe, wie er Ruhm und Sieg gewinnen könne. Der Held erlegt den Lindwurm (Rom) auf der Gnitaheide; diese soll nach dem Reisebericht des isländischen Bischofs Nikolaus aus dem 12. Jahrhundert zwischen Paderborn und Mainz gelegen haben, vielleicht aber auch am Kilberg (Kiliandur) östlich von den Höhen des Osning.

Was nun weiter im Cheruskerlande und unter den befreiten Völkern vorging, ob der Held sich mit der Seherin verlobte, ob er ihr um Thusneldas willen untreu wurde, ob sie wegen unerwiderter Liebe grollte, das hat uns kein Römer berichtet, und wir möchten darin lieber eine Anschauung der Dichter sehen. Das Ende Sigurds stimmt dagegen wieder mit den historischen Angaben überein: er fiel durch die Hinterlist, die Tücke seiner Verwandten.

Auch zeigt man auf dem Feldberg im Taunus noch heute die Stelle, wo die Schildburg Brynhildens gestanden haben soll; man nennt sie lectulus Brunichildae, das heißt Brunhildens Bett.

Vielleicht stand auf dem höchsten Berge des Osning, dem Völmerstod, die schildumhegte Scheiterburg mit Armins Leiche, und die liebende Weleda, die Walküre Brynhild, bestieg die tödlichen Scheiter. Vielleicht hat der Sänger im Geiste geschaut, was er im Liede offenbaret:

> „Während das Roß stirbt mit stolzem Wiehern,
> Bohrt sie den Balmung in ihren Busen,
> Drückt auf die Lippen des toten Geliebten
> Den verspäteten Kuß der gesühnten Walküre
> Und ruft noch im Sterben mit lauter Stimme:
> Nun sind wir, o Sigurd, beisammen auf ewig!"

Im Ausgange der Niflungen, der „Nibelungen Not", schwebten den Dichtern andere historische Momente vor, wohl die Völkerschlacht bei Chalons (451), oder die Niederlage der Burgunden gegen Attila, den Atli der nordischen Sage, wobei ihr König Gundikar mit seinem Geschlechte umkam. Der Name erinnert an Gunnar, der nach nordischer Sage im Schlangenturm bei Luna endete. Im Osning aber fließt östlich vom Kilberg der Bach Luna. Man zeigt jedoch auch einen Schlangenturm sowie ein Högnithor in der Stadt Soest in Westfalen, deren alter Name Susatia an Atlis Residenz Susat erinnert. Der geschichtliche Attila starb nach seinem letzten Feldzuge in der Brautnacht, als er mit der burgundischen Königstochter Ildiko Hochzeit gefeiert hatte. Ist es zu kühn, wenn wir annehmen, die Burgundin habe dem Vertilger ihres edlen Geschlechts ein gewaltsames Ende bereitet, und dieses Ereignis habe dem Dichter vor Augen gestanden, als er von der letzten Rachethat Gudruns und ihrem tragischen Ausgang zur Skaldenharfe sang? Wir möchten auch in dem Namen Ildiko, deutsch Hildgund (Hildekrieg), einen Anklang an Grimhild Gudrun finden. Der eigentliche Kern der Nibelungensage scheint uralt zu sein. Der Mythus soll in eine Zeit zurückreichen, da Wodan als Himmels= und Sonnengott noch alle die Mythen in sich vereinigte, welche später durch Spaltung zum Teil auf Balder und Freyer übertragen wurden. Siegfried ist eine Hypostase Wodans, das heißt durch Abzweigung einer Seite vom Wesen des Gottes wie so viele andere Götter= und Heldengestalten entstanden. Am meisten entspricht der Siegfriedsage der Mythus in dem eddischen Liede Fiölswinnsmal, der keinen bestimmten Gott nennt. Diesem Mythus ähneln unsere deutschen Märchen, die wir „Siegfriedsmärchen" nennen, in vielen Zügen. Aus ihnen, in Verbindung mit den anderen Quellen ergiebt sich folgende Grundform der mythischen Siegfriedsage: Siegfried wächst im Walde auf, tötet den Drachen mit einem besonderen Schwert, gewinnt den Hort und erlöst die Jungfrau. Dann gerät er in die Gewalt dämonischer Wesen, der Nibelungen, die ihn mit Zauber (durch einen Liebestrunk) in ihre Netze locken, die erlöste Jungfrau für sich erwerben und den Hort durch Siegfrieds Ermordung wieder an sich bringen. Diese Dämonen (Alfen) sind nämlich im Grunde dieselben Nibelungen, wie die, aus deren Gewalt Siegfried die Jungfrau befreit und denen er den Hort abgewinnt. Später wurden die Nibelungen zu rheinischen Königen, und nur Hagens Natur haftet noch das dämonische Wesen an. In der norwegischen Thidreksage wird seine alfische Abstammung geradezu erwähnt. Ebenso weist der Vergessenheitstrank, ursprünglich wohl ein Liebestrank, entschieden auf den ehemaligen dämonischen Charakter der Grimhild=Gudrun hin. So bildete sich die Sage in ihrer rheinfränkischen Heimat aus, als im 5. Jahrhundert die Zertrümmerung des burgundischen Nachbarreichs unter Gundikar (Gunther) durch die Hunnen Veranlassung bot, dies welterschütternde Ereignis mit unserer Sage zu verschmelzen. Ebenso wirkte die Nachricht von dem rätselhaften Tode Attilas in der Hochzeitsnacht auf die Gestaltung des Nibelungenmythus ein. Dann wanderte die Sage vermutlich vor dem Ende des 6. Jahrhunderts in den Norden und erfuhr dort mancherlei Weiterbildungen. Sie verschmolz zunächst mit der Sage von Helgi, dem Hundingstöter und nahm u. a. das Motiv von Sigurds Vaterrache auf. Nicht ganz klar ist die Vermischung der von Odin in den Schlaf versenkten Walküre Sigurdrifa und der menschlichen Königstochter Brynhilde. Ferner wird Högni (Hagen) zum Bruder Gunnars und zwar zu einem durchaus edlen Charakter, und seine dämonische Seite ist auf seinen Halbbruder Guthorm übergegangen. Inzwischen hatte sich die Sage in Deutschland auch wesentlich verändert durch Aufnahme eines anderen Rachemotivs, nämlich des der Grimhilde an ihren Brüdern für die Ermordung ihres Gemahls. Die so veränderte Sage scheint dann noch einmal im 9. Jahrhundert in den Norden gewandert zu sein und erhielt sich neben der ältern Gestalt. Immerhin bieten aber beide nordische Fassungen ältere Stufen der Sagenentwicklung dar, als die in Deutschland selbst erhaltene. Dies ist im wesentlichen die Ansicht Edzardis, die er in der Einleitung zu seinen Schriften entwickelt. Doch sind dies alles nur Hypothesen, und es scheint immerhin nicht ganz unwahrscheinlich, daß die Sagen auf das Leben und die Thaten des geschichtlichen Arminius Bezug haben, da ja, wie Tacitus schreibt, in allen Gauen zu seinem Preise Lieder erklangen.

Maifest in England.

Schluß.

Die heidnische Vorzeit und die Gegenwart.

Rückblicke und Nachklänge.

Indem wir am Schlusse des ersten Teiles unseres Werkes stehen, werfen wir noch einen Blick rückwärts auf die durchmessene Bahn. Wir haben eine weite Wanderung vollendet, eine Wanderung durch die Götter= und Heldenwelt unserer Vorfahren. Wir haben den religiösen Glauben derselben, ihre An= schauungen von göttlichen und menschlichen Dingen, ihr Denken und ihre Werke betrachtet. Wir sind an schauerlichen Abgründen menschlicher Wildheit und grauenhafter Ruchlosigkeit vorübergekommen, haben aber auch sonnenhelle Höhen erstiegen, wo Liebe und Treue und die edelsten Tugenden in unvergänglichem Glanze strahlten. Wir lauschten den Reden der Saga, die uns von Entstehung der Welten, der Götter und Menschen, der Riesen und Zwerge nach dem Glau= ben der Väter berichtete. Sie führte uns in die Götterburgen von Asgard, die einst die heiligen Haine des Osning bekrönten, und dann wieder in den eis= freien innern Thälern des einsamen, meerumrauschten Island erbaut waren.

Wir folgten ihr, wie sie den göttlichen Odin, den Führer der Wandervölker, be=
gleitete; wir vernahmen ihre Lieder, die den Heldenkönig, den Moses der Ger=
manen, auf den Hochsitz Allvaters erhoben. Auch auf den Helden Arminius
deutete ihr Finger, wie er nach dem Abschlusse seiner Thaten, verklärt im
Volksbewußtsein, mit dem Lichtgott Balder zusammenfiel, gleich ihm durch die
Hand der Verwandten hingerafft wurde und dann wieder in menschlicher Gestalt
als Sigurd in der Dichtung auferstand. Oft traten wir in Heervaters Halle
ein, wo die Einherier schmausen und Freya die Hörner mit schäumendem Tranke
füllt, oft auch in die unterirdischen Werkstätten der Zwerge und Alfen und in
die Behausungen der Hrimthursen in Riesenheim und Utgard. Wir beobachteten
das Thun und Schaffen Lokes und seiner verderblichen Brut; wir sahen, wie
Balder, der Gott der Gnade, durch die Hand des finstern Bruders zu Hel ge=
sendet ward, und gedachten der Worte Tegnérs, daß in jeder Menschenbrust ein
Balder und ein Höder geboren wird, und daß jener stirbt und dieser siegt,
wenn sich der freie Menschengeist in Frevelmut unter das Gesetz der Sünde
beugt, ein Mythus, von dem schon die Arier wußten, als sie den Kampf des
Ormuzd und Ahriman um die menschliche Seele besangen. Wir sahen endlich
Ragnarök eintreten, die Kämpfe auf dem Wigridfeld, die lodernden Flammen
Surturs, die Erneuerung der Welt, und gingen dann zur Betrachtung der nor=
dischen Heldensage über, deren Abschluß das Lied von den Niflungen bildet.

Ist denn das alles nun vergangen und vergessen und nichts mehr davon
übrig, als was uns die Edda und andere schriftliche Quellen überliefert haben?
Keineswegs. Denn was Jahrhunderte, vielleicht Jahrtausende hindurch im
Volksgeist gelebt, sich aus ihm und mit ihm entfaltet hat, das stirbt nicht mit
den Geschlechtern, die daran geglaubt, darin Kraft und Trost gefunden haben,
ohne deutliche Spuren seines Daseins zu hinterlassen. Wir haben in der Er=
zählung darauf Rücksicht genommen. Wir haben gezeigt, wie der alte Götter=
glaube in Namen und Volksgebräuchen noch immer nachklingt, wie die Mythen
in Sagen und Märchen wieder lebendig geworden sind. Der Sturmgott Wodan
braust im wütenden Heer und in der wilden Jagd über Wälder und Heiden,
der Asenkönig schläft als Friedrich Barbarossa im Kyffhäuser, wie er einst in
der langen nordischen Winternacht schlummerte, oder verbannt in der Fremde
weilte. Holda (Berchta) wird noch von gläubigen Seelen in den zwölf heiligen
Nächten geschaut, wie sie den Fleiß belohnt und die Trägheit straft. Die Feuer=
räder, die am Mittsommerabend und zur Osterzeit von den Bergen gerollt
werden, erinnern noch an Freyer, Thor oder Balder, die Externsteine vielleicht
an den Dienst der Frühlingsgöttin Ostara.

Wir haben auch noch andere Sitten, Gebräuche und Benennungen erwähnt,
die sich bis in die Gegenwart erhalten haben. Wir lassen diese und noch
weitere, für welche wir bisher nicht Raum fanden, hier übersichtlich und im
Zusammenhang folgen.

Mit den Wandervölkern zogen auch ihre Götter und Heroen, und wo sich
die Wanderer auf längere Zeit ansiedelten, da gründeten sie auch im frommen
Glauben den verehrten Wesen Sitze und Heiligtümer. So thaten die Burgunden
oder Alemannen im Haardtgebirge, vornehmlich am östlichen Rande, wo der

Blick über den Wonnegau bis nach Worms und weiter über den Rhein bis zu
den blauen Höhen der Bergstraße schweift.

> „Wo der Feuergeist in der Rebe träumt,
> Bis geboren im Becher beim Mahl er schäumt, —
> Da möcht' ich sein."

So dachten die germanischen Wanderer und bauten sich Hütten, Königs-
paläste, Heiligtümer für ihre Götter und trugen viele Namen aus der Heimat
auf die neuen Wohnsitze an und in der Haardt und im Wonnegau bis an den
Rhein über. Auch die alten Mythen und Sagen knüpften sie an die neue
Heimat, was noch in den Benennungen einzelner Örtlichkeiten und eingegrabener
Zeichen erkennbar ist. So erhebt sich oberhalb des Städtchens Dürkheim der
Wodansberg, jetzt Michelsberg, wo die köstlichen Trauben reifen. Hier stand
erst ein dem Schlachten- und Siegesgott Woban geheiligter Altar. Die christlichen Missionäre setzten an die Stelle des Siegbringers den Erzengel Michael,
den Sieger über die Mächte der Hölle. Unfern davon ragt der Peterskopf
hervor, einst dem Thunar geweiht, der mit seinem Hammer die Winterriesen
erschlägt und den Schoß der Erde öffnet, daß er dem menschlichen Anbau zugänglich wird. An seine Stelle trat in christlicher Zeit Petrus der Apostelfürst,
der mit seinem Schlüssel die Himmelspforte aufschließt. Unterhalb des Peterskopfes ragt schroff und steil eine Höhe empor, deren oberen Rand eine Mauer
umschließt. Das Volk nennt sie jetzt Krummholzer Stuhl; in Urkunden heißt sie
dagegen Brunholdisstuhl. An der Ostseite dieser Anhöhe stehen die Felsen
wandartig, fast wie Coulissen, sodaß sie eine feste Burg zu umgeben scheinen.
Auf diesen Steinen sieht man mancherlei Zeichen eingemeißelt, in welchen man,
freilich mit Hülfe einiger Phantasie, das Sonnenrad, das Sonnendreieck und ein
springendes Pferd, vielleicht das Sonnenroß, erkennt. Es befindet sich ferner
am Nordostabhange des Peterskopfes eine in das Gestein künstlich eingehauene
Vertiefung, Brunholdisbett genannt, und in Zusammenhang damit auf der entgegengesetzten, westlichen Seite des Gebirges, ein mächtiger Monolith (Einzel-
stein), 6 1/2 m hoch und 4 1/2 m im Umfang, bekannt unter dem Namen Grim-
hildispil. Mit Ausnahme dieses letzteren Steines, der wohl in ältester Zeit
eine Mal- oder Thingstätte bezeichnete, wo sich die freien Männer zum Gericht-
oder zu einer Festfeier versammelten, sind die anderen Örtlichkeiten am Ost-
rande des Gebirges, nahe am Ausgange eines Thales, das von dem Flüßchen
Isenach durchströmt wird. Im Hintergrunde dieses Thales, wo verschiedene
Bäche sich zur Isenach vereinigen, bildet der Drachenfels den Abschluß.
    Alle diese nahe bei einander liegenden Örtlichkeiten lassen im Zusammen-
hang den alten Naturmythus erkennen, wie er sich im Bewußtsein der verschiedenen arischen Stämme gebildet und nach ihrer Trennung von einander zur
Heldensage weiter entwickelt hatte. Nach ältester Anschauung raubt der Dämon
der Finsternis und der Winterkälte der mütterlichen Erde den Blätter- und
Blütenschmuck und versenkt sie in todähnlichen Schlaf. Darauf erscheint ihr
Erlöser, der Himmelsgott des Lichts und der Wärme, bezwingt den Unhold
und erweckt die Erde zu neuem, frohem Leben.

Sonnenwendfeier.

Am Indus, wo der Sonnenbrand Quellen und Bäche austrocknet und die Felder versengt, rauben Dämone die Himmelskühe (Wolken) und verschließen sie in finsterer Höhle. Der mächtige Indra erlegt die Unholde und spaltet mit dem Blitz den Berg, daß die regenspendenden Wolken oder Quellen frei werden. Bei den Iraniern kämpft Ahuramazda (Ormuzd) mit dem Böses sinnenden Agramainyus (Ahriman). Die germanische Sage setzt an die Stelle des Lichtgottes Balder oder Bol, der alle Wesen mit seiner Liebe und Gnade umfaßt, den göttergleichen Siegfried (Sigurd) von Wodans (Odins) Geschlecht. Im Drachenfels liegt der Lindwurm über dem geraubten Hort, der Held erlegt ihn und führt den erbeuteten Schatz aus dem hohlen Berge. Er gelangt an die burgwallartigen Felsen des Brunholdisstuhls, den zur Sonnenwendezeit Flammen umlodern, wie daselbst noch bis in die neuere Zeit Johannisfeuer angezündet werden. Er bringt durch die Flammen empor zu der von einer Mauer umschlossenen Burg, weckt die göttliche Erdenbraut mit einem Kuß und schließt mit ihr den Bund der Liebe und Treue, wie der Himmel im wonnigen Mai mit der Erde, und zieht dann weiter gen Worms, wo sich ein Kranz von Sagen seinem Namen anschließt.

Hier scheint Balder oder Bol, der Licht und Segen spendende Gott in der Mythe, schon verdunkelt und zurückgetreten, da jene in die Felsen eingehauenen Zeichen sehr fragliche Merkmale des Sonnengottes sind; im Osning dagegen, wo doch die Arminiuslieder zuerst gesungen wurden, war der lichte Balder lange im Gedächtnis des Volkes geblieben, wie noch jetzt die Namen Baldersbrook, Völmerstod, Bolhof, Bahlhausen u. a. zu beweisen scheinen. Gewiß aber feierte man im Osning wie im Haardtgebirge und an anderen Orten die Feste der drei höchsten Götter, Wodan, Thunar und Freyer, und am Julfest waren hier wie dort weidliche Zecher bei vollen Hörnern versammelt und legten auf Freys Eber Gelübde künftiger Thaten ab.

Bei der Bekehrung zum Christentum ließen sich die alten Gottheiten nicht so rasch beseitigen. Um sie indessen den Bekennern der neuen Religion recht widerwärtig zu machen, suchte man ihnen wilde und grausame Züge sowie schädliche Eigenschaften beizulegen, während man alles milde und gütige Thun der Bewohner von Asgard auf die Engel und Heiligen übertrug. Auf den Bergen und in den Hainen, wo man ehemals den Göttern opferte, erhoben sich bald zahlreiche Bethäuser; und um den neuen Gottesdienst angenehmer zu machen, verlegte man die Gedächtnistage zu Ehren der neuen Heiligen vorzugsweise gern in die Zeiten der heidnischen Feste. Hoch-, Wy- oder Weihezeiten nannten die alten Deutschen ihre alljährlich wiederkehrenden Festtage, die, wie sehr auch der Götterkultus hervortritt, doch sich ursprünglich von Naturerscheinungen oder von den vier Jahreszeiten ableiten lassen.

Als die beliebteste, vornehmste und heiterste Festzeit der alten Germanen darf das Jul- oder Joelfest vorangestellt werden, das Fest der Wintersonnenwende, das Geburtsfest der Sonne, deren Sinnbild das Rad (altnordisch hiol oder jol) war. Noch heute ist Weihnachten die von jung und alt ersehnte Periode allgemeiner Herzensfreudigkeit. Das heidnische Fest begann am heiligen Abend und endigte mit dem Dreikönigstag. Im skandinavischen Norden, wie bei uns, lebt die Sitte fort, sich zu Weihnachten und Neujahr gegenseitig zu beschenken,

zu begrüßen und zu besuchen, alte Bande der Freundschaft zu erneuern oder
fester zu knüpfen. Wenn „St. Nikolas" am Rhein, „Knecht Ruprecht" im nörd=
lichen und mittleren Deutschland den Kindern die herannahenden Wonnetage
verkündet und sie nach Umständen belobt, beschenkt oder bestraft, so erscheint in
Pommern der „Julklapp", spendet willkommene Gaben und erinnert also an
den obersten Gott unserer Voreltern. Da geht's sowohl im hohen Norden wie
bei uns recht lustig zu, und wenn unsere deutschen Kinder sich an Zuckergebäck,
Kuchen und Lebkuchen laben, so erscheinen in den Nordlanden „Julbrot" und
„Julgrütze" neben Schinken, Stockfisch, Fleisch, Käse und Butter auf den gastlich
geschmückten Tischen. Al und Branntwein fehlen nicht, jeden Ankommenden zu
erquicken, und um die „Julfreude" nicht zu verderben, darf das Gebotene nicht
verschmäht werden. Die vornehmste Labung, auf welche sich aller Augen richten,
bildet der „Juleber" oder „Julbock", ein schmackhaftes Gebäck in Gestalt eines
Ebers oder Widders.

Um diese Zeit herrschte auch bei unseren Vorfahren Behagen und Heiterkeit
in den Herrschersitzen und Hütten; aller Streit ruhte, und die Götter hielten
während der zwölf Tage ihre feierlichen Umzüge. Bei frohen Gelagen ver=
einigten sich die Sippen und als Festgericht ward der mit Grün gezierte Eber
aufgetragen, welcher dem Fro oder Freyer geheiligt war.

Zur Wintersonnenwendzeit verließen die Götter ihre Himmelsburgen, um
auf die Erde hinabzusteigen, und die Erdenbewohner jubelten der Ankunft der
Himmlischen entgegen. Das Wasser wurde von ihnen gesegnet und man schöpfte
zu Mitternacht sogenanntes „Wywasser" aus den heiligen Quellen, um es als
„Weihwasser" aufzubewahren. Auch im Reiche der Pflanzen ging es lebhaft
her: die im Winter ruhenden Bäume wurden gerüttelt, um zum Empfange der
Götter sich mit zu rüsten. Auf den Höhen und in den Hainen brannten die
Feuer und große Opfermahle fanden statt.

Ein guter Teil dieser Bräuche ist auf das Geburtsfest Christi übergegangen,
für welches der heidnische Name „Weihnacht" beibehalten worden ist.

Besonders in Schwaben und der Schweiz haben sich Jahrhunderte hindurch
viele alte Sitten und Gebräuche erhalten. Das Verlangen des „Bechteliweins"
in den nördlichen Kantonen ist erst 1529 abgeschafft worden, dafür aber das
„Berchtoldsfest" in Zürich, als Bezeichnung für den 2. Januar, geblieben. Dieser
Brauch erinnert auffallend an das „Berchteln" und das im südlichen Deutsch=
land übliche „Perchtenlaufen" sowie an das „Berchteljagen" in Kärnten, wobei
mit Bändern verzierte und auf alle mögliche Weise unkenntlich gemachte Ver=
mummte in den Straßen und Häusern Possen und Unfug aller Art treiben.
Es sind Volksschnurren, die teils am Vorabend des „Berchtentages" (6. Januar),
in der Regel aber zwischen Weihnachten und Dreikönigstag vor sich gehen, Nach=
klänge der Verehrung der Berchta, deren Thun noch immer in der Sage fort=
lebt. In Thüringen erzählt man noch den Kindern, wie die gute „Holla" oder
„Berchta" jeden Dienst vergelte, ähnlich wie die in der Uckermark wandernde
Frau „Harke", die nachsieht, ob die Mägde ihren Flachs fein säuberlich gesponnen
haben. Daher heißt auch der Dreikönigstag, an welchem die vornehmsten der
germanischen Göttinnen ihren Umzug beendet hatten, in Oesterreich, Tirol und

Bayern „Perch oder Prechtag". In Zürich nannte man ihn früher „Brechtentag". Auch in den verschiedenartigen Sagen von der „weißen Frau" hat sich die Erinnerung an „Hulda" oder „Perchta" forterhalten.

Ferner lassen sich die vielbeliebten Gestalten des „Fastnachtsbären", eines Repräsentanten des Winters, welcher gefesselt herumgeführt, gehetzt und schließlich begraben wird, gleich wie der „Schimmelreiter" auf Wodan, den germanischen Göttervater, zurückführen. Nicht minder mahnen die herkömmlichen Larven und Masken des Faschings, wie der „Grimes", „Geckenbähn" 2c., an den ruhmumglänzten Odin (hruod peraht), daher Knecht „Ruprecht", wenn er in den zwölf Nächten als Sturmgott mit seinem wilden Heere dahinbraust. Des „Schimmelreiters" haben wir weiter vorn ausführlich gedacht; er zählt in einigen Gegenden von Hannover, Friesland und Oberschlesien noch immer zu den gern gesehenen Fastnachtsfiguren. Auch vom Gebrauch der „Ostereier" haben wir früher gesprochen, sowie vom eierspeienden „Osterhasen", einem gleichfalls uralten Gebrauch, der sich in der mannigfaltigsten Weise in Schwaben, Tirol, im Hessischen und überhaupt in Süddeutschland erhalten hat. „Eierklauben" in Tirol, „Eierlaufen", „Eierlegen", „Eierlesen" 2c. sind von der Eifel bis nach der Schweiz hin in steter Übung geblieben.

Ebenso sind die „Osterfeuer", sowie manche Volkslustbarkeiten zu Ostern und Pfingsten, größtenteils Überbleibsel der heidnischen Feste, welche dem anbrechenden Lenze oder dem Beginn des Sommers galten. Selbst die üblichen Speisen in der Kar- und Osterwoche, wie Spinat mit Eiern, Kerbelsuppe und Schnittlauchpfannkuchen am grünen Donnerstage, rühren zum Teil vom heidnischen Feste des Frühlingsempfanges her.

Ein guter Teil der Aufzüge im Mai, welche in Flandern, England, Dänemark und vielen Orten Deutschlands noch festliches Gepräge haben, entstammen gleichfalls der heidnischen Vorzeit. Nach der nordischen Mythe hat in den ersten zwölf Tagen des Mai die Vereinigung Wodans mit Frigg stattgehabt, und es sind daher diese Tage von unseren Urahnen festlich begangen worden. Jene zwölf Nächte galten für heilig und an ihnen wurde später das sogenannte „Mailag" oder „Maifeld", der altdeutsche Landtag, abgehalten.

Nachklänge jener Feier sind die Feste der Frühlingseinholung, gewissermaßen zur Feier der Rückkehr Wodans nach seiner Brautfahrt und sie hat sich in zahlreichen Gebräuchen zum großen Teil auf das christliche „Pfingstfest" übertragen.

Ebenso findet der bekannte „Blocksbergritt" zu Walpurgis in der germanischen Mythe seine Erklärung. Nach dem Blocksberg begaben sich die ihrem alten Glauben treu gebliebenen Sachsen, welche nur im geheimen wagen durften, den Göttern ihrer Väter zu dienen. Aus den Anhängerinnen des alten Glaubens, den „Hagediesen", „Hägäsen" oder „Hainbesucherinnen", wurden die gefürchteten Hexen und aus den mannigfachen heidnischen Gebräuchen, welche das Maifest mit sich gebracht, erwuchsen allmählich alle jene Spukgestalten, welche in der Walpurgisnacht ihren Sabbath gefeiert haben sollen. Daher auch die noch heute in deutschen Distrikten Böhmens vorkommenden „Hexenfeuer", sowie die vielfachen Umzüge zur Austreibung der Unholdinnen, bei welchen es nirgends an Lärm, Possen, Peitschenknallen, Vermummungen und Unfug schlimmer Art gebricht.

Die alte Feier der „Sonnenwende", welche auf St. Johannes übertragen wurde, erhielt sich bis zum heutigen Tage. Schon zur Zeit des Frühlingsanfangs begannen diese Feste und noch heute liefern sich in Mitteldeutschland sowie an anderen Orten die „Blumengrafen" förmliche Gefechte. Ebenso ist als Überrest der heimlichen Opferfeste die Gewohnheit zu betrachten, sich am 1. Mai „Mark in die Knochen zu trinken" und alte, verschobene Händel an diesem Tage zum Austrag zu bringen. Das Fest der „Maibraut" und der „Maifrau" gehört zu der bereits besprochenen Gattung von Festen, welche von der Göttermutter herrühren. Auch wissen wir, daß die Frühlingsgöttin Ostara bei unseren

Vorfahren eine besondere Verehrung genoß. An verschiedenen Orten Deutschlands traten an die Stelle des „Mairittes" die „Pfingstritte". Die altübliche „Johannisfeuer" leuchten heute noch in der Lausitz, Schlesien, Böhmen und Niederösterreich; sie finden noch überall da statt, wo die „Sonnenwendfeuer" in der Erinnerung sich erhalten haben. Es ist das Fest des Lichtes und des Feuers, welches sich an die alte Vorstellung von dem Gott der Liebe und der Ehe, nämlich Freyer, knüpft. Das alte Fest der „Scheiterweihe" in Tirol, ja selbst das der „Judasfeuer", gemahnen an die Frühlingsgöttin. Ihr, vielleicht auch dem Thunar

Kinderumzug zum Maibrunnenfest am Rhein.

und Freyer, galten jene Feste, welche in Schwaben, Tirol und Böhmen ehedem üblich waren. Die „Verbrennung des Judas" trat an die Stelle der üblichen Opfer, als das Heidentum sich vom Christentum verdrängt sah. Da jedoch der rothaarige Judas im Norden Deutschlands weniger Anhänger fand, so hat man an seiner Stelle zu Cammin in Pommern sowie in Bräunrode am Harz statt des häßlichen Verräters das Eichhörnchen als Opfergegenstand sich erkoren, wohl nur der Haarfarbe wegen, wie denn ja auch Fuchs und Rotkehlchen dem Thunar zugehörten. Auch der auf den 25. Juli fallende Gedächtnistag des heiligen Christoph war ursprünglich ein Festtag zu Ehren des Donnergottes. Als man den neuen Patron zu verehren begann, hoffte man von ihm, daß er in besserer, gefügigerer Weise gegen Blitz, Hagelschaden und Unwetter schützen werde als seine heidnischen Vorgänger.

An die heidnischen „Wasserminnen" (Unholde) erinnern die eigentümlichen Feste, welche die Fischer an einzelnen Orten Deutschlands noch heute zur Sommer=zeit begehen; z. B. das Fest des „Wasserkönigs" zu Lettin unfern Halle, wobei sich der Wasserfürst samt seinen Nixen schließlich in den Fluß stürzt, allerdings sorgsam bemüht, schleunigst an das Ufer zu gelangen, um statt des Wassers ein anderes Naß zu schlürfen, das den Trinker in Walhallas Räume versetzt.

Das große Herbstfest der Germanen, ein Dankfest für die glücklich einge=brachte Ernte, ward je nach dem Reifen der Früchte bald auf den Michaelistag, bald auf den Martinstag übertragen, oft auch mit der Kirmeß vereinigt. Noch heutigen Tages leuchten in den Nordlanden die Höhenfeuer, wie bei uns zu Johanni und Martini. In früheren Zeiten galten sie Wodan, dem Spender des Erntesegens; später verwandelte sich der wohlwollende alte Heidengott in den Anführer des wilden Heeres. An seiner Stelle nimmt nun St. Michael, Banner=träger der himmlischen Heerscharen, die christlichen Dankopfer entgegen, und es galt seitdem den Bewohnern des Harzes St. Michaelstag gar lange für einen schlimmen Hexenfeiertag, indem das Erscheinen der Herbststürme zusammenfiel mit dem im Aberglauben des Volkes unaustilgbaren Umzug des „wilden Jägers". An anderen Orten ging die Verehrung Wodans, als Gott des Landbaues und der Ernte auf den heiligen Martin über, den Schutzpatron alles Geflügels. Be=trachtet man die in den verschiedenen Gauen Deutschlands bei den Kirchweih=festen üblichen Gebräuche, so erkennt man in ihnen gar bald die Fortsetzung heidnischer Gewohnheiten. Der im östlichen Deutschland auch übliche „Hahnen=schlag" und der „Hammelritt" in Thüringen sind Überreste eines alten heidni=schen Dank= und Opferfestes, wofür auch der Gebrauch spricht, daß der Hammel auf dem Stein unter der Linde geschlachtet wird.

Bei Festen in den letzten Monaten des Jahres erinnern eine Menge Sitten und Gebräuche an verschiedene heidnische Gottheiten, wie an Berchta, die gütige Spenderin von Gaben an die harrende Kinderwelt.

Weiter werden wir an den Glauben unserer Vorfahren durch die ursprüng=lich recht sinnige Benennung der Monate erinnert, die zwar im Hochdeutschen den römischen Monatsnamen weichen mußten, aber in vielen Gegenden noch üblich sind, nämlich Schneemonat, Hornung, Lenz=, Oster=, Wonne=, Brach=, Heu=, Ernte=, Herbst=, Wein=, Wind= und Wintermonat. Man ersieht leicht, daß sie sich teils auf die Jahreszeiten, teils auf die in denselben üblichen Ver=richtungen bezogen. Als Jahresanfang galt bei den meisten germanischen Stämmen der 24. Dezember (Mittwinternacht), die „Mutternacht" der Angel=sachsen, in welcher nach damaliger Annahme die Sonne ihren Lauf von neuem beginnen sollte, um am 24. Juni in der Sonnenwendzeit ihren höchsten Stand zu erreichen. Die „Mittwinternacht" und „Mittsommernacht" fielen sonach in die Mitte der Hauptjahreszeiten, Winter und Sommer, in welche ursprünglich das Jahr eingeteilt worden sein mag, wiewohl Tacitus noch von einer dritten Jahreszeit der Germanen, dem Frühling, Lenz, berichtet. Noch deutlicher er=kennt man den alten Götterglauben in den Namen der Wochentage.

Die siebentägige Woche war bei vielen Völkern in den entlegensten Ländern bekannt und eingeführt, denn sie beruht auf den Mondphasen, den Wandlungen des Mondes, der in ungefähr 28 Tagen als Neumond, erstes Viertel, Vollmond und letztes Viertel erscheint. Den Römern und Griechen, also gerade den Kulturvölkern des Altertums, war diese Wahrnehmung entgangen; die Hebräer aber heiligten schon die siebentägige Woche in frühester Zeit, wie der Mythus von der Weltschöpfung bezeugt, da Gott (die „Elohim") am siebenten Tage ruhte.

Maitanz in Schwaben.

Ebenso hatte sie Geltung bei den Ariern in Indien, den Babyloniern, Phöniziern und anderen heidnischen Stämmen, besonders aber bei den Aegyptern. Von Alexandrien, wo sich die Gelehrten viel mit Astronomie beschäftigten, kam diese Einteilung nach Rom und wurde bald allgemein angenommen.

Es scheint, daß die Woche den Germanen schon bekannt war, ehe sie mit den Römern in Berührung kamen. Sie wollten nach römischen Berichten gern zur Zeit des Neumondes eine Schlacht liefern; sie hielten eine andere Zeit für minder günstig zu wichtigen Unternehmungen; sie glaubten also an den Einfluß

der Mondphasen auf die menschlichen Geschicke. Indessen ist es gewiß, daß die
Benennung der Wochentage erst im Verkehr mit den Römern entstand. Letztere
weihten nach der von den Aegyptern überkommenen Einteilung die Wochentage den
verehrten Wesen, und zwar den ersten Wochentag dem Gott der Sonne, Phöbus,
den zweiten der Mondgöttin Diana, den dritten dem Kriegsgott Mars, den
vierten dem Götterboten und Seelenführer Merkur, den fünften dem Himmelsgott Jupiter, der die Blitze schleuderte, den sechsten der Liebesgöttin Venus,
den siebenten dem unglückschwangern Saturn. — Die Germanen bezeichneten
nun ihre Wochentage in ähnlicher Weise nach den Namen ihrer Götter. Sie
behielten also den Sonntag bei, da Sunna (Sonne) nach den Merseburger
Heilssprüchen (vergl. S. 96) eine verehrte Göttin war, nach nordischer Mythe
ein Wagen, den die Jungfrau Sol auf der Himmelsbahn lenkte. Ferner wurde
der Montag nach dem vom Knaben Mani gelenkten Mondwagen benannt.
Der dritte Wochentag, den die Römer dem Kriegsgott geweiht hatten, hieß im
Norden Tyrsdag (Thirsdag) nach dem Schwert- und Kriegsgott Tyr, in
Schwaben Ziestag nach Zio, demselben Gott, in Bayern Erktag oder Erchtag,
nach dem Schwertgott Er oder Eor, oder auch nach Erich, gleichbedeutend mit
Niger oder Heimdal. Mittwoch hieß Wodanstag, im Englischen noch jetzt
Wednesday, in Westfalen Godenstag, platt „Gunstag“, schwedisch Odensdag
von Odin, der, wie Merkur, als Seelenführer gedacht wurde. An die Stelle
des blitzschleudernden Jupiter trat natürlich der starke Thunar, nordisch Thor,
der auch, wie früher schon bemerkt, wahrscheinlich in ältester Zeit für den obersten
Gott galt. Nach ihm wurde daher der Donnerstag benannt. Freya, sonst
Frea, die Göttin der Liebe, welche man mit der römischen Venus verglich,
gab dem sechsten Tage den Namen. Der Sonnabend, gleichsam die Vorbe-
reitungszeit für den Sonntag nach christlicher Anschauung, war bei den Germanen
keinem besondern Gotte geweiht. Er hieß im Altnordischen Laugardag, d. i.
Badetag, weil man am Ende der Wochenarbeit ein Bad zu nehmen pflegte. Im
Englischen hat man den römischen Namen (dies Saturni) Saturday beibehalten,
der auch in Satertag nachklingt, eine noch hin und wieder in Niederdeutsch-
land übliche Benennung. Den im Süden und Westen Deutschlands üblichen
Namen Samstag leiten einige von Sabbathtag ab, andere von einem frag-
lichen Gotte Sames.

Wie bei den Römern der Saturntag für unglücklich und zu wichtigen Unternehmungen für ungünstig gehalten wurde, so hatten auch die alten Teutschen,
wie schon bemerkt, ihre „glücklichen“ und „unglücklichen“ Tage, und darauf
wurde noch in christlicher Zeit großer Wert gelegt. Daher erschienen in Synodal-
beschlüssen scharfe Edikte gegen Tagwählerei; sie waren jedoch schwer durchzu-
führen, da der Volksglaube fest in den Gemütern haftete und noch jetzt nicht
vertilgt ist. Man glaubt z. B. in Tirol an 42 verworfene Tage und in
Deutschland bringt man bei rechtem Nachzählen noch 39 unglückliche Tage
zusammen. Wer an einem solchen Tage geboren wird, stirbt zeitig; wer erkrankt,
lebt nicht mehr lange; wer heiratet, schätzt sich glücklich, wieder von seiner Frau
loszukommen; wer abreist, gerät in Unglück ꝛc. — Aehnlich verhält es sich
mit dem Glauben an zauberische Kräfte mancher Bäume und Pflanzen.

Dieser Glaube ist sehr alt, und die Germanen brachten ihn wohl aus ihrer Heimat in Asien mit, denn er findet sich bei ihnen, wie bei den indischen Ariern. Sonnenschein und Regen sind zum Wachstum der Pflanzen notwendig; daher war das Gewitter den alten Völkern von großer Bedeutung. Der Blitz spaltet den Wolkenberg, das wohlthätige Naß strömt reichlich zur Erde und dann tritt die Sonne wieder hervor, die nach ältester Vorstellung von Dämonen geraubt und in finstere Höhlen verschlossen worden war. Der indische Gott Indra hat

mit dem Blitzstrahl den räuberischen Dämon erlegt und die Sonne befreit. Die indischen Arier bezeichneten aber auch den Blitz und dann überhaupt das Feuer als einen Gott und nannten dies Agni. Das Feuer, welches der Blitz entzündet, galt für heilig und gilt dafür noch jetzt bei den Guebern. Nun gewann man aber auch Feuer durch Reibung zweier Hölzer, eines weichen und eines harten. Ersteres hatte die Form einer Scheibe mit einem Loch in der Mitte, letzteres war ein Pflock, der hineingesteckt und mittels eines Strickes heftig umgedreht wurde. Die Scheibe verglich man mit der Sonne, daher

Femlinde bei Dortmund.

die Vorstellung von einem Rad und weiter von dem Sonnenwagen. Der Pflock war der Blitz, der Strick eine Schlange, die das Niederzucken des Blitzes bezeichnete. Der Blitzgott Agni — so dachte man — holt das Feuer vom Himmel herunter, aber er steigt auch selbst darin nieder, und so kam man auf die Vorstellung, er sei der erste Mensch gewesen.

Das Feuer wird ferner aus dem Holze hervorgebracht, daher die vielfachen Sagen vom Entstehen der ersten Menschen aus Bäumen, z. B. in Westfalen, wo Gott durch Anstoßen daliegender Stämme die Bewohner geschaffen haben soll.

Wie der Regen die Vegetation befördert, so gab es auch einen Trank, der Jugend, Kraft, Begeisterung verlieh, den man, wie wir wissen, im Norden

Odrörir, bei den Indiern Madu, d. i. Met, oder wenn er den Göttern gebraut wurde, Amrita nannte. Dieser Göttertrank träufelte von dem himmlischen Feigenbaum, wie von der Weltesche Yggdrasil der süße Tau in irdische Thäler.

Zur Bereitung des stärkenden und begeisternden Metgetränkes mischte man darunter den Saft der Somapflanze, einer Art Wolfsmilch. Dieser Saft wurde aber auch, wie bei den Iraniern der Haoma, auf den Altären der Götter dargebracht. Nach indischer Sage raubt Indra den finstern Dämonen den Amritatrank, wie Odin im nordischen Mythus mit Gunlöds Hülfe dem Riesen den Göttermet, der aus Kwasirs Blut gebraut ist. Es stehen damit in Beziehung die Märchen vom Jung- oder Quickbrunnen, der verjüngende Kraft besitzen soll, von Schwanjungfrauen, welche ihre Flügelkleider ablegen und in der heiligen Flut baden. Ganz ähnlich, wie in der Wölundursage, berichtet auf der Insel Celebes ein liebliches Märchen von sieben Nymphen, die sich als Tauben an einem verjüngenden Weiher niederließen.

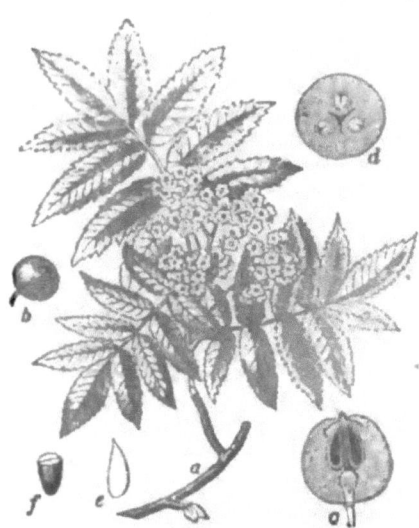

Zweig und Frucht der Ebereiche.

Zum Anzünden des Feuers bediente man sich in Indien des weichen Holzes des Aswattha, einer Feigengattung (Ficus religiosa), und der Sami, einer besonderen Akazie. Ersterer hat Blätter, die den Lindenblättern ähneln, und enthält, wie die Somapflanze, einen Milchsaft.

Die Mistelstaude.

Der Samen der Aswatthafeige wird oft auf andere Bäume, besonders auf die Sami, getragen und wurzelt in der zerborstenen Rinde eine Zeit lang als unechte Schmarotzerpflanze. In Griechenland, wo diese Bäume fehlen, nahm man dafür den Epheu und die Schlingpflanze Athragene wegen der ähnlich gefiederten Blätter. Den Germanen schien die Esche besonders geeignet, die heilige Feige zu vertreten. Sie ward zum Weltbaum Yggdrasil und diente auch besonders dazu, die Götterhöfe und andere Heiligtümer zu überschatten. Eine Wohnung im Schatten einer Esche hielt und hält man zum Teil noch jetzt für sicher vor Feuer und Schlangen, und Eschensaft gilt für heilsam gegen viele Übel. Ebenso wurde der Linde eine gewisse Heiligkeit beigelegt, und sie wurde noch im Mittelalter als Gerichtsbaum betrachtet, wie die Femlinde bei Dortmund beweist. Auch muß sie, wie viele Volkslieder beweisen, mit der Göttin der Liebe in Beziehung gestanden haben.

In besonderem Ansehen stand der Vogelbeerbaum oder die rotbeerige Eberesche. Ihre gefiederten Blätter und ihre roten Beeren sind verknüpft mit Erinnerungen an Thor, welcher den Blitz, den man sich als einen Vogel dachte, herabschleudert.

Farnkraut.

Thor stieg mit Hülfe eines solchen Baumes aus dem Flusse Wimur; aber auch noch gegenwärtig gelten seine Zweige für heilsam gegen Krankheit und, wo man noch immer an Hexen glaubt, gegen deren Zauberei.

Deswegen heißt der Baum im Englischen witch-elm, und an vielen Orten berührt man das Vieh im Frühjahr mit solchen Zweigen, wodurch man seine Fruchtbarkeit und sein Gedeihen zu fördern glaubt. Die Eberesche und die Haselstaude, beide einst dem Thor geheiligt, gaben auch das Material zur Wünschelrute. Die Haselstaude soll auch der Berchta geheiligt gewesen sein. Merkwürdigerweise hat man bei vielen germanischen Gräberfunden Becken oder Schalen mit Haselnüssen gefunden, über deren Zweck genügende Ausdeutungen fehlen oder nicht recht klar sind. Es war davon, wie von der Mandragora, schon die Rede.

Ferner geschah der Mistel bereits mehrfach Erwähnung. Sie ist vorzugs=
weise das Abbild des Aswattha; denn sie ist immer grün, wächst nur auf anderen
Bäumen als Schmarotzerpflanze und aus ihren Beeren und ihrer Rinde wird
zwar nicht Amrita, doch aber Vogelleim bereitet. In England und Schweden
hängt man Mistelzweige an den Decken der Wohnstuben auf und man glaubt
dadurch vor Schaden sicher zu sein, was auf den keltischen Glauben hinweist, da ja
nach nordischem Mythus ein Mistelzweig dem Gotte des Lichtes und der Gnade
den Tod brachte. Die Kelten aber glaubten, der Samen der Mistel werde von
den Göttern selbst auf die Bäume, besonders auf die Eichen gepflanzt. Noch jetzt
hüten sich die jungen Mädchen in England, bei den Belustigungen zur Weih=
nachtszeit unter den Mistelzweig zu geraten. Denn dasjenige, welches beim
Haschen unter denselben gerät und nicht geküßt wird, darf nicht erwarten, daß
es im Laufe eines Jahres zum Heiraten gelange. Auch das Johanniskraut
(Hypericum) spielt eine Rolle im Volksaberglauben; es sollte nämlich das Vieh
vor dem Behexen sichern, während der zu Johanni gewundene Kranz, der Jo=
hanniskranz, auf das Dach geworfen, das Haus vor Brand sichert.

Eine noch wichtigere Rolle im Volksglauben spielten seit ältester Zeit die
Farne, nämlich der gemeine Farn, der Adlerfarn und die Osmunda. Wer von
ersterem zur rechten Stunde die noch nicht völlig reifen Samenkörner fand, der
erlangte damit den Freischuß, den Wechselthaler und überhaupt die Erfüllung
jedes Wunsches. Wenn man die Wurzel dieses Farnkrautes in Form einer Hand
schnitt, so hieß diese „Johannishand" oder „Glückshand", womit man glaubte
Gold herbeiziehen zu können. Verschieden von dem Farnkraut und dem Samen
desselben ist der Fahrsamen. Er wird gewonnen, wenn man genau am Mittag
zur Sonnenwendezeit in die Sonne schießt; da fallen nämlich drei Blutstropfen
herunter, die man sorgfältig auffangen und bewahren muß, denn sie bringen
Glück. — Das Auffinden von Metalladern, sowie das Heben von verborgenen
Schätzen mittels der Wünschelrute sind nur besondere Arten des „Schatzhebens",
das in der Geschichte des Volksaberglaubens eine so bedeutende Rolle-spielt.

Doch wer vermöchte alle Vorurteile und Irrtümer aufzuzählen, die aus
der heidnischen Vorzeit herrühren, jene Reihenfolge von kleinem und großem
Notbehelf, wodurch man wirklich glaubte, sich gegen so viele Widerwärtigkeiten
des Lebens, Krankheit und Unfälle aller Art schützen zu können. Kaum übersehbar
ist die Menge von Geheim= und Wundermitteln gegen schwierige Vorkommnisse,
wozu weise Frauen stets ein gutes „Hausmittel" in Bereitschaft hielten! Gleich
zahlreich sind jene abergläubischen Überlieferungen, ist die Menge tief einge=
impfter Ammenmärchen, die völlig auszurotten nie gelingen wird. Im Ahr=
thale ist es ein sehr weit verbreiteter Aberglaube, daß diejenigen, welche zu
Matthäi ihr Namensfest feiern, wenn sie um Mitternacht aufstehen und sich auf
den Kirchhof begeben, befreundete Personen erblicken, die im folgenden Jahre
sterben müssen. Derselbe ist auch in einem Volksstück: „Der Müller und sein
Kind" von Raupach vorgeführt. — Wie ernstlich auch durch kirchliche Mittel dem
heidnischen Unfug, der sich an die Feier des Martinstages knüpfte, gesteuert wurde,
dennoch haben sich viele Sitten und abergläubische Überlieferungen erhalten.
Am Elsaß z. B. schauen die Mädchen heutigen Tages noch um Mitternacht in

bestimmte Brunnen und Gewässer nach dem Bilde ihres Zukünftigen. An das „Julfest" knüpfte sich gleichfalls wunderlicher Aberglaube. Geht in der Nacht das angebrannte „Jullicht" aus, so stirbt jemand in demselben Hause; die Reste dieser Lichter dagegen gelten als heilsamer Balsam für kranke Hände und Füße.

Viele von den angeführten Sagen entstammen der Zeit, da die Germanen noch mit den anderen arischen Stämmen zusammen wohnten, was die Übereinstimmung mit den indischen Mythen beweist. Andere Mythen und Anschauungen entstanden auf der langen Wanderung, die vielleicht Jahrhunderte hindurch dauerte, da die Völker an geeigneten Orten ihre Zelte aufschlugen, ihre Herden weideten, bis eine äußere Veranlassung den Wandertrieb wieder weckte. Die Ideen von dem Götterstaat wie von den Palästen und Hainen der Götter kamen wohl erst in den Hainen Germaniens zur Anschauung und erlangten endlich durch nordische Skalden eine weitere Ausbildung, während die Vorstellung von Allvater nur dunkel in Erinnerung blieb.

Ebenso wurden die kosmogonischen Ideen, die Vorstellungen von einer Welt der Eis- und Frostriesen, von der Glutwelt Muspelheim wohl erst auf Island vollständig entwickelt, wenn auch die Germanen schon früher davon Kenntnis hatten. Alle diese Phasen des sich allmählich fortbildenden Glaubens haben, wie gesagt, in Gewohnheiten und Gebräuchen dauernde Eindrücke hinterlassen. Das Volk kennt nicht mehr die ursprüngliche Bedeutung, nicht mehr den Zusammenhang, aber es hält noch daran fest und — selbst Personen von höherer Bildung können sich nicht immer davon losmachen; ja es geschieht wohl bisweilen, daß man in der Wissenschaft Gründe dafür aufsucht. Man hat, um ein Beispiel anzuführen, die Wünschelrute dadurch zu erklären und zu

Gebrauch der Wünschelrute.

begründen gesucht, daß man behauptete, einem solchen gabelförmigen Zweig wohne eine besondere magnetische Kraft bei. Diese und ähnliche Verirrungen müssen schwinden, wenn man auf den Ursprung des Volksglaubens zurückgeht, wenn man erkennt, wie die Völker der Urzeit sich mit kindlichem Gemüt ihre Götter schufen und die ganze Natur, die Elemente, die lebenden und leblosen Dinge, mit Seele und Willen begabten.

So stehen die Mythen vor uns, unverstanden von dem Volke, das aber noch im Glauben und in Gebräuchen um so mehr an ihnen festhält. Sie ragen aus der Vergangenheit in die Gegenwart herein wie zerbröckelnde Trümmer, die nicht mehr zum Gebrauche der Menschheit geeignet sind. Man könnte sie aber auch mit alten Chroniken vergleichen, deren vergilbte Schrift, wenn man sie entziffert, manche wertvolle Wahrheit nachweist, wie wir in vorkommenden Fällen bemerkt haben. Es blickt uns aus dieser Schrift der Glaube, das Wesen und Gebaren längst vergangener Geschlechter entgegen, wie aus dem Kindesauge die unentweihte Unschuld, welche noch harmlos im Paradiese spielt. Die Geschlechter der Menschen kommen und vergehen, ihre Anschauungen, ihr Thun und Denken wechseln immer fort; und wahr ist des Dichters Ausspruch:

„Es wechselt alles, es kommt und geht;
Ein einiger Geist nur in Ruhe besteht.“

Wir möchten daher nach W. J. Schleiden („Ursprung des deutschen Volksaberglaubens“) sagen: Vor vielen tausend Jahren beteten unsere Urahnen zu Waruna, d. i. Himmelsvater. Jahrtausende später traten die Römer in ihr Heiligtum und flehten zu Jupiter, dem Vater im Himmel, die Germanen zu Allvater Odin. In der Gegenwart rufen wir, abermals nach Jahrtausenden, in allen Anliegen, in aller Not des Lebens: „Unser Vater im Himmel!“ Nach weiteren Jahrtausenden wird man über dieses Wort nicht hinausgekommen sein. „Aber“, sagt der angeführte Schriftsteller, „wie alles, was sich bei unseren Urvätern um diesen Kernpunkt des religiösen Glaubens gruppirte, heute unverstanden oder vergessen ist, so mag es auch nach Jahrtausenden allem demjenigen ergangen sein, was wir noch gegenwärtig jenem Kernpunkt anschließen. Diese Betrachtung muß uns aber Leitstern sein in unserm religiösen Urteil: milde Duldung gegen die kindliche Treue, die vom Glauben der Väter nicht lassen kann, achtungsvolle Anerkennung der in ernsten Seelenkämpfen errungenen Überzeugung, wenn sie auch weit von der unsrigen abweicht, denn da ist niemand, der sich im Besitze der ganzen vollen Wahrheit wähnen darf, die doch keinem Menschen zuteil wird und zuteil werden kann.“

„Wir sehen jetzt in einem Spiegel, als in einem dunkeln Wort, dann aber von Angesicht zu Angesicht.“

Dieses Dann wird wohl auf Erden niemals erscheinen.

„Denn dunkel ist und trübe der Menschen Blick,
Weil Wolken sie umhüllen und das Geschick
Des Erdenlebens, wechselnd in Freud und Leid;
Erst über Gräbern redet die ...
Und stillt nach Offenbarung ...
Hienieden ist nur Irrtum ihr ...

Schluß des Bandes.